韶山年鉴

SHAO SHAN NIAN JIAN

2021

（总第4卷）

韶山年鉴编纂委员会　编

方志出版社
Publishing House of Local Records

图书在版编目（CIP）数据

韶山年鉴．2021 / 韶山年鉴编纂委员会编．—北京：方志出版社，2021.12

ISBN 978-7-5144-4931-0

Ⅰ．①韶… Ⅱ．①韶… Ⅲ．①韶山市—2021—年鉴 Ⅳ．①Z526.44

中国版本图书馆CIP数据核字（2021）第266998号

韶山年鉴（2021）

编　　者：韶山年鉴编纂委员会
责任编辑：冯　松

出 版 者：方志出版社
　　地址　北京市朝阳区潘家园东里9号（国家方志馆4层）
　　邮编　100021
　　网址　http://www.zgfzcb.cn
发　　行：方志出版社图书经销中心
　　电话（010）67110500
经　　销：各地新华书店
印　　刷：韶山市宏升彩印包装有限公司

开　　本：889mm × 1194mm　1/16
印　　张：19.13　50面前插
字　　数：663千字
版　　次：2021年12月第1版　2021年12月第1次印刷
印　　数：001–350册

ISBN 978-7-5144-4931-0　　定价：180.00元

《韶山年鉴》编纂委员会

《韶山年鉴》编辑部

编辑说明

一、《韶山年鉴》以马克思列宁主义、毛泽东思想、邓小平理论、“三个代表”重要思想、科学发展观、习近平新时代中国特色社会主义思想为指导，坚持辩证唯物主义和历史唯物主义的立场、观点和方法，按照实事求是的原则，分年度全面系统地记载韶山市国民经济和社会发展的基本情况与重大事件。旨在全面、系统、真实地记载年度内韶山市自然、政治、经济、文化、社会和生态文明建设等方面的基本情况，为各级政府和部门决策提供依据；为国内外人士了解和研究韶山提供翔实的资料；为编史修志积累宝贵史料。

二、本年鉴为中编结构，分类目、分目、条目三个层次。部分涉及面较广的分目下增设二级分目。为保持记述的完整性和连续性，部分内容在时限上作适当上溯下延。全书有图片专辑、特载、大事记、韶山市概况、中共韶山市委员会、韶山市人民代表大会、韶山市人民政府、政协韶山市委员会、韶山市纪委监委、群众团体、法治、军事、经济管理、建设·环保、重点工程建设·园区建设、农业、水利、工业、交通·邮政·通信、贸易 ·旅游、财政·税务、金融、教育·科技、文化·体育·传媒、卫生医疗·计划生育、社会民生、乡镇、人物·荣誉录、附录、索引。

三、为减少层次，避免交叉重复，年鉴多数类目下不设“概述”，仅在分目或二级分目下设“概况”作为第一条目，以对部门、单位情况进行综合性或概括性记述。

四、本年鉴所载信息资料均由各部门、单位专人撰写，并经领导审阅，文中所用统计数据均由供稿单位审核。撰稿人随文署名。统计资料由市统计局提供，凡因统计口径、方法、时间与条目中数据不一致时，均以《韶山市2020年国民经济和社会发展统计公报》发布的数据为准。各单位负责人名录以2020年在职班子成员为准，由各单位提供，经市委组织部审定。《韶山年鉴》编辑部对各部门、单位资料整理编辑，经年鉴编纂委员会会议审核通过。

目 录

韶山市人民代表大会

政协韶山市委员会

韶山市纪委监委

群众团体

卫生医疗·计划生育

社会民生

乡　镇

人物·荣誉录

附　录

索　引

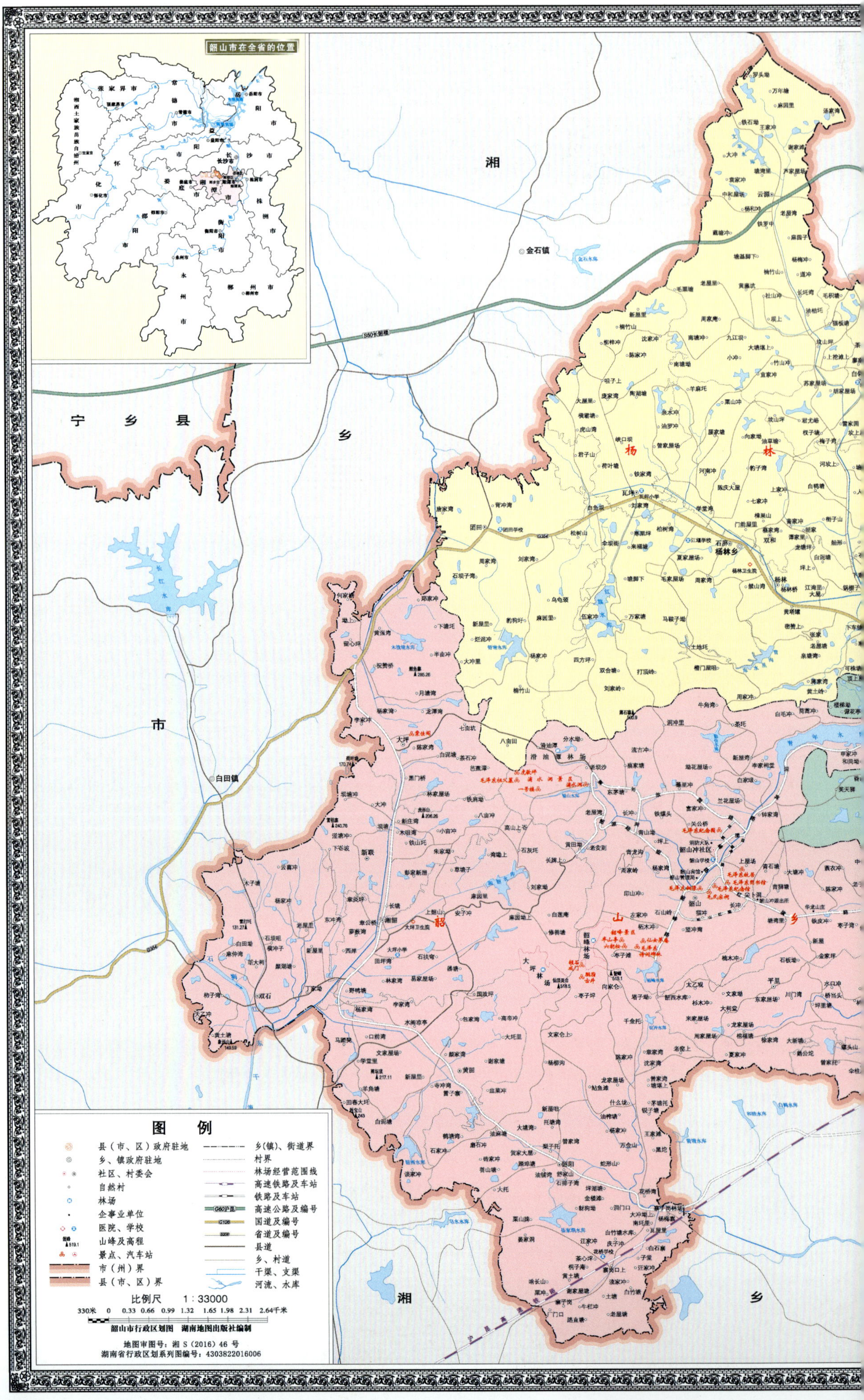
韶山市在全省的位置
宁乡县
湘乡市
湘乡
杨林乡
韶山乡
金石镇
白田镇
图例
县（市、区）政府驻地
乡、镇政府驻地
社区、村委会
自然村
林场
企事业单位
医院、学校
山峰及高程
景点、汽车站
市（州）界
县（市、区）界
乡(镇)、街道界
村界
林场经营范围线
高速铁路及车站
铁路及车站
高速公路及编号
国道及编号
省道及编号
县道
乡、村道
干渠、支渠
河流、水库
比例尺 1：33000
韶山市行政区划图 湖南地图出版社编制
地图审图号：湘S（2016）46号
湖南省行政区划系列图编号：4303822016006

韶山市行政区划图

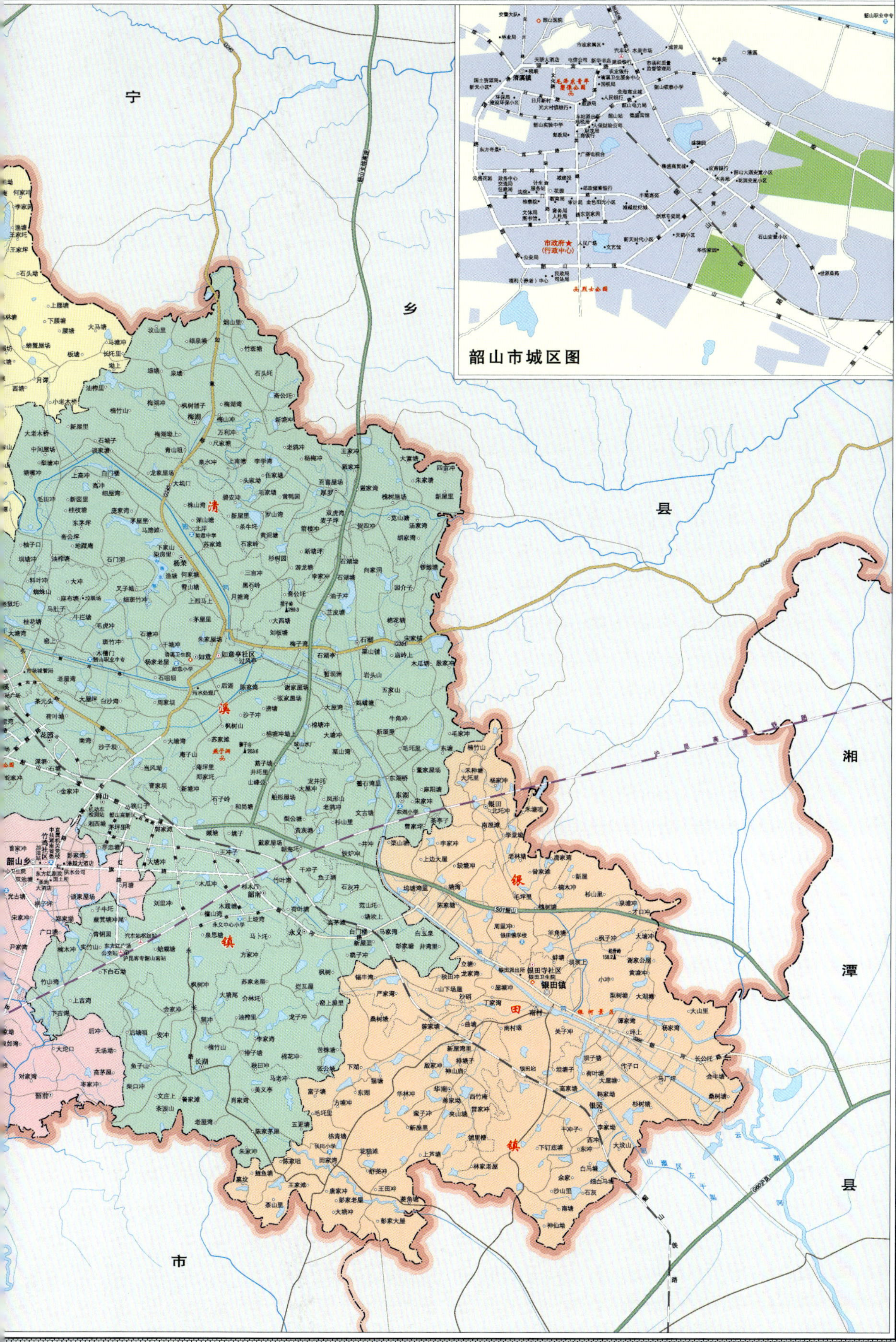

重要荣誉称号

- ★ 全国文明城市
- ★ 全国平安建设先进市
- ★ 全国社会治安综合治理工作最高奖项——“长安杯”
- ★ 中国优秀旅游城市
- ★ 全国科技进步先进市
- ★ 全国绿化模范市
- ★ 全国创先争优先进市
- ★ 全国普法教育活动示范市
- ★ 中国优秀国际乡村旅游目的地
- ★ 国家AAAAA级旅游景区
- ★ 全国红色旅游经典景区
- ★ 全国爱国主义教育基地
- ★ 全国双拥模范县
- ★ 国家全域旅游示范区
- ★ 全国无障碍环境示范市
- ★ 国家级风景名胜区
- ★ 全国农村生活垃圾分类和资源化利用示范县

- ★ 湖南省经济20强县（市）
- ★ 湖南省社会治安综合治理先进市
- ★ 湖南省平安县（市区）创建示范单位
- ★ 湖南省安全生产先进市
- ★ 湖南省美丽乡村建设先进市
- ★ 湖南省园林城市
- ★ 湖南省人口和计划生育优秀单位
- ★ 湖南省农民素质教育工作先进单位
- ★ 湖南省森林城市

数字韶山市2020

全市总面积	247平方公里	专利申请量	290件
全市总人口（户籍）	103357人	医疗机构数	102家
全市地区生产总值	970798万元	医疗床位数	547张
其中：第一产业	75142万元	城镇居民人均可支配收入	45711.9元
第二产业	419217万元	农村居民人均可支配收入	30256.9元
第三产业	476439万元	城镇居民人均消费支出	33233.0元
财政总收入	10.11亿元	农村居民人均消费支出	20789.7元
财政总支出	15.8亿元	参加城镇职工医疗保险人数	1.1人
农林牧渔业总产值	77372万元	参加城乡居民基本医疗保险人数	8.99人
房屋建筑施工面积	18万平方	参加失业保险人数	7200人
房屋建筑竣工面积	10.2万平方米	参加工伤保险人数授权量	21739人
进出口总额	9.89亿元	参加生育保险人数	0.8人
旅游人数	1105万人次	参加城镇职工基本养老保险人数	20169人
旅游收入	33.75亿元	参加城乡居民基本养老保险人数	61430人
专利授权量	106件		

（一）

2020年2月12日，省委副书记、省长许达哲（前排左一）到韶山高新区企业考察

2020年2月24日，湘潭市副市长向敏（中）到韶山高新区调研督查新冠肺炎疫情防控和复工复产工作

2020年4月8日，湖南省人民政府副省长吴桂英（右四）到韶山调研督导旅游产业复工复产工作

2020年6月1日，全国政协人资环委副主任、中国计生协党组书记、常务副会长王培安（左二）一行到韶山调研计生协工作

2020年7月20日，中央军委国防动员部部长盛斌（前排左四），湘潭市委书记、市人大常委会主任曹炯芳（前排左三），湖南省军区司令员毕毅（前排右三），到韶山调研指导人武部工作

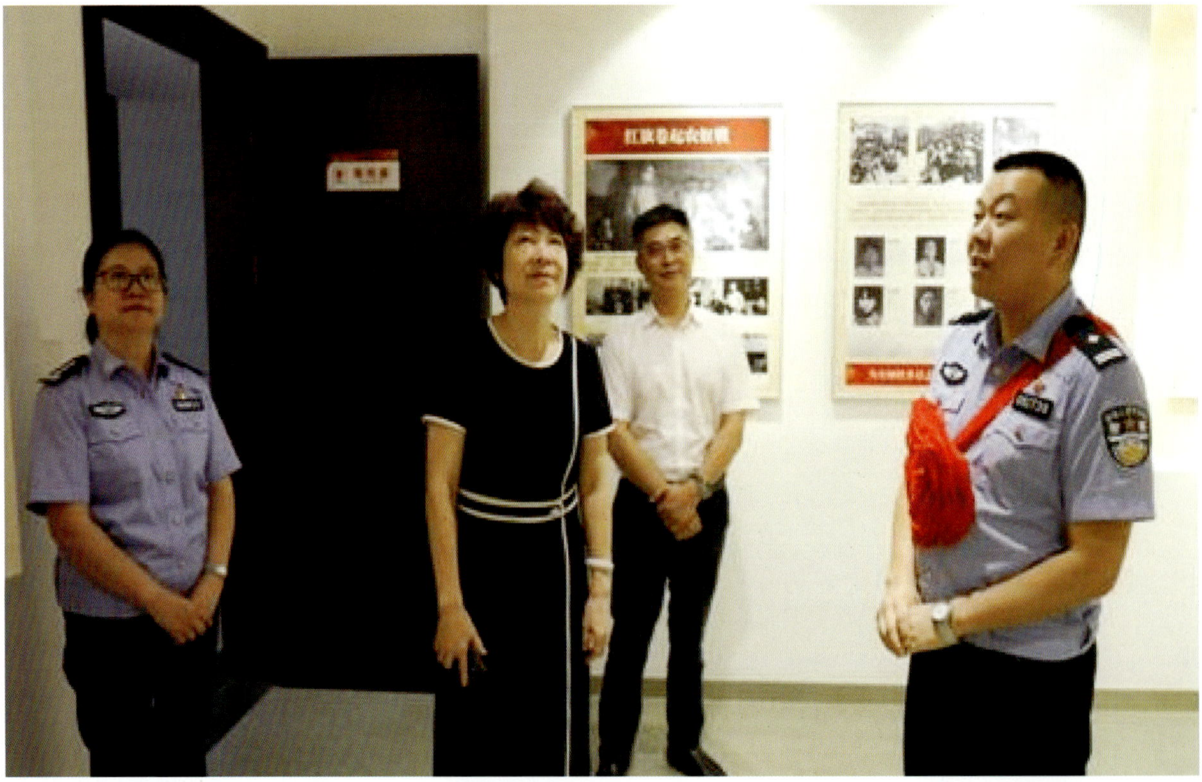

2020年9月11日，湘潭市人大常委会副主任、市总工会 主席徐亚健（左二）到韶山调研，并为荣获“全国职工道德建设先进单位”——韶山冲派出所颁发奖牌。图为参观该所荣誉室

2020年9月15日，湖南省同心美丽乡村建设现场推进会在韶山召开，省委常委、统战部部长黄兰香（中）率与会人员到银田镇银田村等地考察

2020年9月22日，退役军人事务部党组成员、副部长，全国双拥工作领导小组副组长钱锋（中）到韶山乡退役军人服务站调研

2020年9月23日，湘潭市委书记、市人大常委会主任曹炯芳（中），湘潭市委副书记、市长张迎春（前排左一）到韶山调研指导高新区新投资重点项目建设工作

2020年10月26日，国家卫生健康委员会老龄健康司监察专员王谦（左二）到韶山检查创建无障碍环境示范市工作

2020年9月29日，中央党校（国家行政学院）副校（院）长李季（左三）、湖南省委党校常务副校长曹建华（左五）到韶山市委党校调研指导工作

2020年10月27日，湖南省计生协会副会长梁文明（右二）一行到银田镇宏发花卉苗木基地人口文化园调研

2020年11月19日，生态环境部副部长庄国泰（中）到韶山调研农村生活污水治理项目工程建设情况

2020年11月22日，省委副书记毛伟明（前排右三）到韶山调研，并参观中共韶山特别支部历史陈列馆

2020年12月18日，湖南省残联党组成员、副理事长陈毅华（前排左四）到韶山调研残疾人康复维权工作

2020年12月26日，国家审计署党组成员、副审计长王文斌（左四）到韶山调研审计工作

（二）

2020年1月20日，韶山市委书记唐杰（右四）到韶山乡调研，并走访慰问困难职工

2020年5月1日，韶山市委副书记、市长曹伟宏（左一）到韶峰景区调研督导重点项目建设

2020年7月5日，韶山市人大常委会主任赵叶惠到银田镇调研指导乡村振兴工作，并走访慰问困难党员

2020年11月25日，韶山市政协主席张湘平（右一）到清溪镇调研督导垃圾分类工作

2020年2月27日，韶山市消防救援大队组织开展抗击新冠肺炎疫情捐款活动

2020年3月4日，市科协在杨林乡开展水果种植产业扶贫活动

2020年3月10日，韶山市市场监督管理局组织干部职工开展义务植树活动

2020年3月15日，市场监督管理局开展“3·15”国际消费者权益日宣传活动

2020年4月30日，市农学会组织开展花田种植考察学习活动

2020年五一国际劳动节前夕，市人大常委会、市总工会领导看望慰问首批支援湖北的医疗队队员，为新冠肺炎疫情防控阻击战贡献力量的市人民医院医生李春耕

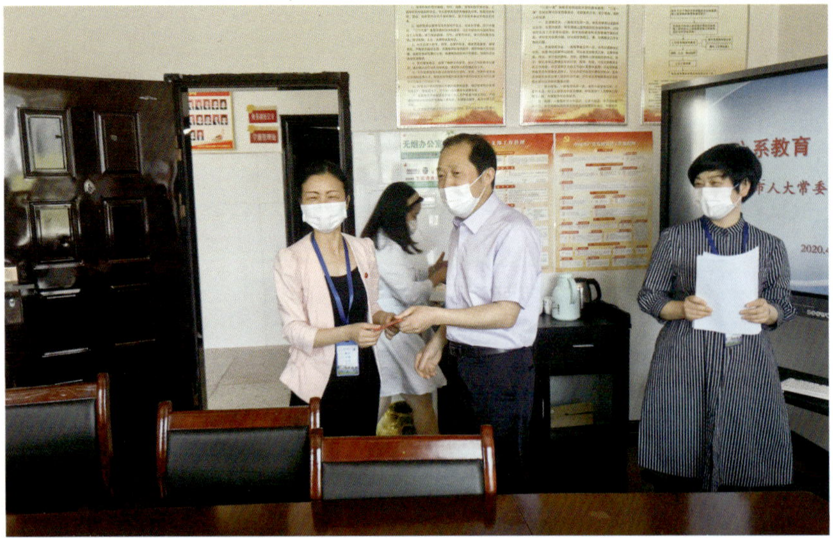

2020年五一国际劳动节前夕，市人大常委会、市总工会领导 看望慰问镇泰小学党支部书记、校长、省级劳动模范向燕

2020年5月9日，湘潭市、韶山市科协负责人到韶山乡开展系列科普活动

2020年5月20日，市安全生产委员会、市总工会、共青团市委联合举办“生命至上 安全发展”为主题的安全生产演讲比赛在火车站社区举行

2020年5月20日，韶山市“新时代文明实践活动进社区——2020年安全生产”演讲比赛在火车站社区举行

2020年5月22日，韶山市图书馆开展爱心助残捐赠图书公益活动

2020年5月29日，市科协表彰奖励2020年优秀科技科普工作个人代表

2020年6月12日，韶山市总工会负责人为获评“湘潭市最美女职工”苏碧媛颁奖

2020年6月16日，市应急管理局组织开展安全生产宣传咨询日活动

2020年6月29日，市科协组织开展“全国科普日”宣传活动，并为水果种植贫困户发放农药、肥料，传授施肥技术

2020年7月3日，市领导在韶山市四清种植专业合作社直播"带货"，为韶山水蜜桃"代言"

2020年7月13日，由韶山市总工会主办、湘潭市工贸中专承办、杨林乡工会联合会协办的"一户一产业工人中式面点培训班"在杨林乡石屏村开班

2020年7月25日，2020湖南红色旅游文化节暨湘潭首届红色文化产业博览会在韶山毛泽东广场举行。省委常委、宣传部部长张宏森（左五），副省长吴桂英（左四），湘潭市委书记、市人大常委会主任曹炯芳（右三），湘潭市委副书记、市长张迎春（左二）出席开幕仪式

2020年7月25日，市委副书记、市长曹伟宏（右）在韶山游客换乘中心红色文旅网游网购体验区，热情地与网友们打招呼，介绍韶山的红色历史、各类优质特色产品

2020年7月30日，由市总工会、市住建局主办，市住建行业联合工会承办的2020市住建行业职业技能竞赛在英雄路农发行工地举行。市领导到场观摩指导，并为获奖选手颁奖

2020年7月31日，韶山市委书记唐杰（右）考察驻韶部队，并开展“八一”建军节走访慰问活动

2020年9月11日，韶山市监察委员会派出韶山乡监察办公室正式挂牌。湘潭市委监委委员刘卫东（中）、韶山市委副书记胡亚湘（右）出席挂牌仪式并讲话

2020年9月14日，市委网信办组织开展“2020国家网络安全宣传周”韶山工作部署会

2020年9月22日，韶山市统计局组织开展第七次“全国人口普查宣传月”活动

2020年10月15日，韶山市科协举办科协基层组织业务暨“智惠行动”业务培训

2020年10月21日，韶山茶业、粮油等优质农产品在第二十二届中国中部（湖南）农业博览会展出

2020年10月26日，由市委宣传部、市文旅广电体育局主办的全民广场舞大赛在韶山火车站广场举行

2020年12月3日，全国团干部教育培训基地授牌暨湖南省农村青年致富带头人领头雁培训班开班仪式在韶山干部学院举行。共青团省委书记汤立斌（左）代表团中央为韶山干部学院授牌

2020年12月20日，经过两天的运输，神舟十号载人飞船返回舱从北京运抵韶山。此后将长期借用给湖南，在韶山毛泽东同志纪念馆进行展览。这是对毛泽东生前“可上九天揽月”的告慰

2020年12月25日，神舟十号载人飞船返回舱交接仪式在韶山举行。省委副书记乌兰（左三）、中国载人航天工程总设计师周建平（右三）、航天员张晓光（左二）、省委常委省军区政委冯毅（右二）、省委常委省委宣传部部长张宏森（左一）、省人民政府副省长谢卫江（右一）出席

2020年1月7日，市领导带队到市新联建材有限公司督查指导生产工作

2020年1月16日，韶山市金融工作签约仪式在韶山德盛宾馆举行

2020年3月19日，市领导带队检查境内铁路安全环境、企业生产工作

2020年3月20日，韶山市2020年重点项目集中开工仪式在高新区举行。湘潭市人大常委会党组书记、常务副主任李江南（前右一）宣布项目开工

2020年3月27日，市人大常委会主任赵叶惠（中）到银田镇视察指导扶贫建设项目

2020年4月17日，市内村民到银田镇银田村刘海河早稻集中育秧田考察学习

2020年5月1日，市场监督管理局领导带队开展特种设备安全专项检查

2020年5月9日，湘潭市总工会千百帮扶工程焊工、钳工培训班在韶山新韶光电器有限公司举行。湘潭市总工会党组副书记、副主席刘岸鸿（前排右六）出席开班仪式

2020年6月24日，市委书记唐杰（中）到韶山乡检查指导晏家洞水库加固和防汛工作

2020年7月2日，市委副书记胡亚湘（左二）到韶山乡调研指导乡村振兴工作

2020年7月23日，市领导带队到清溪镇境内督查交通顽瘴痼疾整治工作

2020年8月4日，韶山市气象局负责人到清溪镇境内金景丰葡萄产业园开展气象服务调研

2020年9月5日，市委副书记、市长曹伟宏（左一）到杨林乡调研指导乡村企业工作

2020年9月12日，市委副书记、市长曹伟宏(中)到长沙雨花经开区（韶山）智能制造产业园、中韶电气产业园等项目施工现场指导工作

2020年9月24日，市委书记唐杰（中）到韶山高新区现场办公，就项目推进中面临的重点问题进行专题研究部署

2020年9月28日，2020第二届潭商大会（韶山专场）在韶山建国大酒店举行。会议推介5个重点产业项目签约，金额达14亿多元。图为推介会现场

2020年9月29日，韶山市首个新建商品房“交房即交证”试点项目现场交证仪式在韶山樟树湾举行

2020年10月10日，韶山市杨林乡调度收割机抢收水稻

2020年10月25日，湖南亿德新能源厂在韶山高新区建成开业

2020年11月27日，市委副书记、市长曹伟宏（中）到高新区恒欣实业有限公司现场办公

2020年12月24日，韶山市地下热水资源及可持续利用新闻发布会在韶山举行

2020年12月28日，韶山市气象局杨林乡红旗水库开展人工增雨消雹作业

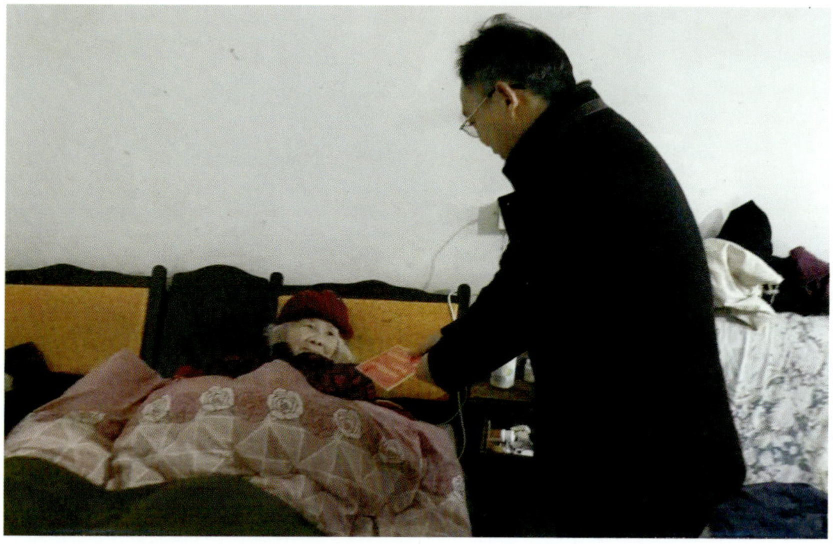

2020年1月13日，韶山市残联开展春节慰问活动，为贫困残疾人发放慰问金

2020年1月14日，市委副书记、代市长曹伟宏（左二）带队到车站农贸市场开展商品质量和安全生产经营督导检查

2020年1月19日，市领导带队到韶山汽车站开展安全生产检查

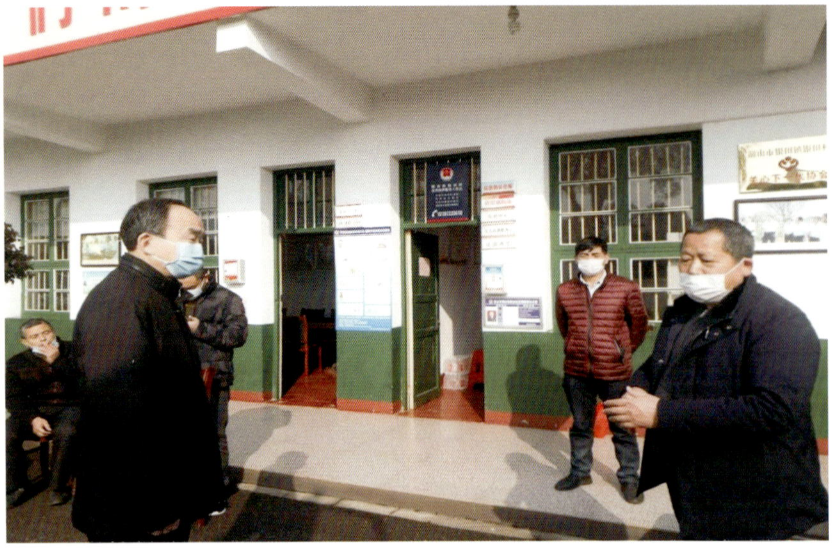

2020年1月27日，新冠疫情期间，市人大常委会主任赵叶惠（左）到银田镇银田村督导新冠肺炎疫情防控工作

新冠肺炎疫情防控期间，市场监督管理局开展市场商品质量检查。图为2020年2月6日在城区药店检查的情景

2020年2月，韶山消防救援大队开展走访慰问辖区困难户，为老年人送上生活物资

2020年2月13日，市公安民警到银田镇华南村新冠肺炎疫情联防联控哨卡盘查

2020年4月16日，韶山市政府、市武装部在清溪镇杨荣村一扩水库组织开展防汛应急演练

2020年4月30日，韶山学校新校区奠基开工仪式，在韶山高新区举行

2020年4月30日，市人大常委会主任赵叶惠（左二）到银田镇银田村看望精准扶贫对象

2020年5月10日，母亲节当天，韶山市消防救援大队队员走进社区，开展“弘扬美德、感恩母爱”活动

2020年六一儿童节，市总工会负责人到杨林乡看望慰问农村留守儿童和困难家庭儿童

2020年6月5日，市残联组织上门为行动不便的残疾对象评残

2020年6月6日，韶山市安全生产综合应急救援演练活动启动仪式在韶山新天名府项目部举行

图为综合应急救援演练现场

2020年6月26日，市委副书记、市长曹伟宏（左）到青年水库督查防汛工作

2020年7月22日，市人大常委会、市总工会领导带队开展“夏日送清凉”活动，为一线工作者送去工会组织的亲切关怀

2020年7月29日，市领导带队到清溪镇湘西塘督查学生防溺水工作

2020年8月6日，市领导到商务系统企业检查安全生产经营及新冠肺炎疫情防控工作

2020年8月19日晚，市领导带队在青年水库进行防汛巡查

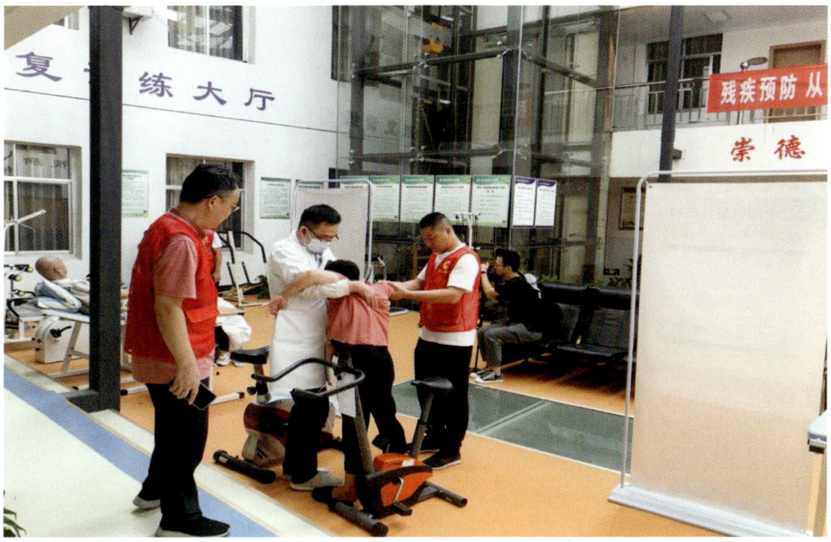

2020年8月20日，韶山市残联负责人带队到清溪镇石湖村免费为残疾人进行康复训练

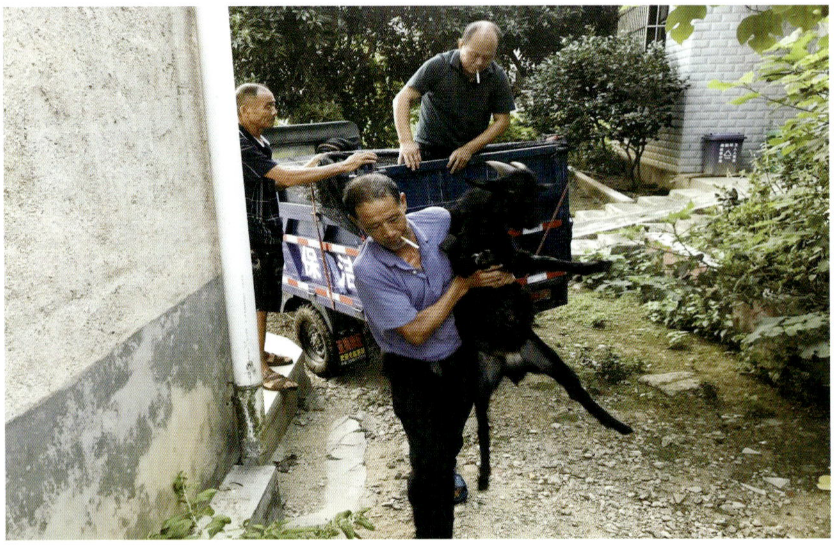

2020年9月1日，韶山市残联免费为贫困户发放羊苗

2020年9月1日，投资7000余万元的芙蓉学校建成投入使用

2020年9月30日，市领导带队开展国庆、中秋节安全生产经营检查

2020年10月3日，市委副书记、市长曹伟宏（中）督查交通、消防、安保和新冠肺炎疫情防控等工作

2020年11月11日，市领导到城区商业超市检查商品质量和安全生产经营工作

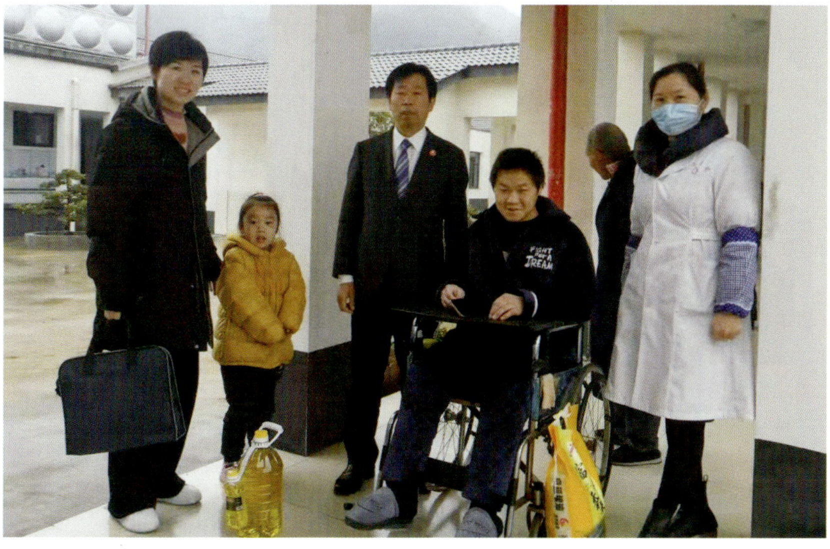

2020年12月9日，市政协主席张湘平（中）到杨林乡团田村走访慰问帮扶对象

2020年12月12日，市委书记唐杰（右二）在韶山人民来访接待大厅坐班接待来访群众

2020年12月22日，市九届人大常委会第36次会议通过韶山市民生实事票决方案，韶山市在湘潭市率先开展县级民生实事人大代表票决制工作

2021年春节前夕，市委书记唐杰（右二）在清溪镇慰问离退休老干部

2021年2月25日，市委书记唐杰（右六），市委副书记、市长曹伟宏（左四）等领导会见载誉归来的脱贫攻坚先进集体代表

2020年6月30日，“红色国库事业奠基人——毛泽民”陈列室建成开馆仪式在人民银行韶山市支行举行。湘潭市委书记、市人大常委会主任曹炯芳（左四），人民银行长沙中心支行副行长徐涌（右四），湘潭市委常委、市委秘书长陈忠红（左三），湘潭市委常委、宣传部部长周晓理（右三）到韶山瞻仰了该陈列室

2020年7月25日，全国各地游客汇聚韶山毛泽东广场，观看湖南红色旅游文化节开幕式演出

2020年12月25日，湖南省市场监督管理局局长向曙光（右）专程到韶山检查“万人同吃福寿面”食品安全工作

2020年12月26日，全国各地游客赶到韶山吃福寿面，深切缅怀毛主席

2020年元旦，来自省内外游客齐聚毛泽东广场喜迎新年的到来

前往毛泽东同志故居的瞻仰者络绎不绝，图片拍摄于2020年5月8日

游览韶山毛泽东纪念园的游客接连不断，图片拍摄于2020年8月22日

前往韶山滴水洞的参观者络绎不绝，图为2020年9月5日参观者在此参观的情景

韶山市消防救援大队指战员热情为游客服务，图片拍摄于2020年10月3日

汇聚韶山毛泽东同志纪念馆的瞻仰者川流不息，图为2020年11月18日瞻仰者在此瞻仰的情景

（图片除编辑部搜集拍摄之外，由市委办、融媒体中心，莫正德、郭霖、代林英等单位、个人提供）

（责任编校　颜家友）

特 载

韶山市创建全国双拥模范县工作纪实

韶山是毛主席家乡，是全国爱国主义教育示范基地、全国著名的革命纪念地和全国文明城市，2003年，韶山市获评湖南省双拥模范县，随后连续四届获得湖南省双拥模范县。

十多年来，韶山市不断努力，抓难点、创特色、求发展，立足红色资源，深入开展拥军优属、拥政爱民活动，积极构建军民团结和谐、军地优势互补、军民融合发展的大双拥格局，努力打造具有韶山特色的双拥工作品牌。实现双拥工作10个100%：一是转业干部安置到行政和事业单位率100%；二是城镇退役士兵安置率100%；三是随调、随迁军转干部家属安置率100%；四是驻军单位的电脑、图书室、室内训练场及科技拥军普及率100%；五是驻韶部队军嫂安置和子女入学优惠率100%；六是农村义务兵优待金按时按标准兑付率100%；七是重点优抚对象参加农村新型合作医疗率100%；八是“八一”走访慰问实施普惠政策，走访慰问覆盖率100%；九是农村重点优抚对象抚恤补助兑付率100%；十是重点优抚对象大病补助按上级规定标

2020年10月，韶山市获评“全国双拥模范县”称号。图为市委市政府在市行政中心举行其揭牌仪式，市委书记唐杰（右五），市委副书记、市长曹伟宏（左五）等领导以及“双拥”先进单位、先进个人代表出席揭牌仪式。

准落实率100%。一分耕耘，一分收获，2020年10月，韶山市荣获“全国双拥模范县”的称号。

一、筑牢双拥创建基础

韶山市双拥工作坚持以习近平新时代中国特色社会主义思想为指导，贯彻落实党中央、国务院、中央军委关于做好新时期双拥工作的重大决策部署，扎实推进双拥工作走深走实。一是组织有力。市委常委会、政府常务会每年听取双拥工作情况汇报，研究解决工作中的热点难点问题；把创建全国双拥模范城纳入全市中心工作，与经济建设同谋划、同部署、同实施。二是机构健全。市委市政府和市人武部主要领导率先垂范，亲自主持和参加多次双拥工作会议，督促建立健全各项双拥工作制度，推动机构日益健全、活动经常开展、工作执行有力。2019年以来，随着机构改革、职能调整，及时调整双拥工作领导小组成员，召开全市双拥工作领导小组会议，就各成员单位拥军优属优待办法及双拥工作职责进行任务分解，在全市各级党政机关、企业事业单位建立双拥工作机构43个，全面形成了党政军三位一体、群团组织广泛参与、全方位覆盖的双拥工作领导体系和网络。三是保障到位。坚持将双拥工作经费列入年度财政预算，继续加大双拥优抚工作的政策支持和资金投入，并将乡镇武装工作经费纳入了财政预算，每年按10%的递增比例落实武装工作经费。四是机制完善。制定和完善双拥工作例会制度，坚持每年召开双拥专题会议1次以上、军政座谈会或联谊会1次以上；坚持走访慰问制度，市、乡（镇）主要领导每年坚持2次以上走访慰问驻地部队官兵和辖区优抚对象；每年“八一”期间，对全市所有复退军人、军烈属、现役军人家属进行了全覆盖走访慰问，十一、春节前夕，对部分在乡老复员军人、伤残军人、军烈属、特困优抚对象进行重点走访慰问，共发放慰问金120余万元。坚持双拥工作目标分解制度，把双拥工作纳入党政领导班子和领导干部年度绩效考核范畴，实行细化考核、量化计分。

二、营造国防教育浓厚氛围

针对双拥工作新形势、新任务，发挥韶山优势，从夯实基础入手，广泛开展以爱国主义为核心的全民国防教育。一是有特色。着力做好红色文章，依托红色旅游景点开展革命传统教育，全方位、多角度创建国防教育工程，开办国防讲习所，打造“中国出了个毛泽东”实景演出、中共韶山特别支部历史陈列馆等教育场所，以红色引领推动双拥工作。二是有阵地。对韶山烈士陵园进行改造，将其打造成革命传统教育的新阵地。依托韶山文艺馆每年放映爱国拥军故事片、宣传片近100场。新打造湖南省全民国防教育基地、全省首批国防讲习所—韶山市红色年代文化记忆馆。三是有活动。市国防教育办公室、双拥办每年专题研究制定全民国防教育计划，“八一”期间由市双拥领导小组办公室行文发动全市各级、各单位集中人力、物力、财力广泛深入地开展双拥宣传、走访慰问、军民联欢、文艺演出、征求意见等活动，得到了社会各界的广泛好评。利用清明、“五四”“七一”“八一”、烈士公祭日、“十一”等重大节日和毛主席诞辰纪念日等时机，组织党政干部、团员青年、中小学生、部队官兵到毛泽东广场、烈士陵园教育基地开展瞻仰、参观、宣誓活动。从首个烈士纪念日起，每年由市委、市政府组织开展“缅怀革命先烈，实现民族复兴”公祭活动，全市党政军领导，市直及双管单位代表、驻韶部队代表、烈属代表、师生代表和企业代表在韶山烈士陵园参加。全市的双拥热潮不断高涨。据统计，近年来举行各类双拥活动多达30场，参加人员近万人。通过开展各种丰富多彩的双拥活动，进一步增强了双拥工作的影响力和覆盖面。四是有体验。发挥红色教育培训的引导功能，完善以“三个纳入”为重点的国防教育机制。纳入各级领导干部理论学习内容，在各级党校和人事部门组织的干部轮训中，专门开设国防课程和双拥课程，占培训总课程12%；纳入中小学校教学计划，全市各学校都开设了国防知识课程，严格组织初、高中入学新生开展军训，青少年国防教育普及率达100%；纳入民兵预备役人员政治教育的重要内容，每年市人武部组织民兵训练都安排了10%以上的时间用于国防教育。五是有载体。全市以革命纪念地名对一些道路和广场进行命名，在城市交通要道、公共场所设立大型永久性双拥宣传牌，在国防教育基地、旅游景点、车站、医院等基层服务窗口设置明显的“军人优先”和“军车免费停放”标志，在电视台、报纸、政府网站上开设“聚焦消防”“伟人故里育精兵”等双拥专题栏目，让广大市民和游客充分感受到双拥工作氛围。六是有典型。注重发挥典型的带动效应，选树了一批具有广泛影响的拥军典型，带动全市党员干部群众自觉拥军优属。被评为“全国爱国拥军模范”的汤瑞仁，引导其女儿毛桃芝将拥军工作发扬光大，在高新区创办毛家食品有限公司，历年来安置退伍军人及军烈属近100名，并开设了双拥工作荣誉室。通过典型带动，一批本地骨干企业自发参与到拥军队伍中，民办学校和幼儿园主动接纳军属子女就近入学，为部队官兵解决了众多实际困难，拥军优属已经成为韶山人民的自觉行动。

三、全面落实各类双拥政策

市委、市政府坚持以人为本的核心理念，严格落实抚恤、补助、优待标准，推动法规落到实处，各类优抚对象生活水平逐步提高：一是优抚政策落实到位。根据优抚对象抚恤标准按时足额发放到位，年发放优抚资金1000多万元。从2018年起，城镇农村义务兵优待金统一达到了15000元/年。鼓励进疆进藏服役，对服役人员一次性奖励20000元；对驻韶官兵和韶山籍在部队立功受奖、荣获荣誉称号的军人家属，按照湘潭市人民政府2019年下发的《关于做好全市拥军优属优待工作的通知》予以落实，全市共有5位现役军人荣立三等功，共为立功受奖军人家属送去慰问金10000元。开展信息采集及悬挂光荣牌工作，做致细致、扎实，准确无误，并下拨乡镇悬挂光荣牌经费6万元。落实部分退役人员就业援助及社会保障实施办法，对于特别困难的46名下岗失业退役军人，采取购买公益性岗位等方式解决就业。二是安置政策落实到位。全面推行阳光安置，以量化评分、岗位公示、公开选岗的方式实现了全市安置工作“公平、公正、公开”。近年来，对于符合政府岗位安置的转业退役军人，全部按政策安置到了机关事业单位或国有企业。切实加大退伍士兵培训力度，全面推行退役士兵免费职业教育和技能培训，总计培训200多人。为退役军人及时提供就业信息，采取职业介绍、就业推荐、专场招聘会等形式，创造更多的就业机会。继续推进“双带双促”活动，树立了一批典型。参战老兵成秋谷，带头创业致富，不忘军人本色，主动安置30多位退伍军人就业；参试退伍军人章亮非，义务宣传双拥工作，创办《韶风》杂志，免费送到相关单位和个人。三是医疗保障落实到位。对各类重点优抚对象的审核、审批和认定工作，形成了一整套严格的制度。建立健全优抚对象医疗保障体制，建立参合参保、门诊医疗补助、住院医疗补助、特殊医疗救助、慈善医疗救助于一体的优抚对象医疗救助体系。从2017年开始，通过组织开展短期疗养和医疗巡诊活动，为重点优抚对象解决了看病难的问题；落实《一至六级伤残军人医疗保障办法》，该类对象对照参照离休干部待遇进入公费医疗体系，费用由市财政全额保障。四是重点对象关心到位。近年来，全市共投入资金35万元帮助部分优抚对象维修改造了住房，投入22万元对部分重点优抚对象进行了大病医疗救助，全市各类优抚对象生活得到保障和改善。

四、整合军民深度发展

市委、市政府始终把推动军民融合式发展贯穿双拥工作主线，注重发挥军地优势、整合军地资源、调动军地积极性，走出了一条军民融合发展的新路子。一是国防建设有项目。把交通战备设施融入地方公路、桥梁、水运等交通建设工程之中，打造立体国防交通战备网络；把人防工程融入地方城镇化和新农村建设之中，投入1600多万元新建了市人防指挥中心，构建防空防灾一体、符合市场战场双重要求的人防工程。二是拥军优属有成效。实行走访慰问常态机制。每年“八一”、春节期间，向退役军人和其他优抚对象发放慰问金和物资，为武警湖南省总队和武警湘潭市支队1000多名官兵到韶驻训拉练提供方便，给予后勤保障，对随军未就业家属按照最低生活保障标准发放生活补助。各部门、各单位也积极发挥自身优势，为部队项目建设主动提供优惠和优质服务。近年来，国网韶山供电公司结合实际，把安全用电知识送进军营，并为市人武部、韶山中队、执勤一中队解决用电问题，减免各项费用20多万元；市商务局、市农业农村局“八一”期间开展为驻韶部队赠送米、油、无公害蔬菜的拥军活动；市教育局对随军子女入学实行优先优待；市法院、市司法局持续开展送法进军营活动，开展普法讲座，帮助军人、军属了解依法维权知识，连续几年无涉军案件发生；市文旅广体局、市教育局组织文艺晚会为驻韶部队官兵送去欢笑。三是拥政爱民有举措。人武部充分发挥军队资源优势，联合退役军人事务局、韶山旅游酒店商会23家酒店开办现役军人中转站，协调中部战区总医院与韶山医院达成技术协作关系，推动空军部队援建韶山学校，积极协调军民融合项目落户韶山高新区。驻韶部队积极参与驻地平安建设和社会治安专项整治，在全国“两会”、红色马拉松赛、毛主席诞辰和春节等重要时间节点以及新冠疫情防控期间共出动民兵近1000人次，建立军警民联防联治点6个，出色地完成了各类安保维稳任务。据统计，人武部利用雷锋纪念日、清明祭扫、“六一”等节日，到驻地学校开展征兵、国防教育等活动，受训学生达5000余人；武警中队建立了城区巡逻长效机制，每天出动20余名官兵参与城市昼夜巡逻；市人武部为联点村6户贫困户协调20余万元打造水井、修建石桥、修缮房屋；市消防中队近年来出警100多次，及时扑灭各种火灾，将损失降到了最低点，形成了军爱民、民拥军、军民鱼水一家亲的生动局面。

（王春风）

韶山市脱贫攻坚成就综述

韶山市按照“精准脱贫不落一人”的总要求，严格落实“五个一批”“六个精准”，坚持党建引领，有效激发贫困人口内生动力，全力以赴打赢脱贫攻坚战。2014年，全市建档立卡贫困人口4688人，2015年已全部标识脱贫；有原省定贫困村韶阳、韶前、平里、团田4个村，2016年全部实现“摘帽”，其中韶阳村被省扶贫办评为“脱贫攻坚示范村”，平里村被评为省级“文化旅游扶贫示范村”。韶山市脱贫攻坚工作在2017年、2018年湘潭市年终考核中位列B类县市区（园区）第一，2018年，韶山市在全省率先消除绝对贫困，受到省政府表彰奖励，在2019年省级脱贫攻坚考核中，韶山市入列“好”的等次，贫困户年人均收入达12000元，群众满意度达99%以上，韶山市脱贫工作经验多次在国家、省市级媒体进行宣传推介。2020年底全市共有建档立卡贫困户1475户4664人，已全部如期实现脱贫。

一、加强组织领导，压实工作责任

2021年2月25日，湘潭市委副书记、市长张迎春（右）接见“全国脱贫攻坚先进集体”代表——韶山市韶山乡韶阳村党委书记、村主任韦幼兰

坚持把加强党的领导贯穿脱贫攻坚工作始终，健全组织体系、强化组织推动，确保各项任务落到实处。一是突出三级联动。全市制定市、乡、村三级脱贫攻坚责任清单，明确具体职责任务，形成三级书记一起抓的工作格局。近年来，召开市委常委会、市政府常务会、工作推进会，专题研究部署脱贫攻坚工作110余次，强力推进政策落实、问题整改、经费保障、力量配备等工作。实行每月第二周“无会周”制度，并将“无会周”定为“精准扶贫周”。市委、市政府主要负责同志带头开展“三走访三督导三签字”活动，调动各方力量解决问题80余个，推动了责任落实、工作落细。将习近平总书记关于扶贫工作的重要论述纳入市委理论学习中心组学习内容，并集中学习上级关于扶贫工作的政策文件、会议精神65次；邀请省扶贫办领导来韶作专题辅导授课4次，2000余人次现场受训，提升了各级扶贫工作者的责任意识和业务能力。二是强化制度支撑。出台《脱贫攻坚巩固提升三年行动方案》《深化脱贫攻坚工作大力发展产业促进就业实施方案》《2020年巩固提升脱贫攻坚成效实施方案》等，加快推动产业扶贫、就业扶贫等，贫困群众脱贫质量得到巩固提升。制定2020年乡镇党委政府以及市直单位（部门）脱贫攻坚工作考核实施方案，形成“以巩固提升为总揽、以工作考核为抓手、以群众满意为目标”的制度体系，引导各级各部门严格履职、狠抓落实。同时，出台《韶山市防止返贫致贫监测和帮扶机制实施方案》，对全市边缘易致贫户、脱贫不稳定户实行动态监测，及时进行帮扶，杜绝了返贫致贫现象发生。三是坚持尽锐出战。抓好驻村帮扶，落实上级组织部门“建队建制”的要求，将驻村帮扶工作纳入派出单位的绩效考核，向33个村派驻工作队19支，实现驻村工作队和第一书记应派尽派，确保驻村工作队帮扶力量不减弱。近三年驻村工作队组织召开党员大会600余次、户主会1500余次，经常为贫困群众搞卫生、做家务、干农活、送物资，得到了群众的普遍认可。深化结对帮扶，全市1600多名党员对所有建档立卡贫困户实施结对帮扶，结对帮扶率达100%；落实“一月一走访”制度，组织帮扶责任人每月上门走访1次以上，做好台账完善、政策宣传、思想疏导、日常服务等工作，为贫困群众解决具体问题800余个。发挥“头雁效应”，加强村级党组织负责人和致富带头人队伍建设，近三年来组织村党支部书记、第一书记开展集中培训20期，完成历年上级下达的致富带头人培训任务，将脱贫攻坚作为培训的重要内容，引导农村党组织书记和致富带头人发展种养殖、食品加工等产业，带动、吸纳贫困群众发展产业、上岗就业，引领贫困群众走上了致富增收的康庄大道。

二、做好基础工作，保障高效运转

市委、市政府坚持把打基础摆在突出位置，在对象准、举措实、资料全等方面持续发力，有力推动各项工作稳步开展。一是在精准识别上严把关。贯彻落实习近平总书记“精准识别贫困人口是精准施策的前提”的指示要求，坚持精准识别对象、精准掌握信息，结合“两摸底、一核准”等工作，组织实施重点对象分类管理，积极开展动态调整，全面落实民主评议、公开公示、入户核查等程序。2020年底，新识别建档立卡贫困户11户36人，均已如期实现脱贫。同时，摸排出边缘易致贫户102户313人、脱贫不稳定户39户87人，已全部实行动态监测和帮扶。二是在因人施策上出真招。要求帮扶责任人会同乡镇、村、后盾单位，为贫困户量身制定“一户一策”，涵盖了贫困户基本信息、致贫原因、帮扶责任人信息、帮扶措施和帮扶计划等多项内容，并根据贫困户生产生活实际情况及时调整帮扶措施，确保帮扶系统全面、举措有力。三是在台账管理上下功夫。近年来，市、乡、村召开各类培训会100余次，市级层面定期从各乡镇抽样进行数据核查，乡镇、村每周对“一户一档”等基础资料台账进行数据比对，驻村工作队依托数据系统再次进行核对，确保线上线下数据一致。同时，结合入户走访，帮扶责任人为贫困群众细心解读基础资料和扶贫手册，让他们感受到巩固提升的过程，增强了致富增收的信心。

三、抓好政策落实，推动精准帮扶

坚持将“两不愁、三保障”作为贫困人口脱贫的基本要求，根据中央、省、湘潭市巡察、考核反馈的6大类问题，结合开展“五查五看”“双月四清零”“脱贫质量回头看”和“集中问题排查整改”行动，持续加大工作力度，推动问题全面清零、政策全面落实。教育扶贫方面：积极开展送教上门、师生“一对一”结对帮扶、“六个一”等多渠道扶助，建档立卡等家庭经济困难学生入学率达100%、辍学率为零，三类残疾儿童入学率达100%，2020年发放春季职业学历教育扶贫补助109人，实现“应发尽发”，让寒门学子感受到了党和政府的温暖。健康扶贫方面：聚焦贫困群众“能看病、看好病、少生病”，全面落实健康扶贫政策，贫困人口参保率达100%，参保补助政策落地落实，其中建档立卡贫困人口参加城乡居民基本医疗保险个人缴费部分由财政按250元／人补助，并购买了“扶贫特惠保”；县域内定点医疗机构全面落实“先诊疗后付费”和“一站式”结算服务，2020年1—10月，县域内贫困人口住院1148人次，住院报销比例达90.3%；为贫困人口提供上门出诊、随访、代购药品、绿色转诊等个性化家庭医生签约服务，患四类重点慢性病贫困人口1152人，全部纳入签约管理，签约服务率达100%；对患33种大病贫困人口504人实行精准救治，救治率达100%；全市33个行政村均按标准设置村卫生室，并至少配备了1名合格村医，贫困群众看病更加方便、健康更有保障。危房改造方面：对全市4168户“四类对象”唯一住房进行了危险性住房鉴定，并粘贴了危房等级鉴定明白卡、发放了鉴定函告书，完成所有建档立卡贫困户住房安全信息和建档立卡APP信息录入，进度和质量位居全省前列。同时，组织乡镇对2175户危改对象进行“回头看”，对修缮和新建的房屋质量进行多次检验，目前危房改造全面完成，真正做到了危房不住人、人不住危房。安全饮水方面：全面开展建档立卡贫困人口饮水安全问题摸排工作，逐一入户张贴了《饮水安全明白卡》，对摸排中发现的饮水安全问题，通过接入村集中供水工程、新建水井、清洗消毒原有自备水井等方式开展整改，确保全市贫困人口饮水安全。完成了韶山乡平里村、韶前村、韶阳村、新联村，清溪镇梅湖村、厚罗村以及银田镇银园村的农村饮水安全工程建设，切实解决季节性缺水问题，让贫困群众喝上了放心、安全的自来水。兜底保障方面：积极推进农村低保与国家扶贫标准线“两线融合”，2020年城乡最低生活保障标准达6000元／年／人，超过省定农村低保救助标准3700元／年／人。建立健全农村低保与扶贫开发信息共享机制，对全市纳入建档立卡范围的兜底保障对象982人实行动态监测管理；聚焦农村贫困老年人、残疾人、儿童等特殊群体“脱保”“漏保”问题，深入开展清理排查整改，实现“应保尽保、应兜尽兜”。

坚持将落实扶贫政策与办好民生实事紧密结合，建设韶山学校高新校区、芙蓉学校，学位紧张、教育资源不均衡等难题得到有力解决；市人民医院标准化建设积极推进，基本公共卫生服务排名全省第三；统筹推进养老、文化、体育等社会事业发展，全面提升贫困群众和全市人民的幸福感、获得感。

四、加大攻坚力度，提升脱贫质量

始终把提高脱贫质量放在首位，千方百计抓好产业扶贫、就业扶贫和社会帮扶，引导和支持有劳动能力的贫困人口开创美好明天，切实增强贫困群众致富增收的内生动力。一是筑牢产业扶贫“压舱石”。结合全市“一县一特”产业发展要求，建立“村+公司（合作社）+贫困户”的发展模式，大力培育银田村产业扶贫基地、银康园药材种植基地、韶阳村茶叶基地、平里村“一亩田”产业等一批长期增收项目，引导和鼓励各乡镇、村组发展特色产业助推脱贫攻坚，充分带动有产业发展能力和意愿的贫困户发展产业，与贫困户建立紧密的利益联结，实现产业扶贫全覆盖；全市4个原省定贫困村均成立了专业合作社，并参与了产业扶贫；积极推广“村+合作社+农户”的村级集体经济发展模式，经济收入在5万元以下的薄弱村全面清零，全市村级集体经济水平大幅跃升。银田村创建的扶贫产业基地，与该村68户建档立卡贫困户签订协议，2020年村级集体收入达100万元，比2018年增长近7倍，人年均收入超过1万元。着力加强技术指导，全市共选聘99名产业发展指导员和科技特派员、农业技术骨干、农技推广人员开展联乡包村行动，为贫困户发展产业提供智慧支持。加强资金项目管理，将所有扶贫项目纳入项目库，对于建档立卡贫困户的财政性资金，均通过“一卡通”安全数据平台发放至扶贫“明白卡折”。建立扶贫项目资产台账，分类建立后续管护制度，并且顺利通过扶贫项目资金第三方核查检查和财政专项扶贫资金绩效评价。做实金融扶贫，对符合条件的贫困户和边缘易致贫户，做到产业扶贫贷款“应贷尽贷”，2020年已超额完成440万元的小额信贷指标任务。推进光伏扶贫，全市四个原省定贫困村均建立了光伏电站，并将发电收益的80%用于贫困人口承担公益性岗位的工资，以及参加村级公益事业建设的劳务费支出。二是打好就业扶贫“组合拳”。坚持以就业促增收，多措并举深化就业扶贫，采取岗位推送、公益性岗位安置、劳务输出等措施，精准做好贫困群众稳岗就业工作。目前，全市有1809名贫困劳动力实现就业，务工人数较去年同期增长3.7%。疫情期间，新增临时公益性岗位113个，优先安置建档立卡贫困对象；积极开展线上线下招聘活动5场，累计提供就业岗位4000余个。充分发挥就业扶贫车间作用，认定口口香、新韶光、远东钢模等企业为“韶山市扶贫车间”，提供就业岗位100余个。全面落实就业扶贫政策，发放交通补助1316人38.15万元，发放一次性求职创业补贴1133人33.99万元；落实贫困劳动力社会保险补贴24人，岗位补贴23人，共拨付21.06万元。积极开展养老护理、育婴师、电工等方面的职业技能培训160余期，培训贫困劳动力209名，补贴培训资金20余万元，发放生活费补贴3万余元，帮助贫困群众提升职业技能。三是搭建消费扶贫“新平台”。全面推进“三专一平台”建设，全市共认定扶贫产品25个，按要求设立了专馆、专柜、专区。大力开展现场直播带货、联点帮扶等活动，累计推广销售农副产品450余万元。积极参加省、湘潭市展销会，发动全市各级各部门参与消费扶贫，购买贫困户的土鸡、土猪、蔬果等农产品，为贫困户增收30余万元。2020年已超额完成年度扶贫产品销售1220万元的任务。四是织密社会帮扶“爱心网”。深入开展“户帮户亲帮亲、互助脱贫奔小康”主题活动，为177户贫困户捐款捐物，并提供陪护照看、心理疏导等，累计对接6600人次。积极开展“企业帮村”活动，动员41家企业和商协会倾情参与，其中，毛家集团主动承担100万元产业扶贫任务，确保韶阳村贫困户人年均增收500元以上，获评湖南省“万企帮万村”先进民营企业。建立400万元的市级扶贫基金，收益直接与无劳动力的贫困户和建档立卡系统外的低收入家庭挂钩。同时，依托10月17日扶贫日等活动，广泛动员社会志愿者、妇联、团委、关工委和爱心企业等组织参与脱贫攻坚工作，近三年整合社会资金500万余元，凝聚了全民助力脱贫攻坚的强大合力。

五、强化工作保障，巩固脱贫成效

着力强化脱贫攻坚各领域工作保障，为打赢脱贫攻坚战夯基固本。一是强化环境保障。坚持将改善农村人居环境作为脱贫攻坚的重要内容，全力推进农村人居环境整治三年行动，垃圾分类实现全域覆盖，农村污水处理率达75%，卫生厕所普及率达100%，村庄绿化覆盖率达59.47%；加大基础设施建设投入，国家烟草援建韶山水源工程基本竣工，建成村文体广场、道德讲堂等一批文体阵地；抓好农村道路建设，创成“四好农村路”省级示范县；统筹推进农村网、电、讯等基础设施建设，为贫困群众提供优质、舒心的生产生活环境。二是强化治理保障。依托全国乡村治理体系试点、全国新时代文明实践中心试点等工作，健全自治、法治、德治相结合的乡村治理体系，推动脱贫攻坚走深走实。坚持以村规民约落地落实为切入点，积极探索“村制定、乡执行”制度，设立村规民约监督执行委员会，创新推出“红黑榜”等机制，引导贫困群众积极参与基层治理，实现自我管理、自我教育、自我提高；着力加强德治引导，大力弘扬社会主义核心价值观，深入推进“六大文明气质倡树”活动，积极开展送戏下乡、传承“好家风、好家训”等精神文明建设系列活动，鼓励贫困对象自力更生、艰苦奋斗。三是强化督导保障。着力发挥督导、检查的利剑作用，近年来结合各类巡察、巡视、审计、自查等，整改问题800余个，为群众解决了一批“急难愁盼”问题。2020年，对全市脱贫攻坚工作进行系统核查，巩固提升脱贫攻坚成效。四是强化作风保障。将“严”的主基调贯穿脱贫攻坚全过程，着力加强扶贫领域作风建设，以开展“一季一专题”专项治理为抓手，狠抓“两不愁三保障”、产业扶贫等领域的突出作风问题。近三年，共查处扶贫领域腐败和作风问题18起18人，切实解决侵害群众利益的突出问题，让群众真切地感受到自己的事情有人管、身边的利益有人护。

（杨连学）

韶山市抗击新冠肺炎疫情工作纪实

从2020年1月23日武汉因新冠肺炎疫情而封城，到4月8日正式解封，历时76天，武汉抗疫取得最终胜利。在这76天里，韶山市一样经历一场疫情防控的严峻考验。疫情就是命令，防控就是责任，全民动员，齐心协力，韶山市最终实现零感染，保持低风险地区，全市人民奏响了一曲团结奋斗的凯歌。

一、加强领导，全面落实责任

一是市委第一时间成立疫情防控领导小组，落实防控责任。1月23日迅速启动公共卫生事件一级响应，召开专题会议，部署方案，明确责任。根据疫情紧张和严峻的形势，全面推行和落实“日报告”“零报告”制度。市委常委会、市政府常务会及时学习传达习近平总书记关于新冠肺炎疫情防控有关讲话精神，研究部署疫情防控工作，实施统一领导、统一行动。针对春节假期的特殊情况，对于特殊岗位和特殊人群全部取消春节假期，迅速上岗履责。市委疫情防控工作领导小组每周主持召开疫情防控专题会，安排部署全市新冠肺炎疫情防控重点工作，贯彻落实上级联防联控指示，研判工作中出现的新情况，新问题，及时解决，有力推进。全市上下坚定信心、同舟共济、科学防治、精准施策，科学制定疫情防控工作方案，出台“疫情防控十五条”“十个全覆盖”“十个一律”等措施。二是压实重点单位和重点部位的责任。市委疫情防控领导小组明晰各乡镇党委政府、重点单位和重点场所以及重点人群的主管部门、企事业单位的主体责任、家庭个人的防护责任，做到责任到部门到人，形成防控合力，做到防控无死角。三是聚焦统筹推进疫情防控和经济社会发展，围绕农业生产、复工复产复学、恢复生产秩序、脱贫攻坚等重点工作加大宣传力度，广泛科普《韶山市新冠肺炎常态化疫情防控“十要”》，将科学佩戴口罩，勤洗手、常通风、一米线、公筷制、少聚餐等个人常态化防控措施编成朗朗上口的“打油诗”，通过村村响、微信、宣传海报等多种方式宣传，倡导民众养成良好的健康行为，做健康的第一责任人，生动讲述抗疫一线感人事迹，讲好中国抗疫故事，营造强信心、暖人心、聚民心的浓厚氛围。其中，《湖南韶山“内地初中班”学生返疆备战中考》刊播在CCTV-13《朝闻天下》《新闻直播间》《湖南日报》、红网，《韶山：聚焦短板弱项，决胜全面小康》刊发在人民日报客户端；四是加强工作督导，确保工作责任落实到位。市委、市政府全体领导经常深入基层和重点部位指导和督查，细心发现问题，及时整改，全面推动责任落实。在疫情防控中，杨林乡一名分管疫情防控工作的负责人，因为责任不落实，不到位，受到严厉批评。市防控领导小组督查组会同市委督查室、市政府督查室对常态化防控各项工作开展情况定期进行督查，开展专项督查20次，通报督查问题71个，全部立行立改，确保疫情防控有力推进。

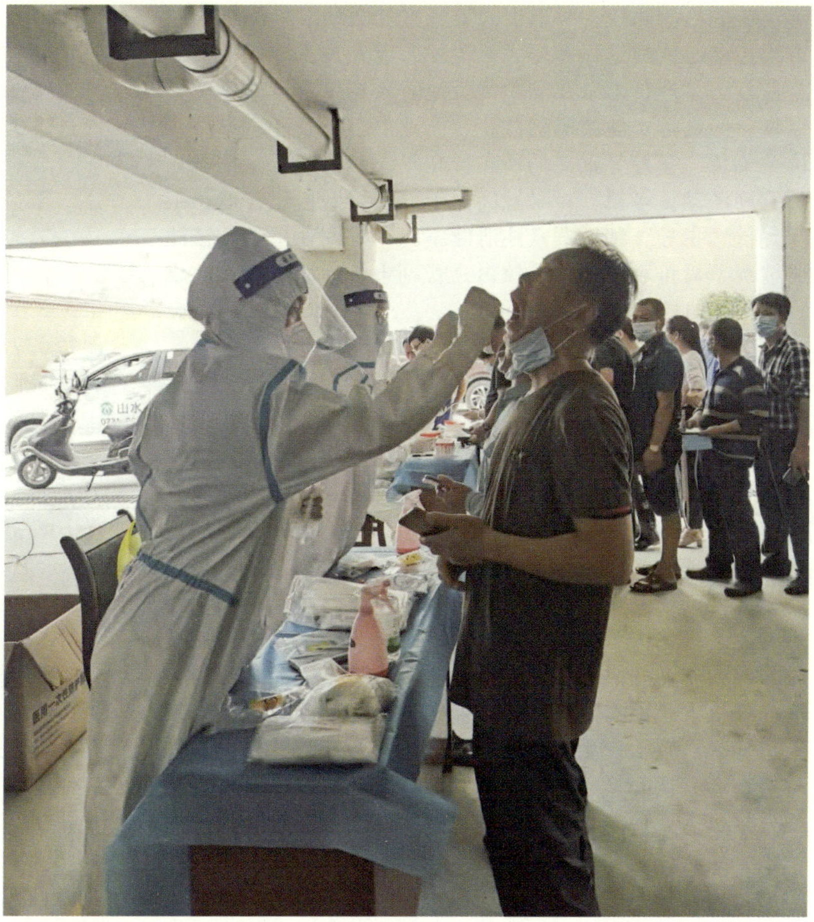

2020年12月，韶山市疾控中心采样组对全市市场监管一线等流动工作人员进行核酸采样

二、控源头排隐患，全面筑牢防疫堤坝

一是全员化防控。面向全市发起“疫情就是命令，防控就是责任”的动员令，发动4000余名党员干部、431名志愿者、134名医务工作者奔赴抗疫一线，动员各界人士和广大群众踊跃参与、积极支持，营造了同心协力、共战疫情的浓厚氛围。一级响应启动后，立即对入韶路口、核心景区和人口密集场所全面封控，安排专人24小时值班值守，严格做到“外防输入、内防扩散”。二是网格化管控。坚持把社会面防控和网格化管理结合起来，市级领导带头，分片负责，明确网格责任人、医护人员和防疫工作人员，构建了联防联控、群防群治的管控体系。三是过筛式排查。织密大数据推送、出入卡口排查、车站出口排查、健康卡验证、群众举报奖励、干部联系群众的“六道筛子”，确保无一漏网。落实早发现、早报告、早隔离、早治疗的“四早”要求，对疑似患者迅速进行核酸检测、对确诊者立即进行隔离治疗，全面摸排外地来韶人员11000名，其中涉外人员46人，牢牢堵住外防输入、内防扩散和反弹漏洞。四是全覆盖监测。落实电话询问、自主上报、逐户登记等管控措施，实现居民体温监测全覆盖。加强涉外人员、涉鄂人员等重点群体的监测和健康管理，共计实施健康管理660人，确诊并治愈1例，实现“零遗漏、零病亡”的目标。

三、坚持预防为主、支撑保障得到强化

一是医疗机构严密预防。落实医疗机构、客运场站、养老院、高铁南站和换乘中心等公共场所体温检测措施，加强医疗机构预检分诊和发热门诊排查，加强新冠肺炎疫情监测。市疾病预防控制中心组建常态化疫情防控小分队2支，市人民医院传染病区处于常态化开放状态，将及时发现、快速处置、精准管控、有效救治的基本方略贯穿到专业机构的日常工作中，切实落实早发现、早报告、早隔离、早治疗的“四早”措施。落实医疗机构工作人员，在密闭公共场所工作的营业员、保安员、保洁员、司乘人员、客运场站服务人员、警察等人员以及就医人员等要佩戴口罩。二是部门联动防控。市文明办将公筷公勺制度纳入文明创建考核内容，深入开展“文明餐桌·公筷行动”，防范和减少用餐中的交叉感染及食源性疾病传播，切断“口口相传”的疫情传播途径。张贴“文明用餐·公筷行动”宣传海报1000张，免费发放公筷30000双，督促各餐饮单位及单位食堂使用公筷公勺。并由两所一队分别对辖区内餐饮经营服务单位公筷使用情况进行督查；三是

落实核酸检测防控。采取引入第三方社会核酸检测机构和市疾控中心核酸送样等形式对境外入境人员、涉武人员、企业复工复产员工以及高中风险地区入韶等重点人群应检尽检。四是落实健康码防控。在换乘中心、景区、车站、机关单位、学校等重点场所实行亮码或扫码通行，推进人员有序流动。乡镇、村（社区）干部实行网格化管理，上门宣传，指导、帮助群众注册健康码，定期通报各乡镇注册情况，对排名末位的乡镇由分管副市长约谈，落实健康码预判和防控。

四、突出工作重点、防控措施精准到位

一是四个乡镇党委政府继续严守社区防控底线，筑牢网格化管理防线，发挥社区“映山红志愿者”作用，做好健康教育、环境卫生治理、出租房屋和集体宿舍管理、外来人员管理等工作。银田镇有一名外来人员，在镇上居住和生活几天后发现感染新冠肺炎。市、镇、乡和村联动，沿着这名外来人员的活动轨迹，迅速全面开展排查密切接触者、次密切接触者。并在活动者周边进行无死角消毒。这名外来人员没有感染韶山任何人。二是阻断景区的外来人员输入。疫情发生后，核心景区实施暂停对外开放。同时对核心景区和换乘中心采取扫验绿色健康码、测体温、戴口罩进入，旅游景点采取一米线排队，每一项防控措施严密到位。三是全市42所中小学校和幼儿园延期开学，开学后每天做好学生入校健康检测工作，幼儿园严格落实晨午检制度，通风消毒和常态检测日报告零报告制度，对发热学生都要求家长带其至韶山市人民医院发热门诊进行排查，同时对患腮腺炎等其他传染病的学生要求治愈后，凭市人民医院复学证明才能入学（园）。确保了全市教育系统平安稳定；四是市民政局结合全市养老机构实际情况，成立“一联一、一对一”工作组，及时掌控养老机构工作动态，采取了封闭性暂时管理。给予“公建民营”乡镇敬老院以及在韶山市民政局登记备案的民办养老机构一次性疫情防控补助6万元，将养老服务机构特别是社会服务机构类型的养老服务机构纳入扶持范围，帮助养老服务机构渡过难关。

五、抓民生强保障，全面推进社会稳定

一是抓实物资保障。市本级财政投入疫情防控825.3万元，千方百计筹集各类口罩45.2万个，红外线体温枪637支，防护服1000余套，消毒液7吨，有力保障了全市人民防疫需求。设立7个物资供应点，加强生活物资调配、监管和物价监测，确保生活必需品供应充足、价格稳定。二是抓牢民生保障。组建45支物资配送队，发放便民联系卡，微信推送便民信息，全程为居民提供代买代办服务。设立33支驻村帮扶队，帮扶孤寡老人60名、困难群体400余名。“点对点”协助18600名农民工返岗复工，其中有1505名贫困劳动力。落实落细学校疫情防控工作，确保中小学有序复学。三是抓好春耕保障，有序推进春耕生产。湘潭市下达早稻播种任务5700亩，自我加压增加任务4950亩，实际播种早稻11021亩，超额完成任务。生猪养殖逐步恢复，一季度出栏生猪2.6万头。四是一手抓防控一手抓复工复产。在抓实抓严新冠疫情防控的基础上，积极推进复工复产提速扩面。企业复工复产防疫指南，全方位落实企业防疫措施，出台文旅、工业等应对疫情的产业扶持政策，不折不扣落实国省减税降费政策，共计为企业减免税费1570.48万元，帮助企业融资3.27亿元。派驻14支复工复产服务组和123名企业联络员，“点对点”解决复工复产问题。五是有力推进市场消费。有序启动景区景点对外开放，举办“百里万亩”油菜花节和抖音视频推广大赛，旅游市场逐渐回暖升温。

（陈军良）

韶山市创建全国垃圾分类示范市纪实

近年来，韶山市深入贯彻落实习近平生态文明思想，以垃圾分类为着力点，守住绿水青山，打好蓝天、碧水、净土保卫战，实施乡村振兴战略，改善城乡人居环境，大力推进城乡人居环境整治和基础设施建设，顺应人们对美好生活的向往。在垃圾分类、推进新型城镇化、城乡污水治理、可再生资源建筑应用等方面取得明显成效，生活垃圾收集率和无害化处理率达到100%。2018年新型城镇化和“双修双改”工作受到省政府表彰奖励，获评全国农村生活垃圾和资源化利用示范县，全国农村生活污水处理示范市、全省美丽乡村建设先进市，成功通过国家可再生能源建筑应用示范市验收。

一、工作情况

近年来，韶山市把垃圾减量化、资源化、无害化处理作为一项重要工作来抓，特别是将普遍推行垃圾分类与“不忘初心、牢记使命”主题教育结合起来，创造性开展工作，汇民智、聚民力解决农村垃圾问题，垃圾分类工作实现了全域覆盖。2020年全市处理不可回收垃圾21002吨，收集利用可回收物7786吨，处理医废垃圾28吨，工业

危废、固废垃圾6000吨，垃圾减量19.6%，资源化利用84.7%，无害化处理资源化利用和减量化目标成效十分明显。工作成绩和经验被央视、省市媒体宣传推介，2020年率先在全国县一级实现垃圾分类付费制全覆盖，城区部分单位家属院落亦开始收取垃圾卫生服务费。

（一）整治非正规垃圾堆放点

全市仅有银田镇华南村一处非正规垃圾堆放点，2018年组织银田镇开展专项治理，出台方案，封场禁止村（居）民继续堆放，对已有垃圾外运至垃圾焚烧场焚烧。2020年利用农村人居环境治理项目，进一步进行修复治理，主要完善周边排水体系、植树复绿，共投入200余万元。已通过省住建厅等多部门的联合检查验收并销号，全市再无其他非正规垃圾堆放点。

（二）生活垃圾分类规范运行

1.按比例配备保洁员。全市各行政村（社区）按100户一名保洁员的比例进行配备，择优聘用，与公益岗位挂钩，奖优罚劣。各村根据实际按月按季和年底对保洁员进行评先评优奖励，高峰时全市有1114名保洁员，精减后保留884名。对可回收物，由保洁员自行变卖，所得归己；同时乡村两级根据回收量给予0.15元／斤的奖补，确保保洁员的基本待遇，也调动了保洁员工作的积极性。

2.按职责任务保区域洁净。一是实行网格化管理。乡村两级对保洁员队伍进行行业培训，明确保洁员的工作范围和所辖农户垃圾分类，引导农户正确进行垃圾分类，合理处置可回收物、有毒有害垃圾，厨余垃圾和其他垃圾，确保街巷、路边、河边、田边、沆塘沟渠无白色垃圾、建筑垃圾、医疗废弃垃圾和大件垃圾。二是实行规范化考核。各行政村经村民代表大会决议，将垃圾分类制度纳入村（居）规民约，成立环保理事会，由村（居）五老人员担任理事会成员，对保洁员进行规范化考核，按月评分，建立考评监督机制，对保洁员实行有效的激励和约束，韶山乡实行“六级监督”模式，杨林乡实施网格化考核办法，清溪、银田两镇实行月检月评。

（三）高效利用农村生活垃圾

韶山市2019年到2020年连续二年均出台了垃圾分类工作实施方案，全面规范实施生活垃圾分类和减量化、资源化、无害化处理。全市各行政村社区和党政机关按实配置各类垃圾桶和垃圾清运车等基础设施和设备，按垃圾分类标准进行垃圾分类。可回收物、有毒有害垃圾、厨余垃圾、建筑垃圾等各类垃圾均得到了妥善处置和资源化利用。可回收物包括低值垃圾经由保洁员收集后，统一运送至村再生资源分拣中心进行分类储存，定期外运或由废品终端处理公司上门回收，较好地实现了废品回收利用的最大化。有毒有害垃圾由农户自行封闭收集保管，根据存量由城管部门统一收集至有毒有害垃圾专用储存房。党政机关、企业、社区均为同类模式运行，医废和工业危废、固废垃圾等有毒有害垃圾概由各主管部门和本企业严格按照行业要求封闭存储并定期运送公司无害化处理。厨余垃圾、易腐垃圾处理多样化，农户日常尽量少喂家禽，红白喜事量大时由保洁员集中送村沼气池或三级化粪池处理，或进行传统的“沤凼堆肥”，宾馆、酒店、学校和企业食堂实施社会化运作，由专业公司上门安装设备，实现油水分离，或送往厨余垃圾处理站处理，提炼工业用油，残渣制作禽畜饲料和生物肥料。其他垃圾由城管部门统一收运或由村、社、小区自行运送至农村和城区中转压缩站，后转湘乡市焚烧发电。通过特许经营，民营企业韶山市华宇水泥制品有限公司投资2000万元，建成年处理25万吨建筑垃圾处理系统，2019年11月投入运营，已完成数万吨建筑垃圾的处理，农村生活垃圾变废为宝得到高效利用。

（四）建立合理有效的生活垃圾收运处置体系

采取“户收集、村清运、乡（镇）转运、市处理”的模式，全面实施垃圾分类的运行。农村生活垃圾的收集以多元形式出现，一部分用垃圾钩臂箱，一部分用垃圾清运车，全市露天垃圾池已于2020年10月全面清除。按15000人一座的比例，建立了8座中转压缩站，极大方便了全市生活垃圾的投送转运。可回收物包括低值回收物的资

2020年，韶山市获评全国农村垃圾和资源化利用示范县（市）。图为韶山市委书记唐杰（右一）在韶山乡湘韶村检查指导垃圾分类工作。

源化利用，得到了最大限度的释放；建国酒店、和胜、韶润等厨余垃圾处理站和华宇水泥制品公司的建成运营，也为当下困扰的两类垃圾的处置带来一缕曙光。全市农村生活垃圾全面实现无害化处理。

（五）健全工作长效机制

1.成立领导小组。市委市政府把垃圾分类工作从人居环境整治工作中单列出来，并以此为“切入口”，努力实现人居环境整治的“大突破”，成立以书记、市长为双组长，市委副书记为常务副组长，省韶山管理局领导和市委、政府领导为副组长的领导小组，明确了全市各单位、企业党政负责人“一把手”为垃圾分类工作第一责任人，各行政村、社区、小区均对应成立相关机构，全面领导垃圾分类工作。

2.建立办公协调机构。设置了领导小组办公室，负责全市垃圾分类的文稿、策划、统筹、协调和督查，每季度对全市进行两次暗访一次明查，写出检查情况通稿，提出问题并提出整改要求，每月出刊一期工作简报，发送全市相关领导和责任单位。

3.制定相关工作文件。以市委、市政府两办名义，印发了《韶山市垃圾分类工作指导意见》《关于落实〈韶山市垃圾分类工作指导意见〉的实施方案》《韶山市垃圾分类工作考核细则》等系列政策文件，这些文件为全市垃圾分类工作提供了全面、规范、准确的政策依据和执行标准，让广大群众看到了市委、市政府推进垃圾分类的信心和决心。

4.多方筹措专项资金。建立“财政直补、乡镇配套、城镇付费、社会捐助”的资金筹措模式。市财政每年预算200万元作为垃圾分类工作以奖代投费用；乡镇安排每个行政村1万－3万元的工作经费，对可回收物和有害垃圾各按0.1元／斤实施补助，对推广“两杯两桶一布”按每次350元实施补贴；农村付费制纳入村规民约，付费制工作已全面实施，各村均制定“付费制”实施方案，明确收费标准、收费模式，常态运行；各乡镇充分发挥党员、乡贤的作用，发动社会热心人士募捐，支持村上的垃圾分类工作，清溪镇韶南村主题党日大会上，全体党员义捐善款1.5万元，韶山乡湘韶村一乡贤捐送30台垃圾钩臂箱。

5.强化基层组织作用。各乡镇、行政村、社区、基层党组织在垃圾分类工作实践中发挥主动作用，积极响应习近平总书记关于垃圾分类的指示批示，严格按照市委、市政府垃圾分类工作标准，认真实施垃圾分类，自觉维护城乡生态环境。银田镇银田村开展“我心向党大签名”活动，实施“农户评比红黑榜”制度；银园村党组织划分片区宣传动员，四天完成“付费制”收费任务；韶山乡湘韶村开展“绿色银行”积分兑换活动，垃圾分类效果突出；韶新村党组织多次组织对全村农户房前屋后实行义务大扫除，让广大村民切身感受到了基层组织的人情关爱。杨林乡石屏村组织志愿小分队经常性开展上门入户宣传帮扶活动，化解民众内心积怨。清溪镇韶南村村民代表大会一致通过并在全市率先开通垃圾付费的渠道。

6.提高群众满意度。垃圾分类，民众是参与的主体，垃圾分类的成效如何，民众的满意度是衡量这份工作优劣的标尺。清溪镇韶南村把群众满意度的高低定为保洁员待遇的杠杆。韶山乡大力推行“我是村干我先行”，要求干部在群众面前做表率。杨林乡团田村干部频繁上门宣传解释做思想工作，让倔强困惑的“周嗲嗲”解疑释惑，主动并带动亲戚们交纳垃圾服务费。银田镇银田村保洁员风雨无阻收捡垃圾，让回乡游子感叹“家乡真干净”。

7.完善督导，共同推进。市、乡、村三级和党政机关均制定了垃圾分类考核细则，各项考核内容均与年终绩效挂钩。市委、市政府两办督查室将垃圾分类督查列入市委重点工作内容，市垃圾分类领导小组办公室按月进行常态化检查通报，实行红旗榜推进，按月评分，计入年末终级评审。各行政村、社区以及党政机关，有的实施红黑榜，有的实行红黄牌，有的插流动红旗，有的按周排名，实施各种形式的督查，各行政村支村两委划片区分责任，每名保洁员负责若干农户，层层压实责任。动员老党员、老干部、老协会员负责辖区内的垃圾分类监管工作，确保了全市垃圾分类工作高效、规范、有序推进。

二、具体做法

（一）注重宣传引导，形成垃圾分类时尚

在印发宣传资料、制作宣传标牌、新闻媒体宣传等传统方式的基础上，开展垃圾分类方法巡回宣讲，制作农村可回收物名录，推出图文并茂垃圾分类讲解图，党员干部、志愿者、老协、妇联同志走村入户面对面解读，组织村民代表赴先进地区学习，普及垃圾分类知识，让群众认识到“做好垃圾分类就是办好自己的事”。全年累计发放各类宣传资料10余万份，设置固定宣传牌千余块，志愿者小分队进店入户，宣传垃圾分类知识，成为亮丽的风景线。韶山乡专题制作垃圾分类PPT进行巡讲，开展“我是党员我带头”活动；杨林乡编印各种宣传画报、手册逐户发放，组织“美丽庭院，最美家庭”评选，视频选送到省市电台播放；银田镇举办垃圾分类交叉观摩演示，实施联群大走访；清溪镇结合主题党日进行垃圾分类大讨论，将垃圾分类纳入网格化管理，实行镇村干部分片包干负责垃圾分类工作；住建、团委、总工会党建部门等机关单位发送“致家属们的一封信”“致韶山青年的垃圾分类倡议书”“致全市工会会员的倡议书”“致全市共产党员的倡议书”等；教育部门加强示范引领、模范带动，垃圾分类进校园、进课堂，开展“小手拉大手、文明一起走”等教育活动。通过广泛宣传发动，提升了群众对垃圾分类的认知，垃圾分类成为社会新风尚。

（二）及时配套更新，完善垃圾分类设施

全市8座城乡生活垃圾压缩中转站投入使用，新建或改造利用再生资源分拣中心199处，新建或改造三级化粪池、沼气池93口；新建废品回收终端处理站1座，小型厨垃圾处理中心2处；投放分类垃圾桶71872个，勾臂箱415个；配备各类垃圾清运车264辆，全市垃圾分类设施已基本齐备，可回收物、建筑垃圾、餐厨垃圾终端处理设施日趋完善。

（三）党员模范带头，扩大垃圾分类影响

全市各级各部门把推行垃圾分类工作融入“不忘初心、牢记使命”主题教育当中。市委、市政府领导将垃圾分类作为主题教育的调研课题，深入一线了解民情，寻找问题症结，着力解决群众反映最强烈的垃圾问题，形成了系统的工作思路，垃圾分类成为优化人居环境、推进移风易俗、提升公民文明素养的有效途径。各乡镇和村社区积极发挥基层组织战斗堡垒作用和党员在垃圾分类工作中的先锋模范作用，以身作则，率先垂范，带头破局，垃圾分类工作迅速在各乡镇全面铺开。银田镇银田村全体党员带头实行垃圾分类，每名党员包5户村民做工作，垃圾分类在全村顺利铺开；市直机关单位积极创建垃圾分类示范单位，党员干部家属郑重承诺“垃圾分类，从我做起”，以实际行动带动左邻右舍。通过耳濡目染、潜移默化，使更多群众参与进来，在全市形成了垃圾分类人人关心、人人参与、人人有责的浓厚氛围。

（四）坚持示范引领，培育垃圾分类典型

2019年以来，全市城乡共同发力，各行各业积极响应，垃圾分类工作全面铺开。宣传效果深入人心，基础设施日趋完善，垃圾分类“无害化、减量化、资源化”成果显著，城乡环境得到有效治理，涌现了一批勤奋努力扎实工作的先进单位和优秀工作者。2019年度，全市4个乡镇获得以奖代投奖励，韶南村、火车站社区、银田村、湘韶村、石屏村被评为先进单位，评选了20名先进个人和20名优秀保洁员。

（张军民）

（责任编校 龙亚力）

大事记

1月

2日，共青团韶山市委组织的湘潭市希望工程“子敬阳光”助学活动韶山学子见面会在韶山市韶山乡韶山村举行。湘潭市子敬慈善基金会理事长张敬若参加见面会。

3日，韶山市委召开党（工）委书记抓基层党建暨落实意识形态工作责任制述职评议会议。韶山市委书记唐杰出席并逐一进行点评。韶山市领导胡亚湘、赵叶惠、张湘平、崔旺、袁绚、罗杰、蒋卫阳、李长新出席会议。

4日，省旅游商品协会第二届会员代表大会在韶山召开。韶山市毛家集团董事长毛桃芝当选为理事会会长。省文化和旅游厅副厅长肖凌之和韶山市委常委、常务副市长崔旺出席会议。

9日，省教育厅党组成员、副厅长、省委教育工委委员王玉清，新疆驻湘工作组党委副书记、教育协调小组组长、省教育厅民族教育处副处长艾美华到韶山实验中学看望慰问湖南援疆韶山初中班的师生。韶山市副市长谢智君参加。

同日，湖南省商务工作会议在长沙召开，韶山市商务局获评全省商务工作(外经)先进单位。

13日，韶山市召开2019年度党外领导干部履职交流座谈会。市委常委、统战部部长李长新，市政协副主席庞石林出席。

同日，韶山市人民政府与世纪明德教育科技产业园在北京签署《战略合作协议》。副市长谢智君、何浪出席签约仪式。

同日，南非国民议会事务主席弗洛里克一行到韶山参观。

15日，韶山市召开“不忘初心、牢记使命”主题教育总结会议。湘潭市委主题教育第三指导组组长贺大斌出席会议并讲话，韶山市委副书记、代市长曹伟宏主持会议，市领导胡亚湘、崔旺、袁绚、罗杰、李长新等出席会议。

同日，中国共产党历史展览馆馆长、党委书记吴向东一行到韶山，就中国共产党历史展览馆筹备工作进行专题调研。省委宣传部巡视员龚爱林，湘潭市委常委、宣传部部长周晓理，省韶山管理局领导付维华，韶山市领导李先金等参加调研。

16日，市委副书记、代市长曹伟宏，副市长何浪出席2020年度金融工作会议暨银企签约仪式。19家企业与相关金融机构现场签约，签约项目28个，签约金额共28.31亿元。

同日，市残联第六届主席团第二次全体会议召开，总结2019年成绩，部署2020年工作，并选举产生了第六届主席团主席。市委副书记胡亚湘主持会议，副市长兰筱村当选主席团主席。

同日，韶山市举行2020年度金融工作会议暨银企签约仪式。市领导曹伟宏、李长新、何浪出席会议。

17日，市公安局举行以“薪火相传不负韶华”为主题授奖授勋仪式。市委副书记、代市长曹伟宏，副市长、公安局长贺剑鹏为立功、退休和从警30周年的民警颁奖和授勋。

20日，市委常委、常务副市长崔旺看望慰问杨林乡白翎村93岁退役军人苏克。

同日，市委书记唐杰到韶山冲武警湘潭支队执勤一大队一中队、消防救援大队慰问部队官兵（队员），走访劳动模范毛雨时、汤瑞仁、周建强和韶旅集团困难职工毛俊。副市长贺剑鹏参加。

同日，韶山市举办2020年精准帮扶“春风行动”首场招聘会。副市长何浪到场指导。

24日，韶山市人民政府发布《关于加强韶山景区新型冠状病毒感染的肺炎疫情防控工作的通告》，自2020年1月25日上午8时起，全市各旅游景区暂时关闭；疫情防控期间，取消全市所有大型集合活动。

25日，大年初一，湘潭市委副书记、市长张迎春到韶山，督查新型冠状病毒感染的肺炎疫情防控工作，看望慰问一线干部职工，向他们致以新春的祝福。湘潭市领导罗伟、赵新文，韶山市领导唐杰、曹伟宏、崔旺、贺剑鹏参加督查。

26日，大年初二，市委书记唐杰带队以“四不两直”的方式，督查全市各乡镇和重要关卡部门新冠肺炎疫情防控工作。市委常委、组织部部长袁绚参加督查。

28日，市政府召开全市新冠肺炎疫情防控工作会议。市委副书记、代市长曹伟宏，市委常委、常务副市长崔旺，副市长谢智君、刘亮、何浪、兰筱村、易继辉出席会议。

31日，湘潭市委书记、市人大常委会主任曹炯芳到韶山，先后督查韶山乡、清溪镇的新冠肺炎疫情联防联控工作。市委副书记、代市长曹伟宏陪同督查。

2月

1日，副市长贺剑鹏带队到境内5个国、省道市际交界路段临时设卡点，就新冠疫情值守情况进行督导检查。

4日，韶山市出台《关于支持高新区企业应对新型冠状病毒感染的肺炎疫情的若干政策意见》，发布10条措施支持园区企业渡难关。

6日，市委书记唐杰到高新区检查督导新冠肺炎疫情防控、复工复产工作。

11日，市委副书记、代市长曹伟宏到银田镇调研农业农村工作，先后到金景丰现代葡萄园、银田现代农业示范园服务中心建设现场实地察看。副市长兰筱村参加调研。

同日，湘潭首批支援湖北省黄冈市的医疗队，共28位医护人员开始集结。其中，韶山市人民医院医生李春耕为韶山市首位加入该队的医护人员。

21日，韶山市召开文化旅游企业代表座谈会。市委副书记、代市长曹伟宏，副市长谢智君出席座谈会。

22日，韶山市召开交通问题顽瘴痼疾整治行动工作推进暨任务交办会。市委常委、常务副市长崔旺，副市长贺剑鹏、刘亮出席。

24日，湘潭市副市长陈小山到韶山，调研G240湘韶快速通道项目建设情况。韶山市领导唐杰、曹伟宏、刘亮参加调研。

25日，韶山市召开重点项目开工复工及项目策划工作调度会。市委副书记、代市长曹伟宏，市委常委、常务副市长崔旺，副市长谢智君、刘亮、何浪、易继辉出席。

27日，湖南建工集团党委书记、董事长叶新平一行到韶山考察共推合作项目建设。市委副书记、代市长曹伟宏，副市长刘亮、何浪参加考察。

3月

3日，2020年全市公安工作会议召开，深入贯彻落实全国、全省、湘潭市公安工作会议以及市委政法工作会议精神，总结成绩，分析形势，研究部署公安工作。市领导曹伟宏、蒋卫阳、贺剑鹏等出席会议。

5日，湘潭市委副书记何俊峰到韶山调研农业农村等工作，先后到韶山乡平里村、平里旅游小镇项目基地、棠佳阁外婆家励志文化生态景区实地察看。韶山市副市长兰筱村参加调研。

9日，湘潭市委常委、统战部部长杨真平到韶山督查指导新冠肺炎疫情防控工作。市委常委、常务副市长崔旺、副市长谢智君参加督查。

11日，韶山市召开农业农村工作暨脱贫攻坚动员会。市委书记唐杰出席会议并讲话，市委副书记、代市长曹伟宏主持会议，市委副书记胡亚湘作工作报告，副市长兰筱村宣读有关表彰通报。市领导赵叶惠、张湘平、崔旺、袁绚、罗杰、李先金、蒋卫阳、李长新等出席会议。

12日，韶山市召开经济工作暨产业项目攻坚年推进会，深入分析当前经济形势，研究部署下阶段经济及产业项目建设工作。市委书记唐杰出席会议并讲话，市委副书记、代市长曹伟宏对全市经济工作进行安排部署，市委常委、常务副市长崔旺主持会议。市领导胡亚湘、赵叶惠、张湘平、袁绚、罗杰、李先金、蒋卫阳、李长新等出席会议。

15日，副省长隋忠诚率队到韶山调研春耕生产、农田水利建设、种植结构调整等工作。省政府副秘书长欧阳煌，省农业农村厅厅长袁延文，省水利厅厅长颜学毛，湘潭市领导张迎春、何俊峰、刘永珍参加调研。

18日，韶山市召开党务工作暨绩效考核工作会议，总结2019年度全市党办、组织、宣传、统战和绩效考核工作，对2020年工作进行安排部署。市委书记唐杰出席会议并讲话，市委副书记、代市长曹伟宏主持会议。市领导胡亚湘、赵叶惠、张湘平、崔旺、袁绚、罗杰、李先金、蒋卫阳、李长新等出席会议。此次会议采取电视电话会议方式召开，各乡镇设置了分会场。党办、组织、宣传、统战等工作报告以书面方式印发。

19日，韶山市召开全民国防教育委员会全体(扩大)会议，认真贯彻中央、省和湘潭市关于国防教育工作的指示精神，总结部署国防教育工作。市领导胡亚湘、李先金、许文、谢智君等出席会议。

20日，市委副书记、代市长曹伟宏在高新区主持10个重点项目集中开工仪式。湘潭市人大常委会党组书记、常务副主任李江南宣布项目开工，韶山市委常委、常务副市长崔旺介绍开工项目情况。

21日，市委书记唐杰，市委副书记、代市长曹伟宏带队赴湖南建工集团，就前期已经对接的10个重点项目进行详细磋商。市领导崔旺、刘亮、何浪、易继辉参加洽谈。

24日，市委召开议军会议，对2020年党管武装工作进行安排部署。市委书记唐杰主持会议并讲话。市领导曹伟宏、胡亚湘、崔旺、袁绚、李先金、蒋卫阳、许文等出席会议。

30日，“真情闪亮·炫动韶山”抖音视频大赛圆满落幕。市委常委、常务副市长崔旺，副市长谢智君出席并为获奖者颁奖。

同日，韶山市召开统计工作暨第七次全国人口普查工作动员会。市委常委、常务副市长崔旺出席会议并讲话。

4月

1日，韶山市召开“奋战一百天实现‘双过半’”重点项目调度会。市委副书记、代市长曹伟宏，市委常委、常务副市长崔旺，副市长谢智君、刘亮、何浪、兰筱村、易继辉参加会议。

同日，韶山市外事办邮寄捐助1万个一次性医用口罩、100套防护服，支援国际友城法国科隆贝双教堂市抗击疫情。同时，市委书记唐杰向其发去慰问信，随后科隆贝双教堂市市长帕斯卡尔·巴布欧回信表示诚挚感谢。

2日，市委书记唐杰主持召开全市生态环境保护工作会议。他强调，要深入学习贯彻习近平生态文明思想，认真落实上级相关会议精神和部署，坚决打好打赢污染防治攻坚战，推动韶山生态文明向更高水平迈进。市委副书记、代市长曹伟宏作《全市生态环境保护工作报告》。市领导邹复庚、何浪、王兆仁参加会议。

7日，市委书记唐杰到市人民医院调研三级综合医院创建工作。市领导袁绚、李先金、谢智君参加调研。

同日，湘潭首批支援湖北黄冈医疗队成员、市人民医院重症监护室医生李春耕圆满完成任务，在结束隔离后返回韶山。市委书记唐杰、副市长谢智君前往慰问。

8日，市委书记、市委审计委员会主任唐杰主持召开市委审计委员会第二次会议。他强调，要始终把牢审计工作正确方向，服务全市经济社会发展大局，充分履行审计工作职能，对重大资金去向、重大工程推进、重大举措落实等方面进行全方位监督。市领导曹伟宏、罗杰、张海明参加会议。

15日，湘潭市人大常委会党组书记、常务副主任李江南到韶山调研，先后到清溪镇火车站社区、银田镇现场接待人民群众，调研民生实事项目、人大代表票决制工作开展情况。韶山市领导唐杰、曹伟宏、赵叶惠、庞向荣等参加调研。

同日，湘潭市委副书记何俊峰到韶山调研春耕生产、脱贫攻坚、联点项目、信访包案等工作。韶山市领导唐杰、胡亚湘、崔旺、蒋卫阳、兰筱村参加调研。

同日，韶山市召开“数字韶山”电商平台招商会，首批124家商户达成意向签约。市委常委、常务副市长崔旺出席招商会。

16日，湘潭市副市长刘永珍带队到韶山，调研韶山市肉类深加工产业发展情况。韶山市领导曹伟宏、兰筱村参加调研。

同日，韶山市召开2020年文明委全会暨深化全国文明城市建设工作推进会。市委书记唐杰出席会议并讲话，他要求全市各级各部门要理清思路，重整行装，尽锐出战，向蝉联全国文明城市荣誉发起冲刺，为决胜全面建成小康社会提供强大精神力量。市委副书记、代市长曹伟宏主持会议。市委副书记胡亚湘就2020年精神文明建设和全国文明城市复评工作进行安排部署。

17日，韶山市召开农村宅基地和集体建设用地一体确权登记颁证工作动员会。副市长易继辉出席会议并讲话。

24日，华融湘江银行与韶山市16家企业举行签约授信座谈会，会议签约总授信额度达5.31亿元，全力支持中小微企业复工复产。市领导崔旺、何浪出席。

28日，在安化县举行的2020年湖南省春季乡村文化旅游节开幕式暨文旅促消费助脱贫行动启动仪式上，省文化和旅游厅为20个省级文化和旅游扶贫示范村授牌。韶山市韶山乡平里村成功入选，成为湘潭市唯一入选村。

同日，中小微企业银企座谈会。会上，湖南江冶机电等17家中小微企业分别和中国银行韶山支行等金融机构对接签约，意向签约总金额11.3亿元。市委常委、常务副市长崔旺，副市长何浪出席会议。

5月

6日，湘潭市副市长刘永珍到韶山调研现代农业示范园建设与产业发展情况，副市长兰筱村参加调研。

7日，韶山学校高新校区建设项目部举行“奋战一百天实现双过半”集中宣誓，韶山学校高新校区项目正式启动建设。

11日，湘潭市人大常委会副主任肖树人一行到韶山调研茶产业发展情况，韶山市副市长兰筱村陪同调研。

12日，国际护士节，副市长谢智君到韶山市人民医院看望慰问护士，并为获得湘潭市优质护理服务先进科室、抗疫先锋个人和优秀护士颁奖。

18日，韶山市华声红色教育学院在红色记忆城正式揭牌。

20日，湘潭市政协副主席毛先林带领调研组到韶山调研现代农业示范园建设情况。韶山市政协主席张湘平等陪同调研。

同日，韶山市举行“生命至上安全发展”主题演讲比赛。市委常委、常务副市长崔旺到场观摩。

26日，湘潭市政协副主席曾建平、周佩珞带领湘潭市政协调研组到韶山开展“做好居家养老服务，推动养老事业发展”专题调研，副市长谢智君参加调研。

27日，韶山市基层民兵分队点验大会在市人武部召开，92名基层民兵接受点验。市委常委、常务副市长崔旺出席。

28日，湘潭市人大常委会副主任肖树人率执法检查组到韶山开展《中华人民共和国农业法》执法检查，副市长兰筱村陪同检查。

6月

6月1日，副市长兰筱村前往市残疾人综合服务中心，看望慰问残疾儿童。

同日，全国政协人资环委副主任、中国计生协党组书记、常务副会长王培安一行到韶山调研计生协工作。省卫生健康委党组成员、省计生协常务副会长康代四，湘潭市委副书记何俊峰及韶山市领导唐杰、胡亚湘、张湘平、王双辉参加调研。

2日，韶山乡韶山村、杨林乡石屏村入选首批国家全域旅游示范区单列乡村名单。

3日—4日，省委宣传部二级巡视员熊科文率调研组到韶山，调研新时代文明实践中心建设试点工作。湘潭市委宣传部副部长、文明办主任罗玲玲，韶山市委书记唐杰，市委常委、宣传部部长李先金参加调研。

5日，湘潭市委副书记、市长张迎春带队，先后到银田镇动物防疫站、汇弘实业有限公司等企业调研动物防疫体系建设工作。副市长兰筱村参加调研。

7日，中央网信办杨树桢局长一行到韶山调研。

9日，西藏团自治区委党组成员、副书记何华一行到韶山调研考察。

10日，省委副书记乌兰到韶山调研指导基层党建工作。她强调，要牢记中国共产党人的初心和使命，深入贯彻落实新时代党的建设总要求，进一步推动全面从严治党向基层延伸，充分发挥基层党组织在脱贫攻坚与乡村振兴中的引领带动作用。湘潭市委书记曹炯芳、市委副书记何俊峰，韶山市委副书记胡亚湘参加调研。

同日，韶山高新区企业湘潭市恒欣实业有限公司“安全高效矿用架空乘人装置及其物联网管控系统”项目获湖南省科学技术进步二等奖。

11日，湘西土家族苗族自治州永顺县委书记彭军带队到韶山，就韶山对口帮扶塔卧镇工作进行考察交流。韶山市领导唐杰、崔旺、兰筱村、龚雨顺，永顺县领导张艳阳、尚军辉参加。

13日，中宣部“走向我们的小康生活”大型主题采访团走进韶山，来自新华社、《求是》杂志社、《光明日报》等十多家中央、省直媒体40余名记者齐聚韶山，集中采访伟人故里新时代文明实践工作的经验和亮点。

17日，共青团湖南省委书记汤立斌一行到韶山调研考察。

18日，湘潭市政协副主席、民进湘潭市委会主委熊兆伟带领湘潭市政协民进界别小组到韶山开展“贯彻水安全战略，科学推进湖南省农村供水规划”专题调研。

同日，市委副书记、市长曹伟宏主持召开重点项目建设暨“奋战一百天，实现‘双过半’”讲评会。市委常委、常务副市长崔旺出席。

同日，中国石化湖南石油分公司总经理黄河率调研组到韶山，就石油化工企业开展调研。韶山市委副书记、市长曹伟宏等陪同调研。

同日，“最忆韶山冲”剧场项目举行开工仪式。

19日，为全国救助机构开放日。市民政局开展主题为“提升服务质量，履行兜底职责”的开放日活动。副市长兰筱村到场督查指导。

同日，省建工集团党委书记、董事长蔡典维率集团管理层到韶山考察交流。省建工集团领导李湘波、熊用机、邓建英、贺源，韶山市领导唐杰、曹伟宏、刘亮、何浪、易继辉，省韶山管理局领导晏晓明参加考察交流。

21日，韶山旅发集团文创系列产品获湖南文旅商品大赛金奖，韶山毛家食品毛家非遗特产系列、韶山毛泽东同志纪念馆“红妆”主题服饰系列获银奖，韶山市毛公酒厂毛府小窖原浆获铜奖。

30日，湘潭市人大常委会党组书记、常务副主任李江南带队到韶山，开展《中华人民共和国传染病防治法》贯彻情况执法检查。湘潭市人大常委会副主任阳建民，韶山市人大常委会主任赵叶惠、副主任邹复庚、副市长谢智君参加检查。

6月，团中央正式复函同意韶山为“全国团干部教育培训基地”。该基地是湖南省唯一的国家级团干部教育培训基地。

7月

3日，副市长兰筱村在韶山市四清种养殖专业合作社直播“带货”，为韶山水蜜桃“代言”。

13日，省供销社党组成员、监事会主任廖国锋一行到韶山，在韶山茶叶有限公司调研供销综合改革、茶叶产业发展和供销产业园规划等工作。湘潭市副市长刘永珍，韶山市副市长兰筱村，副市长候选人龚雨顺参加调研。

13日—14日，韶山乡、清溪镇、杨林乡、银田镇分别召开新时代警务工作动员会。湘潭市副市长罗伟，韶山市副市长贺剑鹏出席部分会议。

15日，省文化和旅游厅党组成员、副厅长郭固权率队来到韶山，调研“2020湖南红色旅游文化节暨首届湘潭红色文化博览会”筹备工作情况。湘潭市委常委、宣传部部长周晓理，省韶山管理局副局长付维华，韶山市委书记唐杰等参加调研。

17日，韶山市召开社会治理创新试点工作推进会。市委副书记胡亚湘出席会议并讲话，市委常委、政法委书记蒋卫阳主持会议。市领导周利人、陈育才等参加会议。

21日，湘潭市委常委、宣传部部长周晓理到韶山，专题调度2020湖南红色旅游文化节暨湘潭首届红色文化产业博览会筹备工作。他强调，要加强组织领导，落实落细各项工作，确保节会安全、稳定、有序、圆满、成功。韶山市委书记唐杰，市委副书记、市长曹伟宏参加。

同日，湘潭市恒欣实业有限公司“创新驱动三链”质量被湖南省工业和信息化厅认定为2020年“湖南省工业质量标杆”。

25日，2020湖南红色旅游文化节暨湘潭首届红色文化产业博览会在韶山毛泽东广场启幕。省委常委、宣传部部长张宏森宣布开幕，副省长吴桂英出席并讲话，湘潭市委书记、市人大常委会主任曹炯芳在开幕式上致辞。省委宣传部常务副部长蒋祖烜，省委宣传部副部长、省文化和旅游厅党组书记禹新荣，省韶山管理局党委书记、局长晏晓明，湖南日报社党组书记、社长姜协军，湘潭市领导张迎春、周放良、李江南，韶山市领导唐杰、曹伟宏、赵叶惠等参加开幕式。

同日，湖南红色旅游文化节——“湘水同源·文化同根”湖南山歌邀请赛在中国（韶山）非物质文化遗产博览园举行，来自全国各地的12支队伍共计76人参赛。省文旅厅副厅长、省文物局局长陈远平，湘潭市政协副主席周佩珞及韶山市副市长谢智君观看比赛。

同日，市委副书记、市长曹伟宏在韶山游客换乘中心为韶山福寿面、毛家贡菜脆椒、锦绣黄桃直播带货。

7月26日，红色旅游五好讲解员论坛暨红色教育培训研讨会在韶山举行。省文旅厅副厅长郭固权，湘潭市副市长陈小山及韶山市委常委、常务副市长崔旺出席。

29日，省委第一巡视组向韶山市委反馈巡视情况。省委第一巡视组组长张正传达了省委书记杜家毫关于巡视工作的讲话精神，代表巡视组反馈巡视情况。湘潭市委常委、市纪委书记、监委主任、湘潭市委巡察工作领导小组组长胡卫兵作了讲话，对抓好巡视整改工作提出要求。韶山市委书记唐杰主持反馈会议并作表态讲话。省委第一巡视组副组长王丽文出席会议。

同日，中国记协党组成员、书记处书记吴兢到韶山调研融媒体中心建设。

30日—31日，省体育局副局长苏健全一行到韶山，调研指导韶山市“全民运动健身模范市”创建工作。市委常委、常务副市长崔旺，副市长谢智君陪同调研。

31日，市委书记唐杰带队到武警湘潭支队、滴水洞武警中队、武警韶山中队、市消防救援大队、市人武部和民兵预备役警侦连，看望慰问驻韶部队官兵，共话军地发展，共叙鱼水深情。市领导赵叶惠、崔旺、贺剑鹏一同慰问。

8月

4日，湘潭市委副书记何俊峰带队到韶山调研农村人居环境整治工作。他强调，2020年是“农村人居环境整治三年行动”的收官之年，韶山要继续努力，湘潭市相关职能部门要积极支持，确保韶山农村人居环境整治工作再升温、再突破，打造全省乃至全国样板。湘潭市副市长刘永珍、毛先林，韶山市领导唐杰、兰筱村参加调研。

7日，韶山市实验中学获评“湖南省民族团结教育示范校”，获得分配资金8万元。

17日，韶山市召开污染防治攻坚战讲评推进会。市委副书记、市长曹伟宏出席会议并讲话。副市长贺剑鹏、刘亮、何浪、兰筱村、易继辉出席。

18日，韶山市获全国农村生活垃圾分类和资源化利用示范市（县）称号。

21日，外交部原部长李肇星一行到韶山考察。

25日，韶山市关工委召开成立30周年座谈会。市委副书记、市长曹伟宏，市委常委、常务副市长崔旺出席会议。

26日，省教育厅厅长、省委教育工委书记蒋昌忠到韶山调研开学工作。市委副书记、市长曹伟宏，副市长谢智君陪同调研。

同日，省农业人才交流服务中心主任王才用一行到韶山考察“三农”培训工作。副市长兰筱村陪同考察。

同日，韶山市韶山乡韶山村入选第二批全国乡村旅游重点村名录。

27日，生态环境部长江流域生态环境监管局副局长吴国平带领调研组到韶山，开展重点流域生态环境保护“十四五”规划编制督导调研。湘潭市副市长杨英杰，韶山市副市长兰筱村参加调研。

同日，湘潭市“智造莲城”创新成果转化（韶山专场）——碳基材料的颠覆性革命项目路演活动在韶山开展。湘潭市副市长傅军，韶山市副市长刘亮、龚雨顺出席。

9月

4日，红网新媒体集团总经理方华一行到韶山调研融媒体中心建设等工作。市委副书记、市长曹伟宏，副市长谢智君陪同调研。

5日，省文化旅游厅副厅长尚斌一行到韶山调研新时代文明实践和公共服务领域工作。市委副书记、市长曹伟宏，副市长谢智君陪同调研。

7日，韶山市戴锦芬创作的油画作品《追梦》入选第二届“香凝如故”全国美术作品展。

8日，韶山市召开领导干部专题警示教育大会。市委书记唐杰在会上强调，全市各级领导干部必须初心如磐、使命在肩，以对党绝对忠诚的政治品格和坚定的理想信念走好新时代的长征路。市领导曹伟宏、胡亚湘、赵叶惠、张湘平、崔旺、罗杰、李先金、蒋卫阳、李长新、何浪等参加会议。

9日，是毛泽东同志逝世44周年。市委书记唐杰，市委副书记、市长曹伟宏等全体在韶领导参加毛泽东广场敬献花篮仪式。

同日，湘潭市副市长罗伟一行到韶山督查“双拥”工作。市委副书记、市长曹伟宏，韶山市副市长贺剑鹏陪同。

同日，湘潭市政协副主席刘良廷率调研组到韶山开展“推进垃圾分类，践行绿色发展”主题调研。韶山市副市长易继辉陪同调研。

同日，湘潭市委常委、市委秘书长、韶河（云湖河）湘潭市级河长陈忠红率队到韶山开展巡河暨“三走一访”活动。他强调，要严格按照习近平总书记提出的“生态优先、绿色发展”理念，以河长制为抓手，加强综合治理，科学管理，推进河库治理体系和治理能力现代化。韶山市副市长兰筱村参加。

11日，湘潭市人大常委会副主任、市总工会主席徐亚健一行到韶山调研，并为荣获“第十六届全国职工职业道德建设先进单位”的韶山冲派出所颁发奖牌。

同日，韶山市监察委员会派出4个乡镇监察办公室全部挂牌成立。

11日—12日，中国国际科技促进会县镇水务分会成立大会暨科技兴水经验交流工作会议在韶山召开，全国政协委员、国务院参事刘秀晨，湘投控股集团党委委员、副总经理、韶旅集团董事长周灵方，韶山市委常委、常务副市长崔旺等出席会议。

12日，市委副书记、市长曹伟宏现场调度部分“奋力奔跑合力攻坚”竞赛活动项目建设情况，先后现场察看长沙雨花经开区（韶山）智能制造产业园项目、中韶电气产业园建设项目、“最忆韶山冲”演出项目等项目。

14日，民政部慈善事业促进和社会工作司副司长陈军一行到韶山调研慈善社工工作。省民政厅一级巡视员杨薇，韶山市副市长兰筱村参加调研。

同日，第六期湘潭市直机关党务干部研修班在韶山开班。湘潭市委常委、市委秘书长陈忠红，韶山市委常委、市委办主任何浪出席开班仪式。

15日，全省同心美丽乡村建设现场推进会在韶山召开。省领导黄兰香、隋忠诚，湘潭市领导曹炯芳、杨真平出席，韶山市委副书记、市长曹伟宏，副市长兰筱村参加相关活动。

18日，韶山市召开《湘潭市实施〈湖南省韶山风景名胜区条例〉办法》起草工作领导小组第二次扩大会议，研究讨论《实施办法》草案初稿，明确下一步工作任务。湘潭市人大常委会法工委有关领导到会指导。韶山市领导崔旺、周利人、贺剑鹏、易继辉出席会议。

同日，中国博物馆协会第七届会员代表大会在北京召开，韶山毛泽东同志纪念馆当选中国博物馆协会理事单位，馆党总支书记、馆长阳国利当选中国博协理事。

23日，农业农村部农机试验鉴定总站、农机推广总站信息处处长候方安一行先后到韶山四清种养殖专业合作社、金景丰现代葡萄产业园调研田间轨道运输机安装使用和设施栽培等情况。市委常委、常务副市长崔旺陪同。

同日，泰国驻昆明总领事孟功一行到韶山参观。

24日，市委书记唐杰主持召开全市安全生产暨平安韶山建设专题会议。他强调，要时刻绷紧安全这根弦，用心用情用力抓好安全生产和平安韶山建设，不断提升群众安全感，为韶山高质量发展营造安定和谐的社会环境。市委副书记、市长曹伟宏出席。

28日，第二届潭商大会（韶山专场）——碳基材料产业产学研对接会在韶山举办。对接会进行嘉宾座谈交流、现场观摩等活动。省工业和信息化厅二级巡视员吴毅龙及韶山市领导曹伟宏、崔旺、谢智君、刘亮、龚雨顺等出席。

29日，2020潭商大会韶山专场5项目现场签约仪式在韶山举行。市委副书记、市长曹伟宏，市委常委、常务副市长崔旺出席。

同日，湖南省人民政府命名韶山烈士陵园为第六批省全民国防教育基地。

30日，是烈士纪念日，韶山市在烈士陵园举行向革命烈士敬献花篮活动。韶山市委书记唐杰，市委副书记、市长曹伟宏等在韶的领导参加活动。

同日，副市长贺剑鹏到杨林乡瓦坪村易家组看望90岁高龄烈属刘梅秀。

同日，三一集团、三一重工总裁向文波一行到韶山，考察风电叶片、三一会议中心等项目选址工作。湘潭市领导张迎春、董巍，韶山市领导唐杰、曹伟宏等参加。

10月

7日，喜迎建党百周年《再唱红杜鹃》首发仪式暨“我为毛主席家乡种棵红杜鹃”大型红色公益活动在毛泽东广场举行。青年女高音歌唱家陈笠笠、著名音乐人耿志杰、李大钊孙女李小玲等出席。

10日，省委宣传部部务会成员、二级巡视员刘新年带队到韶山，验收调研融媒体中心建设。湘潭市委宣传部副部长薛峰，韶山市委常委、宣传部部长李先金陪同调研。

12日，市委书记唐杰主持召开“十四五”规划编制工作专题座谈会，邀请交通、餐饮、教育、医疗、旅游等各行业代表共商韶山发展大计，开门问策、集思广益，齐心协力编制好韶山市“十四五”规划。市委常委、市委办主任何浪参加座谈。

同日，湘潭市农村门球赛在韶山烈士陵园举行，来自湘潭市各县市区的6支球队参加比赛。副市长谢智君出席开幕式。

同日，韶山红色旅游发展案例入选全国红色旅游发展典型案例。

15日，省政府驻广州办事处主任熊方平率广东省湖南商会女企业家委员会部分会员到韶山考察。副市长邹正光陪同考察。

17日，2020年韶山市“稳岗就业决胜攻坚”专场招聘会暨扶贫募捐活动在火车站广场举行。副市长兰筱村出席。

18日，民政部党组书记、部长李纪恒率队到韶山调研社会工作开展情况。副省长朱忠明，湘潭市委副书记、市长张迎春，副市长刘永珍及韶山市委副书记、市长曹伟宏，副市长兰筱村参加调研。

20日，全国双拥模范城（县）命名暨双拥模范单位和个人表彰大会在北京举行。韶山市被命名为“全国双拥模范城(县)”，韶山乡韶山村毛家饭店创始人汤瑞仁获评“全国爱国拥军模范”。

22日，由湖南省林业局主办，湘潭市林业局和韶山市人民政府承办的“奋进新时代，绿色满潇湘”湖南省林业局2020年送文艺下乡活动在韶山市人民广场举行，副市长易继辉参加活动。

23日，韶山市举行政治建设专题培训，市委常委、组织部部长袁绚主持培训。市领导曹伟宏、赵叶惠、张湘平、崔旺、罗杰、李先金、李长新等市领导及各乡镇、高新区、市委各部委、市直各单位、各人民团体、市管国有企业班子成员参加培训。

同日，韶山市入选国家数字乡村试点地区名单。

25日，“决战脱贫决胜小康”2020全省“欢乐潇湘”精准扶贫优秀文艺作品巡演在韶山火车站举行。副市长谢智君到场观摩。

26日，水利部总工程师刘伟平率国家减灾委第四督查组到韶山，实地督查了解自然灾害防治工作情况。湘潭市副市长刘永珍，韶山市领导曹伟宏等陪同。

27日，省计生协会副会长梁文明一行到韶山调研计生工作。湘潭市政协副主席、计生协会会长谭岳，韶山市副市长谢智君，政协副主席、计生协会会长王双辉等陪同调研。

28日，市委副书记、市长曹伟宏专程走访看望抗美援朝老兵向枚生，为向枚生颁发由中共中央、国务院、中央军委制作的“中国人民志愿军抗美援朝出国作战70周年”纪念章和湘潭市退役军人事务局赠予的纪念奖牌。

29日，省第二生态环境保护督察组现场二组组长胡斌清率队到韶山，就督察“回头看”工作开展交流座谈。市委副书记、市长曹伟宏，副市长邹正光参加座谈。

30日，市委书记、市委全面深化改革委员会主任、市全面建成小康社会推进工作领导小组组长唐杰主持召开市委全面深化改革委员会第六次会议暨市全面建成小康社会推进工作领导小组会议，传达学习中央、省委和湘潭市委深改委会议精神，听取市委改革办、市小康办工作情况汇报，审议韶山市有关改革方案。市领导胡亚湘、赵叶惠、李先金、蒋卫阳、何浪、谢智君、兰筱村、邹正光出席会议。

同日，湘潭市副市长刘永珍到韶山调研美丽乡村建设工作，先后到韶山乡李家祠堂、双石村实地察看。副市长兰筱村参加调研。

11月

1日，韶山举行第七次全国人口普查入户登记启动仪式。市委副书记、市长曹伟宏，市委常委、常务副市长崔旺出席。

5日，省民政厅党组书记曹忠平带队到韶山调研民政服务机构疫情防控、养老服务、社工服务等工作。湘潭市副市长刘永珍，韶山市领导唐杰、曹伟宏等陪同调研。

7日，全国政协常委苏士澍一行到韶山考察。

9日，湖南省韶山毛泽东同志纪念馆女子志愿消防队和湖南省湘潭市韶山市消防救援大队被授予“第五届全国119消防先进单位”称号。

12日，湘潭市安全生产年度目标考核和专项巡查组到韶山，对韶山市安全生产年度目标进行考核和专项巡查。市领导唐杰、曹伟宏、崔旺参加汇报会。

16日，省脱贫攻坚工作考核组一行到韶山，对韶山市脱贫攻坚工作进行为期三天的实地考核。省脱贫攻坚工作实地考核组组长叶建军、第二小组组长王建出席见面汇报会。湘潭市委常委、秘书长陈忠红主持，韶山市委书记唐杰作表态发言，市委副书记、市长曹伟宏汇报了韶山市脱贫攻坚工作情况。韶山市领导胡亚湘、张湘平、袁绚、罗杰、何浪、兰筱村等参加会议。

同日，第十六届深圳文博会上发布“2020中国最美县域榜单”，韶山市连续3年上榜。

同日，湖南省质量大会在长沙召开，湘潭恒欣实业获第六届湖南省省长质量奖。

19日，生态环境部副部长庄国泰率队到韶山，调研韶山冲农村生活污水治理项目等情况。生态环境部土壤生态环境司司长苏克敬，省生态环境厅厅长邓立佳，湘潭市副市长陈小山及韶山市委副书记、市长曹伟宏陪同调研。

20日—21日，“南方水土保持研究会2020年学术年会”在韶山召开，来自全国16个省（市、自治区）的235位代表参加。省水利厅副厅长范金星、韶山市副市长兰筱村出席会议。

23日，省教育厅发展规划处处长幸勇率调研组到韶山，就学校多媒体教室全覆盖暨农村网络联校实验县建设等工作开展调研。

25日，全省第十届双拥模范城（县）命名暨双拥模范单位和个人表彰大会在长沙召开。韶山市首次获评“全国双拥模范县”，第五次蝉联“湖南省双拥模范县”，汤瑞仁获评“全国爱国拥军模范个人”。

26日，中韶电器股份有限公司举行IPO上市启动暨合作协议签约仪式，该公司董事长杨四化与海通证券股份有限公司深圳投行部董事长、总经理幸强签订合作协议。省国资委原副巡视员曾寿彬，韶山市领导唐杰、李长新、何浪等参加签约仪式。

27日，省科技厅党组书记、厅长童旭东率队到韶山开展机关支部活动。韶山市委副书记、市长曹伟宏等陪同。

30日，韶山市清溪镇火车站社区党委书记、居委会主任周晓园，市人民医院重症监护室副主任、主治医师李春耕，韶山乡韶阳村村委会主任贺锋强获评“全省抗击新冠肺炎疫情先进个人”；韶山市人民医院获评“全省抗击新冠肺炎疫情先进集体”。

12月

1日，水利部公布了新一批节水型社会达标建设县(市、区)，韶山市获评“全国第三批节水型社会建设达标县市。”

3日，2020年高素质农民“新农商带头人”培训班开班，全市各农业专业合作社、家庭农场负责人等参加培训。副市长龚雨顺出席。

同日，全国团干部教育培训基地授牌暨湖南省农村青年致富带头人领头雁培训班开班仪式在韶山干部学院举行。

4日，广西壮族自治区政府妇儿工委办到镇泰小学考察调研性别平等进校园工作。副市长谢智君参加调研。

9日，学习贯彻党的十九届五中全会精神省委宣讲团湘潭市分团到韶山开展集中宣讲。省委宣讲团湘潭市分团成员何俊峰作宣讲报告，韶山市委书记唐杰主持报告会。全体在韶市级领导，全市各部门、各单位及双管、驻韶单位等主要负责人参加报告会。

12日—13日，中国延安精神研究会在韶山召开理论研讨会，来自全国各地的延安精神研究会成员到会研讨。

15日，韶山市召开全市工作务虚会议，回顾总结2020年工作，分析当前面临的形势，科学谋划2021年工作。市委书记唐杰，市委副书记、市长曹伟宏，市人大常委会主任赵叶惠，市政协主席张湘平等市领导参加会议。

16日，湘潭市委副书记何俊峰带队到韶山市银田镇银田村，开展湘潭市基层党建现场观摩活动，了解该村“党建＋脱贫攻坚”工作成效。韶山市领导胡亚湘、袁绚参加。

17日，2020年新时代文明实践志愿服务表彰大会暨《颂歌一曲唱韶山》专场音乐会在新时代文明实践中心举行。副市长兰筱村出席并为获奖者颁奖。

同日，嫦娥五号返回器携带月球样品在内蒙古四子王旗预定区域安全着陆。国家航天局决定，除将北京中科院天文台作为嫦娥五号采回月球样本的主要存储点外，还将湖南韶山作为月壤异地栽培点。

18日，副市长兰筱村参加市农业产业协会成立暨第一届会员大会。

19日，2020年度湖南区域首届“春蕾助学·澳鼎圆梦”公益行动在韶山乡城前学校正式启动。副市长谢智参加启动仪式。

20日，经过两天的运输，神舟十号载人飞船返回舱从北京运抵韶山。此后将长期借用给湖南，在韶山毛泽东同志纪念馆进行展览。这是对毛泽东生前“可上九天揽月”的告慰。

22日，韶山市被认定为全国第五批率先基本实现主要农作物生产全程机械化示范县（市、区）。

24日，中国建设银行湘潭市分行在韶山举行“建行大学·党建学堂”揭牌仪式。韶山市副书记、市长曹伟宏，省委党校教育长吴厚庆，总行建行大学校委办副主任祝增坤等共同揭牌。韶山市副市长邹正光出席揭牌仪式。

同日，韶山市举行地下热水资源及可持续利用新闻发布会。湘潭市委宣传部副部长、湘潭市政府新闻办主任薛峰主持，韶山市常务副市长崔旺、副市长邹正光参加。

同日，“红动湘赣礼赞中国”红舞邀请赛决赛在韶山建国酒店举行。湖南省文旅厅一级巡视员郭固权、省文旅厅调研员裴泽生、湘潭市人民政府党组成员颜晓媚、韶山市副市长谢智君到场观摩并为获奖队伍颁奖。

同日，“薪火传承·中国健康跑”2020年度总结表彰会暨2021年百年党建火炬传承跑系列活动启动仪式在韶山举行。国家体育总局社会体育指导中心副主任杨善德、湖南省体育局副局长苏健全、宁夏回族自治区体育局二级巡视员白春明及韶山市副市长谢智君出席会议。

25日，神舟十号载人飞船返回舱交接仪式在韶山举行。省委副书记乌兰，省领导张剑飞、冯毅、张宏森、谢卫江，航天员代表张晓光等出席仪式或参加座谈。交接后，神舟十号载人飞船返回舱将长期展陈于韶山毛泽东同志纪念馆。

同日，国家审计署党组成员、副审计长王文斌一行到韶山，调研了解基层审计工作和韶山市经济社会发展情况。国家审计署机关党委常务副书记、巡视办主任吕劲松，湖南省审计厅厅长胡章胜、副厅长谢军以及韶山市领导曹伟宏、崔旺等陪同调研。

同日，2020“薪火传承·中国健康跑”韶山站“湖南建工杯”全国总决赛在韶山举行。市委副书记、市长曹伟宏在开幕式上致欢迎辞。省体育局副局长苏健全，湖南省总工会副主席彭晛丹，全民健身活动推广委员会副主任、中国龙狮运动会主席沈冬生，韶山市副市长谢智君出席开幕式。

同日，副市长刘亮参加韶山市城乡客运一体化开通启动仪式。5号、7号、9号路线共8台公交车投入试运行，路线端点为清溪镇恒心村、杨林乡云源村和银田古镇，2021年元旦正式运行。

29日，湘潭市人大常委会副主任蒋立军，湘潭市副市长、市公安局局长罗伟率相关部门负责人到韶山，就湘潭市人大常委会及“一府两院”工作报告（征求意见稿）、《湘潭市国民经济和社会发展第十四个五年规划和二〇三五年远景目标纲要（草案）》征求驻韶湘潭市人大代表意见。韶山市领导唐杰、曹伟宏、赵叶惠、庞向荣参加座谈。

同日，韶山学校小学部毛新梅英雄中队获评全国优秀少先队中队。

30日，湘潭市委副书记何俊峰到韶山调研村（社区）“两委”换届选举工作。湘潭市委常委、湘潭军分区政委刘新文，韶山市领导唐杰、胡亚湘、袁绚、许文参加调研。

31日，市委召开2020年度专题议军会和乡镇党管武装工作述职会。市委副书记、市长曹伟宏，市委常委、常务副市长崔旺出席会议。

（张恒　苏美）

（责任编校　颜家友）

韶山市概况

概　况

【地理位置】 韶山市位于湖南省中部偏东的湘中丘陵区；在北纬27°51′40″—28°1′53″、东经112°23′52″—112°38′13″之间，处于湘潭市市区以西。北、东北与宁乡市东湖塘镇、大屯营镇毗邻，东南与雨湖区楠竹山镇交界，南与湘乡市龙洞镇接壤，西、西北与湘乡市白田镇、金石镇相邻。总面积247.3平方公里。

【历史沿革】 据清同治刊《湘乡县志》载：韶山“相传舜帝南巡时，奏韶乐于此，凤为之下”。光绪刊《湘潭县志》载：韶山因虞舜南巡得名。秦至西汉属湘南县，东汉至晋未变。南齐废湘南县，遂属湘西县。隋开皇九年（589）入衡山县。唐天宝八年（749），改衡山县为湘潭县；自此至宋，属湘潭县。元湘潭县升湘潭州，韶山属湘潭州。

明洪武二年（1369），湘潭州复为县，韶山属湘潭县移风乡。

清顺治九年（1652）起，属湘潭县七都。民国初年，提倡自治，韶山属湘潭县西乡第二区；民国21年（1932）12月，推进自治，实行保甲制，属湘潭县第九区；民国24年（1935），政区划分成清溪、银田2个乡；民国36年（1947），废区并乡，清溪、银田合并为清田乡。

1949年8月，湖南和平解放。9月，境域属湘潭县黄龙区。1950年1月，湘潭县划1市8区，韶山属湘潭县第3区，下辖10个乡。1952年5月改属第4区，下辖17乡1镇。1955年8月1日，第4区以驻地命名，改称银田区。1956年，撤区并乡，银田区撤，17乡1镇合为杨林、韶山、永义亭、如意4乡，由县直辖。1957年12月，如意并入韶山乡。

1958年9月，杨林、韶山、永义亭3乡合为韶山人民公社，下辖12个大队，104个生产队。1961年3月，将原韶山人民公社划分为韶山、杨林、如意、永义、银田5个人民公社，属县直辖。

1961年5月12日，湘潭县韶山区成立，下辖韶山、永义、如意、银田、杨林5个公社，54个大队，647个生产队。1966年7月，湘潭县楠竹山公社凤家、花园大队划入银田公社。全区总面积171.57平方公里，人口4.78万人。1968年4月，经省政府批准，将湘乡县团田公社书堂大队车家、双合两个生产队划归杨林公社；12月，韶山区升为省辖区；湘乡县大坪公社划归韶山区管辖。全区辖6个公社1个镇（大坪、韶山、如意、杨林、永义、银田公社，银田镇），63个大队。总面积210.38平方公里，人口7.49万人。

1981年2月，韶山区复为湘潭县辖，银田镇从区内划出，全区设大坪、韶山、如意、杨林、永义、银田6个公社。1984年12月，韶山区升为县级区，银田镇划入。改公社、大队、生产队为乡、村、村民小组。全区辖6乡1镇（大坪、韶山、如意、杨林、永义、银田乡，银田镇），61个村，3个居委会。

1986年4月，经省政府批准，增设清溪镇。1990年12月26日，经国务院批准，撤销韶山区，设立韶山市（县级；1991年6月25日，韶山市正式挂牌成立），下辖6乡2镇（大坪、韶山、如意、杨林、永义、银田乡，银田镇、清溪镇），61个村，6个居委会，1041个村民小组，28个居民小组。1997年11月，经省政府批准，撤销如意乡，设立如意镇。2001年10月，经省政府批准，银田乡合并至银田镇。2012年5月，经省政府批准，将湘乡市龙洞镇石坝、花桥、谷阳、韶东、韶西、新湖、城前7个村划归韶山市韶山乡管辖；将湘乡市金石镇团田、舒塘2个村划归韶山市杨林乡管辖。12月，经省政府批准，将韶山乡花园、石忠、石山、朝阳4个村划归清溪镇管辖。2014年

2月，全市开展行政村优化整合，由70个行政村整合为61个。是年，韶山市辖3个镇（银田、清溪、如意镇）、4个乡（韶山、大坪、杨林、永义乡）、61个村、5个社区居委会、1184个村民小组、28个居民小组。2015年11月16日，根据《湖南省民政厅关于同意韶山市乡镇区划调整方案的批复》，将清溪镇、如意镇、永义乡合并设立清溪镇，新设立的清溪镇辖清溪、朝阳、石山、石忠、花园、杨佳、杨荣、球山、如意、梅湖、厚罗、石湖、韶南、永泉、永义、狮山、长湖、东湖18个村，火车站、韶山冲、竹鸡、如意亭4个社区居委会；将韶山乡、大坪乡合并设立韶山乡。新设立的韶山乡辖韶山、韶源、韶北、铁皮、竹鸡、韶光、韶东、韶西、新湖、城前、谷阳、石塘、花桥、湘韶、韶新、黄田、韶峰、梅花、林家湾、大坪、新联21个村。

2016年3月，韶山市人民政府批复，同意清溪镇、银田镇、韶山乡、杨林乡建制村合并方案，全市由61个行政村合并为33个。清溪镇辖清溪、花园、狮山、如意、杨荣、韶南、梅湖、厚罗、石湖、永义、长湖、东湖12个村；韶山乡辖韶山、韶润、平里、韶前、韶阳、大坪、新联、湘韶、黄田、双石10个村；杨林乡辖双和、云源、瓦坪、杨林、白翎、石屏、团田7个村；银田镇辖华南、南村、银园、银田4个村。全市5个社区，其中清溪镇4个（火车站、高新、韶山冲、如意亭社区）、银田镇1个（银田寺社区）。全市1043个村民小组，其中清溪镇341个、银田镇165个、韶山乡285个、杨林乡252个。全市54个居民小组，其中清溪镇44个、银田镇10个。

（颜家友）

【行政区划】 2020年，韶山市辖2个镇、2个乡、33个行政村、5个社区居委会、1087个村民小组、54个居民小组。

【人口状况】 2020年，全市共有家庭户34243户，集体户1072户。家庭户人口98482人，集体户人口4875人，平均每个家庭户的人口2.88人。全市常住人口103357人。其中，男性51761人，占50.08%；女性51596人，占49.92%。

【民族宗教】 2020年，全市有27个少数民族，655人。4个乡镇均有分布，呈散居状。市内依法登记的宗教活动场所有4处，宗教团体1个。以办好湖南援疆韶山初中班为契机，深化民族团结进步教育，做好民族成分变更审核、教职人员证件申领等工作，三级网络建设和两级责任制进一步落实。银田寺开启宗教界“五进五好”活动，加强宗教场所管理，维护市内宗教和谐稳定，走访困难少数民族群众，关心少数民族群体的生活。

（杨 璐）

【风景名胜】 韶山市属中亚热带湿润气候区，土地肥沃，植物茂盛，山川相趣，雄奇与精微、恢宏与质朴浑然一体，形成众多钟灵毓秀的山水景观。

韶山历史源远流长，古属荆楚，相传虞舜南巡至此，赏心悦目，遂与妻臣在山上奏起韶乐，引得凤凰来仪，百鸟和鸣。韶山因而得名。

韶山风景名胜区周围，群山起伏，连绵不绝，西有韶峰、黑石寨、峰子山、十八罗汉，山势雄伟磅礴。韶山旧有著名“四绝”“八景”。“四绝”是：五朝松（唐、宋、元、明、清，每个朝代一株，已死去一株，只剩五株）、飞来船、四方竹、白石泉；“八景”是：韶峰耸翠、塔岭晴霞、仙女茅庵、凤仪亭址、胭脂古井、石壁流泉、顿石成门、石屋清风。

境内有新石器时代留下的遗址——韶山乡新联村的雷祖寨；战国、东汉时期的古墓群；唐、宋、元时期的陶、瓷窑遗址。此外，还有唐代时期建造的清溪寺、宋代形成的五羊潭集市、明代建成的银田寺等。

韶山更因孕育出一代伟人毛泽东而蜚声中外。韶山是毛泽东青少年时期生活、学习、劳动和他早期从事革命活动的地方。

韶山是“全国著名革命纪念地”“国家AAAAA级旅游景区”“国家重点风景名胜区”“全国重点文物保护单位”“国家红色旅游经典景区”“全国爱国主义教育基地”“中国优秀旅游城市”“全国文明城市”“首批国家全域旅游示范区”。按区位和资源分布特点，主要形成了以下7个景区：毛泽东故居景区，主要景观有毛泽东故居、南岸、毛泽东铜像、松山一号楼、毛泽东纪念馆、毛泽东遗物馆、毛泽东纪念园、毛泽东图书馆、毛氏宗祠、毛震公祠、毛鉴公祠、毛泽东父母墓、韶山学校门楼、眺峰亭、李氏宗祠、小韶山等；滴水洞景区，主要景观有滴水洞一号楼、毛泽东祖父墓、虎亭、滴水清音、滴水洞门楼、韶山水库、虎歇坪、龙头山、映曦台、观音石等；韶峰景区，主要景观有毛泽东诗词碑林、韶峰寺、观日阁、韶峰索道、连心锁、仙女茅庵、慈悦阉、韶峰耸翠、六朝松、车罗石壁、云富坧、飞来船、顿石成门、石屋清风等；黑石寨景区，主要景观有黑石寨遗址、棠佳阁、蒋梯空烈士墓、瓦子坪、书堂、杨林庙、大坪基督教堂、滑油潭、石洞神泉等；清溪景区，主要景观有毛泽东青年塑像、韶山烈士陵园、韶山火车站、庞叔侃烈士墓、大塘湾、郭氏祠农民运动旧址、瓦碎塘元代古窑、清溪寺遗址、青年水库、天鹅山、韶河等；狮子山景区，主要景观有雨桐庙、雄狮吞日、四仙抬宝、燕子洞、坪顶岭、板凳岭、球山等；银田景区，主要景观有银田寺、韶山银河、银河陈列馆、银田镇石拱桥、七亩潭渔场、银田古银杏、樟木山、龙冒岭等。

（颜家友）

【交通状况】 韶山区位优越，内通外畅的交通格局已基本形成，全市融入长株潭一小时经济圈。市域公路形成“高效便捷、四通八达”的道路网系统，沪昆高铁、两条国道、五条省道及长韶娄、韶山高速纵横全境。全市公路总里程1335.395公里，其中高速公路22公里、国道35.457公里、省道42.193公里、县道86.745公里、乡道97公里、村道332公里、组（户）道720公里。全市有公交线路9条，其中1、2、5、7、8、9路公交线路为县域公交、3路公交线路为城际公交、核心景区专用公交线路1条，居民线路1条。全市有客运站场4个，分别为韶山汽车站、韶山站、韶山客运枢纽站、韶山高铁南站。城乡道路客运一体化发展水平达到AAAAA级。

（彭 锋）

【气候特点与气象灾害】 2020年，韶山市全年气候呈现出：气温异常偏高，降水正常，但分布不均匀，日照正常。气候灾害有雷雨大风、高温热害、暴雨、连阴雨、寒潮、寒露风、冰冻等。

1. 气温。全市年平均气温为17.8℃，比常年偏高0.8℃，较上年偏高0.2℃，属异常偏高年份。全市各月平均气温与常年同期比：6月、8月异常偏高，2月、3月显著偏高，5月偏高，9月偏低，其余月份为正常。年内日极端最高气温37.3℃（8月24日），高温日数（日最高气温≥35℃）有36天，较常年偏多。年内日极端最低气温−3.2℃(12月31日)。

2. 降水。全市年总降水量为1610.0毫米，较常年偏多205.9毫米，偏多14.7%,较上年偏多8.6%，属正常范畴。各月降水量时空分布不均：1月、7月、9月异常偏多，3月显著偏多，2月偏多，4月、10月、12月偏少，8月、11月显著偏少，其余月份为正常。

3. 日照。全市年总日照时数为1316.6小时，比常年偏少206.6小时(−13.6%)，比上年偏少118.2小时（−8.2%），属正常范畴。全市各月日照时数与常年同期相比：4月异常偏多，8月偏多，6月、7月、10月、12月偏少，9月显著偏少，其余月份为正常。

4. 汛期降水特征。汛期（4−9月）全市总降水量正常，为997.1毫米，比历年同期偏多88.5毫米，偏多9.7%。从5月下旬开始出现明显降水分布不均，其中8月晴热高温少雨，7月、9月持续多雨寡照，且9月降水量197.0毫米，为历史同期最高值。较强降水出现在5月下旬至6月上旬、7月上旬和9月上旬，全年共出现5次暴雨（5月、6月、9月各一次，7月两次）。年内最大日降水量为68.9毫米（6月3日）。汛期雨水特点是：前半段正常略偏少，后半段前后异常偏多，中间显著偏少，时空分布不均。

灾害天气：年内有雷雨大风、高温热害、暴雨、连阴雨、寒潮、寒露风、冰冻等灾害性天气发生。其中5月5日受雷雨大风影响，全市4个乡镇均不同程度受灾，6月3日受暴雨影响，部分乡镇受灾，9月的连阴雨和寒露风对农业生产有一定影响。

1. 寒潮。2月14−16日、12月28−30日48小时最低气温降温幅度均为10.9℃，最低气温分别为1.7℃、−0.2℃，均达到寒潮标准

2. 高温热害。7月31日−8月9日连续10天日最高气温≥35℃、8月15−20日连续6天日最高气温≥35℃、8月27−31日连续5天日最高气温≥35℃，均达到轻度高温热害标准。

3. 连阴雨。9月20−30日，连续11天日降水量≥0.1毫米，且过程日平均日照时数≤0.1小时，达到中度连阴雨标准。

4. 寒露风。9月20−29日连续10天日平均气温≤21.0℃，1天（26日）日最低气温≤17℃，影响雨日10天，达到重度湿冷型寒露风标准。

5. 冰冻。12月14−15日连续2天出现雨凇，达到轻度冰冻标准。

（毛 豆）

国民经济和社会发展

【概况】 2020年，韶山市实现地区生产总值97.08亿元，比上年增长4.2%。其中，第一产业增加值7.51亿元，增长3.5%；第二产业增加值41.92亿元，增长4.2%；第三产业增加值47.64亿元，增长4.2%。按常住人口数计算，人均地区生产总值93526元。全市第一、二、三次产业结构为7.74:43.18:49.08，第一、二、三产业对经济增长的贡献率分别为5.4%、50.8%、43.9%。

全市承办的34项省、湘潭市重点民生实事全面完成工作任务，其中新增城镇就业、中小学教室灯光照明提质改造等12项实事超额完成全年目标任务。

【农业】 2020年，第一产业总产值132617万元，同比增长3.6%。其中，农业产值47313万元，比上年增长4.4%；林业产值4899万元，比上年增长10.4%；牧业产值70895万元，比上年下降0.8%；渔业产值5305万元，比上年增长12.9%。全市谷物总面积8.22万亩，总产量4.51万吨，其中水稻7.98万亩，总产量4.22万吨。全市生猪存栏头数7.82万头，出栏肉猪10.65万头。全市现代农业产业园区个数（省级）1个。农民专业合作社350个，比上年增长7%；农民专业合作社成员0.98万户，比上年增长13%；家庭农场170个，比上年增长11%。年末农业机械总动力11.71万千瓦，实施土地整治（高标准农田建设）项目1个，高标准农田建设面积0.63万亩。

【工业和建筑业】 2020年，全市规模以上工业增加值比上年增长3.0%。全市全年建筑业总产值6.44亿元，比上年增长21.3%。

【固定资产投资】 2020年，全年固定资产投资比上年增长13.0%，其中产业投资比上年增长13.56%，占比为70.26%；完成工业技改投资占产业投资比重26.7%，比上年提升11.35个百分点；完成高新技术产业投资占产业投资比重28.7%，比上年提升10.65个百分点。全市施工项目共计103个，其中本年新开工项目59个，本年投产项目67个。全市房地产投资94636万元，比上年增长1.3%；销售面积151294平方米。

【国内贸易和对外经济】 2020年，全市社会消费品零售总额增速比上年降低2.5%。全市各类市场主体共9193家，新登记各类市场主体1120家。推进企业登记全程电子化，全程电子化新设152家。全市进出口总额9.89亿元，比上年增长20.9%，其中出口额8.94亿元，比上年增长

10.7%；进口额0.94亿元。实际利用外资金额8599万美元，新引进世界500强企业2家。实际到位内资38.84亿元，比上年增长27.09%。

【交通、邮电和旅游】 2020年，全市新建和提质农村公路15公里，比上年增长15%。行政村客运班车通达率100%。公交车出行分担率100%，比上年增长25%。万人拥有公交车保有量52标台。年末民用汽车保有量3.88万辆，比上年增长7%；全年新注册汽车912辆，比上年下降35%。全市共计接待来韶游客1105万人次，其中境外入境人数0.22万人次；旅游综合收入33.75亿元，其中国内旅游收入33.73亿元，国际旅游外汇收入32.14万美元。

【财政、金融】 2020年，全年完成财政总收入10.11亿元，比上年增长31%。其中地方收入5.68亿元，税收收入占4.26亿元，比上年增长26.90%，非税收入占1.42亿元，比上年下降17.5%。全市公共财政支出完成15.8亿元，比上年增长19.40%。其中一般公共服务支出2.05亿元，比上年下降0.5%；教育支出1.76亿元，比上年增长0.9%；卫生健康支出1.34亿元，比上年增长26.70%；农林水支出1.83亿元，比上年增长16.50%。民生支出11.27亿元，比上年增长20.90%。

年末全市金融机构人民币各项存款余额90.02亿元，比上年降低1.53%。全市金融机构各项贷款余额74.78亿元，比上年增长7.18%。其中个人住房消费贷款余额7.2亿元，比上年增长27.8%；房地产开发贷款2.5亿元，比上年降低26%；农、林、牧、渔业贷款0.59亿元，比上年增长75%；制造业贷款8.36亿元，比上年增长15.10%。

【教育和科学技术】 2020年，全市中等职业教育招生355人，在校生633人，毕业生152人。普通高中招生236人，在校生731人，毕业生293人。初中招生370人，在校生1393人，毕业生605人。小学招生1051人，在校生5914人，毕业生665人。在园幼儿3807人。小学适龄儿童入学率100%，小学毕业生升学率100%，高中阶段毛入学率为98.3%。发放中职国家助学金8.6万元，中职国家助学金资助中职学生86人次，落实中职免学费资金125.04万元，中职免学费资助中职学生1042人次；发放普通高中国家助学金23.8万元，资助普通高中学生1646人次；落实义务教育保障资金819.59万元，资助义务教育阶段学生1297人次。

2020年，全市有省级工程技术研究中心2个：湘潭恒欣实业有限公司和湖南江冶机电科技股份有限公司；通过国家知识产权强县工程试点县工作考核验收，签订技术合同35项，比上年增长75%，技术合同成交金额3.08亿元，比上年增长131%；恒欣实业荣获第六届省长质量奖。

【文化、卫生和体育】 2020年，全市省级非物质文化遗产保护目录2个，市级非物质文化遗产保护目录8个，区非物质文化遗产保护目录20个。全市有艺术表演团体2个，群众艺术馆、文化馆1个，公共图书馆2个，博物馆、纪念馆1个。

2020年底，全市共有医疗机构102家，其中医院2家，乡镇卫生院4家，村卫生室62家（点），诊所、卫生所、医务室31家，疾病预防控制中心1家，卫生监督所1家，妇幼保健计划生育服务中心1家。

全市共有卫生技术人员723人，其中执业（助理）医师291人，注册护士332人。医疗机构床位547张，其中医院340张，乡镇卫生院206张，其他医疗机构21张。

2020年末，全市有体育场地293个。其中体育馆2座，小型全民健身中心1个，运动场（含体育场、小运动场、田径场）9个，游泳池（含游泳跳水场馆）2个，全市各种训练房（综合房及专项训练房）4个，新建5处农民体育健身工程。全市开展全民健身项目12次，经常参加体育锻炼人数4.42万人。全市人均健身场地面积1.98平方米。

【人口、人民生活和社会保障】 2020年末，全市常住人口103357人，与2010年第六次全国人口普查的86036人相比，增加17321人，增长20.13%，年平均增长率为1.85%。

年末全市全社会用电量2.82亿千瓦时，比上年增长4.04%；其中工业用电量0.89亿千瓦时，比上年增长21.17%；居民生活用电量1.24亿千瓦时，比上年增长1.27%。

全市全体居民人均可支配收入40070元，比上年增长5.6%。其中城镇居民人均可支配收入45712元，增长4.9%。农村居民人均可支配收入30257元，增长7.4%。

全市全年开工各类水利工程144处，比上年增长5%，投入资金26140万元，比上年增长12%；水利工程完成土石方27万立方米，比上年增长10%；新增农田有效灌溉面积17公顷，比上年增长5%。

全市城镇新增就业人员1043人；失业再就业人数307人。年末城镇职工基本养老保险参保人数2.02万人，比上年增长8.6%；参加城乡居民基本养老保险人数6.14万人，比上年增长2.0%。年末参加失业保险职工人数7200人，比上年增长1.4%；领取失业保险金人数482人。参加生育保险职工人数0.8万人。年末参加工伤保险人数2.17万人。年末参加城镇职工医疗保险人数1.1万人，参加城乡居民基本医疗保险人数8.99万人。

全市获得政府最低生活保障的城镇居民5368人次，发放最低生活保障经费194.62万元；获得政府最低生活保障的农村居民21257人次，发放最低生活保障经费804.23万元。年末各类养老机构床位1004张，入住750人次，提供服务工作人员80人。城镇建立各种社区服务设施5个，其中综合性社区服务中心1个。全年销售社会福利彩票1288.6万元，筹集福彩公益金113.8万元。

【资源环境和安全生产】 2020年，全市现有国家级自然保护区1个，面积7000公顷。年末活力木蓄积62.24万立方米，比上年增长4%；森林覆盖率52.94%，比上年增长0.26%；全面完成造林面积66公顷，年末实有封山（沙）育林面积600公顷；全市现有耕地面积6186公顷，基本农田5397公顷，批准建设用地36公顷，建设占用耕地19公顷，补充耕地5.2公顷。年末已发现的矿种16种，已探明资源储量的矿种12种。

全市城镇污水处理率97.50%，比上年提高0.20个百分点；空气质量达到优良以上标准天数346天，比上年提高8.2个百分点。

全市全年发生道路交通事故比上年下降4.8%。全年发生1起死亡1人的一般生产安全事故，亿元GDP安全事故死亡率0.0103人/亿元。

注：[1]本公报中数据均为初步统计数。部分数据因四舍五入的原因，存在着与分项合计不等的情况。[2]地区生产总值、各产业增加值按现价计算，增长速度按不变价格计算。根据第四次全国经济普查结果，对地区生产总值、三次产业及相关行业增加值等相关指标的历史数据进行了修订。

（章　奔　李　波）

（责任编校　颜家友）

中共韶山市委员会

概述

2020年，中共韶山市委坚持以习近平新时代中国特色社会主义思想为指导，深入学习贯彻党的十九大和十九届二中、三中、四中、五中全会精神，坚持稳中求进工作总基调，践行新发展理念，统筹推进疫情防控和经济社会发展，全力以赴稳增长、促改革、调结构、惠民生、防风险、保稳定，做好“六稳”工作、落实“六保”任务，认真落实湘潭市“五个年活动”部署，全面践行“四责四诺”，扎实推进“七个一批”重点工作，团结带领全市干部群众朝着“率先迈向基本现代化、建设世界知名文化旅游目的地”的目标接续奋斗，推动全市经济、政治、文化、社会、生态文明建设和党的建设实现新突破、迈上新台阶。全年地区生产总值同比（下同）增长4.2%；实现一般公共预算收入5.68亿元，增长11.9%；固定资产投资、产业投资、规模工业增加值分别增长13%、13.56%、3%；城乡居民人均可支配收入分别为4.57万元、3.03万元，增长4.9%、7.4%；蝉联全国文明城市称号，获评全国双拥模范城、全国农村生活垃圾分类和资源化利用示范县、全国无障碍环境示范市等称号，红色旅游发展案例入选全国典型，获评湖南省平安建设（综治工作）先进市、省信访工作“三无”市等荣誉，公众安全感测评连续三年保持全省第一。

疫情防控有力有效。始终将人民生命安全和身体健康放在第一位，严格落实“16字方针”和“四早”“四集中”“三统一”要求，迅速出台“十个全覆盖”等措施，建立“网格化管控、过筛式排查、全覆盖监测”防控机制，外防输入、内防反弹，筑牢了疫情防控的坚实屏障，成为全省首批低风险地区，实现确诊病例零死亡、境外疫情零输入，健康码注册率位列湘潭市第一。带领全市党员干部奋战疫情第一线，充分发挥表率作用。坚决服从大局、积极服务大局，派出医疗人员驰援重灾区，集中力量助力永霏（夏龙）抗疫防护物资生产，在防疫和生活物资捐助等方面作出积极贡献，市人民医院和3人荣获省级表彰。用好用活援企稳岗政策，全力推动企业复工复产，企业复工复产率3月份达到了100%。

三大攻坚战战果丰硕。着力巩固脱贫攻坚成果，推进省市脱贫质量“回头看”反馈问题整改，抓好“四个动态清零”，推动“两不愁三保障”政策全面落实，新识别11户36名建档立卡贫困人口全部脱贫，产业收益分红覆盖70%以上贫困户，全市贫困对象年人均收入达1.39万元，群众满意度99%以上。坚持生态优先、绿色发展，打好蓝天、碧水、净土保卫战，推动“河(库)长制”“三禁三不”等工作落到实处，优良以上空气质量达标率96%以上，污水管网覆盖率和城镇生活污水处理率分别达95%、97.48%，全市集中式饮用水水源地水质全部达标，土壤质量总体稳定。省生态环保督察及“回头看”交办督办件、信访件办结率100%。增强风险意识，统筹防范化解政治、意识形态、经济、科技、社会等风险，各领域风险总体可控。着力防范化解政府性债务风险，综合运用各类措施缓释风险，树牢过“紧日子”思想，加强争资争项，推动平台转型，债务风险类别从一类降为二类，金融生态总体稳定。

产业发展质效双升。抓好旅游体验项目建设和文化创意产品研发，统筹发展红色研学、特色民宿等业态，旅游供给持续优化，有效拉动旅游消费升级。成功举办湖南红色旅游文化节暨湘潭首届红色文化产业博览会等大型文旅活动。地热资源勘探取得重大突破。出台红色教育培训基地建设相关实施意见，加强行业管理、师资建设、课程研发、阵地建设，红色培训更加规范、人气更加旺盛。着力推动新型工业提质增效，加快高新区调规扩区，高新区技工贸收入、高新技术产值、税收分别增长10%、17.8%、259.2%，装备制造、新能源新材料产值分别增长11.4%、25.6%，碳基产业链形成规模，新增规模以上工业企业11家、高新技术企业14家，8家企业纳入制造强省项目，恒欣实业入列国家“小巨人”企业并荣获“省长质量奖”。激发三产服务活力，网络零售额同比增长56.7%，实现农村电商服务全覆盖，再次荣获“全国电子商务进农村示范市”称号（升级版）。新增总部经济企业39家，实现税收3.26亿元。落实省委“五大开放行动”部署，加强外贸综合服务平台建设，全市外贸进出口总额增长18 %，实现“破零”15家、“倍增”2家，获评“湖南省商务工作（外经）先进单位”称号。

项目建设成效显著。落实“产业项目攻坚年”活动部署，深入开展“奋战一百天，实现双过半”“奋力奔跑，合力攻坚”竞赛活动，实施重点项目67个，31个湘潭市级重点项目超额完成投资任务，产业投资增长19.8%，中韶电气、汇弘实业、同力交通等25个项目竣工投产。坚持精准招商，创新招商模式，引进三一（韶山）产业园等项目62个，其中亿元以上13个、“三类500强”项目2个，签约金额90.38亿元。盘活闲置和低效土地，成功引进三一风电叶片、三泰等项目，新旧动能加速转换。

改革创新迸发活力。坚持以“改革创新深化年”“营商环境优化年”活动为抓手，系统推进全面深化改革，3次召开市委深改委会议，有序推进211项改革任务，形成145项制度成果，“七日无理由退货”优化旅游营商环境案例入围“湖南基层改革探索100例”。深化“放管服”改革，94%的服务事项实现“最多跑一次”；推进“证照分离”改革全覆盖，新增市场主体1086家；数字化联合审图平均时效排名全省第一。坚持创新引领，推进省级创新型县（市）建设，增强科技创新水平，全市高新技术产业增加值占GDP比重达35%。加大研发投入力度，财政科技支出增长150.6%。深化产学研合作，高层次研发机构和创新平台达到31家。强化企业自主创新能力，贸翔科技获得省创新大赛优胜奖，四棱数控、江冶机电等高新产品获评省“两型”产品。

乡村振兴步履坚实。加快实施乡村振兴战略，着力推进农业农村现代化。扛牢粮食安全政治责任，抓好农田水利和高标准农田建设，整治抛荒耕地8300余亩，粮食生产面积和产量实现“双提升”。生猪产能持续恢复。银田、韶河现代农业示范园加快建设，“一县一特”小水果、油菜、茶业、水产养殖等特色产业持续发展，促进农村一、二、三产业融合发展。扶持和壮大村级集体经济，5万元以下的薄弱村全面清零，村年均收入达58万元。农村集体产权制度改革试点任务全面完成。全域推进垃圾分类，率先在全国县一级实现垃圾处理“付费制”全覆盖；推进“生态廊道”建设，创成首批“湖南省森林城市”，人居环境实现新提升。完善基础设施，新建、改造公路18.5公里，全面实现城乡客运一体化，国家烟草援建韶山水源工程项目基本完工，完成5G站点建设61个，获评“国家数字乡村试点地区”。

民生福祉持续增进。坚持以人民为中心的发展思想，切实解决群众“急难愁盼”问题，群众的获得感、幸福感和安全感不断提升。持续加大民生投入，民生支出占全市支出73%，省市21件民生实事全面完成。认真落实“全面小康决胜年”活动部署，“六覆盖”任务全面完成，基层公共服务（一门式）全覆盖工作经验在全省推介。新增就业1043人，保障农民工工资支付工作获得国务院核查组高度认可。推进全省养老服务体系建设试点工作，城乡居民养老保险覆盖率达100%。医疗保险参保率达97.07%，农村低保救助标准位居全省前列。全力推动教育事业发展，芙蓉学校如期开学，韶山学校高新校区完成主体建设。深化公立医院改革，强化基本医疗和基本公共卫生服务，核酸检测实验室、疾控中心实验室投入使用。扎实开展第七次人口普查工作。创成全国无障碍环境示范市。加大老旧小区等提质改造力度，市容市貌持续提升。组织大型文体活动58场，成功举办纪念毛泽东同志诞辰127周年系列活动，有力丰富了群众的精神文化生活。

治理效能不断提升。坚持以平安韶山建设为抓手，深入推进扫黑除恶专项斗争，“六清”任务全面完成，123条线索全部办结，查处恶势力团伙2个。推进全面依法治市，加强检察公益诉讼工作。强化对违法犯罪行为的精准打击，推动社会治安环境持续向好，禁毒示范城市通过省检。抓好信访维稳，化解信访积案12件。完善基层治理体系，政治、自治、法治、德治、智治“五治融合”工作经验在全省推介；推动村规民约落地落实，工作经验受到中央和省级主流媒体的宣传报道。统筹抓好防汛备汛、森林防火、食品安全、道路交通安全等工作，获评全省安全生产和消防工作优秀单位。

党的建设扎实推进。扛牢巡视整改责任，将巡视反馈的34个问题细化为95项具体任务，压紧压实责任，问题整改完成率达90%，巡视移交的10个立行立改问题全部整改到位，巡视组交办信访件办结率99.2%，出台制度文件28个，解决关系群众切身利益的问题32个，总结形成了基层治理、作风建设、优化营商环境等一批工作经验，全市党员干部思想观念得到更新、政治意识整体增强、干事创业劲头更足。坚持以政治建设为统领全面加强党的建设，举办全市政治建设专题培训，将政治建设调研延伸至基层。深入贯彻新时代党的组织路线，全面落实省委加强基层建设“1+5”文件，率先在全省完成村（社区）“两委”班子换届；持续推进党支部“五化”建设，“五星”党支部占比超过1/3；树牢正确选人用人导向，注重在疫情防控、脱贫攻坚等一线识别考察干部，共调整配备市管干部105名、晋升公务员职级95人。深入贯彻中央八项规定精神，坚决整治形式主义、官僚主义，市级发文、会议分别同比减少26.9%、8.3%。严格落实意识形态工作主体责任，牵头专题研究意识形态领域工作10次，完善网络舆情处置机制，切实维护意识形态领域安全。驰而不息推进党风廉政建设和反腐败斗争，一体推进不敢腐、不能腐、不想腐，深入开展扶贫、人防、工程建设招投标等领域专项整治，全年立案38件，党纪政务处分20人，组织处理59人。深化纪检监察体制改革，市监委派出乡镇监察办公室改革全面完成。高质量开展3轮政治巡察，覆盖率98.5%，巡察“利剑”作用进一步凸显。充分发挥统一战线优势，引导民营企业积极参与“百企大走访、同心促发展”活动，成功举办全省同心美丽乡村创建现场推进会和潭商大会韶山专场活动，“大统战”工作格局更加牢固。积极做好外事、侨务、对台等工作，民族宗教领域和谐稳定。坚持党建带群建，工青妇科红等群团组织更具活力。

（沈　乐）

重要会议

【中共韶山市委八届十次全体（扩大）会议】1月17日，中共韶山市委八届十次全体（扩大）会议暨市委经济工作会议在德盛宾馆举行，会议由市委副书记胡亚湘主持。市委书记唐杰出席会议并讲话，市领导崔旺、袁绚、罗杰、李先金、蒋卫阳、李长新、许文出席会议。唐杰受市委常委会委托，向全会作工作报告。报告指出，一年来，市委常委会坚持把方向、控大局、谋大势、抓作风，切实把重大决策落实好、重大活动开展好，引导全市上下团结一心、真抓实干、走在前列。唐杰在会上要求，做好2020年经济工作，必须以习近平新时代中国特色社会主义思想为指导，全面贯彻党的十九大和十九届二中、三中、四中全会精神，认真贯彻习近平总书记对湖南工作的重要讲话指示精神，坚持稳中求进工作总基调，坚持新发展理念，坚持以供给侧结构性改革为主线，坚持以改革开放为动力，深入实施创新引领开放崛起战略，认真落实湘潭市“五大行动”和“‘五个年’活动”，坚定不移推动高质量发展，坚决打赢打好三大攻坚战，全面做好“六稳”工作，统筹推进稳增长、促改革、调结构、惠民生、防风险、保稳定，确保“十三五”规划圆满收官，努力建设更高水平的全面小康社会。唐杰强调，围绕目标任务，全市要持之以恒贯彻新发展理念、着力建设更高水平的全面小康社会、不遗余力打好三大攻坚战、久久为功推进产业振兴、坚定不移深化改革开放。全市上下要强化政治自觉，推动上级决策部署高质量落实；要坚持真抓实干，推动韶山经济社会高质量发展；要加强党的领导，推动党的基层组织高质量建设。不惧风雨、不畏险阻，只争朝夕、不负韶华，推动韶山在高质量的道路上走在前列。

【中共韶山市委八届十一次全体（扩大）会议】12月29日，中共韶山市委八届十一次全体（扩大）会议在德盛宾馆举行，会议由市委副书记胡亚湘主持。市委书记唐杰，市委副书记、市长曹伟宏出席会议并讲话，市领导赵叶惠、张湘平、崔旺、袁绚、罗杰、李先金、蒋卫阳、李长新、许文、何浪出席会议。会议深入学习贯彻习近平新时代中国特色社会主义思想，认真落实党的十九届五中全会、省委十一届十二次全会、湘潭市委十二届九次全会精神，听取、讨论市委常委会工作报告，研究审议《中共韶山市委关于制定韶山市国民经济和社会发展第十四个五年规划和二〇三五年远景目标的建议》，安排部署下阶段工作。曹伟宏就《中共韶山市委关于制定韶山市国民经济和社会发展第十四个五年规划和二〇三五年远景目标的建议（讨论稿）》起草情况，向全会作说明。唐杰受市委常委会委托，向全会作工作报告。报告指出，2020年，市委常委会在围绕中心、统筹推进各项工作的同时，重点抓了九件大事，即深入学习宣传贯彻习近平新时代中国特色社会主义思想，坚持用科学的理论武装头脑；全力抗击新冠肺炎疫情，科学有序推进复工复产复市；树牢底线思维，不遗余力打好三大攻坚战；践行新发展理念，坚定不移推动经济高质量发展；蹄疾步稳全面深化改革，积极扩大高水平开放；始终坚定制度自信，积极发展社会主义民主政治；坚持以人民为中心，不断增进民生福祉；强化政治担当，扛牢巡视整改政治责任；全面从严管党治党，营造了清朗的政治生态。

（张　恒）

【2020年第一次市委常委会会议】1月10日，由市委书记唐杰主持召开。会议学习《习近平在“不忘初心、牢记使命”主题教育总结大会上的讲话》以及湖南省、湘潭市“不忘初心、牢记使命”主题教育总结会议有关精神；审议《唐杰同志在全市“不忘初心、牢记使命”主题教育总结会议上的讲话》；传达学习湘潭市第十五届人民代表大会第五次会议、政协湘潭市第十二届委员会第四次会议有关精神和省委、湘潭市委经济工作会议精神；审议《市委八届十次全会工作报告》《市委八届十次全体（扩大）会议暨市委经济工作会议方案》；听取关于基层党建述职评议考核等次评定、新时代文明实践中心建设工作的情况汇报；审议《韶山市深化拓展新时代文明实践中心建设试点工作的实施方案》；听取关于《韶山市2019年度平安建设考核结果》的情况汇报；审议《2020年韶山市重点建设项目安排》以及市级领导联系重点建设项目的安排；听取关于春节期间安保维稳工作的情况汇报。

【2020年第二次市委常委会会议】1月20日，由市委书记唐杰主持召开。会议听取关于韶山市2019年度领导班子和领导干部年终绩效考核的情况汇报；研究《全市2020年重要工作计划（讨论稿）》；传达学习中央纪委、省纪委全会精神；听取韶山市纪委监委工作情况汇报和审议市纪委八届五次全会方案；听取关于购买涟源市增减挂钩指标和韶山市相关融资工作的情况汇报。

【2020年第三次市委常委会会议】2月1日，由市委书记唐杰主持召开。会议学习习近平总书记关于疫情防控重要指示和中央、湖南省、湘潭市有关疫情防控会议、文件及领导批示精神；听取韶山市新型冠状病毒肺炎疫情防控工作情况汇报，分析研判全市

当前疫情防控工作形势、部署下阶段疫情防控工作，市委书记、市委疫情防控工作领导小组组长唐杰，市委副书记、代市长、市委疫情防控工作领导小组副组长曹伟宏作重要讲话，与会人员结合各自职责作了发言。

【2020年第四次市委常委会会议】

2月10日，由市委书记唐杰主持召开。会议传达学习中央政治局常务委员会会议精神、省委常委会会议精神、湘潭市委常委会议精神，听取关于疫情防控工作的情况汇报，研究部署当前重点工作；研究讨论《韶山市政府工作报告》《韶山市2019年国民经济和社会发展计划执行情况与2020年计划草案的报告》《韶山市2019年财政预算执行情况和2020年财政预算（草案）的报告》；听取关于韶山市第九届人民代表大会第五次会议、政协韶山市第八届委员会第四次会议筹备工作的情况汇报；研究审定《2020年度市领导和市直部门（单位）联系重点企业安排》；审定2020年全国先进工作者拟推荐人选；研究审定《韶山市红色教育培训发展协调领导小组成员名单》《韶山市第九届人大代表届中补选候选人建议人选名单》《政协韶山市第八届委员会委员届中增补的建议人选名单》；研究干部人事等事项。

【2020年第五次市委常委会会议】

2月28日，由市委书记唐杰主持召开。会议传达学习习近平总书记2月23日在统筹推进新冠疫情防控和经济社会发展会议上的重要讲话精神、2月23日省委常委会议精神和2月24日湘潭市委常委会议精神，开展专题学习研讨，研究部署当前重点工作；研究审议《2020年韶山市绩效考核实施方案》；传达学习中央、省委和湘潭市委农村工作和脱贫攻坚会议精神，研究审议《韶山市2020年农村人居环境整治实施方案》《韶山市全面推进乡村治理体系建设试点工作实施方案》《韶山市2020年巩固提升脱贫攻坚成效实施方案》《2020年农村联系点安排》，听取关于2019年度农村基层先进个人评选工作的情况汇报；研究审议《韶山市2020年七个一批重点工作及责任分解》；研究审议《2020年韶山市征拆工作目标考核办法》和《2020年全市征拆工作任务》；传达学习中央、省委、湘潭市委政法工作会议精神；研究韶山市化债工作；听取关于2019年度韶山市重点项目建设表彰奖励的情况汇报，审议《韶山市2020年重点项目建设和投资完成绩效考核办法》等事项。

【2020年第六次市委常委会会议】

3月13日，由市委书记唐杰主持召开。会议学习习近平总书记在决战决胜脱贫攻坚座谈会上重要讲话精神和湖南省委、湘潭市委决胜脱贫攻坚会议精神；传达学习中央、省委、湘潭市委组织部部长、宣传部部长、统战部部长会议精神；审议《全市党委办公室工作报告》《全市组织工作报告》《全市宣传思想工作报告》《全市统一战线工作报告》；审议《2020年韶山市“党建领航工程”重点任务》《2020年基层党建工作重点任务》；审议《关于建立韶山市党政领导干部与民营经济人士联谊交友制度的意见》《关于建立韶山市党政领导干部联系商会协会工作制度的意见》；传达学习全国、省、湘潭市森林防灭火会议精神，听取关于应急管理和安全防范工作的情况汇报，研究贯彻落实意见；研究讨论支持发展废钢贸易总部经济的若干意见；研究有关人事工作。

【2020年第七次市委常委会会议】

3月26日，由市委书记唐杰主持召开。会议传达学习3月18日习近平总书记在中共中央政治局常务委员会会议上的重要讲话精神和省委十一届十次全会精神、3月23日湘潭市委疫情防控工作领导小组会议精神，研究贯彻落实意见；审议《韶山市全面小康决胜年行动方案》；听取全市生态环境保护工作情况汇报，审议《韶山市污染防治攻坚战2020年度实施方案》；审议《2020年韶山市深化全国文明城市建设工作实施方案》《韶山市创建全国文明城市工作机构调整方案》和《2020年韶山市精神文明建设工作要点》；听取关于八届市委第八轮巡察工作开展情况的汇报，审议《2020年市委巡察工作计划》《八届市委第九轮巡察工作方案》；听取关于韶山旅游发展集团有限公司章程内容修改建议的情况汇报；听取2019年度机关事业单位工作人员考核的情况汇报；审议《开展“奋战一百天实现双过半”竞赛活动的工作方案》；研究有关人事工作。

【2020年第八次市委常委会会议】

4月17日，由市委书记唐杰主持召开。会议传达学习习近平总书记关于全面从严治党和巡视工作的重要论述，学习党章和《党委（党组）落实全面从严治党主体责任规定》《关于新形势下党内政治生活的若干准则》《中国共产党廉洁自律准则》《中国共产党纪律处分条例》《中国共产党党内监督条例》《中国共产党巡视工作条例》《中国共产党问责条例》《被巡视党组织配合省委巡视工作条例》等党内法规和省委相关实施意见，学习中央、省委巡视工作领导小组关于深化政治巡视的要求以及《中共湘潭市委巡察工作办法》《被巡察党组织配合市委巡察工作规定》等党内法规文件，听取关于配合省委巡视以及湘潭市委开展全市优化营商环境专项巡察、脱贫攻坚专项巡察“回头看”和村（社区）巡察的相关准备工作的情况汇报；传达学习上级对台工作会议精神，研究韶山市贯彻落实意见；传达学习省委、湘潭市委机构改革总结会议和机构编制工作会议精神，研究韶山市贯彻落实意见；审议《2020年全市党委（党组）理论学习中心组专题学习重点内容安排》；听取关于全市信访维稳工作形势的汇报，审议《韶山市维护稳定工作联席会议制度(试行)》《韶山市涉疆服务管理工作联席会议制度(试行)》；听取市人大常委会党组、市人民政府党组、市政协党组工作的情况汇报；听取关于《韶山革命斗争史》编撰工作的情况汇报；听取关于韶山市重点项目建设（征拆）指挥部清理工作的情况汇报；听取关于韶山市垃圾分类工作的情况汇报，审议《韶山市2020年全域推行垃圾分类工作实施方案》及相关事项。

【2020年第九次市委常委会会议】

4月24日，由市委书记唐杰主持召开。会议审议上报省委第一巡视组的有关汇报材料；传达学习国、省以及湘潭市信访工作会议精神，审议《韶山市信访工作“三无”县市创建活动实施方案》；听取脱贫攻坚工作情况汇报；审议《韶山市2020年“五一”假期旅游综合应对总体方案》；听取市人民法院党组和市人民检察院党组情况汇报；听取关于新冠肺炎疫情防控及时性表彰工作情况汇报；听取关于肖某超标配备使用办公用房调查情况汇报；研究有关人事工作。

【2020年第十次市委常委会会议】

5月9日，由市委书记唐杰主持召开。会议传达学习4月29日和5月6日中共中央政治局常务委员会会议精神；传达学习省委书记杜家毫在湘潭调研时讲话精神；传达学习湖南省委办公厅、省人民政府办公厅关于防范和惩治统计造假、弄虚作假有关文件精神；听取向省委第一巡视组专题汇报材料撰写情况汇报，讨论研究《向省委第一巡视组汇报（送审稿）》。

【2020年第十一次市委常委会会议】

5月22日，由市委书记唐杰主持召开。会议传达学习习近平总书记在山西考察时的重要讲话精神；传达学习中央、省、湘潭市扫黑除恶专项斗争有关会议精神；研究讨论《向省委第一巡视组的汇报（送审稿）》；传达向省委第一巡视组意识形态工作专题汇报会情况，听取关于落实省委第一巡视组巡视意识形态工作问题整改情况汇报，审议《韶山市委意识形态领域情况分析研判领导小组成员名单》；传达学习湘潭市委书记曹炯芳在湘潭市委党校2020年春季学期开学第一课上的党课内容；听取韶山市关于贯彻落实《湖南省深化整治形式主义官僚主义10条措施》的情况汇报；审议《中央、省、湘潭市脱贫攻坚成效考核反馈问题整改方案》；听取韶山市反恐怖工作情况汇报；听取关于承办2020湖南红色旅游文化节暨湘潭红色文旅产业博览会情况汇报。

【2020年第十二次市委常委会会议】

6月5日，由市委书记唐杰主持召开。会议传达学习习近平总书记在全国两会期间下团组的重要讲话精神；传达学习《新时代爱国主义教育实施纲要》《新时代公民道德建设实施纲要》；传达学习中巡办主任王鸿津在中南片区及湘潭调研座谈会上讲话精神；研究对严春、李达宇违纪案的处理意见；审议《关于深化韶山市纪委监委派驻纪检监察组改革的实施意见》《韶山市纪委监委派驻纪检监察组改革方案》；听取关于工程建设项目招投标突出问题整改情况汇报；听取关于违规发放奖金津补贴福利问题立行立改工作情况汇报，研究审议《关于违规发放奖金津补贴福利问题立行立改工作方案》；听取关于高新区、国有企业薪酬问题整改工作的情况汇报，研究审议《关于高新区薪酬问题立行立改工作方案》《关于国有企业薪酬问题立行立改工作方案》；听取关于韶山市债务工作的情况汇报；听取关于国有企业向乡镇、部门支付项目协调费、工作经费问题整改工作的情况汇报，研究审议《关于国有企业向乡镇、部门支付项目协调费、工作经费问题立行立改工作方案》；听取关于进一步加强土地管理，严控土地违法工作的情况汇报；研究有关人事工作。

【2020年第十三次市委常委会会议】

6月28日，由市委书记唐杰主持召开。会议传达学习习近平总书记在宁夏考察时的重要讲话精神；传达学习省委书记杜家毫在县委书记抓党建促决战决胜脱贫攻坚培训班开班仪式上的讲话精神；传达国家、省关于强化疫情防控措施坚决防止疫情反弹的紧急通知精神，听取韶山市疫情防控工作的情况汇报；传达学习2020年省、湘潭市总河长会议精神，听取韶山市河长制工作的情况汇报；传达学习湘潭市委国家安全委员会第一次会议精神，听取关于韶山市国家安全工作的情况汇报；听取关于做好2020年“七一”前后党内关怀帮扶工作的情况汇报；听取关于调整韶山市红色教育培训发展协调领导小组及成员的汇报；研究有关人事工作。

【2020年第十四次市委常委会会议】

7月14日，由市委书记唐杰主持召开。会议传达学习6月29日中央政治局会议精神；传达学习习近平同志在中央政治局第二十次集体学习和第二十一次集体学习时的讲话精神；传达学习习近平总书记关于防汛救灾工作的重要批示精神以及中央、省、湘潭市领导有关指示批示精神；传达学习全国、省、湘潭市市域社会治理现代化工作推进会议精神，审议韶山市市域社会治理现代化试点工作方案；传达学习中共湖南省纪委、中共湘潭市委对有关违纪违法案件的通报；学习《湖南省韶山风景名胜区条例》；听取关于韶山市第一批“映山红”人才推荐选拔工作情况汇报；听取关于八届市委第九轮巡察工作情况汇报，研究审议《八届市委第十轮巡察工作方案》；审议《关于落实湘潭市委第六巡察组反馈意见的整改方案》；听取关于全省维稳工作会议和省市县域警务工作会议精神贯彻落实情况汇报；研究有关人事工作。

【2020年第十五次市委常委会会议】

7月30日，由市委书记唐杰主持召开。会议传达学习中共中央办公厅转发《中央宣传部、中央组织部关于认真组织学习〈习近平谈治国理政〉第三卷的通知》；传达学习习近平总书记6月2日在专家学者座谈会和7月21日在企业家座谈会上的重要讲话精神；传达学习7月17日中共中央政治局常务委员会议精神；传达学习《中国共产党党校（行政学院）工作条例》和省、湘潭市党校（行政学院）校（院）长会议精神；传达学习杜家毫同志在听取巡视工作情况汇报时的讲话精神，研究部署省委巡视反馈意见整改工作；听取2020年全市民族宗教工作的情况汇报，审议《关于贯彻落实中央统一战线工作领导小组〈关于坚持我国宗教中国化方向的意见〉的责任分工方案》；听取关于市场监管等领域综合行政执法体制改革的情况汇报，审议《韶山市深化市场监管综合行政执法改革实施方案》《韶山市深化交通运输综合行政执法改革实施方案》《韶山市深化农业综合行政执法改革实施方案》《韶山市深化文化旅游市场综合行政执法改革实施方案》；研究有关人事工作。

【2020年第十六次市委常委会会议】7月31日，由市委书记唐杰主持召开。会议审议省委第一巡视组巡视韶山反馈意见整改方案；传达国务院、省及湘潭市联防联控机制严防聚集性疫情做好秋冬防控工作电视电话会议精神，研究部署韶山市疫情防控工作；审议《2020年第二届潭商大会韶山活动总体方案（审议稿）》。

【2020年第十七次市委常委会会议】8月18日，由市委书记唐杰主持召开。会议审议《关于调整2020年农村联系点安排方案》；研究有关人事工作。

【2020年第十八次市委常委会会议】8月23日，由市委书记唐杰主持召开。会议审议《韶山市“奋力奔跑合力攻坚”项目竞赛活动方案》；研究有关人事工作。

【2020年第十九次市委常委会会议】8月31日，由市委书记唐杰主持召开。会议传达学习习近平总书记关于坚决制止餐饮浪费行为切实培养节约习惯，在全社会营造浪费可耻节约为荣的氛围的重要指示精神；传达学习习近平总书记7月28日在党外人士座谈会上的重要讲话精神；传达学习习近平总书记对湖南工作的重要指示精神以及2011年3月20日在韶山村座谈会上的重要讲话精神；传达学习省委书记杜家毫2018年5月25日在韶山村党委组织生活会上的讲话精神；听取关于省委第一巡视组巡视韶山反馈意见整改进度的情况汇报；听取关于韶山高新区调区扩区的工作情况汇报；研究审议《韶山市党员领导干部理论学习制度（审议稿）》；研究有关人事工作。

【2020年第二十次市委常委会会议】9月9日，由市委书记唐杰主持召开。会议传达学习习近平总书记在中国人民抗日战争暨世界反法西斯战争胜利75周年座谈会上的重要讲话精神；学习《党委（党组）落实全面从严治党主体责任规定》；传达学习习近平总书记关于巡视巡察工作的重要论述以及中央和省委有关巡视巡察工作的重要精神；传达学习中央、省、湘潭市扫黑除恶专项斗争有关精神以及《十一届省委第八轮巡视湘潭市有关县（市、区）发现的涉及政法领域有关问题》文件精神，审议《十一届省委第八轮巡视韶山市发现的涉及政法领域有关问题整改实施方案（审议稿）》；传达学习《国务院关于加强地方政府性债务管理的意见》等中央、省和湘潭市关于债务工作的相关指示要求和文件精神；审议巡视整改专题民主生活会市委常委班子对照检查材料（审议稿）；专题调度推进常委班子及班子成员主题教育问题整改工作；审议《韶山市监察委员会向乡镇派出监察办公室的实施方案（审议稿）》；审议《韶山市创建“全省法治政府建设示范市”实施方案（审议稿）》；听取关于全国全省公安机关开展“坚持政治建警全面从严治警”教育整顿及韶山市贯彻落实的情况汇报。

【2020年第二十一次市委常委会会议】9月25日，由市委书记唐杰主持召开。会议传达学习习近平总书记在全国抗击新冠肺炎疫情表彰大会上的重要讲话精神；传达学习习近平总书记对审计整改工作的重要批示精神以及相关文件会议精神；传达学习习近平总书记关于生态文明建设的重要论述，研究国家生态文明建设示范市创建工作；研究部署全面从严治党工作，审议《市委落实全面从严治党主体责任清单（审议稿）》《市委常委会成员履行全面从严治党责任清单（审议稿）》《关于在全市建立各级领导干部开展谈心谈话提醒情况报告制度的实施办法（审议稿）》，听取各常委分管领域全面从严治党情况汇报；学习《中共韶山市委常委会工作规则》《中共韶山市委贯彻落实“三重一大”事项集体决策制度的实施办法》；审议市委常委班子巡视整改专题民主生活会问题整改清单；学习《招标投标法》等招投标领域相关法律法规；听取关于规范部分党组设置的情况汇报；研究有关人事工作。

【2020年第二十二次市委常委会会议】10月21日，由市委书记唐杰主持召开。会议传达学习习近平总书记10月10日在中央党校（国家行政学院）中青年干部培训班开班式上的重要讲话精神；传达学习中共湖南省第十一届委员会第十一次全体会议精神、《中共湖南省委关于深入学习贯彻习近平总书记考察湖南重要讲话精神奋力谱写新时代坚持和发展中国特色社会主义湖南新篇章的决定》《中国共产党湖南省第十一届委员会第十一次全体会议决议》、10月12日湘潭市委常委（扩大）会议精神，审议《中共韶山市委贯彻落实〈中共湖南省委关于深入学习贯彻习近平总书记考察湖南重要讲话精神奋力谱写新时代坚持和发展中国特色社会主义湖南新篇章的决定〉责任分工方案（审议稿）》《中共韶山市委关于进一步利用红色资源传承红色基因发扬红色传统加快建设红色教育培训基地推动韶山高质量发展的实施意见（审议稿）》；听取省委巡视反馈问题整改进展的情况汇报；传达学习《中国共产党农村工作条例》，审议《韶山市防止返贫致贫监测和帮扶机制实施方案（审议稿）》；审议《湘潭市实施〈湖南省韶山风景名胜区条例〉办法（草案·送审稿）》；听取关于提高乡镇机关事业单位工作人员工资收入的情况汇报；传达学习全省纪检监察系统领导干部培训班精神；听取有关违纪案处理意见的情况汇报；听取关于成立银田村党委、韶阳村党委的情况汇报；听取关于启动城发湖湘苑项目建设的情况汇报；研究有关人事工作。

【2020年第二十三次市委常委会会议】10月29日，由市委书记唐杰主持召开。会议研究有关人事工作。

【2020年第二十四次市委常委会会议】11月5日，由市委书记唐杰主持召开。会议听取市委组织部关于银田镇村（社区）党组织书记候选人初步人选、党组织班子成员候选人初步人选及村（居）委会候选人建议意向人选的情况报告。

【2020年第二十五次市委常委会会议】11月11日，由市委书记唐杰主持召开。会议传达学习十九届五中全会精神，学习《中共中央关于制定国民经济和社会发展第十四个五年规划和二O三五年远景目标的建议》；传达学习习近平总书记10月23日在纪念中国人民志愿军抗美援朝出国作战70周年大会上的重要讲话精神；传达学习省委编办《关于重申机构编制工作集中统一领导相关纪律规定的通知》；听取市委第十轮巡察工作开展情况的汇报，审议《市委第十一轮巡察工作方案(审议稿)》；传达学习11月10日湘潭市扶贫领导小组（扩大）会议精神，研究部署贯彻落实意见；审议《韶山市政府投资建设项目审计监督实施细则（审议稿）》；听取省生态环保督察“回头看”交办韶山市群众信访件以及省生态环境保护督察组督办单整改的情况汇报；听取关于韶山乡、清溪镇、杨林乡村（社区）党组织书记候选人初步人选、党组织班子成员候选人初步人选及村（居）委会候选人建议意向人选的情况报告；研究有关人事工作。

【2020年第二十六次市委常委会会议】11月26日，由市委书记唐杰主持召开。会议研究有关人事工作。

【2020年第二十七次市委常委会会议】11月30日，由市委书记唐杰主持召开。会议传达学习习近平总书记11月14日在全面推动长江经济带发展座谈会上的重要讲话精神；传达学习习近平总书记11月16日在中央全面依法治国工作会议上的重要讲话精神；传达学习习近平总书记11月24日在全国劳动模范和先进工作者表彰大会上的重要讲话精神；传达学习毛伟明11月22日赴韶山瞻仰并调研时的指示要求；听取关于韶山市村（社区）“两委”换届选举工作的情况汇报；听取2020年湘潭市绩效考核指标进展的情况汇报；审议《韶山市纪念毛泽东同志诞辰127周年活动总体工作方案（审议稿）》；审议《关于召开韶山市科学技术协会第六次代表大会的报告》；听取关于防范和处置非法集资工作的情况汇报；研究有关人事工作。

【2020年第二十八次市委常委会会议】12月18日，由市委书记唐杰主持召开。会议传达学习省委十一届十二次全体会议精神、《中共湖南省委关于制定湖南省国民经济和社会发展第十四个五年规划和二O三五年远景目标的建议》以及湘潭市委十二届九次全体（扩大）会议精神、《中共湘潭市委关于制定湘潭市国民经济和社会发展第十四个五年规划和2035年远景目标的建议（审议稿）》；传达学习省级层面整治形式主义官僚主义专项工作机制办公室《“政治上的形式主义”主要表现》；传达学习省纪委《电话提示稿》；听取市九届人大六次会议、市政协八届五次会议有关前期准备工作汇报；听取关于市人大代表届中补选工作的情况汇报；审议韶山市纪念毛泽东同志诞辰127周年活动疫情防控和安保维稳工作方案；传达学习省、湘潭市公务员平时考核工作会议精神，听取关于进一步加强韶山市公务员平时考核工作的情况汇报，审议《韶山市关于加强社区工作者队伍建设的实施细则（试行）（审议稿）》；听取市委教育领导小组办公室关于2020年教育工作的情况汇报，审议《关于韶山学校100周年校庆筹备工作方案（审议稿）》；听取关于韶山市2020年荣誉市民推荐评审情况汇报；听取关于三一（韶山）产业园项目情况汇报；听取省委巡视整改工作进展情况汇报。

【2020年第二十九次市委常委会会议】12月28日，由市委书记唐杰主持召开。会议传达学习中央、省委经济工作会议精神；传达学习习近平总书记在中共中央政治局民主生活会上的重要讲话精神；审议《市委八届十一次全体（扩大）会议方案（审议稿）》《市委八届十一次全体（扩大）会议工作报告（审议稿）》《中共韶山市委关于制定韶山市国民经济和社会发展第十四个五年规划和二O三五年远景目标的建议（审议稿）》；听取关于增补市政协委员的情况汇报；听取关于中共韶山市应急管理局党组改设党委的情况汇报；审议《韶山市村（社区）党组织和村（居）民委员会换届工作方案（审议稿）》；听取关于人事管理突出问题专项整治工作的情况汇报；研究有关人事工作。

（于宗从）

【“不忘初心、牢记使命”主题教育总结会议】1月15日，韶山市委召开“不忘初心、牢记使命”主题教育总结会议。湘潭市委主题教育第三指导组组长贺大斌、韶山市委书记唐杰出席会议并讲话，韶山市委副书记、代市长曹伟宏主持会议。湘潭市委主题教育第三指导组副组长彭晓龙及韶山市领导胡亚湘、崔旺、袁绚、罗杰、李长新等出席会议。唐杰全面总结了韶山市“不忘初心、牢记使命”主题教育工作中所取得的经验和成果。他强调，要以此次主题教育为新起点，不忘初心、牢记使命，重整行装再出发，增强“四个意识”、坚定“四个自信”、做到“两个维护”，始终保持昂扬向上的奋斗热情，奋力推动韶山高质量发展。贺大斌充分肯定了韶山市“不忘初心、牢记使命”主题教育所取得的成果。就下阶段如何坚持“不忘初心、牢记使命”主题教育常态化、长期化，贺大斌要求，韶山市委要坚持用科学理论武装头脑，切实筑牢“守初心、担使命”的思想根基；要坚持善始善终抓整改，着力增强“守初心、担使命”的行动自觉；要着眼长效建章立制，推动形成“守初心、担使命”的制度机制；要全面改进工作作风，大力营造“守初心、担使命”的政治生态。

【市委农业农村工作暨脱贫攻坚会议】3月11日，市委召开农业农村工作暨脱贫攻坚会议，市委书记唐杰出席会议并讲话，市委副书记、代市长曹伟宏主持会议，市委副书记胡亚湘作工作报告，副市长兰筱村宣读有关表彰通报。市领导赵叶惠、张湘平、崔旺、袁绚、罗杰、李先金、蒋卫阳、李长新等出席会议。唐杰在会上要求，全市各级各部门要提高思想认识，化不利为有利、积小胜为大胜、变被动为主动，增强抓好“三农”工作的责任感；要拿出决战姿态，确保小康路上一个都不掉队、问题整改一项都不落下、质量提升一刻都不放松，夺取脱贫攻坚战的全面胜利；要着力补齐短板，抓好农民增收、基础提升、环境美化，提升农民群众获得感、幸福感；要加快转型升级，做好生产文章、集约文章、动能文章，推动现代农业高质量发展；要坚持“三治融合”，以党建强引领、自治强基础、法治强保障、德治强文明，推进乡村治理体系现代化；要强化组织保障、要素保障、作风建设和正面引导，形成共抓“三农”工作的强劲合力。唐杰强调，全市上下要坚持以习近平总书记“三农”思想为指导，铆足一股劲、拧成一股绳，坚定信心，抢抓机遇，真抓实干，迎难而上，着力推动农业农村工作高质量发展，为决战决胜全面建成小康社会和脱贫攻坚作出积极的贡献。

【市委党务工作暨绩效考核工作会议】3月18日，市委召开党务工作暨绩效考核工作会议。市委书记唐杰出席会议并讲话，市委副书记、代市长曹伟宏主持会议。市领导胡亚湘、赵叶惠、张湘平、崔旺、袁绚、罗杰、李先金、蒋卫阳、李长新出席会议。本次会议采取电视电话会议方式召开，各乡镇设置了分会场。唐杰强调，党办工作要做到调研实、信息实、文稿实，当好重大决策的“智囊团”；要抓好交办、调度、督查环节，压实责任，掌握动态，倒逼落实，当好推动落实的“排头兵”；要有全局性、针对性、艺术性，当好统筹各方的“协调员”。组织工作必须树立大抓基层的鲜明导向，加强基层党组织带头人队伍建设，统筹推进各领域党建，建强“战斗堡垒”；要强化选人用人机制，突出选用政治坚定、勇于担当、真抓实干的好干部，建强“干部铁军”；要优化创业环境，做好政策跟踪、服务跟踪、培养跟踪，建强“人才磁场”。宣传工作要推动理论宣传向纵深发展，统筹推进线下宣讲和线上宣传、把握好理论高度和通俗程度；要推动社会舆论向主流靠拢，用活媒体融合新矩阵、讲好韶山发展新故事、奏响红色文化主旋律；要把握意识形态主动权，确保意识形态领域风险可控、总体安全；要推动文明实践向基层延伸，引导群众讲文明、树新风，全面梳理文明城市建设中的短板弱项，推动文明城市建设迈上新台阶。统战工作要从团结联合聚共识、服务中心促发展、健全制度抓落实三个方面着力，提升新时代统战工作水平。绩效考核工作要强化平时考核，把督考合一抓在平时、把专项考核抓在平时、把倾听评价抓在平时；要强化结果运用，让有为无为不一样、先进后进不一样、优生差生不一样；要强化执行意识，做到领导带头抓、咬紧目标抓、深入一线抓，推动改革发展稳定各项工作走在前列。

【全面小康决胜年“六覆盖”暨脱贫攻坚工作推进会】4月10日，市委召开全面小康决胜年“六覆盖”暨脱贫攻坚工作推进会。市委书记唐杰出席会议并作讲话，市委副书记、代市长曹伟宏主持会议，市委副书记胡亚湘作工作部署。市教育局、市住建局、市水利局负责人分别作表态发言。市领导袁绚、李先金、蒋卫阳、李长新等出席会议。唐杰在会上强调，全市上下要提高政治站位，坚定必胜信念、坚持尽锐出战、坚决兑现承诺，不获全胜不收兵；要坚持问题导向，勤于查找问题、敢于正视问题、善于解决问题，不达目的不罢休；要强化系统思维，胸怀大局、兼顾长远、力求精准，用心用力不敷衍；要增强忧患意识，确保全部脱贫、生产生活安全、社会稳定，严守底线不懈怠；要加快发展步伐，抢抓时间节点、狠抓项目建设、大抓产业复业，咬紧目标不放松；要从严跟踪问效，做到严格督查、严格考核、严格问责，动真碰硬不手软。以不到长城非好汉的信心、咬定青山不放松的韧劲、敢教日月换新天的担当，全力以赴完成目标任务，努力在决战脱贫攻坚、决胜全面建成小康社会大考中交出优秀答卷。

【重点项目建设暨“奋战一百天，实现‘双过半’”讲评会】6月18日，市委召开重点项目建设暨“奋战一百天，实现‘双过半’”讲评会。市委书记唐杰出席会议并讲话，市委副书记、市长曹伟宏主持会议。市领导胡亚湘、张湘平、崔旺、罗杰、蒋卫阳、李长新等出席会议。会议全面总结前段时间项目建设及“双过半”工作，分析当前形势，研究部署下阶段工作。会议要求，全市上下要进一步提高政治站位，强化责任担当，坚定必胜信心，认真做好“六稳”工作，落实“六保”任务；要强化服务保障，进一步抓好招商引资工作、着力抓好项目落地服务、切实抓好项目指导协调、大力抓好要素保障、全面抓好统筹协调，确保各项工作取得更大实效；要努力增强发展后劲，促进文旅产业回暖复苏、加快新型工业补链延链、推动现代农业调优调强、加快商贸服务转型发展，推动产业振兴；要深化“放管服”改革、优化营商环境、着力化解历史遗留问题；要决胜三大攻坚战，提升治理能力；要对标全面小康，增进民生福祉，奋力夺取重点项目建设和“奋战一百天，实现‘双过半’”竞赛活动的全面胜利。唐杰强调，全市党员干部要牢记初心使命讲担当，做到履职尽责、真抓实干、攻坚克难、甘于奉献；各相关职能部门要咬定目标抓落实、聚焦问题抓落实、合力攻坚抓落实，在狠抓落实的具体行动中，奋力开创韶山高质量发展新局面。

【全市工作务虚会议】12月15日，市委召开全市工作务虚会议，回顾总结2020年工作，分析当前面临的形势，科学谋划2021年工作。市委书记唐杰，市委副书记、市长曹伟宏，市人大常委会主任赵叶惠，市政协主席张湘平等市委、人大、政府、政协领导参加会议。会议强调，做好2021年的工作，需要以时不我待、只争朝夕的精神和一往无前的奋斗姿态，久久为功地真抓实干、加压奋进。各级干部尤其是经济战线的人员要坚持干中学、学中干，不断提升敢于斗争的勇气和善于斗争的智慧，推进工作实打实，解决问题硬碰硬，努力在狠抓执行落实中展现新作为。

（王子鸣）

重要调研

【吴桂英到韶山调研复工复产工作】4月8日，副省长吴桂英一行到韶山，调研韶山市旅游产业复工复产、学校复学等工作。在韶山毛泽东同志纪念馆和滴水洞虎歇坪，吴桂英详细了解了景区开放后的客流量、疫情防控措施、秩序管理等情况。随后，吴桂英一行还到韶山市实验中学，清溪镇石山芙蓉学校、韶山学校新校区建设工地，实地了解学生复学、工程进度情况、防疫物资准备和应急处置措施等。韶山市领导唐杰、曹伟宏等陪同调研。

【曹炯芳到韶山调研春耕备耕】4月9日，湘潭市委书记、市人大常委会主任曹炯芳到韶山调研督导韶山市防汛备汛和春耕备耕工作。曹炯芳一行首先到杨林乡舒塘水库督导防汛备汛工作，详细了解了水库防洪能力、水质安全、隐患排查、应急预案及防汛物资储备等情况。他强调，抓紧做好防汛准备，加大隐患排查力度，确保安全度汛。要不误农时抓好春耕备耕，相关职能部门做好服务，全力保障春耕生产有序开展，努力实现农业生产良好开局；要加大对农业产业发展政策扶持力度，确保粮食和农业生产稳步发展；要强化农业品牌建设，在发展现代高效农业上下更大功夫，不断提高农业综合效益。湘潭市领导陈忠红、刘永珍及韶山市领导唐杰、胡亚湘等参加调研。

【李先吉到韶山调研乡村振兴工作】5月19日，省委政研室副主任李先吉一行到韶山，专题调研基层联系点建设工作。他先后到韶山乡韶山村综合服务平台、银田镇银田村扶贫产业基地，详细了解基地的建设、管理、收益、利润分配、助力脱贫攻坚和乡村振兴等情况。李先吉对韶山村、银田村的发展模式表示肯定，希望韶山村、银田村进一步把产业发展好，助力脱贫攻坚和乡村振兴。韶山市领导唐杰、袁绚陪同调研。

【邹学校到韶山考察农业产业】7月20日，中国工程院院士、湖南农业大学校长邹学校到韶山，考察指导韶山市农业产业发展工作。邹学校一行先后到银田镇银田村产业扶贫基地、韶峰农业创意产业园，详细了解企业生产经营状况以及今后的发展定位。在随后召开的座谈会上，听取了韶山市领导关于现代农业产业建设情况的介绍。韶山市领导唐杰、李先金等陪同考察。

【曹炯芳、张迎春率队到韶山调研建设项目】9月23日，湘潭市委书记、市人大常委会主任曹炯芳，湘潭市委副书记、市长张迎春率队到韶山市高新区，先后考察了韶山钰盛科技建设项目、三一（韶山）风电叶片生产线建设项目。每到一处，曹炯芳、张迎春一行都详细了解项目开工建设、生产销售等情况，并现场提出指导性意见。曹炯芳、张迎春对韶山市纳入湘潭市“奋力奔跑合力攻坚”竞赛活动的5个项目（韶山三一合作项目、“最忆韶山冲”演出项目、韶山钰盛锂电池生产线建设项目、汇弘实业肉食品加工建设项目、G240沪昆高铁韶山南站至湘乡公路韶山段）建设情况给予高度肯定。韶山市委书记唐杰，市委常委、市委办主任何浪陪同考察。

【刘泓强一行到韶山考察旅游项目】9月25日，中惠旅智慧景区管理股份有限公司副总裁刘泓强一行到韶山，实地考察旅游项目开发及运营情况。刘泓强一行先后考察了银田寺、知行研学旅行营地、银田村扶贫产业基地、四清水果特色产业园和金景丰现代葡萄产业园。市农业农村局、文旅广体局负责人就韶山市旅游资源开发现状、区位优势及存在的问题等作了详细介绍，并表示，韶山将不遗余力为中惠旅集团在韶山打造特色全域旅游项目做好服务工作，实现合作共赢。

【张仁福一行到韶山调研养老事业】11月19日，省老科协副会长张仁福一行到韶山，检查验收韶山乡大坪村创建“百岁健康示范村”相关工作。湘潭市老科协会长蒋国梁陪同。张仁福一行先后查看了村部文化室，文化展板，翻阅“创百”工作台账资料，并走访了百岁老人沈桃华，与韶山市老科协，大坪村支、村两委负责人等进行座谈。

【毛伟明到韶山考察美丽乡村建设】11月22日，省委副书记、省政府党组书记毛伟明专程到韶山，先后考察了韶山村长冲美丽乡村示范片区、三一（韶山）风电设备有限公司。得知韶山村村级集体收入突破1000万元后，毛伟明指出：“一业兴带动百姓富。要不断壮大村集体经济，促进农村基本公共服务均等化，惠及更多人民群众。”省政府秘书长王群，湘潭市委副书记、市长张迎春，韶山市委书记唐杰陪同调研。

【陈毅华一行到韶山调研残联工作】12月18日，湖南省残联党组成员、副理事长陈毅华一行到韶山调研残疾人康复维权工作。调研组一行先后到韶山市博爱融合、岳明复健中医医院、残疾人综合服务中心和残疾人无障碍改造项目等处，实地调研康复机构的硬件设施和残疾人康复训练档案，详细了解机构管理模式、残疾儿童康复效果等。湘潭市各县市区残联相关负责人参加调研。

（张　恒）

市委办公室工作

【概况】2020年，市委办公室以习近平新时代中国特色社会主义思想为指导，自觉践行“五个坚持”根本要求，全面推行“四责四诺”，积极履行“三服务”职能职责，紧紧围绕市委的中心工作，按照“高标准、严要求、创一流”的要求，开拓创新，真抓实干，认真履行办公室综合协调、参谋助手、督促检查、后勤保障等职能职责，深化自身建设，较好地完成各项工作任务，紧扣市域发展“中心”，切实当好市委的“核心知库”，不断提升全市办公室工作科学化水平，更好地助推市域经济社会又好又快发展。市委办公室综合信息工作蝉联全省党委系统信息工作先进单位。

（张　恒）

【政策研究】始终坚持高度的大局意识，紧紧围绕疫情防控、“六稳”“六保”工作、“三大攻坚战”、文化旅游、红色教育培训、“七个一批”等重点任务，扎实开展调研考察，形成复工复产、粮食生产、基层党建、村级集体经济发展等方面的调研报告18篇，提出具体意见建议25条，当好市委科学决策的“智囊团”。坚持精益求精、尽善尽美，全年撰写重要讲话稿、工作汇报、经验文章、活动致辞等各类文稿357篇，12篇文章被省、湘潭主流媒体刊载。立足长远谋划工作思路，起草了《中共韶山市委关于制定韶山市国民经济和社会发展第十四个五年规划和二〇三五年远景目标的建议》等文件，为市委明确战略目标、发展定位提供了科学参考。

（杨宇驰）

【综合信息】着力发挥党委信息在反映动态、交流经验、发现问题、辅助决策中的作用，重点围绕领导关注的重点工作中存在的难点、堵点，加强对信息点的深入挖掘，不断提高信息调研质量，积极向省委办、湘潭市委办报送信息，全年共报送各类信息630余条，其中被采用420余条。全市党委信息质量系数位居全省县市区第20名。

（杨梦姣）

【督查】市委办深入推进全面践行“四责四诺”工作，创新“三四三”模式。健全“四责四诺”“一单四制”“七个一批”“三项体系”，进一步完善顶层设计。构建清单化明责、全程化履责、台账化记责、时限化诺责“四化流程”，进一步保障责任落实。注重“督诺”“考诺”“问诺”三个结合，进一步推动作风转变。全年牵头开展各类专项督查20余次，发出通报8期，下发交办督办函13件，交办督查事项100余项，协调解决重点、难点问题30余个，有效推动了全市重大决策部署落地落实和巡视反馈问题整改到位。围绕形式主义官僚主义突出问题开展专项整治，共整改问题124个，清理各类责任状27件、微信工作群195个，取消全部一票否决事项。

（周　虎）

【办文办会】扛牢主体责任，突出重点治理，坚持源头管控，牵头推动中央八项规定精神及其实施细则精神落地，全市性文件、会议同比减少8.3%、26.9%。扎实做好党内规范性文件备案审查工作。统筹做好大型活动的会务、现场布置、联络服务等工作，成功举办红色旅游博览会暨湖南红色旅游文化节、纪念毛泽东同志诞辰127周年等重大活动。进一步加强会议管理，切实改进会风，精简会议，提高工作质量和效率，科学整合会议，各项工作的年度总结考核类会议尽量合并召开。全市举办综合性会议16场、常委会议30场。

（张　恒、王子鸣）

【保密机要】2020年，进一步落实了党政领导干部保密工作责任制，按照“谁主管、谁负责”的原则，压实党政主要领导领导、分管保密工作领导以及业务工作领导的保密工作责任，对全市各单位开展了保密工作绩效考核。坚持理论武装指导保密工作实践，全年共开展保密宣讲30多场次，宣传教育培训450余人，发放宣传资料600多份。督促各单位建立健全保密“十项”制度，依法对70多家单位开展保密执法监督检查工作。多措并举，加强防范，增设了设备，开展了物防、人防、技防工作。对信息设备机房配备了“三铁一器”，设备维护坚持每月“一检查”、每季“一审核”，线路每年“一检修”。

（赵营军）

【后勤接待】统筹做好大型活动的会务、现场布置、联络服务等工作，成功举办红色旅游博览会暨湖南红色旅游文化节、2020年第二届潭商大会韶山专场、中国延安精神研讨会韶山理论研讨会、毛泽东诞辰127周年系列纪念活动。公务接待活动100余批次，其中包括民政部部长李纪恒、生态环境部副部长庄国泰、省委副书记毛伟明、副省长吴桂英等领导以及湖南红色旅游文化暨湘潭首届红色文化产业博览会、中延会召开、神舟十号载人飞船返回舱交接仪式、省委巡视、省脱贫考核组等重要公务接待活动。

（刘宸妤）

【电子政务】韶山市电子政务外网市直部门、乡镇、村（社区）实现全接入。市直部门和乡镇由原来的100M升级到1000M，村社区不低于100M的标准，水利专网、林业专网等迁入到电子政务外网，在湘潭市率先完成基层公共服务一门式全覆盖电子政务外网升级改造：对电子政务外网全网段IP地址进行统一规划，关闭自动获取地址DHCP功能，新增上网行为管理、边界防火墙、日志审计等安全设备，开展二级等保备案，网络安全得到提高。全市乡镇、村社区政务公开。坚持“三个两”，打造基层政务公开韶山特色：坚持两个纳入，形成联动格局；坚持两个原则，夯实公开基础；坚持两个融合，打造韶山特色模式。韶山市获评“全省县（市、区）基层政务公开工作先进单位”，并在全省基层政务公开标准化规范化工作推进会上作经验交流。

（贺　鸿）

【对台工作】2020年韶山市全面贯彻落实习近平总书记对台工作新思想新判断新论述新要求和湘潭市对台工作会议工作要求。组织全市学习贯彻习近平总书记在《告台湾同胞书》发表40周年纪念会上的重要讲话精神。深入推进“涉台教育进校园进社区”活动，2020年9月—11月分别在芙蓉学校和火车站社区组织开展台湾知识专题讲座等系列活动，近千名学生、群众参与活动，引导广大群众了解台湾、把握统一政策，进一步夯实了涉台教育的基础。组织台属参加湘潭市涉台仲裁知识讲座交流会，进一步发挥台办系统与仲裁机构在预防化解涉台纠纷中的积极作用。

（刘宸妤）

全面深化改革工作

【概况】2020年，市委全面深化改革委员会召开会议3次，推进落实9大类211项改革事项，形成145项制度成果。撰写党的十八届三中全会以来韶山市改革落实情况总结评估报告，深化“先行赔付”和“七日无理由退货”制度入选《湖南基层改革探索

100例》。“推动垃圾分类全域覆盖”和“坚持‘五治融合’推进基层社会治理现代化”经验文章被省委《改革简报》推介。

【落实一批重大改革】深化“放管服”改革，“最多跑一次”事项占比达94.19%。高新区权力下放闭环审批全面落实，实现企业办事不出园区。持续推进“证照分离”改革全覆盖，全面推广电子营业执照。深入推进工程建设项目审批制度改革，办结时间排名全省第一。深化科技创新体制改革，推进省级创新型市培育建设。深化产业技术协同创新，转化科技成果9项。健全知识产权保护机制，通过国家知识产权强县工程试点县工作考核验收。深化旅游综合改革，创新12条综合监管措施。完善精准招商工作体系，引进项目72个，签约金额95.46亿元。

【突破一批关键改革】持续深化供给侧结构性改革，恒欣实业入选2020年“省工业质量标杆”，获评“省长质量奖”。建立健全促进总部经济发展的工作机制，引进39家总部经济企业，完成税收3.26亿元。深化教育综合改革，出台《韶山市全面深化新时代教师队伍建设改革实施方案》。加快推进生态文明体制改革，通过省级森林城市创建核查验收。积极推进全国双拥模范城创建工作，韶山市成功创成“全国双拥模范城（县）”。

【推进一批系统改革】深入推进党的建设制度改革，全市“五星”党组织超过30%。持续推进机构职能优化协同高效，完成市场监管、农业农村、文化旅游、交通运输等领域综合行政执法改革。深入推进纪律检查体制改革，推动监察工作向基层延伸。深化政治巡察，高质量开展政治巡察3轮，巡察覆盖率达98.5%。积极推进全国建设新时代文明实践中心试点、工作，提出“六大文明气质”文明倡树实践活动。

【探索一批试点改革】积极推进全国市域社会治理现代化试点、全省社会治理创新试点工作，探索推行“五治融合”的社会治理新模式。持续推进全省养老服务建设试点工作，制定“三边六老”服务工程实施方案。积极推进湘潭市全域垃圾分类试点工作，韶山入列全国农村生活垃圾分类和资源化利用示范市。

全面建成小康社会工作

【概况】2020年，韶山市坚持以人民为中心的发展思想，切实解决群众急需解决的问题，人民群众的获得感、幸福感和安全感得到提升。持续加大民生投入，全年民生实事任务全面完成。认真落实完成了“全面小康决胜年”工作任务，全市现行标准下农村贫困人口全部脱贫。韶山市在全省全面建成小康社会考评中实现程度得分在全省一类县（市）中排名第二位，同比提高2个名次，获评“全省全面小康推进工作优秀县（市）”，至此，5年内韶山市3次获得此项荣誉。

【全力抓好“三促进”】2020年全市地区生产总值增长4.2%，固定资产投资增长13%，地方税收收入占一般公共预算收入的比重达75%，城乡居民人均可支配收入分别增长4.9%、7.4%；新增城镇就业1043人，城镇登记失业率1.57%，确保零就业家庭动态清零；抓好政治安全、生产安全、交通安全、社会治安安全、食品和药品安全、网络信息安全等，严防较大及以上事故发生，确保了社会安全稳定，社会安全指数各项指标全部控制在省定年度目标值内，公众安全感93.89%，排名全省第一。

【全力抓好“六覆盖”】建档立卡贫困家庭学生义务教育就学保障率100%，公办幼儿园在园幼儿占比59.94%，义务教育大班额清零；提升医疗卫生服务水平，基本医疗保险覆盖率达97.21%，行政村卫生室标准化建设达标率100%，城乡居民养老保险实现法定人群全覆盖，农村低保实现应保尽保；确保饮水安全突出问题动态清零；实现所有村（社区）综合服务平台均能提供“一门式”办理、“一站式”服务；确保全市4类重点对象住房安全保障率100%；实现25户以及100人以上自然村水泥（沥青）路实现“组组通”。

（彭学清）

组织工作

【概况】2020年，韶山市设有市管党（工）委15个，共有基层党组织355个，其中基层党委12个，基层党支部304个，基层党总支39个。全市共有党员7277名，其中村（社区）党员4531名，机关党员2491名，国企党员116名，两新组织党员321名，女党员2193名，少数民族党员26名。2020年新发展党员99名。

【基层党组织建设】市委组织部以组织体系建设为重点，全面推动基层党组织建设。狠抓政治理论学习。市委常委班子示范带动，常态化开展政治理论学习和专题研讨；各党委（党组）坚持每月一次理论学习。市级党员领导干部带头到联系点讲党课30余堂，“党课开讲啦”评选优秀党课10余课，开展党的政策理论宣讲120余场。持续推进党支部“五化”建设。新增11家“五星”党支部，2家动态调整退出。成功申报全国首批红色文化村2个，确定湘潭市“三亮三联三带”示范乡镇1个、“五星”党组织示范点5个、基层治理示范社区1个。加强党员教育管理。分批开展基层党组织书记等培训5期，党员集中轮训4000余人。组织入党知识测试，发展党员98名。“映山红”党员志愿服务3900余人次，55家机关单位到社区报到服务，“恒欣指数”成品牌。抓党建促决战决胜脱贫攻坚、促乡村振兴。全市1676名党员结对帮扶建档立卡贫困户1475户4664人。韶山村、黄田村、银田村分别入选中国美丽休闲乡村、全国百佳美丽乡村、全国乡村旅游重点村。制定《韶山市扶持壮大村级集体经济三年行动计划实施方案》，抓好9个中央扶持项目村建设，薄弱村全面清零。持续优化基层公共服务（一门式）全覆盖。明确116项乡镇权力清单和责任清单，59项便民服务下沉到村（社区）。在湘潭市率先实现基层综合服务平台和政务外网、市乡村三级智慧党建终端站点建设全覆盖。“123”模式被省小康办专文推介。发挥“两个作用”打赢疫情防控战。选派120名驻企防疫联络员到199家企业、17名联络员驻5个社区17个网格助力疫情防控，组织党员捐款107万元，为疫情防控一线的281名常设村（社区）工作人员、村医生发放补助87万元。率先圆满完成村（社区）“两委”换届选举工作。市委先后7次专题会议研究，市级党员领导牵头组织“大走访”，开展村（社区）班子运行情况调研，11月底前全面完成银田镇村（社区）“两委”换届试点工作，12月底前全面完成韶山乡、清溪镇、杨林乡的村（社区）“两委”换届工作，一肩挑比例100%，组织意图实现100%，班子队伍年龄、学历、性别结构明显优化，实现了“选出好干部、配出好班子、换出好风气”的目标。

【干部队伍建设】市委组织部坚持事业为上，以做好干部培育、选拔、管理、使用工作为重点，大力推进高素质专业化干部队伍建设。实干实践选贤任能。采取试点先行、分批推进的办法，对市优化人居环境事务中心等7家单位领导班子和领导干部进行政治建设调研。把了解干部的功夫下在平时，考察识别40名新冠肺炎疫情期间表现突出的人选、确定脱贫攻坚“四个一批”建议人选18名。优化市管领导班子结构，全年调整配备领导干部118名。对2019年3月和10月新提拔的24名领导干部试用期内履职情况进行考核。抓紧抓实监督管理。对上年度干部选拔任用工作及新提拔任用的18名领导干部进行民主评议。组织4名省管干部、42名湘潭市管干部认真填报个人有关事项。规范因私出国（境）登记备案人员范围，全市备案710人，集中保管因私出国（境）证件261本，完成425人的指纹录入。创新开展公职人员涉旅事项报告工作，组织全市88家单位3596名公职人员填报并作出承诺。出台《韶山市综合运用干部监督信息成果从严管理干部实施细则（试行）》，全年16家相关单位提交16条干部监督信息成果。激励约束并重前行。疫情防控及时奖励29人，晋升一至四级主任科员95人，2020年7月起实现乡镇机关事业单位工作人员工资收入高于市直机关事业单位同职级人员15%及以上。根据全市发展重心，创新设置“七个一批重点工作”指标，针对不同责任单位和不同层级干部，制定个性化考核指标体系；建立日常督查通报、“一年三考”机制，将以往的打分制调整为扣分制，且每项扣分事项的扣分分值不少于0.3分。对2019年度考核结果较差、排名靠后的16名市管干部进行提醒谈话。干部教育纵深推进。选派18名干部参加省委、湘潭市委党校培训，市委党校科干班培训40人，300余名市管干部参加政治建设专题培训，690余名学员完成湖南干部网络学院学习培训任务。

【人才工作】市委组织部门深入实施“映山红人才行动计划”，加快形成人才集聚优势，为加快韶山高质量发展提供坚强人才支撑。加大科技特派员选派力度。韶山市获评2018-2019年度湖南省科技特派员工作先进单位；选派30名科技特派员扎根基层，实现乡镇卫生院科技特派员全覆盖，引进推广新技术、新品种50余项，带动项目投资3000余万元。细化实施人才政策。出台《韶山市“映山红”人才分类认定暂行办法》《韶山市企业人才培训奖励和补贴实施办法》《韶山市科技型中小企业、创业基地及乡村振兴初创企业申报认定暂行办法》《三个“映山红”人才行动计划实施细则》。加大人才推介支持力度。争取1名科技副市长挂职，着力发展茶产业。设立首家院士工作站，市财政连续三年每年提供100万元配套资金奖励。成功申请湘潭市农村实用人才补助项目3个，获得补助资金14万元。开展第一批“映山红”人才推荐选拔，评选17名“映山红”人才，落实人才补助待遇39.6万元。积极开展市级领导联系服务专家工作，落实专家人才定期走访，听取人才意见建议，为人才答疑解难。

（刘　柯）

【公务员管理】截至2020年12月，市直机关共有公务员（含参照公务员法管理人员）575人。其中市委工作机关（含市纪检监察机关）88人，市人大机关23人，市政府机关347人（含公安部门125人，韶山高新区6人），市政协机关16人，市审判机关32人，市检察机关19人，市工商联机关4人；群团机关及参公事业单位（含涉改单位）参公人员46人。乡镇机关共有公务员109人。公务员录用。2020年共招录公务员16人，其中省委选调生3人，乡镇机关综合管理类公务员9人（含定向村、社区干部招录1人；定向乡镇事业站所人员招录1人；定向“四项目”与大学生退役士兵1人），市应急管理局化工产品检验监管办职位1人，市公安局机关3人（含市森林公安机关1人）。公务员队伍建设。进一步规范公务员登记、调任、转任、培训、考核、奖励、退出备案、工资福利等工作，建立公务员信息大数据库，有效整合干部人事档案数字化系统、公务员统计系统、工资统计系统。出台《关于进一步加强韶山市公务员平时考核工作的通知》，建立公务员平时表现和工作实绩相挂钩的考核制度，严格考核，扎实推进，不走过场。注重关心关爱激励，对在新冠肺炎疫情防控一线、做出突出贡献的公务员，晋升四级调研员1人、一级主任科员1人、三级主任科员2人；给予立三等功1人、嘉奖12人。落实省委“1+5”文件精神，通过绩效考核等措施，实现乡镇机关事业单位工作人员工资收入高于市直机关事业单位同职级人员15%及以上。注重公务员分类管理，深化法官、检察官单独职务序列改革，全面落实公安机关人民警察执法勤务、警务技术职级晋升审批和备案工作，全力配合森林公安及市场监管、文化市场、交通运输、农业、城市管理等综合执法队伍改革工作。

（史彩辉）

市直机关党建工作

【概况】2020年，中共韶山市直属机关工作委员会下辖60家机关单位47个党组织，其中机关党委1个（下设5个党支部）、党总支6个（下设16个党支部）、党支部40个，共有党员1272名。

市直机关工委认真贯彻中央党要管党、从严治党的方针，矢志打造履职尽责更显担当、服务攻坚更有作为、整改提升更具质效、制度执行更加有力的机关党组织队伍，以政治建设为统领，以党支部“五化”建设为抓手，坚持围绕中心、建设队伍、服务群众，全面提升机关党建工作水平，切实发挥机关党建“走在前、作表率”的龙头作用。

【政治建设】市直机关工委始终坚持把党的政治建设摆在首位，以学习贯彻习近平新时代中国特色社会主义思想为主线，推动政治建设调研全覆盖，通过访谈、调查、测试、主题党日活动等方式，把党的政治建设融入机关工作的各方面，把旗帜鲜明讲政治贯穿于机关党的建设各项工作中，有效促进了市直机关党组织坚持政治引领的思想自觉，推动形成增强“四个意识”、坚定“四个自信”、做到“两个维护”的良好政治氛围。

【基层基础工作】市直机关工委按照推进全面从严治党、压实党建主体责任的要求，坚持实施“一月一提示”工作机制，认真抓好机关党组织日常管理和服务。认真落实省委巡视反馈问题整改，开展基层党建工作全面自查自纠和工作核查，严格落实党组织书记“双述双评”制度。持续推进党支部“五化”建设提质，深入开展支部星级创建，新增4家湘潭市“五星”党支部，市直机关“五星”党支部达到30%，机关党支部的凝聚力、向心力、战斗力和创造力不断提升。严格执行支部换届提醒工作机制，规范有序完成12家基层党组织成立、撤并、更名、换届等事项。严把党员发展准入关，按照发展党员新“十六字”方针和始终把政治标准放在首位的要求规范发展党员工作。认真开展党员教育，组织举办基层党组织书记、党务干部、入党积极分子和发展对象培训，指导各党组织开展党员轮训，机关党组织战斗堡垒作用和党员干部先锋模范作用得到增强。

【作风建设】市直机关工委不断增强机关干部执行力，提升机关服务效能。在打好“三大攻坚战”、新冠疫情防控、助推乡村振兴、产业项目建设、深化全国文明城市建设等工作中，担当作为，攻坚克难，推动党建工作与业务工作深度融合、与中心工作互促并进。1676名党员全覆盖结对帮扶建档立卡贫困户，55家机关单位的党员干部参与社区共驻共建，34名医卫志愿服务队员协助疫情防控检测排查，120名驻企防疫联络员助力复工复产，全年开展党员志愿服务3900人次，广大机关党员在抗击新冠肺炎疫情的大战大考中彰显了担当作为，充分发挥了党员先锋模范作用。

（唐红军）

老干部工作

【概况】2020年，韶山市离退休干部服务中心服务管理的离退休干部56人，离休干部无固定收入配偶（遗孀）15人。其中离休干部5人，新中国成立初期参加革命工作的1人，副县级以上退休干部51人（其中正县级实职9人），离休干部无固定收入配偶3人，无固定收入遗孀12人。离退休干部中，年龄最大的96岁，年龄最小的60岁。

2020年确保老干部政治和生活“两个待遇”到位，重点抓好离退休干部党建工作，发挥老干部正能量，完成走访慰问、困难帮扶、组织体检、参观座谈、健康讲座、书法展览、志愿者服务等活动，组织开展钓鱼、扑克、门球、太极拳等系列活动。组织老干部集中学习8次，认真学习党的十九届五中全会精神，学习贯彻省委、湘潭市委和韶山市委重要文件精神，为全市离退休老干部订阅各类报纸杂志160余份。组织开展“我看脱贫攻坚新成就”主题征文活动，引导离退休老同志结合思想实际、工作经历和到脱贫攻坚一线参观考察的切身体会，谈真知灼见、谈真切感受，为全面建成小康社会加油鼓劲、助力添彩。开展送温暖、送清凉、送学习、送服务、送帮扶等活动，对全市离退休干部进行走访慰问和困难帮扶，全年走访慰问老干部150多人次。

【老干部春节座谈会】1月17日，在行政中心2301会议室组织召开老干部春节座谈会。会议由市委副书记胡亚湘主持，市委副书记、市长曹伟宏汇报了2019年全市经济工作情况及2020年主要工作目标，市委书记唐杰出席会议并讲话。座谈会上，老干部对全市经济社会创新发展、旅游环境持续改进、城乡面貌变化喜人、民生事业加大投入等成绩给予高度评价，并希望本届班子在习近平新时代中国特色社会主义思想的指引下，抢抓机遇，朝着建设“世界知名文化旅游目的地，建设现代化新韶山”而奋勇前进。市领导赵叶惠、张湘平、袁绚出席座谈会。

【老干部视察】10月23日，市委、市政府组织老干部视察了韶山学校高新校区、韶山钰盛科技、三一（韶山）风电叶片生产线、韶山芙蓉学校等重点项目工程。市领导唐杰、曹伟宏、胡亚湘、崔旺、何浪、兰筱村等参加当天的活动。

【老干部生活待遇】巩固和完善离休干部“三个机制”，离休干部离休费按时足额发放，医药费按规定实报实销。离休干部健康休养费、无固定收入配偶（遗孀）生活补助、护理费、离休干部交通补助费按时发放不拖欠。2020年，离休干部无固定收入遗孀补助按1100元／月、配偶补助按770元／月发放，离休干部交通费按80—110元／月发放，新中国成立初期退休干部生活补贴按800元／月、医疗补助按4000元／年全部发放到位。由离退休干部服务中心服务管理的离退休干部春节慰问金每人1200元，重阳节慰问金每人800元。开展老干部“居家扶老”服务以及高温送清凉活动。

【韶山市离退休干部工委工作】市财政局、韶山村离退休干部党支部成功创建成为湘潭市示范党支部。督促各离退休干部支部按要求开展“三会一课”、主题党日等组织活动，督促相关单位落实离退休干部党组织活动经费、党组织负责人补助的发放。

【关工委工作】8月25日召开了庆祝市关工委成立30周年的座谈会，市委常委、市委组织部部长袁绚主持会议，市委副书记、市长曹伟宏出席会议并讲话。制作《爱心接力，筑梦未来—韶山市关心下一代工作纪实》专题片，全方位展示了韶山市关心下一代工作的各个方面和取得的成效。市爱心助学基金会增加理事至25人，建立了常态化的理事单位募集机制。创新了3项关爱帮扶举措：一是在全市中小学校开设了以爱国主义教育为核心的思政讲堂；二是注册成立了以市关工委长期帮扶的本科毕业生为会员主体的市青年职业发展协会；三是设立了“希望之星”奖学金，对本市户籍、本市学籍、被一本院校录取的应届优秀高中毕业生授予“希望之星”称号，奖励5000元，2020年受奖对象20人。

（邹　柳）

机构编制工作

【概况】2020年，韶山市共有行政机关（不含乡镇和下设机构）70个、乡镇4个、事业单位158个；共有行政编制（含待分配）649名，在职609人；事业编制2153名，实有2000人；工勤编制55名，实有在职人员77人。

【编制管理】强化控编减编。严格贯彻落实省、市控编减编方案，健全机构编制联合管控机制，扎实开展全市党政群机关和事业单位机构编制核查工作，确保机构编制总量不突破限额。坚持总量控制和动态调整，全年办理人员入编8人，出编104人，异动列编57人，及时更新机构编制人员基本信息电子台账和实名制管理系统更新。完成机构编制季度统计2次，年度统计1次。

【体制机制改革】全面完成经营类事业单位改革。根据《中共中央办公厅国务院办公厅印发〈关于从事生产经营活动事业单位改革的指导意见〉的通知》（厅字〔2016〕38号）、《关于从事生产经营活动事业单位改革实施意见》（湘办〔2017〕39号）等文件精神，韶山市认真开展经营类事业单位改革工作，率先在湘潭市完成全部改革任务。经营类事业单位已全部按文件调整到位，人员安置到位，事业单位法人登记网上调整到位。改革过程平稳，没有人员上访等不良影响。稳步推进执法体制改革。2月，省编办核准，锁定韶山市六大领域执法队伍编制和人员。3月，拿出分领域改革建议方案，拟订《韶山市市场监管等领域综合行政执法体制改革机构和人员编制调整建议方案》。4月30日，经市委编委会议研究同意向上呈报。5月，改革中涉及的机构和职数设置得到湘潭市委编办批复。7月30日，市委常委会议审议通过市场监管等领域综合执法改革实施方案。8月7日，市委深化机构改革领导小组印发各领域改革实施方案、下发人员划转工作通知，就相关工作加强与各部门沟通、督促。9月，各职能部门完成挂牌、刻章、起草“三定”建议稿等工作。11月，下发各领域综合执法体制改革部门“三定”规定或调整文件。除城管领域改革需待上级有关文件下发才能实行以外，市场监管、农业、交通、文化旅游领域执法体制改革已基本完成。

【服务能力提升】事业单位登记推行全程网上办理。全面推进“全事项”“全流程”网上办理，规范指南，优化服务，疫情期间实行不见面审批，抓实事业单位登记网上办理。共办理事业单位法人证书管理业务129家，其中设立5家，变更44家，注销15家，年度报告62家，办理证书延期3家。办理机关统一社会信用代码证书管理业务14家，其中设立4家，变更6家，撤销4家。结合全市事业单位登记工作实际，认真总结经验，分析问题与不足，做好事业单位评估调查情况上报。

（彭　鲲）

宣传思想工作

【概况】2020年，韶山市宣传思想战线坚持把学习习近平新时代中国特色社会主义思想作为首要任务，组织市委理论学习中心组集体学习12次。围绕党的十九届五中全会精神、习近平总书记考察湖南重要讲话精神等主题，开展基层宣讲360余场，覆盖全市所有村、社区。《韶山杜鹃别样红——伟人故里决胜全面小康的奋进之路》获评中宣部优秀调研报告，《坚持人民至上》等微宣讲在“学习强国”平台展播，《传承红色基因创新理论宣传》等2篇理论文章在《湖南宣传》刊发，《永远的牵挂》获评湘潭优秀宣讲视频，圆满协办延安精神全国理论研讨会，理论武装不断夯实。

【主流舆论宣传】紧扣统筹推进疫情防控和经济社会发展主线，以“决战决胜”为主战场，全面反映韶山经济社会发展取得的巨大成就，中宣部“走进我们的小康生活”、省委宣传部“坐着高铁看湖南”报道团专题采访韶山，融媒体中心全面建成并迎接省级验收，“地下热水资源”新闻发布会吸引到《人民日报》等国、省28家媒体报道，一度成为新闻热搜。2020年，在中央、省、湘潭市级媒体刊播稿件1457篇条，其中中央级媒体135篇条，讲好了韶山故事，传播了韶山声音，展示了韶山形象，为全市经济社会发展营造了良好的舆论氛围。

【抓实意识形态工作】坚持抓常抓长，以落实意识形态工作责任制为抓手，牢牢把握意识形态工作主导权，全市意识形态平稳可控，未发生负面清单事故。突出抓好了毛泽东同志诞辰等重要时间节点和毛泽东广场、毛泽东同志故居等重要场所的意识形态管控工作。高质量完成省委意识形态专项巡视6个类别12个问题整改销号。落实意识形态工作责任制情况纳入巡察范围。组织召开落实意识形态工作责任制述职评议和意识形态工作联席会议，向有关单位提示意识形态风险17次。组织开展意识形态工作专项督查，指导推动全市各党委（党组）做好意识形态领域工作。编印《涉韶舆情》8期，《舆情提示函》73期，主动回应群众关切，做到了“及时发现、认真核实、正确回应、有效引导”。

【巩固提升文明创建成果】2020年，韶山市以优异的成绩蝉联全国文明城市。坚持创建为民惠民，交办处理民生问题413个。“六大文明气质倡树”深入人心，“礼让斑马线”蔚然成风，市容市貌焕然一新，移风易俗成为新风，志愿服务成为自觉，韶山乡黄田村获评“全国文明村镇”，毛雨时家庭获评“全国文明家庭”，韶山税务局和韶山学校分别通过全国文明单位、全国文明校园复查，韶山冲派出所志愿服务站获评“全国优秀志愿服务站”，韶山村新时代文明实践站获评省级“最佳文明实践志愿服务组织”，6个单位（家庭）获评省级文明村镇、文明（标兵）单位、文明家庭、文明校园，张美获评省级“最美文明实践志愿者”，谢京松、肖杰智获评湖南好人。精心建设新时代文明实践中心，开通志愿服务线上云平台，开展文明实践志愿活动3686场，试点工作在央视新闻联播、人民日报等中央级多家媒体刊播，中宣部副部长傅华对文明实践工作充分肯定；省委常委、宣传部长张宏森作出“韶山市新时代文明实践中心的经验，请认真总结并大力推广”批示。

【繁荣文化事业】韶山市承办2020湖南红色旅游文化节暨湘潭首届红色文化产业博览会、湖南省“欢乐潇湘”脱贫攻坚巡演、“湘水同源·文化同根”湖南山歌邀请赛，举办“真情闪亮·炫动韶山”抖音视频大赛。开展“文化进万家”“三下乡”“我们的节日”“戏曲进乡村”“月秀越开心”等群众文化文艺活动，乡镇24小时图书馆做到全覆盖，公共文化服务深受老百姓喜爱。获批国家数字乡村试点城市。

（沈 逵）

网信工作

【概况】中共韶山市委网络安全和信息化委员会办公室成立于2019年4月，是中共韶山市委网络安全和信息化委员会的办事机构，正科级市委工作机关，内设机构办公室和网络安全和信息化组（执法应急组），下设股级事业单位市舆情分析中心。2020年，市委网信办深入贯彻落实习近平总书记关于网络强国的重要思想，全面压实党委（党组）网络意识形态工作责任制、党委（党组）网络安全工作责任制，推动全市网信工作稳步发展。

【网络宣传】2020年，市委网信办严格对标中央主要新闻网站，持续掀起习近平新时代中国特色社会主义思想网上宣传热潮。围绕党的十九届五中全会、全国“两会”、脱贫攻坚、扫黑除恶等主题，认真组织策划网络宣传引导，属地网上正能量充沛、主旋律高昂。精心策划组织“2020——全面建成小康社会寻找最美笑脸”网络宣传报道活动，开设专题专栏，精心选材报道，突出展现韶山人民在奔小康路上的获得感、幸福感、自豪感。

打好打赢疫情防控宣传战，指导韶山融媒体中心制作H5、拍摄三句半、录制《战“疫”迪斯科》、创作《硬核村长喊话》等接地气的作品30余个，通过各级微信圈群、村村响等方式，全方位、高密度地把防疫知识、政策措施和权威发布等传至每家每户，为打赢防疫阻击战奠定坚实的舆论基础。9月30日，举办网信工作培训班，各乡镇各单位骨干信息员70余人参加，网信队伍专业素养和能力得到提升。

【网络知识安全学习】举办网友座谈会，学习《网络信息内容生态治理规定》《互联网信息服务管理“七条底线”和“九不准”》等网信法律法规，听取网友意见建议，加强网络统战工作，增进党委政府与网民的沟通，更好地构建网上网下同心圆。

落实网络安全工作责任，开展网络安全专项检查。全年市委网信办联合市公安局等部门开展4次网络安全检查，检查党政机关、医院、学校、互联网企业89家次，对存在问题的单位下达整改通知书，责令限期整改。加强网络安全宣传教育，充分发挥市级融媒体矩阵主力军作用，开设网络安全专题专栏，刊载《如何应对常见网络安全风险？》等稿件25篇。9月14日至20日，在国家网络安全宣传周期间，市委网信办组织网络安全“六进”活动〔进校园、进机关、进家庭、进社区（村）、进企业、进景区〕，开展各种宣传活动7场，制作和发放宣传册及海报2万余张。通过媒体宣传报道、户外广告屏全覆盖、张贴宣传海报、发放宣传手册等形式，人民群众网络安全意识和防护能力得到提升。

【信息化助农】2020年10月，韶山市成功申报国家数字乡村试点。在省委和湘潭市委网信办的大力支持下，各项工作正顺利推进。建立行动专班，积极对接乡镇、扶贫基地、贫困户，精准搜集农产品滞销线索，进行网络推广与促销。指导市级新闻媒体开设“信息化助农行动”专题，发布专题稿件20余篇。规范并支持韶山直播平台发展，积极探索韶山公益直播、网红带货直播新模式。7月以来，开展3场较大规模的农产品直播带货线上销售。其中韶山水蜜桃开园采摘仪式暨市长代言直播活动，在线观看96万人次，互动198.5万人次，销售金额79万元。开展“网约韶游”主题活动，全网推送《五月的韶山等您来》等抖音视频。联合宣传部、文旅广体局策划“真情闪亮、炫动韶山”抖音视频大赛，宣传展示韶山红色旅游风采，助推文化旅游领域复工复业。

（左佳佳）

统一战线工作

【概况】2020年，在市委的坚强领导下，全市统战系统认真贯彻落实中央、省委、湘潭市委和市委关于统一战线工作的重大决策部署，集中力量破解难题，各司其职开拓进取，振奋精神夯实基础，为韶山高质量发展提供广泛的力量支持。持续推进“不忘合作初心，继续携手前进”主题教育取得实效；在党外知识分子中组织开展“讲好抗疫故事”活动；在新的社会阶层人士中组织开展“庆祝建党99周年”钢琴音乐会；在非公经济人士中开展“《民法典》进企业”大讲堂等理想信念教育活动；在宗教界人士中开展“五进五好”示范创建活动。韶山毛家食品有限公司等6家企业、广东省湖南韶山商会等3个商（协）会获评“韶山市非公经济助力脱贫攻坚工作先进单位”。

加强统战服务工作。市委统战部牵头，扎实推动民营经济统战工作协调机制，建立完善党政领导干部与民营经济人士联谊交友、联系商会协会工作制度。组织召开全市非公经济助力脱贫攻坚推进会，组织41家非公经济企业帮扶全市33个村191户贫困户，帮扶金额18.7万元。抓好乡贤作用发挥。主动邀请韶山海内外知名乡贤参加“迎老乡、回故乡、建家乡”活动，引导在外乡贤发挥优势，争取资源，助力乡村振兴。全市各乡贤人士共承包荒地300余亩，流转农田2200余亩，解决就业80余人；捐款捐物260余万元。清溪镇乡贤黄祖示获湖南省首届“最美新乡贤”称号。开展“百企大走访同心促发展”活动。统战部领导联系服务非公企业，加强对非公经济健康发展的引导和服务力度，推进韶山市经济高质量发展。共走访企业98家，收集问题意见建议88条，协调解决85条；帮助申报贷款1100万元；协调供电部门减免企业基本电费20.5万元。开展与民营企业家交心谈心活动。统战部门组织开展与全市60家民营经济代表人士进行交心谈心，收集意见建议15条，帮助企业解决实际问题12个。推进“七个一批重点工作”。按照市委安排部署，高效推进一批工业项目，主动积极履职，引进锦城劳务、信宇科技2家企业，助力韶山高速发展。

依法管理宗教事务。印发《关于全面落实宗教工作两级责任制的实施意见》《韶山市民族宗教意识形态领域管控工作方案》等文件。开展宗教领域专项治理行动，规范市内4家宗教场所庙管会的设立；开展宗教场所督查12次，意识形态领域督查4次。开展宗教界“五进五好”活动，推进宗教中国化进程。深化民族团结进步繁荣发展示范创建，韶山市实验中学获评湖南省民族团结教育示范学校。

做好党外知识分子和新的社会阶层人士工作。韶山市党外人士队伍积极支持做好新冠肺炎疫情防控工作，党外领导干部邱勇艳、文奔辉获得“韶山市新冠肺炎疫情防控工作嘉奖”。推进侨海外统战工作。组织开展新一轮的全市侨海外人士情况摸排统计，不断强化动态跟踪管理。加大对侨人士的关心帮扶力度，通过走访慰问等形式，加强联系沟通，成立4个乡镇侨联组织。实现基层侨联组织全覆盖。加强党外干部队伍建设。通过培训、交流、挂职、实职安排等方式，帮助党外干部积累经验，健康成长。2020年，市委提拔、交流、使用党外干部10人，其中提拔正科职2人，副科职1人。市人大、政协领导班子、市法检两院领导班子、市政协机关委室，均按政策要求配齐了党外干部。

【第二届潭商大会在韶山召开】9月28日上午，第二届潭商大会韶山活动以碳基材料产业产学研对接会在韶山建国大酒店召开。湖南省工业和信息化厅二级巡视员吴毅龙，韶山市委副书记、市长曹伟宏出席。碳基材料产业产学研对接会由韶山市委、市人民政府主办，以“‘韶山碳基材料产业’合作与发展”为主题。对接会上，湖南省内著名高校、科研院所专家及韶山市碳基材料产业链上下游企业代表就碳基材料产业定位进行深层次交流。下午，湘潭市第二届潭商大会韶山市招商引资推介会在建国酒店举行。湘潭市人民政府副市长董巍、省人民政府驻广办主任熊方平出席并讲话，韶山市委书记唐杰致辞。招商引资推介会由韶山市委副书记、市人民政府市长曹伟宏主持。韶山市委常委、市人民政府副市长崔旺作了韶山市市情推介，高新区负责人推介了碳基产业链，红色文化教育培训中心负责人对红培产业进行了推介，北京世纪明德教育集团负责人进行了研学推介。此次招商引资推介会进行了5个重点产业项目签约，签约资额达14.85亿元。

（杨　璐）

党校工作

【概况】2020年，中共韶山市委党校开展第17期科级干部培训班，举办组织部及韶山直部门专题班11期，承接外地红色培训班26期，挖掘韶山红色资源，对24个红色旅游文化景点编写现场教学案例并在全市红色文化培训机构进行分享，对全市红色文化培训机构开班式进行规范。6月10日至7月9日举办第17期科级干部培训班，市委副书记胡亚湘作开班动员，市委常委、组织部部长袁绚主持开班式，市委书记唐杰给学员上党课，市人武部部长余旭东为学员上国防教育课。全市40名科级干部参加培训。全年共举办全市党员发展对象和积极分子、全市村（社区）后备干部、党务骨干、基层党组织书记、乡镇机关党员等培训班11期，1000余人参训。党校组织开展送课进村进社区，宣讲习近平总书记考察湖南重要讲话和十九届四中、五中全会精神，全年到乡镇、村社区讲党课61堂，培训党员干部3200人次。承接外地培训班25期，培训学员1200多人，培训收入154万元，上缴财政税费28万元。参与规范指导全市红色文化培训机构办学，开展1次集中培训，培训从业人员200名。完成市委交办任务，对毛泽东故居、毛泽东广场、韶峰景区、李氏宗祠、石干娘等24个红色景点进行现场教学点教案调研编写，并印刷成册，发各红色培训机构。4月16日至6月19日，市委第三巡察组对市委党校进行政治巡察，7月20日反馈整改意见，党校对照反馈意见如期全面整改到位，并向社会公示。党校干部职工开展学习和备课，常务副校长谭明彰备课《感悟马克思主义的真理力量——重温〈共产党宣言〉》《毛泽东与韶山精神》《干部选拔任用条例与机构编制条例解读》，副校长尹志钢备课《加强党性修养，牢记初心使命》《重温党史提升共产党人颜值》，毛莹洁备课《学习党章，做知行合一的好干部》，彭婕姝备课《社会主义的发展与回顾》在17期科干班讲授，受到学员的好评。彭婕姝、毛莹洁微宣讲《永远的牵挂》《坚持人民至上，不忘初心使命》被推送上“学习强国”，苏新河《马克思主义中国化的最新发展》在湘潭市“学习《习近平谈治国理政》第三卷”征文活动中获得二等奖。党校机关党支部获评“湘潭市五星党支部”。

【帮扶困难群众】2020年，党校“一对一帮扶”杨荣村5户贫困户，除帮助发展产业扶贫，解决各种困难外，送去传统节假日等慰问金8000多元。帮助秋季就读大学的帮扶对象子女3人，联系落实助学金22000元。

【韶山干部学院建设】2020年，党校作为韶山干部学院改扩建项目牵头责任单位，对接跟踪服务项目。韶山干部学院是湖南省委打造的全省党性教育培训基地龙头，是湖南省委党校下属的副厅级事业单位，项目占地面积为113亩，总建筑面积40600平方米，新建建筑面积26200平方米，总投资1.78亿元，4月9日湖南省政府常务会议同意启动建设；12月25日正式开工，湖南省委副书记乌兰出席开工仪式。党校获评“湖南省2020年‘七个一批’重点工作先进单位”。

【李季到韶山党校调研】9月29日，中央党校副校长李季带队到韶山调研《中国共产党党校（行政学院）工作条例》落实情况。对韶山市委党校克服无独立校园、缺乏食宿设施的不足，与社会和其他单位共享基础设施，深入挖掘红色文化开展干部教育培训的做法给予了肯定。

（苏新河）

党史工作

【概况】2020年，韶山市委党史研究室集中精力继续编纂和校对《韶山市革命斗争史》和《中国共产党韶山历史（1978—2012）》两本书籍。组织征订湖南省党史重要刊物《湘潮》50份。组织干部职工、聘用的党史编辑、党史爱好者积极撰写党史方面的宣传文章，向省委党史研究院主办的《回忆录》、省韶山管理局主办的《韶山之窗》、湘潭红色文化研究会主办的《红色文化》等刊物投稿20多篇，讲好了韶山党史故事。市委党史研究室主任龙亚力、副主任沈乐在机关、乡镇、村开展党的十九届四中、五中全会宣讲7次，开展党史宣讲10次。

【《韶山市革命斗争史》形成定稿】2020年，市委党史研究室对《韶山市革命斗争史》进行继续修改和校对。3月，经湖南省委党史研究院和湖南人民出版社审定，形成定稿；同月，形成呈印样书，送市委常委会组成人员审定；4月10日，市委召开常委会对该书进行审定，市委党史研究室根据市委常委会意见，进一步核对史实，精心修改和校核；12月，该书稿经湖南省委党史研究院院领导审签，拟于中国共产党成立100周年出版发行。

【《中共韶山历史（1978—2012）》完成送审稿】2020年，市委党史研究室将颜家友从年鉴编辑部调整出来，专门从事该书的编纂，力求该书在中国共产党成立100周年之际出版发行。在多轮的修改和校对之后，10月，完成了该书的最终送审稿，全书42万字。

（龙亚力）

（责任编校　颜家友）

韶山市人民代表大会

概　述

2020年，韶山市九届人大常委会坚持以习近平新时代中国特色社会主义思想为指导，在中共韶山市委的坚强领导下，坚持以人民为中心的发展理念，围绕大局，依法履职，顺利完成了市九届人大五次会议确定的各项目标任务。年内组织召开市人民代表大会1次，召开市人大常委会党组会议15次、主任会议12次、常委会会议7次，听取专项工作报告3项，开展执法检查3次，开展工作调研视察5次，作出重大事项决定5项，代表大会选举国家工作人员3名，常委会任免地方国家机关工作人员17人次，接受湘潭市人大代表辞职3名，接受韶山市人大代表辞职2名，依法补选湘潭市人大代表3名、韶山市人大代表1名。

重要会议

【市九届人民代表大会第五次会议】 2020年4月20日至23日在韶山建国酒店召开。出席会议代表138人，列席会议人员168人，大会主席团由36人组成。会议听取和审查了市人民政府工作报告、市人大常委会工作报告、市人民法院工作报告、市人民检察院工作报告；书面审查了韶山市2019年国民经济、社会发展计划执行情况和2020年国民经济、社会发展计划（草案）报告，韶山市2019年财政预算执行情况和2020年财政预算（草案）报告，并表决通过关于以上六项报告的决议。会议按照法定程序，选举赵叶惠为市第九届人大常委会主任；选举曹伟宏为市第九届人民政府市长；表决通过丁浩为市第九届人民代表大会社会建设委员会主任委员，并组织以上新当选国家机关工作人员进行了宪法宣誓。

【市九届人大常委会第三十次会议】 2020年2月19日在市人大常委会会议室召开。会议听取和审议了市人大常委会主任会议提出的《关于延期召开韶山市第九届人民代表大会第五次会议的议案》。会议决定，原定于2020年2月26日至28日召开的韶山市第九届人民代表大会第五次会议因新冠肺炎疫情原因延期召开，具体时间另行决定。

【市九届人大常委会第三十一次会议】 2020年4月9日在市人大常委会会议室召开。会议审议通过韶山市第九届人民代表大会第五次会议有关事项。会议决定市九届人大第五次会议于2020年4月20日至23日在建国酒店召开。审议通过了市人大常委会工作报告(草案)，并推定市人大常委会党组书记、主任提名候选人赵叶惠为市人大常委会工作报告人。会议听取和审议了市人民政府工作报告（草案）、市人民法院工作报告（草案）、市人民检察院工作报告（草案），决定将以上报告提交市第九届人大五次会议审查通过。会议听取和审议了市人民政府关于韶山市2019年国民经济和社会发展计划执行情况及2020年国民经济和社会发展计划(草案)的报告、韶山市2019年财政预算执行情况和2020年财政预算(草案)的报告，决定提交市九届人大五次会议审查批准。会议审议通过了《韶山市人民代表大会议事规则修正案（草案）》，并决定提交市第九届人大五次会议备案。会议审议通过了市人大常委会2019年度优秀人大代表小组、优秀人大代表、优秀人大代表建议、优秀人大工作联络员、优秀人大工作调研文章表彰名单。会议书面听取了各专门委员会2019年工作情况报告，并决定提交大会审查。

【市九届人大常委会第三十二次会议】 2020年5月27日在市人大常委会会议室召开。会议审议通过了《韶山市第九届人大常委会2020年工作要点》《韶山市人大常委会关于进一步深化“三联”工作的通知》。会议审议通过了《韶山市人民代表大会常务委员会主任会议规则》《韶山市人民代表大会常务委员会工作规则》《韶山市人民代表大会常务委员会监督办法》《韶山市人民代表大会常务委员会专项工作评议办法》《韶山市人民代表大会常务委员会代表工作制度》《韶山市人民代表大会常务委员会关于邀请人大代表列席常务委员会会议的办法》《韶山市人民代表大会常务委员会组成人员守则》等七项规章制度修订稿。会议听取和审议了市人民政府《关于城乡居民基本医疗保险工作的情况汇报》，听取了市人大社会建设委员会所作的《关于城乡居民基本医疗保险工作的调查报告》。会议表决通过了有关人事任免事项。会议决定免去庞晋湘的市农业农村局局长职务。任命周建明为市人民法院副院长、审判委员会委员、审判员，肖凯文为市人民法院综合审判庭庭长、审判委员会委员；任命何格佳为市人民检察院副检察长、检察委员会委员。免去罗明伟的市人民法院副院长、审判委员会委员、审判员职务，刘丽的市人民法院审判委员会委员、审判员职务；免去何伟明的市人民检察院副检察长职务，余连兴的市人民检察院检察委员会委员、检察员职务。

【市九届人大常委会第三十三次会议】

2020年7月27日在市人大常委会会议室召开。会议听取和审议了市人民政府关于《韶山市2019年度决算情况报告》、关于《韶山市2019年度本级预算执行和其他财政收支情况审计报告》以及市人大财政经济委员会《关于2019年度财政决算的审查报告》，会议表决通过《韶山市2019年度财政决算情况报告》，决定批准2019年度市级财政决算。会议听取和审议了市人民政府《2020年1—6月国民经济和社会发展计划执行情况的报告》以及市人大财政经济委员会的调查报告。会议听取和审议了市人民政府2020年1—6月财政预算执行情况报告以及市人大财政经济委员会的调查报告，书面听取了国家税务总局韶山市税务局《关于2020年上半年税收情况汇报》。会议听取和审议了市人民政府关于农村人居环境整治情况报告以及市人大农业与农村委员会的调查报告。会议听取和审议了湘潭市生态环境局韶山分局关于《中华人民共和国水污染防治法》实施的情况报告以及市人大环境资源委员会关于该法在韶山市贯彻实施情况的执法检查报告。会议表决通过了有关人事任免事项。决定任命龚雨顺为市人民政府副市长（挂职两年）。会议决定接受潘爱民、刘兴隆辞去湘潭市第十五届人民代表大会代表职务，补选宁超群为湘潭市第十五届人民代表大会代表。

【市九届人大常委会第三十四次会议】

2020年9月22日在市人大常委会会议室召开。会议听取和审议了市人民政府关于农田抛荒情况的报告和市人大农业与农村委员会的调查报告。会议听取和审议了市人民法院《关于法院执行工作情况的工作报告》和市人大监察和司法委员会的调查报告。会议书面听取了由韶山市选举的湘潭市第十五届人大代表廖桂生、孙星林的履职情况报告，湘潭市第十五届人大代表郭大新、毛桃芝在会上报告了履职情况。会议通过了人事任免事项：决定接受何浪辞去韶山市人民政府副市长职务；决定接受刘书勤辞去韶山市人民检察院检察长、检察委员会委员、检察员职务和湘潭市第十五届人民代表大会代表职务；决定任命邹正光为韶山市人民政府副市长。

【市九届人大常委会第三十五次会议】

2020年11月25日至26日在市人大常委会会议室召开。会议听取和审议市人民政府关于《中华人民共和国禁毒法》实施的情况报告以及市人大监察和司法委员会的执法检查报告。会议听取市人民政府所作的关于协调配合开展《湘潭市实施〈湖南省韶山风景名胜区条例〉办法》立法进展的情况报告。会议听取和审议市人民政府所作的关于《湖南省韶山风景名胜区条例》实施的情况报告以及市人大环境与资源保护委员会的执法检查报告。会议听取和审议市人民政府关于2020年度财政预算调整方案的报告（草案）以及市人大财政经济委员会的审查结果报告，会议决定通过了《韶山市2020年度财政预算调整方案》。会议分别听取和审议市财政局、市人力资源和社会保障局、市住房和城乡建设局、市农业农村局、市机关事务服务中心、市供销合作社理事会、湘潭市生态环境局韶山分局、清溪镇人民政府关于审计查出突出问题的整改情况报告，以及市人民政府关于韶山市2019年度本级预算执行情况和其他财政收支审计查出突出问题整改的情况报告，听取和审议市人大财政经济委员会《关于韶山市2019年度本级预算执行情况和其他财政收支审计查出突出问题整改的审议报告》，并进行满意度测评，满意和基本满意率100%。会议审议通过《韶山市预算审查监督重点向支出预算和政策拓展的实施办法》。会议评议市住建局、市自然资源局和市交通运输局办理人大代表建议工作情况并进行满意度测评。会议听取和审议市人民政府关于开展医疗技术和医疗服务工作的情况报告和市人大教科文卫委的调查报告。会议表决通过有关人事任免事项：决定接受邹正光、成早阳辞去韶山市第九届人民代表大会代表职务；免去郭四海韶山市教育局局长职务；决定任命赵风华为韶山市教育局局长，成早阳为韶山市农业农村局局长；任命陈芳为韶山市人民法院审判员；任命周卫兵为韶山市人民检察院检察员、检察委员会委员、副检察长，并决定为代理检察长。

【市九届人大常委会第三十六次会议】

2020年12月22日在市人大常委会会议室召开。会议审议决定召开韶山市第九届人民代表大会第六次会议的相关事项，会议决定韶山市第九届人民代表大会第六次会议于2021年2月2日在韶山建国酒店召开，并通过相关事项。会议审议通过《韶山市民生实事项目人大代表票决制实施方案》。会议审议通过韶山市人民政府关于提请审议授予谭天伟等人“韶山市荣誉市民”称号的议案，决定授予在韶山经济社会发展中作出突出贡献的市外知名人士谭天伟、林立、江英、蔡文辉、张勇、周灵方、肖公平、冯凯、许春晓、周正、刘峰、罗光楚、曾风山、郭红安、廖昌规、廖旭东、文波、欧阳晓斌、袁新锋、郑佐国为“韶山市荣誉市民”称号。会议补选周卫兵、廖旭东为湘潭市第十五届人民代表大会代表。

决定决议

2020年，市人大常委会依法行使重大事项决定权，审议韶山市2019年度财政决算、2019年度本级预算执行和其他财政收支情况的审计工作等报告，批准2019年度财政决算。审议决定《韶山市2020年度财政预算调整方案》。审议通过《韶山市预算审查监督重点向支出预算和政策拓展的实施办法》《韶山市民生实事项目人大代表票决制实施方案》。审议决定授予谭天伟等20人为“韶山市荣誉市民”称号。

执法检查

2020年5月至7月，由部分人大常委会委员、人大代表组成，市人大常委会副主任邹复庚任组长的执法检查组，开展对全市贯彻执行《中华人民共和国水污染防治法》的执法检查，执法检查组注重暗访收集线索，直接查看现场，查阅案卷资料，组织环保协会参与，掌握第一手材料。根据《水污染防治法》第三条“优先保护饮用水源”的规定，重点检查了社会关注度较高的青年水库饮用水源和竹鸡塅自来水厂的水质监控体系。执法检查组要求市人民政府和相关职能部门一要以群众自觉参与水保护为目标，切实加大《中华人民共和国水污染防治法》的宣传力度。二要以解决重点问题为抓手，切实提高水环境质量。三要以人民福祉为己任，全面落实法律制度和责任。四要以《中华人民共和国水污染防治法》等法律法规为武器，加大对涉水违法行为的惩治力度。五要在新城区的建设中强化规划引领，提高管网建设的科学性、前瞻性。六要把水系统治理纳入“十四五”计划，通过五年的综合施治，使全市水环境质量全面达到规定标准。执法检查组还要求检察机关适时启动环保公益诉讼。2020年11月，检查组对全市各部门贯彻实施《湖南省韶山风景名胜区条例》情况进行执法检查，检查中坚持问题导向，督促市人民政府切实加强领导，解决风景名胜区执法工作“九龙治水”却合力不够的现状；理顺风景名胜执法管理工作体制；加大对风景名胜区内各类违法行为的打击力度；将喊客拉客利益链条上的市场经营实体纳入诚信惩戒机制，打断违法利益的输送链条；高度重视松材线虫病和白蚁的防治工作，坚决阻击有害生物的入侵。

2020年10月至11月，市人大常委会组成由副主任周利人任组长的执法检查组，对全市贯彻实施禁毒法工作进行检查。检查组分别组织各乡镇、高新区、市禁毒委各成员单位召开工作座谈会，听取市人民政府及相关单位的工作汇报，并就禁毒工作中存在的困难问题及如何更好地推进全市禁毒工作深入交换意见。检查组还深入部分学校、快递公司、娱乐场所等地进行调查走访，查看了部分乡镇涉毒人员台账，参观了韶山市禁毒教育基地。要求市人民政府发挥禁毒工作联席会议的作用，加大对毒品违法犯罪的打击力度，强化经费保障，创新禁毒工作宣传方式，强化禁毒工作专业队伍建设，并提出使韶山市禁毒工作跻身全省乃至全国先进行列的工作要求。

专题考察

2019年12月至2020年2月，市人大常委会副主任周利人带领市人大常委会调查组对全市城乡居民基本医疗保险工作进行检查，要求市人民政府科学配置医疗资源，积极有效推进分级诊疗体系建设，切实加强监管，强化医保机构监管能力建设。

2020年6月，市人大常委会副主任张海明带领调研组对全市农村人居环境整治工作进行专题调研。调研组围绕垃圾治理、污水治理、厕所革命、农业生产废弃物资源化利用、村容村貌提升、村庄规划管理、村庄建设和管理维护等七个方面的工作重点，以及“一革二整三清”（厕所革命、民居整治、环境整治、清新空气、清洁水源、清理垃圾）行动广泛开展调研。实地察看了四个乡镇（抽查了8个村）、社区及商业小区人居环境整治情况，听取了25个市直及双管部门、四个乡镇关于农村人居环境治理工作情况汇报。督促市人民政府及相关部门坚持科学谋划，健全垃圾分类处理机制，推进畜禽圈养，健全福寿螺防控工作机制，强化“三边”绿化和“河长制”工作，推进农村空心房整治和厕所革命，有序规范“地摊经济”等一系列具体建议。

2020年7月至8月，市人大常委会副主任周利人带领调研组，对市人民法院执行工作开展调研。其间，调研组听取了法院执行工作情况汇报，分别召开了市人大代表、律师、银信部门、企业、行政执法部门负责人座谈会，查阅了法院执行案卷40本，走访了部分案件当事人。要求市人民法院完善执行工作联动机制，做好网络与实地查控办案的有机结合，优化营商环境，切实把执行工作作为实现法院工作“最后一公里”的重大任务完成好。市人民法院执行工作跃居湘潭市各基层法院第一名，跻身全省同类法院前五位。

2020年8月至9月，市人大常委会副主任张海明带领调研组深入四个乡镇、市直相关部门及种粮大户，通过座谈和实地察看、走访等形式，对全市农田抛荒情况进行了调研。督促市人民政府切实搞好以水利为重点的农业基础设施建设，实施土壤污染防治行动计划，健全基本农田保护的问责机制，加大农田保护执法力度，加大农业技术推广力度，保护种粮户利益，确保全市粮食安全和促进社会稳定发展。

2020年10月至11月，市人大常委会副主任邹复庚带领检查组对全市医疗技术和医疗服务工作开展检查，检查组采取查阅资料、现场调查、走访座谈等方式进行检查，促使市人民政府强化政府办医责任，推动医共体、医联体建设，进一步完善和巩固市乡村三级公共卫生网络，将韶山医院建设成为三甲医院，统筹解决全市医疗急救体系建设、乡镇卫生院和村卫生室设备设施配套建设等方面的问题。

建议办理

市九届人大五次会议期间代表提出建议70件（其中党群部门5件），闭会期间7件，共提出建议77件，其中工交类20件、农林水类19件、城建环保类14件、教科文卫类10件、政法类3件、旅游类2件、财贸经济类1件、其他类8件。根据“分级负责，归口办理”的原则，政府系统办理的72件建议分别交由全市18个单位牵头办理。经各承办单位的积极努力，72件建议均在法定时限内办理答复完毕，承办的建议已解决或基本解决的55件、占总数的76.4%，列入计划逐步解决的17件、占总数的23.6%，满意率97.2%。

2020年，市人大常委会和市人民政府会商确定10件重点建议，明确由市长、副市长领办，人大常委会领导重点督办、人大各相关委室跟踪督办。市人民政府召开政府常务会议专题研究建议办理工作，市长、副市长牵头领办重点建议。市政府办印发人大代表建议办理工作考核办法，将办理情况纳入年度绩效考核。在具体办理过程中，市人大常委会以建立网上提交办理、乡镇统一反馈、开展重点督查、常委会议评议等为抓手，进一步提高建议办理质量。开通“代表履职服务平台”，实行建议“线上”+“线下”提交和办理方式。

8月至9月，市政府办组织各承办单位开展建议办理工作“回头看”，着力推动列入计划逐步解决的问题落实。市人大常委会及时掌握办理进度，督促承办单位认真办理，及时答复。人大联工委与市政府办督查室负责人一起对承办件较多的市交通局、市公安局、市文旅广体局等10个单位进行了重点走访，实地督查，听取办理工作情况汇报，商讨代表建议解决办法，对市发改局、市科工信局、市民政局等14个单位采取了书面督查，并发出了督查通报，掌握办理工作进度，电话回访代表，较好地推动了办理工作。为更有效推动建议办理工作，通过票决，市人大常委会决定对住建局等三个单位建议办理情况进行评议，制订了《韶山市人大常委会关于评议市住建局等单位办理建议工作的实施方案》。11月，市人大常委会组织三个调查组，邀请乡镇人大主席及部分代表，对承办建议较多的7个单位进行调查和督办，对代表不满意的建议进行重点督查。

11月25日，在九届市人大常委会第35次会议上，常委会评议了市住建局、市自然资源局和市交通运输局两年来办理人大代表建议工作情况。被评议单位办理人大代表建议工作，成效明显，多年没解决的问题得到了解决，得到了代表的普遍认可和肯定。会议要求市人民政府要针对建议办理中的难点问题、还没有办完的建议及纳入计划解决的建议，加强统筹协调，确保建议真正落到实处；各承办单位要强化民本意识、代表意识，针对建议办理中存在的问题加大整改力度，切实把涉及群众利益的事情办实办好。评议工作严肃认真，三个单位都通过了满意度测评。

人事任免

2020年，市人大常委会坚持党管干部与依法选举任免相统一，健全任前法律知识考试、任职发言、颁发任命书、宪法宣誓制度，切实做好人事任免工作。市九届人大五次会议选举国家机关工作人员3名，市人大常委会共任免国家机关工作人员17名，其中决定任免市人民政府副市长3名（何浪、邹正光、龚雨顺），决定任免市人民政府组成部门局长4名（庞晋湘、郭四海、赵风华、成早阳），任免市人民法院副院长、审判委员会委员、审判员5名（周建明、肖凯文、罗明伟、刘丽、陈芳），任免市人民检察院检察长、副检察长、检察委员会委员、检察员5名（刘书勤、周卫兵、何格佳、何伟明、余连兴），接受湘潭市人大代表辞职3名（潘爱民、刘兴隆、刘书勤），接受韶山市人大代表辞职2名（成早阳、邹正光），补选3名湘潭市人大代表（宁超群、周卫兵、廖旭东）、1名韶山市人大代表（丁浩）。

（赵凤奇）

（责任编校　颜家友）

韶山市人民政府

概　述

面对复杂严峻的经济形势和突如其来的新冠疫情，全市上下坚决贯彻上级各项决策部署，众志成城战疫情、克难攻坚促发展，狠抓各项工作，取得了统筹新冠疫情防控和经济社会发展阶段性成果。连续三年蝉联全国文明城市，喜获国家双拥模范城、全国农村生活垃圾分类和资源化利用示范县、全国无障碍建设示范城市、首批湖南省森林城市等多项国省荣誉。神舟十号飞船返回舱、月壤等独一无二的优质资源齐聚韶山。地热资源勘探取得重大突破。承办了2020湖南红色旅游文化节暨湘潭首届红色文化产业博览会，红色旅游发展、优化营商环境等案例入选全国典型。

经济社会稳健复苏。全市实现地区生产总值97.08亿元、增长4.2%；完成地方财政总收入5.68亿元，其中税收收入4.26亿元，比上年增长26.90%；固定资产投资增长13%；规模工业增加值增长3%；实现进出口总额9.89亿元、增长20.9%；金融机构人民币各项存款余额90.02亿元，贷款余额74.78亿元，增长7.18%。城乡居民人均可支配收入分别达45712元、30257元，同比增长4.9%、7.4%。

疫情防控有力有效。全市上下坚定信心、同舟共济，12万韶山人民众志成城打响疫情防控总体战、阻击战。坚持生命至上，守护人民健康，筹措资金保障防疫需求。坚持科学防治、精准施策，外防输入、内防反弹，落实“四早”要求，出台“十个全覆盖”等过硬措施，建立“网格化管控、过筛式排查、全覆盖监测”防控机制，实现确诊病例零死亡、境外疫情零输入，健康码注册率位列湘潭第一，成为全省首批疫情低风险地区。韶山市人民医院被授予“湖南省抗击新冠疫情先进集体”称号。全面推动复工复产，派驻14支服务组，落实援企稳岗、减税降费政策，出台文旅、工业、服务业等应对疫情影响帮扶措施，减免税费1.56亿元，帮助企业融资2.3亿元，75家规模以上企业全部复产，76个重点项目全部开复工。

产业发展质效双增。红色旅游加快复苏。来韶游客1108万人次，旅游综合收入33.75亿元，红培接待人数7.5万人，文创产品开发112个，销售657.4万元。旅游环境全面提质，出台旅游市场综合监管措施12条，红色旅游发展案例入选全国典型，韶山村获评全国乡村旅游重点村。新型工业增势强劲。实现园区技工贸总收入220亿元，高新技术产值96亿元，同比分别增长10%、17.8%，新增规模以上工业企业11家、高新技术企业9家、小巨人企业2家。完成研发投入1.35亿元，实现技术合同交易额3亿元，成功通过国家知识产权试点县考核验收，恒欣实业荣获第六届省长质量奖。三产服务活力增强。新增电商企业和网点67家，网络零售额达3.2亿元，快递营业额增长18.6%，冷链物流总量位居全省前列。新增总部经济、建筑工程、电子信息等服务企业100余家，废钢贸易总部创税3.5亿元。房地产销售15.13万平方米，同比增长36.2%。

重点项目加速推进。项目攻坚取得突破。全年76个重点项目开工，产业项目占67%，社会投资占80%，41个项目主体竣工，28个项目加快推进。31个湘潭市级重点项目全面完成任务，钰盛科技等25个项目投产运营。要素保障全面加强，全市争资争项12.8 亿元，新增政府专项债券1.36亿元。银企签约项目70余个，总金额44.5亿元，履约率达58%。完成征地639亩，拆迁房屋104户，汇弘实业、九龙二期等9个项目征拆清零，一批历史遗留问题得到妥善解决。招商引资成效显著，成功举办第二届潭商大会韶山分会，全年引进项目87

个，其中亿元以上项目18个、三类“500强”项目2个，签约金额90.38亿元。实际利用外资8324万美元；实际到位内资38.84亿元，增长27.09%。

三大攻坚成效显著。决胜脱贫攻坚，全面小康“六覆盖”成绩排名湘潭第一，新识别的11户36名贫困户全部脱贫，贫困户人均年收入达1.39万元。产业扶贫转移贫困劳动力就业1793人，消费扶贫总额达1220万元，平里村入选“全省文化和旅游扶贫示范村”。防范重大风险，落实“六个一批”风险缓释措施，化解政府债务11.08亿元，债务风险等级由一类降至二类。高新投、城发集团经营性收入分别增长22.5%、15%，金融生态持续向好。防治环境污染，落实省环保督察反馈问题整治，坚持“三禁三不”，环境空气质量优良率达到94.5%。集中式饮用水源地水质、地表水质达标率保持100%。土壤环境质量总体稳定，韶河青年水库段获评省级“美丽河湖”，环境质量保持湘潭第一。

城乡发展步履坚实。现代农业态势平稳。完成粮食播种8.2万亩，种植结构调整4800亩，治理耕地抛荒8313亩，实现粮食产量4.26万吨。生猪产能逐步恢复。农产品加工总值同比增长56%。新增农民专业合作社22家、家庭农场13家，绿色农产品9个，四清水蜜桃获评地理标志产品。完成集体经济清产核资，土地确权发证2.1万余本，流转土地7.9万亩。基础设施持续改善。建成50个5G站点，城镇光纤全覆盖，自然村光纤通达率100%，韶山北、湘潭西变电站进入收尾阶段。城乡客运一体化深入推进，“四好农村路”示范建设扎实开展，新建、改造公路15公里，连续7年在湘潭市农村公路考核中排名第一。取缔马路市场25个，新开通公交线路5条。棚户区改造117户，危房改造30户，16个老旧小区完成配套设施建设。人居环境更加宜人。厕所革命任务超额完成，生活污水处理率达75%，率先在全国县一级实现生活垃圾处理付费制全覆盖，垃圾资源化利用率达84.7%，垃圾分类减量12.2%，村庄绿化覆盖率达59.47%。

改革创新走深走实。改革工作全面深化。重要领域和关键环节取得突破性进展，形成103项制度性成果，市场活力持续激发，新增市场主体1120家。“放管服”改革深入推进。下放职权132项，1757项政务服务事项实现“最多跑一次”，232件事项实现跨市区、跨乡镇办理，清理取消各类证明材料48项，“一门式”基层公共服务全覆盖工作经验全省推介。项目审批平均用时压缩至5个工作日内，三一风电叶片项目从签约到投产仅2个月，刷新韶山纪录。营商环境持续优化。市级领导联企解难100余个，法律服务实现全覆盖，清偿民营企业款项400余万元，20名市外人士被评为荣誉市民，营商环境评价综合成绩排名湘潭市第一。

民生福祉持续改善。保障水平稳步提高。民生支出占财政支出比重达70.4%，省市民生实事全面完成。新增就业1043人，转移贫困劳动力就业1793人，帮助1.3万农民工返岗。养老保险覆盖率100%，医疗保险参保率97%，孤儿、重度残疾人补助达到湘潭市级标准，农村低保救助标准位居全省前列。建成50个农村养老互助点和2个社区照料中心，社区养老服务设施实现全覆盖。公共事业全面进步。芙蓉学校如期开学，韶山学校新校区建成主体，乡镇公办幼儿园覆盖率100%。医共体、医联体建设提速，中医大楼、疾控中心实验室投入使用。群众性文体运动蓬勃开展，创作各类文艺作品75个，举办大型文体活动58场。社会大局保持稳定。扫除恶势力团伙2个，禁毒示范城市通过省检，化解信访积案12件，完成村（居）换届选举，未发生较大及以上生产安全事故，食品抽检合格率99.8%。统筹抓好防汛备汛、森林防火、道路交通安全等工作，社会安全指数和综治民调位居全省前列。韶山冲派出所荣获“第十六届全国职工职业道德建设先进单位”。

持之以恒加强自身建设。“不忘初心、牢记使命”主题教育成果巩固提升，完成省委巡视问题整改，推进涉矿涉砂、工程建设等领域专项整治，廉政建设和反腐败斗争取得积极成效。持续加强审计监督，查处管理不规范及违规资金4.28亿元，核减政府投资7481.59万元。落实深化整治形式主义官僚主义措施，文件会议、督查考核数量继续压减，“三公”经费支出持续下降。顺利完成《湘潭市实施〈湖南省韶山风景名胜区条例〉办法》立法起草工作，办理人大代表建议72件、政协提案63件，满意率分别为97.2%、98.4%。

（李维航）

重要会议

【市政府第九届七次全体（扩大）会议】 4月15日，在行政中心多媒体会议室召开韶山市人民政府九届七次全体（扩大）会议，审议2020年度《政府工作报告》，并对工作进行安排部署。市政府全体领导；市政府各工作部门及其下属事业单位主要负责人；市政府办党组成员、副主任，市政府督查室主任；各乡镇人民政府、高新区、市管各企业、各双管及驻韶单位主要负责人参加会议。

【市政府第九届八次全体（扩大）会议暨政府廉政工作会议】 7月31日，在行政中心多媒体会议室召开韶山市人民政府九届八次全体（扩大）会议。会议的主要任务是深入贯彻习近平新时代中国特色社会主义思想，全面落实中央、省、湘潭市和韶山市委各项决策部署，总结上半年经济社会发展情况，安排部署下半年工作。在政府全体（扩大）会议后，紧接着召开政府廉政工作会议，主要任务是深入学习贯彻习近平总书记在十九届中央纪委四次全会上的重要讲话精神，落实国务院、省政府、湘潭市政府廉政工作会议部署，总结2019年全市政府系统党风廉政建设和反腐败工作，研究部署2020年重点任务。市政府全体领导；市政府各工作部门及其下属事业单位主要负责人；市政府办党组成员、副主任，市政府督查室主任；各乡镇人民政府、高新区、市管各企业、各双管及驻韶单位主要负责人参加会议。

【市第九届人民政府第67次常务会议】 1月3日，市委副书记、代市长曹伟宏主持召开。会议传达学习省委、湘潭市委全会暨经济工作会议精神；传达学习湘潭市委书记曹炯芳在全市领导干部专题警示教育大会上的讲话精神；审议《政府工作报告(审议稿)》《关于2019年国民经济和社会发展计划执行情况及2020年国民经济和社会发展计划（草案）的报告（审议稿）》《2019年财政预算执行情况和2020年财政预算（草案）的报告（审议稿）》《韶山市公园绿地公用设施管理暂行办法（审议稿）》《韶山市餐厨垃圾管理办法（审议稿）》《韶山市户外广告设置管理办法（审议稿）》《关于成立韶山市政府投资决策委员会的通知（审议稿）》《韶山市城镇生活垃圾处理费征收项目和标准（审议稿）》；听取关于授予国网（湖南）电动汽车服务有限公司“第一家入驻韶山驻湘央企总部”称号的情况汇报；传达学习省人民政府办公厅转发的相关文件精神。

【市第九届人民政府第68次常务会议】
1月15日，市委副书记、代市长曹伟宏主持召开。会议传达学习湘潭市“两会”精神；听取关于2020年湘潭市《政府工作报告》重点任务分解的情况汇报；听取关于今冬明春火灾防控和消防车通道专项治理的情况汇报；传达学习全省“一件事一次办”现场推进会精神，听取关于“一件事一次办”改革工作的情况汇报；听取关于融资工作的情况汇报；听取关于应急管理和安全防范工作的情况汇报。

【市第九届人民政府第69次常务会议】
1月17日，市委副书记、代市长曹伟宏主持召开。会议听取关于购买涟源市城乡建设用地增减挂钩指标的情况汇报。

【市第九届人民政府第70次常务会议】
2月3日，市委副书记、代市长曹伟宏在办公室通过电信公司网易通视频会议平台主持召开。会议传达学习习近平总书记关于对新型冠状病毒感染的肺炎疫情防控工作的重要指示批示精神和国、省、湘潭市有关文件、会议以及领导批示精神；听取关于应对新型冠状病毒感染的肺炎疫情防控工作的情况汇报；审议《关于支持高新区企业应对新型冠状病毒感染的肺炎疫情的若干政策意见（审议稿）》《关于支持文化旅游业应对新型冠状病毒感染的肺炎疫情的若干政策意见（审议稿）》。

【市第九届人民政府第71次常务会议】
2月22日，市委副书记、代市长曹伟宏主持召开。会议传达学习习近平总书记关于新冠肺炎疫情防控工作的重要讲话和指示精神，听取关于新冠肺炎疫情防控工作的情况汇报；听取关于2020年全市征拆工作任务的情况汇报；审议《2020年韶山市征拆工作目标考核办法（审议稿）》《韶山市农村宅基地和集体建设用地房地一体确权登记颁证工作方案（审议稿）》《韶山市普通建筑材料用砂石土矿专项整治行动方案（2019—2021年）（审议稿）》；听取关于对2019年度重点项目建设进行表彰奖励的情况汇报并审议《韶山市2020年重点项目建设和投资完成绩效考核办法（审议稿）》。

【市第九届人民政府第72次常务会议】
2月27日，市委副书记、代市长曹伟宏主持召开。会议传达学习习近平总书记在统筹推进新冠肺炎疫情防控和经济社会发展工作部署会议上的重要讲话精神，并就习近平总书记提出的“三要求”开展学习讨论；审议《韶山市2020年巩固提升脱贫攻坚成效实施方案（审议稿）》《韶山市全面推进乡村治理体系建设试点工作实施方案（审议稿）》《韶山市2020年农村人居环境整治实施方案（审议稿）》《韶山市乡镇税收（争资）工作考核奖励实施方案（审议稿）》《韶山市2020年争资工作目标考核办法（审议稿）》；听取关于韶山市防范化解政府性债务风险工作的情况汇报；听取关于贸翔生物谭天伟院士工作站建设的情况汇报，决定连续三年每年给予该院士专家工作站100万元科研经费支持。

【市第九届人民政府第73次常务会议】
3月4日，市委副书记、代市长曹伟宏主持召开。会议传达学习国、省、湘潭市信访工作会议精神，听取关于信访工作的情况汇报；传达学习省、湘潭市安全生产应急管理工作会议精神，听取关于应急管理和安全防范工作的情况汇报；审议《2020年全市安全生产工作要点（审议稿）》《2020年安全生产“一季度一专项整治”行动工作方案（审议稿）》《韶山市2020年招商引资和安商服务工作考核办法（审议稿）》《湘潭市实施〈湖南省韶山风景名胜区条例〉办法（审议稿）》《韶山市控制和拆除违法建设工作考核方案（审议稿）》。

【市第九届人民政府第74次常务会议】
3月13日，市委副书记、代市长曹伟宏主持召开。会议听取关于支持发展废钢贸易总部经济的若干意见和措施的情况汇报。

【市第九届人民政府第75次常务会议】
3月26日，市委副书记、代市长曹伟宏主持召开。会议传达学习习近平总书记在决战决胜脱贫攻坚座谈会上的重要讲话精神和省委、湘潭市委相关会议精神；传达学习省、湘潭市生态环境保护工作会议精神，听取关于生态环境保护重点工作的情况汇报并审议《韶山市污染防治攻坚战2020年度实施方案（审议稿）》；传达学习习近平总书记关于对统计工作的重要论述以及国、省、湘潭市统计工作会议精神，听取关于依法开展第七次全国人口普查工作的情况汇报；传达学习省、湘潭市关于道路交通安全工作会议精神，听取关于韶山市交通问题顽瘴痼疾整治行动的情况汇报；审议《关于开展“奋战一百天实现双过半”竞赛活动的工作方案（审议稿）》《韶山市2020年全域推行垃圾分类工作实施方案（审议稿）》《韶山市开展住宅小区管理全覆盖行动实施方案（审议稿）》《关于进一步做好村规民约和居民公约工作的实施方案（审议稿）》；听取关于对《湖南韶山旅游发展集团有限公司章程》相关内容提出修改建议的情况汇报。

【市第九届人民政府第76次常务会议】
4月1日，市委副书记、代市长曹伟宏

主持召开。会议传达学习习近平总书记、李克强总理对四川省西昌市经久乡森林火灾的重要指示批示精神和省、湘潭市防汛抗旱、森林防火、消防工作会议精神；传达学习国、省、湘潭市教育工作会议精神，听取关于教育系统疫情防控及春季开学工作的情况汇报；审议《韶山市推行公路“路长制”实施方案（审议稿）》《G240湘韶快速通道道路建设项目实施方案（审议稿）》《韶山市推进国有企业退休人员社会化管理工作实施方案（审议稿）》《韶山市财政与高新区收入分成暂行办法（审议稿）》；听取关于韶山市重点项目建设（征拆）指挥部清理工作的情况汇报；听取关于110千伏韶北变10千伏配套8条出线土建项目的情况汇报；听取关于相关资产划拨到城发集团和支持发展城市服务运营事业的情况汇报；听取关于韶山市砂石土矿采矿权处置的情况汇报；听取关于启动“智慧磐石”建设工程的情况汇报；听取关于调整城市基础设施配套费收费标准的情况汇报。

【市第九届人民政府第77次常务会议】
4月23日，市委副书记、市长曹伟宏主持召开。会议听取关于2020年《政府工作报告》任务分解的情况汇报；听取关于出让部分闲置国有资产的情况汇报；听取关于建设领域历史遗留问题的情况汇报并审议《韶山市2020年建设领域历史遗留问题集中攻坚工作方案（审议稿）》。

【市第九届人民政府第78次常务会议】
5月7日，常务副市长崔旺主持召开。会议传达学习习近平在浙江、陕西考察时的重要讲话精神和中央政治局常委会、国务院常务会精神；听取关于贯彻落实湖南省人民政府办公厅《关于进一步规范财政管理硬化预算约束的通知》精神和省财政厅有关工作部署的情况汇报；听取关于全域5G项目建设的情况汇报；审议《韶山市省级创新型县（市、区）建设方案（2020—2022年）（审议稿）》；听取关于交通问题顽瘴痼疾整治行动的情况汇报；听取关于韶山市新建道路命名的情况汇报；听取关于更换警务车辆的情况汇报。

【市第九届人民政府第79次常务会议】
5月10日，市长曹伟宏通过天翼云视频会议系统主持召开。会议传达学习省委书记杜家亳在湘潭调研座谈会上的讲话精神；传达学习湘潭市安全生产工作会议精神；听取关于韶山市清溪镇地下热水资源勘查工作的情况汇报；听取关于湘潭市韶山高新区永义双创园项目（一期）的情况汇报；传达学习湖南省委办公厅、省人民政府办公厅关于防范和惩治统计造假、弄虚作假有关文件精神。

【市第九届人民政府第80次常务会议】
5月20日，常务副市长崔旺主持召开。会议传达学习湘潭市2020年全国“两会”特护期信访维稳工作部署会议精神，听取关于信访工作的情况汇报；传达学习中央关于新冠肺炎疫情防控有关会议精神，听取韶山市疫情防控工作的情况汇报；审议《关于加快推进公共卫生防治体系补短板工作实施方案（审议稿）》；听取关于市人大代表建议、政协委员提案收集整理的情况汇报；审议《关于对2020年国、省、湘潭市真抓实干成效明显单位实施督查激励的实施方案（审议稿）》；传达学习《保障农民工工资支付条例》，听取关于稳就业、保居民就业和职业技能提升工作的情况汇报；审议《2020年湖南红色旅游文化节暨湘潭首届红色文化产业博览会总体方案（审议稿）》《中央、省、湘潭市脱贫攻坚成效考核反馈问题整改方案（审议稿）》《关于全面深化新时代教师队伍建设改革的实施意见（审议稿）》《韶山市劳动模范管理办法（审议稿）》。

【市第九届人民政府第81次常务会议】
5月29日，市长曹伟宏主持召开。会议听取关于争资争项工作的情况汇报；审议《韶山市自然保护地整合优化预案（审议稿）》；听取市行政审批服务局局长李正武关于基层公共服务（一门式）综合服务平台建设项目的情况汇报；听取关于进一步加强城区养犬管理工作的情况汇报；审议《关于应对疫情影响进一步推动文旅产业平稳健康发展的若干意见（审议稿）》；听取关于餐厨垃圾资源化利用项目和建筑垃圾资源化利用特许经营的情况汇报；听取关于生活垃圾填埋场整治的情况汇报；听取关于润泽东方项目建设遗留问题的情况汇报；审议《韶山市财政专项资金管理办法（审议稿）》。

【市第九届人民政府第82次常务会议】
6月12日，常务副市长崔旺主持召开。传达学习全国“两会”精神以及习近平总书记在全国“两会”期间下团组的重要讲话精神；传达学习湘潭市委书记曹炯芳在湘潭市委党校2020年春季学期开学第一课的讲话精神；传达学习中央、省委、湘潭市委及韶山市委深改委会议精神，听取关于政府系统全面深化改革工作的情况汇报；传达学习国、省、湘潭市对防汛工作的指示批示精神，听取关于全市防汛工作的情况汇报；听取关于韶山市旅游行业诚信体系建设工作的情况汇报；听取关于全面建成小康社会补短板监测分析的情况汇报；传达学习中央扫黑除恶专项斗争有关会议精神，听取关于韶山市扫黑除恶相关工作的情况汇报；听取关于全市粮食生产、严格管控区种植结构调整工作的情况汇报；审议《关于做好临时外摆摊点服务管理工作的实施方案（审议稿）》《韶山市适度开放临时外摆摊点的通告（审议稿）》；听取关于韶山市教育系统补建补缴基本养老保险费工作的情况汇报。

【市第九届人民政府第83次常务会议】
7月2日，常务副市长崔旺主持召开。会议传达学习习近平总书记在宁夏考察和中央政治局第二十次集中学习时的重要讲话精神以及对防汛救灾工作作出的重要指示精神；传达学习习近平总书记关于粮食安全的重要讲话精神以及中央、省有关粮食生产和安全的会议精神，审议《韶山市粮食应急预案（审议稿）》；传达学习中共中央办公厅国务院办公厅有关信访工作的通知精神和听取关于省委巡视组转办信访件办理工作的情况汇报；传达学习全省维稳工作会议和省市县域警务工作会议精神；传达学习湘潭市委副书记、市长张迎春在韶山调研座谈会上的讲话精神；传达学习2020年湖南省、湘潭市总河长会议精神和听取关于2020年韶山市河长制工作的情况汇报；审议《鼓励和规范社会投资耕地开发项目管理办法（审议稿）》；听取关于韶新、俊强、云源采石场行政补偿案的情况汇报；审议《关于市管国有企业“三重一大”决策制度的实施意见（审议稿）》《关于韶山市国有企业财务管理和监督的实施意见（审议稿）》《关于韶山市国有企业采购管理的实施意见（审议稿）》《关于韶山市行政事业单位国有资产管理的实施意见（审议稿）》《关于加强政府采购内部控制管理的通知（审议稿）》《关于完善招标投标机制加强招标投标活动监管机制的通知（审议稿）》。

【市第九届人民政府第84次常务会议】
7月22日，常务副市长崔旺主持召开。会议传达学习6月29日中央政治局会议精神、7月17日中央政治局常务委员会会议精神以及7月15日国务院常务会议精神；传达学习中共湖南省纪委、中共湘潭市委对有关违纪违法案件的通报；传达学习《湖南省韶山风景名胜区条例》；审议《韶山市安全生产专项整治三年行动实施计划（审议稿）》《韶山市防汛应急预案（审议稿）》；传达学习中央、省、湘潭市禁毒工作会议精神，听取关于韶山市禁毒工作的情况汇报；听取关于G240沪昆高铁韶山南站至湘乡公路韶山段、G320湘潭绕城线（三期）韶山段工作进展的情况汇报；听取关于市场监管等领域综合行政执法体制改革的情况汇报；审议《韶山市普通建筑材料用砂石土矿专项规划（2019—2025年）（审议稿）》；听取关于2019年产业发展和招商引资政策奖励资金的情况汇报；审议《韶山市2020年上半年国民经济和社会发展计划执行情况的报告（审议稿）》《韶山市2019年度财政决算情况报告（审议稿）》《韶山市2020年1−6月预算执行情况报告（审议稿）》《韶山市2019年度本级预算执行和其他财政收支审计报告（审议稿）》。

【市第九届人民政府第85次常务会议】
8月19日，市委副书记、市长曹伟宏主持召开。传达学习习近平总书记对“十四五”规划编制工作的重要指示、对制止餐饮浪费行为的重要指示以及7月30日中共中央政治局会议精神；听取关于韶山高新区调规扩区工作的情况汇报；听取关于湖南三鑫电源科技有限责任公司遗留问题的情况汇报；听取关于湘潭市韶山高新区永义双创园项目一期一标段建设的情况汇报；听取关于韶山金弘项目的情况汇报。

【市第九届人民政府第86次常务会议】
9月4日，市委副书记、市长曹伟宏主持召开。传达学习《国务院关于加强地方政府性债务管理的意见》和省关于债务工作的相关指示要求和文件精神；传达学习招标投标领域相关法律法规；传达学习全省市州长视频会议精神，听取关于落实《关于贯彻落实8月28日全省市州长视频会议精神相关重点工作的交办函》的情况汇报；审议《韶山市创建“全省法治政府建设示范市”实施方案（审议稿）》；听取关于韶山市实施城乡客运一体化项目的工作汇报；听取关于增加警务辅助人员编制的情况汇报。

【市第九届人民政府第87次常务会议】
9月24日，市委副书记、市长曹伟宏主持召开。传达学习习近平总书记在湖南考察时的重要讲话精神；传达学习习近平生态文明思想以及听取关于创建国家生态文明建设示范市的情况汇报；传达学习习近平对食品安全工作作出的重要指示批示精神以及省长许达哲关于食品安全工作的讲话精神，听取关于创建省级食品安全示范市的情况汇报；传达学习优化营商环境有关文件会议精神；传达学习中央、省、湘潭市扫黑除恶专项斗争有关精神以及听取关于开展“六清”行动的情况汇报；审议《韶山市“奋力奔跑合力攻坚”项目竞赛活动评分规则（审议稿）》《关于韶山市“奋战一百天实现双过半”竞赛活动和“奋力奔跑合力攻坚”项目竞赛活动的奖励方案（审议稿）》；听取关于2020年争取国、省、湘潭市真抓实干督查激励的情况汇报；审议《湘潭市实施〈湖南省韶山风景名胜区条例〉办法（审议稿）》；听取关于中信正业联合体项目的情况汇报；审议《韶山市本级重大项目决策程序规定（审议稿）》《韶山市政府性投资重大项目前期论证暂行办法（审议稿）》；听取关于韶山市与长郡中学合作办学的情况汇报。

【市第九届人民政府第88次常务会议】
10月13日，市委副书记、市长曹伟宏主持召开。传达学习习近平总书记在企业家座谈会上的重要讲话精神、在科学家座谈会上的重要讲话精神、在全国抗击新冠肺炎疫情表彰大会上的重要讲话精神；审议《韶山市防止返贫致贫监测和帮扶机制实施方案（审议稿）》；听取关于三一（韶山）产业园项目的情况汇报；审议《韶山市政府投资建设项目审计监督实施细则（审议稿）》；听取关于农村乱占耕地建房问题专项整治工作情况汇报；听取关于防范和处置非法集资工作的情况汇报；审议《韶山市乡村医生补建补缴基本养老保险工作方案（审议稿）》《关于提高乡镇机关事业单位工作人员工资收入的通知（审议稿）》；听取关于启动城发·湖湘苑项目建设的情况汇报；听取关于韶山文化旅游职业培训基地项目的情况汇报。

【市第九届人民政府第89次常务会议】
10月23日，市委副书记、市长曹伟宏主持召开。传达学习习近平总书记10月10日在中央党校（国家行政学院）中青年干部培训班开班式上的重要讲话精神；传达学习《中国共产党农村工作条例》；审议《韶山市促进茶产业发展实施意见（审议稿）》；听取关于2020年重点民生实事的情况汇报；听取关于韶山市新建道路和新建广场命名的情况汇报；审议《优化营商环境重点工作实施方案（审议稿）》；听取关于市管国有企业工作目标考核的情况汇报；审议《韶山市2020年预算调整方案（草案）的报告（审议稿）》《韶山市本级动支预备费安排意见（审议稿）》。

【市第九届人民政府第90次常务会议】11月12日，市委副书记、市长曹伟宏主持召开。传达学习十九届五中全会精神以及《中共中央关于制定国民经济和社会发展第十四个五年规划和二O三五年远景目标的建议》；审议《韶山市关于加强文物保护利用改革的实施意见（审议稿）》；听取关于韶山市职业健康工作的情况汇报；听取关于韶山市交通问题顽瘴痼疾集中整治行动工作的情况汇报；听取关于全市征地拆迁相关政策的情况汇报；审议《韶山市老旧小区改造及配套基础设施建设工作方案（审议稿）》；听取关于G240沪昆高铁韶山南站至湘乡公路韶山段工程建设自筹资金的情况汇报；听取关于韶山高新区电子信息高科技产业园建设项目的情况汇报。

【市第九届人民政府第91次常务会议】12月4日，市委副书记、市长曹伟宏主持召开。传达学习李克强总理在研究当前经济形势和部署下一步经济工作时的讲话精神；传达学习毛伟明赴韶山调研时的讲话精神；听取关于安全生产工作的情况汇报；审议《韶山市农村房屋安全隐患排查整治实施方案（审议稿）》；听取关于创建“全国禁毒示范城市”迎检工作的情况汇报；审议《韶山市农作物秸秆垃圾禁烧及综合利用专项实施方案（审议稿）》《韶山市农作物秸秆、垃圾禁烧与综合利用工作考核办法（审议稿）》《韶山市关于加强社区工作者队伍建设的实施细则（试行）（审议稿）》《关于加快补齐全市动物防疫体系建设短板的实施意见（审议稿）》《韶山市知识产权奖励（资助）暂行办法（审议稿）》；听取关于落实2020年湘潭市智慧城市建设（公共数据资源开放共享）绩效考核工作相关事项的情况汇报。

【市第九届人民政府第92次常务会议】12月10日，市委副书记、市长曹伟宏主持召开。传达学习习近平总书记11月14日在全面推动长江经济带发展座谈会上的重要讲话精神；审议《关于完善体制机制进一步激发居民消费潜力的实施方案（2020—2022年）（审议稿）》；听取关于韶山市荣誉市民评选工作的情况汇报；听取关于韶山市创建双拥模范城工作的情况汇报；审议《关于落实新时代困难退役军人帮扶援助一站式服务的实施方案（审议稿）》《韶山市城市声环境功能区划分方案（2020年）（审议稿）》；听取关于湖南绿亨世源动物药业有限公司扩产增线以及整体搬迁的情况汇报；听取关于调整居民生活用水污水处理费标准的情况汇报；听取关于参与湖南韶峰钢结构有限公司资产司法拍卖竞买的情况汇报。

【市第九届人民政府第93次常务会议】12月15日，市委副书记、市长曹伟宏主持召开。听取关于三一（韶山）产业园项目入园的情况汇报。

【市第九届人民政府第94次常务会议】12月23日，市委副书记、市长曹伟宏主持召开。传达学习省委书记许达哲和湘潭市委书记曹炯芳对政府债务相关文件的重要批示精神；听取关于人事管理突出问题专项整治工作的情况汇报；听取关于提高全市城市最低生活保障、城市特困供养标准的情况汇报；审议《湖南省湘潭市韶山市生态文明建设示范市规划（2020—2025）（审议稿）》。

（李维航）

重要调研

【王玉清到韶山慰问援疆班师生】1月9日，省教育厅党组成员、副厅长、省委教育工委委员王玉清，新疆驻湘工作组党委副书记、教育协调小组组长、省教育厅民族教育处副处长艾美华到韶山实验中学看望慰问湖南援疆韶山初中班的师生。韶山市副市长谢智君参加慰问活动。

【张迎春到韶山督查防疫工作】1月25日，湘潭市委副书记、市长张迎春到韶山督查防疫工作，慰问一线工作者。韶山市领导曹伟宏、崔旺、贺剑鹏陪同。

【曹炯芳到韶山督查疫情防控工作】1月31日，湘潭市委书记、市人大常委会主任曹炯芳督查韶山市韶山乡疫情联防联控工作。代市长曹伟宏参加。

【陈小山到韶山调研交通项目建设】2月24日，湘潭市副市长陈小山到韶山调研G240湘韶快速通道项目建设情况。代市长曹伟宏，副市长刘亮参加调研。

【何俊峰到韶山调研农业农村工作】3月5日，湘潭市委副书记何俊峰到韶山调研农业农村等工作，先后到韶山乡平里村、平里旅游小镇项目基地、棠佳阁外婆家励志文化生态景区等地调研。副市长兰筱村陪同参加。

【杨真平到韶山督查疫情防控工作】3月9日，湘潭市委常委、统战部长杨真平到韶山督查指导疫情防控工作，走访中韶电器产业园项目、银田镇卫生院、银田镇华南村。市领导崔旺、谢智君陪同。

【何俊峰到韶山调研春耕生产】4月15日，湘潭市委副书记何俊峰到韶山，调研春耕生产、脱贫攻坚、联点项目、信访包案等工作。市领导崔旺、兰筱村陪同调研。

【李江南到韶山调研民生实事项目】4月15日，湘潭市人大常委会常务副主任李江南到韶山市银田镇，调研民生实事项目和人大代表票决制工作。代市长曹伟宏陪同调研。

【刘永珍到韶山调研肉类加工产业】4月16日，湘潭市副市长刘永珍带队到韶山，就推动肉类深加工产业链建设工作，对肉类深加工产业发展情况开展调研。市领导曹伟宏、兰筱村陪同调研。

【刘永珍到韶山调研农业示范园建设】5月6日，湘潭市副市长刘永珍到韶山调研现代农业示范园建设与产业发展情况。副市长兰筱村参加调研。

【肖树人到韶山调研茶产业】5月

11日，湘潭市人大常委会副主任肖树人一行到韶山，视察调研韶山市茶产业发展情况。副市长兰筱村陪同。

【毛先林到韶山调研农业示范园建设】5月20日，湘潭市政协副主席毛先林带领调研组到韶山市调研现代农业示范园建设情况。副市长兰筱村参加调研。

【曾建平、周佩珞到韶山调研养老事业】5月26日，湘潭市政协副主席曾建平、周佩珞带领湘潭市政协调研组到韶山开展“做好居家养老服务，推动养老事业发展”专题调研。副市长谢智君陪同。

【张迎春到韶山调研动物防疫工作】6月5日，张迎春带队到韶山调研动物防疫体系建设工作，到银田镇动物防疫站、汇弘实业有限公司等地进行实地考察。副市长兰筱村参加调研。

【黄河到韶山调研】6月11日，中国石化湖南石油分公司总经理黄河率调研组到韶山开展工作调研。市领导曹伟宏、崔旺、何浪陪同并参加座谈交流。

【廖国锋到韶山调研供销工作】7月13日，省供销社党组成员、监事会主任廖国锋一行到韶山，在韶山茶叶有限公司调研供销综合改革、茶叶产业发展和供销产业园规划等工作。市领导兰筱村、龚雨顺参加调研。

【邹学校到韶山考察农业产业】7月20日，中国工程院院士、湖南农业大学党委副书记、校长邹学校到韶山考察指导农业产业发展，先后到银田镇银田村产业扶贫基地、宏发花卉苗木专业合作社、韶峰农业创意产业园等地，了解有关情况。市领导兰筱村、龚雨顺参加考察。

【周晓理到韶山调研红色旅游文化工作】7月21日，湘潭市委常委、宣传部长周晓理到韶山专题调研2020湖南红色旅游文化节暨湘潭首届红色文化产业博览会筹备工作。市领导曹伟宏、崔旺、贺剑鹏、谢智君、何浪参加。

【苏健全到韶山调研体育工作】7月30日，湖南省体育局副局长苏健全到韶山调研指导“全民运动健身模范市”创建工作。市领导崔旺、贺剑鹏陪同调研。

【何俊峰到韶山调研环境整治工作】8月4日，湘潭市委副书记何俊峰带队到韶山，调研农村人居环境整治工作。副市长兰筱村陪同调研。

【王才用到韶山考察“三农”工作】8月26日，省农业人才交流服务中心主任王才用一行到韶山考察“三农”培训工作。副市长兰筱村陪同。

【三一集团负责人到韶山考察项目建设】9月30日，三一集团总裁到韶山考察风电叶片生产基地等项目选址工作。市领导曹伟宏、刘亮参加相关活动。

（苏　美）

市人民政府办公室工作

【经济研究】2020年市政府办公室以文辅政，协同服务领导，当好参谋助手，着力提高文稿质量，按时高质量完成各类工作报告、领导讲话、情况汇报和经济形势分析等材料230余篇，高质量完成《政府工作报告》起草工作。积极建言献策，围绕项目建设、产业发展、环境整治、脱贫攻坚、风险防控等中心工作及群众关心关注的热点难点问题，深入调查研究，撰写理论调研文章14篇，为领导决策提供了翔实参考。积极发挥信息工作在领导决策中的辅助作用，加强信息员队伍建设，强化经济社会各领域信息收集，努力提高信息报送质量，共完成政务信息213篇。

（钟　华）

【办文办会】严谨细致地抓好文电收发工作，全年收文2110件，办文527件，上传下达，规范高效，未发生重大差错和失职渎职问题。抓好各类会务服务，承办政府全体（扩大）会议等全市性会议3次、政府常务会议27次，会前周密准备，会中细致服务，会后狠抓落实。切实整顿文风会风，以市政府、政府办名义发文减少30%，各类会议减少50%。

（苏　美）

【政务督查】专项清理督查检查考核事项，实行计划控制、清单管理，全市纳入计划清单管理的督查检查考核事项共计23项。深入开展安全生产、建议提案办理、重点项目建设、脱贫攻坚、旅游秩序整治等督查，全年办理领导批示件135件，督办政府常务会议议定事项85项，确保市委、市政府决策部署落地落实。

【建议和提案办理】共收到韶山市人大代表建议77件，韶山市政协提案63件，湘潭市人大代表建议1件，协办建议2件。韶山市人大代表所提建议已解决或基本解决的55件、占总数的71.43%；列入计划正在协调解决的17件、占总数的22.08%；人大代表满意率97.2%。韶山市政协委员所提提案已采纳或解决的48件，占76.2%；列入计划正在协调解决的14件，占22.2%；因客观条件限制或其他客观原因暂时不能解决的1件，占1.6%；政协委员满意率98.4%。

（文　慧）

实事项目建设

【概况】2020年，韶山市严格按照“精心组织、科学调度、深入督查、严格考核”十六字方针，积极稳步推进重点民生实事工作，总体情况较好。9件15项省重点民生实事项目有6件7项超额完成，其余3件8项全面完成。12件19项湘潭市重点民生实事项目有4件5项超额完成任务，其余8件14项全面完成。

一是城乡基础设施建设不断改观。全市完成10千伏及以下行政村配电网改造7个，自然村通水泥路3公里，新改建农村集贸市场10个，极大改善了城乡居民的生产、出行条件。二是弱势群体社会保障持续扩大。全市新增城镇就业1043人，开展政府补贴性职业技能培训2018人，为0-6岁残疾儿童实施康复救助72人，全市城乡特困供养老人和低保老人家庭适老化改造60户，建设社区老年人日间照料中心2个，建立农村养老互助点50个，救治救助贫困重性精神病患者40人，孕产妇免费产前筛查730人，免费为新生儿进行遗传代谢病筛查877人，推进乡级预防接种门诊数字化建设与儿童保健门诊规范化建设3家，所有建制乡镇医院实现2名全科医生全覆盖，困难残疾人生活补贴和重度残疾人护理补贴发放标准提高到70元／人·月，城乡低保标准和救助水平标准分别提高到6000元／年和365元／月，农村适龄妇女“两癌”免费检查1032人，让社会弱势群众感受到了政府的关注、关爱。三是生态治理、人居环境明显改善。全市38个村（社区）推行“一村一法律顾问”，改（新）建农村户用厕所918户，建设旅游厕所11座，城镇老旧小区改造7个，推进城区豆制品、米粉生产经营店标准化整治8家。四是科教文娱资源日益聚集。在全市各乡镇广泛实施“演艺惠民工程”，开展“送戏下乡”文艺演出30场，宣传传统文化的同时丰富群众精神生活；实施“教育强基工程”，新（改）建幼儿园1所，增加公办幼儿园学位480个，全市中小学教室灯光照明提质改造56间，为全市中小学生提供良好的学习场所和环境。

2020年韶山市落实省市重点民生实事年终考核验收统计表

表1

考核项目	工作目标	完成情况	考核结果
增加公办幼儿园学位	440个	480个	完成任务
开展政府补贴性职业技能培训	2013人	2018人	完成任务
农村转移就业劳动者培训	300人	725人	完成任务
所有建制乡镇医院2名全科医生全覆盖	8名	26名	完成任务
村卫生室运行经费任务数	19.8万元	28.5万元	完成任务
孕产妇免费产前筛查	700人次	730人次	完成任务
农村及城镇低保适龄妇女“两癌”免费检查	1000人	1032人	完成任务
城镇老旧小区改造	7个	7个	完成任务
自然村通水泥（沥青）公路	3公里	3公里	完成任务
新(改)建农村户用厕所	900户	918户	完成任务
提高农村低保标准	6000元/年	6000元/年	完成任务
农村低保月人均救助水平	不低于365元/月	365元/月	完成任务
困难残疾人生活补贴不低于65元/人·月	不低于70元/人·月	70元/人·月	完成任务
重度残疾人护理补贴不低于65元/人·月	不低于70元/人·月	70元/人·月	完成任务
解决残疾儿童救助	58名	72名	完成任务
新增城镇就业	1000人	1043人	完成任务
全市中小学教室灯光照明提质改造	50间	56间	完成任务
新建农村公办幼儿园	1所	1所	完成任务
孕产妇免费产前筛查	全覆盖	730人次	完成任务
推进乡级预防接种门诊数字化建设与儿童保健门诊规范化建设	3家	3家	完成任务

续表1

考核项目	工作目标	完成情况	考核结果
救治救助贫困重性精神病患者	32名	40名	完成任务
免费为新生儿进行遗传代谢病筛查	全覆盖	877例	完成任务
新（改）建农村集贸市场（乡村集市）	10个	10个	完成任务
完成10千伏及以下行政村配电网改造	7个	7个	完成任务
建设社区老年人综合照料中心	2个	2个	完成任务
对城乡困难老人家庭进行适老化改造	60户	60户	完成任务
建立农村养老互助点	50个	50个	完成任务
完成“演艺惠民送戏下乡”	30场	30场	完成任务
建设旅游厕所	6座	11座	完成任务
推行“一村（社区）一法律顾问”	38个村（社区）	38个村（社区）	完成任务
推进城区豆制品、米粉生产经营店标准化整治	8家	8家	完成任务

（杨　军）

应急管理和安全生产

【概况】2020年，全市未发生较大及以上生产安全事故，未发生较大及以上非生产经营性的安全事故，未发生生产经营性火灾亡人事故，未发生自然灾害导致的亡人事故，亿元GDP生产安全事故死亡率目标值严格控制在指标范围内，安全生产形势总体稳定。全市深入贯彻落实习近平总书记关于安全生产、应急管理、防灾减灾的重要论述精神，紧紧围绕有效防范各类生产安全事故，杜绝较大及以上安全事故，切实强化工作举措，积极探索安全生产领域改革发展，抓实抓细安全防范，营造良好安全生产氛围。市委、市政府领导带队开展各行业领域安全生产专项检查共计40次，督促相关单位和企业落实安全生产责任，并先后14次专题研究安全生产工作，成立12个安全生产专业委员会，制定6项工作制度，持续探索建立应急救援和综合防灾减灾救灾的相关制度体系。

市应急管理局承担市安全生产、防灾减灾2个委员会和市防汛抗旱、森林防灭火、抗震救灾3个指挥部的日常协调工作。局内设机构有办公室、应急指挥办（市应急指挥中心）、综合减灾救灾办、监督管理股、政策法规股（审批服务股）5个股室。全局共有编制17个，其中行政编制6个，事业编制11个。有在编在岗工作人员16人，其中班子成员4人，共有行政编制5人、事业编制5人、工勤编制6人。

【安全宣教】组织开展“安全生产月”“万条标语宣安全”、安全生产宣传“五进”、主题演讲比赛和宣传咨询日等活动，设置主题展板30余块，发放宣传资料5000余份，悬挂横幅593条，张贴标语538条，通过手机报宣传13次，村村响宣传14期；编印《消防安全和自然灾害应急避险知识手册》4.5万册和《防溺水》宣传资料8500余份，挂图90张，发放到户和各学校、企业；举办消防安全知识和抗灾避灾救灾知识培训；开展“5·12”防灾减灾集中宣传，发放资料4000余份，派送“平安礼包”2000余份，受教群众3000余人次；开展水库抢险暨山洪地质灾害避险、森林防灭火、消防、旅游、交通、危险化学品、非煤矿山、有限空间等应急救援演练；出动防火宣传车，深入各乡镇，播放禁火令，宣传森林防火相关知识，不断提高公众安全防范意识和应急自救能力。

【安全隐患管控】在全市各行业领域、各生产经营单位和人员密集场所，深入开展安全生产风险隐患“大排查大管控大整治”行动，排查治理各类安全隐患和问题2194处。整治马路市场行为43次，处理事故风险路段67处，全市25个马路市场全部取缔。整改高铁、普铁沿线安全隐患74处，检查特种设备使用单位269家次，下达整改指令36份，发现安全隐患86处，查封存在安全隐患的特种设备16台，立案1起。开展文化旅游行业督察94次，检查单位405家次，下发交办单19份，排查整改隐患19个。检查15个液化气供气站，发现隐患问题18处，下发整改清单9份，查处违规经营2起，罚款8万元。组织对天然气长输管道实行专人日巡检制度，新立天然气管道标识桩220根，新建标识牌50块。开展全市居住和老旧住宅燃气安全隐患专项整治行动，摸底用户7691户。完成对地质灾害隐患点汛期巡查摸排，确定2020年地质灾害隐患点68个。

【专项执法整治】组织在道路交通、非煤矿山、烟花爆竹、危险化学品、建筑施工、旅游等行业领域强化安全监管执法，下发督查检查文书2311份，立案调查322起，经济处罚246.41万元，责令停产停业21家，暂扣或者吊销许可证照115个，取缔关闭3处，行政拘留4人。取缔危险化学品非法储存点1处，查处危险货物非法运输车辆1台，查处非法洗沙企业1家，取缔非法烟花爆竹经营门店11家，查处超量储存鞭炮门店1家，收缴烟花130余件，鞭炮490余盘（封），小产品20余盒。督查项目工地90家次，发出整改通知书12份，查封问题施工设备5台，挂牌督办重大隐患6个，行政处罚16次。组织对14家产废单位考核情况进行评级，检查生产经营单位120家次，排查整改隐患7个。

【企业生产安全】按照“一年全面推进、两年强化落实、三年巩固提升”的要求，深入开展“落实企业安全生产主体责任年”活动，10月21日，组织市安委会各成员单位负责人和全市规模以上企业主要负责人开展安全生产培训和红线意识专题教育，特别邀请湘潭市安委办副主任、应急管理局党组书记陈术贤专题授课，深入学习了习近平总书记关于安全生产重要论述以及企业如何履行安全生产主体责任等内容。在危险化学品、非煤矿山、机械、燃气、涉农、交通运输、食品等行业领域全面推进安全生产风险辨识管控与隐患排查治理双重预防体系建设。实施“红黑名单”管理制度。恒欣实业、大北农、四通钢模3家企业列入2020年度安全生产诚信“红名单”。督促企业依法依规构建全员安全生产责任制、安全隐患排查治理、安全风险管控、安全生产投入等10项重点制度为重点的安全生产主体责任体系，落实全员安全生产责任制。在生产经营活动中，根据岗位的性质、特点和具体工作内容，明确所有层级、各类岗位从业人员的安全生产责任，并通过加强教育培训、强化管理考核和严格奖惩等方式，不断提升企业安全责任意识，防控企业生产安全事故。

【应急管理处置】深入开展森林防灭火、防汛抗旱和低温雨雪冰冻灾害天气防范工作。启动防火特护期响应，发布《韶山市人民政府禁火令》，印发《韶山市野外火源专项治理行动方案》《关于开展打击森林违法用火行为专项行动工作方案》，开展打击森林违法用火专项行动和野外火源专项治理行动。各乡镇对51个森林火灾易发多发重点防火区域，组织安排专人巡逻值守。下发《关于扎实做好2020年防汛抗旱准备工作的通知》，部署防汛抗旱各项准备工作，加强预测预警、巡查检查和物资储备，加强联合会商、科学调度，加强值班值守和应急处置等，确保全市安全度汛和有效抗旱。全年未发生因自然灾害造成人员伤亡的情况，也未发生大面积干旱的现象。

【应急救援演练】6月3日，全市安全生产综合应急救援演练活动在韶山新天名府项目部举行，市安委会各成员单位、部分企业负责人共200余人现场参加、观摩演练活动。市委常委、常务副市长崔旺出席演练活动并担任演练总指挥，副市长易继辉出席观摩演练并为启动仪式致辞。启动仪式后，分别在韶山乡、清溪镇境内进行了森林防灭火、水库抢险暨山洪地质灾害避险应急救援演练。整个演练过程，组织严谨、安排周密、配合紧密，达到了预期效果。

韶山市2020年森林防灭火应急演练在韶山乡韶山村檀山组（原韶北鹿场）举行。此次演练分为火情警报、先期处置、火场增援、围歼森林火灾、火场清理五个阶段。演练模拟韶山乡韶山村檀山组村民发现森林火情，拨打“12119”森林火警电话。森林公安接到报警后，立即启动森林防火应急预案，多方调度，组织人员携带设备赶赴火灾地点，有效控制火灾。

水库抢险暨山洪地质灾害避险综合应急演练在清溪镇杨荣村一塘水库举行。市领导崔旺、许文等观摩了演练。

（刘湘琼）

信访工作

【概况】2020年，韶山市信访局认真贯彻落实习近平总书记关于加强和改进人民信访工作重要思想和中央、省、湘潭市关于做好信访工作的一系列决策和部署，以争创人民满意窗口、创建省级“三无”（无重复上访、无集体上访、无信访积案）县市区为目标，着力从源头上预防和减少信访问题发生，及时就地解决群众合理诉求，化解矛盾纠纷和信访突出问题，规范信访秩序，为韶山市经济社会和谐稳定做出了积极的贡献。2020年，共接待来访群众463批897人次，共办理来信、来访、网上投诉件信访件1028件，其中来访200件，来信91件，网上投诉731件，领导信箱6件。省委第一巡视组移交322件交办件，全部交办相关单位，并已及时办结。韶山市成功创建湖南省“三无”县市区。

【领导接访包案制度】严格落实市级领导坐班接访和包案制度，每周星期一至星期五（工作日）市级领导到人民来访接待大厅接待信访群众。全年市级领导共接待来访群众149批221人次。制定韶山市“三无”创建活动方案，明确重点信访人员92名，重点信访群体9个，集中攻坚信访事项28件。市级领导牵头化解信访积案，组织召开信访协调会议47次，通过信访听证、集中攻坚化解信访积案并签订息访息诉28件。

【信访保障工作】在各级“两会”期间、省委第一巡视组驻韶期间、文明创建检查组到韶山期间和春节、清明、八一、重阳节、国庆等重要节假日，市信访局对重点人员严格落实“五包一”稳控措施，做到一事一方案，进行动态管理，实行长期稳控疏导教育，解决具体问题，圆满完成信访任务。在村级组织换届选举工作中，市信访局采取有力措施，扎实做好信访工作，确保了换届选举工作顺利进行。同时按照湘潭市信访局关于信访件的办理要求，严格落实网上受理办理工作规程，指导和督促责任单位及时受理、规范办理，并上传相关材料，要求根据《湖南省信访事项回访核实工作实施办法》《湘潭市信访事项回访核实工作实施细则》规定，落实“两沟通两核实”工作制度。同时对责任单位已经办结的59件信访件进行回访核实，确保回访实效，提升了群众满意度。

【信访宣传和法治建设】为深入贯彻习近平新时代中国特色社会主义思想，切实提高群众依法信访、逐级走访、文明信访意识，营造和谐稳定的社会环境，市信访局一是加强法治宣传。在信访接待大厅摆放各类法治宣传折页，在银园村、花园村等地开展法治宣讲活动。同时组织各单位、乡镇以悬挂横幅和现场宣传的方式进行集中宣传。2020年5月和12月在全市集中开展信访法治宣传2次，发放《信访条例》《关于依法打击处理信访活动中违法犯罪行为的通告》《宪法》《民法典》等宣传册600余份，悬挂宣传标语200余条。二是认真落实诉访分离制度。严格按照《国家信访局依法分类处理信访诉求工作规则》的要求，把涉及民商事、行政、刑事等诉讼权利救济的信访事项从普通信访体制中分离出来，在接处访过程中，及时向信访群众释法解惑，并积极对接政法部门导入司法程序依法处理。三是依法处理违法行为。积极探索建立处置违法行为沟通协调机制，与政法机关及时沟通，做好证据固定、移送转送等工作，对以信访为名实施的违法行为依法处理。

（谭博文）

政务公开和政务服务工作

【概况】2020年，韶山市行政审批服务局按照中央、省、湘潭市关于政务服务改革的要求，以群众满意为目标，以“互联网＋政务服务”项目建设为抓手，全方位深层次推进审批服务制度改革和机制创新，强力推进“放管服”和“一件事一次办”改革，全力打造“红色韶山、绿色政务”品牌。同时将“一件事一次办”改革作为转变政府职能、优化营商环境的重要举措，各项工作有序推进。政务大厅2020年非税收收入1.6171亿元，税收收入9.0613亿元。共受理办件49.2万件，按时办件率100%，在全省基层政务公开培训推进会上，政务公开标准化工作经验得到重点推介；“一件事一次办”和“一门式”全覆盖等工作亮点，在《人民日报》、《湘潭日报》等媒体刊登报道。“交房即交证”典型经验在省政府门户网站得到推介。

【政务公开】政务公开不断实化。一是主动公开政府信息。政府门户网站公开7539条信息，依规受（办）理申请公开2件。二是按照“三个统一”（统一事项名称、统一事项要素、统一汇总编制）要求，组织19个部门，集中梳理公开26个试点领域政务公开事项目录2147项，内容3200多条。三是建设政务公开专栏。市乡（镇）两级政务大厅均已建设政务公开专区，全市4个乡镇、38个村（社区）政务公开均实现“四个上墙”（机构职责、人员名单上墙；首问责任制、一次告知制、限时办结制、帮代办制、行为规范等工作规范上墙，办事流程图上墙；行政审批事项、公共服务事项、“一件事一次办”事项上墙）。

【政务服务】政务服务不断优化。一是政务服务事项全入驻。2020年，政务大厅在原有35家单位的基础上，新增7家单位，窗口业务办理人员120人，入驻事项1850余项，做到了政务服务事项全入驻。二是“互联网＋政务服务”不断完善。“互联网＋政务服务”一体化平台已全部覆盖到市、乡、村（社区）三级，各级皆可使用平台网上办件。一体化平台共办件38779件，办结率100%，无差评，办理深度三级（含三级）以上事项比例达到94.2%。三是基层公共服务实现全覆盖。确定基层57件公共服务事项，村（社区）45件公共服务事项，并发布目录清单。明确乡镇168件行政权力事项和30件“一件事一次办”事项，村30件便民服务事项，社区26件便民服务事项。四是热线服务更加规范。做好与省、湘潭市“12345”平台以及“互联网＋政务服务”一体化平台的数据对接和与市公安“110”的互联互通，做到“一号响应”。整合后，共接到群众各类来电7816件，在线办结5424件。

【各项改革】各项改革不断深化。一是“一件事一次办”改革全面推行。梳理公布第二批102件“一件事一次办”事项，建立“一件事一次办”智能导办系统，制作了智能式菜单选择，实施取号、叫号、反馈、评价全程电子化、无纸化。事项已全部实现湘潭市内跨县市区办理，政务服务大厅、便民服务中心全部配置了“一件事一次办”跨域通办窗口，明确了相关窗口工作人员，实现30件“一件事一次办”事项韶山市内跨乡镇办理。二是简政放权纵深推进。按照湘政办发〔2019〕55号文件要求，各乡镇实施了116项权力清单和责任清单，承接了52项乡镇（街道）经济社会管理权限，并在湖南省政务服务网韶山市政务服务旗舰店进行发布。为加快推进“减证便民”专项行动，按照韶行审改办发〔2020〕2号文件清理各类证明材料48项，最大限度利企便民。三是高新区审批闭环初步形成。出台《韶山市人民政府关于下放一批经济社会管理权限的通知》，放权限数目总计80大项，已落实到位的权限有66大项。在高新区设立“韶山高新技术产业开发区企业服务中心”，建立“前台后室”、三级审批服务模式，代表高新区管委会行使园区行政审批职能，并根据项目实际和企业需求提供领办、帮代办服务。

（滕静文）

人事人才工作

【概况】2020年，韶山市人社局坚持人才优先发展战略，为全市经济社会发展提供人才支撑。全年招录事业单位工作人员35名。开展了新进人员、工勤人员培训。

不断完善人才考核评价体系，完成2020年机关事业单位工作人员年度考核。其中，记功14人，嘉奖340人，不定等次4人；辞职14人，开除0人。年内，共计发文确认各系统高级专业技术职称人员13人，确认各系列中级专业技术职称人员30人，确认各系列初级专业技术职称人员23人。

2020年韶山市事业单位新增专业技术人员情况统计表

表2 单位：人

专　业	评定方式	高级	中级	初级
教　育	评审	3	10	4
	认定	—	—	19
工　程	评审	1	16	—
	认定	—	—	—
农　业	评审	—	4	—
	认定	—	—	—
合　计		4	30	23

（杨　军）

民政工作

【概况】2020年，韶山市民政局紧紧围绕市委市政府和上级民政部门的工作要求，努力做到整体工作上水平，重点工作出亮点，难点工作抓突破，全面完成各项工作任务。2020年，向上级争取民政资金2487万元，制定、完善民生政策文件10余件，办理各类投诉、救助咨询19件，办理人大代表建议、政协委员提案3件。

【基层组织政权建设】制定村规民约。韶山市将村规民约的规范修订及落地落实工作纳入市委“七个一批”重点工作之中。以韶山市乡村治理体系建设工作领导小组名义下发了《韶山市关于进一步做好村规民约工作的实施方案》，明确目标任务，细化工作步骤，强化责任分工，形成各级各部门齐抓共管的工作合力。坚持先试点、再铺开的原则，在全市4个乡镇选取10个村作为第一批试点，由各乡镇党政主要负责人担任村规民约修订指导人，点对点进行跟踪指导服务，取得了较好的效果。及时删除与法律法规相冲突的条款，让村（居）规民约真正成为承载民意、破解难题的自治章程。韶山市乡镇“两约”（村规民约和居民公约）修订率达到100%，村（居）民知晓率达到100%，形成了共建共治共享的良好格局。其工作经验先后在国内主流媒体进行报道，成为韶山社会治理创新工作亮点。

换届选举工作。2020年全市村（居）委员会换届选举工作从10月开始，分两批进行，涉及33个行政村，5个社区居民委员会。试点镇银田镇于11月26日前完成，清溪镇、杨林乡、韶山乡3个乡镇村（居）委员会换届选举工作在12月27日前完成。换届选举后共产生村（居）委成员165人，村（居）民委员会成员与党组织交叉任职140人，占比85%。妇女70人，占比42%。平均年龄42岁，比上届成员下降7岁。35岁以下的46人，占比28%。大专以上学历112人，占比68%。高中以上学历165人，占比100%。全市38个村（居）委会主任和村支部书记“一肩挑”达到100%，其中村、社区实现“一肩挑”的女性分别有5人，3人。

【社会组织管理】全市现有登记注册的社会组织共183家，其中有118家协会，民办非企业单位62家，基金会3家。2020年新成立的社团7家，民办非企业单位5家，变更法定代表人9家，变更名称1家，变更住所1家，变更注册资金1家，注销社团3家，注销民办非企业单位1家。社会组织孵化基地通过引进社会力量实现专业运行。全年成功孵化社会组织10家，正在孵化10家。公开招聘社会工作者8名，按照市级建立社工服务总站、乡镇建立社工服务站的安排，有效充实了基层力量。

【行政区域界线管理】2020年6月，韶山市对韶山—宁乡线、韶山—湘潭线、韶山—湘乡线三条界线界桩开展隐患排查，认真细致梳理，建设平安边界。通过宣传发动、选址、卫星定位，在全市四个乡镇首次设立了四条乡镇行政区界线，即杨林清溪线、杨林韶山线、韶山清溪线、银田清溪线，埋设了8个界桩。四个乡镇第一次有了明确的、既尊重历史又符合现状的标准分界线，并进入了北斗卫星定位系统。彻底改变了全市各乡镇、各村组之间无明确的、标准的界线界址历史，确保了社会的稳定和谐。

（庞　兰）

退役军人事务工作

【概况】2020年，韶山市退役军人事务局在市委、市政府高度重视、坚强领导下，始终坚持以习近平新时代中国特色社会主义思想为指导，认真落实习近平关于退役军人的一系列重要指示批示精神，准确把握新时期退役军人事务工作的定位和方向，紧扣服务、管理、保障三大主业，主动作为，大胆工作，有力地促进了全市退役军人事务工作全面展开。韶山乡已建成省标杆型服务站，清溪镇、杨林乡、银田镇建成省示范型服务站。全市贯通上下、覆盖全员的服务保障体系基本建立。

【走访慰问】韶山市退役军人事务局在春节、清明节、“八一”烈士纪念日、国庆等重要时间节点对全市伤残军人、军烈属和其他特困重点优抚对象进行走访慰问，建立走访慰问常态化机制。2020年共印制发放春节慰问年历、慰问信近万份，走访慰问驻韶部队，全市退役军人及其他优抚对象，清明节走访慰问全市军烈属7户，疫情期间走访慰问援鄂现役军人家属2户，为现役军人家属送立功受奖喜报22户，并开展临时救助等活动，共计发放慰问金和慰问物资100余万元。

【信息采集及悬挂光荣牌工作】由市政府统一部署，全市全面开展退役军人和其他优抚对象信息采集工作。开展为烈属、军属和退役军人等家庭悬挂光荣牌工作，共发放悬挂光荣牌4148块，下拨乡镇悬挂光荣牌经费6万元，做到一户不漏、一户不缺，确保仪式到位、服务到家，有利地营造“一人当兵，全家光荣”的良好氛围。

【落实优抚政策】全市凡符合国家优待优抚政策的对象全部落实了政策，有1200多人领取抚恤补助金，同时发放优抚对象固定补助及临时补贴，发放城乡义务兵家庭优待金，发放义务兵进疆一次性奖励。认真组织重点优抚对象医疗巡诊和重点优抚对象短期疗养工作。全市共有114人参加湘潭市优抚医院送医送药下乡的医疗巡诊，1名烈士父母、3名入朝作战在乡老复员军人参加湖南省荣军医院短期疗养，15名重点优抚对象参加湘潭市优抚医院短期疗养。开展部分退役士兵社保补缴工作。在省、市的统一安排部署下，扎实推进部分退役士兵社保接续工作。成立工作专班，设置保险接续办理办公室，细化办事流程。共接受政策咨询约600人次，系统录入844人，完成审核450人，确定缴费和已补缴费74人；同时明确财政设立专户收取退役士兵社保补缴个人部分，对10家困难企业认定无缴费能力的则由财政安排专项经费负责补缴。到12月底基本完成养老保险集中补缴工作。做好退伍士兵安置工作。2019年、2020年韶山市共接收待安置转业士官20人，通过各种形式和途径于12月10日前全部安置到位。并发放2019年退役士兵一次性退役金。新增毛家集团和长湖村2家创业就业基地，推荐退役军人张汉球“战友情千城联盟直播平台”参加2020年湘潭市和湖南省首届退役军人创业创新大赛，并获得全省二等奖和湘潭市第三名的好成绩。

【双拥创建工作】市退役军人事务局认真贯彻落实党中央、国务院、中央军委关于做好新时期双拥工作的一系列重大决策部署，扎实推进双拥工作走深走实。实现10个100%。组织有力。市委常委会、政府常务会认真听取双拥工作情况汇报，研究解决工作中的热点难点问题。机构健全。市委市政府和市人武部主要领导率先垂范，亲自主持和参加双拥工作会议，督促建立健全各项双拥工作制度。保障到位。坚持将双拥工作经费列入年度财政预算，加大双拥优抚工作的政策支持和资金投入，并将乡镇武装工作经费纳入了财政预算。机制完善。制定和完善双拥工作例会制度。针对双拥工作新形势、新任务，发挥韶山优势，从夯实基础入手，广泛开展以爱国主义为核心的全民国防教育。依托红色旅游景点开展革命传统教育，全方位、多角度创建“8341”国防教育工程。韶山文艺馆放映爱国拥军故事片、宣传片近100场。发挥红色教育培训的引导功能，完善以“三个纳入”为重点的国防教育机制。全市城区道路和广场都以革命纪念地命名；在城市交通要道、公共场所设立大型永久性双拥宣传牌；在国防教育基地、旅游景点、车站、医院等基层服务窗口设置明显的“军人优先”标志；在电视台、报纸、政府网站上开设《聚焦消防》《伟人故里育精兵》等双拥专题栏目，让广大市民和游客充分感受到双拥工作氛围。2020年，毛家饭店老板汤瑞仁荣获“全国爱国拥军模范”称号。其女儿毛桃芝将拥军工作发扬光大，在高新区创办毛家食品有限公司，安置退伍军人及军烈属近100名，并开设了双拥工作荣誉室。2020年5月韶山市顺利通过省级双拥模范城考评验收，连续五届荣获“湖南省双拥模范城”称号，2020年10月20日韶山市首次荣获“全国双拥模范城（县）”称号。

【烈士陵园活动】充分利用清明节及全国疫情哀悼日、烈士纪念日等组织开展纪念活动，精心组织网上祭扫、陵园代为祭扫、免费发放鲜花文明祭扫等活动。紧扣红色培训活动，做好爱国主义教育书屋开放等相关工作，充分发挥烈士陵园在开展革命传统教育、爱国主义教育中的重要作用。全年在烈士陵园举行各类活动30场，参加人员近万人，全年共接待游客10万余人。韶山市烈士陵园管理所获评湖南省全民国防教育基地。

【钱锋到韶山调研指导双拥工作】2020年9月22日，国家退役军人事务部党组成员、副部长、全国双拥工作领导小组副组长兼办公室主任钱锋带领调研组到韶山调研退役军人事务及双拥工作，并慰问抗美援朝志愿军老战士。调研组一行先后在韶山乡退役军人服务站、韶山红色年代记忆馆实地查看，听取有关情况介绍。韶山乡退役军人服务站自2019年8月挂牌成立以来，充分挖掘红色资源优势，通过四进家门、五措梯进、六个一遍“456工作法”，推进退役军人思想政治建设，促进基层退役军人服务保障体系高质高效运行。钱锋充分肯定了韶山乡退役军人服务站工作。在湘潭市双拥文化宣传教育基地韶山红色年代记忆馆，调研组了解馆内布置和红色藏品的历史，观看了湘潭市双拥工作宣传片，对韶山红色年代记忆馆在国防教育宣讲、红色基因传承、解说员队伍中组建女子民兵宣传队等方面的做法表示肯定，并指出要充分发挥红色文化在双拥创建中的积极作用，继续打造好这一文化品牌，提高双拥工作整体水平。

【谢卫江到韶山调研指导退役军人事务工作】2020年12月25日，副省长谢卫江到韶山调研退役军人事务工作，视察韶山乡退役军人服务站，肯定了在全国双拥模范城创建工作中的付出和努力，要求持续增强“湘潭·韶山”双拥工作在全国的影响力，把双拥工作摆在突出位置，以更大的力度、更实的举措抓好这一工作，不断提升双拥工作水平。

（唐 帅）

（责任编校 苏 良）

政协韶山市委员会

概　述

【概况】2020年，韶山市政协在中共韶山市委的坚强领导下，坚持以习近平新时代中国特色社会主义思想为指导，深入贯彻中共十九大和十九届二中、三中、四中、五中全会精神，深刻领会习近平总书记考察湖南重要讲话精神，准确把握人民政协性质定位和优势特点，聚焦决胜全面小康社会，打好“三大攻坚战”，抗击新冠肺炎疫情，主动担当作为，认真履职尽责，努力完成各项工作任务。

【协商议政】协商监督课题精准务实。在广泛征集协商课题的基础上，将《强化高新区提质扩能、加快制造业高质量发展》《关于落实省委支持以韶山为龙头建设红色教育培训基地》《推进城乡统筹供水、促进城乡协调发展》《创新乡村治理、推进基层协商民主建设》4个课题作为常委会议政性协商和对口协商内容，将《关于建立市级农产品推广销售平台》《关于加强我市外卖行业监管执法力度》等8件重点提案开展办理协商，做到协商课题扣中心、接地气、显成效。

协商监督形式灵活多样。在扎实开展全会集中协商、常委会议专题协商、主席会议重点协商、提案办理协商的同时，积极推进政协协商与基层协商有效衔接。为打通基层民主协商“最后一公里”，继2019年在韶山乡挂牌成立首家政协委员工作室后，2020年在杨林乡新建“喻长虹委员工作室”，在火车站社区新建“贺晓庆委员工作室”，初步形成了委员工作室、社情民意联系点、委员之家“三位一体”工作格局，丰富了协商形式。市政协在杨林乡喻长虹委员工作室就协商解决“农村地下党员家属、烈士遗属关爱帮扶”议题开展基层协商议事活动，取得了良好的社会效果。

协商监督成果落地见效。2020年各类协商与监督共形成建议案、调研报告12份，提出了一批有分量可操作的建议。全年政协委员提案70件，见面率、回复率100%，委员满意率达98.4%。开展对市文旅广体局提案办理的专项评议，注重民主监督实效。协商成果得到了市委市政府的高度重视和充分肯定，各相关部门积极采纳政协的建议，形成了一系列改革和推动工作的有力举措。

【民主监督】疫情防控敢作善为。新冠肺炎疫情发生以来，市政协积极响应市委号召，广大政协委员和政协机关干部深入各联系村和企业，主动参与疫情防控阻击战和全面复工复产工作。广大政协委员主动履行社会责任，捐款捐物达70余万元。毛小文等委员在充分调研基础上，提交《关于疫情结束后尽快恢复韶山旅游产业的建议》，被市委、市政府和相关部门迅速采纳并付诸实施。委员企业不裁员、稳生产、保工资，在复工复产中发挥带头作用。在这场战疫大考中，全市政协委员努力践行“人民政协为人民”的初心，用实际行动彰显了责任担当。

脱贫攻坚真心助力。充分发挥政协优势，持续助力脱贫攻坚。积极响应省市县政协三级联动，组织委员参与省政协“助力脱贫攻坚、全面建成小康社会”主题活动，扎实开展委员“三个一”扶贫行动，为决战决胜脱贫攻坚贡献委员力量。委员们采取销售农产品、提供就业岗位、资助贫困学子、送钱送物等形式，帮助建档立卡困难群众65户，走访260多批次，上传政协云帮扶记录91条，解决帮扶资金20万元，成明、李四清、喻长虹等9名政协委员和政协工作者被省政协、湘潭市政协评为扶贫工作先进个人。

社情民意回应关切。积极组织政协委员围绕市委市政府重点工作和群众关心的热点难点问题，深入调研，直击民生实事，就深化“放管服”改革，围绕推进“一件事一次办”开展专项视察；高度关注生态环境，组织开展城乡垃圾分类的视察和座谈，向市委市政府提出意见和建议，取得一定效果。通过大会发言、社情民意摘报、微建议等形式，积极建言献策。外地政协委员提出的“关于韶山2路车（高铁南站）线路待改进问题”和韶山政协委员提出的“关于进一步优化韶山市图书馆建设的建议”2条微建议，市政协协同有关单位办理答复，得到省政协通报表扬。

【自身建设】积极搭建协商平台。进一步加强同工商联、无党派人士和各人民团体的联系与合作，主动征求对政协工作的意见建议。积极邀请工商联、民主党派成员、无党派人士、人民团体参加政协履职活动，充分发挥参政议政作用。积极推荐非中共政协委员参加党委、政府部门的监督评议活动，组织委员参与司法审判，为委员资政建言提供了良好平台。积极拓宽渠道，广交朋友，增进与各界委员的团结联谊。通过创建委员工作室，走访基层委员，调研委员企业，慰问民族宗教界委员，联系异地商会等活动，加强了沟通、增进了共识。

切实提升履职能力。采取“请进来走出去”形式，开展政协委员履职能力提升培训，委员理论素养和履职能力进一步提升。发挥专委会在政协履职中的作用，专委会活力进一步增强。引导委员有效运用政协云，走深走实网上群众路线。通过政协云学习政协知识，提交意见建议。政协云成为委员学习宣传履职的“掌中宝”。加强委员服务管理，进一步健全委员管理服务机制，认真做好委员履职考核及评优等工作。积极组织委员参加“全国政协书院”“新时代乡村振兴”主题读书活动，阙奇涵、梁春燕等委员的履职活动获省政协的好评和推介，充分展示了基层政协委员的履职风采。

不断扩大政协工作影响。充分利用电视、报纸、政协云等平台，第一时间发布政协履职资讯，积极宣传人民政协，展现委员履职风采。政协主席网络直播“带货”，助力本地农产品销售；积极助推政协委员红色培训，充分发挥省政协韶山培训基地作用，扩大全国政协、省政协在韶三期委员培训的影响力，主动与红培机构对接，联系外地政协委员来韶开展培训。贺晓庆、郭文、秦红光、邹佳伦、毛小文等委员，依托高校和自身资源，新办红培机构，在打造以韶山为龙头的红色教育培训基地的实践中，体现了委员的主动担当和作为。据不完全统计，近三年到韶参加培训的政协委员达110多批5000多人次，委员培训成为展示韶山形象的又一重要窗口。

重要会议

【市政协第八届委员会常务委员会第十六次会议】4月21日，召开市政协第八届委员会常务委员会第十六次会议。会议听取各联工委组对市委书记唐杰在开幕式上的讲话、政协八届常委会工作报告、提案工作报告以及《政府工作报告》的讨论情况。

【市政协第八届委员会常务委员会第十七次会议】7月30日，召开市政协第八届委员会常务委员会第十七次会议。会议学习了全国“两会”精神以及习近平总书记在全国“两会”期间下团组的重要讲话精神；听取市人民政府《关于2020年上半年国民经济和社会发展计划执行情况的报告（审议稿）》的情况介绍；协商通过了《关于推进基层协商民主建设创新乡村治理工作的调研报告》。

【市政协第八届委员会常务委员会第十八次会议】9月30日，召开市政协第八届委员会常务委员会第十八次会议。会议传达学习了习近平总书记在湖南考察的讲话精神；会议听取市政府办关于市政协八届四次会议委员提案办理的情况汇报；协商通过《关于推进我市城乡统筹供水、促进城乡协调发展的调研报告》。

【市政协第八届委员会常务委员会第十九次会议】12月23日，召开市政协第八届委员会常务委员会第十九次会议。会议传达学习中共十九届五中全会精神；协商通过《关于强化高新区提质扩能、加快制造业高质量发展的调研报告》；协商通过《关于市文化旅游广电体育局提案办理工作民主评议的报告》；协商通过《关于落实省委“支持以韶山为龙头建设红色教育培训基地”的调研报告》。

调研评议

【推进基层协商民主建设、创新乡村治理调研】4月至6月，由政协主席张湘平，副主席王兆仁、章小玲带队，政协农业农村和人口资源环境委员会牵头组成调研组，就全市推进基层协商民主建设、创新乡村治理工作进行专题调研。调研组先后深入乡镇、村（社区）和相关部门，通过听取情况介绍、走访群众、专题座谈和赴宁乡市考察学习等方式，对全市推进基层协商民主建设，创新乡村治理工作进行专题调研，在综合分析的基础上形成调研报告。调研报告经7月30日政协韶山市第八届委员会第十七次常委会议协商通过。报告从统一思想认识，推进基层协商民主建设；规范工作流程，实现基层协商民主制度化；打造特色亮点，做好结合文章等方面提出意见和建议，供党政领导决策参考。

【推进城乡统筹供水、促进城乡协调发展调研】7月至9月，由政协主席张湘平、副主席陈育才、庞石林、王双辉带队，政协文教卫体和文史委员会牵头组成调研组，通过听取汇报、实地走访和座谈交流等形式，对全市城乡统筹供水工作进行专题调研，在综合分析的基础上形成调研报告。调研报告经9月30日政协韶山市第八届委员会第十八次常委会议协商通过。报告提出加强领导，明确责任；筹措资金，稳步推进；健全制度，科学管理；加强宣传，形成合力等意见建议，助推政府进一步加强城乡统筹供水工作，切实保障人民群众用水安全。

【强化高新区提质扩能，加快制造业高质量发展调研】9月至11月，由政协主席张湘平，副主席章小玲、王兆仁带队，政协经济科技和外事委员会牵头，组成调研组，对全市强化高新区提质扩能，加强制造业高质量发展工作进行专题调研。调研组通过在高新区召开座谈会，集中听取相关单位情况介绍，实地走访恒欣、三一风电、远东钢模、润泽新能源等重点企业，在综合分析的基础上，形成了调研报告。调研报告经12月23日政协韶山市第八届委员会第十九次常委会议协商通过。报告提出坚持规划引领，争取调规扩区；坚持转型升级，争取做强做优；坚持科技创新，争取提质增效等意见建议，为全市做大产业集群，加快制造业高质量发展献计出力。

【落实省委建设韶山红色教育培训基地的调研】9月至11月，由政协主席张湘平，副主席陈育才、庞石林、王双辉带队，政协社会法制和民族宗教委员会牵头，通过听取汇报、实地走访、座谈交流和赴郴州市汝城县文明瑶族乡沙洲瑶族村考察学习等形式，对全市红色教育培训工作进行了专题调研，在综合分析的基础上形成调研报告。调研报告经11月23日政协韶山市第八届委员会第十九次常委会议协商通过。报告提出高位推动、高标建设，努力构建红色教育培训新格局；突出主题、彰显特色，牢牢把握红色教育培训主方向；整合资源、创新模式，全力打造红色教育培训桥头堡等意见建议，为市委、市政府科学决策提供参考。

【省、湘潭市、韶山市三级政协联动，协同调研】5月20日，湘潭市政协副主席毛先林带领调研组到韶山开展现代农业示范园建设情况调研。实地察看了金景丰葡萄园等建设情况。韶山市政协主席张湘平，市人民政府副市长兰筱村，政协副主席王兆仁陪同调研。

5月26日，湘潭市政协副主席曾建平、周佩珞带领调研组到韶山开展“做好居家养老服务，推动养老事业发展”专题调研。实地察看了居家养老服务信息中心、火车站社区日间照料中心、黄田村邻里互助点等。市政协主席张湘平陪同调研。

9月9日，湘潭市政协副主席刘良廷带领调研组到韶山开展“推进垃圾分类，践行绿色发展”主题调研。实地考察了银田镇华南村垃圾分类工作，察看了华宇水泥制品有限公司和超哥垃圾分类终端站等垃圾处理和分类企业。市政协主席张湘平，市人民政府副市长易继辉，政协副主席王兆仁，市农村人居环境整治领导小组专职副组长庞争科陪同调研。

【对文化旅游广电体育局提案办理工作的民主评议】从11月份开始，市政协主席张湘平、副主席王兆仁带队，对文化旅游广电体育局提案办理工作进行评议调研。评议报告经12月23日政协韶山市第八届委员会第十九次常委会议协商通过。报告针对存在的问题与不足，提出进一步深化办理工作认识、完善提案办理方法、增强提案办理成效的意见。

视察考察

【视察一件事一次办】5月14日，市政协主席张湘平，副主席章小玲、王兆仁，带领机关委室主任、相关专委会成员，对全市“一件事一次办”工作进行专项视察。听取全市“一件事一次办”情况工作汇报，实地察看政务服务大厅各窗口，为全面提升“一件事一次办”服务水平建言资政。

【视察城乡垃圾分类】11月25日，市政协主席张湘平、副主席王兆仁、副主席提名候选人周建文，带领机关委室主任、部分政协委员对全市城乡垃圾分类处理工作进行专项视察。视察组先后视察了韶山乡湘韶村垃圾分拣回收中心、清溪镇火车站社区日月新村小区和东方帝景小区垃圾分类点和资源回收站等，认真听取了住建局有关全市城乡垃圾分类工作的汇报。

提案工作

政协八届四次会议以来，广大政协委员紧紧围绕市委、市政府中心工作和人民群众普遍关心的热点、难点问题，深入开展调研，积极建言献策，共提出提案78件，经审查立案70件，这些提案按照“分级负责、归口办理”的原则，分别提交市委、市政府交由24个部门和单位办理。立案提案全部办结，答复率100%，答复满意率98.4%。提案所提问题已经解决或采纳55件，占总数78%；列入计划逐步解决14件，占总数20%；因目前条件限制等原因暂时不能解决1件。这些提案选题广泛、内容丰富，涵盖全市经济、政治、文化、社会、生态文明各个领域，充分体现了委员的综合素质和履职水平，为推动全市经济社会持续健康发展作出了重要贡献。

委员培训

【委员履职能力提升培训】11月10日，韶山市政协举行委员履职能力提升培训班，为期2天。培训班采用集中培训和现场教学相结合的方式进行。全体政协常委及部分政协委员参加。

（杨　帆）

（责任编校　苏　良）

韶山市纪委监委

概 述

2020年，中共韶山市纪委、韶山市监委坚决贯彻中央、省委、湘潭市委部署要求，忠实履行党章和宪法赋予的职责，深入推进党风廉政建设和反腐败斗争，充分发挥监督保障执行、促进完善发展作用，主动服务全市大局，坚决有力贯彻各项决策部署，坚定稳妥推动纪检监察工作高质量发展。

加强政治监督。聚焦学习贯彻习近平总书记考察湖南重要讲话精神和党的十九届五中全会精神，开展专题监督检查，督促抓好贯彻落实。护航统筹疫情防控和经济社会发展，深入一线开展监督检查，问责处理15人，免职1人，以强有力的监督压紧压实责任，为全市新冠肺炎疫情防控、企业复工复产、“六稳”“六保”提供了坚强的纪律保障。全力配合省委巡视，办理省委第一巡视组移交信访件45件次，追责问责4人次；处置移交问题线索6件，立案8人次，责成2个单位党组作出深刻检讨。坚决落实巡视整改，牵头完成2项“立行立改”、17项巡视整改任务，督促各监管单位及责任部门深入查找问题，举一反三、建章立制。牵头推进市委“七个一批”中“集中攻坚一批痛点难点”工作，督促各单位落实责任，解决了一批制约经济社会发展的实际问题。

维护群众利益。保持决战姿态，全力护航脱贫攻坚。扎实开展“一季一专题”治理整改“回头看”“回头查”，重点压实民政、住建、医保、教育等重点部门的行业监管职责。开展扶贫领域腐败和作风问题联点督查工作，派出检查组18组次、67人次，实现对全市33个村联点督查“全覆盖”。严肃整治农村危房改造领域失职失责问题，从严惩处扶贫领域中侵害群众切身利益的人和事，全年共计对扶贫领域腐败和作风问题立案6起6人，追缴资金38.95万元。在2020年度全省扶贫领域腐败和作风问题专项治理工作考核中，韶山市位列湘潭市第二名。纵深推进扫黑除恶专项斗争“打伞破网”，精准查处涉黑涉恶腐败及“保护伞”，对1名科级干部立案审查。高度重视群众来信来访，制定干部轮流接访制度，全年共受理检举控告类信访112件，其中上级转办20件，同比下降33.3%。

持续深化改革。按照中央、省、湘潭市深化改革的工作要求，4月，深化派驻机构改革，赋予派驻机构监察权限，圆满完成了派驻纪检监察组以驻在单位命名、组长担任驻在单位党委（党组）成员（班子成员）的改革任务，派驻纪检监察组更加聚焦主责主业、突出监督重点，派的权威和驻的优势进一步彰显。9月，韶山市监察委员会4个派出乡镇监察办公室挂牌成立，韶山市监察体制改革向基层延伸工作迈出新步伐，印发《韶山市监察委员会派出乡镇监察办公室履职办法（试行）》，推动乡镇监察监督工作依法依规开展。加强横向联系，建立执法机关和司法机关向纪检监察机关移送问题线索会商机制。

深化标本兼治。全市开展以“传承红色基因弘扬优良作风”为主题的党风廉政宣传教育月活动，各级党组织同频共振，组织干部重读廉政故事、重走红色之路，开展红色廉政教育。召开全市领导干部警示教育大会，组织观看《初心与背叛》警示教育片，公开通报典型案例12起28人次。强化“不敢腐”的震慑，全年处置问题线索200条，立案39件（其中乡科级19件），党纪政务处分24人次，采取组织措施处理59人次，挽回直接经济损失1023万余元，保持惩治腐败尺度不松、力度不减。同时承办湘潭市纪委监委指定管辖留置案2起，派出20余名干部参与办理喻某、陈某某、郑某、刘某某等大案要案，工作成效受到充分肯定。扎牢“不能腐”的笼子，对2家单位下发监察建议书，督促建章立制，提升以案促改质效。扎实做好受处分干部回访教育，激励和保护干事创业的积极性。紧盯重点领域的突出问题和风险点，积极开展化解政府性债务风险专项监督检查，深入推进人防系统腐败问题、工程建设项目招投标突出问题专项治理，促进健全完善了相关监管制度，规范权力运行。

做实监督首责。抓实日常监督检查，检查单位162个次，检查有关场所242场次。聚焦“关键少数”，向四大家各市级领导发出廉政谈话提示函，全市副处职领导干部开展提醒谈话1675人次，咬耳扯袖1570人次，红脸出汗105人次，“咬耳扯袖”“红脸出汗”成为常态。聚焦重点领域，严把党风廉政建设意见回复关，对49批次1191人次出具党风廉政建设审核意见。落实中央八项规定精神，办理超标准配备使用办公用房案件3起，通报2期。强力推进形式主义、官僚主义整治，对工作执行不力的6家单位进行问责，对3名领导干部批评教育、12名领导干部提醒谈话、约谈。强化派驻监督，各派驻纪检监察组结合被监督单位具体情况，开展行之有效的监督，办结信访件53件，同比增长83%；办结问题线索75件，同比增长49%；列席派驻单位的重要会议220场次，提出有关意见建议100余条。严明村（社区）“两委”换届纪律，为全市38个村（社区）“两委”在12月底前圆满完成换届选举工作提供了坚强保障。

深化政治巡察。2020年共开展3轮常规巡察，巡察25家单位，发现问题362个。截至12月底巡察66家单位，本届市委巡察工作实现全覆盖。向市委提交综合性专题报告18个，推动开展商务系统国有商贸企业改革、社保及住房公积金缴纳、拆违控违、形式主义官僚主义、旅游执法等10项专项整治。探索由市委组织部对选人用人、市委宣传部对意识形态工作开展专项检查。注重做深、做细、做实巡察“后半篇文章”，完善巡察整改制度，开展巡察反馈问题整改落实情况督查验收。加大对巡察移交问题线索的查处力度，共立案查处11案11人，涉及乡科级领导干部8人。制定了市委巡察机构与市纪委监委、审计、信访工作协调机制，加强巡察监督与其他监督贯通融合。

加强队伍建设。坚持不懈把深入学习贯彻习近平新时代中国特色社会主义思想作为首要政治任务，专题学习习近平总书记考察湖南重要讲话精神和党的十九届五中全会精神，在学懂弄通做实上下功夫。完善了韶山市全面从严治党主体责任和监督责任考核方案，考核机制进一步健全，“两个责任”进一步压实。坚持刀刃向内，严格执行《湖南省纪检监察干部监督执纪“十不准”》等相关规定。梳理制定市纪委监委机关制度汇编，健全内控机制，严防“灯下黑”。市纪委监委机关获评“湘潭市文明标兵单位”称号。加强干部集中培训，举办“韶山廉韵大讲堂”5期，选派22名干部参加中国纪检监察学院业务培训、省市纪委跟班学习、参与巡视巡察，干部综合素质和业务能力得到提升。

重要会议

【中共韶山市第八届纪律检查委员会第五次全体会议】2020年1月22日，中共韶山市第八届纪律检查委员会第五次全体会议在韶山雅斯特国际酒店召开，会议由市委副书记、代市长曹伟宏主持，市委书记唐杰出席会议并讲话，市领导胡亚湘、赵叶惠、张湘平、崔旺、袁绚、李先金、蒋卫阳、李长新等出席。市委常委、市纪委书记、市监委主任罗杰代表市纪委常委会作《做细做实监督强化制度执行为决胜全面建成小康社会提供坚强保障》工作报告。唐杰指出，2019年，全市坚决贯彻落实上级党委各项决策部署，认真履行管党治党主体责任，推动全面从严治党向纵深发展，不断巩固发展反腐败斗争的压倒性胜利，切实营造风清气正的政治生态，取得了实实在在的工作成绩。唐杰强调，2020年，全市要扛牢“两个责任”，切实做到“两个维护”。各级党组织书记要担负起全面从严治党主体责任，当好政治生态的“护林员”。纪检监察部门要抓牢政治监督首要职责，坚决做到上级决策部署到哪里、监督检查就跟进到哪里，推动“两个维护”落实。要深化作风建设，推动干部真抓实干。把全面建成小康社会、打赢脱贫攻坚战作为主战场，从严查处民生领域的“微腐败”、包庇黑恶势力“保护伞”，坚定不移纠“四风”、树新风，把干部干事创业的手脚从形式主义、官僚主义的桎梏、“套路”中解脱出来，形成大抓落实、争先创优的浓厚氛围。要织密监督网络，不断提升治理效能。以党内监督为主导，进一步深化纪检监察“三项改革”，推动“四个监督”有机融合、有效衔接，强化监督合力，提升监督质效。要高悬反腐利剑，一体推进“三不”机制。坚持标本兼治，对党的十八大以来不收敛、不收手，十九大以来不敬畏、不知止，严重阻碍党的理论和路线方针政策贯彻执行、严重损害党的执政根基的腐败问题，严肃查处、严加惩治。要发挥职能作用，坚决保障制度执行。强化监督检查，坚决查处有令不行、有禁不止的行为。以精准有效的问责强化制度执行，以执纪问责利剑捍卫纪律权威、制度权威。

【全市领导干部专题警示教育大会】2020年9月8日，韶山市召开全市领导干部专题警示教育大会。市委书记唐杰出席会议并讲话，市领导曹伟宏、胡亚湘、赵叶惠、张湘平、崔旺、李先金、蒋卫阳、李长新、何浪等，以及全市副科实职以上领导干部300余人参加警示教育大会，市委常委、市纪委书记、市监委主任罗杰主持会议。其间，与会人员观看了警示教育片《初心与背叛》。唐杰在会上强调，全市各级领导干部必须初心如磐、使命在肩，以对党绝对忠诚的政治品格和坚定的理想信念走好新时代的长征路。全面从严治党决不能有丝毫停滞；拒腐防变必须警钟长鸣，决不能有丝毫放松；正风肃纪必须持之以恒，决不能有丝毫手软。唐杰要求全市各级党组织要从政治的高度充分认识全面从严治党的极端重要性和现实紧迫性，坚定不移把“严”的主基调长期坚持下去，推动全面从严治党向纵深发展，为韶山高质量发展提供坚强的政治保证。唐杰强调党员领导干部必须守好忠诚关，坚决做到“两个维护”；必须守好宗旨关，全心全意为民服务；必须守好作风关，主动担当时代重任；必须守好权力关，始终不越底线红线；必须守好责任关，认真履行“一岗双责”；必须守好信念关，正确对待个人升迁；必须守好思想关，自觉维护党的形象。清清白白做人、干干净净做事、坦坦荡荡为官，当遵纪守法的模范，做廉洁自律的表率，同广大党员和干部群众一道，为韶山率先迈向基本现代化、建设世界知名文化旅游目的地而不懈奋斗。

重要活动

【韶山市监委派出4个乡镇监察办公室】2020年9月11日，韶山市监察委员会派出4个乡镇监察办公室全部挂牌成立，韶山市监察体制改革向基层延伸工作迈出新步伐、实现全覆盖。湘潭市监委委员刘卫东，韶山市委副书记胡亚湘等领导出席韶山乡监察办公室揭牌仪式。新成立的乡镇派出监察办公室与乡镇纪委合署办公，实行“一套人马、两块牌子”，履行纪检监察两项职责。派出监察办公室设主任、副主任，分别由乡镇纪委书记、副书记兼任。乡镇监察办公室主要对乡镇管理的行使公权力的公职人员、辖区内基层群众性自治组织中从事管理的人员、经市监委授权管辖的行使公权力的公职人员以及其他有关人员进行监察。乡镇监察办公室依据市监委授权，履行监督、调查、处置职责，重点是日常监督。主要对公职人员开展廉政教育，对其依法履职、秉公用权、廉洁从政从业以及道德操守情况进行监督检查；对涉嫌贪污贿赂、滥用职权、玩忽职守、权力寻租、利益输送、徇私舞弊以及浪费国家资财等职务违法行为进行调查；对违法的公职人员作出政务处分决定；向监察对象所在单位提出监察建议；协助市监委开展调查工作；完成市监委交办的其他任务。

【受处分人员回访教育】2020年，韶山市纪委监委积极贯彻落实习近平总书记关于“坚持严管与厚爱结合、激励和约束并重”的重要指示精神，加强对受处分人员的回访教育，制定《关于开展对受处分人回访教育工作的方案》，明确重点回访对象、时间、程序，因人施策，通过采取登门走访、约谈回访对象、走访单位领导同事等方式，全面了解回访对象思想状况、现实表现和工作实绩，作出公正客观评价。对处分期满的，督促所在单位将其纳入正常年度考核、评优评先、职务职级晋升、干部选拔任用范围，表现优秀的，建议组织合理使用。同时，通过检查处分决定执行情况，督促所在单位党委（党组）落实全面从严治党主体责任，了解受处分干部的思想、工作、生活情况和实际困难，帮助他们放下包袱、提振精神、轻装上阵，激励和保护干事创业的积极性。全年累计回访28名受处分干部。

【护航新冠肺炎疫情防控】2020年，韶山市纪委监委全力投入疫情防控阻击战，切实发挥监督保障执行作用，为韶山市疫情防控工作提供坚强纪律保障。一是行动“早”。韶山市纪委监委第一时间响应，第一时间部署，第一时间履职。大年初一起市纪委监委参与市委督查室、市政府督查室联合成立韶山市疫情防控督查组开展督查。市纪委监委迅速成立了疫情防控监督保障执行领导小组，加强组织领导，明确责任分工。二是纪律“严”。印发《关于严明新型冠状病毒感染肺炎疫情防控工作纪律的紧急通知》，明确对失职渎职造成严重影响的，一律先免职再依纪依法追究纪律和法律责任，并严格实行“一案三查”，进一步传导压力、压实责任，把纪律挺在疫情防控第一线。三是监督“细”。聚焦“监督的再监督”，准确、扎实、细致开展监督。市纪委监委班子成员带队、机关干部参与，对疫情防控成员单位的履职情况，乡镇、村疫情防控宣传、红白喜事劝导、湖北返乡人员摸排管控、防疫物资调配、企业复工复产等方面的情况开展全面细致的督查，并印发督查通报。四是处理“快”。坚持快查快处，从严执纪问责。疫情防控期间，问责处理15人，免职1人。同时，在全市范围内公布针对疫情防控6个方面的举报受理范围，对接到涉及疫情防控方面的举报件即收即转、快查快结，受理的2件举报件均限时办结，举报人表示满意。

【护航村（社区）“两委”换届选举】2020年，韶山市纪委监委全力护航村（社区）“两委”换届选举。制定《韶山市2020年加强村(社区)“两委”换届风气监督工作方案》，市委成立村（社区）“两委”换届风气督查组，由市纪委监委班子成员带队，做到全过程指导监督工作、全方位协调解决问题。督查小组下设违反换届纪律问题快速查核组，严肃查处违纪违规问题。同时，压实乡镇党委和纪委责任，各乡镇同步成立由各联点负责人+点长+镇机关干部组成的村（社区）“两委”换届风气现场督导组，构建一线监督与业务指导同向发力、同频共振的工作监督体系，确保换届信息“上情下达、下情上报、左右贯通”，工作责任逐级压实。韶山市坚持问题导向，集中开展村级组织换届临战备战“五清零”行动，为全市村级组织换届工作疏通堵点、打好前站。市纪委监委联合组织、政法、民政、农业农村、审计等部门力量，全面梳理村级组织巡视巡察问题、信访积案、扫黑除恶线索情况，集中开展后进村整顿，全覆盖核查审计村（社区）财务和村（社区）组织成员任期经济责任，做到问题整改责任不落实的不放过、发现问题不解决的不放过、整改不到位的不放过，逐个问题“挂号”、逐项问题“销号”。全市整改各类问题312个，信访积案和中央交办涉黑恶线索办结率均为100%，后进村转化率100%，切实为村级班子换届扫清障碍。为严肃村(社区)“两委”换届纪律，营造风清气正的换届环境，市纪委监委认真贯彻落实“八个严禁、十不选”政策纪律要求，坚持凡进必审，严把村干部选人用人“廉政关”，对组织部门移交的村(社区)“两委”换届选举干部人选逐一筛查是否发生过违规违纪违法行为，会同市委组织部、市委政法委、市司法局等部门全面落实市级联审机制，对拟提名的317名村（社区）“两委”候选人（其中38名书记候选人）进行严格的“政治体检”，严防村（社区）“两委”干部“带病提名”“带病参选”。至12月，顺利完成全市村（社区）“两委”换届选举，一肩挑比例100%，队伍年龄、学历、性别结构明显优化，实现了“选出好干部、配出好班子、换出好风气”的目标。

【护航脱贫攻坚决战决胜】2020年，韶山市纪委监委认真贯彻执行中央、省、市对扶贫领域腐败和作风问题专项治理有关工作部署，全力护航脱贫攻坚决战决胜。形成监督合力。加强压力传导，压实责任，形成监督合力。压实行业主管部门监管责任。每季度由市纪委书记召集相关部门调度工作，通报上阶段工作情况，安排下阶段工作任务并现场解决行业主管部门遇到的困难和问题，压实乡镇纪委监督责任，压实扶贫干部帮扶责任。对各村驻村帮扶队的工作作风情况进行不定期抽查，对1名作风不实、未正确履行职责的，进行立案调查，对6人次不在岗且未履行请假手续的予以通报。严查基层“腐败”。全面梳理全市扶贫领域专项巡察和扶贫督查通报中涉及村级建档立卡户的相关问题，共计梳理巡察反馈问题12条，扶贫督查通报问题55条，由市纪委监委领导班子成员、市委巡察办、巡察组主要负责人直接督查这些问题的整改落实情况，对存在不认真履行职责人员单位，严肃问责。全年共对扶贫领域腐败和作风问题立案6起6人。联点监督“全覆盖”。积极开展联点督查工作，每个村都安排纪检监察干部入村入户全方位监督检查，共计派出检查组18组次、67人次，以省定贫困村、挂牌督战村、信访问题集中村为重点，以“四不两直”方式入村督查，共计走访贫困户、脱贫监测户、边缘户205户，实现对全市33个村联点督查“全覆盖”，通过联点督查，共计发现问题线索1条，追缴资金4500元，督促现场整改问题30件。巩固脱贫成效。对精准扶贫对象全面摸底排查，实行动态管理，对扶贫开发系统中不符合条件的人员及时清退，对需纳入的边缘户重点关注。督促扶贫开发部门注重激发贫困户内生动力，积极推进产业扶贫，支持扶贫小额贷款，保障脱贫质量和脱贫成效。

【人防系统腐败问题专项治理】2020年5月起，韶山市纪委监委在全市开展人防系统腐败问题专项治理。针对人防系统易发频发的8个方面突出问题开展集中调度和监督检查3轮次。上级交办的2条问题线索调查处置工作，发现人防易地建设费缓交等问题线索2条，完成整改2条，对专项治理工作中发现的违规分包问题由发改部门调查处理。

【工程招投标问题专项治理】2020年7月起，韶山市纪委监委在全市范围内开展工程建设项目招投标突出问题专项整治，成立工程建设项目招投标突出问题专项整治工作办公室（以下简称市专治办），办公室设在市纪委监委办公室，住建局、交通局、农业农村局、水利局、自然资源局、教育局、卫健局等局为成员单位。召开专项整治工作推进会4次。组织各成员单位对2017年以来招投标情况进行自查，共发现问题线索3个。市纪委监委对市住建局、交通局、自然资源局等单位进行了监督检查。通过省委巡视和湘潭市专治办交办以及韶山市专治办宣传发动和检查，共发现问题线索16个。全市工程建设项目招投标突出问题自办案件立案8件，结案8件。党纪政务处分2人、诫勉问责2人。收缴、处罚违纪违法违规金额623286元。通报典型案件1起。健全完善监管制度，出台《关于完善招标投标机制加强招标投标活动监管的通知》《韶山市人民政府办公室关于印发〈韶山市本级重大项目决策程序规定〉〈韶山市政府性投资重大项目前期论证暂行办法〉的通知》《韶山市建设工程招投标档案管理制度》《韶山市工程建设项目跟踪监督管理规定》等系列监管制度，筑牢了制度防线。

【开展党风廉政宣传教育月活动】2020年，市纪委制定《2020年韶山市党风廉政宣传教育月活动实施方案》，7月，在全市集中开展以“传承红色基因弘扬优良作风”为主题的党风廉政宣传教育月活动。全市各级党组织自觉扛起政治责任，同频共振，扎实推进本部门本单位党风廉政建设宣教工作，掀起党风廉政宣传教育热潮。期间，韶山市各单位先后组织全体党员干部重温红色历史、重瞻革命圣地（廉政教育基地）、重读红色故事、重走红色之路，切身感受革命先烈艰苦卓绝的奋斗历程，通过开展法律法规专题学习、观看警示教育专题片、阅读廉政书籍《旷世清风—湘潭名人家风选》、支部书记讲廉政党课等四场主题教育活动，狠抓党风廉政宣传教育工作落实，使全体党员干部把“守纪律、讲规矩”内化于心、外践于行，实现党风廉政建设宣传教育常态化、制度化。

（汤　英）

巡察工作

【概况】2020年，市委巡察办工作在市委的正确领导下，在湘潭市委巡察办的精心指导下，深入贯彻习近平总书记巡视工作重要论述，坚守政治巡察定位，高质量推进市委巡察工作，推动韶山打造风清气正的政治生态。

【深化政治巡察】市委始终把巡察利剑牢牢抓在手中，高度重视，全力支持。一是协助党委落实主体责任。市委书记亲自审阅巡察报告，亲自部署巡察工作，亲自解决巡察困难。市委专题会议听取巡察工作汇报时，市委书记立场鲜明，点人点事点问题，明确整改要求和处置意见。二是落实组织实施责任。市委巡察工作领导小组重视加强对巡察工作的具体领导和指导。领导小组组长和副组长及时听取每轮巡察情况汇报，精心指导巡察工作；领导小组成员参加巡察进驻动员会和巡察反馈会。三是市领导“一岗双责”履行到位。市委巡察办将市委专题会上点出的重点问题以《巡察整改提示函》交办被巡察单位的分管市领导；巡察整改期间，分管市领导审签分管部门的巡察整改方案和整改报告，督促抓好分管部门巡察整改落实。

【扛牢政治责任】市委始终把“两个维护”作为巡察工作的聚焦点和着力点，扛牢政治责任。一是及时传达贯彻巡视巡察新精神新要求。年内，市委常委会组织学习研究中央、省委巡视巡察工作新精神新要求3次。二是对标对表，及时部署。紧紧围绕中央决策部署开展巡察，对标对表中央、省委巡视，及时跟进，突出重点。市委第十轮巡察工作方案明确将“六稳”“六保”等党中央决策部署纳入巡察范围，巡察期间及时将贯彻落实习近平总书记关于制止餐饮浪费行为的重要指示纳入监督检查内容。三是紧扣“三个聚焦”开展巡察。对照被巡察党组织的职能责任的“三定”规定开展政治监督，避免巡察工作泛化。

【实现巡察全覆盖】市委巡察办科学规划扎实开展巡察工作。一是统筹安排常规巡察。开展市委第九至十一轮常规巡察，巡察25家单位，其中第九、十轮巡察共发现问题362个，立行立改问题18个。年内已巡察66家单位，巡察覆盖率98.5%。二是开展两个专项检查。在市委第十轮巡察由市委组织部对选人用人、市委宣传部对意识形态工作开展专项检查，发现问题51个，做到术业专攻，问题精准。三是用好用活12+N种巡察方式。市委第十轮巡察三个巡察组实地走访单位、乡镇、村（社区）、企业、商铺等82个，走访群众85户，发放调查问卷306份，及时将市委第八至十轮收到的信访件共计8件移交相关部门，并全部督促办理到位，提升了巡察工作影响力。

【提高巡察质量】市委巡察办严格依规依纪依法开展巡察工作，确保巡察工作质量。一是实施巡察报告办组联审。每轮巡察报告阶段，巡察办组联合审定巡察报告，提高巡察报告标题、意见建议部分针对性、实用性。二是提高问题线索质量。巡视巡察上下联动，请省委巡视组指导巡察问题线索报告，规范报告格式，做到见人见事见行为见职务。市委巡察组提请市纪委监委纪检监察室予以协助对发现的疑似问题线索深入了解，提供业务支持。市纪委监委分管执纪审查的副书记列席听取问题线索，进行业务把关。三是开展巡察专项检查整改。完成省委巡视对韶山市委巡察专项检查整改工作，通过补短板强弱项，推进韶山巡察工作高质量发展。四是加强与其他监督的贯通融合。制定了市委巡察机构与市纪委监委、审计、信访工作协调机制。市委组织部与市委巡察办建立联动机制，市委巡察办及时将巡察发现的敢于担当、善于作为、德才兼备的好班子和优秀领导干部以及苗头性、倾向性问题向市委组织部反映，市委组织部将巡察结果作为评价、选拔、调整干部的重要依据。

【强化巡察震慑】一是完善巡察整改制度。市委办印发《关于进一步加强市委巡察整改工作的通知》，市纪委印发《关于抓好整改日常监督工作的通知》，压实被巡察党组织书记整改第一责任人责任、被巡察党组织主体责任，把巡察整改情况纳入纪委监委、组织部日常监督内容，纳入年度绩效考核，由市纪委监委对拒不整改、虚假整改或整改不力的党组织和责任人严肃问责。二是开展督查验收工作。市委巡察办对被巡察党组织开展巡察反馈问题整改落实情况督查验收，并下发督查通报。三是加大问题线索查办。市纪委监委对已处理的问题线索开展“回头看”，全年共立案9人，纪律处分7人，涉及科级领导干部6人。市委第一至八轮巡察移交106条问题线索，截至年底已办结93条，办结率为87.74%，立案10件，成案率9.4%。四是巡察专题报告推动共性问题解决。市委巡察办向市委提交专题报告14个，市委对形式主义官僚主义、拆违控违等5个方面的突出问题开展了专项整治。

【打造巡察铁军】市委严管配强巡察队伍。一是选优配强队伍。市纪委、市委组织部、市委巡察办从严把关、精心挑选巡察第九轮巡察专员，把巡察岗位作为发现、培养、锻炼干部的平台，充分发挥巡察熔炉作用。巡察抽调人员一抽两轮，巡察联络员抽调一年，参与第九至十一轮巡察。市委第十一轮巡察开始，由市委组织部负责办理抽调手续。二是提高履职能力。每轮巡察都进行业务培训，邀请巡察、党建、意识形态的业务能手授课，促进提高了巡察员履职能力。全年共推荐5人配合省委巡视组工作，推荐3人参加湘潭市委巡察，以干代训。三是严格监督管理。强化组长负责制，严格考勤，充分发挥临时党支部战斗堡垒作用，主动接受被巡察党组织监督和社会监督。四是发挥熔炉作用。加大在巡察工作中考察识别干部力度，注重提拔使用敢于担当、善于作为、德才兼备且符合任职资格条件的优秀巡察干部，全年市委从参与过巡察的干部中提拔2名优秀年轻干部走上领导岗位、1人晋升职级。市委巡察机构增加2名事业编制，招录2名事业编制工作人员。

（齐 媛）

（责任编校 颜家友）

群 众 团 体

总工会

【概况】 2020年，韶山市总工会在市委和湘潭市总工会的正确领导下，紧紧围绕中心、服务大局，履行工会各项职能，扎实开展各项工作，全面完成各项任务。成功推荐韶山冲派出所荣获第十六届全国职工职业道德建设先进集体；城市困难职工脱困解困工作全面完成，已通过国、省两级机构评估获得好评；动员基层工会参加由省体育局、省总工会、湘潭市人民政府举办的薪火相传中国健康跑体育赛事，获最佳组织奖；韶山市总工会获得韶山市文明单位。

【服务经济发展，敢于担当作为】 2020年年初新冠肺炎疫情发生以后，采取多种方式参与全市抗疫，积极发挥工会作用，克服疫情带来的不利影响，促进全市经济复苏。一是迅速抓好动员。疫情发生期间，市总工会及时发出《致全市各级工会组织和职工群众的倡议书》，动员全市各级工会组织和职工群众积极参与疫情防控工作，先后拨付9.25万元给相关单位支持抗击疫情。同时按照市委要求，派驻驻企防疫联络员，督促指导其做好员工日常防护。二是关爱企业职工。为促进全市中小微企业及时复工复产，市总工会实施关爱工程，按每人300元的标准，向全市企事业单位员工发放特别消费券60.42万元，惠及37家单位2006名职工。三是刺激经济复苏。动员全市基层工会以电子消费券方式，一次性发放全年节日慰问费，全市共80家单位17869人发放消费券538万余元，有力拉动了全市消费市场的逐步复苏。

【推介模范，建功立业】 一是对照相关条件，推荐国家税务总局韶山市税务局党委书记、局长谭海池获评为湖南省先进工作者；市人民医院重症监护室副主任李春耕、清溪镇韶山冲社区居委会主任曾小琴获湘潭市五一劳动奖章，市公安局韶山冲派出所获评全国职工职业道德建设先进集体。二是构建韶山劳模评选表彰工作机制，以市人民政府办公室名义出台《韶山市劳动模范管理办法》；与此同时，加强劳模关爱工作，对全市劳动模范发放慰问金，总计发放5万余元，走访慰问劳模30余人次，积极营造尊重劳模、关爱劳模、争当劳模的浓厚氛围。三是动员全市广大职工开展“当好主人翁、建功新时代”劳动竞赛，全市规模以上企业参赛面达到80%以上，市总工会举办的建安行业砌筑工、镶贴工技能比武活动收到良好效果。以岗位学习、岗位创新、岗位成才、岗位奉献为主题，广泛开展科技创新、发明创造等活动。邀请湘钢工匠大师、全国劳模艾爱国及江麓工匠大师、全国劳模罗军，在新韶光电器有限公司举办了一场焊工、钳工技术培训班，现场为该公司解决技术难题，提升员工操作技能。

【夯实基础，激发活力】 突出在“两新组织”（新经济组织、新社会组织）中抓好工会组建工作，将广大农民工吸收到工会组织中来，共组建工会组织40 家，发展工会会员1000余人，完成上级下达的工会组建任务。工会组织及会员实名制登记全面完成。目前实名制登记会员人数为25000余人。按照相关标准进行达标创建活动，基层工会活力进一步增强。恒欣实业公司、毛家食品公司、新韶光公司、江冶机电公司等四家单位工会获评省总工会和湘潭市总工会模范职工之家。通过宣传培训、典型示范、落实保障等措施，全市工资集体协商、女职工特殊权益保护、职业病防治专项合同签订率履约率均达85%以上，工会组织集体协商建制率达90%以上。

【扶贫帮困，促进社会和谐稳定】 一是抓好传统四季送。对困难职工、困难农民工、困难退休职工和改制企业困难人群，开展送温暖工作。春节期间共慰问困难企业19家，慰问困难家庭151户，帮扶151人，发放帮扶资金25.3万元。开展“送清凉”活动，慰问奋斗在高温天气，坚守工作岗位的一线职工；开展“金秋助学”活动，发放助学金11.5万元，共资助困难职工子弟27人。传统节日期间，向全市受组织安排派遣援疆、援外及赴贫困山区支教的7人，表示慰问，送去工会组织的关爱。二是医疗互助惠职工。组织103家单位参加第七期职工医疗互助活动，参加人数3878人，缴费271460元。2020年有250余人次申报了医疗补助，发放补助金16万余元，减轻职工医疗负担。三是扶贫解困不懈怠。认真做好城市困难职工脱困解困工作，落实精准帮扶，提升帮扶成果。通过多年帮扶，全市国、省、湘潭市三级建档立卡困难职工7名对象，均已脱困退档，城市困难职工脱困解困工作已全面完成，并通过了省总工会、全国总工会组织的评估。在湘潭市总工会的大力支持下，在杨林乡和清溪镇开办了两期面点师培训班，对100余名困难职工和农民工实施免费技能培训。按照全市脱贫攻坚工作的总体部署，派出一名干部担任石屏村第一支部书记，全力抓好脱贫攻坚工作。

【落实巡察整改】 市委第二巡察组于2019年年底对市总工会开展了政治巡察。2020年4月，市委第二巡察组向市总工会反馈了巡察意见，客观公正、实事求是地指出了市总工会党组在贯彻上级重大决策部署、党的纪律建设、党组织的核心作用等方面存在的问题，提出了巡察意见和建议。为保障整改工作顺利实施，明确由党组书记负责巡察整改落实日常调度，其他责任领导、责任人按照职责分工，根据整改方案要求及时组织召开专题会议，负责抓好分管部室的整改落实工作。做到整改内容明确、完成时间明确、责任人员明确、工作要求明确、保障措施明确。经过共同努力，22个具体问题已全部整改到位。

【抓好法治建设】 一是深入开展依法治市宣传教育工作。在全市工会干部和广大职工中，重点围绕《宪法》《工会法》《劳动法》等法律法规，采取多种形式，组织宣传教育活动，不断提高工会干部队伍和职工群众的法制意识和法律水平。通过宣传教育，全市广大工会干部依法决策、依法办事、依法维权、依法治会的自觉性明显提高。二是把依法治市和工会工作相结合。按照全国总工会“组织起来，切实维权”的工作方针，把依法治会的重点放在依法维权上。加强与市司法局、普法办、律师协会等部门协作，充分发挥维护职工权益优秀律师的作用，为工会维权工作提供法律专业人才。依法维护职工经济政治文化权益，全市国有、民营企业单位建立职代会制度，实行厂务公开制度，教育卫健系统普遍建立校（院）务公开制度。三是开展送法到基层活动。深入园区企业，了解工资集体协商机制建设情况，工会和职工参与民主决策、民主管理、民主监督情况。认真宣传《保障农民工工资支付条例》。全力打造“遵法守法·携手筑梦”工会法律服务品牌，提高农民工法治素养，维护职工合法权益。联合市司法局、市律师协会在高新区举办了一场法律援助大讲堂，有50多人参加。

【政治思想教育】 一是强化政治引领。依托党课教育、宣讲报告、支部主题党日等活动，深入学习十九届五中全会精神，习近平在湖南考察重要讲话和在全国劳动模范先进工作者表彰大会上的讲话精神，贯彻习近平总书记关于工人阶级和工会工作的重要论述。动员全市广大职工开展“当好主人翁、建功新时代”主题教育，积极组织开展劳动竞赛，全市规模以上企业参赛面达到80%以上。有8名职工参与湘悦读评选并获奖。二是强化思想建设。牢牢把握政治方向，自觉提高政治站位，引导广大职工坚守理想信念，紧跟党的步伐、听从党的指挥。丰富党员教育培训载体，坚持“三会一课”，党组书记带头上党课，每月按规定举行一次党日主题活动。建立党风廉政建设制度化、常态化工作机制，组织观看警示教育片，始终保持高压态势，确保本单位所有党员、干部、职工都能守住底线、不越红线。与文体部门共同举办气排球赛等职工喜闻乐见的文体活动，凝聚职工力量，弘扬社会主义核心价值观。三是掌控舆论导向。时刻关注劳动领域的意识形态安全，消除不稳定因素。通过宣传培训、典型示范、落实保障等措施，全市工会组织集体协商建制率达90%以上。积极运用韶山工会微信公众号发出工会好声音，弘扬社会正能量，引领广大职工听党话跟党走。按照“谁上传谁负责、谁审批谁监督”的原则，加强信息审查、审核、审批，确保上传至网络信息传播平台的内容不出差错。

【履行安委会成员职能】 一是抓好宣传培训。主要是上下联动，组织企业工会认真学习《劳动法》《工会法》《安全生产法》等法律法规，并要求其结合实际分别组织有针对性的安全操作规程培训和职业病防治培训，鼓励企业和职工签订《安全责任书》。二是开展安全生产大检查。先后采取自查和带队排查方式组织对各乡镇工会联合会、高新区工会的企业进行劳动保护专项检查，及时督促纠正安全防护措施3处。三是积极参与安全生产事故调查。配合安委会，妥善协调好安全事故企业方和职工方的关系，维护职工的合法权益。

（郭　玲）

共青团

【概况】 2020年，团市委在韶山市委坚强领导下，以习近平新时代中国特色社会主义思想为指引，以围绕中心、服务大局为主线，组织全市青年团员不断创新求实，奋力拼搏，充分发挥经济建设中主力军的作用。圆满完成了各项工作任务。

【抓学习、树典型】 开展大学习。把抓好“青年大学习”工作作为学习宣传贯彻习近平新时代中国特色社会主义思想的首要任务和核心业务，每周合理安排并及时通报情况，学习率持续提高。调整充实“青年讲师团”

队伍，目前在册讲师12人，累计开展党的十九届四中、五中全会精神等主题宣讲300余场，覆盖青年1.5万人。组织5000余名中小学生收看“坚定理想信念绽放出彩青春”青年讲师团进校园直播宣讲活动。选树典型。积极推荐优秀青少年争取各级荣誉，展示韶山青年风采。推荐1个中队获评“全国优秀少先队集体”、2名青年和1个集体获评首届“湘潭青年五四奖章”、2人获评“湘潭市青年岗位能手”、2个集体获评“湘潭市青年文明号”、1人获评首届“韶山映山红青年英才”；表彰奖励新时代好少年10人；推荐团市委组织管理的24名志愿者荣获韶山市星级志愿者。建设新媒体。主动融入“微时代”，微信、微博关注人数稳步上升，达3万余人，粉丝数、作品数和点击数均排全市市直单位新媒体前列。团市委官方微信号累计推送原创作品164篇，单条最高阅读量1.4万人次。开展首届国防教育微团课、队课大赛，微信展播微团课6期、微队课6期。

【志愿服务】 服务疫情防控。积极响应市委号召，利用网络平台开展宣传，第一时间向全市团员青年发出倡议，传达通知通告，宣传防疫知识；持续关注返乡大学生群体和志愿者群体动态，及时引导舆情舆论。发动基层团组织，组织青年突击队奋战在防疫一线，参与防疫宣传、卡口管理、爱国卫生运动大扫除等重点工作，对130位留守儿童进行摸排，宣传假期自护知识和防疫知识。成立疫情防控志愿服务分队和小队，招募队员68名，开展物资购买、防疫宣传、复工消毒等志愿服务200余次；筹集资金3.4万元，购买7000余只口罩捐赠至医院。向11名受疫情影响贫困学生发放专项助学金1.1万元。开展志愿活动。积极参与湘潭市共青团助力脱贫攻坚“十百千万”行动和希望工程“一元捐”活动，共募集4万余元，“点亮微心愿”活动帮助500名困难青少年实现“感恩微心愿”；做好联点扶贫及对口扶贫工作；争取各类助学金72.8万元慰问219人次；“设计下乡”首批设计成果落地，争取湖南大学志愿服务设计团队完成2个美丽屋场规划设计，设计成果得到基层认可；全年组织开展“清洁村庄助力乡村振兴”主题活动100余场次，参与青年志愿者1500余人；组织开展“青·趣分类”青少年垃圾分类志愿者行动4次，深受学生欢迎。指导映山红志愿者协会常态化、制度化开展活动，组织广大团员青年积极参与活动，擦亮青年志愿服务品牌。开展暖冬行动、七彩假期、助力乡村学校少年宫建设等志愿服务，累计组织300余名志愿者参与红博会、长跑赛等大型赛会志愿服务。韶山映山红志愿者协会被评为湘潭市优秀志愿组织，困境儿童帮扶项目被评为优秀志愿服务项目。

【服务青少年】 为青少年办实事。建立青年工作联席会议机制，组织召开韶山市青年工作联席会议第一次全体会议。大力支持市农村青年致富带头人协会和市青年创业协会建设，对创业青年、退伍青年、军属等开展走访慰问。两支志愿服务队伍定期到5所乡村学校开展助力乡村学校少年宫建设志愿服务共50余次。为青少年搭平台。组织开展青年代表座谈会，了解情况，倾听心声，听取建议。推荐9名不同阶层的优秀青年担任湘潭市青联委员。积极开展“共青团与人大代表、政协委员”面对面活动，为他们搭建平台。为青少年解难题。开展“芙蓉学子”“一元捐”等大学新生助学活动，发放助学金25.8万元，帮助54名贫困学子走入大学校园；实施“子敬阳光”助学，发放助学金40.5万元，资助贫困学生100人；开展希望工程一元捐“脱贫攻坚·爱心助学”活动，发放助学金6.5万元，资助贫困学生65名。做实做细“12355”青少年服务工作，联合各青年社会组织开展中高考减压、自护教育、心理团辅等活动15场。

维护青少年权益。组织召开全市未成年人保护和预防青少年违法犯罪工作联席会议。制定出台《关于进一步加强韶山市未成年人保护、切实做好预防青少年违法犯罪工作的实施意见》，全市未成年人保护和预防青少年违法犯罪工作持续考核得满分。组织开展平安春节、平安假期安全自护教育。积极开展法治宣传、禁毒宣传和安全生产宣传活动。

【基层组织建设】 加强基层组织建设。全面完成全市共青团改革任务。重新对全市团组织、团员进行清查摸底，全市共有团组织209个、团员2036人。新成立团组织31个，创建5星团支部7个，争创示范性青年之家1家。严格实施城乡基层团组织“桥头堡”计划，乡镇团委全面推行“5+N”建设标准。设计、制作了团支部规范化手册，推进团支部规范化管理，高标准发展团员210名。持续抓好学社衔接、团支部整理整顿和对标定级等工作。争取全国团干部教育培训基地授牌落地，为韶山承接各级团干部培训提供平台。2020年团中央书记处常务书记汪鸿雁、团中央书记处书记奇巴图、团省委书记汤立斌分别到湘潭和韶山调研时，对韶山市基层团组织建设工作给予高度肯定。其工作经验在湘潭市改革简报上推介。扎实推进学校、少先队工作。成立教育团工委，推选教育团工委书记兼任团委副书记。履行全团带队职责，在初中普遍建立少先队组织，小学普遍建立教师团支部，实现团队组织的有效衔接。积极成立中学团校、团干工作室。做好中国少年先锋队韶山市代表大会筹备工作。持续深入开展“争做新时代好队员”主题实践教育活动，组织全市各级少先队员开展学习习近平总书记致少先队建队70周年贺信精神、2020年“六一”寄语精神、党的十九届五中全会精神和全国第八次少代会贺信精神等活动20余场次。扎实抓好巡察整改。全力配合市委第一巡察组开展巡察工作，把巡察整改作为首要政治任务，坚持一周一汇总、一月一督查，成立巡察整改工作领导小组，团市委主要负责人牵头研究制定巡察整改方案，组织召开团市委巡察整改动员会、推进会，针对反馈的3个方面11个具体问题，制定27项整改措施。

（李　尔）

妇女联合会

【概况】 2020年，韶山市妇联坚持以习近平新时代中国特色社会主义思想为指导，深入学习贯彻习近平总书记在湖南考察调研时的重要讲话和党的十九届五中全会精神，把联系和服务妇女作为工作生命线，进一步筑牢广大妇女的思想根基，拓展建功舞台，深化妇联组织改革，团结凝聚全市广大妇女，为韶山高质量发展贡献力量。2020年，韶山市女联合会被湘潭市评为“巾帼建功先进集体”。

【开展评比活动】 以典型示范激发家庭文明建设活力。市妇联联合市文明办在全市开展文明家庭、优秀家庭成员创建活动。各级妇联组织、文明单位积极响应，深入开展。全年表彰文明家庭15户，星级示范户5户，好婆婆11户，并通过网络、电视和微信等新媒体宣传报道。2020年毛雨时家庭获评全国第二届文明家庭，刘朝阳家庭获评十二届全国“五好”家庭。以家风家训丰富家庭文明建设内涵。以“弘扬家庭美德传承良好家风”为主题，面向全市开展“好家风好家训”征集系列活动。主要征集以家庭和谐、孝道、劝学、向善、勤俭、励志等方面的“好家训”，以及弘扬中华传统美德、传承良好家风方面的家庭或家族好家风故事。机关干部、城乡居明踊跃参与，评出好家风好家训一、二、三等奖各6名，共18名。并依托美丽乡村和美丽庭院示范片区，开展“厅堂悬挂家训”活动，形成全社会共建优良家风家训氛围。积极向《湘潭日报》、潇湘女性网等媒体投稿，推介宣传女性典型。加大“韶山女性”微信公证号妇女儿童工作宣传力度，使妇联组织与妇女群众的沟通更顺畅、更紧密。

【疫情防控工作】 新冠肺炎疫情发生后，全市各级妇联组织充分发挥基层妇联在疫情防控中的阻击作用。一是通过微信群、微信朋友圈转发七步洗手法、正确戴口罩、家庭消毒等抗击新冠肺炎的必学常识；倡议广大群众减少不必要的外出，勤通风、勤洗手、不聚会、不聚餐。二是以宣传车、喊话等形式倡导广大居民做到不信谣、不传谣、坚决辟谣；各级妇联干部深入开展拉网式入户走访排查，做到了底子清、情况明，确保家家知疫情户户懂防控。三是巾帼志愿者为贫困户捐赠口罩6000个，84消毒液、洗手液等防疫消杀物资价值8000元，疫情期间开展心理健康帮扶21次。各级妇联干部及执委，齐心协力，开展“防疫有我爱卫先行”的环境卫生大清扫活动356次，开展疫情防控宣传4556次。

【关爱妇女儿童】 脱贫攻坚工作。开展“户帮户亲帮亲互助脱贫奔小康”活动。组织动员全市各乡镇、村（社区）妇联执委积极发挥自身作用，结对帮扶177户特困家庭，捐赠物资280件、捐款1.2万元。同时慰问特困离任村妇代会主任和特困妇女18人，发放慰问金1.8万元。创建美丽庭院星级户。下发《韶山市2020年“美丽庭院”星级户创建工作实施方案》，通过村村响广播、宣传车、宣传栏、横幅、标语及“小家美促乡村美”巾帼志愿宣讲等形式，引导、带领广大妇女群众积极参与农村环境整治和美丽庭院创建，全市共打造8个美丽庭院示范片，有5000户三星级美丽庭院户挂牌。10月15日，全市召开农村人居环境整治真抓实干暨美丽庭院工作推进会，实地考察学习了韶山乡双石村托口塘屋场、杨林乡石屏村郑家坪组美丽庭院示范片。新时代文明实践工作。组织“三八红旗手”“文明家庭”代表和各行各业领域优秀女性代表，组成“红色家风进万家”巾帼志愿宣讲团，利用各级妇女儿童之家等平台，开展“讲美德故事扬文明新风”“推行公筷公勺文明用餐”等主题实践活动。组织开展“科学育儿·孕育新生”孕妇妈妈公益讲座和“关爱雏鹰·呵护健康”预防儿童意外伤害知识讲座进学校活动。开展“城里阿姨圆梦微心愿”关爱留守儿童活动，为韶前村20名留守、困境儿童送去书籍、衣服、体育用品等。认真做好普法维权和信访接待。在基层举行普法宣传活动2场，200多人参与，发放宣传资料500多份；接待来信来访17件，婚调委调解婚姻家庭矛盾纠纷23对，处理率100%。开展线上反家庭暴力知识讲座，3000多名妇女参与听课。宣传钟南山禁毒视频和防艾工作。“三八”期间，市妇联组织慰问看望基层疫情防控女医务工作者、社区抗疫女工作人员、抗疫巾帼志愿者、先进典型等41人，送去慰问金3.64万元。8月份开展“春蕾助学”活动，为35名贫困儿童送去助学金2.24万元。发放上级“春蕾女大学生”助学金4.62万元。

2020年7月，市妇联组织对农村适龄妇女和城镇低保适龄妇女“两癌”免费检查，共检查1032人，超额完成全年任务，同时，还在线上线下进行回访追踪服务，随访率达95%以上。为8名“两癌”贫困妇女争取上级妇联救助金8万元。

（罗秀琳）

工商业联合会

【概况】 2020年，市工商联下属4个乡镇分会、1个高新区分会、3个行业商（协）会，直属会员316个，其中企业会员86个。联系广东、北京2个异地韶山商会组织。

【助力疫情防控】 扎实做好疫情防控，积极引导复工复产。组织引导非公经济主动履行社会责任，爱心助力疫情防控。抗疫期间，市内非公经济先后组织开展爱心捐款捐物活动54次，向市内捐款捐物价值160余万元，向武汉捐赠价值520万元的抗疫物资，减免市内门面租金、物业管理费及国内品牌加盟费1100余万元，主动助力疫情防控；通过微信群宣传，认真做好民营经济科学抗疫、复工复产的宣传引导和服务工作，认真开展“百企大走访，同心促发展”和“与民营企业家谈心”活动，助推非公经济复工复产复市复商。

【服务非公经济】 积极促进非公经济健康成长。参与民营经济春节联络走访活动，宣传推介韶山，助力全市招商引资工作；指导、参加酒业协会、女企业家协会、房建协会、装饰行业商会等商（协）会年会和总结会，分析经济形势，提振非公经济发展信心；组织开展“百企大走访同心促发展”活动，走访30多家民营企业、商（协）会，收集上报困难、意见、建议及请求100余条，积极服务于民营企业复工复产；积极参与“潭商大会韶山专场”活动，助推全市招商引资工作；会同市优化办组织有关部门走访100余名企业家，完成网上营商环境问卷调查88份，完成任务的110%；协助长盛、三旺协调涉法涉诉案件处理。

促进非公经济人士健康成长。常态化开展微信宣传，及时宣传全国统战工作会议、企业家座谈会会议精神，和党中央重大决策部署，切实做好对非公经济人士的教育和引导；大力加强“亲清直通车”的宣传与推广，改善营商环境；新天置业有限公司郭大新获评湘潭市“最美扶贫人”，大北农文波、恒欣实业肖连平分别获评湘潭市“创先争优优秀企业家”，毛家食品获评湘潭市“创先争优明星企业”，2家企业获评湘潭市“扶贫示范车间”，3个农业合作社、民营企业获评湘潭市“扶贫示范基地”。会同市委统战部评选表彰9家民营企业、商协会为“韶山市非公经济助力脱贫攻坚先进单位”；组织、指导韶山市置业经理人协会积极创建全国工商联“四好商会”；组织举办“《民法典》进企业”大讲堂。

主动参与招商引资。始终与东方孵化器有限公司保持密切联系，为“总部经济”项目建设做好服务。该项目2020年新增投资7000万元，累计投资达1.3亿元，已完成土地交易，正在完善项目建设方案；切实加强与韶山红色之源文化旅游有限公司的沟通联系，引导公司新增投资，完成对“梦回韶山”情景剧的提质升级；内联外引，支持和指导韶山领航学员拓展教育培训产业；组织参加粤港澳大湾区潭商联盟、广东湘潭商会、东莞湘潭商会、南宁湘潭商会年会活动，主动邀请广东湖南商会女企业家委员会，上海湘潭商会负责人到韶考察，大力打造招商引资对外平台；开展营商环境调查，构建优良营商环境。参与李家祠堂项目规划、宣传推介等工作，广泛发动潭商捐建公共基础设施，参与项目建设。

【精准扶贫】 积极组织开展精准扶贫和光彩事业活动。调整、完善民营经济参与扶贫攻坚的工作机制。会同市扶贫办共同下发《关于民营经济参与联村帮户工作的通知》；制定韶山市工商联2020年度“千企联万户”“户帮户亲帮亲互助脱贫奔小康”工作方案。组织召开非公经济助力脱贫攻坚工作专题会议，组织41家民营企业、商（协）会结对帮扶191户贫困家庭，非公经济爱心扶贫实现33个行政村全覆盖；动员、引导民营企业、商（协）会在春节、扶贫日开展走访慰问贫困家庭活动，爱心捐赠生产、生活慰问金18万余元；先后2次组织非公经济人士开展爱心助学行动，捐赠3名贫困学子助学金9500元，落实1名贫困家庭学生从小学至大学期间学习、生活费用；组织广东湖南韶山商会刘辉、庞召洪捐赠180个花式篮球、足球、排球参与市“关爱留守儿童，把爱带回家”活动；切实加大非公经济助力脱贫攻坚引导、组织力度。全市41家民营企业、商协会组织开展走访、帮扶活动，走访建档立卡户191户，捐款捐物、消费扶贫价值20.98万余元。全市非公经济助力脱贫攻坚、乡村振兴捐款捐物达46万元；组织机关干部职工认真做好杨林乡瓦坪村7户帮扶对象扶贫工作，逐户做好帮扶计划、落实帮扶措施，先后支持帮扶对象产业发展资金近万元，消费扶贫3500余元。

【基层党建】 大力加强基层党建。积极配合市委第二巡察组做好对工商联党组的政治巡察；争取市委重视和支持，增补党组成员2人，建立健全党组工作制度，有效加强党组建设；以“不忘初心，牢记使命”主题教育、民主评议党员、主题党日、“三会一课”等党建工作方式为抓手，深入推进工商联直属会员单位党委基层党组织建设，指导完成2个党支部换届工作；以“学习强国”和微信群党建宣传为平台，抓好对党员的宣传教育，发挥好政治领航作用；引导广大基层党员投身新冠抗疫和复工复产、复市复商工作，引导党员爱心捐赠，党员交纳特殊党费助力抗疫；做好入党积极分子的培养，严格按照党员发展标准和发展程序积极推进党员发展工作，新发展党员12人；组织基层党组织书记培训21人次；组织开展对房建协会和丰圆实业基层党组织政治调研；指导成立新天商圈党支部，探索非公经济基层党组织建设新模式；指导装饰行业商会党支部开展“共产党员示范店”评选、挂牌活动，通过党员示范作用规范市场秩序、引导守法经营和诚信经营。

（成　维）

科学技术协会

【概况】 2020年，韶山市科学技术协会下辖9个协会（学会），4个乡镇科协、1个高新区科协、33个村科普工作委员会、5个社区科普工作委员会，实现基层科协组织全覆盖。9月25日，经韶山市委批准，正式设立韶山市科学技术协会党组，由副市长刘亮兼任党组书记。

【培训和科普活动】 组织基层科协进行业务培训。10月15日，韶山市科协组织4个乡镇、1个园区、5个社区、33个村共计60名科普工作专（兼）职人员进行基层科协组织工作业务培训。开展“三下乡”活动。1月13日分别在韶山乡湘韶村、银田镇华南村组织“三下乡”活动，发放科普系列丛书2000余册，受益群众500人次。开展新时代文明实践科技科普志愿服务等相关活动。3月15日，科普志愿者和省科协全体党员干部开展志愿植树活动，参与志愿者50余人次，种植“韶山红美人”柑橘苗300株。5月12日，组织志愿者参加“提升基层应急能力，筑牢防灾减灾救灾的人民防线”主题宣传活动。全年共开展各类志愿服务活动39次，参与志愿服务近400人次。在科普中国APP上注册科普信息员387名，全年转发科普文章65004次。走访调研企业，助力企业复产复工。全年走访调研湖南贸翔生物科技有限公司、滴水洞食品厂（水厂）、江冶机电、韶山市毛家食品有限公司等企业8次，鼓励企业克服疫情影响，找准市场定位，进一步提高企业经济社会效益。

开展科普大讲堂活动。全年分别在火车站社区、韶山冲社区、高新社区、黄田村等地开展科普大讲堂，请专家教授重点授课“认识口腔癌”“小儿鼾症”等内容，共计4次，410人受益。11月到清溪镇如意小学为44名学生送上《神奇的“电”》科普课。开展全国科普日活动。9月21日，韶山市2020年“全国科普日”主场活动以“决胜全面小康践行科技为民”为主题，在韶山市清溪镇火车站社区举行10个戏曲节目科普专场演出。全市25个全民科学素质工作领导小组成员单位也结合本单位工作特点，针对性地开展一些科普指导，参与活动300余人。乡镇、村、社区、科技协会积极在各自工作领域开展活动7场次，对60余户建档立卡贫困家庭免费发放农药、肥料。同时，组织开展湘潭市科协代表韶山联络服务站活动和农学会农业科普调研活动。完成中国科协站点调查工作。撰写调查文章6篇，进行4次问卷调查，发放调查问卷130份。

【科技竞赛】 大力开展青少年科技活动。市科协组织开展青少年科技创新大赛活动，评选出9件优秀作品逐级参赛。韶山镇泰小学三年级学生张晗玥创作的《火星度假村》荣获湘潭市第四十届青少年科技创新大赛科幻绘画项目三等奖；韶山镇泰小学五年级学生李彦铭的《生态智能花盆》分别荣获湘潭市第四十届青少年科技创新大赛科技创新项目一等奖、湖南省第四十一届青少年科技创新大赛科技创新项目二等奖。在11月28日举行的湘潭市第十四届青少年科普“六个一”主题系列活动和第二届“数造杯”3D打印创意大赛中，韶山市参赛的8名小学生选手全部获奖，其中特等奖3名、一等奖4名，二等奖1名，创历史新高。

【科技科普项目】 6月，韶山市毛家食品有限公司成功申报“湖南省科普教育示范基地”项目。8月，成功申报中国科协“智惠行动”——助力新时代文明实践中心建设项目，并获中科协10万元资金支持，有力助推韶山市的新时代文明实践科技科普工作。同时，积极申报湘潭市2020年基层科普行动计划项目。韶山市蜜蜂养殖专业技术协会获“湘潭市农村专业技术协会”称号，韶山市凯舜种养专业合作社基地获“湘潭市农村科普示范基地”称号，于9月22日授牌。支持湖南省江冶机电科技股份有限公司申报湘潭市学会服务站项目。持续跟进贺翔院士专家站开展工作，协同市人才办、审计局、财政局对院士专家站2020年度130万元专项资金进行审核评估。11月9日韶山乡大坪村创建“省百岁健康村”申报通过复检。

2020年，韶山乡科协、银田镇科协荣获“湘潭市优秀乡镇科协”称号，火车站社区党委书记、主任、科普工作委员会主任周晓园荣获湖南省科协系统“最美科技志愿者”称号。

（袁 慧）

文学艺术界联合会

【概况】 2020年，韶山市文学艺术界联合会充分发挥文联组织和文艺服务职能作用，以文艺创作和文艺活动为主要抓手，服务大局、服务基层，组织和引导全市广大文艺爱好者，开展一系列文艺活动，为韶山精神文明建设做出了积极贡献。

【文艺活动】 《故园文艺》是韶山市文学艺术界联合会主办的综合性文艺刊物。从2016年创刊，已印发15期，免费赠阅1万多本，并利用《韶山政务网》《湘潭文艺网》等现代媒体传播力强、覆盖面广、影响力大的优势，有效地宣传韶山文艺工作动态，推介本土文艺名家，培养文艺新人，推出文艺精品，进一步扩大了韶山文艺影响。其中，第14期是以“抗击新冠疫情”为主题的文艺创作作品专刊，刊发文艺作品近100篇；第15期是以“决胜全面小康、决战脱贫攻坚”为主题的文艺创作专刊。

围绕市委、市政府中心工作和重要节日纪念日，积极开展或参与文化下乡、新时代文明实践等活动，服务群众，丰富人们精神生活，还积极组织多种形式的文艺志愿活动。春节前后开展“我们的节日——2020年韶山市迎春接福少儿现场书画活动”和“迎新春送春联拍全家福”文化进万家活动，组织全市书法爱好者到华南村、湘韶村、武装部、农商行、敬老院等地现场书写春联，摄影爱好者到平里村等地拍“全家福”。举办第二届迎新春临帖展。2月开展“抗疫情”主题文艺创作活动，组织作家协会、摄影家协会、书法家协会和诗词楹联学会发布图片和作品展。3月组织摄影家协会开展“金色光环、闪亮韶山”百里万亩油菜花景观摄影采风。开展“一封家书寄真情”主题征文活动。4月组织美术家协会开展“小康路上看韶山”主题采风活动。5月组织摄影家协会到杨林乡团田村石坝组贺先桃家开展“扶贫印记”采风活动。6月组织书法家协会到杨林乡云源村开展志愿服务活动，组织音乐家协会举办“庆祝建党99周年”杨碧琛钢琴独奏音乐会。7月市文联和美术家协会举办“翰墨丹青颂党恩”书画展。9月戏曲家协会承办了“依法普查、科技强国、文化筑梦”戏曲专场演出。市文联组织作家协会、美术家协会等9个文艺家协会的文艺骨干到韶山市依依农场开展“决胜全面小康、决战脱贫攻坚”主题文艺创作采风活动。10月“庆祝中华人民共和成立71周年——戴锦芬美术作品展”在韶山市行政中心展览；组织戏剧曲艺家协会12名文艺骨干到全市各乡镇敬老院及韶山市养老中心慰问演出，送去老人们喜爱的传统花鼓戏。12月，书法家协会组织到韶山城前村开展书法进校园活动和纪念毛泽东同志诞辰127周年书法展。

【培训交流】 市文联一是继续坚持每周三面向全市书法爱好者开展免费义务培训活动，该活动荣获韶山市优秀志愿服务项目，并已选送参加省级评奖。二是先后邀请著名书法家篆刻家王集、周平、倪文华、罗剑波等到韶山讲座。三是加强文艺交流活动。韶山作协和湘乡作协进行作品创作交流；武功县文联一行到韶山进行文学创作交流；井冈山美协与韶山美协举办伟人故里联谊活动。四是牵头组织文艺家参加上级组织的展览、讲座等活动，开阔眼界。组织书法家协会会员参加了由陈毅华主讲的《国展行草创作漫谈》；组织作家协会会员参加刘克邦主讲的《漫谈散文中的五个不》；组织摄影家协会会员参加湘潭市“精准扶贫”优秀摄影作品展。五是积极推送文艺人才。组织韶山市第一届“映山红大师”评选活动，市诗词楹联学会蒋昌鹏荣获“映山红大师”称号，并享受3年每月1000元的特殊津贴。

【文艺创作成果】 通过韶山市文联推荐，沈慧琳的《身披露珠的人、个个胸怀闪电》《废弃的渔船》和蒋亚莉的《“房照”里的脱贫史》文学作品获得湘潭市2019年文学作品奖；推荐戴锦芬油画作品参加第二届“香凝如故”全国美术作品展，成功入国展；推荐6件摄影作品参加湘潭市“精准扶贫”摄影作品赛，5人获奖；推选书法、美术、文学、诗词等8件文艺作品参加湘潭市“供销情”主题文艺作品比赛，全部获奖。

（赵庆梅）

残疾人联合会

【概况】 残联主要职能为代表残疾人共同利益，维护残疾人合法权益；团结教育残疾人，为残疾人服务；履行法律赋予的职责，承担政府委托的任务，管理和发展残疾人事业。全市共有各类残疾人3341人，其中，视力残疾492人、听力残疾191人、言语残疾37人、肢体残疾1860人、智力残疾251人、精神残疾331人、多重残疾179人。

【助力脱贫攻坚】 落实贫困户疑似残疾人办证工作。为打通残疾人享受各项扶贫政策最后一公里，市残联组织集中评残活动，联合评残医院为残疾人免费上门评残、送医评残、集中评残共19次，集中办证150多人，提供咨询服务300余人次，解答疑难问题200余人次，确保贫困残疾人享受扶残政策。落实贫困残疾人助学工作。2020年残联干部职工主动服务，发动乡镇、村，广泛宣传，做到不遗漏，不错发。帮助49名高中、大学阶段残疾人学生和贫困残疾人家庭子女完成助学申报工作。落实贫困残疾人创业增收工作。实施阳光增收计划，为全市50余名农村贫困残疾人和残疾人养殖大户送鸡苗、羊羔，助力残疾人脱贫增收，投入资金6万余元。帮助残疾人克服疫情影响，发放残疾人稳岗就业房租补贴和防疫物资，投入资金7万元，受益贫困残疾人100余人。落实残疾人社会保障工作。每月及时与民政、乡镇对接数据，协助民政局完成每月重度残疾人护理补贴和困难残疾人生活补贴的认定和审核。为1748名持证残疾人代缴城乡居民医疗保险，为1702名持证残疾人代缴城乡居民基本养老保险费，做到了“应保尽保”。率先启动第三代残疾人证的换发工作。为改善以前纸质证易磨损、易仿造、不便携带保管、不易采集信息等问题，市残联积极摸索，在湘潭地区率先换发第三代（智能化）残疾人证，第三代残疾人证具有身份识别、业务管理、社会应用等多项功能，同时又方便携带和管理，全市已换发第三代证1500张。残疾人托养综合服务中心投入使用。历时一年半，韶山市残疾人托养综合服务中心正式建成。通过拍租、招标、挂网公示后，2020年4月托养中心正式投入使用，为200多名残疾人提供日间照料、寄宿服务和居家服务。残疾人能就近得到更好的托养照料，减轻了残疾人家庭负担和压力。

【实事任务完成情况】 加强组织领导。制定实施方案，成立实事工作领导小组，协调解决项目实施中的具体问题，保障人员和专项经费，完善具体结算办法，科学调度，严格规范管理，优质高效完成各项任务。康复训练“全覆盖”。通过宣传册、网络、微信等多种渠道进行相关政策的宣传。对残疾儿童进行全面摸底调查，经个人申报、机构和乡镇、村（社区）摸底将符合条件的对象全部纳入到康复救助项目，做到了残疾儿童康复训练“全覆盖”。康复服务有成效。克服疫情影响，停课不停学，采取线下培训方式进行康复服务，同时引导服务机构开设社会规则、音乐治疗、游戏治疗等课程，使之更好地融入社会。残疾儿童受到积极有针对性的康复治疗和训练后，都能够获得不同程度的康复，也得到家长们的一致好评。共计完成72人残疾儿童康复服务，超额完成0—6岁残疾儿童的康复救助省市实事项目，完成率达136%，投入资金108万元。

【无障碍设施建设】 为20户贫困残疾人家庭实施无障碍设施改造。根据残疾人实际情况制定“一户一方案”，将无障碍设施建设从室内延伸到室外，最大限度地解决了残疾人居家生活和出行等困难。完善残疾人无障碍设施建设。为方便来韶旅游中低档消费水平的残疾人，设立韶山市红色旅游无障碍接待基地。同时完善韶山市残疾人托养综合服务中心无障碍设施建设。创建全国无障碍示范市工作顺利通过国家检查验收。

【扶残助残活动】 市残联联合市图书馆开展“关爱残疾人共筑中国梦”爱心助残捐赠图书公益活动，丰富残疾人精神文化生活；联合红十字会送过冬御寒物资给在瑞康医院住院治疗的精神残疾人，充分体现党和政府对残疾儿童的关心关爱；联合韶山市康复医院、韶山博爱残疾人托养服务中心开展以“残疾预防从儿童早期干预做起”为主题的宣传活动，进一步宣传普及残疾预防知识，动员全社会更加关注和支持残疾预防工作。依托相关机构开展助残活动，为残疾人朋友提供免费理发、开展爱心公益等活动，形成互带互助、优势互补新格局。

（代林英）

归国华侨联合会

【概况】 韶山市现有海外华人华侨95人，分布在美国、日本、加拿大、新西兰、澳大利亚、韩国等国家和地区，主要从事教学科研、财务保险等工作。在册外出留学人员43人，涉侨眷属300余人，市内侨资企业2家（毛公酒厂、环球铸造厂），有外出务工人员126人。有四个乡镇侨联，2个基层社区侨联和1个“侨胞之家”。

【疫情防控】 2020年上半年，在新冠病毒疫情期间，韶山市归国华侨联合会组织韶山籍侨胞、侨眷为抗击新型冠状病毒疫情捐款、捐物。程帅、刘桂芳、熊萍等10多人共捐款6900元。坦桑尼亚华侨王自通为韶山抗击疫情捐赠口罩2000个、一次性手套800只，价值5000元。归国留学生毛公酒厂总经理程帅与留澳同学数人捐款购买8000只口罩和其他防疫物资，直接捐赠给武汉。疫情期间，市侨联组织先后走访慰问刘桂芳、章静明等侨眷、侨属代表和毛公酒厂等侨企，了解有关情况，督促企业严格按照市委、市政府要求做好防疫工作。

【基层侨联】 2020年10月，全市成立了清溪镇、韶山乡、银田镇、杨林乡4个乡镇侨联和火车站社区、高新社区2个社区侨联，进一步夯实基层基础，为侨联工作创造了良好条件。组织归侨侨眷到湘潭县乌石镇开展“侨我们的幸福生活”美丽乡村成果交流活动。

【打造“侨胞之家”】 从2019年开始，着手打造“侨胞之家”项目建设。通过一系列的工作和努力，2020年4月火车站社区居委会“侨胞之家”正式挂牌，并作为优秀“侨胞之家”逐一向省、国家推荐上报，得到认可。2020年10月，湖南省基层侨联干部培训交流会在韶山市火车站社区举行，全省各地市、县市区侨联，直属团体侨联120多名干部参加，并现场考察学习火车站社区“侨胞之家”活动阵地建设，受到各方一致好评。

【为侨服务】 在春节、端午和中秋传统佳节时，市归国华侨联合会组织对部分在疫情期间为全市抗击疫情做出积极贡献的侨胞、侨眷代表、海外留学生、侨企代表、社区侨联及侨联小组成员进行走访，送去慰问金、大米、食油等。同时，在社区设立侨务咨询窗口，为侨眷、归国留学人员提供专业化服务，帮助他们解决生产生活中遇到的困难和问题。2020年初，市侨联还积极想办法，通过有关途径，联系在意大利的侨胞王凤阳，将精选出来的20幅临摹毛泽东书法作品送到意大利都灵、罗马展出。韶山毛泽东同志纪念园被中国侨联评为“国际文化交流基地”；韶山毛泽东图书馆被省侨联评定为“国际文化交流基地”，吸引了全国各地的侨界朋友到韶山学习交流。

（熊　君）

计划生育协会

【概况】 2020年，是全面建成小康社会和十三五规划的收官之年，也是中国计生协成立40周年。韶山市计划生育协会围绕协会的六项重点任务，主动融入“健康韶山”建设和乡村振兴战略，夯实基础，整合资源，创新作法，激发活力，提升工作水平。

【强化协会职能】 计生协会是党和政府联系人民群众的桥梁和纽带。市计生协会紧扣协会职责和宗旨，积极开展一系列工作。2020年，韶山市计生协编印了以优生优育、出生缺陷预防、传染病新冠防控、文明新风为主题的宣传折页5000份。协助抓好银田高品质人口文化园第3期建设和美丽屋场建设，启动人口文化大院建设1处。牵头和早教机构开展“快乐成长”项目合作。2020年7月、11月分别在花园村、韶润村举办早教家长培训班，参培家长80多人。深入挖掘协会资源，建立协会“青少年心理健康辅导师资库”，精心制作了7堂不同学龄阶段的精品青春健康讲座课件，开展送讲座进校园活动。开辟健康大讲堂进乡镇、村(社区)，精心组织举办优生优育、新冠防控、野生毒蘑菇防范三大讲座4场，参训群众500多人。投入资金为高新区省级流动人口计生协示范点添置了影像设备。

2020年市计生协围绕“计生特殊家庭大病重病护理补贴落实情况”进行调研，上门抽查享受对象8人次，了解政策到位、补贴资金到位等情况。围绕“人口文化建设融合全域旅游、乡村振兴”主题，现场调研人口文化园、人口文化大院，召开座谈会，提出“全域旅游+人口文化”理念，逐步打造韶山人口文化特色。围绕“全面二孩政策实施后二孩生育现状”进行调研，在韶山乡韶润村，对全部具备二孩生育条件的育龄妇女进行问卷调查，发放问卷450多份，通过数据统计分析，掌握了影响二孩生育因素的第一手资料。

市计划生育协会工作有力度、有特色，职能发挥效果好，得到国家、省、市计生部门的肯定和关注。5月，中国计生协常务副会长王培安等领导视察韶山火车站社区，对计生协会建成高标准“暖心家园”，全面参与社会管理等工作给予高度肯定。发挥村级计生协网络优势，服务群众有作为，相关典型被推介。10月，湘潭市计生协派专人到韶山市华南村实地了解情况，并以《韶山市华南村计生协争做群众健康好卫士》等为题撰写了经验文章，在中国计生协主办刊物《人生》、大众卫生报、湘潭在线进行报道推介。2020年，韶山市计生协被评为全省计生协重点工作优秀单位。

【关注计生家庭】 计生家庭的发展是乡村振兴战略的重要组成部分。市计生协会多角度出招，多方面发力，为计生家庭解难题、办实事。发挥项目帮扶带动作用，利用生育关怀项目促计生家庭发展。2020年共实施省、市项目3个，出台《韶山市计划生育三结合项目、创业贷款贴息项目管理办法》，建立项目绩效管理跟踪台账。对2018年、2019年、2020年实施的省、市项目进行跟踪调研，绩效评估，从中发现项目帮扶作用明显。在韶山市银田镇建成了“关爱计生特殊家庭希望之林成长园”“关爱计生家庭黄桃园”2个关爱实践基地。7月，市计生协牵头在基地举行了关爱计生家庭黄桃捐赠专场活动，捐赠爱心黄桃300多公斤。市政协张湘平主席举行了现场代言直播，销售总额达到100多万元。

2020年春节期间，市计生协发动全市计生协会员走访慰问计生困难家庭、计生特殊家庭340户，发放26万元慰问金，其中市计生协走访慰问53户，发放4.5万元。精准落实计生特殊家庭健康保险和大病重病住院护理补贴，为全市178名计生特殊对象购买了150元/人的计生特殊家庭健康保险，理赔16人，理赔金额全部到位。及时准确审核办理护理补贴28笔，发放资金33500元，为计生家庭加建一道救急解难的屏障。

延伸工作视角和触角，探索留守儿童管护、问题家庭小孩成长等困扰计生家庭的问题，促进和谐幸福家庭建设。5月29日，市计生协在韶山乡举办了20人参加的问题家庭孩子“陪你一起长大”专场关爱交流活动。杨林乡计生协和关工委联合举办了隔代教育培训班，有60多位老人参加培训。

（罗 宁）

红十字会

【概况】 2020年，韶山市红十字会认真履行《中华人民共和国红十字会法》赋予的职责，大力弘扬“人道、博爱、奉献”的红十字精神，积极稳妥推进红十字会各项工作，充分发挥了党和政府人道领域助手的作用。韶山红十字会荣获全省红十字系统先进集体称号。

【抗击新冠疫情】 新冠肺炎疫情暴发以来，市红十字会主动作为，发布《新型冠状病毒感染的肺炎疫情防控专项捐赠公告》并收到众多爱心企业及爱心人士的捐款、捐物。其中，捐赠物资20批次，价值87.3万元，捐款46笔共122.6万元。所有捐赠物资都按照捐赠人意愿送达到指定单位，捐款中的119.1万元已拨付韶山疫情防控办公室统筹使用，3.5万元按捐赠人意愿拨付给协议使用方。相关捐赠情况在韶山新闻网上进行公示。市融媒体中心多次进行了宣传报道，全程监督捐赠款物情况，真正做到了公开、透明。

【三救工作】 向上级红十字会争取帐篷5顶，进一步夯实备灾救灾物资。6月18日—19日，为做好突发事件下的应急救护工作，联合湘潭市各区县红十字会在杨林乡舒塘水库开展以“助力疫情防控，红十字救在身边”为主题的水上应急救护演练，提升了救护员的水上救援技能。2020年，发放救助金、慰问金及物资总计价值为35970元，为43人次提供各类救助活动。其中春节前开展“红十字博爱送万家”活动，走访慰问困难家庭15户，送上大米、油、棉被、棉袄等物资价值10500元，慰问金8500元（每户500元，其中两户特困户1000元）。接待到市红十字会求助的困难群众27人次，发放救助金11170元，发放棉被28床，资助贫困学子赵强威3000元。为6户重病家庭申请到省红十字会人道救助金3万元。组织教师在实验中学、镇泰小学开展2期救护培训，培训939人。

【三献工作】 2020年，无偿献血完成737例，24万毫升，充分保障市人民医院临床用血。6月5日完成一例器官捐献，捐献双肾一肝。新增干细胞捐献志愿者44名，韶山市累计干细胞捐献志愿者203名。

【项目建设】 积极向省红十字会申报2020年博爱家园项目，准备与滴水洞矿泉水公司合作，成立关爱基金，为精准扶贫对象、特困户等对象开展免费送水的关爱活动。省红十字会已同意该项目，跟项目合作方经过多轮洽谈已基本达成合作协议，准备签署协议后实施。向中国红十字基金会申报建设2个博爱校医室，镇泰学校博爱校医室已完成建设并揭幕运行。因韶山学校要整体搬迁，所以该博爱校医室将于2021年在新校区设立。

（苏 停）

（责任编校 苏 良）

法治

社会治安综合治理

【概况】 全市政法系统坚持党对政法工作的绝对领导，严格落实中央、省委、湘潭市委及韶山市委关于政法工作的部署要求，认真履行维护国家政治安全、确保社会大局稳定、促进社会公平正义、保障人民安居乐业职责，圆满完成了各项工作任务。2020年，韶山市获评湖南省平安建设先进市、湘潭市平安建设先进单位，保持湖南省“平安县市区”荣誉称号，公众安全感测评连续3年蝉联全省第一；扫黑除恶专项斗争圆满收官，成效良好；社会治理现代化工作列入全省第一批试点深入推进，“坚持‘五治融合’推进社会治理现代化经验”得到省委深改办和省委要情汇报的宣传推介，社会治理工作在湘潭市委政法工作会议上作典型发言。

【社会安全】 牢固树立总体国家安全观，绷紧韶山政治高地之弦，健全机制，压实责任，确保实效。市委成立国家安全委员会，出台落实国家安全责任制规定，全面开展涉国家政治安全风险隐患排查和处置，加强对毛泽东广场、换乘中心等重点部位和人员密集场所的安全保卫，坚决杜绝了危害国家安全案（事）件、暴恐犯罪活动、“法轮功”及其他邪教捣乱破坏活动发生，确保了全国“两会”“八一”“9·9”“十九届五中全会”等敏感节点期间社会平稳。反邪教工作得到中央调研组的充分肯定。国安工作获评全省先进。以开展重大不稳定问题摸排化（缓）解工作为抓手，聚焦重点群体教育管控，狠抓重点人员教育稳控。化解信访矛盾80余个，赴省进京上访得到了有效遏制，成功创建省信访“三无”市，全市四个乡镇荣获省信访“三无”乡镇。强化疫情防控常态化下的安保维稳工作，完成了“2020湖南红博会”“主席诞辰127周年”等大型活动维稳安保和30余批次警保卫工作任务。抓好道路交通顽瘴痼疾整治工作，全市交通事故数、死亡人数、经济损失分别同比下降8.7%、8.3%、11%，交通顽障痼疾集中整治工作获评湘潭优秀。

以社会治理现代化试点为契机，按照“党委领导、政府负责、民主协商、社会协同、公众参与、法治保障、科技支撑”的总体思路，构建起党政主导、部门主责、基层主抓的工作格局，全市上下一盘棋，打造了共建共治共享的社会治理格局。形成乡村治理、诉源治理、县域警务等可推广、可复制的典型经验和做法。村规民约作为典型案例受到中央、省级主流媒体和湖南政法的宣传报道，县域警务工作经验在《湖南日报》专题报道。加强立体化治安防控体系建设，投入资金1611万元，完成顽瘴痼疾整治和智慧交通建设、平安城市第六期和“智慧磐石”工程建设，扎牢立体防控屏障；持续加强核心景区反恐处突和全市重点区域的巡逻防控，深入开展“云剑追逃”“电诈断卡”等专项行动，精准打击各类违法犯罪，社会治安持续向好，八类恶性案件零发案。弘扬见义勇为精神，评选见义勇为先进个人3名。加强矛盾纠纷排查化解，全市各调委会共调解矛盾纠纷832起，调解成功827起，调解成功率99%，涉及金额1680万元。打造“社区民警+驻村辅警+村治保主任+法律顾问+平安志愿者”的基层管理模式，乡村警务警情、矛盾纠纷得到有效处置和化解，2020年韶山市农村刑事案件、行政案件分别同比下降22%、23%。人民群众的安全感、满意度得到持续巩固和提升。

【扫黑除恶专项斗争】 紧盯扫黑除恶“长效常治”的阶段性目标，全面整改省委巡视和省、市督导反馈问题，全力完成相关任务，逐步健全长效机制，收官之战成效良好。中央督办线索和全国扫黑办举报平台交办线索按期办结，市县两级线索如期实现清仓。侦办案件在5月份提前实现清结。专项斗争以来共打掉恶势力犯罪团伙2个，破获刑事案件9起，刑拘犯罪嫌疑人30人，提起公诉3件29人，法院判决认定2件7人。查实涉黑涉恶腐败和“保护伞”线索6件，立案审查3件，党纪政务处分3人，组织处理3人。聚焦社会治安、文化旅游、金融放贷等十大重点行业领域，深入整治乱源乱象，补齐漏洞短板，建立健全长效机制20项。持续抓好软弱涣散基层党组织整顿，排查打击各类阻碍、破坏、操纵村级组织换届选举工作的行为，为顺利完成村（社区）“两委”换届选举打下良好基础。

【法治建设】 强化落实“谁执法谁普法”责任制，“巡回法庭、以案释法、以案说法成效显著，一村（社区）一法律顾问”及《民法典》宣传覆盖全市38个村（社区），全省首批法治政府建设示范市创建工作通过实地考核，“七五”普法顺利通过国家验收。加强核心景区立法保护，如期完成《湘潭市实施〈湖南省韶山风景名胜区条例〉办法》的起草工作，并进入立法审议阶段。高质量完成32项政法领域改革任务，市委全面依法治市委员会出台《关于建立“切实解决执行难”联动机制的实施意见》，市人民法院兑现执行标的1.12亿元，执行工作排名湘潭第一，诉讼服务工作排名全省第一。市人民检察院全年办理的适用认罪认罚从宽制度的刑事案件适用率达94.65%，量刑建议被法院采纳率达91.83%，各项指标均走在湘潭前列。

【服务经济建设】 统筹疫情防控和社会稳定工作，主动作为，服务经济建设。公安机关牵头构建全市防控体系，道路交通查控5万余人次，协助防疫部门落地核查6000余人，快速侦办一起涉疫刑事案件，有力维护疫情防控秩序和复工复产秩序。深入开展“营商环境优化年”活动，实施营商环境对标提升、行政审批效能提速、企业合法权益保护、重商安商亲商4个专项行动，依法办理破坏市场经济秩序类案件5件6人，办理破坏企业生产经营类案件2件2人，企业合法权益得到有效保护。稳妥推进华龙山庄重整，积极化解如意集镇等建设领域历史遗留问题。主动服务全域旅游，开展旅游乱象整治，抓获“喊客拉客”86人次，行政拘留37人次。

【政法队伍建设】 坚持用习近平新时代中国特色社会主义思想武装全市政法干警，贯彻落实《中国共产党政法工作条例》，全方位加强党对政法工作的绝对领导，巩固“不忘初心、牢记使命”主题教育成果，不断抓实思想教育。严格落实全面从严治党工作责任，持续抓好中央八项规定的贯彻落实，持之以恒改进司法作风，队伍整体形象不断提升，政法系统先进典型不断涌现。市公安局荣获“全省公安机关执法示范单位”称号；韶山冲派出所荣获“第十六届全国职工职业道德建设先进单位”“全省十佳公安基层单位”称号，民警刘满松获得“全省百佳优秀公安民警”称号。市人民法院连续17年保持队伍零违纪记录，干警王伟忠获全省法院“基本解决执行难”工作先进个人。市人民检察院信息工作获湖南省人民检察院表扬，干警康佳萱获省级“民事检察业务能手”称号。火车站社区被评为全国民主法治示范社区。

（李　杰）

法治政府建设

【概况】 2020年，韶山市深入贯彻习近平新时代中国特色社会主义思想和党的十九大精神，在湘潭市委、市政府的坚强领导下，按照湘潭市法治政府建设工作要点，全面推进法治政府建设工作，取得了良好的成效。

【法治建设】 加强党的领导。党政主要负责人切实履行推进法治建设第一责任人职责，法治建设重要工作亲自部署、重大问题亲自过问、重点环节亲自协调、重要任务亲自督办。坚持把学习贯彻习近平总书记关于全面依法治国的重要论述作为重要政治任务，纳入市委理论学习中心组开展学习研讨。8月，市委理论学习中心组集中学习了《民法典》。11月30日，市委常委会专题传达学习中央全面依法治国工作会议精神和习近平法治思想。市委书记带头进行了研讨交流。同时，将法治政府建设成效纳入市管领导班子、领导干部年度考核和领导干部提拔重用考察的重要内容。将全面依法治市工作纳入市平安建设考评范畴，推动部门和乡镇法治建设工作落细落实。加强谋划部署。组织召开市委全面依法治市委员会第二次会议，统筹解决推进全面依法治市重大事项、重大问题。委员会开展全面依法治市专题学习，研究出台《中共韶山市委全面依法治市委员会2020年工作考核要点》《关于全面推进依法治市的意见》《关于加强法治乡村建设的实施方案》和《关于建立“切实解决执行难”联动机制的实施意见》等重要文件，强化统筹协调，发挥法治固根本、稳预期、利长远的保障作用。强化工作推进。政府常务会、市委常委会先后审议通过《韶山市创建“全省法治政府建设示范市”实施方案》和《湘潭市实施〈湖南省韶山风景名胜区条例〉办法》（草案.送审稿）。市长曹伟宏亲自签署《任务交办函》，督促各单位落实法治政府建设示范市指标任务。

科学决策加快推进。顺利完成重点立法起草工作。韶山市政府为了出台韶山风景名胜区条例先后完成政府购买服务、立法调研、专项论证等前期工作，并征求湖南省韶山管理局意见建议，两次召开起草工作领导小组扩大会议，经政府常务会和市委常委会审议通过，报湘潭市司法局合法性审查。10月20日，经湘潭市政府常务会议审议通过，11月3日，湘潭市人民政府将议案报送至湘潭市人大常委会，顺利完成《湘潭市实施〈湖南省韶山风景名胜区条例〉办法》的立法起草工作。强化合法性审查。全面推行政府规范性文件、党内规范性文件和政府合同合法性审查“三个100%”，开创法制部门政府决策文件全审查、政府常务会全程参与、重大疑难问题处理全程把关“三全”工作模式。共审核发布各类规范性文件66件。法制部门参与政府重点项目、中心工作、历史遗留等法律问题处理

30余次，审查政府合同16个。清理规范现存有效的营商环境方面的20个规范性文件和3个政策文件。稳步推进全省首批“法治政府建设示范市”创建工作。制定《韶山市创建“全省法治政府建设示范市”实施方案》，先后经政府常务会和市委常委会审议通过并实施。及时召开全市动员会议，市长亲自督查调度，向全市13个单位下发交办函。

严格执法持续提效。“放管服”改革成效显著。统筹推进落实148项改革事项，形成96项制度成果。深化“放管服”改革，1760项政务服务事项实现“最多跑一次”，“一门式”基层公共服务全覆盖工作经验在全省推介。实行施工许可证全程网办，推行数字化联合审图模式，项目审批平均用时压缩至5个工作日内，效率排名全省第一。深化“证照分离”改革，推进登记全程电子化。新增市场主体1483家。执法规范化建设持续推进。全面推进行政执法“三项制度”，组织开展韶山市全面推行行政执法“三项制度”专题培训。严格落实案卷评查，就全市公安、市场监管等12个部门开展执法案卷评查。行政复议、诉讼依法办理。全年复议机关受理全市行政复议案件4起，法定期限内办结率100%，复议案件数量同比下降50%。办理行政诉讼案件18件，已结案11件，胜诉率达82%。

公正司法不断深化。司法体制改革深入推进。加快以审判为中心的诉讼制度改革，推进案件繁简分流、轻重分离、快慢分道。2020年，人民法院收案1600件，结案1404件，结收比89.54%。推行认罪认罚从宽制度，全市适用认罪认罚从宽程序办结案件92件114人，制度适用率达94.21%，位居湘潭市前列。推进司法责任制配套改革，落实院庭长办案责任制。院庭长结案1161件，占结案总数的71.18%。全面推进公益诉讼工作。检察机关受理各类公益诉讼案件14件。服务经济发展多点发力。出台韶山市《优化营商环境重点工作实施方案》，开展保护民营企业合法权益专项活动，依法审理民间借贷、买卖合同、建设工程等商事涉企案件136件，以调解、撤诉方式结案52件。依法加大对扰乱企业生产经营环境违法犯罪行为的打击力度，成功处置扰乱企业、项目正常生产经营事件，依法打击处理3 人。扫黑除恶专项斗争纵深推进。坚持源头治理，重拳打击，推进扫黑除恶专项斗争向纵深发展。政法机关加大破案攻坚力度，依法严惩违法犯罪行为，保持严打高压态势，确保打深打透。公安机关全年共侦办恶势力犯罪团伙3个，法院一审判决认定恶势力犯罪团伙2个7人，无在逃涉黑涉恶犯罪嫌疑人。全市侦查、公诉、审判阶段涉恶案件存量率先实现全面清零。

【法治宣传和服务】 法治宣传工作有效开展。组织全市90家单位干部职工进行学法守法考试，参学率与参考率达到100%，通过率98%。开展宪法、“三大攻坚战”、扫黑除恶专项斗争等宣传活动，全面铺开《民法典》专题宣传，开展专题讲座46场，共4000余人参加。解答劳动报酬、工伤赔偿、合同纠纷等法律咨询318余次，累计发放法律援助条例、法治年画、宪法读本等宣传资料2万余份。公共法律服务工作卓有成效。法援中心办理法律援助案件203件，解答来访法律咨询以及“12348”法律服务专线来电咨询和代写法律文书共计326人次，为受援人挽回经济损失200万余元，免去法律服务费用60多万元。公证处办理传统业务139件，服务湘潭西变电站、天鹅山、1121宗兴线铁路专线、天润园、枣园安置区、韶山学校新校区、石板坳安置区等重点项目28次。优化一村（社区）一法律顾问配备，组织38个村（社区）和法律顾问完成合同续签，并组织村（社区）法律顾问开展6场“法援惠民生关爱特殊群体”主题活动，村（社区）法律顾问工作成绩位居湘潭前列。社会依法治理全面加强。全面推进社会治理创新试点工作，形成了乡村治理、诉源治理、县域警务建设等一系列可推广、复制的典型经验10余条。其中全市坚持“五治融合”推进基层治理现代化的经验在省委要情刊发，村规民约工作在《湖南日报》头版、湖南政法推介。平安建设持续深化。全市农村刑事案件、行政案件分别同比下降22%、23%。努力推进“网格化+信息化”基层治理工作，形成网格事件层级审核、自动流转交办、闭环处置办结、全要素联动的工作格局。矛盾纠纷调处工作取得实效，全市各调委会共调解矛盾纠纷832起，调解成功827起，调解成功率99%，涉及金额1680.81万元。

（梁春燕）

公 安

【概况】 2020年，韶山公安肩负起市委、市政府和上级公安交付的重托，以最高站位、最快响应、最硬措施、最实作风投身疫情防控和经济社会发展之中，顺利完成各项工作任务，有力维护了政治安全、社会安定、人民安宁。韶山市公众安全感民意调查连续三年排名全省第一，人民群众对韶山公安的满意度评价连续三年排名全省第一。韶山市公安局先后荣获“全省公安机关执法示范单位”“湘潭市职工模范之家”等荣誉称号，获评湘潭市县域警务先进单位；韶山冲派出所荣获“第十六届全国职工职业道德建设先进单位”“全省十佳公安基层单位”称号，在全国公安机关落实习近平总书记训词精神主题云宣讲活动中作典型宣讲。同时，安保维稳、道路交通顽瘴痼疾整治、政务服务、禁毒等多项工作获上级通报表彰。

2020年，韶山市公安局“110”共接听报警24109起，与2019年基本持平，其中：有效报警7065起，刑事类警情108起，治安类警情467起，交通事故2269起，火灾类警情19起，群众求救类警情791起，纠纷类警情1084起，有效分流非警务类警情84起，受理各类投诉181件。全年立刑事案件314起，移送起诉104人；受理行政案件403起，查处行政案件204起，行政拘留72人。

【防控新冠肺炎疫情】 新冠肺炎疫情发生以来，韶山公安牵头构建全城防控体系，道路交通查控5.2万人次，劝返6877人次，大数据落地核查5742人次，组织风险排查行动65次，妥善处置涉疫矛盾纠纷32起。严厉打击涉疫违法犯罪，核查处置网络舆情12起，破获一起在韶山、湘乡等地售卖假口罩的涉疫刑事案件。加强社会面整体防控，竭尽全力做好隔离点、医院、大型超市等重点部位、重点场所的安全防范，合力守护韶山。

【警务服务】 维护社会稳定，严格落实节点警务机制，重大涉稳事件预警率达100%。2020年妥善处置涉左、民运等16类重点群体190余批次，共计1.1万人，确保“八一特护期”“9·9主席逝世日”“十九届五中全会”“ 两会”等敏感节点期间社会大局的安全稳定。切实筑牢“外围、环城、核心”三圈实战反恐处突应急体系，做好了“红博会”“国庆中秋双节”“主席诞辰”等42批次重要节日、重大活动的安全保卫、交通组织工作，顺利完成8批次警卫工作任务。其中，主席诞辰127周年安保活动获部省市等多位领导的高度肯定。

打好扫黑除恶大决战，完成“六清”任务，建立扫黑除恶长效机制。123条线索全部办结，5批53件省委巡视组交办信访件办理到位。大力推进公安“放管服”改革，为企业、群众提供优质的公安政务服务。建立项目“警长制”，维护杨林风电拆除、三一（韶山）等101个重点项目、企业施工环境和营商环境。持续开展“电动车、摩托车整治”“酒驾夜查”等专项行动。牵头承担全市道路交通顽瘴痼疾整治工作，大力推进10个农村集镇交通安全设施建设和旅游主干道交通信息化项目建设，梳理隐患117处，100%治理到位。交通顽瘴痼疾集中整治工作获评湘潭优秀。积极投身文明建设迎国检，全力开展城区狂犬流浪犬处置和“三禁三不”工作；牵头完成禁毒示范城市迎省检、国检工作；高质高效完成14件人大建议、政协提案办理；积极开展旅游乱象整治，抓获“喊客拉客”人员86人次，行政拘留37人次。

争取市委市政府大力支持，把“举市抓安保”的思维和模式运用到县域警务中，稳步推进各项工作，逐步破解公安一家单打独斗的局面。建立“平安指数”发布机制，做实重点人员管控、治安防控、矛盾纠纷排查化解和社会治理，化解风险隐患310余处。研发县域警务动态预警平台，平安乡村监控安装数突破3000户，实现“鼠标巡逻”；重点单位、村（社区）电信对讲机与公安对讲机互联互通，实现“一呼百应”；政府投入472万元用于平安城市第六期建设，进一步夯实韶山“三圈”的科技防控。“三圈防控”“平安指数”经验在湖南公安简报、湖南公安在线宣传推广，《湖南日报》专题报道韶山市“撑起‘平安蓝’守护‘故园红’”的县域警务工作经验。

抓队伍建设。全年组织党委中心组学习12次，完成9个支部换届，严格开展“三会一课”，举办系列主题党日活动。全面启动“坚持政治建警全面从严治警”教育整顿，不断纯洁公安队伍，主动立案查处1人，劝退、辞退辅警10人。以“大练兵”为抓手，举办“学习吧”12期，开展射击训练、消防培训、反恐演练、业务培训56期，全面提升全警能力素质。顺利完成森林公安转隶。稳步推进公安政务服务“一窗办好”改革。全面落实《湖南省警务辅助人员管理条例》，推动辅警队伍层级化管理，将140名辅警纳入工会会员。完成两个职级套改晋升工作。为全局民警购买商业意外险和体检服务，开展表彰奖励、走访慰问、工会活动。

【打击违法犯罪】 严厉打击侵财案件。2020年，市公安局共破获侵财案件33起，抓获侵财类犯罪嫌疑人35人。成功打掉一个为境外电诈团伙提供通讯服务的话务窝点，抓获犯罪嫌疑人3人，缴获一批作案手机卡及通信设备，查证涉及该窝点的电信网络诈骗案件30起，被骗金额60余万元。侦破一起地下六合彩赌博案，抓获犯罪嫌疑人14人，扣押作案笔记本电脑1台、手机10余部，作案用银行卡（存折、U盾等）30余套，冻结涉案资金两百余万元。

扎实开展命案攻坚。在全国开展命案积案“云剑攻坚”行动时，市公安局高度重视，成立命案攻坚小组。专案组从全市历年来的3起未破命案入手，深入细致分析研判每起案件，克服案发跨度时间长、侦办案件人员换了一届又一届的重重困难，认真疏理，稳步推进，层层突破，决不放过一丝一点细节。功夫不负有心人，刑侦大队民警发现1995年12月，永义红沙坝抢劫杀人抛尸案的一名主要在逃犯罪嫌疑人胡某的蛛丝马迹，通过分析发现胡某疑似躲藏在广州或深圳，且变换身份的程某高度疑似犯罪嫌疑人胡某。刑侦大队立即将情况汇报给湘潭市公安局刑侦支队，在情报支队、技侦支队的大力支持下，进一步确定躲藏在广东深圳的程某就是犯罪嫌疑人胡某。市公安局立即组成联合专案组，克服疫情的影响，赶赴广东深圳对胡某实施抓捕。2020年4月15日，在当地警方的协助下，将犯罪嫌疑人胡某抓获归案。

积极开展禁毒斗争。保持对毒品犯罪的高压态势，牢固树立“禁毒为民、除毒务尽”的理念，大力加强刑侦缉毒工作，深化缉毒专项行动，严厉打击涉毒违法犯罪，最大限度地挖掘“隐性”吸毒人员。全局共查获吸毒人员21人次，强制隔离戒毒4人，破获涉毒刑事案件4起，抓获犯罪嫌疑人4人，移送起诉5人。

刑技串并案件侦查。2020年，技术民警出勘各类案件现场274起，提取指纹10案20枚，指纹提取率9.28%，提取足迹24案24枚，足迹提取率25%，提取生物物证（DNA）44案75份，DNA提取率27.84%。录入刑事案件现场88起，十一类刑事案件录入率100%，录入及时率100%。尸体信息质量合格率100%，痕迹物证总关联率100%，物证溯源率100%，物证规范率100%，十一类刑事案件合格率100%。检验、鉴定各类痕迹、物证60案（份），出具鉴定书60份，为刑事诉讼和未破刑事案件提供现场材料74套。利用足迹、视频等痕迹物证串并案件11串59案。利用DNA案案串并15起，人案比中13案，案人比中8案，案案比中15案，比中犯罪嫌疑人11人，涉案36起。法医出勘现场15起，尸体检验15具，伤情检验鉴定94人次。犯罪嫌疑人捺印指纹采集率达到100%，照片质量合格，DNA血样采集率为100%，足迹采集率77.4%，虹膜采集率35.4%，声纹采集率25.3%，电信诈骗犯罪嫌疑人声纹采集率100%，手机采信息有效集率78.2%。

【交通管理】 2020年，交警大队共处理交通事故1837起，受伤607人，死亡人事故15起；查处酒醉驾216起；办理各类刑事案件48起；办理行政案件4起，受理驾驶证业务4878笔，组织驾考4938人，共计9816笔；受理机动车业务9665笔，驾驶证业务947笔，组织驾考552人，共计11164笔。

（邹　汪）

检　察

【概况】 2020年，韶山市人民检察院以习近平新时代中国特色社会主义思想为指导，深入贯彻最高人民检察院做优做强新时代检察工作的要求，依法忠实履行法律监督职责，努力当好人民群众美好生活的法律守护者，先后涌现“湖南省人民检察院民事检察业务能手”“湖南省政法系统文化建设先进个人”等先进典型。

【打击各类刑事犯罪】 2020年市检察院共受理审查逮捕案件29件58人，批准逮捕26件47人；受理审查起诉案件108件140人，提起公诉71件98人。其中：严惩抢劫、故意伤害、聚众斗殴等严重暴力犯罪，批捕14人，起诉15人；重拳打击盗窃、诈骗、帮助信息网络犯罪活动等多发性侵财犯罪，批捕19人，起诉28人；严厉打击黄赌毒、涉枪涉爆、危险驾驶等危害社会秩序犯罪，批捕2人，起诉33人，有力地守护了韶山市社会大局稳定和人民群众生命财产安全。推进扫黑除恶专项斗争。通过印发宣传册、发放检察文化产品以及在公交站牌布置扫黑除恶宣传标语等形式，大力营造黑恶势力人人喊打的社会氛围。切实落实十一届省委第八轮巡视关于中央扫黑除恶专项斗争督导反馈问题整改要求，有序开展“六清”工作，涉黑涉恶案件及线索均已全部清仓办结。对已办结的两个涉恶案件及时开展“回头看”，逐案审查可能涉及的黑恶案件线索及涉案财产处置情况，形成案件专项报告，并发出“打财断血”专项检察建议1份，确保涉黑涉恶案件打得准、打得狠，经得起历史和法律的检验。积极参与社会综合治理。将“枫桥经验”贯彻到检察工作之中，充分发挥检察建议的督促、纠违功能，将检察职能向社会治理领域延伸，共发出社会治理类检察建议3件，当好党委、政府的“法治参谋”。严格贯彻落实宽严相济刑事政策，依法不批准逮捕12人，不起诉33人，最大限度地减少社会对立面。严格落实检察长接待日制度。检察长深入一线窗口接访32人次。落实“群众信访事项件件有回复”工作要求，受理来信、来访和网络信访10件，全部做到7日内程序性回复，3个月内答复办理过程或结果，有效做好息诉罢访工作。

【加强刑事诉讼检察监督】 加强侦查监督，提前介入、引导侦查案件5件，监督公安机关立案1件1人，追捕3人，办理羁押必要性审查案件2件，发出检察建议2件。加强刑事审判监督，办理纠正违法行为案件2件，追诉1人，检察长列席法院审判委员会2次。加强对社区矫正工作的日常检查，严防脱管漏管现象发生，开展暂予监外提请审查1次，财产刑刑事执行核查专项检查1次，发出纠正意见、检察建议4件，依法监督社区矫正机构积极履职，确保社区矫正服刑人员合法权益。开展民事行政检察监督。着力打造多元化民事行政监督格局，进一步扩大监督规模，加大办案力度，不断为人民群众提供更好、更优、更实的检察产品。共办理民事生效裁判监督案件1件，民事审判程序违法监督案件7件，执行监督案件24件，督促履职1件。与韶山市司法局联合制定《关于开展赋予强制执行效力公证债权文书检察监督专项活动方案》，深入开展非诉执行专项监督，促进行政执法与司法的有效衔接。加强对农民工、残疾人等特殊群体请求给付劳动报酬和损害赔偿等案件的支持起诉力度，维护人民群众合法权益，办理支持起诉案件4件，协同法院帮助弱势群体挽回经济损失22.4万元。推进公益诉讼检察监督。牢记党和人民嘱托，履行公益保护崇高使命，当好国家利益和社会公共利益的“守护人”。2020年共办理公益诉讼案件16件，所有案件均在诉前得到有效解决，办理的庞某某等三人非法占用农用地损害公益案，督促相关人员及时整改到位，取得了良好的社会效果。重视食品安全保护，开展对乡镇农贸市场及流动摊贩食品安全专项监督，与市市场监督管理局联合开展学校食堂及周边商店食品安全检查，切实保障人民群众“舌尖上的安全”。开展潇湘红色资源保护公益诉讼专项行动，进一步强化全市英烈权益和英烈纪念设施保护工作，用法治力量捍卫英雄烈士权益。

【认罪认罚从宽工作】 积极推行认罪认罚从宽制度，充分发挥刑罚的惩罚警示和教育矫正功能，切实履行检察机关的主导责任，依法从宽处理认罪认罚的犯罪嫌疑人，不断提升社会治理法治化水平。2020年共对99件124人适用该制度，适用率94.65%。推进量刑建议精准化，提出定刑量刑建议72人，采纳率达83%，该制度各项指标排名均在湘潭市前列。

【护航未成年人健康成长】 贯彻落实最高人民检察院“一号检察建议”，着力强化未成年人法治教育，实现检察官担任法治副校长乡镇全覆盖。并在镇泰小学、如意中学等学校开展法治进校园活动6次，为800多名中小学生种下法治信仰的种子。坚持宽容不纵容，依法对未成年人涉嫌轻微犯罪案件少捕慎诉，妥善办理未成年人犯罪案件2件3人，作出附条件不起诉1人，切实保护未成年人合法权益。

【自身建设】 优化检察职能配置。按照《韶山市人民检察院内设机构改革实施方案》，全面完成内设机构重塑性改革，机构数缩减29%，队伍专业化建设得到进一步加强。加强人才培养力度，推荐提拔了2名中层干部担任党外副检察长，3名90后年轻干警担任部门负责人，有效激发了全院干警干事创业的工作活力。优化办案组织，在广泛征集意见的基础上，对全院干警岗位职责进行了重新调整，调整职能配置，强化办案保障，办案质效得到大幅度提升。推进司法责任落实。修订完善《2020年绩效考核办法》，健全三类人员考评机制，运用好检察官业绩考评这根“指挥棒”，充分释放改革活力。入额院领导带头承办重大疑难复杂案件，在规范办案上做表率，办理各类案件224件，占全院案件总数的83%。贯彻落实以“案-件比”为核心的案件质效评价机制，有效减轻当事人诉累。坚持放权不放任，通过案件大数据监管平台对案件进行抽查评议和全流程网上监控，严把案件质量关。

（肖 潇）

法 院

【概况】 2020年，韶山市人民法院共收案1664件，结案1633件，结案率98.14%，兑现执行标的1.12亿元，办案质量、效率、效果等主要指标保持湘潭法院第一、湖南省法院前列；在湖南省公众安全感民意测评中，满意率继续保持湘潭法院系统第一。

【审判和执行】 全年审结刑事案件68件，从严惩处妨害疫情防控犯罪，陈某等人因犯销售假口罩被判处有期徒刑一年、并处罚金4万元不等、追缴违法所得2.6万余元。纵深推进扫黑除恶专项斗争，涉恶被告人张某等人被判处有期徒刑三年六个月不等刑罚。出台《“打财断血”（清查涉案财产，深挖利益链，依法采取查封、追缴、冻结、没收和行政处罚等办法，彻底摧毁黑恶势力的经济基础，决不让黑恶势力有死灰复燃之机）联运工作机制》，推动摧毁黑恶势力经济基础机制建设。组织开展“黑财清底”（指将黑恶势力财产深挖到底，实现涉黑案件财产的应执尽执）专项执行行动，向社会发出执行悬赏公告，追缴涉恶被告人非法所得。加大对职务犯罪案件财产部分的执行力度，追缴违法所得947万元上缴国库。

受理各类民事案件869件，审结865件，结案率99.54%。处理婚姻家庭纠纷99件，处理劳动人事争议、劳务合同纠纷88件。推进如意集镇建设历史遗留问题处置。召开90余人的债权人会议，协商执行兑现方案，及时化解矛盾。完成涉诉信访工作，接待来访群众127人次。与银田镇、银田村多次联动做信访人朱某的思想工作，促其息诉罢访，化解近20年的信访老案。办结省委巡视组交办件44件。

审结涉民营企业案件339件。在债务纠纷案件中，法院采取冻结被告人或公司财产的手段，促成双方达成分期偿还债务协议。处置某酒店重整案件，涉案债权金额3亿余元，保护100多名债权人权益。

2020年，受理执行案件649件，结案635件，结案率97.84%。公开被执行人598人次，发布失信被执行人6期60人，限制高消费344人次，拘留、拘传被执行人31人次，罚款10人次，涉嫌拒执罪移送公安机关侦查3案3人。网络司法拍卖79次，成交8500万元，溢价率10.75%。处理涉民生案件142件，申请标的2027.75万元，兑现1634.84万元，其中涉农民工案件73件，兑现1243万元。加大司法救助力度，向经济确有困难的15件案件当事人发放司法救助款12万余元，为符合条件的18件案件当事人缓、减、免诉讼费5.5万余元。

诉源治理。在东湖村等地设立诉源治理工作站，完善人民调解、行政调解、司法调解联动工作体系，使一审民事、行政案件受案数同比下降24%。出台《韶山市人民法院调解速裁工作办法（试行）》，明确对法院委派、委托、特邀调解的案件予以补贴，调动人民调解员的积极性。设立“多元解纷调解室”，聘请10名特邀调解员常驻诉讼服务中心调处纠纷，诉前调解374案，其中调解成功198案，诉前调解案件占一审民事立案数的44.6%。

【网络便民】 市法院争取省高院、财政厅解决改造资金200余万元，全方位推进“智慧法院”建设，升级改造诉讼服务中心，建设司法送达平台和执行指挥中心。2020年，优化线上诉讼服务。网上立案共81件，接听“12368”诉讼服务热线120多人次，互联网开庭15件，网上交退费647笔，音视频调解216件，电子送达及诉讼活动通知3000余条。推进跨域立案，当事人就近选择法院，通过“湖南移动微法院”平台处理跨域立案24件。

【服务三大攻坚战】 开展化解金融不良债权专项行动，处理涉金融单位案件73件，依法保护金融债权2.4亿元，为农商银行、邮储银行等金融单位收回资金4000万元。进入联点村走访慰问贫困户，宣传扶贫政策，争取新农村建设扶贫资金7万元，为欧海军等10户贫困户解决屋顶漏水、地坪维修等问题，贫困户回访满意率100%。开展“环境审判三湘行”活动，审结环境污染、资源开发案件2件。判处非法狩猎被告人李某等人有期徒刑一年、缓刑一年不等刑罚。依法保护耕地资源，庞某等人因犯非法占用农用地等罪被判处有期徒刑三年十个月不等刑罚，并处罚金。

【自身建设】 法制宣传。落实“谁执法谁普法”责任制，利用“3·15消费者权益日”“12·4国家宪法日”等特殊日子，开展法治宣传6场，发放宣传资料300余份，接受群众咨询100余人次。法治宣讲团到杨林、韶南等村宣讲民法典，引导依法解决纠纷，村民有矛盾不再拼“拳头”。干警走上镇泰、华润等学校讲台，讲好中国法治故事，引导未成年人遵纪守法健康成长。法官背着国徽到乡入村进户，先后在如意等14个村组开展巡回审判、现场进行宣传调解活动。制度建设。制定《关于开展“审判质量、效率和公信力巩固年”活动的实施方案》，落实随机分案为主、指定分案为辅的案件分配机制，明确重大疑难复杂案件优先分配给员额院庭长办理。出台院庭长、法官和辅助人员职责和权限清单。制定《案件质量评查办法》，实现随案评查与专项评查、重点评查有机衔接，对上级法院发回重审、再审的案件，邀请人大代表政协委员列席案件讲评会。发出审判管理通报17期，让数据发声、让监督发力，倒逼法官提升办案质效。把好考核关，强化责任追究，案件评查结果与法官晋升晋级、评先评优挂钩，明确案件被评定为瑕疵、不合格、错误的，分别扣除承办法官相应金额的年终绩效奖，并根据不同情形作出相应处理。制定《民事案件繁简分流实施意见》，推动在立案、审判、执行环节中的繁简分流。通过诉讼费减免、快审快执、绩效激励等方式，鼓励引导当事人、法官选择小额诉讼程序、简易程序办理案件。速裁团队审结民事案件387件，占全院民事案件总数的44.53%，平均审理天数为12.3天。队伍建设。严格落实工作责任制，开展中心组专题学习11次，组织党员干警学习教育培训50余次。开展主题党日活动12次，组织党员到汝城开展“寻初心、守初心、践初心”主题活动，持续巩固深化“不忘初心、牢记使命”主题教育成果，引导干警筑牢信仰之基，激励干警干事创业。

2020年4月，组织开展中华人民共和国最高人民法院部署的“坚持党对司法工作的绝对领导、坚持中国特色社会主义法治道路”专题教育，深入学习贯彻《中国共产党政法工作条例》，严格执行重大事项向市委、市委政法委请示报告制度，把做到“两个维护”（坚决维护习近平总书记党中央的核心、全党的核心地位，坚决维护党中央权威和集中统一领导）贯穿司法办案全过程，确保审判执行工作不偏航、不迷失。开展“以案释德、以案释纪、以案释法”警示教育，组织观看法院警示教育片3次，召开“以案为鉴、以案促改”民主生活会2次，交心谈话30余人次。以案建制度，扎紧制度笼子，消除监管漏洞。

实施“三个规定”（《领导干部干预司法活动、插手具体案件处理的记录、通报和责任追究规定》《司法机关内部人员过问案件的记录和责任追究规定》《关于进一步规范司法人员与当事人、律师、特殊关系人、中介组织接触交往行为的若干规定》）专项整治，对全院干警及家属进行自查、核查并形成台账。健全过问案件记录、通报、责任追究工作机制，完善岗位职权利益回避制度，严格规范法官与当事人、律师、特殊关系人的接触和交往行为，让有理者打得赢官司。认真贯彻市委决策部署。法院党组积极接受市委政治巡察，强化组织保障、工作保障、作风保障和纪律保障，确保督察组听到实话、察到实情、督到实处。坚持立行立改、限期整改，对市委第一巡察组反馈的14个具体问题，党组四次研究整改措施，确保整改到位。

2020年，韶山市人民法院官网上稿271篇，其中市级媒体采稿130篇，省级媒体采稿48篇，国家级媒体采稿12篇，微信发布文章180篇，微博发布文章273篇，其中原创微博43篇，原创微博点击量6.9万次，处置舆情4件。韶山市人民法院执行局局长王伟忠在“基本解决执行难”工作中表现突出受到湖南省高级人民法院通报表扬。在湖南省政法干警优秀作品赛中，退休干警王国平诗词作品，综合办公室负责人肖琳的摄影作品均荣获三等奖，干警沈启明的书法作品获优秀奖。法官助理李芊雨撰写的论文《大数据下法院电子送达的现状及展望》获全省法院第十八届理论研讨会优秀论文，廖玲撰写的案例《故意伤害罪与寻衅滋事罪的区别——赵某、童某寻衅滋事案》入选《中国法院年度案例》。

（郑雅婵）

司法行政

【概况】 2020年，韶山市司法局在市委市政府的坚强领导和上级司法行政机关的具体指导下，紧紧围绕市委市政府中心工作和“一个统筹四大职能”的职能定位，认真履职、务实创新，较好地完成了各项工作任务，取得了明显成效。

【人民调解】 2020年，聘用5名专职人民调解员，对全市162名基层、专职人民调解员按照有关要求统一落实了编号、徽章、工作证、上岗证。全力做好疫情期间的基层矛盾纠纷化解工作，组织基层调委会采取电话调解、上门调解的方式，减少人员的外出。组织38个村社区开展地毯式矛盾纠纷排查化解工作，确保韶山两会和全国两会期间的社会安全稳定。全市各调委会共调解矛盾纠纷832起，调解成功827起，调解成功率99%，涉及金额1680.81万元。撰写的经验文章《湖南韶山：打造诉源治理红色品牌》先后被《法治日报》、《新湖南》、《湘潭日报》、湘潭政法公众号等媒体采纳推介。

【社区矫正】 2020年，全市累计排查社区矫正对象729人次，接受社区服刑人员411人，解除矫正363人，现在册48人。刑释人员严密对接安置。社矫股（执法大队）严格落实疫情期间刑释人员对接安置政策，办理刑释人员对接安置34例。刑释人员无一例感染确诊、疑似病例，并均按一人一策妥善处置。《社区矫正法》宣传取得实效。深入开展《社区矫正法》学习宣传活动。通过微信群、微信公众号、QQ群等线上途径，组织社区矫正对象阅读相关法律规定，观看视频进行学习宣传，累计推送宣传资料200余条，悬挂宣传横幅3条，制作宣传标语3条，宣传栏2个，发放宣传册500份。

【法律援助】 2020年，市司法局组织38个村（社区）和法律顾问完成顾问合同续签，并组织村（社区）法律顾问开展6场“法援惠民生关爱特殊群体”主题活动。法律顾问共帮助修改村规民约12件、审查合同28件、调解矛盾纠纷51件、开展法治讲座76次、提供法律咨询412人次。该项工作获得湘潭市司法局领导的高度肯定。在疫情期间积极开展中小企业法律援助服务，对中小企业因受疫情影响，导致不能履约或不能完全履约，带来经济、法律纠纷的，积极为企业提供法律援助服务，全力帮助企业复工复产。全年共办理法律援助案件203件，解答法律咨询和代写法律文书共计326人次，为受援人挽回经济损失200余万元，免去法律服务费用60多万元。

【公证事务】 全年，公证处办理传统业务139件，服务旅游主干道、平里田园综合体、湘潭西变电站、天鹅山、1121宗兴线铁路专线、天润园、枣园安置区、韶山学校新校区、石板坳安置区等重点项目28次。

【法治政府】 全面推行政府规范性文件、党内规范性文件和政府合同合法性审查“三个100%”，落实政府决策文件全审查、政府常务会全程参与、重大疑难问题处理全程把关的合法性审查“三全”工作模式。全年共审核发布各类规范性文件66件。参与政府重点项目、中心工作、历史遗留等法律问题处理30余次，审查政府合同16个。清理现存有效的营商环境20个规范性文件和3个政策文件。并就全市4个乡镇38个村（社区）的村（居）规民约进行合法性审查，提出106条修改意见，合法性建议45条，出具4件法律意见报告。坚持高标准、严要求推进《湘潭市实施〈湖南省韶山风景名胜区条例〉办法》的立法起草工作。先后完成政府购买服务、立法调研、专项论证等前期工作，并征求省韶山管理局意见建议，经政府常务会和市委常委会审议通过，报湘潭市司法局合法性审查。10月20日，经湘潭市政府第92次常务会议审议通过，11月3日，湘潭市人民政府将议案报送至湘潭市人大常委会。7月组织开展韶山市全面推行行政执法“三项制度”专题培训，邀请省司法厅执法监督处冉义为全市各乡镇及行政执法部门分管负责人及部分一线工作人员100余人开展为期一天的专题培训，有效提升全市行政执法人员法治意识和执法能力。以法治政府示范创建为抓手，全面规范行政复议应诉工作制度。全年受理全市行政复议案件3起，2件维持，1件撤回申请，法定期限内办结率100%。办理以市政府为被告的行政诉讼案件18件，已结案11件，胜诉9件，胜诉率达到82%。市司法局下发《韶山市司法局关于开展2020年行政执法案卷评查工作的通知》，根据上级要求，全市公安、市场监管等12个部门开展执法案卷评查。

【法治宣传】 积极开展“送法下乡”“农村法治宣传月”等活动。法治宣传小组通过入户宣传、设立法律服务咨询台、开展普法讲座等方式，发放法治宣传资料近2000份、宪法读本400余册、环保袋200余个，制作悬挂横幅5条、摆放法治宣传展板10余块、现场解答群众法律咨询500人次，同时还为多个村（社区）送去了法律杂志、书籍共500余本。创新开展“以案释法基层行”活动，实现法治宣传教育和“谁执法谁普法”普法责任制双赢目标。活动期间，邀请全市9家单位的负责人全程参与全市18个村（社区）的18场宣讲活动，各单位筛选出具有重大教育意义、社会关注度高、与群众关系密切的典型案件进行释法，群众反响较好。全力做好新型冠状病毒感染的肺炎疫情宣传防控工作。2月组织开展“防控疫情、法治同行”专题法治宣传活动。共发布稿件3篇，微信微博推送稿件90余件，浏览量4万人次，张贴防疫宣传海报100张，并发放《新冠疫情防控法律知识简明读本》2000册，引导干部和群众依法抗疫。组织相关部门和38个村（社区）法律顾问开展《民法典》专题法律培训课47场。9月联合湘大法学院开展《民法典》专题学习3场。制作《民法典》宣传展板6块、发放《民法典》500本、《民法典》宣传折页1万余份，利用电子显示屏等公共设施开展宣传活动，展示《民法典》宣传标语500余条。在全年法治宣传过程中，市司法局先后撰写了以法释案、下乡宣传、民法典宣传等方面的文章，均被湘潭政法、湖南司法行政公众号和省司法厅官网等媒体采纳推介。10月22日，全国“七五”普法总结验收检查组一行到达韶山，对全市“七五”普法工作进行检查验收，给予了高度赞扬。

（龙 丹）

（责任编校 苏 良）

军 事

人民武装

【概况】 2020年，韶山市人武部认真贯彻军委国防动员部、省军区、军分区党委扩大会议精神，牢记初心使命，聚焦主责主业，夯实基层基础，从严正风肃纪，克服疫情影响，筑牢安全底线，推动国防动员质量水平与毛主席家乡地位相称相适应，向一流人武部建设目标大踏步迈进，全面建设又有新的进步。市人武部获评“湖南省军区安全管理工作先进单位”。

【思想政治建设】 市人武部坚持把学习贯彻习主席系列重要讲话作为首要政治任务，系统学习《习近平谈治国理政（第三卷）》等著作，深化“不忘初心、牢记使命”和“传承红色基因、担当强军重任”两项主题教育，采取专题宣讲与小课解惑、集中领读与自学研读相结合，编印《习近平故事集》，编写《两代领袖的人民观》思政课，常态开展警示性教育，结合时政要点组织观看《战役一线党旗红》《八佰》等爱国主义影片，用好业务微课堂，思想教育实效明显。开展《军队党的建设条例》学习宣讲，进一步规范党组织运行秩序，提升议事决策和统一领导能力。认真落实军委国防动员部关于巡视反馈问题整改的部署要求，结合深入清除纠治政治领域官僚主义、全面肃清郭徐房张流毒影响、军队加油卡专项清理整治等工作，进一步规范制度落实。利用好“韶山红”公众号和视频号等宣传平台，拍摄播出“六位亲人”“韶山五杰”等微视频，常态宣讲中国故事、抗疫故事、主席故事，打造“毛泽东书屋”，向全市基干民兵发出《积极参加疫情防控倡议书》，组织干部职工捐款，支持新冠肺炎疫情防控。

【战备训练】 市人武部坚持用习主席强军思想指导备战练兵，牢固树立实战化训练导向，党委每月专题议战议训，定期分析研判形势，党委抓训管训能力持续增强。结合国家安全形势，坚持以节假日和特殊敏感时期战备防护、重大演训活动和遂行急难险重任务为重要平台，积极开展战备教育，严格落实战备规定，战备秩序更加规范。紧贴担负任务，按照专项任务准备要求，安排专人专时系统修订战备方案，每季度组织拉动演练，市委市政府投入20余万元，补充完善应急连战备器材，战备能力不断提高。基础训练抓得紧，扎实组织首长机关训练，坚持每日1小时体能训练；探索军地联演联训联管联保机制，组织民兵参加“水库抢险暨山洪地质灾害避险军地应急演练”，走开运用地方场地组织民兵训练的路子，完成年度民兵训练任务，专武干部王湘宇获评“湖南省军区优秀射击教练员”，年终考核干部全员参考全员优秀。出动民兵圆满完成疫情防控、抢险备勤、维稳安保等任务，涌现出喻红兵、曾小琴、刘小年等先进基层武装干部和先进民兵典型。

【国防动员】 市人武部对照《后备力量建设“十三五”规划》任务，抓好民兵调整改革收官检验，提升国防动员水平。年初新冠肺炎疫情暴发期间，灵活运用“互联网+”方式组织开展工作，利用“学习强国视频会议”等互联网软件及时召开会议、部署工作、开展培训；通过电话、函调、微信等手段进行潜力核查、信息采集、档案收集；采取下文指导、视频抽查、结合疫情排查现地检查等方法督导基层落实；在发改、科工信、教育、交通运输和应急管理5个行业（系统）探索设立基层武装部，通过行业（系统）垂直管理的行政手段和便利优势，改善优化编兵条件，发挥使用管理功能，建强动员力量。借鉴上年民兵整组经验做法，紧贴韶山实际，克服人手不足、企业不足、潜力不足，采取立足潜力数据编、依托行业系统编等方法，重点在队伍结构、人装结合、专业对口、信息准确等方面谋求质效，完成基干民兵编组任务，专业对口率达100%，圆满完成基干民兵分队编组任务。发挥辖区红色资源优势，按照“扩容提质增效扬名”的思路，从强队伍、强素质、强推介、强策划、强管理、强保障六个方面，扩编重组女子民兵宣传队。始终把“五率”考评作为宏观指导和精准监控兵员质量的根本遵循，以推进“两征两退”改革落地为抓手，继续实施阳光征兵，落实择优定兵，完成年度兵役征集任务，大学生比例达到82.8%。

【部队管理】 坚持对照新规新标抓基层、打基础，将巩固基层阵地建设、正规“四个秩序”作为提高武装工作质量效益、实现创建一流人武部目标的重要支撑和抓手。采取“以奖代投”方式，投入20万元用于基层阵地建设，将星级达标建设纳入军地联合督查和党管武装绩效考评，多次集中办公跟进指导规范软件资料，完成两个5星两个4星创建目标。采取军地集中约谈、业务集中培训、军地联合考评等方式加强能力培养，1人通过资格认证，1名部长被重用，专武干部队伍能力素质提升明显。采取以上带下、以会代训、专题辅导、岗位实践等多种形式，加快文职人员能力养成。利用省军区“四个秩序”试点契机，协调地方将人武部纳入老旧小区改造一体推进，提质改造人武部办公环境；细化完善财经管理、网格化安全管理、军地联合协作等10余项规章制度，突出抓好临聘人员政治考核、失泄密、车辆管理、廉洁征兵等重点人员、重点部位、重点环节，全面提升营区安防设施设备，军委国防动员部部长盛斌到韶山视察人武工作时给予高度肯定。

【党管武装】 市委出台《韶山市党管武装工作绩效考核实施办法（试行）》，将国教委和国动委成员单位纳入考核范围，进一步细化考核方法，强力推进落实。把武装工作纳入市委常委决策范畴、纳入军地共同抓建、纳入军地联合督察，年内召开2次专题议军会、1次乡镇党委书记党管武装工作述职会，1次现场办公会，定期向常委传阅军队建设重要文件，市委常委会多次听取专项武装工作汇报，有效促进党管武装工作落实，形成军地共抓武装工作合力。市纪委、市委组织部全程参与对乡镇党管武装绩效考核和专武干部年度考核，军地联合对在星级达标、民兵整组等大项任务中工作推进不力、排名靠后的乡镇党委书记和武装部部长进行集中约谈，军地先后两次联合对民兵调整改革、兵役征集等重点工作进行专项督查，较好地传导责任压力。

【国防教育】 充分发挥韶山红色资源优势，持续深化“八三四一”国防教育工程，结合“学雷锋”“五四运动”“八一”“全民国防教育日”，以一系列活动为牵引，不断推进国防教育，扩大国防教育辐射面和影响力。加强国防教育队伍建设，扩编重建女子民兵宣传队，重新授旗并进行成果展示，线上线下常态宣讲，组建国防教育教师队伍，把国防教育纳入红培教师资质培训考核，持续提高国防教育队伍专业化水平。进一步拓展国防教育新阵地，深入挖掘“神十”背后的国防精神，将航天精神与大国防观念有机结合；开办“韶山红”视频号，发布国防教育短视频10余条，获得点赞10多万次；推动烈士陵园创成全省国防教育基地，加快国防主题公园建设，协调地方投入20余万元在市区主要干道建设大型永久性国防教育、双拥共建宣传牌，在全市上下形成爱我国防、兴我国防的浓厚氛围。将国防教育作为公务员培训第一课，市领导带头听课宣讲，带头参加清明祭、烈士公祭日等爱国主义国防教育活动，市国教办、市教育局、团市委联合开展国防教育微团课、队课比赛活动。年内向党委机关、学校社区送课20余场，组建国防教育教师队伍，组织11场军史文化巡展，民兵毛婉瑶获得全省“爱我国防”演讲比赛三等奖。全年在中央级媒体发表稿件25篇（条），韶山市国防教育工作被《中国国防报》报道。

【双拥工作】 大力开展“建设一流人武部、为毛主席家乡增光添彩”活动，深化拥政爱民活动，积极发挥军队优势，广泛发动干部职工、民兵队伍投身经济社会建设。组织干部职工进行文明劝导，指导乡镇组建“助力文明建设”“助力脱贫攻坚”“旅游服务”“防汛抢险”四支民兵特色小分队，全面投身韶山文明建设和社会治理，涌现出二星志愿者许娇龙、一星志愿者张敏等先进典型。将民兵学习宣讲活动融入新时代文明实践，结合八一、国庆等时机，组织民兵到景区、城区向游客和市民进行义务宣传，受到游客、市民的好评。加大帮扶力度，积极为联系点的银园村6户贫困户排忧解难，为该村解决1.9万元用于命心桥建设、油茶、瓜蒌子等扶贫项目，如期如质完成脱贫攻坚任务。银园村党总支获评“湘潭市五星党组织”。协调市退役军人事务局，市、乡（镇）、村（社区）三级联动，开展“四走访、四助力”活动，走访慰问韶山籍现役军人，上门送三等功喜报。完成2020年入伍新兵直系亲属免费家庭医生签约活动；推动复退军人安置、军人军属优先优待等政策落地落实。

（谢利民）

武警执勤一中队

【概况】 武警湘潭支队执勤一大队执勤一中队驻地在毛泽东同志故乡——韶山。主要担负毛泽东同志故居、滴水洞一号楼、纪念馆文物仓库警卫任务，以及党和国家领导人、外国政要到韶山期间临时的警卫任务。党的十九大以来，中队坚持聚焦强军目标，以习近平强军思想为指引，传承红色薪火，培育“四有”革命军人，锻造“四铁”先进中队，连续29年获评湖南总队、湘潭支队基层建设先进中队，12次获评“武警湖南总队标兵中队”，中队被武警部队树为“基层建设标兵中队”，先后荣立集体一等功2次、集体二等功5次、集体三等功13次，被湖南省委省政府授予“全省模范警卫中队”荣誉称号，2001年中队党支部被中组部授予“全国先进基层党组织”。

【红色教育】 2020年，中队把习近平强军思想作为新一代革命军人信仰之基、忠诚之本，融入官兵血脉。制作“习主席语录”记忆卡、口袋书，开设“弘武学堂”，让战士畅谈学习讲话之“经”，教学讲话之“法”，领悟讲话之“得”，在深化理论学习中铸牢听党话跟党走的命根子；注重把学强军思想与高扬红色文化主旋律结合起来，持续开展“当好毛主席故乡兵，争做习主席好战士”主题实践活动，每年新兵下队后第一项集体活动是拜谒毛泽东同志铜像，第一次外出是瞻仰毛泽东同志故居和参观毛泽东同志纪念馆，第一堂教育是邀请老红军、军烈属到中队讲传统，第一场文化大餐是组织观看“中国出了个毛泽东”大型实景演出。中队还组建了红色歌曲合唱组、红色景区讲解组、红色诗词朗诵组，官兵人人能背毛主席词诗，人人能当核心景区讲解员，在耳濡目染中滋长了忠诚基因，传承了红色血脉。

【军事管理】 2020年，中队始终牢记习主席抓备战谋打赢的殷殷嘱托，把当兵打仗作为最大本事，在实战实训中除娇气、增虎性、砺血性，全面打造“刀尖子”中队、培养“小老虎”官兵。支队多项军事比武竞赛的记录是中队官兵创造并保持的，先后涌现出多名总队、支队表彰的训练标兵；深入开展“练哨兵、研哨法、强哨位”活动，将强军要求落实到一岗一哨、一兵一卒，圆满完成党和国家领导人、外国政要到韶期间警卫任务。

【砥砺优良作风】 注重把握强军思想中蕴含的人生哲理和实践要求，以价值导向牵引目标方向，引导官兵争做“四有”新一代革命军人。结合每名官兵素质状况，量身订制“成长成才路线图”，先后有多人取得函授大专以上文凭，多人通过地方技能资格认证；坚持弘扬优良传统，总结提炼的“24件家珍”接续传承、发扬光大；党支部“一班人”带头作出“五先四后”的庄严承诺，干部站排头、党员作表率，以自身的模范行动影响和感召官兵；广泛开展“大手牵小手”“春蕾行动”“关爱空巢老人”等活动，官兵自发捐资帮助驻地贫困学生完成学业。

（辛 全）

武警韶山中队

【概况】 2020年，武警湘潭支队执勤一大队韶山中队在上级党委和驻地政府的大力支持和帮助下，深入学习贯彻三级党委扩大会议精神以及各级首长重要指示，以训词训令为遵循，以大纲条令为准绳，紧紧围绕“争创基层建设先进中队”目标，狠抓两大主题教育成果转化和经常性基础工作，精心筹划部署各类专项活动，圆满完成以执勤处突为中心的各项任务，高标准实现了“两个确保”，部队呈现全面进步协调发展的良好态势。

【思想政治建设】 抓思想政治建设，思想觉悟进一步提升。一是抓好理论武装。坚持把学习习近平主席讲话精神和党的先进理论作为官兵坚定信念、凝聚力量、激励士气、履行使命的根本抓紧抓实。引领官兵在学习中掌握理论知识，拓展新问题。引导官兵坚定政治信仰，自觉投身强军实践。二是扎实开展主题教育活动。中队扎实开展两个主题教育。每个教育活动有调查、有动员、有载体宣传、有体会交流、有笔记展评。教育形式多样、内容丰富。通过主题教育活动，官兵的党性意识、奉献意识、民主意识得到加强。三是精心组织经常性教育。中队坚持把加强思想政治建设摆在首位，注重举旗铸魂育人。按照支队统一部署，落实好每月思想教育课堂，围绕价值追求、道德情操、是非标准和社会热点敏感问题，开展针对性教育，做好意识形态工作，强化经常性思想和心理工作；支部坚持每月议教制度，围绕官兵现实问题制定教育计划，创新授课方式，抓好“一课多讲”，丰富教育内容和方法，官兵敢打必胜的战斗精神明显增强。

【军事管理】 正规执勤战备秩序，中心工作圆满完成。一是突出执勤战备教育功能作用。针对中队营区长期安全无事故，少数官兵易产生“站和平哨”的麻痹思想，中队每月开展1次执勤战备教育，定期组织观看《警钟长鸣》系列影片，抓实战备教育和敏感期形势教育，引导官兵始终保持清醒头脑，增强忧患意识。二是抓好执勤战备制度。注重从执勤八项制度严起，从“三班”“四哨”抓起。结合安全大检查，坚持支部统揽，主官亲抓，严密组织各类勤务，结合人员变动、重大节日和特殊时期，召开专题会议，分析执勤形势及时修订各类方案，组织实兵实装训练演练。对各类物资进行全面检查、维修和保养，确保携行、运行战备物资都处于良好战备状态，圆满完成了中心任务和兵力抽组任务。三是按照实战抓好专勤专训。制定方案，每个科目训练前组织示范，训练后有考核，确保时间训足、内容训实、人员训全。年初11名新人通过执勤考核，完成岗位训练；采取操场训练与哨位训练相结合，发挥以老带新、以强带弱的作用，有效提高了执勤能力。四是治理隐患保中心。中队营区地处开放环境，周边人员成分复杂。中队干部结合查铺查哨时机，随机进行教育和实地能力考核，通过监控视频点名对当班哨兵进行实时讲评，促进了执勤秩序正规化。“智慧磐石”工程已建设完工。坚持使命牵引，铁下心来练兵备战。在各类比武竞赛中，涌现出一批能打胜仗的特战尖兵。涌现出三等功臣罗程等一批突出典型；坚持任务牵引，集中精力做好维稳工作。中队常态担负韶山市看守所看守勤务，韶山城区及游客换乘中心、高铁南站、高速路口联勤武装巡逻勤务，毛泽东诞辰纪念日及除夕夜广场安保勤务，党和国家领导人到韶警卫勤务等；组建应急救援分队，定期组织演练；加强与目标单位联系联防，开展联合演练，确保应急处置。

坚守军地情谊，军地协同联创联建。中队继承和发扬部队的光荣传统，积极开展警民共建活动，做好拥政爱民工作，经常性开展学雷锋活动。积极投身地方“三个文明”建设，开展“把驻地当故乡，视人民为父母”的拥政爱民活动，积极为驻地群众排忧解难、支援建设、抢险救援。中队官兵，勇担韶山反恐维稳重任，组织官兵参加义务献血，积极投身文明城市创建，开展国防教育，组织军营开放日等活动，看望慰问困难群众，用实际行动诠释了军民鱼水情。

（谭 义）

人民防空

【概况】 2020年，韶山市人防办按照“长期准备、重点建设、平战结合”方针，围绕“战时防空、平时服务、应急支援”使命任务，牵住项目建设牛鼻子，融入全市发展建设大局，紧扣中心工作，认真履行战备职能、积极参与城市建设，补短板、强弱项，振兴乡村战略，发展生态，积极扶贫，人防工作取得质的飞跃。

【人防建设】 2020年，市人防办注重夯实人防基础，抓好人防工程项目建设。一是争取上级人防主管部门资金50万元，建成韶山市人防文化主题公园。该项目选址毛泽东同志青年塑像公园，建设内容包括游步道路修复改造、现场补坑整修、人防宣传教育立牌、人防主题座凳、人防标识等，让公园成为集休闲、教育于一体的文化教育阵地。二是争取上级人防主管部门资金100万元，在长湖村、银田村开展了市本级疏散地域建设。该项目建设有效融合各方面力量，增加了农民收入、改善了人居环境，助推了美丽乡村建设。

加强人防法治建设。公开透明审批流程和权力清单，严格审批程序，规范权力运行。按照集中受理、一站办公、联动审批、优质办结、阳光服务的要求，做好窗口服务。人防文书档案管理规范，程序合法，案卷合规，质量较高。全年共受理并办结行政许可项目12个，并征缴防空地下室易地建设费。

推进人防指挥体系建设。坚持每周与省、市人防办进行指挥通信训（演）练，保障互联互通，全年指通训（演）练60余次，综合联通率达100%。参加省、市组织的拉动训练4次。顺利完成4月4日举行的新冠肺炎疫情全国性哀悼活动防空警报鸣响工作、9月18日纪念“九一八”事变防空警报鸣响工作以及全省“11·1”防空警报试鸣任务，实现覆盖率和鸣响率100%。在交通人防指挥大楼顶部安装一台电声警报器，同时对全市八台防空警报器进行维修、更新。

规范人防工程建设管理。严格落实安全生产责任制，开展元旦、春节等重大节日期间安全生产检查、安全生产专项整治、安全宣传教育培训等重要活动，全年开展安全生产检查12次，发出《限期整改通知书》2份，严格落实事故隐患治理“一单五制”制度，强化安全生产基础工作，全年未发生安全责任事故，确保全市人防工程安全生产形势持续平稳。

【人防宣传教育】 落实人防宣传“五进四化”工作，宣教进村、进学校，结合疏散地域项目建设，在长湖村、银田村、湘韶村、韶润村及韶山学校高中部，制作人防宣传标识牌40余块，建设其他基础配套设施，共投入170余万元；更新12块移动宣传展板，在全市各级机关办公楼、居民小区、学校、园区企业进行巡展；向韶山学校小学部、镇泰小学捐赠《现代防空防灾》书籍1000余册；对办理报建的企业进行人民防空法律法规和人民防空规范性文件的解读、宣讲；利用网络媒体对人防法律法规政策及人防工作动态等进行全方位宣传，全年向省、市、县人防主管部门报送信息20余篇，被地方媒体采用8篇。

（许雍睿）

（责任编校 颜家友）

经济管理

发展与改革

【概况】 2020年，面对新冠肺炎疫情的影响，韶山市发改局围绕全市经济社会发展规划，勇挑重担，落实责任，攻坚克难，聚力争资争项，争资达到历史最高水平，各项考核指标位居湘潭市前列。

【项目申报】 2020年，市发改局积极跑部进省，加强衔接，认真研究国、省政策共争取上级各类资金约4亿元，其中保障性安居工程基础设施配套7600万元，清溪镇污水管网建设3000万元，卫健、排涝、社会保障等2200万元，省预算内含“135”奖补约1.3亿元。除以上资金外，通过发改能源口争取资金1.4亿元；争取政府专项债券1.25亿元；争取特别国债2600万元。强化项目策划与包装，策划争资项目共储备115个，预计投资50.03亿元。优化政务服务，完成项目可研及概算审批292个，备案66个。组织开展“十四五”规划编制工作，完成《韶山市国民经济和社会发展第十四个五年规划纲要》编制工作。开展工程建设领域招投标专项整治工作，对4个招投标违法项目进行了行政处罚。

（郭　磊）

物价管理

【概况】 2020年，面对突如其来的新冠肺炎疫情，韶山市发改局积极落实中央省市各项降价降费措施，优化经济发展环境，减轻疫情影响，助推企业复工复产。受疫情影响，各景点收入锐减，经营困难，资源有偿使用费收取比往年大幅下降，全年完成585万元，同比减少1600万元。

【复工复产】 2020年，韶山市发改局落实督促一般工商业及其他用电降价，至12月底优惠金额为466.88万元；落实非城镇居民用气政策，从2月22日开始给非城镇居民用气户按采暖气价4.61元基础上降0.4元/立方米执行，疫情期间气价4.21元/立方米，共优惠金额1.47万元；积极与省发改委对接汇报，降低管输费，7月韶山市同步下调天然气终端销售价格0.112元/立方米。

【价费管理】 2020年，市发改局推进全市农村生活垃圾付费服务制，6月出台方案和考核机制，指导各乡镇付费制，圆满完成湘潭市考核指标和任务；5月会同教育、财政部门对全市申报普惠幼儿园的13所民办幼儿园开展评定、打分工作，通过上级最终审核评定，10所被评定为普惠幼儿园；办理刑事案件价格鉴定43起，涉案金额38万元。案件办结率100%，全年无复核无错案。刘波获评湖南省价格认定工作先进个人。

（谭　斌）

审计管理

【概况】 2020年，韶山市审计局完成各类审计项目40项，其中，财政财务类审计19项，涉及同级审计4项、经济责任审计9项，专项审计4项，财务收支审计2项；查出管理不规范及违规资金42830.58万元，查出问题95个，提出审计建议48条；政府投资审计审结工程结算项目完成8项，送审33321.53万元，审定金额25839.94万元，核减7481.59万元，核减率22.45%；全过程跟踪审计项目12项；政府投资竣工财务决算审计1项，发现问题6个，提出审计建议5条。撰写审计要情和审计专报4份。“韶山市城市管理和行政执法局原党组书记、局长谢鹏、曾品德任期经济责任审计”获省优秀项目二等奖。

【预算执行审计】 市审计局扎实开展贯彻重大政策措施落实情况跟踪审

计，结合财政预算执行审计，运用大数据审计实现全市一级预算单位审计全覆盖，对社保、扶贫资金通过数据关联、比对、分析、筛选疑点，查出预算编制不科学等问题13个，涉及问题资金39686.09万元，提出审计建议12条。

【经济责任审计】 市审计局对市机关事务服务中心等8家单位13位领导干部进行经济责任审计，对韶山乡领导干部自然资源资产管理和生态环境保护离任审计。实行离任审计与任中审计相结合，经济责任审计与部门预算执行审计、专项资金审计相结合，做到一审多果。

【固定资产投资审计】 市审计局加强政府投资工程结算审计，促进重点项目管理规范。完成了市湘西塘片区保障性住房工程等工程结算审计项目8个。全过程跟踪审计项目12个，项目总投资212585万元。对韶山核心景区外环公路建设项目进行了竣工财务决算审计，项目总投资47757.00万元，通过依法查处违规操作、高估冒算、侵吞贪占等违法违规问题，查处违规金额259.12万元，追回资金15万元。拟写并以审计委员会名义出台《韶山市政府投资建设项目审计监督实施细则》，编印了《政府投资审计法律法规汇编》。

【民生及专项审计】 市审计局开展新冠肺炎疫情防控资金和捐赠款物的专项审计，重点关注财政专项资金分配拨付和使用管理情况，捐赠款物接受、分配、使用、管理和信息公开等相关情况；开展2018–2019年度节能环保专项资金的审计，揭示专项资金在筹集分配使用中的突出问题，合理评价专项资金的使用效益，提出可行的意见和建议，促进专项政策落实和制度完善；开展韶山市2019年财政专项扶贫资金审计，重点关注扶贫资金的分配、拨付、管理和使用情况、扶贫项目的管理实施情况、扶贫政策制度的落实情况和整改落实情况；对韶山乡韶山村和清溪镇花园村实施2016–2019年村级财务收支审计，发现问题13个，上缴财政6.2万元，提出审计建议8条、审计提示2条，出具审计专报1份。通过各项审计，揭示侵害群众利益问题，推动各项民生政策落实到位。

【审计服务中心工作】 市审计局派出3名审计人员参加湘潭市局安排的交叉审计项目，配合湘潭市局开展政策措施落实跟踪审计等3个项目；派出6名审计人员参加韶山市委第九、十轮、十一轮巡察工作，2名参加省委巡视工作；完成了市城发集团、市高新区投资产负债清查核实工作；配合财政、科工信局开展企业固定资产投入考核；完成2019年度财政数据和全市预算单位财务数据报送工作；对市委办、政府办、市机关事务服务中心开展财务检查工作；协同市纪委开展节假日作风建设检查；开展对石屏村和银田村2017年至2020年度的财务检查工作；对最忆韶山冲等6个指挥部进行了财务清理工作；开展小红军基地资产负债核实和三一风电工程结算咨询工作；开展2020年韶山市清理拖欠民营企业中小企业账款、农民工工资的审计。

（肖灿玲）

统计管理

【概况】 2020年，韶山市统计局以深化统计改革、提高统计数据质量为中心，以全面建成小康社会为总揽，加强经济形势研判和经济预警，及时准确反映经济发展中存在的问题并提出对策和建议，年内撰写专题统计分析14篇、经济形势分析10篇、统计信息62条。其中《韶山市“四坚持”稳步推进第七次全国人口普查工作》等10条信息被湘潭统计信息网等采用，《韶山市精准发力推进第七次人口普查》等信息被《湘潭日报》采用。

坚持服务全市经济社会发展，认真做好《国民经济和社会发展的统计公报》和《统计月报》的编印和发布工作。

加强经济运行分析，做好主要经济指标的监测预警。加强监测GDP、第三产业、规模工业、固定资产投资、社会消费品零售总额等重点指标，主动与省、湘潭市统计局、调查队相关专业科室和小康办、沟通和交流，邀请上级统计、调查部门领导来韶山进行业务培训和分类指导。对涉及小康和绩效考核的统计指标，加强与各职能部门的联系、协调和衔接，及时汇总、测算，全面系统的进行有效监测，发现问题及时向领导和相关部门提供监测建议。

深化统计管理体制、地区生产总值改革，由上级统计部门下管一级改革为下算一级，建立健全“企业一套表”改革，严格按照“先进库、后有数”“要进库、走程序”的原则，及时更新维护基本单位名录库，建立健全联网直报长效机制。

大力宣传《中华人民共和国统计法》，结合“七五”统计普法，通过宪法日、统计法颁布日、“9·20”统计开放日、培训会、年报会、普查、统计执法检查和法律法规知识竞赛、统计法律法规知识进党校等多种手段开展统计法律法规宣传，发放宣传资料1000余份；全年邀请湘潭市统计局协助开展统计执法检查，检查5家统计报表单位。

2020年，积极组织参加全省、湘潭市组织的各类统计专业培训。全年对在岗统计人员和447名普查指导员、普查员分乡镇进行统计专业知识培训、统计法律法规知识和人口普查培训，针对调查对象在人口普查和统计过程中存在的问题开展现场培训指导，共培训指导500余人次。

对统计网络视频会议室和联网直报指挥中心进行日常维护，确保设备、统计内网、外网从市统计局到乡镇统计站均能正常使用。统计人员深入基层报表单位现场指导，及时解答统计工作中遇到的问题，确保统计联网直报顺利运行和统计工作正常开展。

【劳动力抽样调查】 2020年5月和11月，分别开展一次劳动力抽样调查工作，对火车站社区、高新社区、韶山冲社区各开展32户劳动力抽样调查。

【国家脱贫攻坚普查】 2020年，国家脱贫攻坚普查是精准扶贫精准脱贫的重要工作，是对脱贫攻坚成效的一次全面检验。全市组织30人的脱贫攻坚普查工作组派驻至湘潭市雨湖区，历时41天，圆满完成雨湖区的普查任务。全市组织专业队伍对辖区内1475户贫困户，包括建档立卡户基本情况、“两不愁三保障”实现情况、主要收入来源、获得帮扶和参与脱贫攻坚项目等脱贫攻坚成效进行调查、核查，圆满完成了国家脱贫攻坚普查工作任务。

【第七次全国人口普查】 2020年开展的第七次全国人口普查是重大国情国力调查工作。第七次全国人口普查涉及范围广、参与部门多、技术要求高、工作难度大。全市划分为487个普查小区，完成了七人普地图绘制、小区划分、户籍清查、清查摸底登记、正式上户短表登记、长表登记、行职业编码、数据审核等工作任务。

（李　波）

自然资源管理

【概况】 2020年，韶山市湿地0.98公顷、耕地5755.23公顷（永久基本农田5390公顷）、种植园地147.42公顷、林地13243.41公顷、草地26.68公顷、商业服务业用地76.29公顷、工矿用地341.08公顷、住宅用地2052.94公顷、公共管理与公共服务用地156.08公顷、特殊用地84.22公顷、交通用地1018.78公顷、水域及水利设施用地1422.28公顷、其他土地396.63公顷。境内有各类矿产16种，查明资源储量的矿产12种，煤、铁2种矿产纳入省矿产资源储量表。矿泉水、海泡石等是特色矿产。全市土地挂牌上市19宗，面积1100.19亩，实现非税收入10.8642亿元，其中土地出让金收入10.6182亿元；批回土地13批次，面积36.3454公顷；处置批而未征土地项目5个371.1亩；处置闲置土地1宗99.58亩；处置征而未供土地项目9个673.53亩。市自然资源局开展第三次国土调查和农村宅基地和集体建设用地房地一体确权登记，对3836个监测图斑进行外业实地举证核查工作，统一时点更新数据库已通过国家级检查验收；农村宅基地调查27761宗，集体建设用地调查185宗，出具32个村农村宅基地审核公示资料26400宗，集体建设用地审核公示22宗；农村乱占耕地建房摸排任务图斑22608个，完成率100%。完成地质灾害防治和砂石土矿专项规划编制和砂石土矿专项整治，组织对地质灾害隐患点的灾害类型、规模大小、危害对象进行确认，明确各隐患点监测责任人，全年汛期未发生人员伤亡事件。

【耕地保护】 2020年，韶山市自然资源局组织完成增减挂钩前期调查和现场勘查、立项、规划设计预算编制等工作，将农村空心房及废弃农村宅基地的整治纳入城乡建设用地增减挂钩项目。通过实施复垦，新增农用地218亩，其中耕地150亩。完成杨林乡石屏村74.84公顷生态修复综合整治项目的行政验收，投资140.90万元。完成2017年后备资源开发项目的市级验收复核和省厅指标确认，新增耕地指标32.58公顷，新增产能指标33.89万公斤。

【不动产登记发证】 2020年度，韶山市发放不动产登记证书21209本，出具不动产证明1911宗，抵押房屋面积62.39万平方米，申请银行抵押登记贷款16.74亿元，出具不动产查询证明3846份，受理司法查、封解123宗。进一步优化营商环境，推进“一件事一次办”，实现不动产登记“一窗受理、一站办结”，对首次登记、转移登记、抵押类登记等工作办结日压缩至5个工作日内；注销登记、查封登记、异议登记等实现“即办件”，各业务登记时限压缩为法定工作日的六分之一。开通疫情期间不动产登记“绿色通道”，提供现场预约服务，对复工复产企业、疫情防控应急项目相关企业不动产登记业务优先办、及时办，为疫情防控应急项目企业办理产抵押贷款与登记业务。9月，在城发·樟树湾楼盘举行“交房即交证”试点现场交证仪式，购房业主“收房即拿证”得到兑现。

（谢　琪）

市场监督管理

【概况】 2020年，韶山市市场监督管理局积极履行登记职能，以发展市场主体为目标，深化商事登记制度改革，稳步推进启用新版营业执照、实名认证、多证合一、简易注销、全程电子化等改革举措。全市市场主体9193家，其中企业2016家，个体户6751家，农民专业合作社426家。新增市场主体1120家，其中新增企业337家、个体户729家，农民专业合作社54家。全年收到网上简易注销申请到期119起，已办结简易注销106起，共有152家企业通过“全程电子化”登记流程办理了营业执照。冠名湖南企业67户，注册资金200万元以上规模企业201户，同比增长12%。全市企业市场主体中第一产业、第二产业、第三产业户占比分别是21.60%、20.12%、58.28%。个体工商户市场主体中第一产业、第二产业、第三产业户占比分别是5%、5.2%、89.8%。

【网络交易监管】 2020年，市场监督管理局认真抓好网络交易监管：一是落实年报公示工作。加强年报宣传，通过张贴宣传画、电话催报、手机短信提醒，微信群、微信朋友圈提醒等方式提醒市场主体及时报送年报，指导各所、企业年报及密码重置服务。2020年年报率为：内资企业83.04%，农民专业合作社67.38%，个体工商户28.39%。二是推进双随机抽查工作。认真履行市联席办的职责，制定双随机抽查实施方案和年度抽查计划，并进行公示。督促指导全市双随机各成员单位规范使用湖南省双随机监管工作平台；制定市场监管系统抽查方案及抽查计划并公示，动态调整局双随机抽查事项清单和市场监管系统抽查对象名录库；完成抽查计划任务数50项，抽取检查对象637个，录入检查结果637个，记于企业名下419个。三是办理动产抵押登记28起，融资额为3.3亿元，其中个体1起，国有控股企业2起，私营企业25起。

【市场稽查】 2020年，市场监督管理局认真做好市场价格监管。自新冠肺炎疫情发生以来，对全市各药店、超市、农贸市场、企业等经营生产场所进行商品质量、价格监督和执法检查，督促落实减税降费，严防复工复产过程中乱价违法行为，营造复工复产优良环境。开展保护消费者权益“护盾”执法行动，对“一非三贷”领域利用信息网络实施涉黑涉恶等有组织犯罪进行排查，未发现相关线索。组织开展公平竞争审查，对87份涉及市场主体经济活动的文件进行公平性审查，未发现违规情况。开展长江禁渔专项工作，检查水产制品生产企业、加工小作坊9家次，农贸（批）市场17个次，商场超市32个次，餐饮单位186个次。开展“3·15”“食品安全宣传周”“安全生产月”宣传活动，开展法律法规宣传和咨询活动40余次。依法查处案件，全年立案26起，结案21起，罚没款62.1621万元。其中知识产权案件2起，罚款共计2.6万元；产品质量案件6起，罚款共计3.272万元；食品案件6起，罚款共计36.7万；价格案件5起，罚款共计6.522万元；药品案件1起，没收金额0.1244万元；其他案件（烟草无证）1起，罚款0.2612万元。疫情期间移送公安机关案件线索2条，公安机关受理涉疫案件1起，已由韶山市人民法院作出刑事判决。

【消费者权益保护】 2020年，市场监督管理局深化“放管服”改革，优化旅游营商环境：一是探索建立旅游餐饮大宗食品规范采购工作。印发《韶山市关于建立健全旅游餐饮大宗食品规范采购和溯源监管制度的工作方案》，降低采购成本、建立健全食品源头追溯、强化风险防控和责任追究、完善供货质量体系。审定、公示第一批（15家单位）列入大宗食品规范采购供应商名单，督促旅游餐饮单位与规范采购供应商签订供货合同223份，在核心景区悬挂采购信息公示牌117块，发放进货台账260本，督促各单位严格落实进货查验和索证索票义务。二是加大执法溯源力度。结合日常监管和专项整治，严厉打击扰乱旅游市场经营秩序的违法乱象，对11家涉旅商户作出查封经营场所或责令停业整顿处理，查封存在安全隐患的特种设备15台（电梯1台、压力容器14台），查办价格违法案件2起，罚款21500元；收缴不合格旅游纪念品2600余件，拆除意识形态偏离的违规标语横幅11条，现场监督销毁熟制的半成品食品原料和过期食品等1000多公斤，货值金额5万余元。三是深化七日无理由退货和先行赔付制度。坚持以游客为中心的发展思想，兑现“吃、住、行、游、购、娱不满意先行赔付”的“韶山承诺”，以原有的“一榜一码一制度”（红黑榜、二维码、七日无理由退货和先行赔付制度）为突破口，创新推行旅游市场综合监管服务“12345”模式，即设立1支赔付基金、规范2道处理程序、调动3方监管力量、推行4项诚信机制、推出5大服务举措，给不良商家套上“紧箍咒”，让到韶游客吃上“定心丸”。其经验介绍材料《做实“先行赔付” 唱响“韶山承诺”》入选“湖南基层改革探索100例”，并作为唯一的基层市场监管单位在“2020中国消费·维权高峰论坛”上介绍韶山消费维权经验。全年共实施先行赔付12起，实施七日无理由退货12起，为游客挽回经济损失11317元。四是强化企业信用体系建设。发布4期诚信经营“红黑榜”，在市级媒体电视、网站以及换乘中心入口处予以公示；实施重点盯防机制。在景区实行网格化管理，对有黑榜“前科”的市场主体实行重点监管，对屡有违法违规行为的市场主体加重处罚，让旅游行业经营者受到警醒；完善筛查分析机制。针对投诉易发点、多发点进行跟踪摸底，建立包含39个潜在重点对象的名录库，实行行政约谈和专项整治双管齐下，处理一起、规范一片。五是畅通投诉举报渠道。全年受理消费者投诉举报213起，办结率为100%，其中食品投诉31起、药品投诉30起，口罩方面的投诉25起，口罩投诉立案10起，结案5起，移送公安1起，中止调查4起。罚款3.24万元。六是开展红盾护农工作。市场监督管理局联合农业农村、商务、城管、烟草等部门开展“3·15”专项行动，严查农资商品质量，全面清查辖区内农资经营主体，完善农资监管台账，对不符合食品安全标准的商品依法扣押，对无照经营等违法经营行为依法进行查处，严查农资经销、涉农合同违法行为，共检查格式化合同28份。

【知识产权服务】 2020年韶山市有效发明专利94件，商标有效注册量2067件，万人有效发明专利达9.06件，分别同比增长为168%、173%、212%，在全省各县市中居于前列。9月，韶山市顺利通过两年一度的国家知识产权强县工程试点县（区）考核验收，是全省9个国家知识产权强县工程试点县（区）之一。湘潭市恒欣实业有限公司、湖南江冶机电科技股份有限公司、韶山大北农动物药业有限公司新增为国家知识产权优势企业。韶山市认真抓好知识产权工作：一是成立知识产权执法队伍。现有知识产权执法持证上岗人员4名。知识产权部门每年联合相关部门进行集中检查，严厉打击侵犯知识产权和制售假冒伪劣商品等违法行为，开展知识产权纠纷调解。全年办结商标侵权案件2起，罚没款2.6万元。二是宣传动员全民参与。运用电视台、微信公众号、网站等媒体加大对知识产权工作的宣传；组织培训宣传。结合干部轮训、普法教育、专题讲座等多种形式开展知识产权培训活动，推进知识产权进企业、学校、机关、社区，组织企业知识产权培训4次，受训200余人次；开展“世界知识产权日”“全国科普日”“全国质量开放日”等宣传活动，开展讲座12场、发放知识产权等资料6000多份。三是资金政策全力支持。在专利申报、授权，专利质押融资评估等方面予以补助。印发《韶山市知识产权奖励（资助）暂行办法》，在市级财政科技项目中单设了知识产权示范城市创建工作经费，全年本级财政支出知识产权经费43.61万元。积极协调金融部门，利用财政担保基金和高新区助保贷基金，探索知识产权质押风险缓释机制，发挥知识产权对经济发展的支撑作用，拓宽中小微企业融资渠道。全年有4家企业获得专利质押贷款4100万元。

韶山市中国驰名商标一览表

表3

级别	序号	商标名称	所属企业	评定时间
中国驰名商标	1	新韶光	湖南新韶光电热集团	2007
	2	毛　家	韶山毛家饭店发展有限公司	2009.4.25
	3	恒　欣	湘潭市恒欣实业有限公司	2012.12.31

（高兴达）

质量技术监督

【概况】 2020年，韶山市市场监督管理局开展质量提升行动，指导帮助20家企业在企业标准公共服务平台上公示企业采用的标准200余项，指导帮助湘潭恒欣实业有限公司荣获第6届省长质量奖。韶山市市场监督管理局获评“湖南省市场监管工作真抓实干成效明显先进单位”。

深入推进标准化建设。韶山市市场监管局联合湘潭市市场监督管理局、韶山市委宣传部制订的《红色教育培训机构服务与管理规范》地方标准正在报省市场监督管理局审核发布。3月，韶山市新能果蔬种植专业合作社申报的湖南种养结合生态型循环农业标准化示范区获批。

筑牢质量根基。做好全市3家防爆电气生产企业的取消工业产品生产许可证转为产品强制性认证承接工作，新增2个工业产品生产许可证；开展质量提升行动，引导和动员全市有关部门、重点企业、组织等社会力量，积极开展“质量月”活动，在全市营造“政府重视质量，企业追求质量，人人关注质量”的浓厚氛围，全市产品、工程、服务和环境质量得到提升。

抓好质量监督。组织开展电取暖器等涉及消防安全的产品集中整治，以及校园周边食品、儿童用品、学生文具专项护苗行动、安全帽专项整治、电动自行车专项整治、毛主席工艺塑像专项清查；开展食品用纸包装、电线电缆、防爆电气、砂轮、危险化学品及其包装物、容器等重点工业产品重点工业产品质量安全专项整治行动；开展对重点工业产品质量安全风险隐患排查治理工作，包括全市3家防爆电气生产企业，2家烟花爆竹经营单位，10家危险化学品经营单位；全年工业产品监督抽样43个批次，不合格1个，进行立案查处并督促企业整改到位；完善主席工艺塑像防伪二维码标签监管系统，系统里包括通过形象审核合格的400多种型号塑像产品的信息，为主席工艺塑像监管提供极大的方便，全市现有20家塑像生产企业有其专属的二维码。

【特种设备安全监管】 2020年，韶山市共有注册特种设备1229台（条），特种设备使用单位198家，在用特种设备978台（条）。韶山市市场监督管理局全力保障特种设备安全运行：一是加强疫情防控期间特种设备安全监管。充分利用QQ群、微信群等开展电梯使用防控知识宣传，印发《韶山市市场监督管理局关于积极应对疫情、规范使用电梯的提醒书》300多份张贴在全市各电梯住宅小区、商场、医院等人员密集场所电梯轿厢醒目处，督促市民加强防范，戴好口罩，文明乘梯，减少感染风险。二是加大行政执法及宣传力度。结合“双随机、一公开”“跨部门联合执法”等方式，开展监督检查，共检查特种设备相关单位112家，出动执法人员286人次，抽查种类特种设备358台（条），发现安全隐患121处，下达《特种设备安全监察指令书》47份，查封存在安全隐患的特种设备23台。三是加强重点时节特种设备安全监管。在“春节”、“两会”、“五一”、“端午”、“国庆中秋”等节假日组织执法人员对旅游景区和商场、车站、小区等人员密集场所的索道、电梯、锅炉等特种设备进行安全检查，加大现场查处力度，消除安全隐患。四是抓好特种设备的检验工作。全年共进行特种设备监督检验132台（条），定期检验657台（条），定检率为100%，检验不合格18台（条），合格率为97.3%。五是协调落实疫情防控税费政策。对复工复业的小微企业和个体工商户，减半征收属于行政事业性收费性质的特种设备检验检测费。全年湖南省特种设备检验检测研究院湘潭分院为韶山市特种设备使用单位共减免或降低中小微企业设备检验费7.3938万元。

【高品质检验检测】 2020年，市场监督管理局开展计量认证和检验检测工作。全年完成检定强检计量器具1320台件，其中加油机178台，电子秤108台，压力表1034块。开展集贸市场计量专项执法检查、卫计系统计量器具免费检定工作，免费检定26家乡镇医疗卫生计生机构医用计量器具106台件。开展食品委托检验，服务企业发展。免费为企业检测所有送检产品，完成食品委托检验样品192个，食品安全快速检测365个。开展“520世界计量日”“计量精准战‘疫’、助力复工复产”宣传活动，对农贸市场、超市22家经营户的强检电子计价秤进行计量检定，重点检查称重计量器是否依法检定合格，计量作弊等违法违规行为，利用快检设备对猪肉、牛肉水分进行检测。对农贸市场、早餐店的卤菜、卤水、米粉汤料等进行抽样，检测罂粟壳、二氧化硫、吊白块等项目。做好“两会”“红色旅游文化节”“高考”等重大活动食品检测、安全保障工作。对韶山医院、银行等的体温枪进行计量检定。

（高兴达）

食品药品安全监管

【概况】 2020年，全市共有食品经营许可单位2427家（其中食品销售经营单位1309家，餐饮服务经营单位860家，单位食堂129家）。医疗器械生产企业1家、药品医疗器械批发企业1家、医疗器械经营企业56家，使用单位76家。全年，受理各类餐饮、药品医疗器械行政许可申请374个。其中食品经营许可证298户，小餐饮许可证58户，药品经营许可证筹建2个、新办3个、变更6个，换发4个，延续1个。办理药品经营许可16起。

健全食品安全监管工作机制。一是完善监管网络。健全市、乡、村三级监管机构，设立4个市场监管所、1个旅游市场监管中队和4个乡镇农产品质量安全监管机构，优化人员配置，将市场监督管理局有关食品专业毕业的高校毕业生调整到食品监管股室和所、队、乡镇农产品质量安全检验检测站完成省级示范站验收，并申报韶山乡农产品质量安全检验检测站为省级示范站，38个村（社区）配优配强食品安全协管员，11月将全市协管员和乡村厨师分乡镇统一进行培训，完善考核机制，保障协管员待遇。二是强化经费保障。市政府常务会议明确创建省级食品安全示范市和食品安全经费予以足额保障，全年市财政投入食品安全相关工作经费415.2万元。三是健全检测体系。市产（商）品检验检测中心实验室完善易燃易爆试剂库的管理，检验检测能力得到提升。市疾病预防控制中心实验室进行提质改造，乡镇监管所食品快速检测室进一步规范。

加强食品生产安全监管。一是严格食品生产加工环节监管。健全49家单位档案，指导2家食品加工单位新办食品加工小作坊许可证。加强对食品生产加工企业巡查，印发《责令整改通知书》50多份，巡查覆盖率100%。制定并落实年度食品安全抽检计划；开展食品监督性抽检460批次，合格率98.8%，产品处置率100%。二是加强食品经营安全管控。市场监管局联合教育、民政、卫健等部门开展联合整治行动，对44家学校和13家养老机构开展食品安全检查。推进学校食堂“明厨亮灶”，积极实施“互联网+明厨亮灶”，全市45家学校、托幼机构食堂全部实现视频厨房，视频厨房率100%；开展保健食品监督检查，督促设立专区专柜，严格落实索证索票义务；开展“城区豆制品、米粉生产经营店标准化整治”工作，12家单位参与标准化建设，完成豆制品米粉监督抽检14批次；切实保障重大活动食品安全，采取提前介入、细致排查、驻点保障、全程监管的方式，保障“春节”“高考”“毛泽东同志诞辰127周年”“首届红色文化博览会”等10多次重大活动顺利举行。三是开展网络订餐食品安全专项整治。对辖区内2家网络订餐交易第三方平台提供者及其入网的307家餐饮服务者进行调查梳理。对其中10家餐饮单位违规线索进行查办。四是强化冷链食品监管。对韶山市冷链食品生产经营单位及从业人员信息建立台账。全市共有生产单位7家，从业人员218人；流通单位18家，从业人员30人；餐饮单位4家，从业人员50人，并逐一悬挂冷链食品生产经营者信息公示牌。配合疾控开展冷链食品、外环境及从业人员风险监测，及时掌握冷链食品入库信息安排人员进行检测。配合疾控开展新冠病毒疫苗接种工作，摸排接触冷链食品及其外包装的从业人员608名，陆续完成第一针接种。督促进口冷链食品生产经营单位注册“湘冷链”平台，完成进口冷链食品溯源。五是强化问题整治。加强食品安全风险隐患排查和严厉查处违法案件，严厉打击震慑食品安全违法犯罪行为，全年共立案查处食品安全案件6起，罚没款36.7万元。

抓好餐饮服务质量。一是推进文明餐桌“光盘行动”“公筷行动”。倡导餐饮经营单位主动为消费者提供环保餐盒，用于剩饭剩菜打包，并在醒目位置张贴“光盘行动”宣传牌，反对铺张浪费，倡导勤俭节约，全市所有学校（托幼机构）食堂和300多家餐饮经营单位实施良好。韶山市为城区和景区餐饮服务店免费发放公筷4万双、居民发放10万双，并定期对餐饮单位使用“公筷”情况开展督查。二是保障重大活动食品安全。韶山作为主席家乡，红色圣地，每年将举办多场大型活动，充分发挥快速检验检测作用，实行全程监管，确保每次活动的饮食安全。通过市、乡、村三级联防联控，利用食品安全示范市创建宣传，野生毒蘑菇防控知识做到家喻户晓，全年野生蘑菇中毒事件零发现。三是将食品安全纳入村规民约。全市33个行政村5个社区全部将食品安全写入村规民约、社规居约，明确农村、社区举行红、白喜事、生日喜庆等宴会需提前备案，乡村厨师、宴会从事食品加工服务人员需持健康证上岗。四是开展示范街、示范单位创建活动。通过制定标准、宣传发动，创建整改、验收评审、表彰授牌等环节，将步行街评选为韶山市食品安全示范街，将韶山宾馆等16家餐饮、流通单位评选为韶山市食品安全示范单位。通过示范引领，营造了全市食品安全良好氛围。五是完善食品安全应急体系建设。11月16日，组织承办了2020年韶山市Ⅳ级食品安全突发事件应急演练活动，演练以模拟游客发生一起突发食品安全事件为背景，采用模拟现场与视频相结合的方式，从事故报告、应急响应、应急处置、舆情处置、响应终止、善后工作六个科目进行演练，食品安全突发事件应急处置能力得到提高。

【药品安全监管】 2020年，市场监督管理局从严整顿药品、医疗器械、化妆品市场生产经营行为。一是强化日常监管工作。全年共出动检查执法人员470人次，检查涉药涉械单位123家。其中，医疗器械生产企业1家，药品批发企业1家，药品经营企业50家，药品使用单位71家，检查覆盖率95%。全年未发生药品、医疗器械安全事件。二是开展“中药饮片质量集中整治”“药品零售企业执业药师挂证行为整治”等方面的专项整治行动。全年完成抽验任务20批次，其中西成药15批次，中药材、中药饮片5批次。对抽验不合格的药品进行立案查处。三是开展化妆品非法使用禁限用物质、索证索票和台账管理制度落实情况等专项整治，检查经营使用单位26家，处置举报投诉15起。四是抓实ADR监测工作。制订《韶山市药品不良反应监测工作制度》；与相关医疗机构、涉药单位签订了ADR监测责任书，加强基层网络建设，确保工作效能；在村级医疗机构中完成监测试点。五是支持疫情防控重点物资生产经营。采取“指导+督导+协助”方式，向医疗器械生产企业夏龙医疗器械有限公司派驻指导员。六是定点限价投放口罩，每天定点、限价投放防护口罩至市20个定点药店，满足市民需要。开展涉药单位大检查行动，检查涉药单位71家。七是打击疫情期间药品、医疗器械违法行。开展“一次性使用医用口罩”专项整治行动，加大市场巡查，严厉打击哄抬价格，销售不合格口罩等违法行为，共立案调查12起，其中涉及哄抬价格违法行为6起，销售不合格口罩6起，移送公安机关1起，收缴罚款3万余元。

（高兴达）

国有资产管理

【概况】 2020年，韶山市国有资产总额为127206.14万元，行政单位资产总额为58151.27万元，其中固定资产原值38600.39万元，净值25942.22万元；流动资产31069.14万元、在建工程628.82万元、无形资产原值765.03万元，净值386.63万元；事业单位资产总额为69054.87万元，其中固定资产原值52172.53万元，净值36859.44万元、流动资产14533.28万元、在建工程10627.38万元、无形资产原值7240.32万元，净值6618.67万元、长期股权投资235.73万元；资产总额同比增加8464.44万元，其中行政单位资产总额增加2281.19万元，事业单位资产总额增加6184.25万元。全市负债总额为67640.26万元；行政单位负债总额为38958.42万元，其中流动负债38958.42万元；事业单位负债总额为28681.84万元，其中流动负债27993.64万元。

（郭斯亿 黄 爽）

（责任编校 颜家友）

建设·环保

城乡规划

【概况】 2020年，韶山市自然资源局组织编制完成《韶山市国土空间总体规划大纲》。根据工作安排、时间节点要求，成立领导小组，召开动员会议，开展调查研究，对接湘潭市国土空间总体规划成果，形成专题研究和专项规划阶段性成果。召开阶段性成果汇报会，由市主要领导明确规划成果修改方向，经几轮修改完善，完成国土空间总体规划大纲编制。韶山市生态保护红线评估调整工作，经充分对接林业部门，确保成果科学合理。生态保护红线评估调整成果提交湘潭市自然资源和规划局统筹报省自然资源厅，根据自然资源部的审查意见以及省自然资源厅和湘潭市自然资源和规划局的具体工作安排，完成报自然资源部前的成果核实。

韶山市中心城区控制性详细规划编制，经多轮征求意见，重点协调城区建设与高新区产业发展，通过专家评审，完成意见反馈收集，中心城区控制性详细规划提交规委会审议。

韶山市村庄规划编制，根据省、湘潭市关于“多规合一”村庄规划编制的相关文件，按照任务安排和时间节点，召开市、乡镇、村（社区）宣传动员会，制定韶山市村庄规划审查要点，完成方案听证和公示，组织评审会，呈报湘潭市自然资源和规划局、省国土院审查，确保成果质量。

加快土规调规进度，确保重要工作推进和重点项目落地。年内，韶山市报湖南省、湘潭市的土规调整计划7个，完成批复5个。配合耕地保护督察，完成朗科等项目调规；支持重点民生、文化旅游项目，完成气象观测站、棠佳阁项目调规。市召开城乡规划委员会6次，审议通过湘潭狮形山（大坪）220千伏输变电工程重大基础设施规划选址选线方案、最忆韶山冲等13个项目设计方案。

（谢 琪）

住房和城乡建设

【概况】 2020年，韶山市住房和城乡建设局以项目建设为抓手，聚焦住建主业，加强党的领导，履职“六个住建”（人文、智慧、绿色、品质、平安、廉洁），韶山市获评全国农村生活垃圾分类和资源化利用示范县市和全国无障碍环境示范县市，在新型城镇化、建筑管理、智慧住建等方面获评湖南省住建系统工作突出单位。全年建筑业总产值6.44亿元，同比增长21.3%；房地产销售面积15.13万平方米，同比增长36.18%；全面完成16个老旧小区改造（其中7个老旧小区改造任务纳入省民生实事考核）；常住人口城镇化率达65%。

【建筑产业健康发展】 2020年，韶山市建安企业资质规模和经营范围进一步扩大，市内建安企业13家，主要涉及的承包资质企业有：市政公用工程施工总承包一级企业2家、市政公用工程施工总承包三级企业9家、建筑工程施工总承包一级企业2家、建筑工程施工总承包二级企业4家、建筑工程施工总承包三级企业7家、公路工程总承包一级企业1家、公路工程总承包三级企业2家、建筑装修装饰专业承包二级企业7家、防水防腐保温专业承包二级企业1家、建筑幕墙专业承包二级企业1家、钢结构专业承包三级企业1家、钢结构专业承包二级企业1家、钢结构专业承包一级企业1家、环保工程专业承包三级企业10家、城市照明专业承包三级企业4家、地基基础工程专业承包三级企业3家、劳务不分等级企业6家、公路路面工程专业承包企业1家、公路路基工程专业承包一级企业1家、电力工程施工总承包三级企业1家、建筑机电安装工程专业承包三级企业1家。年内，受理办结行政许可事项110件，共计核发施工许可证32个，许可面积41.06万平方米，审查、监管25个建设项目的招投标工作，对9个项目、9家施工企业和5家监理单位进行履约诚信考核，完成31个项目的招标备案、25个项目初步设计审查、8个项目的消防备案和23个项目的消防验收，发放竣工验收备案证12件，完成建筑业总产值6.44亿元，同比增长21.3%；累计收取综合报建费585.78万元，企业从业5000余人。稳妥实施棚户区改造。做好新一轮棚户区改造收官工作，完成韶山市高铁南站片区城中村改造项目二期18户货币安置和韶山市迎宾路片区改扩翻项目117户的棚户区改造任务。投入569万元，完成16个小区、569户、6万平方米的老旧小区改造任务，其中7个老旧小区纳入省、湘潭市考核任务。坚持"应改尽改"原则，全面排查"回头看"突出问题、新增"4类对象"和边缘户，完成58户农村危房改造，补助金额200.5万元。

【城乡污水治理】　2020年，市住房和城乡建设局制定"一厂一策"污水治理方案，实施7个污水治理项目，总投资6011万元，完成了城区过境河道整治及金海商业城片区排水防涝等项目建设6个，污水处理增效明显，污水处理厂进水浓度指标中的COD、BOD5分别达122mg/L、63mg/L。建成日处理规模300吨的杨林乡团田污水处理站，全市污水日处理规模达到2.44万吨，实现城乡污水处理站全覆盖，城市生活污水集中收集率达54.47%。

【安全生产】　2020年，市住房和城乡建设局组织开展安全生产月活动启动仪式暨安全生产综合应急演练；利用82条宣传条幅在建筑项目和物业小区开展安全生产宣传；组织12家建筑企业人员参加建筑施工"安全大讲堂"视频宣讲学习活动。抓好安全生产监管，监管在建项目14个，工程总造价5.28亿元，监管面积31.4万平方米。开展安全生产风险隐患"大排查大管控大整治"行动、交通问题顽瘴痼疾集中整治行动、"安全生产月活动"和强执法防事故行动，开展建筑工程原材料、在建项目外墙脚手架及模板支撑体系、建筑施工起重机械设备、扬尘治理、消防安全、食品安全、预拌商品混凝土等专项检查，并在"五一"、"中秋、国庆"双节前及"两会"期间开展安全防范工作，对全市在建工地进行4次质量安全大检查，对在建项目进行4次安全生产标准化考评，责令整改安全隐患352处，全年未发生质量安全事故。

【七个一批重点工作】　妥善处理建设领域历史遗留问题。年内对港越竹湖华府、环球中专、颐通物流、肖家村安置区、东方红大剧院、如意集镇、长城私房联建等7个建设领域历史遗留问题集中攻坚，坚持每月一调度，开展季度考评和年度考核，遗留问题得到有效解决。推行全域垃圾分类。年内处理不可回收垃圾1.9万吨，收集利用可回收垃圾0.5万吨，垃圾总量同比减量12.2%，资源化利用率84.7%，无害化处理率100%，实现"减量化、资源化、无害化"目标。推进城乡环境基础设施建设。城市供水提质、气化湖南、城乡垃圾治理、城乡污水治理、智慧建设提质等5项城乡环境基础设施建设任务全部完成。攻坚项目建设。年内投资2.64亿元，续建"新天酒店"项目；争资3247万元，推进清溪镇污水收集管网建设项目。两个项目预计2021年元月竣工。抓好市污水处理厂正常运行。全年完成污水处理731.56万吨，生活污水处理率97.48%；乡镇农村污水处理设施运行稳定，完成污水处理45.55万吨。做好争资、招商引资工作。2020年，共争取资金1.68亿元（目标任务1.3亿元），其中包括国省各类资金1.3亿元和在财政口争取的老旧小区专项债券资金0.38亿元。招商引资到位资金5000万元，引进喆啡酒店建设项目。

（郭　钲）

城市投资建设开发

【概况】　2020年，韶山市城乡建设发展集团有限公司是由市人民政府授权，由原城市建设投资有限责任公司和交通建设投资有限责任公司整合后的集融资、投资、建设与开发为一体的经济实体。公司主要承担城乡基础设施及相关建设任务；土地一、二级开发；经营管理城市广场、道路、雕塑等冠名权、园林领养权和公交线路牌运营权；停车位、广告位、地下管网等城乡公共资源及城市其他基础设施附属配套。

2020年完成固定资产投资8.25亿元，重点项目建设投资3.58亿元；招商引资到位资金3.3亿元；新增融资5.12亿元，完成还本付息4亿元；全年实现经营性收入1.8亿元，利润6000万元，上缴税金2400万元，国有资产保值增值率100%，资产负债率42%。

【工程项目建设】　2020年，市城乡建设发展集团有限公司主要推动工程建设项目4个：杨林良和砖厂改扩建项目于2月15日开工，7月18日竣工并点火，7月31日产品出窑，投产运营；韶山韶河生态水产养殖基地建设项目于2月开工，9月完成50个水产养殖大棚的建设，清淤河道2公里，正式投放第一批虾苗；芙蓉学校于2月开工，8月竣工；朝阳新城项目于年初开工，12月16日完成主体验收。

【公司经营管理】　2020年，韶山市城发集团房地产开发有限公司完成销售额1.07亿元，百合苑房屋已售罄，樟树湾已完成开盘房屋的93.59%，两项目共计销售住宅143套，车位（含车库）139个，商铺招商完成租赁面积7072.46平方米。新楼盘城发·湖湘苑完成设计、招标等前期工作，并通过设计评审。韶山东润资产管理有限公司多方拓展业务，全年房屋租赁、停车场收费、广告租金、代理空心砖及干粉砂浆业务等实现经营性收入984.23万元。韶山市新时代培训中心9月开班，承接省内外各种类型层次的培训班40期，学员1600名，实现营业额约204万元，同比增长51%。韶山市三农培训中心争取湖南省农民教育培训省级示范基地授牌，建行大学“裕农学堂”“劳动者港湾”基地授牌，全年实现经营性收入约350万元。韶山农业发展有限责任公司完成300亩有机茶叶的种植、2000亩早稻的翻耕育秧工作，恢复耕地面积近1000亩，水产养殖基地已投放虾苗，被列入韶山韶河农业示范园重点打造的农业项目示范点、中国水产研究院珠江水产研究所韶山实验基地，并予以授牌。金景丰葡萄园实现挂果面积850亩，产量达到73.425万公斤，争取财政补助246万元，创收800余万元。韶山美好城市运营管理有限公司全面梳理市场化项目，与优居中心、退役军人事务局等单位签订劳务派遣合同72份，与韶山新盛电梯有限公司签订合作协议，销售电梯5台，同时提供精细化物业服务，拓展培训及销售代理等业务，全年实现产值343万元。

（郭晓玲芳）

城市供水

【概况】 2020年，韶山供水有限公司认真履行社会服务职能，以发展为中心，确保韶山旅游接待和居民生活、生产经营用水。全年完成售水量340万吨，水质综合合格率100%。全年新开户886户，累计总开户数16941户。全年完成大小抢修193次，水表更换295套，水表井维护、改造45处，大小阀门更换、维护67次。

认真落实疫情防控措施。投入资金购置防疫物资，每天对公司客服大厅和办公区域、生产区域进行消毒，对外来人员和车辆进行登记，坚持体温检测登记，确保公司生产安全和职工安全。安排人员24小时在中心调度室值班，确保全市安全可靠供水。加强工程管理，确保工程质量、进度，完成韶南安置区管道改造工程、韶前村饮用水安装工程、樟树湾小区给水安装工程、石板坳安置区给水工程、航天小镇消防给水等安装工程。

【文明窗口创建】 2020年，韶山供水有限公司推行手机微信平台缴费，进一步方便市民用水。公司客服大厅坚持全年365日服务营业（含除夕、春节），完善志愿者服务岗位设施，不断提升服务水平。世界水日开展“节约水资源，爱护水环境”水源地志愿清洁服务活动及两次面向市民的“水厂开放日”活动，得到市民的积极参与和好评。

（李 旺）

城市供电

【概况】 2020年国网韶山市供电公司完成售电量2.8亿千瓦时，同比增加0.1亿千瓦时，增长率4.04%，电费回收率100%，台区线损率完成3.46%，同比下降0.71%。台区线损合格率完成96.67%。完成5个原省定贫困村低电压台区整治工作，并通过技术手段使740户的低电压问题得到解决，用户电压合格率由84.57%提升至96.67%。大力推广线上服务渠道，网上国网线上办电率100%。执行“阳光业扩”政策，通过细化简化流程，缩短接电时间。高压用户平均时长33天、低压用户平均接电时长1.1天，同比压缩30%。其中团田村扶贫电站项目在改变周边用电质量的同时，30余户贫困户直接受益。加强安全隐患治理，共发现安全隐患23条，全部整改完毕。强化设备运维，悬挂警示标志198块，砍伐危及线路全运行的风编树竹12486棵。联合韶山市应急管理局完成2处安全隐患整改。全年未发生七级及以上安全事件，累计安全运行8922天。

【安全生产】 2020年，市供电公司自疫情防控阻击战打响后，坚决落实上级决策部署，统筹推动疫情防控和复工复产。疫情防控方面，全员防控实现防疫“双零”目标。为韶山市医用防护服务生产企业湖南夏龙医疗器械制造股份有限公司开通绿色通道，7天内完成该公司配变增容送电工程，获得高度肯定；复工复产方面，严格落实国网公司助力企业复工复产、降低企业用电成本等要求，为因疫停工企业减免基本电费20万元；落实降价优惠政策，全年减免电费366万元。

加快电网发展，制定发展规划。2020年，完成“十四五”县域配电网规划工作，包括1个县域规划报告、2个供电所报告、4个网格报告的编制。全力保障主网工程建设进度，高效协调变电站用地、线路塔基房屋征拆以及道路征用等属地配合工作，500千伏南岸变输变电工程、110千伏如意输变电工程按期投产。配网年度建设任务圆满完成。着力完善配网网架，配合完成如意变电站2条10千伏出线建设，提高线路的互联率，缓解韶山变的过载情况；提升配网设备供电水平，台区重过载和低电压问题得到较好解决。共完成投资3464.99万元，新建改造变压器77台、容量12940千伏安；新建改造10千伏线路29.932千米、0.4千伏线路165.336千米。

【新型业务】 拓展新型业务，深化“数字韶山”建设。一是组建柔性团队，精准定位需求。跨专业组建数字化建设柔性攻关团队，深入推广使用大数据应用，利用专业融合优势，开展配网线损辅助分析研判等微创新、小应用开发，提升数字化思维水平。二是开展智能运检，提升生产效率。深化无人机应用，累计发现线路雷击绝缘子闪络等隐患40余处。三是深入营销数字化转型，提升客户服务水平。在全省率先试行推广“莲城电工”有偿维修服务，有效解决了客户最后一百米用电问题，探索服务工作的数字化转型在乡村落地实践。四是大力推广应用绿色能源，倡导绿色出行，建设电动汽车充电桩35个。打造多元数字生态，创建“数字韶山”公众号，打造“数字韶山”直播间，传播红色文化，助推政府“智慧旅游”，开展直播带货助力扶贫攻坚。通过“数字韶山”生态圈建设，品牌效益、经济效益和社会效益得到提高。

（王海晨）

城市供气

【概况】 韶山中石油昆仑燃气有限公司于2008年12月注册成立，注册资金1200万元，是韶山市唯一一家与政府签订特许经营权的管道燃气的企业。拥有LNG储配站、加气站、长输管道、城市输气管网等。主要供气对象为韶山市的居民、商业、工业、公福、LNG汽车。2020年，全市供应天然气385万立方米，最大日供气量2.1万立方米。全年供气无事故。

【燃气安全检查】 2020年，韶山中石油昆仑燃气有限公司开展燃气用户安全检查12次，大力开展燃气安全宣传，深入推进隐患排查、整治，全年检查天然气用户7000多户，下发检查通报300多份，更换输气管5000多米，全市供气零事故。

（周小青 李淑红）

城市管理

【概况】 2020年，韶山市城市管理和综合执法局贯彻落实市委、市政府工作安排，紧紧围绕城市管理工作，深化城市管理体制改革，严格规范公正文明执法，城市管理工作取得新成效。

年内先后出台《韶山市公园绿地公用设施管理暂行办法》《韶山市餐厨垃圾管理办法》《韶山市户外广告设置管理办法》《韶山市机动车停车场管理办法》等城市管理方面的制度，用制度规范城市管理。根据省住建厅部署，深入开展“强基础、转作风、树形象”行动，开展不文明行为“严管重罚”专项整治，开展整治行动50次，规范摩托车摆放1250台次，清理广告条幅640条，收缴落地广告牌309块，规范店外经营1520次，全年办理一般程序案件4件，处罚10多万元。当场处罚程序案件8起，劝导教育126人次。在韶山融媒体中心设立不文明行为曝光台，对不文明行为曝光12次。启动笑天狮垃圾场封场工作，由中机国际工程设计研究院有限公司设计，通过项目招投标程序，笑天狮生活垃圾填埋场于年底正式启动封场项目建设。韶山市城管执法大队被省住建厅评为“强基础、转作风、树形象”突出表现单位。

【志愿服务】 2020年，韶山市城市管理和综合执法局在韶山市民广场、塑像公园、高铁南站广场设立3个学雷锋志愿服务站点，开展志愿服务500人次。根据全国文明城市测评标准（县级），制定切实可行的整改方案，对市政设施、环卫、园林绿化进行整改提高，推行网格化管理，韶山城市形象得到提升。

（杨大为）

房产管理

【概况】 2020年，韶山市共有房地产开发企业7家，其中二级资质企业有韶山新天置业发展有限公司，三级资质企业有韶山大美旅游投资开发股份有限公司、韶山市城发集团房地产开发有限公司，四级资质企业有韶山长建商贸投资有限公司、韶山市恒源房地产开发有限公司、韶山市长虹房地产有限公司、韶山市新域商贸有限公司，注销房地产开发企业资质的有韶山市东升房地产开发有限公司，降级0家。全年，发放预售许可证3本，预售面积4.74万平方米，其中住宅4.13万平方米，非住宅0.61万平方米，完成房地产投资6.12亿元。商品房销售面积8.06万平方米，实现销售收入4亿元，住宅销售均价4855元/平方米，同比增长9.91%；非住宅销售均价6359元/平方米，同比增长38.15%。商品房剩余库存1280套，剩余面积17.46万平方米，库存去化周期26个月，其中住宅剩余库存337套，面积剩余4.68万平方米，库存去化周期7.5个月。非住宅剩余库存943套，面积剩余12.78万平方米，库存去化周期258个月。协征营业税、契税4845.4万元；归集房屋专项维修资金1075.5万元。年内，分配公共租赁住房5套，房源为退出的保障性住房。完善保障性住房公共配套设施，营造整洁舒适的居住环境。投资10万多元，维修保障性住房300平方米。规范使用房屋专项维修资金，严把项目审批关、预算审核关、工程验收关、维修资金拨付关。年内，受理维修基金动用申请16笔，依法依规拨付维修资金18.97万元，涉及278户，项目完工率100%。开展白蚁防治工作。年内，为各类贫困家庭减免白蚁灭治费用6000多元。受理免费白蚁防治申请35份，面积31万平方米。接受来访来电咨询20余次，整理档案35份，完成白蚁防治施工面积31万平方米，施工率100%。

【产权产籍管理】 2020年，市住房和城乡建设局严格按照《房地产登记技术规程》有关规定进行产权登记。年内，房屋产权产籍档案整理成册256卷（册），预测绘房屋面积47375平方米，实测绘房屋面积35288平方米。

【物业管理】 2020年，韶山市有物业服务企业10家，其中本地物业服务企业9家、外来企业1家。建立健全全市、乡镇、社区三级物业管理体制，印发《韶山市开展住宅小区管理全覆盖工作实施方案》，按照“社区管小区”模式，完成日月新村C区、D区等7个小区移交社区管理的工作，配合社区增立选举25个小区业主委员会，促成20个小区聘请物业公司进行管理。加强疫情防控，为各物业小区发放口罩2510个、酒精4桶、84消毒液4桶、额温枪15支、免洗酒精41瓶等物资。加强人员值班值守，累计排查全市各物业小区进出车辆38471台、行人38133人，劝返小区外来车辆500余台。推行垃圾分类，在小区投放废弃口罩垃圾桶300余个，实施消毒、单独运输、单独处理。联合交警、消防、城管等部门开展了消防通道专项治理，规范小区消防通道标识线20余处，查处小区内占用消防车通道行为40余起。督促全市物业服务企业维修小区破损路面、路沿石、装饰立柱、外墙等150余处，修复楼道灯50余盏、路灯30余盏，更换灭火器

500余个，添置消防栓、水带160余套，清理消防通道、楼梯间、架空层杂物2500余件，清运建筑垃圾40余车。小区管理逐步形成市、乡镇、社区、业主委员会和物业服务机构齐抓共管的格局，打造了良好的安居环境。

（郭　钲）

住房公积金管理

【概况】 2020年，韶山市住房公积金管理部抓制度强管理，优服务树形象，转作风提效能，控风险保安全，谋发展惠民生，尽职尽责做好各项工作，圆满地完成各项工作任务。全年归集资金1.13亿元，同比增长15%，累计缴存余额3.02亿元，实缴存单位174个，缴存人数5080人；全年办理提现1.5万笔，金额0.8亿元，同比增长16%，占当年缴存的70.8%，其中住房消费类提取0.6亿元，非住房消费提取0.2亿元，分别占提取金额的75.5%和24.5%；住房公积金贷款99笔，发放贷款(含贴息贷款)金额0.3亿元，累计贷款余额1.91亿元，个贷率76.84%，同比下降9.1%，贷款回收良好，贷款逾期为零。

积极拓展制度覆盖面。采取了多方式、多途径加大住房公积金制度的宣传力度，不断提高社会群体对住房公积金制度的认知度、关注度、满意度和信任度，充分利用银行与企业联系紧密的优势，大力争取住建、工商、人社、自然资源(不动产)等政府部门的支持，全年新扩面非公企业11个619人，增加月缴存金额44万元。

出台政策惠及民生。支持老旧小区建设改造，适当放宽住房公积金提取条件，提取住房公积金用于老旧小区增设电梯。为应对新冠肺炎疫情，帮助企业战胜疫情复工复产渡过难关和维护缴存职工的住房公积金权益，出台三条有效举措：一是受新冠肺炎疫情影响的企业可按规定缓缴住房公积金，缓缴期间缴存时间连续计算，不影响职工正常提取和申请住房公积金贷款。二是受新冠肺炎疫情影响的职工，6月30日前住房公积金贷款不能正常还贷的，不作逾期处理，且逾期记录不报送征信部门；调整按揭楼盘准入模式助推房地产市场平稳发展，在取得“五证一图”后，可申请先行备案，后续补充完善所需资料和相关手续。三是按照数据“应上尽上”、办理要件“能简尽减”的原则，不断完善数据共享平台，与省公安厅、民政厅，以及市人社（医保）、民政、住建、自然资源（不动产）等19个职能部门及多家银行机构联网，实现跨地区、跨部门、跨层级的数据共享。已将36项住房公积金业务政务服务事项全部纳入全国一体化政务服务平台，提供业务查询、申请受理、审查决定等全流程全环节网上服务，并开通了手机App，全力推进公积金各项业务网上办，优先将住房公积金的高频业务实现了线上办理，9项住房公积金提取业务和4项住房公积金贷款业务实现“零资料”办理，实现缴存职工、单位“一次不用跑”。

【深化“放管服”改革】 创新管理服务方式，深化“一站式”服务，实现“二转变”“二突破”和“三跨越”：通过联合办公，实现“多个单位跑”向“只跑一个单位”的转变，通过实行综合柜员制，实现“多窗口跑”向“只跑一个窗口”的转变；通过信息共享，实现“零证明办事”到“零资料办事”的突破，通过综合服务平台建设，实现“最多跑一次”到“一次都不跑”的突破；实现跨地区、跨部门、跨层级信息数据开放共享。开展争创文明窗口、服务明星等文明创建活动，韶山住房公积金管理部工作人员优质、便捷、贴心的服务，得到社会各界和办事群众的充分肯定。

（赵修良）

环境保护

【概况】 2020年，韶山生态环境分局落实新发展理念，以提高人民群众的幸福和获得感为目标，以解决人民群众关心关注的生态环境问题为重点，严格环保准入和环境执法，打赢污染防治攻坚战，推动全市经济发展与环境保护协调发展。韶山市空气质量达到国家二级标准，环境空气质量优良率达到94.5%，同比增长8.2%，综合指数为3.14，同比下降12.7%。$PM_{2.5}$浓度为32微克/立方米，同比下降13.5%；PM_{10}为46微克/立方米，同比下降16.4%；臭氧浓度为134微克/立方米，同比下降10.1%。全年无重污染天气。全市集中式饮用水源韶山灌渠、备用水源青沟水库水质达到Ⅱ类，地表水青年水库、韶河断面水质达到Ⅲ类。土壤环境质量总体保持稳定。

【服务质量高经济发展】 2020年，韶山生态环境分局迅速处置“12369”“12345”“网络环保舆情”反映环境问题，共受理环境信访投诉84件，处理率100%。落实支持企业复工复产措施，强化生态环境监管，全年出动执法人员200人次，检查服务企业100余家次，查处环境违法案件2起，罚款13.25万元，关闭非法洗砂企业3家。加强与公安部门的衔接，共同办理两起环境刑事案件，分别是“王某某非法采矿案”“肖某某等人非法占用农用地案”，刑事拘留3人，处罚4人。配合完成省生态环境保护督察“回头看”工作，省生态环保督察“回头看”交办韶山市的1件督办件、16件群众信访件全部完成办理情况反馈。共审批建设项目环境影响评价文件17个，备案管理40个。组织环境信用评价，完成企业的环境信用评价24家。组织开展固体废物排污申报登记工作，完成危险废物源注册企业申报登记16家、医疗废物源注册企业申报登记9家、一般工业源注册企业申报登记26家。完成企业排污许可证发放42家、排污信息登记152家。争取落实到位中央、省生态环境方面项目资金3047.5万元，其中韶山冲水环境整治工程3000万元，横向生态补偿奖励35万元，农村生活污水治理12.5万元。切实维护了企业和群众合法环境权益。

【生态文明城市建设】 2020年，韶山生态环境分局坚持把生态环保与经济社会发展工作有机结合，以可持续发展和服务经济建设高质量发展为目的抓生态环境保护工作。全面启动国家生态文明建设示范市创建工作，制定并实施《韶山市创建国家生态文明建设示范市工作方案》《湖南省湘潭市韶山市生态文明建设示范市规划（2020–2025）》。在全市各级各单位深入开展了学习习近平生态文明思想活动，并将习近平生态文明思想纳入了市委党校重要培训课程。组织开展了“6·5”世界环境日宣传、“污染防治攻坚战，我们在行动”等大型活动，聘请了7名市级环保监督员，发放宣传册、传单等宣传资料10000多份，引导广大市民共同参与污染防治工作，公众环境满意度得到提升。

（左 富）

（责任编校 颜家友）

重点工程建设·园区建设

重点工程建设

【概况】 2020年，韶山市紧紧围绕省、湘潭市“产业项目攻坚年”活动，坚持一手抓疫情防控，一手抓项目建设，做到“两手抓、两手硬，两不误、两促进”，取得了显著的成效。市域内76个重点工程项目，开工65个，竣工投产41个，完成投资86.5亿元，开工率、竣工投产率、投资计划完成率分别为85.5%、53.9%、101.5%。51个产业项目开工43个，竣工投产27个，完成投资67亿元，开工率、竣工投产率、投资计划完成率分别为84.3%、52.9%、103%。纳入湘潭市重点工程建设项目31个，开工30个，主体竣工或投产17个，完成投资67.12亿元，开工率、竣工率、投资计划完成率分别为96.8%、54.8%、148%。

“最忆韶山冲”演出项目、湖南迪润食品生产建设项目、韶山学校高新校区建设项目等一批省市重点项目稳步推进。红林花海森林旅游项目、长沙雨花经开区（韶山）智能制造产业园项目、三一（韶山）风电叶片生产线建设项目、泽宇新材纳米级材料生产基地建设项目、韶山蘅锐新材料有限公司建设项目、韶峰山泉水有限公司厂房扩建项目、湖南贝佳康医疗器械建设项目、远东钢模扩建项目、交通智能研发生产中心建设项目、九和模具建设项目、韶山钰盛锂电池生产线建设项目、年产20000吨球墨铸铁窨井盖建设项目、“新天名府”建设项目、清溪镇石山芙蓉学校建设项目、朝阳新城建设项目、国家烟草援建韶山水源工程建设项目等相继竣工、投产或投入使用。

【红林花海森林旅游项目】 项目占地527亩，主要进行荒山生态造林，森林旅游开发，环花海观光路建设。计划投资20000万元，完成投资27660万元，建成投入运营。

【韶山智能制造产业园项目】 项目占地88.8亩，主要进行工业厂房及相关配套设施建设。计划投资40000万元，完成投资64300万元，已完成6栋厂房主体建设，即将投产运营。

【三一（韶山）风电叶片生产线建设项目】 项目占地37亩，主要新建三条风电叶片生产线及相关配套设施。计划投资10800万元，完成投资16100万元，已投产运营。

【泽宇新材纳米级材料生产基地建设项目】 项目占地98.8亩，主要建设5栋钢结构厂房、1栋专家楼、1栋办公研发楼。计划投资20000万元，完成投资21050万元，已完成项目建设，即将投产运营。

【韶山蘅锐新材料有限公司建设项目】 项目占地27亩，建筑面积6662平方米，主要新建1栋4层框架结构厂房。计划投资5000万元，完成投资16200万元，已投产运营。

【韶峰山泉水有限公司厂房扩建项目】项目建筑面积3750平方米，主要建设1栋3层厂房，3条全自动生产线，1套吹瓶生产线等。计划投资5000万元，完成投资13300万元，已投产运营。

【湖南贝佳康医疗器械建设项目】 项目占地40亩，主要建设一家医疗器械设备生产基地。计划投资8000万元，完成投资16100万元，已投产运营。

【交通智能研发生产中心建设项目】 项目占地12亩，建筑面积5200平方米，主要建设1栋1层钢结构厂房及1栋4层附属用房。计划投资10000万元，完成投资19000万元，已投产运营。

【九和模具建设项目】 项目占地

20亩，建筑面积9000平方米，主要建设1栋一层钢结构厂房，1栋4层框架研发楼，1栋5层办公楼。计划投资10000万元，完成投资16500万元，已投产运营。

【清溪镇石山芙蓉学校建设项目】 项目占地35亩，主要建设教学楼、宿舍楼、周转房、食堂、图书馆、报告厅、办公楼、运动场及相关附属设施。计划投资9000万元，完成投资9000万元，已投入使用。

【国家烟草援建韶山水源工程建设项目】 项目新建青年中枢泵站，改扩建银田泵站，铺设管道19公里。计划投资13000万元，完成投资17000万元，已完成项目建设，试运行。

（汤晓瑜）

2020年韶山市部分重点工程建设项目投资进度情况一览表

表4　　单位：万元

序号	项目名称	计划投资	年度建设目标任务	项目进度	完成投资额
		852200			864716
1	棠佳阁旅游文化体验园项目	45000	完成项目一期游客服务中心、外婆家、立志营、童梦岭、毛泽东小道、棠佳阁、安置区等主体建设	完成建设用地许可证、建设工程规划许可证办理，完成游客服务中心部分基础开挖	21200
2	韶山干部学院建设项目	20000	完成项目全部建设	省建工集团和建筑设计院已中标进场	0
3	麗枫酒店建设项目	10000	完成项目建设，投入运营	酒店主体建设至第4层	10000
4	世纪明德韶山研学旅行营地建设项目	3000	完成一期项目建设	完成韶山营地朝圣酒店、红色驿站1220个床位改造和户外拓展基地改造工作，完成韶山营地朝圣酒店热水系统改造、户外拓展基地配套用房建设及水电安装，与银田湖粮集团“稻梦田园”示范园签订112亩旅游农业体验示范基地租赁协议，完成翻耕并进行了油菜、土豆等的种植	3000
5	“最忆韶山冲”演出项目	40000	完成项目剧场及周边商业建筑主体及配套设施建设，完成部分装修及安装工程	完成桩基施工、基坑支护、地基处理，正在进行地下室结构施工	37850
6	平里村田园综合体项目	65000	完成项目一期（幸福里）入口区、酒店区、会议会展中心、商业街等建筑主体建设，基本完成内部道路建设	已完成项目建设前期手续办理，基本完成征地拆迁工作，取得规划两证及施工许可证，项目处于停工阶段。正在推进解决项目遗留问题，积极引进新的投资方，落实项目建设资金	21200
7	红林花海森林旅游项目	6000	完成项目建设，试营业	已完成项目建设，试营业	13660
8	长沙雨花经开区（韶山）智能制造产业园项目	28000	完成项目前期手续及一期工业厂房50%主体建设	一标6栋厂房主体竣工，正在进行内外墙粉刷	36300
9	东方红高新产业孵化园建设项目	40000	完成项目前期手续及50%主体建设	完成土地摘牌出让、土地证、用地规划许可证办理，完成土方平整	27950
10	湖南迪润食品生产建设项目	20000	完成厂房、污水处理池、综合楼主体建设	研发楼、1#生产厂房、污水处理池主体竣工，正在进行研发楼外墙施工、1#生产车间墙体粉刷	30100
11	三一（韶山）风电叶片生产线建设项目	6000	完成新建厂房主体建设	完成6条生产线建设，并投产运行	16100

续表4

序号	项目名称	计划投资	年度建设目标任务	项目进度	完成投资额
12	装备生产建设项目	5000	完成新建、扩建厂房建设	完成项目建设并投产	5000
13	泽宇新材纳米级材料生产基地建设项目	14000	完成一期厂房、办公楼建设，投产运营	项目主体竣工，正在进行墙面粉刷	21050
14	高新区标准化厂房建设项目	30000	完成部分办公楼、厂房主体建设	完成项目建设，投入使用	36100
15	创一科技建设项目	30000	完成项目一期建设，启动二期建设	完成可研立项，场地杆线迁移，地块挂网，正在进行项目方案、初步设计竞争性磋商及地勘、竞争性磋商文件评审、项目融资贷款审批	15500
16	韶山蘅锐新材料有限公司建设项目	5000	完成项目建设，试运行	已竣工投产	16200
17	湘潭恒欣实业扩建项目	2100	完成项目建设，试运行	已竣工投产	2100
18	湖南韶山科立电力产品制造建设项目	10000	完成项目建设，试运行	完成立项、总图审查、方案审查、地勘、初步设计审查	9350
19	韶山金弘再生资源生产建设项目	10000	完成项目建设，试运行	完成备案、地勘、方案图设计、经济技术指标复核，正在进行五通一平施工	9350
20	锂离子电池材料生产建设项目	10000	完成厂房装修、生产设备购置，完成生产线建设，试生产	已竣工投产	15000
21	线性电热材料及器件研发与制备项目	3500	完成生产线建设，试投产	已竣工投产	3500
22	湖南拓森新能源锂离子电池及材料生产线建设项目	1000	完成生产线建设，试投产	已竣工投产	1000
23	复合材料异形构件铺丝缠绕技术装项目	6000	1.完成复合材料火箭发动机壳体研发生产线建设； 2.完成航天航空复合材料高压容器生产线建设； 3.完成复合材料S型进气道生产线建设； 4.完成复合材料高压炮管生产线建设； 5.完成复合材料飞轮转子生产线建设	已竣工投产	6000

续表4

序号	项目名称	计划投资	年度建设目标任务	项目进度	完成投资额
24	婴幼儿磨牙棒生产线改造项目	1000	完成项目建设并投产运营	已竣工投产	1000
25	杨林良和砖厂改扩建项目	5000	完成项目建设，投产运营	已竣工投产	10000
26	韶峰山泉水有限公司厂房扩建项目	5000	完成厂房建设，完成生产线建设安装，部分投产运营	已竣工投产	13300
27	城乡建筑垃圾资源化利用项目	3000	完成项目建设，完成设备安装并投入生产	已竣工投产	3000
28	湖南贝佳康医疗器械建设项目	6000	完成厂房及附属用房建设	已竣工投产	16100
29	远东钢模扩建项目	16000	一、完成4#、5#栋厂房建设，完成设备购置，全部项目投产运营；二、完成：1．智能分料系统隧道台车研发；2．建筑施工用附着式升降作业安全防护平台研发；3．液压侧墙台车研发	已竣工投产	26300
30	交通智能研发生产中心建设项目	8000	完成厂房及附属用房建设，投产运营	已竣工投产	19000
31	九和模具建设项目	7000	完成厂房及附属用房建设，投产运营	已竣工投产	16500
32	汇弘实业肉食品加工建设项目	20000	完成一期项目建设，投产运营，启动深加工项目建设	已竣工投产	30500
33	朗科精工建设项目	2000	完成办公楼及附属楼主体建设，完成厂房设备安装	因企业自身原因，项目已暂停，正在从新办理项目前期手续	800
34	中韶电气产业园建设项目	12700	完成项目建设，投产运营	完成4#、5#、6#、7#栋厂房建设并投产	12700
35	毛家湘菜产学研科技楼建设项目	1000	完成项目建设，投入运营	完成项目建设，正在进行设备安装	1300
36	韶山风电场建设项目	5000	完成项目全部建设	项目因与军用机场净空高度要求相冲突，已退出	4000
37	韶山钰盛锂电池生产线建设项目	40000	完成一期厂房及生产线建设	完成项目一期厂房建设，正在进行设备安装	43500
38	韶山高新区永义双创基地（一期）建设项目	23000	完成部分标准化厂房及基础设施建设	完成规划选址、立项、稳评、水土保持等前期工作；完成方案设计并通过规委会审批；完成一标段招标文专家评审及招标挂网前期工作；完成地勘工作及地块清表工作	6900

续表4

序号	项目名称	计划投资	年度建设目标任务	项目进度	完成投资额
39	年产20000吨球墨铸铁窨井盖建设项目	5000	完成厂房建设	已竣工投产	8000
40	殡葬服务设施建设项目	2000	完成项目建设，投入使用	前期筹备已基本完成，正在加快推进用地招拍挂	750
41	农村集贸市场建设项目	500	新建章公桥、陶家垅、如意集镇、银田寺社区及云源5个农贸市场，提质改造火车站农贸市场，规范并搬迁竹鸡段农贸市场，提质并搬迁永义和团田农贸市场，提质并规范银田银河人家农贸市场	完成项目建设，投入使用	1200
42	“新天名府”建设项目	20000	完成七栋住宅、酒店和商业主体工程建设	完成1－7＃栋地面保温、内保温、卫生间防水、窗台、阳台栏杆安装、楼梯踏步铺贴、楼梯扶手安装；完成酒店主体、砌体、内粉刷、轻质隔墙、外墙粉刷	35200
43	天润园二期建设项目	9000	完成公益性墓地和经营性墓地建设以及1栋员工生活楼、1栋综合办公楼及配套设施建设	前期筹备已基本完成，正在加快推进用地招拍挂	3640
44	都好金色年华养老养生公寓建设项目	7500	完成主体建设，完成室内外装修及相关配套设施建设并投入运营	完成主体建设	8500
45	生猪恢复和提质增效工程项目	3000	完成顺康、正大、长丰、港越等五大猪场恢复生产；完成适养区基础设施提质改造；完成年出栏100头以上养殖场10个，50头以上15个，20头以上50个；恢复、新建沼气池10个以上；启动生态鱼池和有机肥加工厂建设	完成顺康60万元基础设施建设，200万头种猪及商品猪采购；完成长丰60万元基础设施建设，200万头种猪及商品猪采购；完成正大两个猪场约100万元基础设施建设，400万头种猪及商品猪采购；完成生态渔场建设；完成3座有机肥厂建设（设备厂房）建设；完成沼气池建设	3000
46	高标准农田建设项目	600	完成5口山平塘、5公里机耕路、500米渠道等建设	完成土地平整9.5亩，土壤改良5087亩，整修山塘10口，新修泵房1座，整修排灌渠5条867.8米，安装节水输水管1805.4米，整修机耕道4条长1433.1米，整修其他田间道路1853米	856
47	韶山韶河生态水产养殖基地建设项目	2000	完成122个恒温水产养殖大棚及配套500平方仓库、200平方恒温淡化车间、800平方生态养殖展示区建设	完成中国水产科学研究院珠江水产研究所韶山试验基地签约、揭牌仪式；已进行过首年的南美白对虾养殖，养殖池的虾已全部捞出、烘干制成干虾出售；基地温室大棚建设合同已签订并动工建设	4500
48	茶叶产业建设项目	1000	完成项目全部建设	完成460亩基地的建设，正在进行高标准厂房建设	380

续表4

序号	项目名称	计划投资	年度建设目标任务	项目进度	完成投资额
49	银田现代农业示范园建设项目	10300	一、基础设施建设。完善园区交通、水利建设，完成服务中心建设。 二、产业基地建设。1.药王谷完成药材种植和药材产地交易中心及相关配套设施建设；2.宏发苗木完成园区提质改造，完善旅游配套设施厕所、停车场等建设；3.银田村扶贫产业基地完成1500m^{2}加工车间建设	基础设施建设：园区交通、水利建设项目已完成，服务中心建设已完成主体工程建设；产业项目：银田药王谷农旅融合开发项目完成节水灌溉建设，完成第一期土地流转1400亩，已种植中药材白芨、玉竹、黄精共1200亩，完成深加工厂选址，厂房用地正在审批之中；宏发生态科技示范园完成园区提质改造，完成园区冷库、停车场、旅游公厕、电子显示屏安装、监控设备安装、金桂花瓶种植、黄桃种植等，完成了韶山市政协直播带货活动；银田村扶贫基地项目完成1500平方米加工车间建设	12230
50	韶河现代农业示范园建设项目	15000	一、基础设施建设：完善园区交通、水利建设。 二、产业基地建设：1.华润五丰农旅生态园建设项目完成蓝莓基地、分拣中心建设，完善道路、水利系统；2.金景丰完善1350亩基地建设，以及园区及韶河路的绿化	基础设施建设：园区交通、水利建设已完成；产业项目：金景丰现代葡萄产业园项目已完善1350亩基地建设及韶河路周边绿化、亮化工程；华润五丰农旅生态园建设项目完成电商园建设，新成立华润五丰（韶山）现代农业产业基地，完成了园区的道路、水利系统建设，新引进冷藏保鲜技术；四清合作社完成对水蜜桃基地的桃树除草、冬剪、施肥等工作；完成对贫困户的第三轮上户回访工作；完成对贫困户关于做好果树越冬的指导工作	15000
51	湖南韶峰创意农业特色示范产业园建设项目	10000	完成研学教育及拓展基地、茶产业园基地、大健康产业基地、院士工作站等建设	完成一期项目土地流转、项目修建性详细规划编制、产业规划及策划方案、项目地块整理改良和水系改造、高标准茶园和柑橘示范园建设、园区路网及绿化施工、喷滴管设施建设、温室大棚建设、油菜种植工作	14800
52	韶山国家气象观测站搬迁项目	1500	完成项目全部建设	完成项目招标、林地审批，正在进行上山道路建设，山顶用地报批和林地审批，院内设计	220
53	综合能源建设项目	8000	完成60%项目建设	完成项目建设。	8100
54	电网提质改造及电力“泛网”建设项目	20000	完成项目全部建设	完成0.4kV城、农网变压器低压智能改造，电力光纤通信专项设施升级改造和完善，核心景区高可靠性供电工程，韶北变2回出线	2240
55	韶山村村民活动中心建设项目	800	完成篮排球馆改造，完成新建运动场建设	完成项目建设	800
56	湘潭市人防疏散地域韶山示范点（一期）建设项目	2000	完成项目前期（含立项、用地预审、规划选址、三通一平），完成地下基础部分施工	项目为湘潭市人防办负责建设，已暂停	88
57	园区基础设施提质改造项目	2000	完成厂房、绿化、标识标牌、电网改造等设施提质工程	完成莲花路与红旗路、金桂路与红旗路、金桂路与永义路路口红绿灯及标识标牌建设，完成220KV民西线173#杆线迁移	2000
58	城乡客运一体化建设项目	1200	完成城乡公交一体化规划设计，完善现有公交线路、站点、亭，新开通4条公交线路等	完成项目建设，投入使用	2522

续表4

序号	项目名称	计划投资	年度建设目标任务	项目进度	完成投资额
59	G240沪昆高铁韶山南站至湘乡公路（韶山段）	19000	完成项目征地拆迁等前期工作，启动项目建设	完成部分征拆，三杆搬迁，正在进行招投标准备工作	900
60	韶山铁路专线建设项目	30000	完成铁路专用线建设，完成宗兴线、连接道路、导航台、洞库土建	正在进行洞库、连接道路、企业站场地、铁路专线铺轨、导航台道路、安置区二期建设	43000
61	全电韶山建设项目	20000	完成80%项目建设	完成项目建设，投入使用	25000
62	湘潭西500千伏变电站变电工程建设项目	12000	完成全站设备基础施工，全站房屋主体安装，全站设备安装、调试	完成项目全部建设	13200
63	韶山北变电站变电工程建设项目	6500	完成项目全部建设	完成项目全部建设	6500
64	韶山冲水环境综合整治工程	2000	1.完成韶山冲生活污水管网和集中处理设施建设，实施农业面源污染防治，韶河南源、水塘清淤整治；2.完成环境监管能力建设	韶北片已完成95%建设，焦家片、富家片已全部完成，杨楼片完成生态池塘建设，正在进行污水管网铺设，门店餐厨油污处理	1700
65	过境河道治理工程	1000	完成金海便河、工贸便河河道清淤疏、生态修复，对沿线小区、居民户进行雨污分流工作，新建污水管网3公里，新建三级化粪池15座	完成镇泰学校内主管网建设、老农业银行宿舍、老百姓大药、粮油中心、老粮食局、老农机局片区、谭家岭安置区、优居中心、居民散户、云盛花园片区、市公安局雨污分流改造，正在进行河道清淤	800
66	农村环境整治项目	3000	完成项目全部建设	完成项目全部建设	3000
67	韶山学校高新校区建设项目	22000	完成教学楼、学生宿舍、食堂等主体框架建设	教学楼、宿舍及配套房屋已竣工	27700
68	清溪镇石山芙蓉学校建设项目	9000	完成全部建设投入使用	完成项目建设，投入使用	9000
69	朝阳新城建设项目	10000	完成项目全部建设	完成项目主体建设，正在进行室内外装饰、室外附属工程建设	12530
70	火车站片区老旧小区改造升级及配套基础设施建设项目	500	完成迎宾路污水主管网建设1公里，清如路1.2公里管网建设，红苹果小区、水果市场、水利局宿舍雨污分流，新建三级化粪池10座，新建污水检查井30座	完成项目全部建设	2400
71	中小学基础设施提质改造项目	500	完成项目建设，投入使用	项目主体已竣工，正在进行装饰装修	840

续表4

序号	项目名称	计划投资	年度建设目标任务	项目进度	完成投资额
72	智慧磐石工程	1000	完成项目建设，投入使用	完成项目建设，投入使用	1000
73	道路交通顽障痼疾整治项目	1000	完成项目全部建设	完成项目全部建设	1000
74	樟树湾安居工程建设项目	5000	完成樟树湾安置房、商品房及幼儿园全部建设	实物工程量已全部完成	5000
75	平里村城中村改造外婆湾安置区及基础设施配套建设项目	13000	完成项目全部建设	基本完成项目建设前期手续及施工招标，正在积极制定下步实施方案	7710
76	国家烟草援建韶山水源工程建设项目	11000	完成项目全部建设	完成新建青年中枢泵站跟调度中心主体与室外所有工程，完成青沟水库进、取水所有工程，完成银田泵站改扩建预沉池与取水口工程，正在进行青年泵站、银田泵站设备及高压线路的安装调试工作	17000

（汤晓瑜）

高新技术产业开发区

【概况】 韶山高新技术产业开发区（简称“韶山高新区”）是省级园区，总体规划面积6.27平方公里（含食品工业园），区内现有企业280余家，规模以上企业48家，高新技术企业30家，国省名牌企业6家，国家级小巨人1家，省级小巨人5家，省市知识产权优培示范企业8家，拥有核心专利的企业167家，创新型企业占企业总数85%以上，形成了以三一风电、远东钢模、恒欣实业、江冶机电为代表的先进制造，以毛家食品、大北农为代表的食品医药，以恒升机械、润泽新能源为代表的新材料新能源，以力源贸易、金弘再生为代表的总部经济特色产业集群。园区现有储备用地1000余亩，调规扩区正在扎实推进，园区发展空间可扩大一倍左右，具备承接、培育重大项目的良好基础。

2020年，韶山高新区围绕建设活力园区发展目标，紧扣高质量发展主线，着力抓招商、推项目、育产业、优服务，呈现出稳中有进、稳中向好的发展态势。全区实现技工贸总收入237亿元、同比增长12.75%；固定资产投资完成52.68亿元，增长11.46%，其中产业投资48.44亿元，增长14.92%，高新技术投资16.04亿元，占产业投资的33.1%，同比增长13%，技术改造投资完成14.98亿元，占比产业投资30.96%，同比增长10%。全年实现税收6.34亿元，同比增长233.71%，占韶山市比重的72.96%。开发区域平均每亩产值、产业集中度位居省级园区前列。在湘潭市发展和改革系统2020年度市政府真抓实干督查激励推荐名单中获“重点建设项目推进”“争资争项工作落地”等荣誉。三一（韶山）风电设备有限公司3个月完成主体基建并投产创最快基建纪录、月产32支叶片创单套模具单套模具月产量最高、5个月内成型效率稳定24小时创最快提速记录、非预制实现18.5小时获最快成型记录。用不到8个月的时间完成第1000支叶片下线的壮举，实现产值近8亿元，创税收2390万元。创造中国叶片行业四项行业纪录。

【重点项目建设】 2020年，韶山高新区激活项目建设引擎，源源汇聚强劲产能。成功引进钰盛科技、创一5G信息产业园、三泰食品药品产业园、三丰智能机械、世纪明德等项目79个，三类500强项目1个、亿元以上项目10个，合同引资30.96亿元，到位资金15.8亿元；园区项目落地率、开工率、投资完成率分别达到100%、100%、163.3%，位居湘潭二类园区前列。启动（续建）重点产业项目建设29个，九和模具、毛家食品、蘅锐新材等18个项目竣工或投产，开工面积23万平方米，建成8.4万平方米，园区厂房总面积达到83万平方米。新韶光、腾辉新材等7个项目成功申报“135”工程项目奖补资金935万元。韶山高新区双创示范标准化厂房项目占地46.54亩，建筑总面积35464.98平方米，主要建设多层厂房及单层厂房建设，项目总投资11000万元，该项目已经竣工验收。韶山学校高新校区建设项目是湘潭市重点建设项目，总占地面积129.6亩，总建筑面积6万多平方米，主要建设教学楼、综合楼、体育馆、食堂、学生公寓等。韶山学校计划办学规模为75个班，其中初中45个班、高中30个班。该项目总投资3.7亿元，2020年4月30日动工建设，计划2021年9月1日竣工开学。

【企业转型升级】 2020年，韶山高新区新增规模以上企业7家（共48家）、高新技术企业8家（共30家），税收过千万企业达到12家，新增数据均为历史最高值；三一风电叶片生产下线已超1200支，产值突破7.2亿元，实现行业内“四个第一”；恒欣实业获评2020年“省长质量奖”“国家级小巨人”企业、“省工业质量标杆”企业，恒升机械等8个项目被列入制造强省项目。2020年，开发区实现进出口额7300万美元，同比增长104%；利用外资4404万美元，完成任务的100%；引进内资20.2亿元，完成年度任务的113%；永霏医疗、韶山新锐隆、银河数控、三泰、德华5家企业实现破零。全年设立登记新入园企业61家，变更21家次，目前共有283家企业注册园区；开展安全生产执法检查127家次；完成征地174亩，盘活闲置土地135亩。园区推行“海底捞式店小二”服务，实现全链条闭环审批。打造“零跑腿”审批流程，一般性手续即受即办即结，立项、环评等办证审批从半个月缩减至一天半，做到“企业投资有多快、手续审批就有多快”。常态开展“一企一策”帮扶行动，及时为企业解决难题；政策优惠，韶山市委、市政府针对实体经济发展、招商引资和产业人才出台了系列政策文件，韶山高新区结合实际制定了总部经济、新材料新能源专项产业政策，并在专项资金争取、项目申报等方面给予专业支持，政策红利十足；生活便利，园区紧邻城区、市区、景区，休闲购物、观光旅游十分方便。区内职工活动服务中心投入使用，篮球、气排球、网球、足球场配套到位，能充分满足员工业余生活需求。

妥善转换债务类别。成功将4.53亿元关注类债务转化为经营性债务，2020年归还隐性债务和关注类债务本金1.15亿元，共计化解政府债务5.38亿元；10亿元企业债券置换工作取得阶段性进展。

积极发展服务平台。区内“五纵五横”主干道全线拉通，专业配电站、污水处理厂以及60万平方米的标准化厂房投入使用，建成了装备制造园、食品工业园、锂电新材料产业园3个产业集中区，拥有2个省级孵化器、3个“双创”平台、5个省级技术示范中心、16个产学研合作基地，职工教学培训点、助保贷中心、互助贷中心等服务平台一应俱全。总部经济大楼、产业孵化基地、韶山学校高新校区等配套设施正在建设。

【专业人才培养】 韶山高新区扎实推进支部“火车头”建设工程，设立党员示范岗、先锋队36个（支）扎根产业链，高新区成立14个防疫工作组入驻企业蹲点值守，全方位指导疫情防控工作，150名党员共包办实事100余个。远东钢模“党员夜班车”、江冶机电“党员科技攻关队”成为品牌；大力实施党建“标杆引领”计划，江冶机电、毛家食品两家非公企业党支部即将接受省级“标杆引领”验收。

韶山高新区周边有20余所知名高校及70余所职业院校，能多层次为企业提供所需人才。欧阳晓平、黄伯云、谭天伟等多名院士专家与高新区、区内企业合作建立拥有100余名高端人才的“智库”，为企业提供智力支撑。

【助力脱贫攻坚】 2020年，韶山高新区坚持把联系点清溪镇永义村脱贫攻坚作为一件产业扶贫工程来抓，多次进村开展调研，不仅针对具体问题定制“一户一策”脱贫方案和帮扶措施，选派22名党员干部入户开展结对帮扶工作。通过实施产业发展、基础设施提升工程，充分发挥产业扶贫、教育扶贫、就业扶贫、金融扶贫、政策兜底“五位一体”作用，顺利实现19户全部脱贫，人均年可支配收入达15000元以上。

（周　青）

（责任编校　颜家友）

2020年11月16日，在湖南省质量大会上，恒欣实业有限公司获“第六届省长质量奖”。图为省委副书记、省长许达哲（左）向该公司董事长肖公平颁发奖杯

农 业

概 述

2020年全市完成农业总产值12.02亿元，农村居民人均可支配收入30257元。全年粮食播种总面积8.21万亩，平均单产518.88公斤，总产量为4.26万吨，全市夏收油菜2.39万亩，总产286.8万公斤，投入各类农机具5000多台（套），全市水稻综合机械化率为82.9%，油菜综合机械化率为88.5%。全市出栏猪、牛、羊、家禽分别达10.65万头、0.0384万头、0.19万只和29.7万羽，上市鲜鱼2403吨。全市农产品加工产值72.9亿元，农业产业化企业146家，其中销售收入500万元以上加工企业69家，销售收入2000万元以上加工企业23家(龙头企业16家，其中国家级龙头企业1家，省级龙头企业3家，市级龙头企业12家)。全年新注册登记农民专业合作社15个（含联合社1个），新注册登记家庭农场8个，全市农民专业合作社累计达350家，家庭农场170家，流转土地面积6.5万亩，成员38000余人。种植结构调整面积4803.15亩。全市休闲农业企业实现营业收入2.265亿元，接待游客112.72万人次，有规模以上休闲企业14家(省五星级3家，省四星级7家，省三星级4家)。扎实推进脱贫攻坚工作，全年有建档立卡贫困户1474户4666人，新识别建档立卡贫困户11户36人，均已如期实现脱贫，群众满意度达99%。同时，摸排出边缘易致贫户102户313人、脱贫不稳定户39户87人，1600多名党员干部参与结对帮扶。全市4168户“四类对象”唯一住房完成危险性住房鉴定，2175户危改对象户完成危房改造，建档立卡家庭经济困难学生入学率达100%、辍学率为零，三类残疾儿童入学率达100%，发放春秋两季职业学历教育扶贫补助230人次。贫困人口参保率达100%，住院报销比例达90.3%，精准救治504名患33种大病的贫困人口，救治率达100%。全年城乡最低生活保障标准达6000元/年·人，动态监测纳入建档立卡范围的兜底保障对象982人。贫困人口饮水安全问题实现动态清零。全年建设高稳粮田0.63万亩，项目总投资1008万元，平整土地11.06亩，改良土壤5985亩，整修山塘12口，新修泵房1座，整修排灌渠1021米，安装节水输水管2124米，整修机耕道1686米，整修其他田间道路2180米。全域推进美丽乡村建设，全年创成美丽乡镇2个、美丽屋场142个、美丽庭院5500个。全市有25%的行政村获评省级美丽乡村示范村。全市“厕所革命”完成三格化粪池918个。

（张茂清）

美丽乡村建设

【概况】 2020年，韶山市农业农村局在全面开展农村人居环境整治工作的基础上开展美丽乡村建设，创建并验收美丽乡镇2个、完成省级示范创建村建设1个、市级示范创建村1个，美丽屋场10个、美丽庭院5000个。提升村容村貌，全域推进村庄清洁行动，拆除空心房33407平方米，达到调查摸底存量数据的90%。村庄道路建设完成下达任务的110%，村庄绿化覆盖率达59.47%，100%村达到绿色村庄标准。依托10个美丽乡村示范片和5500户美丽庭院，培育特色民宿50余家、研学机构8家、家庭农场195家。

【省同心美丽乡村建设现场会在韶山召开】9月15日，湖南省同心美丽乡村建设现场推进会在韶山召开。省委常委、省委统战部部长黄兰香，副省长隋忠诚出席会议，湘潭市委书记、市人大常委会主任曹炯芳致辞。省委统战部、省农业农村厅、省扶贫办等有关部门负责人，14个市州党委统战部部长，同心美丽乡村建设专家顾问团代表等出席。与会人员来到省级同心美丽乡村韶山市银田镇银田村，考察湖粮基地、陈家冲美丽屋场、知行研学实践营地、同心广场、国英生态农庄、扶贫产业基地和宏发苗木基地，并参观了韶山灌区陈列馆。黄兰香在现场会上强调，各级统战部门要进一步提高政治站位，增强行动自觉，持续推进同心美丽乡村建设。曹炯芳表示，湘潭将严格按照省委、省政府决策部署和省委统战部工作安排，不断探索同心美丽乡村建设的新思路、新举措，打造具有伟人故里鲜明特色的经验样板、品牌模式。

（张昊博）

农业产业化

【概况】 2020年，韶山市农业产业化企业146家，其中全年销售收入在500万元以上的农业产业化企业有69家，销售收入2000万元以上加工企业23家（龙头企业达17家，其中国家级龙头企业1家，省级龙头企业达3家，市级龙头企业达13家）。全市休闲农业实现营业收入2.265亿元，接待游客112.72万人次。上规模的休闲农庄14家（省五星级3家、省四星级7家、省三星级4家），有效推动了韶山休闲农业与乡村旅游可持续发展，乡村振兴战略实施稳步推进。

【龙头企业发展】 2020年，市农业农村局加快发展农业品牌建设。“韶山红”公共区域品牌已申报国家工商总局审批。三旺实业“韶峰牌”“湘牧牌”分割肉获省名牌产品，毛家食品、三旺实业、家家旺的产品进入湖南省农产品品牌名录及“湘潭十大品牌”。毛家腊肉以新技术研发出即食腊肉休闲食品、奥凯航空专用食品。农业产业化企业加快发展，毛家食品新建砖混结构楼一栋，占地4408.46平方米；建筑面积6123.26平方米；综合楼集原辅料仓库、农产品展示销售、特色农产品展示和电商运营中心、蔬菜及酱腌菜生产、特色湘菜标准化生产示范和科研技术中心、办公室培训于一体。汇弘实业有限公司，注册资金5038万元，项目总投资为64000万元，项目总面积为108.6亩，建设4条加工生产线，其中1条熟食加工生产线和屠宰加工区，于10月27日竣工投产运行。

【扶持园区企业】 2020年，市农业农村局根据《关于安排2020年市本级整合涉农资金支持现代农业示范园区建设项目奖补专项的通知》（潭农整合）文件精神，争取市级创建资金100万元，扶持园区建设。7月3日，韶山市四清合作社成功举办“韶山红天下蜜桃甜人心—韶山水蜜桃开园采摘暨市长代言”，副市长兰筱村代言直播销售园区农产品，当日在线观看96万人，互动198.5万人，销售韶山水蜜桃等农产品8011单，销售金额79万元。全年用“直播+助农+电商”方式开展水蜜桃、黄桃等直播带货活动2场，共销售2.6万单。10月23日，韶山市人民政府办公室《关于印发〈韶山市现代农业示范园产业发展扶持优惠政策〉的通知》，进一步提高对园区企业的扶持力度。韶河小水果现代农业产业园被评为湘潭市现代农业产业园。

【农产品展销会】 2020年10月30日—11月3日，农业农村局组织韶山毛家食品有限公司、湖南省韶山茶业公司有限公司、韶山五丰生态农业种植专业合作社、韶山市仰韶农业科技开发有限公司、湖南银康元医药健康产业有限公司等重点农业生产企业参加第二十二届“中南农博会”，推出韶山农产品，加大小水果的影响力。

（沈争红）

脱贫攻坚工作

【概况】 2020年，韶山市有建档立卡贫困户1474户4666人，已全部如期实现脱贫。贫困户年人均收入达14000元，群众满意度达99%以上。市政府印发《关于明确脱贫攻坚工作中提升群众满意度工作责任的通知》《2020年乡镇党委和政府脱贫攻坚工作考核实施方案》《2020年市直单位（部门）扶贫开发责任制考核实施方案》《韶山市防止返贫致贫机制和帮扶机制实施方案》，无禁食退补、禁补退补、转产转业和受自然灾害等造成较大损失的贫困群众。抓好疫情防控灾情影响，高质量完成决胜全面建成小康社会决战脱贫攻坚目标任务。

全面完成脱贫攻坚目标任务。积极开展动态调整，全面落实民主评议、公开公示、入户核查等程序。对上年底新识别建档立卡贫困户11户36人，均已如期实现脱贫。摸排出边缘易致贫户102户313人、脱贫不稳定户39户87人，已全部实行动态监测和帮扶，未出现一例“返贫”。派驻村工作队19支，实现驻村工作队和第一书记应派尽派，确保驻村工作队帮扶力量不减弱。1600多名党员对所有建档立卡贫困户实施结对帮扶，结对帮扶率达100%，为贫困户量身制定“一户一策”，帮其解决具体问题。

落实“两不愁三保障”政策措施。大力培育了如银康园药材种植基地、银田香菇扶贫产业基地、韶阳村茶叶基地、平里村“一亩田”产业等一批长期增收的项目，四个原省定贫困村均成立产业扶贫合作社，均有市级龙头企业参与带动其发展产业。通过自主发展、委托帮扶、直接帮扶等模式，全面深化“全覆盖”产业扶贫模式，完善利益联结机制。通过采取岗位推送、公益性岗位安置、劳务输出等措施，1819名贫困劳动力实现就业，同比增长3.7%。发放交通补助1302人，发放金额37.68万元，发放一次性求职创业补贴1126人，发放金额33.78万元；建档立卡等家庭经济困难学生的入学率100%，三类残疾儿童的入学率100%，建档立卡等家庭经济困难学生辍学率为0。教育政策补助做到全覆盖、零遗漏，确保“应助尽助”。对于所有就职中职、高职的建档立卡贫困学生实施“雨露计划”，及时足额发放了助学补助资金。贫困人口参保率100%。全面落实参保补助政策，患四类重点慢病贫困人口1121人，全部纳入签约管理，签约服务率100%。对全市4168户“四类对象”唯一住房进行了危险性住房鉴定，全市4类重点对象住房安全保障率100%。完成建档立卡贫困户住房安全信息录，信息录入率100%，信息录入进度和质量排名居全省前列。全市所有建档立卡贫困户饮水安全均得到有效保障。

严格扶贫资金项目管理使用。扶贫资金严格按照《韶山市财政专项扶贫资金管理办法》的要求使用，所有扶贫项目都纳入项目库，对发放到建档立卡贫困户的财政性资金，通过“一卡通”安全数据平台发放至扶贫“明白卡折”；建立《韶山市扶贫资产后续管护制度》，加强对资产后续的管护力度，项目资产正常使用，对所有扶贫项目资产进行全面清查登记，建立资产台账。

【脱贫攻坚责任】 韶山市制定了市、乡、村三级脱贫攻坚责任清单，明确具体职责任务，形成三级书记一起抓的工作格局。实行每月第二周“无会周”制度，并将“无会周”定为“精准扶贫周”，市委、市政府主要负责同志带头开展“三走访三督导三签字”活动。市委、市政府对各类巡察、巡视、审计、自查等发现的问题及时进行交办整改，加强扶贫领域作风建设，开展“一季一专题”专项治理，狠抓危房改造、产业扶贫、教育扶贫、工作作风等领域的突出作风问题。2018—2020年，共立案查处扶贫领域腐败和作风问题18起18人。

（赵 波）

农村环境综合整治

【概况】 2020年，韶山市全力推进农村人居环境整治行动，狠抓“四清四治四提升”“三治三化”工作，完善农村基础设施和公共服务，推动村容村貌美化、农村条件优化。建立生活垃圾收运处置体系和运行维护管理机制，健全市、镇、村三级环卫管理体系，有效处理农村生活垃圾。严格落实首厕过关制，建立全程监管体系，实行网格化管理和日报告制度，治理厕所粪污。创建“四好”文明示范路，实现农村通组道路全覆盖，创成省级“四好农村路”示范县。大力推进“三禁三不”工作（禁止燃放烟花爆竹、禁止露天焚烧垃圾、禁止露天焚烧秸秆，不挖山、不砍树、不填塘），实行核心景区严管严控严治，坚决遏制环境污染问题的发生。全面完成全市村庄规划编制任务，其中包括6个市级“多规合一”试点村、11个人居环境整治规划专篇和村庄分类布局规划。投入农村人居环境整治专项资金2543万元，同比增长13.5%，争取上级农村人居环境保护相关项目资金4145万元，垃圾分类付费制收取255.206万元，各村乡贤捐赠和村民自发筹资投劳约200万元。

【垃圾分类全域推进】 2020年，全市敞口式垃圾池清理完成近100%，新建或改造利用垃圾中转站8座、再生资源分拣中心207处，全市垃圾总量同比减少19.6%，率先在全国县一级实现垃圾分类“付费制”全域覆盖，全市生活垃圾资源化利用率达84.7%、无害化处理率达100%。韶山市获评“全国农村生活垃圾分类和资源化利用示范县（市）”。

【生活污水全面治理】 延伸城镇污水管网，农村生活污水排放得到有效管控的行政村达50%以上，全市33个村均已完成了农村环境综合整治达标建设，农村污水处理率达75%，饮水安全达标率、地表水质达标率均为100%。通过召开改厕现场会及工作推进会、现场培训、全程监督检查、落实项目建设专项资金等措施，完成三格化粪池918个，全市无害化厕所达80%，卫生厕所普及率100%，改厕工程质量合格率100%，群众对改厕满意率100%。

【绿化补植】 各乡镇沿国省县乡村道栽种苗木109公里，对全市各村的村组道路、村民庭院、休闲广场、村部及主要河流沿岸等绿化补植2万多平方米，全市村庄绿化覆盖率达59.47%。

（张昊博）

农村能源建设

【概况】 2020年，韶山市农业农村局抓好沼气安全生产工作，完成农村沼气服务网点项目的安全生产排查，重点排查施工管理制度和安全操作规程执行到不到位、施工人员安全生产意识强不强以及安全使用技术向农户传授和技术交底到不到位、技术服务记录详不详细的现象。排查养殖小区联户的沼气工程存在的安全隐患并及时整改，针对部分农户沼气池盖板未及时盖好、管道灶具老化、出料口堵塞、管路出现漏气、管道安装不合理等情况，在技术人员指导下及时整改到位。通过加大宣传力度，提高沼气用户的安全防范意识和应急处理能力，向广大沼气户发放《沼气安全使用手册》和沼气安全使用挂图2000余份。各大型沼气工程业主及从业人员应对安全生产事故应急处理能力得到提高。

（张昊博）

农村经济管理

【概况】 2020年，韶山市农业农村局以农村土地确权颁证为重点，完善土地流转体系建设，放活土地经营权。

农村产权制度改革。全市完成农村土地确权登记颁证扫尾工作，共发放证书21000多本到农户手中。严格落实清查、登记、核实、公示、确认、上报等步骤，完成农村集体资产清产核资工作，清理集体经济组织资产总额6.20亿元，清理各类资源性资产27.82万亩，并将清产核资数据录入农业农村部农村集体资产清产核资管理系统平台。界定集体经济组织成员11.08万人。全市33个村级都成立了股份经济合作社，完成组织机构赋码发证和银行账户开户。建设农村集体产权管理信息平台，业务培训乡村代理服务中心工作人员。

乡村治理体系建设试点。市委、市政府以提升乡村治理能力为重点，扎实推进乡村治理体系建设试点工作。印发《韶山市全面推进乡村治理体系建设试点工作实施方案》，成立韶山市全国乡村治理体系建设试点示范县（市）工作领导小组。坚持党建引领，推进“三治融合”，修订完善村规民约，探索红黑榜公示、积分兑换等方式，推动实现“奖罚分明”，以制度约束培育文明新风。以新时代文明实践中心建设为着力点，依托“三堂三场”（思想学堂、法治讲堂、便民大堂、兴旺农场、欢乐广场、美丽屋场）等载体，大力弘扬社会主义核心价值观，移风易俗取得新突破。以法治建设巩固乡村治理成果，实现公共法律服务场所、服务站点、网格管理三个全覆盖。顶层设计，实施数字乡村建设。8月，与美丽乡村信息技术（苏州）有限公司签订“韶山市乡村治理信息化建设”战略合作协议，成立韶山市乡村治理数字化运营中心。

发展新型农业经营主体。全年，新注册登记农民专业合作社15个（含联合社1个），新注册登记家庭农场8个，全市农民专业合作社累计达到350家，家庭农场170家，流转土地面积6.5万亩，成员达到38000余人。创建1个省级示范社、1个省级100佳农民合作社联合社、1个省级产业扶贫合作社、3个省级示范家庭农场、7个湘潭市示范家庭农场、7个湘潭市示范合作社。

【农村宅基地管理】　2020年，市政府修订了《韶山市农村宅基地管理办法》，成立韶山市农村宅基地审批管理工作领导小组，全市4个乡镇成立农村宅基地管理和农村村民住房建设联审、联办工作领导小组，33个村均明确农村宅基地管理村级协管员，建立宅基地管理台账，收集整理信息资料，上报农村宅基地制度月报表，确定银田镇银田村为开展农村宅基地管理改革试点村。设立“一站式”办理窗口，落实“五有三到场”工作机制，全市共审批农村宅基地209宗，面积2.9038万平方米。

【农民权益维护】　2020年，市农业农村局组织检查4次，走访涉农收费单位3个、村组15个、中小学校6所，调查走访农户25户，学生、家长20余人，未发现惠农补贴不落实和涉农部门乱收费、乱罚款现象。加强惠农补贴资金发放的监督，全年惠农、扶贫补贴项目发放52项，金额5044.06万元，其中惠农补贴类36项，金额4179.07万元；扶贫补贴类16项，金额864.99万元。

（王友胜）

种植业

【概况】　2020年，韶山市农业农村局认真落实粮食生产高产栽培技术和各项惠农政策，积极开展产业结构调整，科学应对历史罕见的长期低温阴雨寒露风灾害，全市粮食播种面积为8.21万亩，平均单产518.88公斤，总产量为4.26万吨，其中水稻种植面积7.76万亩，比上年减少0.12万亩，平均单产532.22公斤，总产量4.13万吨。推广种植泰优390、兆优5455、兆优5431、农香32、玉针香等高档优质稻2.04万亩。全市夏收油菜2.39万亩，平均单产120公斤，总产286.8万公斤，落实秋播油菜种植计划4.2万亩。蔬菜种植面积1.47万亩，时鲜水果种植面积1.05万亩，涵盖葡萄、黄桃等20多个品种。巩固种植结构调整0.48万亩。组织实施惠农项目，承担全省“稻油”水旱轮作试点项目2.5万亩，进行物化补贴和社会化服务相结合补贴；组织实施基层农技推广补助项目，对全市100户科技示范户进行全程技术指导；积极开展水稻集中育秧、统防统治、测土配方施肥、草地贪夜蛾监测宣传、投入品监管、培训新型农业经营主体等各项工作。共投入各类农机具5000多台（套），水稻机耕率、机插率、机收率分别达99.8%、43.5%、99.6%，综合机械化率水平达82.9%；油菜机耕率、机播率、机收率分别达95.9%、79.4%、87.8%，综合机械化率水平达88.5%。

全面推进水稻专业化集中育秧。全市开展以抛秧和机插秧为主的早稻集中育秧，集中育秧大田面积4162.74亩，涉及4个乡镇20个村31个育秧主体，超额完成湖南省农业农村厅下达韶山市的4000亩任务，扩大了早稻种植面积。

实施测土配方施肥，地力监测，落实化肥零增长行动。2020年耕地质量提高0.22个等级，粮食生产和农业可持续发展的支撑能力明显提高。落实《韶山市到2020年化肥使用量零增长行动方案》。全年推广秸秆还田技术9.05万亩，还田量达2.5万亩，农作物秸秆还田率达60%以上。推广测土配方施肥技术18.1万亩，比上年增加0.6万亩。节约肥料6吨，主要农作物测土配方施肥技术覆盖率达90%以上。种植绿肥3.8万亩，同比增加0.3万亩。示范推广水肥一体化技术1万亩。全市调减化肥施用总量61.5吨（折纯，下同），其中减氮25吨，畜禽粪便等有机养分还田率从上年的52%提高到54%，主要农作物化肥利用率由上年的36.7%提高到45%。

（廖国梁）

【技术推广与农民培训】　2020年，市农业农村局实施高素质农民教育培育工程，投入培育补助资金20万元，重点以专业大户、家庭农场主、农民专业合作社骨干、龙头企业、社会化服务组织等为培育对象，运用参与式教学法，农民田间学校等培训模式，开办培训班两个，50名新型农业经营主体带头人和50名新农商带头人参加培训，满意度100%，为全市实施乡村振兴战略培养了一批“有文化、懂技术、善经营、会管理”的高素质农民，提升了农民科技文化素质。组织实施基层农技推广体系建设与补助项目，围绕水稻高产栽培、水稻病虫绿色防控技术、地力培肥与提升技术、水稻全程机械化技术四项主推技术的推广，培育100名科技示范主体，发放物化补贴物资价值6万多元，各类技术资料15000多份，发送信息3万多条。

（李林香）

【油菜种植】　2020年，市农业农村局依托“稻油”水旱轮作试点项目，大力发展油菜生产，秋播油菜4.2万亩，办油菜生产样板示范16个，其中10000亩核心景区冬种观光油菜示范片1个，1000亩以上高产示范样片5个，500亩以上高产示范片10个，形成以点带面、整体发展的良好格局。

（尹朝晖）

【执法保障】　2020年，韶山市农业综合行政执法局挂牌成立，全面履行综合行政执法职能。开展执法队伍规范化建设，建立健全农业行政执法体系，将农业投入品、畜禽水产、其他农业执法相对集中，实行农业综合执法，全年没有出现重大坑农害农事件和重大农产品质量安全事故。加强监管，严厉打击农资生产经营违法行为，组织对全市农资经营单位进行专项整治行动，全年联合执法8次，单独执法16次，联合处理涉农纠纷10起，出动执法检查车辆52台次，出动执法人员186人次，检查农资点店、农产品生产企业点店、农产品生产基地、农业种植大户200多家，现场整改2家，办结农业综合执法案件7件。结合农业法律法规培训活动，为农资经营户、种植大户、农产品生产基地负责人讲授《中华人民共和国种子法》《农药管理条例》《农产品质量安全法》等专业课3次，听课人员达200余人，在市级电视、报社、网络等新闻媒体上进行了广泛宣传。全年共检查水稻品种（组合）3个批次，油菜、绿肥种子1个批次。抽取农药6个批次，检查农药标签126张，抽检农产品2432个。开展以案释法和农业法律宣传下基层活动，广泛宣传《中华人民共和国种子法》《农药管理条例》《农产品质量安全法》《农机安全知识》《严禁电鱼、毒鱼、炸鱼的通告》《严禁秸秆焚烧的通知》，加大对农业生产经营者进行《农药管理条例》等有关法律法规培训，现场接待群众咨询300多人次，发放《农药管理条例》和各类宣传资料5000多份，提高依法经营水平，对农户传授农资知识和推介放心农资，切实保障农业生产和农产品质量安全。

（沈国强）

农业综合开发

【概况】 2020年，韶山市实施高标准农田项目，建设规模为0.63万亩（含高效节水灌溉0.06万亩），计划总投资1008万元，项目建设地点在韶河现代农业示范园区的永义村、长湖村和银田现代农业示范园区的银田村，建设内容为土地平整11.06亩，土壤改良0.5985万亩，整修山塘11口，新修泵房1座，整修排灌渠6条1.021公里，安装节水输水管2.124公里，整修机耕道5条长1.686公里，整修其他田间道路2.180公里。项目通过多次现场踏勘，委托设计院编制初步设计，并通过湘潭市专家评审，获得省农业农村厅批复，完成招投标后于10月下旬开工，12月底已完成工程建设任务的90%，预计2021年2月底完工。项目按计划实施，工程质量总体优良，实施后将有效解决项目区内的干旱缺水、排灌不畅、田块零散、地力下降、机耕不便等制约农业生产及发展的基础设施问题。

（王友胜）

养殖业

【概况】 2020年，韶山市面对生猪价格高位运行，猪源不足和新冠肺炎疫情等复杂形势和困难，着力发展生产打基础，综合施策强产业，强化监管保安全，推动全市畜牧业的持续健康发展。全年出栏猪、牛、羊、家禽分别达10.65万头、0.0384万头、0.19万只和29.7万羽，上市鲜鱼2403吨。

抓好生猪产业化发展。2020年，韶山汇弘实业顺利投产，年生猪屠宰产能达500万头以上。长盛科技创建国家级标准化屠宰场、长丰畜牧对养殖基地开展改扩建，栏舍改扩建面积为2400平方米，年生猪产能增加2000头以上。优质湘猪产业集群建设推进，三旺实业和长盛科技开展深加工基地建设，转变畜牧业发展方式，全面推进肉制品深加工产业基地建设。全市屠宰加工行业新增省级农业产业化重点龙头企业1家，畜牧业经济呈现出持续、健康、快速发展。

【动物疫病防控】 2020年，市农业农村局认真贯彻“预防为主，防治结合”的方针，按照省、市防疫部门指示要求，积极抓好全市重大疫病防控和春秋季集中免疫工作，开展高致病性禽流感和非洲猪瘟等重大疫病监测工作，印发《关于做好重大动物疫病防控工作的紧急通知》《春防工作方案》。在新冠肺炎防控期间，下发致养殖户的一封信，要求做好新冠肺炎和重大动物疫病防控工作。全年共免疫猪110820头，羊5312只，牛1126头，禽类45.12万羽。全市共下发禽流感疫苗25万毫升，口蹄疫疫苗12万毫升，小反1万头份，消毒剂5吨。韶山市顺利通过春秋季集中免疫省级和湘潭市级检查。全市重大动物疫病疫情平稳，情况正常，未发现非洲猪瘟疫情，没有接到生猪异常死亡报告，未发生重大动物疫情。

【畜产品安全监管】 2020年，韶山市产地检疫、屠宰检疫、畜禽交易市场监管以及投入品的监管等职责得到切实履行，全年共采猪肉及产品样80个，水产品样120个，抽样结果均合格，未发生重大畜产品质量安全事故。

（刘 哲）

农业机械化

【概况】 2020年，全市水稻机耕率达到99.8%、机插率达到43.5%、机收率达到99.6%、综合机械化率达到82.9%；油菜机耕率达到95.9%、机播率达到79.4%、机收率达到87.8%、综合机械化率达到88.5%，全市水稻、油菜耕、种、收已基本实现机械化。韶山市荣获全国主要农作物全程机械化示范县（市）荣誉。

抓好现代农机合作社建设。年内，全市新增农机合作社4家，总数达到42家，财政扶持建设现代农机合作社总数达到39家，省级示范社2家，其中申报批准1家省级现代农机合作社和1家省级现代农机示范合作社。农机作业覆盖面积达到26.8万亩，普遍拥有旋耕机、插秧机、植保机、联合收割机等农业机械，全部实现水稻生产耕、种、收、植保、运输、烘干、加工等环节的全程机械化，合作社管理规范、制度健全、运行良好，成为全市具有实力和活力的新型农业经营主体。

【农机安全管理】 2020年，韶山市严格落实农机安全生产责任制，全面实施基层农机安全生产网格化监管。结合全市平安农机创建工作，加大对农机专业合作社、农机经营网点、维修网点的监管检查，开展农机安全生产集中督查整治活动，发现并排除安全隐患56起，责令限期整改50起。全年拖拉机及收割机注册上户95台，年检34台，注销126台，全年共有11名农机驾驶员先后参加农机驾驶员考试，取得农机驾驶证。创建“平安农机”示范村2个、“平安农机”示范合作社1个，其中银田镇银田村和华南村被评为省级“平安农机”示范村，永祥农机专业合作社被评为湘潭市级平安农机示范合作社。开展“打非治违”和农机牌证清理大排查、大管控、大整治活动，市农机部门与公安、交通部门联合开展公路治超专项整治行动，全年无重特大农机安全事故，农机领域安全生产形势持续稳定。

【农机购置补贴政策】 2020年，市农业农村局全面贯彻“自主购机、定额补贴、县级结算、直补到卡”原则，继续实施“全价提机，直补到卡”的补贴模式，健全农机、财政等多部门联合工作机制，建立“谁办理、谁负责，谁审理、谁负责”的责任倒查和追究制度，严格程序操作，落实惠民政策。乡镇对录入机具逐台验机，联合财政、乡镇等40人次参与抽查核机8次，共核查机具190余台（套）。全年共发放农机购置补贴资金837.7112万元，其中报废补贴资金42.1万元。受益户147户，补贴各类农机具374台（套）。

（冯 勇）

林 业

【概况】 2020年，韶山市现有林地面积17.3万亩，其中森林覆盖率达52.94%，城区绿化率达44.94%，人均公园绿地面积达13.24平方米。森林资源蓄积量达59.85万立方米，年增长率已连续多年排名全省前列。森林火灾受害率控制在0.1‰以下，创近年来新低。有害生物测报准确率达95%以上，获“有害生物防治2020年度国家级林业有害生物中心测报点先进单位”。2020年，韶山市成功获评首批县级“湖南省森林城市”。

抓好生态建设。2020年，市林业局共调运各类造林苗木20.1万株，其中油茶苗13.5万株，完成荒山造林任务1000亩，森林抚育3000亩，全面完成湘潭市下达的造林任务。对境内G240国道、S208省道和县乡公路进行全面绿化补植，并对外环公路绿化景观进行重点打造，栽植香樟、栾树等乔木3000余株，播种花草20000平方米，完成各级道路绿化里程109公里。对韶山村、银田村进行绿化补植，栽植各类绿化小苗30000余株，栽植桂花、樟树、栾树等341株、铺设草皮6200平方米，共投资258余万元。

积极组织开展全民义务植树活动。全市各单位分别到所对应联系点村开展“我为韶山来添绿”义务植树活动，共栽植苗木8000多株、绿化村组道路40余条。全体市领导在韶山乡共同栽植香樟树、桂花树100余棵。

开展科普活动。组织专业技术人员多次开展送苗下乡活动，发放板栗、脐橙、水蜜桃等果树苗木3000余株，并现场对群众进行技术指导和答疑咨询。

探索互联网+全民义务植树新模式。积极推进国家“互联网+全民义务植树”基地建设，大力宣传推广“我在毛主席家乡养棵树”网络认养项目，吸引社会大众通过互联网捐款的新形式参与毛主席家乡绿化建设。全年项目参与捐款尽责人数达11000余人，获社会捐款130余万元，捐款资金按照地方标准折算植树株数约13万株。

推进重点项目建设。市林业局根据《国家级公益林管理办法》，严格实行林地用途管制和林地定额管理，严控经营性项目占用林地，积极引导节约集约使用林地，依法依程序办理了韶山市银田镇南村村农村道路地块、韶山市储备用地2020−28地块等18个项目的使用林地报批手续，共审批项目使用林地31.549公顷。

加强风景名胜区保护管理。2020年，市林业局开展风景名胜区保护管理工作。一是严格项目选址核准。依程序报请湖南省林业局核准韶山风景名胜区滴水洞景区龙头山至虎歇坪游步道提质改造建设项目。同时，对建设手续不齐全的项目坚决调停缓撤，先后调整“最忆韶山冲”剧场选址，拆除小红军拓展教育基地违建宿舍，暂停景区门楼环保车停靠枢纽站项目。二是大力推进景区净化。将35平方公里的核心景区设定为全面禁养区，共完成40多家养殖户退养，退养栏舍面积近10000平方米，退养处置生猪1220头。对景区范围内有碍观瞻的土砖房、破败空心房及违章建筑坚决予以拆除，共拆除违法违规建筑3户，拆除面积320平方米，并责令恢复原貌。三是严厉整治旅游秩序。对餐饮、购物场所进行重点整治，关停不规范经营单位10家。严把纪念品市场准入关，组织专家对42种主席工艺塑像进行审查，对不符合标准的纪念品一律下架。开展旅行社整治，查处违法违规导游16人，罚款2.5万元。对换乘卡口、高铁站等重点地段进行密集巡查，暂扣涉嫌非法营运、喊客拉客车辆97台次，行政拘留喊客拉客人员14人次，查处喊客拉客人员64人次，共处罚款38.56万元。

风景名胜行业在强化管理机构职能、加强资源保护及提升能力建设方面取得显著成效。韶山风景名胜区管理局获评“湖南省2020年度风景名胜区保护管理工作先进单位”。

【生物防治】 2020年，市林业局投入防控资金200余万元，在韶山乡、杨林乡开展无人机防治松林3万余亩，在核心景区释放天敌昆虫花绒寄甲卵卡3万卡、成虫10万头，注射防治药物1.5万支，累计清理枯死松木152株。实施防治项目后，全市松褐天牛虫口密度明显减少，枯死松木数量同比减少一半，防治率达100%。市林业有害生物测报准确率达95%、无公害防治率达100%、成灾率为零。松材线虫病疫情未新增、未扩大，监测普查率达100%，感病枯死松木率控制在万分之一以内。韶山市获评“国家级林业有害生物中心测报点”。

【林业执法】 2020年，市森林公安局在全市开展“昆仑行动”，严厉打击各类破坏森林资源违法犯罪活动。共出动警力300余人次，警车200余台次，办理林业行政案件8起，其中擅自改变林地用途4起、非法开垦林地1起、违法野外用火1起、盗伐林木2起，共处行政罚款21740元。办理非法狩猎案件2起。同时，加大对乱砍滥伐、非法木材营运、非法经营野生动物等行为的巡逻排查力度，全市乱砍滥伐和非法经营野生动物得到遏制。

【森林防火】 2020年，市林业局认真抓好森林防火工作：一是强化宣传教育。全年共出动森林防火宣传车400余台次，设立宣传牌80个、景区卡口森林防火警示牌2张，悬挂横幅84条，发放宣传卡片5000余张，张贴分发《禁火令》3500余张。结合“三禁三不”（禁止燃放烟花爆竹、禁止露天燃烧垃圾、禁止露天燃烧秸秆，不挖山、不砍树、不填塘）工作积极开展宣传教育活动，倡导广大群众改变传统祭祀习惯，劝止群众携带易燃物和烟花鞭炮进入林区。全市各乡镇共签订“三禁三不”承诺书达2万余份。二是强化应急处置。组织全市相关部门开展森林防火应急综合演习，有效提升了全市森林防灭火整体应急水平。向各乡镇分发扑灭火机具、防火服、水泵水枪等森林防火物资设备，各乡镇分别组织护林队伍进行应急演练和防火知识培训。三是强化重点节假日森林防火工作部署。在春节、清明、五一、国庆等节假日，组织各乡镇和全市各相关单位落实24小时值班备勤和全天候巡防宣传工作。四是完成森林防火三期工程建设。该项目森林防火物资储备库及扑火队营房建设等全面竣工投入使用。

【创建森林城市】 2020年初，市委办、市政府办印发《韶山市创建国家森林城市工作实施方案》，明确其具体任务、责任分工、实施步骤和措施保障；制定了《韶山市2020—2021年创建省级和国家森林城市宣传方案》，组织全市各成员单位大力开展创森宣传工作；在全市各大重要路段、核心景区、公路围挡等处设立的创森宣传牌，共投入资金45万元，更换各类破损或已被替换的宣传广告标牌500余块；组织全市各成员单位利用电子显示屏进行创森标语宣传，向市民发放调查问卷1000多份，发放创森宣传手册5000余份，提高市民对创森工作的知晓率和支持率；对照28项省级森林城市验收指标，对全市各成员单位相关文件资料进行收集、分类和汇总，并装订成册，全面收集编制省级森林城市核查验收资料。9月30日，韶山市创建湖南省森林城市工作通过省级检查验收，获评首批县级“湖南省森林城市”。

【疫情防控】 新冠肺炎疫情暴发以来，市林业局第一时间召开紧急部署会议，对防控工作进行全面部署。疫情期间，组织森林公安民警和林政执法人员对全市各农贸市场、开门营业饭店进行野生动物经营情况摸排检查以及政策法规警示、防疫知识宣传。共检查市场、餐馆等场所220余次，发放宣传资料800余份，未发现非法经营、贩卖野生动物资源的违法行为。多次对野生动物驯养繁殖场所进行管控检查，严格落实各项防疫措施，对存在风险的养殖场所及时关停。安排专人对责任小区和机关家属院住户进行电子健康码办理情况摸排，及时掌握和登记居民及其家庭成员健康状况和外地返韶情况；对机关办公楼和家属院多次进行消毒，全面实施办公体温检测进入和食堂分餐制。

（刘　洋）

气　象

【概况】 2020年，韶山市气象局充分发挥气象服务地方经济、社会发展、群众生产生活的职能，努力发挥防灾减灾“第一道防线”作用，认真做好关键农事季节、防汛抗旱、重大活动保障、旅游等气象服务工作，扎实推进气象新站、县级突发预警平台和“乡村休闲旅游气象服务”试点等项目建设。全年共发布旬月报36期，重大气象信息专报7期，各类气象专题专报70期，农业气象灾害预警预报8期，赏花采摘专题预报6期。通过12379突发预警平台、移动MAS云短信平台、微信、QQ群等发布各类气象预警信号95期，共4万余人次，常规天气预报短信6万余条。为纪念毛主席诞辰127周年、“欢乐潇湘”精准扶贫优秀文艺作品巡演、市领导直播带货等重大活动提供气象服务。

【气象业务与气象现代化】 2020年，韶山市气象局地面气象观测数据传输及时率、可用率为100%，观测质量综合指数在湖南省排名靠前、湘潭市排名第一，连续8年获湘潭市气象部门综合业务竞赛团体第一。1月10日完成天气现象视频智能观测仪的安装与调试，4月1日起降水现象仪单轨运行，除部分天气现象开展人工对比观测外，取消其余人工观测任务，实现全部观测项目自动化观测。9月25日完成多温雨传感器安装，进一步提高气温和降水量的准确性。启动韶山国家气象观测站新站建设项目，该项目被列为韶山市2020年重点项目，至年底，上山道路建设完成总体进度的85%，山顶院内已完成调规和立项。

【“三农”服务专项】 韶山市气象局连续两年被列为中央财政“三农”服务专项试点单位之一，以“乡村休闲旅游气象服务”为特色工作任务，开展油菜、荷花、葡萄等作物的跟踪观测及赏花、采摘等乡村休闲旅游气象预报和应急气象服务，定期推送韶山市各休闲旅游场所，助推韶山市全域旅游发展；与宏发旅游科普特色林业示范园、金景丰现代葡萄产业园合作，打造乡村休闲旅游气象服务新模式。有针对性地开展农业“直通式”气象服务；加强部门合作，开展各类气象灾害隐患调查，更新气象灾害隐患信息库，完善气象灾害风险区划地图，及时发布山洪地质灾害风险预报、农业气象灾害监测预报；协助完成韶山市宏发农林生态科技发展有限公司的“韶东”牌锦绣黄桃和韶山市四清种养殖专业合作社的韶山翰氏家族水蜜桃申报韶山特色农产品气候品质评估。

【依法行政】 2020年，韶山市气象局切实做好防雷、气球升放等社会管理工作；简化气象行政审批流程，加强事中事后监管。对韶山市易燃易爆企业、重要设施和人员密集场所定期进行防雷安全专项检查，共组织执法检查10余次，出动执法检查人员150人次，督促企业履行主体责任，对检查中发现的问题，提出整改措施，并督促整改到位。加强对气球升放的管理，共查处2起未经许可擅自施放违法行为。

（毛　豆）

（责任编校　颜家友）

水 利

概 述

2020年，韶山市水利局践行“节水优先、空间均衡、系统治理、两手发力”的治水方针和水利部“水利工程补短板、水利行业强监管”的工作思路，真抓实干，围绕工程建设、农村饮水安全、水资源管理、防汛抗旱、水政执法、河长制、水法节水宣传、移民管理等扎实开展工作，取得明显成效。

韶河（韶山冲段）、菜石江获评湖南省“美丽河湖”，杨荣河获评湘潭市“美丽河湖”，韶山市获评“全国第三批节水型社会建设达标县市”“湖南省水美湘村试点县市”。

2020年，清溪镇杨荣河（全长3.2千米）获评为湘潭市“美丽河湖”

工程建设

【概况】 2020年，韶山市水利局落实国家烟草援建韶山水源工程、小（一）型重点水源地、农村饮水安全集中供水等水利重大项目相关工作。将新建周家冲小（一）型水库扩建项目和城乡统筹供水等项目纳入本级“十四五”水利规划，完成新建周家冲水库项目现场地勘和项目建议书编制等前期工作，并向湖南省水利厅、发改委申报项目计划。

【国家烟草援建韶山水源工程】 “国家烟草援建韶山水源工程”自2019年9月10日项目开工至2020年12月，组织召开工作调度会近60次、协调会300余次，完成投资1.1亿元，已全部完成项目建设。

【农村饮水安全全覆盖】 2020年，韶山市农村饮水安全突出问题动态清零。全年摸排整改贫困户饮水安全问题31户100人，摸排整改21处。投入资金580万元，实施新联、韶前、韶阳、厚罗等村饮水安全集中供水工程，实现全市农村饮水安全全覆盖100%总体目标，农村饮水安全集中供水覆盖率和水质保障率得到提升。

水资源管理

【概况】 2020年，韶山市实行最严格水资源管理，建立健全管理制度，全面开展节水等措施，水资源高效利用与经济社会快速发展相协调的能力得到提高；通过加大宣传力度，提高全市人民珍惜水资源、保护水环境的良好意识。

【用水总量控制达标】 2020年，韶山市水利局印发《韶山市取水工程（设施）核查登记工作实施方案》，对各乡镇水利（管）站取水工程（设施）进行摸底核查登记，共查出有问题的取水工程（设施）55处，全部整改达标。市水利局强化监督检查，通过建章立制，推动水资源管理各项工作落到实处。对辖区内的用水企业、自备水源的银田镇自来水厂、湖南长盛科技开发有限公司、韶山供水有限公司、湖南韶山滴水洞食品饮料有限公司、韶山华龙山庄酒店有限公司等企业及韶山灌渠左干渠银田镇渡槽饮用水源地，进行定期或不定期的常规检查，确保水总量控制达标。2020年全市用水总量为0.699亿立方米，符合湘潭市下达的0.818亿立方米的目标。

【创建节水机关】 2020年，韶山市水利局完善节水管理制度，落实节水责任制，实施用水精细化管理，推进局机关节水工作开展。采用高效节水的灌溉方式，安装绿化带喷灌系统，将以前漫灌的灌溉方式更新为喷灌，同比节水约30%。对机关内老旧管网进行全面改造，降低管网漏损情况。新加装远程电子计量表8块，对绿化区、食堂、办公楼每一楼层分别进行计量，实现三级计量。通过水平衡测试获取原始数据，做出科学用水分析，找出节约用水潜力，提出节约用水合理化分析和建议。建立用水实时监控平台，加强日常用水监控，对用水超标的部位进行检查整改。在局机关内设立6个雨水收集桶，通过管道与屋顶相连，收集降雨用于附近绿化区灌溉或车辆冲洗等，年节约市政用水300立方米。对办公楼洗手池灰水进行收集，设立灰水收集箱，收集上层洗手池灰水用于下层拖把池拖把清洗及厕所冲洗。全年市水利局机关人均用水量13.05立方米，同比下降49%，低于15立方米每人每年的湖南省用水定额标准先进值。局机关节水管理水平明显提升，职工节水意识明显上升，节水器具普及率达100%，管网漏损率降低到1%以下，跑、冒、滴、漏问题得到根本改善。

防汛抗旱

【概况】 韶山市水利局牢固树立防大汛抗大灾的思想，认真落实安全度汛工作措施，实现“不垮一库一坝”的年度责任目标，保障全市人民群众的生产生活安全。提前做好水旱灾害防御准备工作，完善预警预报系统，制订《韶山市水旱灾害防御应急预案》，协调气象局、融媒体、湘潭市水文局及第三方维护公司，对山洪灾害防御预警预报系统进行全面维修保养，确保汛期系统正常运行。组织水库、涵闸、护岸等全面检查，发现问题进行及时处理，全局分成4个检查组，开展水利工程安全度汛、监测预警体系、山洪灾害防御检查指导工作17次，解决隐患30多个。强化应急处置能力，组建10支水旱灾害防御抢险专家队伍，储备编织袋4万个、彩条布5万平方米、电缆线5公里等防汛物资，组织全市水库应急抢险演练，提升各级协同作战和应急处置能力。加强信息发布和水旱灾害防御宣传和舆论监测。根据天气预报预测情况，及时发出手机短信、微信工作群传递信息约1000余条。全市年总降水量为1610毫米，较常年偏多205.9毫米，偏多14.7%。未发生水库溃决，涓水、涟水、湘江干流或重点垸堤防溃决，其他堤垸、流域面积700平方公里以上的中小河流堤防和大型撇洪渠溃决等情况。

【抗洪抢险应急演练】 2020年6月19日，韶山市多部门联合在杨林乡团田村舒塘水库开展防汛救灾演练。现场模拟因连降暴雨引起山洪暴发，舒塘水库一侧有民房被冲垮，多名群众被困、受伤。接到求助电话后，志愿者们乘着冲锋舟前往被困点，为受伤的被困群众进行简单包扎处理后，用冲锋舟将其转移至安全区域。岸边的志愿者将受伤群众安置到帐篷，并对昏迷的伤者实施心肺复苏。所有被困人员得到妥善安置。通过演练，灾情险情的应急处置能力得到提高。

【曹伟宏督查防汛工作】 2020年6月26日，市委副书记、市长曹伟宏带领市应急管理、水利等部门负责人，督查防汛工作。在青年水库，曹伟宏边走边看边问，详细了解水库水质、库容、基础水位、值班值守、物资储备以及全市防汛工作情况。在实地察看并听取相关情况汇报后，曹伟宏强调，防汛工作思想不能放松，要强化预警预测和值班备勤，加强分析研判，科学调度，做好必要的物资和力量储备；要规范值班记录，除基础数据外，还要增加巡查的相关情况，如设施设备状态、河长制落实、水质变化等方面的内容；要认真做好应急预案，逐项落实安全措施，加强巡查监视，做好信息的上传下达，确保全市安全度汛和人民群众生命财产安全。在做好防汛工作的同时，要着手做好抗旱的准备，保障2020年双季稻生产用水。

水　政

【概况】 2020年，韶山市水利局严格行政许可审批，全年梳理行政许可28项、其他行政权力21项、行政给付事项2项、行政确认7项、行政奖励2项、行政裁决2项（依申请类）、行政处罚108项、行政征收6项、行政监督检查24项、行政强制8项。积极实施“清四乱”、河湖划界、“违建别墅问题清查整治专项行动”工作。推进韶山市全国节水型社会建设示范城市工作，打造机关、校园、小区、企业、景区等亮点示范。

【河长制责任落实】 2020年，韶山市水利局严格落实季考核月讲评和日常督查督办工作机制，全年交办问题单15个，全部进行整改。联合环保、农业等部门开展青年水库水环境治理工作，重点治理禁渔禁钓禁泳、水质保护等工作，青年水库水质明显好转。累计开展联合执法5次、巡逻1100余人次、收缴渔具渔网80余件、水质净化处理7次，投放鱼苗2次、投入资金150万元。推进河湖岸线划分工作，组织开展河湖划界“回头看”，顺利通过湘潭市达标验收。指导乡镇“美丽河湖”“样板河湖”创建，督促四个乡镇对样板河进行疏浚，建立河道专职保洁员，对集镇污水进行集中收治。

【杨荣河被评为湘潭市“美丽河湖”】 2020年，湘潭市河长制办公室组织开展“美丽河湖”评选活动，韶山市清溪镇杨荣河入选。杨荣河河段位于杨荣村大坝至大冶桥，长度3.2千米。清溪镇落实河长制工作要求，建设“一乡一样板”河库，搭建“镇级河长+村级河长+巡查员+保洁员”的管护机制，投入20余万元进行河道疏浚。明确专人开展岸坡清障清杂、河道保洁、坝前漂浮物治理以及河库外来生物入侵、农业面源污染整合治理等工作，向沿河村民宣传水资源保护相关知识，持续推进杨荣河周边水生态环境建设，杨荣河河水畅、水质清、岸线洁，获评湘潭市“美丽河湖”称号。

【水法、节水知识宣传】 2020年，韶山市利用多种宣传形式开展普法和节水知识宣传活动。市领导在市电视台作纪念“世界水日”“中国水周”讲话，激发广大群众的水忧患意识和水法治观念。在“世界水日”“中国水周”宣传周期间，韶山市电视台制作并播出一期水法宣传专题片，增强普法依法治理的宣传效果。多措并举开展宣传活动。在市区火车站广场举行“3·22”“世界水日”“中国水周”宣传启动仪式，通过摆放节水知识宣传展板、播放水法宣传录音等形式，向群众宣传水法和节约用水知识。在“世界水日”“中国水周”“全国水土保持宣传月”“法制宣传月”“安全生产宣传月”“全国节约用水宣传周”等活动期间，悬挂横幅14条，摆放展板20多块，累计接待群众来访咨询500余人次，发放宣传品、宣传单8000余份，宣传画400余张，宣传册2000余册，刷写墙面永久性宣传标语20条。通过集中宣传《水法》《防洪法》《水土保持法》《河道管理条例》等法律、法规和节水型社会相关知识，使更多的群众受到宣传教育。开展水法和节水知识进校园、进社区、进企业活动。学校组织“创建节水型校园，节约用水从我做起，从小事做起”为主题的校园班会活动，通过校园主题班会活动，使珍惜水、保护水、节约水的意识在孩子们心中生根发芽，以自己的实际行动节约每一滴水。深入工业园区部分用水大户企业进行水法宣传，与企业负责人共同座谈，送政策上门，教育引导用水户树立保护水资源、节约用水、合理开发利用水资源。加强水利执法人员的宣传教育，市水利局组织40余名执法人员集中参加全市综合法律培训班，强化综合法律学习，提升执法理论水平。

移民管理

【概况】 2020年，韶山市水利局完成移民核减录入、移民直补资金发放、项目录入以及资金计划编制下达等工作，落实移民资金82万元。实施全市4个乡镇21处移民后扶项目建设，后扶资金计49万元。2006年全市移民核定总数为218人，至2020年因死亡核减等原因移民核定为199人，分布在4个乡镇21个移民村，重点移民村为韶山乡双石村。全年共到位移民直补资金13.08万元，发放直补资金11.94万元，发放标准为600元每人每年，死亡移民结余直补资金1.14万元计划用于全市移民村困难家庭慰问工作。

（蒋 韬）

（责任编校 颜家友）

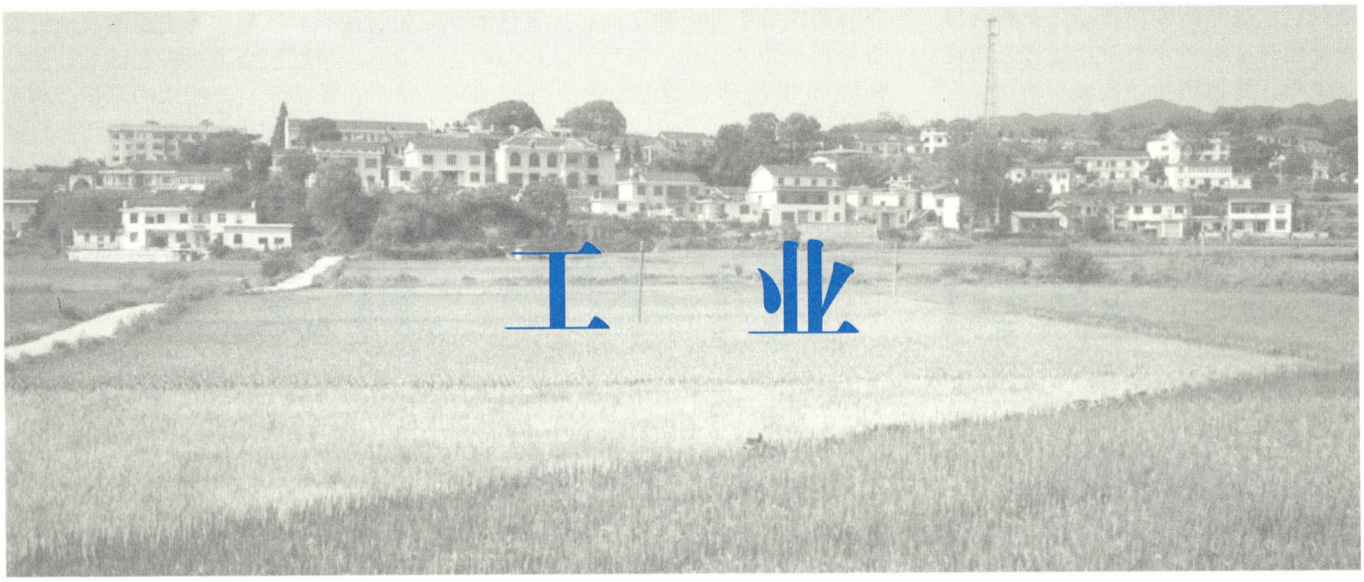

工　业

概　述

2020年，韶山市新增规模企业11家，全市规模企业总数达75家，规模工业增加值增速较上年增长3%；工业固定资产投资较上年增长39.7%；完成高新技术增加值39.95亿元，占比GDP41.15 %；完成工业税收46762万元，同比增长248%；工业用电6693万千瓦时，较上年增长22.51%；工业贷款余额为8.59亿元，较上年增长15.61%。

园区建设

经济指标稳步增长。2020年，全区实现技工贸总收入237.1亿元，增速12.75%；固定资产投资实现52.68亿元，比上年增长11.48%，全年实现税收6.34亿元，比上年增幅233.71%，占全市比重的72.96%。

【产业发展】 2020年，企业复工复产率100%，新增规上企业7家（共48家），税收过千万的企业8家（共11家），新增高新技术企业8家（共30家）。三一风电叶片全年产值近7亿元，恒欣实业入选“省工业质量标杆”名单，恒升机械等8个项目被列入制造强省项目，远东钢模新型智能爬架项目被列入2019年“五个100”工程项目，江冶机电铅绿色再生产业技术项目被列入全省“五个100”重大科技创新项目。万全裕湘、贸翔、恒升、润泽、中韶5家企业晋级长沙银行杯创新创业半决赛，贸翔获优秀企业奖；江冶、贸翔、大北农、夏龙4家企业晋级“创客中国”湘潭复赛。

【招商引资】 截至年底，已成功引进世纪明德、钰盛科技、创一5G信息产业园、科立电气等项目79个。其中，三类500强项目1个，亿元以上项目10个，项目落地率100%，合同引资30.96亿元；实现进出口额7300万美元，同比增长104%，利用外资4404万美元，引进内资20.2亿元。宁乡汇达新材料、丰源业翔新能源等重点项目正在洽谈跟进。

【项目建设】 全年共有实施类重点项目32个，前期类项目1个。迪润食品、长沙雨花经开区（韶山）智能制造产业园、泽宇新材3个项目正在积极建设，远东钢模、三一风电叶片、同力交通、九和模具、钰盛科技、蘅锐新材、毛家食品、汇弘实业8个项目已投产；东方红孵化园、三丰智能、金弘再生、科立电力、雨花·韶苑、恒欣实业扩建6个项目正在进行前期工作；组织康宇医疗、九和模具等5家新开工项目3.52万平方米厂房申报“135”工程升级版第二批标准厂房新开工项目奖补资金，恒升、万豪等2家竣工入驻项目申报“135”工程升级版标准厂房竣工入驻达标项目奖补资金。

【企业服务】 2020年，市领导和市直部门（单位）负责人深入重点企业调研指导工作，切实帮助企业破解发展难题。积极推动清理拖欠民营企业中小企业账款工作，圆满完成清欠目标任务。调整完善产业政策，制定《韶山市关于促进高新区高质量发展的若干意见》。做好民营企业专业技术人才服务工作。组织恒欣、江冶、中韶、新韶光等13家单位共39人申报并获评通过工程系列中级职称，组织30人申报初级职称，其中28人获评通过。

主要行业

【装备制造】 2020年，在全市规模企业中有装备制造企业44家，实现产值121.12亿元，较上年增长2.59%，主要产品有矿山装备、风电装备、电控设备、自动工程模具、电杆设备、智能家居、扩径设备、节能电机、数控加工装备等产品。

【食品医药】 2020年，在全市规模企业中有医药食品企业18家，实现产值57.4亿元，较上年增长2.59%，食品主要产品有冰鲜分割猪肉、牛肉、羊肉、各类香肠、培根、肉丸、系列熟食产品，蔬菜食品；医药主要产品有中成药、粉针剂、水针剂等。

【节能环保】 2020年，在全市规模企业中有节能环保企业12家，实现产值57.38亿元，较上年下降7.01 %，节能环保产品主要有铅酸电池循环处理环保装备、石墨烯/碳纳米管提纯装备、电热材料、节能电机等产品。

【新材料】 2020年，在全市规模企业中有新材料企业3家，实现产值11.55亿元，较上年增长22.09%，新材料产品主要有节能材料、高强度钢锯条材料、编织袋材料等产品。

2020年韶山市规模工业企业一览表

表5

序号	企业名称
1	韶山市三旺实业有限公司
2	湘潭恒欣实业有限公司
3	韶山市恒旺电气有限公司
4	湖南高翔重工科技有限公司
5	湖南远东钢模有限公司
6	湘潭如意电机电器有限公司
7	韶山市清溪机械制造有限公司
8	湖南兴达制动材料有限公司
9	湖南新韶光电器有限公司
10	湖南金盛锰业有限公司
11	韶山市长久食品有限公司
12	韶山市丰圆工贸实业有限公司
13	韶山新真喜食品有限公司
14	韶山市天盛机械制造有限公司
15	韶山毛家食品有限公司
16	湖南江冶机电科技股份有限公司
17	湖南正威科技有限公司
18	湘潭韶山口口香食品有限公司
19	湖南晟宏新材料科技有限公司
20	湖南新湘液机械设备有限公司
21	湖南湘机电机制造有限公司
22	湖南韶山滴水洞食品饮料有限公司

续表5

序号	企业名称
23	韶山蘅锐新材料有限公司
24	韶山恒升机械工业有限公司
25	湖南梦之夏食品有限公司
26	湖南省嘉嘉旺电器科技有限公司
27	湖南江南四棱数控机械有限公司
28	韶山成旺兄弟食品有限公司
29	韶山高强科技发展有限公司
30	湖南众翔重装设备有限公司
31	韶山市休闲马自行车发展有限公司
32	湖南华创钢结构有限公司
33	湖南远东智能制造有限公司
34	韶山永诚钢模机械有限公司
35	湖南童佳乐食品有限公司
36	湖南禾益元生物科技有限公司
37	韶山大北农动物药业有限公司
38	韶山市万豪商品混凝土有限公司
39	韶山润泽新能源科技有限公司
40	湖南国兴智能装备有限公司
41	中韶电气股份有限公司
42	韶山市九和模具制造有限公司
43	三一（韶山）风电设备有限公司
44	湖南中路交通科技有限公司
45	湘潭华进重装有限公司
46	汇弘实业有限公司
47	湖南力和海得热能技术有限公司
48	湖南湘通和风机电设备有限公司
49	韶山金弘再生资源有限公司
50	韶山金砖混凝土有限公司
51	湖南夏龙医疗器械制造股份有限公司
52	韶山市韶峰山泉水有限公司

续表5

序号	企业名称
53	韶山市新联建材有限公司
54	湖南永霏医疗器械有限公司
55	韶山市韶新食品开发有限公司
56	湘潭韶山毛公酒业有限公司
57	湖南传业建筑材料有限公司
58	韶山良和新型墙体有限公司
59	湘潭市云湖高压电杆有限公司
60	韶山市福银新型建材有限责任公司
61	韶山高强电杆成套设备制造有限公司
62	韶山市韶银电杆有限公司
63	韶山市国晟电力线路器材有限公司
64	韶山市金伟机械制造有限公司
65	韶山市四通钢模机械制造有限责任公司
66	韶山市银河数控设备制造有限公司
67	韶山新吾众机械设备有限公司
68	韶山众兴包装有限公司
69	韶山市大能水泥制品有限公司
70	湘潭润泰机械制造有限公司
71	韶山市宏宇制造有限公司
72	韶山市联信电器有限公司
73	湖南绿亨世源动物药业有限公司
74	湖南长盛科技开发有限公司
75	家家旺实业有限公司

（颜 伟 谭 爽）

（责任编校 苏 良）

交通·邮政·通信

交通运输

【概况】 2020年，在市委、市政府及上级主管部门的正确领导和大力支持下，市交通运输局按照交通运输工作各项目标要求，坚决打赢疫情防控阻击战，全面推进复工复产，争取捐建资金1.2亿元，实施G240项目建设，全面开展顽瘴痼疾整治和交通隐患清零，顺利通过国省道国家检查，实现城乡客运一体化，交通运输事业平稳快速发展。

【项目建设】 2020年，主要项目有国道G240、G320建设，农村公路硬化、拓宽改造、大中修、安保工程建设、道路交通顽瘴痼疾整治等。

【公共交通】 2020年，全市有公交线路9条，公交车120标台，核心景区外公交车22标台，核心景区内换乘公交78标台，公交车出行分担率达45%，公交综合用地220平方米/标台，万人拥有公交车保有量23.03标台。运输管理指标超额完成，完善农村客运班线，实现行政村客运班车通达率100%。率先实现城乡客运一体化。完成城乡客运一体化站点建设，新增开通汽车站至如意恒星等5条公交线路，12月25日公交车试运营。

【运输安全】 建立安全生产责任制，实行安全目标管理考核制。全力确保系统内各个时间段、各个节点的安全稳定。一是局领导带队检查17次，共检查生产经营单位54家，排查安全隐患2处。交通系统召开会议4次，张贴宣传标语230条，利用电子显示屏3个。二是开展营运车辆隐患清零行动。出动执法人员开展安全检查20余次，检查客运车辆280余台次，完成上级交办及检查发现的安全隐患2起，有效保障了道路运输安全。三是开展专项整治。与公安交警、教育、消防等部门联合不定期开展校车检查、旅游车辆整治、“黑服务区”整治等行动，共开展行动10余次，处理各类违法行为3起，行政处罚0.3万元。四是完成铁路周边环境整治。投入资金91.2万元，牵头组织各相关责任单位，对铁路周边环境进行彻底清理整治，于8月31日前在湘潭市三个县市中率先完成了《湖南省普速铁路安全环境隐患清单》二批次共计44处和《湖南省高速铁路安全环境隐患清单》二批次共计30处。

【执法管理】 一是严格治理车辆超限超载行为。共查处违法超限超载车辆200台、非法改拼装车辆23台，卸载货物1372.04吨，罚款25.56万元，对违法超限超载车辆驾驶员记分处罚169人，共计648分，车辆超限、超载率始终控制在1%以下。二是持续开展打黑治违行动。共处理非法营运车辆29台，未持有效的包车客运标志牌车辆11台，收取行政罚款20万元，待处理14台。涉嫌喊客拉客车辆移交旅游执法大队处理8台。三是大力整治马路市场。共出动执法人员830余人次，执法车辆240余台次，全市25处马路市场全部取缔到位。劝退、清理路边摊担60余处。配合乡镇、公安（交警）、市场监督等部门对店外经营进行集中整治，取缔店外经营70余处。

【精准扶贫】 局领导班子带头，采取“一对一”的帮扶方式多次深入驻点村、组调查走访，与村支两委班子、村支部党员、精准扶贫帮扶户座谈，及时完善相关台账，将中央、省、市、县各级精准扶贫政策、惠民政策第一时间传达到村到户。为16户帮扶对象发放发展生产资金8000元。全局消费扶贫参与人数47人次，直接或间接为帮扶对象销售植物油、茶叶、蛋、鸡、牛肉等农副产品8300余元。推出《韶山市贫困群众参与养护实施方案》，将17名贫困劳动力纳入养护范围，全年为贫困劳动力增收

10余万元。

（彭　锋）

公路建设与管理

【概况】 2020年，市交通运输局负责管养国道2条，养护里程35.457公里，分别为G354（浅湖塘—祝赞桥）、G240（恒心—建时）；省道2条，养护里程42.193公里，分别为S325（青石—清溪卡口）、S327（龙洞樟树井—林家湾湾上）；县道22条，养护里程86.745公里，分别为X027（金韶线）、X030（南烈线）、X115（厂青线）、X034（韶峰线）、X021（环行线）、X017（韶滴线）、X019（滴虎线）、XZ04（北祝线）、X022（永长线）、X037（梅厚线）、X033（赤大线）、X023（永楠线）、X052（韶山核心景区外环公路3）、X051（韶山核心景区外环公路2）、X050（韶山核心景区外环公路1）、XJ01（汽车站—郭家亭）、XJ02（团田—新屋湾）、XJ03（银田界—棉织厂）、XJ04（银田寺桥—长田界）、XJ05（月形—坟山里）、XJ08（清溪卡口—祝赞）、XJ09（石头塘-荷叶塘猫公）。养护桥梁18座共计324.45延米。

【公路建设】 一是通过积极争取，G240项目已列入中华华夏文化遗产基金会无偿捐建项目，10月27日与捐建单位湖南华夏美湘文化公司签订实施协议，争取建设资金1亿元。2020年韶山段192亩建设用地及4栋房屋征拆全部完成。二是G320项目韶山段征地拆迁完成权属调查和面积核定，并发布征拆公告，召开镇村项目建设动员会。三是按轻重缓急分批实施道路交通顽瘴痼疾整治项目，先期对临水、临崖、学生出入路段实施改造，投入资金385万元，处置隐患17处，整改隐患线路5条。四是推进乡村公路建设。投入资金750万元，完成金韶线、小红军线、韶润路、厂青线、杨林驾校路等共计13.5公里农村大中修目标任务。投资120万元，完成长湖村农村公路改造2公里，厚罗村农村公路改造1.5公里。

【公路养护】 一是做好公路养护迎“国检”工作。国庆假期过后，投入1000万元加班加点对G240线、G354线共35公里检测线路以及外环公路进行紧急抢修，共完成沥青混凝土罩面7.8公里、沥青微表处4.6公里，沥青砼路面修补4500平方米、路面标线30公里，裂缝修补8万余米，路容路貌整治55公里。集中力量对沿线非公路标志标牌和公路路障依法依规进行全面清理，累计拆除非公路标志牌160余块，清理违规悬挂横幅40余条，清理临时摆摊设点29处，清除路障50余处。公路路况焕然一新，公路管理井然有序，得到了上级行业主管部门充分肯定，10月26日顺利通过“国检”。二是抓实“创文”“创森”、人居环境整治等工作。围绕文明城市长效机制建设，全面落实2个责任路段、2个现场考察点、3个家属院落、12个具体事项的工作。完成路面保洁6500公里；路面清扫2800公里；路面清洗210公里；修补路面320处；清理小型路障200处；安装波形钢护栏800米；安装标志牌33块；减速带1016米，热熔标线693.85平方米；斑马线297.6平方米；修复水沟96米；路肩除草80公里。对所辖公路进行绿化补植，在S325友谊桥至高铁桥地段投入20万元补植樟树240株；在G240如意地段投入15万元补植樟树230株；对外环线投入资金130余万元种植花草12000平方米、补植樟树、栾树1200株。三是着力推行国省干线和农村公路“路长制”。制定下发《韶山市推行公路“路长制”实施方案》和《韶山市推行公路“路长制”实施工作考核办法》。四是做好抗冰及防汛工作。应对年初雨雪冰冻恶劣天气，制作摆放警示牌50块，路面撒盐40吨，铺麻袋1000条，出动人工200人次，装载机10台次，车辆20台次。应对雨季汛期，出动人工300人次、车辆45台次，清除临时路障30余处，清理塌方100余立方米，确保了所辖公路全线畅通。

（彭　锋）

邮　政

【概况】 2020年，中国邮政集团有限公司湖南省韶山市分公司，在册人员53人。设有一部一室，综合办公室（安全保卫部）、市场营销部。市场营销部下设四个经营支撑部门，金融业务中心、集邮与文化传媒中心、渠道平台中心、寄递业务中心。分公司辖管3个金融网点（1个农村支局，2个直辖所），有综合性营业网点3个，空白乡镇局（所）5个，40个村电商站点。

经济运行态势良好，经营效益显著提高。韶山分公司行业规模不断扩大，市场秩序逐步规范，信息化水平快速提升，服务能力和服务水平稳步提高。全年累计完成收入1900万元，储蓄存款余额6亿元，2021年党报党刊流转额103万元。全年无安全生产事故，无资金案件。

【业务拓展】 一是助推新农村建设。邮递段道13个，邮路达700公里，建成农村站点33个，代征税款230万元，站点实现网络代购6000余笔。确保全市范围内村村通邮，全方位提供电商服务、邮政服务、公共服务和金融服务，开办了三农、航空票务、代办通信类、网购平台、微购平台等业务，向外推广邮乐网、邮三湘等电商平台。方便全市人民群众的用邮环境，邮政服务更加惠民、便民。

二是投递质量不断提升。加大资金投入，对现有投递队伍进行整合，成立寄递业务中心。投递工具全部升级为汽车和电动三轮摩托车，并调整7条汽车邮路，6条电动三轮车邮路，逐步优化邮处生产作业流程及市趟车信息接收操作，有效的区分各生产环节邮件处理责任问题，邮件处理生产中心有序进行。

三是宣传韶山红色文化。韶山邮政历年来积极借助地方特色，宣扬韶山旅游文化。以红色文化为背景制作的集邮产品畅销各地。设计制作了毛泽东主席诞辰127周年纪念封、片，并申请了两枚邮资机宣传戳，吸引了众多集邮爱好者来到韶山。

四是抓好服务与安全管理。夯实基础管理，规范安全管理台账。分公司先后开展了“创新服务理念、创建文明示范窗口”“服务质量及安全提升月”“安全生产管理年”等活动，积极参与地方扫黑除恶、扫黄打非行动，逐步建立一套比较完备的服务质量监督检查体系，窗口服务逐步规范化。全市邮政综合服务满意度不断提高，全年没有出现媒体曝光事件；没有发生安全生产事故和案件，机要邮件损失为零。

（曹　叶）

电　信

【概况】 2020年，韶山电信公司坚持党建统领、守正创新、开拓升级、担当落实，践行“用户至上、用心服务”的服务理念，全力以赴推进企业高质量发展。中国电信韶山党支部先后被评为电信省级、集团级第一批示范党支部，荣获湘潭市国资系统先进基层党支部、湘潭市委组织部“五星支部”称号。

【服务社会】 中国电信韶山分公司始终认真落实实名制、信息安全、携号转网、5G建设、脱贫攻坚重大决策。2020年7月，分公司5G助力“2020年湖南红色旅游文化节暨湘潭首届红色文化产业博览会”开展，中国电信多项5G应用亮相红博会，展示5G+文旅的最新场景，助推红色旅游发展。履行脱贫攻坚后盾职责，安排了7名党员干部对口扶贫银田镇华南村7户贫困户，制定扶贫计划，坚持每月走访一次以上，并提供生产和生活资料、协助销售农产品，为贫困户解决实际困难。认真贯彻落实党中央、国务院关于新冠肺炎防控工作的决策部署，积极响应地方政府的防控要求，严格执行省、市分公司相关防疫控疫工作要求，尽显国企担当，守护防疫第一线，确保疫情防控、通信保障不出纰漏。

【服务客户】 积极响应国家“提速降费”要求，为客户提供最优惠的政策、最优质的服务。为及时满足政企单位和老百姓的网络需求，渠道代理商建成了24个服务网点，为客户提供电信手机、宽带、来电名片、云视频会议、电视平台、平安乡村监控平台、智慧农业、信息乡村、云业务等多项信息化服务；同时提供了更优质的光纤网络，光网覆盖100%，4G覆盖97%。2020年新建了杨林舒塘等5个4G基站，新建了水岸豪庭等2个室分系统，完善了韶山全域手机信号，完成11个重点区域5G信号覆盖。同时启动后续5G基站建设工作，完成两套重要核心设备下移。进一步优化网络结构，完成韶山3000兆小区升级建设工作。

（吴依芜）

移动通信

【概况】 2020年，韶山移动公司认真履行政治、经济、社会三大责任，在加快自身发展的同时，不忘初心、牢记使命，始终坚持“以人民为中心”的发展理念，为韶山的飞速发展作出了应有的努力。全年完成14个5G基站、4个室分、2个DP基站的建设及开通工作，完成15个驻地网小区建设，修复光缆50余次，更换光缆8公里，迁移电杆10处，圆满完成韶山全年各重大活动的通信保障工作。为提升服务质量，方便客户，韶山移动公司针对农村客户，开展平安乡村“幸福家庭挂牌”活动，共挂牌1000余户；先后对6个小区200多个家庭进行了免费全屋WiFi检测，有效提升客户满意度。

2020年，韶山移动公司党支部荣获“湘潭移动先进基层党组织”称号。韶山移动公司获得中国移动集团公司工会颁发的“中国移动模范职工小家”荣誉。

（李　芳）

联通通信

【概况】 2020年，中国联通韶山市分公司坚守“诚信经营、用心服务”的初心，切实为韶山通信需求提供保障服务，按照韶山市委市政府工作要求，努力完成各项任务。在韶山市科技工业信息化局的协助指导下，顺利完成多家企业上云工作，降低企业管理成本，提高工作效率，也有效提升了企业信息化水平。

【设施建设】 韶山联通分公司秉承工匠精神打造平安智慧乡村，全年网络保持良好稳定态势。在市政各类工程、美丽乡村核心景区改造、永义集镇杆线入地、韶山大道线路迁改项目中，布放光缆线路40余公里，投资累计达120余万元；在农村移网信号薄弱覆盖区域新建基站5个，完成百合苑、樟树湾、新天小区等6个小区移网室内分布系统的建设补强，全面实现4G覆盖，农村覆盖率达95%以上，城镇覆盖率99%以上。在5G建设方面，韶山分公司采用与电信公司共建共享的方式，开通5G站点8个。在湖南首届红色旅游文化博览会、国庆长假、纪念毛泽东诞辰127周年活动期间，制定网络保障预案，并调集通讯车等专业力量，确保韶山景区网络畅通，圆满完成网络保障任务。

（王　朵）

（责任编校　苏　良）

贸易·旅游

商　务

【概况】 韶山市商务局，负责全市内外贸易、商贸流通、国际国内经济合作、全市招商引资计划目标的编制、实施和监督、考核等工作。2020年新增限上企业10家、大个体15家，全市社会消费品零售总额完成24.6亿元，同期减少2.5%，在湘潭市县市区排名第二。全市电商企业169家，实现网络零售3.2亿元，占全市社会消费品零售总额的17%，韶山市被商务部、财政部，国务院扶贫办批准成为全国电子商务进农村综合示范县。全部完成章公桥、团田、陶家塅等10家农贸市场新建改造任务。章公桥、陶家塅两个市场建设在全省推进会上得到了表扬。外经外贸工作逆势上扬，全年外贸进出口完成1.52亿美元，同比增长20%，实现破零16家；劳务合作营业额完成3850万美元，同比增长20.89%，实现破零16家，倍增7家。

招　商

【概况】 2020年，韶山市商务局认真贯彻落实市委经济工作会议以及政府工作报告精神，扎实推进各项工作任务，把招商引资作为“加快发展、全面提速”的重要举措，把项目建设作为经济发展的第一要务，全力以赴抓招商，集中精力抓项目，取得了良好的效果。全市共引进招商项目87个，合同引进资金109.37亿元。引进“三类500强”企业2家，为华控集团投资韶山棠佳阁文化旅游体验园项目和世纪明德研学项目。亿元以上签约项目18个，其中正式合同16个，为电力工程设备生产研发基地项目、军用特种锂电生产基地项目、中韶智能电气项目、三丰智能机械及零部件生产项目、三泰食品与药品产业园、亿德新能源二期锂电池负极材料生产基地、《亲人毛泽东》电影实景剧项目、三一（韶山）风电叶片生产基地项目、麗枫旅游酒店建设项目、新天名府酒店及配套用房项目、东方帝景配套酒店项目、湖南南庭商业街一体化项目、绿亨世源动物药业产业园、“数字韶山”智慧旅游项目、工程机械配件制造项目、G240沪昆高铁韶山南站至湘乡公路工程项目，框架协议2个，为“我爱韶山红杜鹃”主题园项目、“韶山红”文化旅游创新区项目。引进内资38.84亿元，同比增长27.09%，完成年度计划113.24%，县市区排名第三。利用外资8324万美元，同比增长17.24%，完成年度计划的106.49%，县市区排名第二。完成外商直接投资104万美元，超额完成全年任务。引进总部经济项目39个，截至12月，总部经济企业累计完成税收4.77亿元。

【大型招商活动】 2020年，韶山市成功举办（协办）了央企省企“走进韶山”“迎老乡、回故乡、建家乡”“2020年湖南红色旅游文化节暨湘潭首届红色文化产业博览会”“潭商大会韶山分会”等大型活动。活动的成功举办，不仅宣传了韶山，扩大了韶山的影响，而且还拓宽了产业招商对接渠道，构建了合作平台。

（庞文全）

粮食购销

【概况】 认真落实国家粮食收购政策，及时部署粮食收购工作，制定韶山市2020年收购工作方案，并召开粮食收购会议，根据全市实际情况对粮食收购工作进行安排部署；执行“先检后收”规定，明确要求各类市场主体收购符合国家质量标准的粮食；全市粮食收购秩序井然，未出现农民“卖粮难”及负面新闻、负面影响，保证了农民送粮顺畅。

积极组织落实收购资金。一是主

动协调农发行韶山市支行和市内其他金融机构，有效落实了政策性粮食收储和轮换资金；二是协助和支持粮食企业多渠道筹措市场化收购资金，未出现挤占挪用收购资金和“打白条”现象。

【“优质粮油”工程】 加快推进粮油产业高质量发展。积极落实“好粮油”行动计划，粮油优质品率较上年明显上升，市内“祖田米”“华润五丰”等优质粮油供不应求，向阳大米厂、长湖大米厂、良安天下大米厂等骨干米厂的粮油产品深受城乡居民喜爱。完成粮食产后服务项目建设，并通过省级、湘潭市级验收。市内4家粮食产后服务中心共烘干粮食4360吨。

加强粮油品牌建设。优质稻连片种植，在韶山毛主席祖田产业园、华润粮食基地示范园，开展粮食观赏宣传；结合世界粮食日、全国粮食宣传周，在全市开展一系列粮食安全、节粮爱粮、科学储粮宣传活动；市内国有粮食企业、个体粮食经营企业结构合理，能满足全市粮食经营和粮食供应的需求。全市粮油加工业不断发展，共有注册的大米加工厂20家，小型榨油厂10家。

【粮食储备】 推进粮食仓储物流设施建设。全市国有粮食企业共有粮食仓储容量4.85万吨，其中中储粮韶山分公司现有粮食仓库容量3.75万吨，韶山银田粮食产业服务有限公司现有仓库容量8000吨，韶山市中心粮站现有粮食仓库容量3000吨，能够满足全市粮食收储需要。全面加强粮库智能粮食管理系统的管理、维护和应用，定期进行粮库智能管理系统的维护，智能粮食管理系统运转正常。

按照湘潭市人民政府有关要求，建立韶山市储备粮储备机制。现有县级储备粮500吨，于2019年12月完成轮换任务，并经湘潭市粮油监测中心抽样检测，出具储备粮质量检验检测报告，粮食质量好。储备粮保管运用“低温保鲜”绿色储粮技术，承储品种为晚籼稻，基本上是2019年韶山市生产的优质稻。

落实军粮供应工作。严格落实军粮供应政策和军粮质量标准，军粮供应店设备设施符合军粮供应要求，保障驻韶部队官兵的“达标粮”“安全粮”“放心粮”；完善购粮卡使用、统计报送工作，确保军粮供应秩序正常；及时对接部队，按时供应军粮，提高服务质量和服务水平，完成军粮供应和各项应急保障工作。

【粮油监管】 加强粮油应急体系建设。成立韶山市粮食应急指挥部，粮食应急体系健全，工作落实有力；全面落实粮食统计工作责任，确保统计数据、价格数据真实可靠，统计月报表、年报表及时报送，准确提供年度及季报分析材料和粮食市场价格信息分析材料。

按照有关要求，采取突击检查、暗查暗访等有效方式，强化对粮食收购市场的监管督导，经常开展粮食收购市场专项检查；2020年没有政策性粮食销售出库，没有发生涉及粮食流通购销环节的案件，也无投诉举报案件。

（周小青）

供销合作

【概况】 2020年，市供销社以习近平新时代中国特色社会主义思想为指引，认真贯彻落实中央和省委决策部署，以全省深化供销合作社综合改革整体推进为契机，积极探索供销合作社综合改革经验模式。按照“三大体系、五级贯通、覆盖到户”要求，以乡村供销社为重点，采取改造、新建、开放办社等方式，全力推动基层供销组织恢复重建。全市供销体系的改革推动力、平台支撑力、服务保障力得到不断提升，在促进现代农业建设、农民增收致富、城乡融合发展等方面发挥了重要作用，取得了较好的成绩。

【“九代服务”】 为破解农村“谁来种地、地怎么种、粮卖给谁”难题，积极探索创新服务方式，形成了“九代”（代育、代耕、代插、代防、代管、代收、代烘、代储、代销）服务的经验模式。通过组建土地托管中心，由供销社参股为主体牵头，积极吸纳各类社会资本参与，动员农民以土地入股，实行市场化运作、专业化分工，促进土地、资本、技术、农资等要素有序聚合和流动。全市已建成土地托管中心2个（杨林三基、清溪惠农），托管服务能力近2万亩。计划通过两年时间，实现全市乡镇土地托管中心全覆盖和粮食生产“九代”服务全覆盖，解决“谁来种地、地怎么种”的问题，实现农民、供销组织、新型经营主体互惠共赢。

【人居环境整治】 助推乡村振兴战略，改善农村人居环境，推出韶山乡为垃圾分类处理试点乡。在韶山乡进行再生资源回收站和下属10个村的再生资源回收点建设，各个站、点均具备了分拣、加工、包装、储存、运输等功能。根据农村实际，将再生资源回收品种目录确定为废旧金属、造纸原料、废塑料、废玻璃、废旧木质家具和废旧家电6类，通过上户回收与集中分拣处理相结合的方式，利用市场化运作和付费制相结合的办法，较好地创造了垃圾分类“韶山经验”，促进了农村垃圾资源化、减量化、无害化，进一步节约了资源，减少了污染。这一做法受到了省、市主管部门的高度肯定。

【健全市、乡、村三级组织体系】 落实一、二、三产业融合发展的思路，按“四有”（有乡镇领导分管、有站所人员兼职、有办公服务场地、有标识标牌）标准完善乡镇基层社，推动乡镇基层社、惠农服务中心和农合联统筹建设，按“三有”（有村支“两委”负责人兼主任、有其他村干部兼工作人员、有服务场所）标准完善村级供销社。2020年实现村级供销社建设全覆盖。银田镇银田村供销社为国家级基层标杆社，培养2家村级供销社为省级示范社。

【加快供销产业发展】 2020年，制定《韶山市茶产业发展规划》《韶山市促进茶业产业发展的实施意见》等政策性指导文件，进一步明确了茶叶产业发展的定位、目标和路径。积极推进了“韶山红”新品牌的发布，促成了韶山茶业公司与广东“农大妈”营销公司的商务合作。韶阳村200亩、黄田村160亩茶叶基地的建设、核心景区可视范围内100亩优质标准茶园建设正在稳步推进。与韶峰山矿泉水公司合作，建立了自己的生产车间，安装了一条高标准的红绿茶智能生产线。引进种植大户落户韶山合作种植优质茶叶基地，同时引导农民种茶，公司实现包收、包销，通过产业带动茶农致富，实现乡村振兴。与唐羽合作，在韶山建国饭店建成了韶山红唐羽茶馆，既推广了“韶山红”茶，又为韶山提供了一处高档品茶场所。

【廖国锋到韶山调研指导供销综合改革工作】 2020年7月13日，省供销总社党组成员、监事会主任廖国锋一行到韶山现场调研供销综合改革、茶叶产业发展和供销产业园规划等工作。他强调，韶山要对标对表中央、省、市深化供销综合改革工作目标任务，结合“一县一特”战略，把相关工作落实到位，打造供销综合改革的特色和亮点，全面完成改革各项指标。

（赵 雯）

烟草专卖

【概况】 韶山市烟草专卖局（分公司）坚持稳中求进工作总基调，坚持“总量控制、稍紧平衡、增速合理、贵在持续”方针，稳步推进各项工作，为全市经济社会发展做出了积极贡献。全年共销售卷烟6101箱，同比减少2.15%；实现销售收入2.21亿元，同比增长3.4%；上缴税金2282.97万元，同比增长32.6%；单箱均价36300元，同比增长5.66%；省外烟占比27.5%；客户盈利率保持在13%以上。在全省系统工作推进会中承担一号线的接待任务，推动了各项重点工作上水平。全年共接待行业内外40余家单位的人员到韶山交流学习。国家烟草援建项目韶山水源工程进入扫尾阶段。

【自身建设】 抓学习，提素质。发放学习资料120册，开展集中学习39次，领导干部上党课2场，请专家授课2次，连线湘潭市局云课堂3次。开展“政绩观大家谈”“我与高质量发展”“十四五规划我参与”讨论及扶贫帮困、家书诵读、义务植树等活动。党员入社区宣传38户次，文明创建站岗42次。全年召开支部党员大会10次，支部委员会议12次，党小组会议24次，开展特色主题党日活动12次。打造“四级”党建阵地，建成党员活动中心1个、客户讲习所1个、小组服务工作站8个、授牌党员示范店7家，开展党建宣讲27场次，700余人次参加。完善考核管理机制，建立《党员积分制管理办法》和《党建考核办法》。成立“党员志愿服务队”，对全区域范围内392户沿街零售户终端形象进行改造，设计制作统一的柜前海报，靓化店面形象，助力城市建设。成立“党员宣讲团”，将党建向零售客户延伸，先后开展各类宣讲活动24场。与安徽中烟、市局机关、邮政储蓄银行党支部开展联合共建活动24场，为客户提供经营指导、金融信贷等增值服务。疫情期间，党员主动募集上万元为零售户购买防疫物资。

【卷烟营销】 终端建设强基提质。打造1家湖南636直营终端，8家湘汇636加盟终端，105家特色旅游终端，评选并授牌7家党员示范烟卷销售店，出台《从“吸睛到吸金”终端陈列手册》，帮助全市428家零售户实现一店一改造、一户一过关，全商品扫码合格率100%。旅游营销挖潜提值。成立“创客小组”，推广“福气”海报、“烟+”礼盒，开发设计“福+”礼包，获国家外观设计专利，从而带动当地卷烟产品及特产销售，帮助客户实现户均增收4000元以上。分类培训赋能提智。首创客户培训讲习所，牵头完成全市系统客户分类培训体系。线上开办“抗疫小课堂”46期，线下开展分类培训18场次，陈列竞赛9场次，品牌文化宣讲6场次，提炼推广品牌卖点26个品规，对91户现代零售终端完成终端机的上线使用培训，培训覆盖面达60%。诚信小组稳固提效。建成小组之家8家，探索形成小组例会指导机制。建立三级价格巡查机制，开展暗访巡查24次，发现并惩处违约乱价行为42户次，利用“两员三同”机制查处违法案件5起。制定《韶山市场部精准货源投放小组工作方案》，每月提报需求预测，完善二级标签信息，使用多样组合货源投放系统模型投放16轮，涉及客户1456户次。

【专卖管理】 打假打私力度升级。建成了韶山市公安局驻烟草分局警务室。每季度联合开展一次市场清整行动，共出动执法人员290人次，执法车辆84车次，全年累计查获各类涉烟违法案件81起，其中5万元以上案件8起，累计查获涉案卷烟167.544万支，其中真品卷烟146.58万支，假冒卷烟20.964万支。全力侦破“12·29”假烟网络案，在公安部门的大力协作下，该案已刑拘5人，逮捕4人，查清销售金额近百万元。市场监管深度推进。开展“春雷10号”“3·15”宣传、学校周边零售户清理、新型烟草制品市场清整等专项行动5次。利用“双随机、一公开”和四员协同系统强化日常走访监管，定期组织开展“回头看”，建立大户档案4户，取缔大户1户。行政审批服务提质。完善“一站式”服务管理受理平台和行政审批事项“最多跑一次”改革工作，共计办理各类许可证业务178起，办结率和满意率均为100%。内管监督全面覆盖。制定《真烟异流治理考核细则》，对新办证及20档以上客户进行地毯式检查，共计清查走访零售户641户，违规客户减供108户、停供26户。真烟异流治理工作排名湘潭市烟草系统第1名，仅占年度控制线的22.66%。

2020年韶山市烟草专卖局支部被评为全省系统“示范党支部”，韶山市局党组书记、局长谭意和文秘李灿撰写的政研论文《基层烟草企业提升软实力路径研究》获全省系统一等奖，谭意在表彰大会上作经验交流发言。2020年韶山市烟草专卖局被评为湘潭市烟草系统先进集体，并获局长特别奖。

【张天峰到韶山调研指导烟草行业工作】

12月25日，国家烟草专卖局副局长张天峰到湘潭韶山调研，省局（公司）党组书记、局长、总经理孔祥统陪同调研。其间，张天峰实地考察了韶山市局党建阵地、“两员三同”办公室、职工之家，了解党建品牌建设、基层队伍建设、基层一线干部职工生活待遇等情况，走访韶山市部分卷烟零售客户，并听取有关工作汇报。张天峰对韶山烟草行业取得的成绩给予肯定，并要求切实把思想和行动统一到党的十九届五中全会和中央经济工作会议精神上来，坚持党建引领，把新发展理念贯穿到“两烟”生产经营全过程，开创韶山烟草党建和业务工作新局面。

（盛 灿）

旅 游

【概况】 韶山是伟人毛泽东的家乡，著名革命纪念地，中国首批优秀旅游城市、国家级重点风景名胜区、国家红色旅游经典景区、国家AAAAA级旅游景区、全国爱国主义教育基地、国家全域旅游示范区、全国红色旅游融合发展示范区、全国红色旅游国际合作创建区。

韶山有七大景区82个主要景点，有233家住宿单位，床位数14108张。四星级宾馆1家，三星级宾馆1家，五星乡村旅游区(点)10家，四星乡村旅游区(点)2家，三星乡村旅游区(点)1家，民宿14家。

韶山交通便利，有铁路2条（境内1条，跨境高铁1条）；跨境高速公路3条；全市公交线路9条，公路总里程1335.4公里，客运站场4个。自韶山发展红色旅游以来，先后接待国内外游客上亿人次，旅游业已成为带动韶山经济社会全面发展的支柱产业，形成了以毛泽东同志故居、毛泽东广场、韶山毛泽东同志纪念馆、韶山滴水洞景区、韶山毛泽东图书馆、韶山毛泽东纪念园等为代表的展示伟人风范、开展爱国主义教育和革命传统教育的系列著名景点，以韶山非物质文化遗产博览园、银田文化旅游特色小镇为代表的文化观光体验项目，以《中国出了个毛泽东》《韶乐演奏》等为代表的文化演艺项目，以盛德园、紫薇园等为代表的旅游农业观光基地；以韶峰、棠佳阁为代表的文化、生态综合型景区，以韶山丰圆工贸实业有限公司、毛家集团为代表的工业旅游，以2020湖南红色旅游文化节暨湘潭首届红色文化产业博览会、“万人同唱东方红”“万人同吃福寿面”“薪火传承·中国健康跑”全国总决赛、“真情闪亮·炫动韶山”抖音视频大赛、“金色光环、闪亮韶山”百里万亩油菜花等为特色的节庆活动旅游，以毛主席铜像系列、毛家食品、韶山特色酒业、毛公茶业等为代表的特色旅游商品，积极助力湖南文旅市场复苏。2020年，韶山市成功入选全国红色旅游发展典型案例，韶山村成功列入全国乡村旅游重点村名录，韶润村获评湖南省乡村旅游重点村，2020年全省文化旅游企业单位在抗击新冠肺炎疫情、推动复工复产工作中作出突出贡献的先进集体；2020湖南（国际）文化旅游产业博览会和湖南省文化旅游商品大赛中韶旅集团文创系列获得金奖；2020湖南（国际）文化旅游产业博览会和湖南省文化旅游商品大赛中毛家食品特产获得银奖；2020湖南（国际）文化旅游产业博览会和湖南省文化旅游商品大赛中毛府小窖原浆获得铜奖。7月25日至7月26日成功举办2020湖南红色旅游文化节暨湘潭首届红色文化产业博览会；策划举办2020年“金色光环、闪亮韶山”百里万亩油菜花节（3月20日）和“真情闪亮·炫动韶山”抖音视频大赛（三月份）。

2020年，受疫情影响，文旅产业发展主要经济指标数据整体下滑，全年韶山旅游区各景点接待游客共计1105.95万人次、同比下降56.93%；综合收入33.75亿元、同比下降55.94%,门票收入5612.7446万元。换乘中心运送游客143.9019万人，换乘车辆36.7371万辆。

（章志坚）

【毛泽东同志故居景区】 人文景观主要有毛泽东同志故居、南岸、毛泽东广场、韶山毛泽东纪念馆、故园、韶山毛泽东图书馆、毛氏宗祠、毛震公祠、毛鉴公祠、毛泽东父母墓、韶山学校门楼、眺峰亭、李氏宗祠等。自然景观主要有小韶山、中华百株名树之一——韶山松。

【韶山滴水洞景区】 人文景观主要有滴水洞一号楼、毛泽东祖父墓、虎亭、滴水清音、滴水洞门楼等。自然景观主要有韶山水库、虎歇坪、龙头山、映曦台、观音石等。

【韶峰景区】 人文景观主要有毛泽东诗词碑林、韶峰寺、韶峰游览索道、观日阁、仙女茅庵、慈悦庵等。自然景观主要有韶峰耸翠、韶山水库、石屋清风、顿石成门、六朝松、飞来船、车罗石壁、云富坨等。

【清溪景区】 人文景观主要有毛泽东青年时代塑像公园、韶山烈士陵园、韶山火车站、庞叔侃烈士墓、大塘湾、郭氏祠旧址、清溪寺遗址、庞氏宗祠、瓦碎塘元代古窑等。自然景观主要有青年水库、韶河、天鹅山等。

【黑石寨景区】 人文景观主要有黑石寨遗址、棠佳阁、蒋梯空烈士墓、张春林墓、瓦子坪万福亭、书堂、杨林庙、大坪圣督教堂等。自然景观主要有滑油潭、石洞神泉、韶山鹿场、杨林鹿场、红旗水库、青沟里水库、湘韶水库、勤俭水库等。

【毛泽东同志故居】 毛泽东同志故居位于韶山乡韶山村土地冲上屋场，坐南朝北，土木结构，成“凹”字形，占地面积556.39平方米，建筑面积472.92平方米。有房间18间，东边13间小青瓦房为毛泽东家，西边4间茅草房为邻居家，居中堂屋（瓦房）为共用。堂屋大门上端挂着邓小平题写的“毛泽东同志故居”贴金木匾。

清光绪十九年十一月十九日（1893年12月26日），中国人民伟大领袖毛泽东同志诞生在韶山冲上屋场这栋普通的农舍。

【毛泽东广场】 毛泽东铜像耸立于毛泽东广场，由江泽民题写的“毛泽东同志”铜像重3.7吨，像高6米，基座高4.1米，通高10.1米，象征着

“十一”国庆，更象征着毛泽东是新中国的缔造者之一。毛泽东同志铜像身着中山装，手持文稿，面带笑容，目光炯炯，正视前方，再现了人民领袖毛泽东出席开国大典时的风采。

2008年，为更好地满足广大游客瞻仰和纪念活动的需要，对毛泽东同志铜像广场进行了改扩建，使广场总面积达10.3万平方米，并更名为毛泽东广场。铜像背靠韶峰、面向故居，形成“韶峰—太公山—铜像”的远、中、近立体景观。

【毛泽东同志纪念馆】 始建于1964年，原名“韶山毛泽东同志旧居陈列馆”，1982年改用今名，现馆名由邓小平同志1983年4月2日题写，为全国唯一一家系统展示毛泽东同志生平业绩、思想和人格风范的纪念性专题博物馆，1997年6月被中宣部公布为“全国爱国主义教育示范基地”，2008年5月被国家文物局评为第一批国家一级博物馆。博物馆包括生平展区、专题展区、旧址群等三个部分，占地面积8.3公顷，总建筑面积35697.5平方米，总陈列展览面积16214平方米，现馆藏文物、文献资料4万余件，其中毛泽东晚年生活遗物6000余件。自开放以来，共接待国内外游客7000余万人次，邓小平、江泽民、胡锦涛、习近平等130余位党和国家领导人到馆视察。

【韶山滴水洞】 是毛泽东主席1966年回韶山居住的地方，毛泽东主席称之为“西方的一个山洞”。

滴水洞开辟了一号楼、虎歇坪和龙头山三片游览区，景区内“天然石画”“杜鹃春晓”“奔龙泉池”“龙亭览胜”“犁花伴月”等自然景观和毛泽东主席居住过的一号楼、游泳过的韶山水库、毛泽东主席祖父墓、名人留言石刻等人文景观交相辉映。

滴水洞被评为“湖南省最佳旅游目的地”。自1986年开放以来，已接待了江泽民、胡锦涛、习近平等党和国家领导人及3000多万名中外游客。

【毛泽东纪念园】 位于毛泽东同志故居斜对面500米处，占地约20万平方米，于1995年12月26日建成开园。该园选择毛泽东革命生涯中最典型、最具代表性、最便于造型艺术表达的景点、景物、纪念旧址等进行仿真复制。它浓缩了中国革命的光辉历程，积淀了人民领袖毛泽东叱咤风云、波澜壮阔的伟大人生。其景点有石干娘、长沙清水塘、湖南一师井亭、武汉农民运动讲习所、南湖游船、井冈山茅坪八角楼、黄洋界纪念碑、瑞金沙洲坝水井、遵义会址、泸定桥、枣园窑洞、延安宝塔、西柏坡毛泽东故居、国旗台等。除了黄洋界纪念碑、泸定桥和延安宝塔按1:2比例复制外，其余各景点都为1:1原貌复制。纪念园东门呈“M”形，如两座山峰，暗喻“纪念毛泽东”之意。

【毛泽东诗词碑林】 于1992年4月动工兴建，1993年11月建成并正式对外展出，总占地面积约2万平方米，总投资800多万元。“韶山毛泽东诗词碑林”门额大字由赵朴初先生题写，门楼由中央美术学院设计，碑林由广州美术学院设计，福建惠安石雕厂雕刻，韶山市第二工程公司承建。园中由50多块汉白玉、大理石、花岗岩等组成，碑林按主席作诗年代分为四个时期五个区，共镌刻毛泽东诗词、对联和题词50多篇，其中毛泽东手迹24篇，其余为郭沫若、赵朴初等名家恭录。

碑林出口处耸立一块巨大的诗碑，上面镌刻了毛泽东在1959年6月26日于韶山写下的一篇《七律·到韶山》。此碑宽12.26米，高8.3米，厚0.99米，寓意诞辰、寿辰和忌日。

（文　魁）

【乡村旅游区（点）】 韶山市共有13家星级乡村旅游区（点），其中五星级乡村旅游区（点）10家，四星级乡村旅游区（点）2家，三星级乡村旅游区（点）1家。各乡村旅游区（点）均正常营业，并取得了社会效益与经济效益，为全市旅游产业发展作出了贡献。特别是在创建国家全域旅游示范区期间，不断改善基础设施、完善各种制度、加强服务意识，提高了自身品牌形象。

韶山市星级乡村旅游区（点）基本情况一览表

表6

名　称	星　级	地　址	联系方式
韶山盛德园	五星级	韶山市韶山中路	0731—55691945
毛氏农家山庄	五星级	韶山市韶山村望冲组	0731—55651333
毛二山庄	五星级	韶山市韶山风景区北环线往滴水洞方向	0731—55685709
韶山人家	五星级	韶山市韶北村檀山组	0731—55651696
韶山市新湖山庄	五星级	韶山市韶山乡韶前村	13975213728
韶山怡然农庄	五星级	韶山市杨林乡杨林村桃家组	13508887365
木兰山庄	五星级	韶山市杨林乡白翎村	13017326999

续表6

名　称	星　级	地　址	联系方式
韶山和馨园农庄	五星级	韶山市杨林乡石屏村	13875916085
韶山市红色人家休闲农庄	五星级	韶山市韶山乡韶润村	13975233886
韶山红色家庭农庄	五星级	韶山市银田镇银田村南花组	18975756515
山间小住	四星级	韶山市韶山乡韶山村仙女组	0731-55653699
韶山市八亩冲农家乐	四星级	韶山市韶山乡新联村八亩冲组	18673259932
韶山银河农家乐	三星级	韶山市银田镇南村村	15197223619

（苏科明）

【韶山宾馆】 韶山宾馆位于韶山市韶山冲，距毛泽东同志故居约500米，有床位300多个，大小会议室12间，餐厅13间，可同时接待近800名客人就餐，能召开200人规模的会议。

现为中国饭店协会会员，中华餐饮名店，绿色餐饮企业，湖南省消费者信得过单位，中国烹饪协会理事单位，湖南省旅游价格诚信单位，湖南园林式单位，湖南十佳品牌酒店。自1951年建立以来已接待了毛泽东、邓小平、江泽民、胡锦涛等党和国家领导人200多位，接待了胡志明、西哈努克等外国政府、政府党首脑、王室成员300多位。

【毛家饭店】 原处在毛泽东同志故居对面，后搬迁至毛泽东纪念园东侧，由曾受到毛主席亲切接见的汤瑞仁女士于1987年创办。现有全国连锁店220家。韶山毛家饭店（总店）的店名由原中央领导王首道同志亲笔题写。几十年来，毛家饭店共接待中外宾客上千万人，其中党和国家领导人三十多位。“毛家饭店”在国内首创浓烈的主席文化氛围，推出具有湖南乡土风味的“毛家菜”。

【韶山德盛宾馆】 德盛宾馆地处韶山市区中心最繁华的地段，毗邻火车站，距毛泽东故居5公里，交通便利。于1999年6月18日营业，拥有豪华单/双间、豪华商务单/双间、商务套间等各类客房，宽敞明亮、设备齐全的各类会议室、电化教室、新闻发布厅共9个。中餐厅、KTV包房、舞厅、咖啡厅共20多个。2007年11月成为韶山市第一家四星级酒店。

【韶山建国酒店】 位于韶山高速公路以南，富园路以西，东方红路和杜鹃路交界处，距离高铁站2公里，高速入口1公里，游客换乘中心2.8公里。2019年8月18日开始试运营。是韶山市首家高端品牌酒店，由韶山旅游发展集团投资按五星级酒店标准设计建造的综合型商务度假酒店，全权委托北京首旅建国酒店管理有限公司管理。韶山建国酒店总建筑面积6.8万平方米，楼高近百米，属于一类建筑。放眼望去韶山风光尽收眼底，是韶山崛起的新地标。酒店设计体现中式经典建筑文化博大精深，意将建筑语言室内化，将建筑之气，梁柱穿插搭接之特征，运用到酒店内部，以人为本的精神探索重构中国化的空间状态。

酒店拥有标准房、商务房、行政房、行政豪华房、套房、韶山居等各类房型515间套。各类规格会议室19间及三个大型宴会厅，其中位于酒店三楼的多功能厅挑高7.6米，面积1200平方米，搭配132平方米的扇形固定舞台，以及300平方米自然采光的多功能前厅。不论是正式的社交活动，还是浪漫的婚礼庆典，都可提供物超所值的体验；餐厅包含东方颂全日餐厅和中餐厅大厅以及17个以革命根据地命名和韶山自然风光命名的包厢，其中最大的包厢是韶山厅，面积160平方米，最多可容纳28人同时用餐的圆桌式独立包间，满足各种宴请接待的需求；温馨舒适的康体配套室内有游泳池、健身房、篮球场、羽毛球场、台球室、书吧茶室、足浴养身、休闲棋牌等各类休闲娱乐设施。

【韶山新天地步行街雅斯特国际酒店】 位于湖南省韶山市韶山大道与新颜路交汇处1号。酒店北倚韶山红太阳广场，南靠烈士陵园纪念塔，毗邻新天地步行街与美食街，地处商业繁华黄金地段。酒店交通十分便利，距毛主席故居、毛主席铜像广场、纪念馆、滴水洞景区5公里，仅需10分钟车程。酒店拥有170间客房，客房功能设施齐全，房间采光性极好。房间内均提供高档洗漱用品、免费矿泉水、高速宽带与WIFI、中央空调、智控灯光与窗帘。酒店拥有可接待1000人会议与50桌宴席的豪华宴会厅，6个可提供10-1000人商务活动的多功能宴会厅。同时酒店配备中西餐厅，丰富多样的自助营养早餐、多个豪华包厢。

韶山市星级宾馆一览表

表7

名 称	星 级	地 址	联系方式
韶山宾馆		湖南省韶山故园路16号	0731—55685273
韶山德盛宾馆	四星级	湖南省韶山市车站路1号	0731—55680088
韶山建国酒店		湖南省韶山市东方红路8号	0731-55656666
韶山新天地步行街雅斯特国际酒店		湖南省韶山市韶山大道与新颜路交汇处1号	0731-55661888
韶山港越大酒店	三星级	湖南省韶山市银河路18号	0731—55670298

（赵进伟）

【旅行社】 2020年韶山市共有旅行社22家，其中四星级旅行社1家，三星级旅行社2家。具体是：韶山市福源国际旅行社、韶山心源旅行社、韶山旅行社、纪念园旅行社、韶山毛氏国际旅行社、韶山市东方鸿旅行社、韶山天马国际旅行社、韶山市阳光假日旅行社、韶山中国国际旅行社、韶山春秋国际旅行社、韶山圣地国际旅行社、韶山市教育旅行社、韶山红日旅行社、韶山德盛旅行社、韶山市飞扬假期旅行社、韶山市众诚旅行社、韶山骄阳国际旅行社、韶山壹马旅行社、韶山本源国际旅行社有限公司、韶山市快乐假期国际旅行社、韶山市辉煌旅行社有限公司、韶山市韶山旅游发展集团国际旅行社有限公司。

（谭 攀）

（责任编校 苏 良）

财政·税务

财　政

【概况】 2020年，韶山市地区生产总值97.08亿元，比上年增长4.2%。其中，第一产业增加值7.51亿元，增长3.5%；第二产业增加值41.92亿元，增长4.2%；第三产业增加值47.64亿元，增长4.2%。按常住人口数计算，人均地区生产总值93526元。第一、二、三产业结构为7.74:43.18:49.08，第一、二、三产业对经济增长的贡献率分别为5.4%、50.8%、43.9%。其中，工业增加值比上年增长3.0%。全市全年建筑业总产值6.44亿元，比上年增长21.3%。全年固定资产投资比上年增长13.0%，其中，产业投资同比增长13.56%，占比为70.26%；完成工业技改投资占产业投资比重26.7%，比上年占比提升11.35个百分点；完成高新技术产业投资占产业投资比重28.7%，比上年占比提升10.65个百分点。全市施工项目共计103个，其中本年新开工项目59个，本年投产项目67个。全市房地产投资94636万元，同比增长1.3%，销售面积151294平方米，同比增长36.2%。全市社会消费品零售总额增速比去年降低2.5%。全市各类市场主体共9193家，2020年新登记各类市场主体1120家。推进企业登记全程电子化，2020年全程电子化新设152家。全市进出口总额9.89亿元，比上年增长20.9%，其中出口额8.94亿元，比上年增长10.7%。进口额0.94亿元。实际利用外资金额8599万美元，新引进世界500强企业2家。实际到位内资38.84亿元，比上年增长27.09%。全年到韶游客1105万人次，其中境外入境人数0.22万人次；旅游综合收入33.75亿元，其中国内旅游收入33.73亿元，国际旅游外汇收入32.14万美元。全市旅游等级区2家，其中4A级及以上1家。全年完成财政总收入10.11亿元，比上年增长31%。其中地方收入5.68亿元，税收收入占4.26亿元，比上年增长26.90%，非税收入占1.42亿元，比上年下降17.5%。全市公共财政支出完成15.8亿元，比上年同期增长19.40%。其中一般公共服务支出2.05亿元，比上年下降0.5%。教育支出1.76亿元，比上年增长0.9%。卫生健康支出1.34亿元，比上年增长26.70%。农林水支出1.83亿元，比上年增长16.50%。民生支出11.27亿元，比上年增长20.90%。年末全市金融机构人民币各项存款余额90.02亿元，比年初减少1.43亿元，比上年同期降低1.53%。全市金融机构各项贷款余额74.78亿元，比年初增加5亿元，比上年同期增长7.18%。其中，个人住房消费贷款余额7.2亿元，比上年同期增加1.57亿元，比上年同期增长27.8%。房地产开发贷款2.5亿元，比上年同期减少0.65亿元，比上年同期降低26%。农、林、牧、渔业贷款0.59亿元，比上年同期增加0.25亿元，比上年同期增长75%。制造业贷款8.36亿元，比上年同期增加1.1亿元，比上年同期增长15.10%。

【债务防控】 根据省委省政府要求，市委市政府高度重视，多次召开债务专题会议，制定债务化解方案。下发《韶山市人民政府办公室关于交办化债工作任务的通知》，严格对各单位进行考核。针对省委第一巡视组反馈的债务管理问题，做好整改工作。2020年争取新增政府债券1.36亿元，其中专项债券1.25亿元，一般债券0.11亿元，特别国债0.26亿元。

【评审工作】 市财政局认真做好评审工作，秉承不唯减、不唯增、只唯实的原则，出色完成评审任务。2020年评审各类建设项目101个，送审金额为6.06亿元，审定金额为5.17亿元，核减0.89亿元，平均核减率为14.69%。

【预算绩效管理】 2020年，财政局完成部门整体绩效目标和30万元以上专项绩效目标申报审核工作，完成扶贫资金绩效工作，完成抗疫特别国债绩效工作，聘请中介机构完成4个重点项目重点绩效评价，包括产业扶贫、存量垃圾处理费用等重点和民生领域资金。

【国有资产管理】 市财政局积极与省国资委对接，做好"央企走进韶山"项目进展情况汇报工作；加强与省国资委和驻湘央企、省属国企对接，切实解决问题，促进签约项目尽快落地。全年签约项目9个，签约金额达54.8亿元。

【政府采购】 紧紧围绕全市经济建设大局，着力培育公开、公平、公正的竞争机制和市场环境，不断强化服务意识、诚信意识。坚持"放管服"，强化采购人的法定职责，有效地降低了财政支出，最大限度地发挥了资金使用效益。全年发布了限额标准以上信息公告招标采购需求153次，采购预算资金14400.7万元，实际采购支出14017万元，节约预算资金383.7万元，平均节约率3%。

（郭畅文荣）

税务

【概况】 2020年，韶山市税务局紧紧围绕年初确定的各项工作目标，以组织收入为中心，强化税收征管，深化依法治税，加强干部队伍建设，优化税收服务，各项工作都取得显著成效，呈现出良好发展态势。先后荣获"全国文明单位""全国模范职工小家""全省税务系统四合示范单位""全国税务系统先进集体""湖南省文明窗口单位"等荣誉称号。

【收入保障】 稳扎稳打，抓严抓实，确保收入。2020年全局各项税收入库8.6946亿元（不含车辆购置税、海关代征和非税收入）。同比增加2.6944亿元，增幅44.91%。车辆购置税入库0.1557亿元。按时上报税收预测旬报，严守组织收入纪律，积极协调沟通，全方位把控税源，掌握税收进度，全年税收预测准确率96%以上。持续优化营商环境，落实减税降费政策，全年小微企业普惠性税收减免等政策退库发生767笔，合计69795.64元。其中非自然人185笔，总金额60851.35元；自然人582笔，总金额8944.29元。

【税收征管】 精准监管，依规征收，规范税收征管。制定翔实数据处理方案，严格落实数据处理方法，分解细化责任。2020年，金税三期系统共处理812条问题数据，并同步处理系统运维数据180余条。针对性开展分行业、分等级、分税种的风险筛查与应对。通过风险管理系统累计推送风险任务276条，其中纳税评估4条，税务核查19条，提示提醒253条。不断完善税收大数据和风险管理机制，完成风险任务276户，有问题纳税人101户。做到了应对率100%，命中率100%，查补入库税款及滞纳金542.74万余元。

【抓党建促服务】 持续推进政治建设。局党委书记及领导班子成员带头深入学习党的十九大及十九届二中、三中、四中全会精神，组织10次党委中心组学习。通过定期开展主题党日活动、主题读书日活动，将党建工作融入干部日常生活、学习和工作中，实现围绕税收抓党建，抓好党建促税收的良好局面。开展警示教育，发布廉政提醒，认真抓好作风建设。全年共组织作风纪律督查45次，通报7次。坚持标准从严原则，做好党员发展工作，全年共有13名青年干部集体向党组织递交入党申请书，新发展预备党员1名，1人如期转正。认真做好联点村的帮扶工作，2020年为黄田村投入资金43825元，其中疫情防控及脱贫攻坚共计26685元，帮助销售农产品4762元，共走访210人次。

【改革成果】 释放红利，精诚服务，巩固改革成果。2020年韶山市税务局征收机关事业单位社会保险费8665.38万元；城乡居民"两险"征收2851.64万元。落实社保费阶段性减免政策，全年9家单位享受阶段性减免各项社会保险费62.10万元；征收教育费附加、地方教育附加、残疾人就业保障金、水利建设基金、工会经费、文化事业建设费6项费金3708.71万元，较上年增收1704.83万元，增长率85.08%。2020年，在疫情防控背景下，大力推行"非接触式"办税缴费，做到政策"码上可知"、咨询"线上可答"、业务"网上可办"、操作"掌上可行"，让纳税人缴费人足不出户，直达快享税费优惠。大力推广银税互动工作，银税互动范围由AB级扩大到M级。通过推进纳税信用增值，联合多部门深化"税银互动"并不断扩围，推出了多项含金量高的增值服务，帮助企业渡过难关，2020年建设银行、农业银行共为纳税人授信2060万元。全年举办实体纳税人学堂5期，培训纳税人1135余户次。2019年度评价户数1515户，其中A级纳税人81户，B级纳税人692户，M级纳税人为635户，C级纳税人12户，D级纳税人95户。A级、B级和M级1408户，占总评价户数92.94%。

【队伍建设】 强基固本，提质增能，扎实推进队伍建设。完善《韶山市税务局教育培训管理办法》，形成特色培训教育品牌——"案例讲堂"，组织内部业务培训40余次。2020年有9人通过"三师"资格证书考试，多人入选湘潭市税务系统各类专业人才库。按照选拔任用条例规定，全年公开选拔任命7名干部任中层副职岗位。积极争创各类先进荣誉，深化文明创建成效。

（余淇河）

（责任编校　苏　良）

金　融

概　述

【概况】 2020年，驻韶山市银行类金融机构10家，营业网点25个。年末全市银行类金融机构存款余额92.03亿元，比年初减少1.44亿元，减幅1.52%；贷款余额74.78亿元，比年初增加5亿元，同比增长7.18%；存贷比为81.26%。其中，中小微企业贷款余额35.83亿元，比上年增加13.31亿元，涉农贷款余额44.17亿元，比上年增加3.57亿元。驻韶保险公司13家（含营销服务部）。市内有融资性担保机构0家，证券营业部1家。全市金融机构缴纳税收4517.58万元。

【金融工作会议】 2020年1月16日，韶山市举行2020年金融工作会议。市委常委、统战部部长李长新主持会议，市委副书记、代市长曹伟宏出席会议并讲话，副市长何浪作2020年金融工作报告。大会指出，过去一年，全市金融机构以支持地方经济为己任，围绕市委、市政府中心工作，积极改进金融服务，优化信贷结构，支持实体经济发展壮大，提高金融风险防控能力，为推动韶山高质量发展注入了强劲动力，提供了有力保障。同时指出，全市金融单位必须切实抓好自身建设，采取有力措施，做好本职工作，更好地为地方经济服务。

【银企座谈签约】 4月24日，韶山市举办华融湘江银行专场银企对接座谈会暨签约仪式。韶山市副市长何浪主持会议，韶山市委书记唐杰，华融湘江银行湘潭分行党委书记、行长曹毅，市委常委、常务副市长崔旺出席。现场华融湘江银行韶山支行分别与16家企业和个体经营户代表签约，总意向授信金额5.31亿元。4月28日，韶山市举办2020年中小微企业专场银企座谈会暨签约仪式。韶山市副市长何浪主持会议，市委常委、常务副市长崔旺出席。为了及时应对受疫情影响，企业存在的困难和问题，进一步促进银企合作，现场17家企业代表分别与9家银行代表进行签约，签约金额共计11.3亿元。解除了企业发展的后顾之忧。

（张天广　李若颀）

中国人民银行韶山市支行

【概况】 2020年，中国人民银行韶山市支行坚持以习近平新时代中国特色社会主义思想为指导，全面贯彻落实中央、上级行、市委市政府的决策部署和工作安排，围绕年初制定的工作思路，在金融支持疫情防控、企业复工复产、助力六稳六保、化解金融风险等方面取得了良好成效，履职能力和服务水平得到有效提升。2020年，全市金融机构人民币各项存款余额90.03亿元，较年初减少1.43亿元，减少1.53%。全市金融机构各项贷款余额74.78亿元，较年初增加5亿元，增幅7.18%，社会融资规模存量123.89亿元，增量0.14亿元。

【落实金融政策】 一是开展金融支持政策宣传。疫情期间，人民银行韶山市支行及时编发《金融支持中小微企业复工复产政策一览》，召开金融机构联席会，金融助力小微企业复工复产推进会、分管市长调度会、开展“行长接待日”等活动，向市委、市政府、金融机构以及企业和个体工商户宣传金融支持疫情防控和企业复工复产相关政策。建立韶山市“四类企业名单”，实现13户名单企业银行机构认领，责任银行及时上门宣讲政策，解决企业复工复产金融服务需求。二是落实再贷款、再贴现政策。全年为辖内法人银行机构发放支农、支小再贷款1.61亿元，再贴现0.3亿元，为园区中小微企业、涉农企业、个体工商户、农户等100余户开展疫情防控、复工复产和春耕备耕提供有力资金支持。三是落实“两项直达”政策支持工具。全年累计给付两家法人银行机构因延期、展期小微企业贷款本息而获得的奖励资金196.67万元，为韶山农村商业银行因发放小微企业信用贷款提供零成本资金860万元。四是落实金融扶贫政策。为全市1475户建档立卡贫困户进行评级，为符合条件的1231户贫困农户授信4834.6万元，累计发放小额扶贫信贷983户，金额3749.35万元，小额扶贫信贷贷款余额817.41万元，213户。

【搞好企业服务，维护金融稳定】 开展“金融暖春”行动。出台《韶山市金融“暖春行动”助力疫情防控和复工复产实施方案》，全市金融机构包括人行韶山市支行一把手牵头，主动进园区、入企业，提供政策指导。通过开展“百名行长千户行”活动，走访企业（项目）225家。至活动结束日止，全市在信贷助疫和支持复工复产中，对232户企业及个体工商户和企业主投放贷款10.06亿元，加权平均利率4.27%，办理展期1.08亿元，无还本续贷6.49亿元，延期还本2101万元，延期付息81.6万元。加强银企对接。全年共组织4次银企对接活动，总签约44.51亿元，已履约31.75亿元（其中投放9.39亿元，授信未提款22.36亿元），总履约率为71.33%。通过搭建多层次多形式的银企合作平台，提升签约履约率，集中优势资源，把促进实体经济发展放在突出位置，全力为企业纾困解难。维护金融稳定。全年对法人银行机构开展偿付能力敏感性压力测试和流动性风险压力测试2次，及时掌握不同类型的冲击对辖内法人金融机构的影响，提高法人银行机构抗风险能力。在长沙中支和湘潭市中支的指导下，通过强监测、降成本、增收入，有效缓解韶山市偿债压力，实现了政府债务平稳运行和辖区金融稳定。做好两家法人银行机构的评级保费核定与缴纳工作，完成对韶山农商行资产现场核查。对辖内银行机构开展存款保险标识启用工作的督查。

【红色国库教育基地】 在疫情防控期间，支行制定陈列室建设项目复工工作方案和疫情防控工作方案，及时向当地疫情防控部门以及政府相关部门汇报情况，确保项目建设如期开工。6月30日正式开馆。人民银行总行及分支机构、各银行系统、地方党政机关等80批次，1500余人前往参观研学。“红色国库事业奠基人——毛泽民”陈列室建设经验文章等被《金融时报》推介。逐步将“红色国库事业奠基人——毛泽民”陈列室打造成全国红色国库教育基地，提升在金融系统的影响力。同时，韶山市支行深入践行“支付为民”理念，将农村支付作为丰富农村金融的综合入口来抓，作为助力乡村振兴的重要手段来实施。结合韶山市农村地区实际情况，在相对富裕的农村地区探索了一条多元、集约、便利、安全、可持续发展的农村支付服务“韶山样板”。

【金融监管】 国库管理守正创新。全年办理国库会计凭证9.97万笔，金额56.31亿元。其中各级预算收入4.52万笔，金额23.77亿元，预算支出2.44万笔，金额30.73亿元，柜面监督不合规凭证43笔，金额599.24万元，有效保障国库资金收付安全和业务系统运行安全。组织推动全市国库集中支付电子化管理改革，加强商业银行代理国库业务资格认定管理。

支付结算强基增效。贯彻落实取消企业银行账户许可后的“两个不减，两个加强”工作要求，组织辖内银行机构开展账户管理培训。联合市人社局、市住建局对辖内3家拥有农民工工资专户的银行机构进行现场督查，规范农民工工资支付行为。全年新开立基本户171户，预算单位专户12户，临时机构临时存款账户12户；撤销基本存款账户232户，一般存款账户116户，专户13户，临时户21户。

征信管理精准发力。全年共办理企业信用报告查询328笔，个人信用报告查询17笔，机构信用代码证发放4份，换发10份，遗失补发2份，中征码发放8份。联合科工信局、市金融办在高新区园区开展征信专题宣传活动。开展信用村镇评选工作，在全市4个乡（镇）、33个行政村中，评选了清溪镇等2个乡镇和韶山村等20个村为韶山市2020年度信用乡（镇）、信用村，并在相关政府政务平台公示。

巩固现金服务示范区成果。以《韶山市创建现金服务示范区工作方案》为标准，开展对已建成的23个金融现金服务示范网点，33个农村金融综合服务站督办督查。采取问卷与访谈形式对辖区4个行政区域细分的26个行业中38个场景和小微经济活动，使用现金支付的公众进行调查。组织辖内银行金融机构、农村金融综合服务站开展宣传活动110次，发放宣传折页3000余份。

（贺子洵）

中国工商银行韶山支行

【概况】 中国工商银行韶山支行2020年年末，各项存款余额为95987.41万元，较上年增加1124.75万元，增幅1.18%；各项贷款余额为22070.71万元，较上年增加3586.94万元，增幅19.4%。2020年，“大零售”业务持续突破，储蓄存款再创新高，连续两年旺季新增排名同业第一。储蓄存款旺季新增8976万元，全辖区新增12476万元。其中普惠业务的迅速发展成为韶山支行的业务增长亮点，人行口径普惠余额4044.96万元，较年初增长888.79万元，超额完成上级行下达的普惠信贷增长任务（700万元），完成任务127%，全年缴纳税款50余万元。

【扶贫脱贫彰显工行责任】 工商银行韶山支行对口韶山市杨林乡双和村6户脱贫户的联系工作。帮扶责任人坚持上门走访，了解情况，加强与对口户的联系，及时掌握情况，和有关单位一起帮助解决存在的问题。并解决该村扶贫专项款1.5万元，全年支付扶贫工作费用5万多元。

【强化党建引领】 加强支部建设，按上级行党委“支部建在网点”的要求，2020年设立“韶山支行营业室和银田寺支行支部”“韶山支行营销部支部”两个基层党支部。选举了支部书记和党建工作联络员，培养考察入党积极分子3人。

【抗击疫情助力复工复产】 配合韶山市政府开展“抗疫”。疫情期间向重点抗疫企业夏龙医疗、好热门公司投放抗疫专属产品“抗疫贷”合计400万元。

【“红色金融文化”主题活动】 2020年11月16日，中国工商银行湖南省分行在韶山毛泽东广场举行“红色金融文化”主题活动之韶山故居红色存单发布仪式。发布仪式由中国工商银行湖南省分行副行长张昕煜主持。中国工商银行湖南省分行党委书记、行长张慎，湖南省韶山管理局负责人，湘潭市副市长董巍，韶山市委、市政府主要负责人参加活动。

【韶山支行新址开业】 2020年12月26日，中国工商银行股份有限公司湘潭红色金融足迹展馆暨韶山支行新址盛装开业。中国工商银行湖南省分行副行长张昕煜主持开业仪式。中国工商银行湖南省分行党委书记、行长张慎，湖南省韶山管理局负责人，韶山市分管副市长参加活动。

（彭　洪）

中国建设银行韶山支行

【概况】 2020年，中国建设银行韶山支行在韶山市委市政府的正确领导下，认真贯彻落实市金融工作会议精神，坚持新发展理念，统筹兼顾疫情防控和社会经济发展，服务实体经济，深耕普惠金融，聚力乡村振兴。截至2020年末，支行存款余额11.74亿元，其中个人存款余额9.4亿元，较年初新增1.41亿元。贷款余额12.32亿元，较年初新增0.73亿元，其中对公贷款余额10.68亿元，较年初新增0.18亿元，个人贷款余额1.63亿元，较年初新增0.55亿元。2020年建设银行韶山支行荣获中国建设银行总行“兴建旺行”首季综合金融服务活动优胜网点、“第六届中国建设银行文明单位”和湖南省分行“先进职工小家”荣誉称号。

为贯彻落实湖南省分行“依靠政府、平台切入、圈链拓展、分类跟进、专属服务”的乡村金融工作思路，2020年8月26日，第一期农村集体三资管理信息平台培训班在韶山支行顺利举办。接着各乡镇“三资管理信息平台”培训班也相继举办。2020年9月29日建设银行湘潭市分行首家“建行大学·裕农学堂”在韶山市三农培训中心隆重挂牌。韶山支行将以此为契机，通过“金智惠民”工程和“裕农学堂”，开展三农培训，打造乡村教育金融赋能新模式，助力脱贫攻坚和乡村振兴。12月15日支行落实总行要求，加大新金融探索力度，从基层视角拍摄“运用新金融理论，当好支行行长”实践交流视频，上报总行。12月22日下午，湖南省分行副行长文志军到韶山支行进行党建工作调研，实地查看支行党员活动室、荣誉室和职工之家，并殷切寄语“一个党员一面旗帜，一个支部一座堡垒”。12月23日，中国建设银行全国首家“建行大学·党建学堂”揭牌仪式在韶山市三农培训中心隆重举行，这是银政合作、党建共建的又一创新之举。

【服务三农】 为破解农村金融服务痛点和难点，助力美丽乡村建设。支行建立82个“裕农通－金湘通”服务点，实现韶山33个行政村全覆盖，并达到全量活跃，打通了农村金融服务“最后一公里”。村民在家门口即可办理存款、取款、转账以及水电煤燃、医保社保缴纳等多项业务，享受到和城市一样便捷、省心的金融服务。

同时，为推动构建乡镇村金融生态圈建设，完善乡村金融生态体系，支行多措并举，主动下沉服务，引入金融活水，润泽乡村沃野。支行一把手带队，加强走访对接，与金融办、农业局等部门对接，与两乡、两镇和各村领导座谈，走访服务农业龙头企业和各类种植养殖合作社，了解企业实际融资需求，掌握第一手资料。支行成立专门的乡村金融服务团队，强化农村市场外出营销服务，将金融服务送进田间地头，将金融知识宣讲到千家万户。专注三农发展，运用数字化经营，针对旅游、餐饮民宿、种养殖业、零售及制造业和医药行业进行“白名单”制授信，并创新推出裕农通业主快贷、活体生猪抵押贷等创新性线上产品。截至2020年底，支行为90名裕农通业主精准授信共计598.56万元，农户贷款共计1200万元。从“贷款无门”到“贷款不出门”，破解融资难问题；将普惠金融贷款年利率从5.25%降至4.25%，破解融资贵难题。截至2020年底，支行为韶山地区320家小微企业提供授信1.9亿元，贷款余额1.06亿元，其中乡镇企业贷款余额5000万元，为村镇企业主经营解燃眉之急，注入“低成本、高效能”的金融活水。

【服务经济建设】 建设银行韶山支行对韶山政府化债项目、各类产业实体给予了大力支持和帮助，为地方经济做出了重要贡献。精准施策，引流金融活水，积极支持韶山红色旅游产业、银田镇电杆钢模特色产业等。支持韶山市旅游主干道改扩建工程，向中铁建湖南韶山投资有限公司PPP项目投放贷款6.8亿元；支持疫情防控，向韶山市人民医院提供授信1.6亿元，较上年增信7000万元；支持韶山旅游发展集团有限公司转型发展，提供1亿元信用贷款。支持韶山红色培训基地项目建设，向韶山现代旅游有限公司投放贷款3500万元。为韶山城发集团1.07亿元到期贷款办理还本计划调整，防止违约风险；支持韶山地区政府背景公司降息，将韶山城发集团存量贷款3.125亿元贷款利率降至基准，为客户节约财务成本近2000万元。高新投4.7亿元化债项目、2亿元研学项目正在稳步推进中。为配合湖南省农业农村厅农业产权制度改革，建行支行同步上线三资平台，协助33个村部在最短时间内开立农村集体经济组织账户，为乡村金融工作搭建平台。农村集体产权管理信息平台将实现农村“三资”监管数字化、产权交易网络化。利用建行金融科技、智慧政务等服务农村产权交易平台和集体“三资”平台，推动资源变资产、资产变资金，实现农村集体“三资”的保值增值，助力农村集体经济发展壮大，促进农民增收，保障农村群众的金融权益。

（田 莎）

中国农业银行韶山支行

【概况】 2020年中国农业银行韶山支行深入学习领会习近平新时代中国特色社会主义思想，严格按照有关工作要求，开展各项工作。截至12月末，全行各项存款余额12.03亿元，较年初净增0.52亿元。其中，储蓄存款时点余额10.39亿元，较年初净增0.91亿元。各项贷款余额7.81亿元，较年初净增0.53亿元，其中惠农E贷款净增2377万元。实现业务收入379万元。

【服务实体经济，助力乡村振兴】 一是助力小微企业“复工复产”。普惠金融小微贷款较年初净增2129万元；投放“韶山旅游贷”累计21笔，金额507万元。二是积极响应“乡村振兴”号召，全力推动农户信息建档工作。至年末，农户信息建档户数3095户，预授用信户数99户，预授信额度1344万元。

【做好金融扶贫】 一是加强精准扶贫信贷投放，找准目标客户，确保完成产业扶贫贷款工作任务。二是落实金融扶贫工作要求。逐月上门走访贫困户，宣讲扶贫政策，了解生活需求及困难。在春节、端午、中秋等传统节日时，送去物资和现金，慰问贫困户及养老院孤寡老人，落实各项扶贫举措。三是持续抓好扶贫领域巡视问题自查整改，确保各项工作落实到位。全年用于对口帮扶资金7500多元，消费扶贫4.5万元。

（贺淑芳）

中国农业发展银行韶山市支行

【概况】 2020年，中国农业发展银行韶山市支行坚持党建统领，稳中求进，立足“三农”战略，全力服务，振兴乡村，支持韶山地方经济建设，发挥农业政策性金融“当先导、补短板、逆周期”的作用，破难而上，业务发展和经营管理稳中向好。至12月末，支行贷款余额113086万元，较年初增加14366万元，增幅14.55%；贷款日均109210万元，较年初增加14116万元，增幅14.84%；存款余额30383万元，较年初增加12535万元，增幅70.23%；存款日均29797万元，较年初增加6082万元，增幅25.65%；FTP利润（商业银行内部资金定向转移带来的利润）为4667.37万元，较去年同期增加3647.11万元，增幅为357.47%。创造税收168万元，不良贷款持续为0。

【服务企业保民生】 融资融智当先导，融情贯穿全流程。协助市金融办，组织召开项目推进会，为韶山开展“融资、融智、融情”活动服务。确定重点项目1个，纳入储备项目5个，高效完成韶山高新区永义双创园项目9.6亿元资金审批工作。践行“以客户为中心”的理念，审批6.4亿元贷款，倾力支持毛主席外婆家棠佳阁文旅项目。2020年审批项目贷款16亿元，投放1.86亿元。多措并举助“三农”，服务小微出实绩。坚持一手抓防控，一手抓发展，进行“名单制”对接企业27家，畅通“两个通道”，减免客户结算46项收费，帮助3家小微企业纾困解难，投放流动资金贷款815万元，投放粮食储备贷款126万元，支持韶山500吨储备粮收储工作。施策亮剑保民生，体现担当有情怀。积极主动贯彻落实上级行相关文件精神，落实“整体优惠+首年再优惠”的组合优惠政策；发放1.86亿元贷款支持韶山市重点复工复产项目，通过向高新园区投放标厂建设贷款和引进棠佳阁项目，直接帮助贫困人口近100人脱贫。全力化解各类风险贷款，收回全部贷款本息3540万元，风险点全面出清，资产质量不断向好。抓好项目营销节点、贷款投放节点、资金支付节点、资金回笼节点，推进存款优化工程。

（刘 日）

华融湘江银行韶山市支行

【概况】 2020年，华融湘江银行韶山市支行围绕总行“突出业务转型、风险管控”两大重点，着力抓好“主业发展、业务转型、风险管理、内控合规、支持保障”五大方面工作，以扶持地方经济建设、促进地方企业发展为目标，优化金融服务，履行社会责任，加大资金扶持力度，全力支持企业复工复产，保障企业持续发展。

截至12月31日，支行一般性存款余额为6.4959亿元，各项贷款信用总量合计10.8386亿元。

【业务发展】 银企签约。2月24日华融湘江银行韶山市支行积极参加在韶山市政府会议室召开的银企签约座谈会。会上签约意向协议总授信额度为5.31亿元，全力支持韶山市中小微企业复工复产。积极推广服务，重点推广“税联e贷智慧金融”等，持续推广“网商贷”“旺农贷”“政采e贷”等；推出高利率理财产品，服务广大市民，提升市民理财收益。提升服务水平。2020年10月29日，华融湘江银行韶山市支行新址搬迁，挂牌营业。支行新址按照标杆式网点设计打造，装修大气，设备配置高端齐全，添置了轻型高柜、存取款一体机和纸、硬币兑换机等便民设施，为市民办理金融业务提供方便、快捷服务。

（彭晓军）

韶山农商银行

【概况】 2020年，在疫情防控常态化、同业竞争更加激烈、外部经营环境异常复杂的形势下，韶山农商银行加强对形势的研判，围绕乡村振兴发展战略，坚持党建引领，加强合规管理，有序调整结构，深入拓户扩面，各项工作有序推进，全行各项业务持续稳步发展。至年末，各项存款余额28.82亿元，较年初增加1.3亿元；各项贷款余额21.48亿元，较年初增加1.38亿元，其中涉农贷款余额17.83亿元，较年初增加1.65亿元，占贷款总额的83.02%；小微企业贷款余额16.16亿元，当年新增1.04亿元，累计为小微企业减费让利283万元；不良占比3.44%，优于法定监管指标1.56个百分点；全年实现总收入1.71亿元，缴纳税费2088万元，实现经营等级四级、绩效等级B类。2020年，韶山农商银行荣获省联社开门红竞赛“贷款营销十佳单位”，获评中国人民银行长沙中支“推进湖南省普惠金融发展（2016－2020）突出贡献奖”“2019—2020年度湖南省金融扶贫专项竞赛先进单位”，营业部荣获“2020－2021年湖南省金融消费权益保护标准化网点”称号。

【服务三农和实体经济】 坚持推进“党建共创、金融普惠”专项行动，全面开展大走访活动。班子成员率先垂范，下村入户，按照分配的行政村(社区)分组带领员工夜以继日深入村组了解情况、采集信息、开展整村授信，走访工作常态化。全年共计走访24637户，采集信息23407户，评级15935户，授信金额5.97亿元；用信金额9428万元，完成22个行政村的评级授信工作。通过走访进一步提升老百姓对韶山农商银行的满意度。坚持开展主题营销活动。如欢乐积攒、下乡送春联、存款有礼、幸运大抽奖等活动，在主要节假日期间开展“寻找超级女神”“欢乐童年，农商银行伴你成长”“浓情端午、粽礼相赠”等爱心公益活动，有力促进农商银行存款业务。坚持推进电子银行业务，扩大电子机具的覆盖面，在各行政村或社区综合服务平台便民服务中心设立助农金融服务点，布放助农终端12台，为城乡居民提供多元化的便利服务。

进一步优化信贷投向，深耕三农，细作小微。坚持创新信贷产品，先后推出“战疫贷”“党员先锋贷”“天使贷”“安居贷”“ETC易贷”等信贷产品，同时积极推广线上产品福祥“e”贷和乡村振兴卡产品，全力满足不同客户群体的不同信贷需求。坚持助抗疫保春耕，积极落实国家“不得盲目抽贷、断贷、压贷”政策，简化贷款手续，畅通审批绿色通道，通过微信、视频会议等形式对贷款进行审查审批，共下调78户3.13亿元贷款利率，让利283万余元；积极摸底辖内农村经营主体经营情况，发放7000万元贷款助力春耕备耕；全力支持列入湘潭市疫情防控期间四类名单的26家企业，主动对接26户，合计新放贷款7578万元，无还本续贷9280万元。

坚持推进不良清收，成立专业清收队伍,充分发挥主导作用。重点对典型赖账户进行清收，开展“百日攻坚”行动。召开重点案件执行推进会，加强与法院、公安等部门的沟通与协调，通过现金清收、借新还旧、司法拍卖、以物抵债等方式，全力推进不良清收盘活工作。至年末，全行不良实现“双降”，表内不良贷款余额较年初下降589万元，不良率3.44%，较年初下降0.53个百分点。

【队伍建设】 在积极拓展业务的同时，主动以管理促发展，向管理要效益。坚持引入绩效考核系统，通过搭建专业的“大数据”考核平台，提高绩效考核的针对性、精准性和有效性，坚决做到以业绩论英雄。韶山农商银行是湘潭市第一家全面推行绩效考核的单位。制定下发《后备人才管理办法（试行）》《中层干部选拔任用工作实施办法》《中层管理人员试用期管理与考核实施办法》等制度，强化对管理人员履职评价及考核。坚持“双向选聘、择优选人、人岗相适”的原则，通过公开、公平、公正的选聘程序，选拔2名客户经理走上管理岗位。坚持“重品行、重实绩、重基层、重公论”标准，调整干部2批，任免干部7人次。

【树企业形象】 坚持加大金融消费权益保护力度。开展“3·15金融消费者权益日”“反电信诈骗”“人民币知识进社区”等活动，进社区、校园、农村开展金融知识精准宣传，将实用知识送到千家万户。坚持推进网点转型提升。加大对辖区10个网点改造力度，完成营业部、永义支行、大坪支行、韶山支行及林家湾分理处5个网点转型提升。

（黎　庭）

韶山光大村镇银行

【概况】 2020年，在韶山市委、市政府的大力支持和关心下，韶山光大村镇银行始终坚持“立足三农，服务韶山”的办行宗旨，坚持支农支小，支持实体经济的市场定位，助力乡村振兴，支持小微企业和特色产业发展。截至2020年12月末，全行各项存款余额52816.66万元，贷款余额49068.96万元，较年初增加13030.92万元，客户数15458户；各项收入2941.05万元，上缴各项税收176万元。

全行紧紧围绕韶山市委、市政府经济发展战略，立足支农支小，进一步强化金融保障，增强信贷供给，充分发挥农村金融主力军的作用，支持地方经济发展。截至12月末，小微企业贷款33701.78万元，较年初增加11070.35万元，增速为48.92%。普惠小微企业贷款26201.78万元，较年初新增9570.35万元，增速为57.54%；涉农贷款39162万元，较年初增加11109万元，较全部贷款增速高3.44个百分点；普惠型涉农贷款19016万元，较年初新增3456万元，增速为22.21%；精准扶贫贷款7690万元，较年初新增2410万元，完成2020年信贷计划的241%。全年，小微企业贷款、普惠小微企业贷款、涉农贷款、普惠型涉农贷款、精准扶贫贷款等各项普惠金融指标全部完成。

【助力企业复工复产】 2020年疫情期间，韶山光大村镇银行在加强风险管理的同时，聚焦“增量、降本、便利”，积极让利实体经济。落实延期还本付息政策，支持企业复工复产。延期贷款21户，金额7520万元。落实普惠小微信用贷款93笔，金额10800万元，比年初增长7146万元。支持制造企业发展，为其贷款8928.68万元，全年累计投放9000万元。

【搞好精准扶贫】 韶山光大村镇银行认真贯彻落实韶山市委、市政府，人民银行、银保监会等监管部门关于金融精准扶贫的要求，积极做好金融精准扶贫工作，履行社会责任。实施金融精准扶贫。将金融帮扶与产业帮扶两项措施结合起来，不断加大涉农贷款力度。截至2020年末，累计投放金融扶贫贷款9783万元，其中投放产业扶贫贷款9425万元，累计投放扶贫小额贷款308万元，带动贫困户241人实现就业。

【做好宣传工作】 2020年，韶山光大村镇银行始终坚持普惠金融理念，加强金融服务、创新信贷品种、畅通服务渠道，宣传金融知识，解决老百姓融资难的问题。全年，累计下乡宣传200余次，集中宣传30余次，金融服务达1.5万人次。

（马靓芸）

中国邮政储蓄银行韶山市支行

【概况】 中国邮政储蓄银行股份有限公司韶山市支行挂牌成立于2008年4月，是中国邮政储蓄银行总行授权经营的一级支行。支行位于韶山市清溪镇英雄路与厦门大道交汇处，现有员工19人，下辖营业部一个自营网点和三个邮政代理网点，共有自动存取款机10台。

2020年，邮政储蓄韶山市支行在当地政府、金融监管部门以及社会各界的关心和支持下，以“三大建设”统一思想、统揽全局、统领发展，坚持普惠金融理念，自觉承担“普之城乡，惠之于民”的社会责任，走出了一条服务“三农”、服务中小企业、服务社区的特色发展之路。至年末，各项存款余额7.381亿元，各项贷款余额1.678亿元，完成业务收入1343万元。在上半年举办的银企洽谈会上，签约的2家客户全部履约到位，共计发放贷款金额2035万元。

【重新开启创业担保贷款业务】 2020年，韶山市支行做大二手房贷款业务，协同邮政抓惠农业务，服务能力不断提升，为地方经济建设做出了贡献。支行还承担了韶山市计生扶助金、征地拆迁款等多项民生资金代发工作，全年累计代发超过0.8万户，年代发量达1.06万笔，金额1.242亿元。

（汤小兵）

长沙银行湘潭韶山支行

【概况】 长沙银行湘潭韶山支行，秉承“服务地方、服务中小企业、服务市民”的办行理念，结合韶山地方特色，积极服务韶山市民和实体经济，合规开展各项业务。截至2020年12月，长沙银行湘潭韶山支行一般性存款余额5.06亿元，各项表内外授信余额9.36亿元，存贷比184.98%，全年在韶山本级纳税270.74万元。

【推广特色业务】 成功认购全国首单“红色”ABS。长沙银行湘潭韶山支行于2020年5月成功认购韶山旅游发展集团运输有限公司1.733亿元ABS，是湘潭地区成功发行的首单ABS，也是全国首单具有“红色”文化背景的ABS，认购意义非常重大。智慧校园项目稳步推进。截至2020年末，长沙银行湘潭韶山支行累计签约5家学校准入智慧校园项目，实现了韶山乡所有公立小学学生家长通过线上缴纳学杂费的全覆盖，为学生家长提供便利，为学校提供省时、省力、省心的金融服务。农村金融服务站稳中有进。截至2020年12月末，长沙银行湘潭韶山支行累计签约站点30家，已开业站点27家（其中：活跃站点21家），待开业站点3家。农村金融服务站设有小额现金支取、转账汇款、现金汇款、定活互转、余额查询、交通罚款、社保缴费、个人贷款、普惠金融等多种金融服务功能，将金融服务工作延伸覆盖韶山市多数乡镇。

【服务地方经济】 截至2020年12月末，长沙银行湘潭韶山支行表内外授信余额9.36亿元，较2019年增长0.93亿元。在疫情期间，支行采取名单制电话营销方式，利用快乐e贷——税e贷产品，为韶山范围内的中小微企业提供便利信贷支持。在疫情过后，支行采取名单制电话营销+园区陌拜方式和线上+线下信贷产品相结合的模式，新增中小微企业客户5户，新增中小微企业普惠贷款投放1141万元。同时，支行充分发挥“快乐续贷”产品优势，对湖南新湘液机械设备有限公司900万元、中韶电气股份有限公司1000万元普惠贷款完成无还本续贷，解决客户贷款到期归本难、财务成本高等问题。为韶山市花王美丽乡村建设项目投资有限公司降息至5.88%，家家旺实业有限公司贷款本金延期6个月，让客户充分享受支行灵活的信贷产品政策

【金融知识宣传】 2020年，长沙银行湘潭韶山支行到学校、园区、企业、代发单位开展“3·15”金融消费者权益保护知识、金融知识、防范非法集资、防范电信诈骗、人民币真假识别、征信知识、央行货币政策等宣传教育活动，全年发放宣传资料2000余份。

（刘 彬）

中国银行韶山支行

【概况】 2020年，中国银行韶山支行深入贯彻落实省、市行战略发展要求，围绕“夯基础、重外拓、强党建、树品牌”的整体发展思路，立足地方实体经济，强化执行，稳步发展。截至2020年12月31日，中国银行韶山支行各项人民币存款9598万元（其中公司存款1065万元，个人存款8533万元），较年初新增3020万元，同比增长45.9%；全量金融资产10851万元，较年初新增3651万元，同比增长50.7%；支行人民币各项贷款12576万元，全年实现净收入328万元，同比增长8.6%。暂无承兑汇票、委托贷款、保函等表外业务，经营状况良好。

【疫情防控】 2020年，中行韶山支行坚决做好疫情防控，发挥金融优势，彰显大行担当。在突如其来的疫情期间，努力做好金融服务。一是积极发挥国际化优势，协助韶山市政府在短时间内顺利办理跨境采购防疫物资紧急汇款业务；二是为当时湖南省

唯一一家防护服生产资质厂家湖南永霏医疗器械有限公司紧急开立对公基本账户，保证原材料采购和生产进度；三是仅用5天时间完成韶山宾馆所有授信流程，为其获批1500万元短期及中长期组合流贷批复；四是经过艰苦努力，中银文旅场景建设平台在系统内首家上线运行，实现网络实名预约售票和二维码验票功能，助力景区顺利对外开放；五是韶山唯一一家符合“战疫芙蓉人才贷”政策的企业湖南江冶机电科技有限公司在中行获批2300万元授信。

【普惠金融】 2020年，中行韶山支行坚决贯彻党中央和上级行关于大力发展普惠金融业务的决策部署，精心耕耘普惠事业。建立专业服务团队，深入企业调研，及时打通当地民营企业信贷需求对接的“最后一公里”，积极举办“中行普惠服务三湘”银企合作洽谈会，与多家企业达成合作意向，投放金额2800万元。并力推普惠企业韶山毛家食品有限公司在公益中国消费扶贫平台成功上线，成为湖南省分行首家上线企业。

【内部管理】 2020年，中行韶山支行继续全面贯彻落实银监会有关规定，确保依法合规经营。重视资产质量管控，建立健全内控合规和案防工作组织体系。加强员工教育，营造合规文化。积极开展案件风险排查，加大案件防控力度，做到全年无重大差错与案件发生，无不良贷款。同时强化人才队伍建设，全面提升队伍凝聚力、战斗力。2020年，中行韶山支行荣获总行“模范职工小家”称号；在韶山管理局复兴壹号的推广工作中，荣获总行“特别贡献奖”；在市分行党的理论知识学习竞赛中，荣获“优秀组织奖”。员工彭慧娟荣获“优秀学员奖”，原纪检委员湛杰获评廉洁中行先进个人，行长周玉婷荣获“十佳管理者”称号。

（周平华）

方正证券韶山营业部

【概况】 方正证券股份有限公司韶山迎宾路证券营业部于2015年8月成立，凭借有效的“经营证券业务许可证”从事证券经纪、证券投资咨询、证券投资基金代销、代销金融产品、融资融券、为期货公司提供中间介绍业务。截至年末，方正证券股份有限公司韶山迎宾路证券营业部累计客户6315名，较去年增长了485名客户。

韶山营业部秉承“客户至上、专业稳健、开放协同、简单专注、勤奋坚持、追求卓越”的价值观，为客户提供交易、投融资、财富管理等全方位金融服务，努力成为广受客户信赖的投资银行。

（毛　敏）

中国人民财产保险韶山支公司

【概况】 2020年，中国人民财产保险股份有限公司韶山支公司围绕“品质卓越、引领市场、跨越200亿”的战略目标，践行“效益优先、依法合规”，秉持“人民保险，服务人民”，服务能力持续保持行业领先，公司业务平稳增长。2020年，累计实现保费收入2830万元，同比增幅0.3%，其中，车险保费收入2322万元，非车非农险保费收入302万元，农险保费收入169万元。

【车险业务改革】 2020年，人保财险韶山支公司制定了车险系类考核方案，在管好新、续、转三方面做好工作，紧盯新车保险市场。根据市场的变化，灵活运用一店一策的费用政策，确保整体新车台数份额在50%以上；紧盯续保业务发展，按378节点要求每日处理代办任务，确保公司续保率稳中上升；紧盯地呼团队管理，保证车险数据的有效利用率，确保地呼团队业务稳定健康发展。在转入业务方面，充分运用预算管理算好账，调动全体销售人员的积极性，强化转入业务。拓宽业务渠道，加强与邮政渠道、交叉销售渠道、经纪渠道的沟通合作，稳住现有份额，提升公司占有率。加强综合类修理厂、汽车美容店、洗车店、二级卖场等渠道的拓展。面对新的车险改革，人保财险韶山支公司上下一心、全力以赴，围绕“人民保险，服务人民”这一核心，积极发挥央企职能，为韶山经济发展做出了新的贡献。

【非车非农业务】 稳住存量，抓续保管理。进一步抓好续保管控工作，定时跟进员工的续保进度，不定时抽查续保清单，以加强客户黏性作为抓手，实时关注市场动态，确保可续保业务颗粒归仓。深化资源，抓渠道管理。首先，寻求食品安全责任险、道路承责险、巨灾保险、校园方责任保险、医责险等一系列民生类、社会责任类统保项目，在教育、生产、医疗保障等多个领域提供全面的风险保障。其次，深入落实市委、市政府工作目标，扎实做好相关工作，全力推动农民工工资支付履约保证保险、住建安责险、企事业单位财产险、团体意外伤害保险、雇主责任保险等保险险种，为韶山经济建设保驾护航。

【农险保险业务】 继续加强政策性农业保险过程管控和依法合规工作。抓好森林保险承保、能繁母猪承保、早中晚稻理赔、政策性农业保险报表和自查报告、能繁母猪赔款公示、种植险养殖险工作经费结算七项重点工作，年终以奖惩方式进行考核兑现。全年政策性农险工作的时间进度、理赔时效和结案率均是全市领先。严格抓好协保员队伍建设。严格参照《三农服务部劳动竞赛方案》，对服务部人员进行激励考核。继续加强与涉农单位和乡镇的联系，及时做好汇报。加强对农业保险的宣传力度。印刷墙体广告，发放农业保险告知书，宣传惠农政策，提高农户防范风险意识。

（彭果印）

中国人寿保险韶山支公司

【概况】 2020年中国人寿保险股份有限公司韶山支公司，以总公司“三转、四型、三化”战略思想为引领，以防范风险为主线，以服务客户和社会建设为根本目的，不断探索公司发展之路，做强做实人寿保险工作。

韶山支公司现有员工13人，代理人337人，有效提供就业人群300多人，全年保费收入7086万元，其中新单保费1754万元，短险保费658万元。全年共计赔给付1599万元，其中短险赔款308万元，全年营业利润2689万元，上缴各类税收24.2189万元。2020年，韶山支公司党支部获得中国人寿湖南省公司标杆党支部称号，韶山支公司，获得中国人寿湘潭分公司系统综合考核第一名，被评为湘潭分公司先进单位。

【大力发展民生保险】 承保扶贫、低保人员、老年人保险，为韶山弱势群体提供意外保障。全年为3422名60岁以下低保人员提供意外保障，为843人60岁以上五类老人提供意外保障，为全市建档立卡贫困户4726人提供(扶贫特惠)保险，并捐赠保费10%，承保全市中、小学所有学生平安保险，为韶山经济发展和社会保障做出贡献。

【理赔工作】 韶山支公司本着认真负责的态度，严格按保险条款及时进行合理赔付，维护投保人合法权益。韶山良和新型墙体有限公司在工厂改造期间，投保建工险。2019年11月11日，被保险人肖某在该厂发生意外死亡，公司按条款赔付保险金54.6378万元。韶山市韶山乡木板塘村民郑某，于2020年7月8日投保湘女关爱保，保费100元。2020年12月22日出险，公司按条款理赔保险金4.6万元，全年共赔付1599万元。

【袁长清到韶山调研指导人寿保险工作】 2020年11月11日，中国人寿保险（集团）公司副董事长、总裁、党委书记袁长清到韶山调研，组织召开座谈会，了解情况，听取工作汇报，并就相关工作作了强调。会后还深入韶山支公司柜面和营销职场，看望慰问一线员工和营销伙伴。湘潭市市长张迎春、韶山市委书记唐杰等陪同。

（赵正韶）

（责任编校 苏 良）

教育·科技

教　育

【概况】 2020年，韶山市共有各级各类学校（幼儿园）42所，其中，普通高中1所，职业中专1所，初中8所（九年一贯制学校6所），小学11所，公办幼儿园11所，民办幼儿园10所。在园幼儿3281人，义务教育阶段学生7307人，普通高中学生731人，职业中专学生633人；在职教师748人，其中研究生9人，本科562人，大专172人，特级教师2人，正高级教师2人；离退休教师667人。

9月1日，投资7000余万元的芙蓉学校正式招生开学，规划18个班，810个学位，秋季学期开设有12个班级，540个学位，有效解决了韶山市城区义务教育阶段小学学位紧张的突出矛盾。4月30日，韶山学校新校区进行奠基开工仪式，总投资3.7亿元，规划初中部45个班、高中部30个班，共计学位3750个。9月30日，与长郡中学签订合作办学协议，计划于2021年9月1日开学。

韶山市非遗博览园营地、黄田村研学基地通过湘潭市认定；韶山乡大坪学校获“湖南省温馨校园”称号；韶山市实验中学获“2020年度湖南省民族团结教育示范校”“2019年度教育援藏援疆工作优秀组织单位”称号；韶山学校小学部获“湖南省巾帼文明示范岗”“全国优秀少先队中队”“全国环境教育百强学校”称号；韶山华润学校获“南省教育信息化创新试点校”称号。

学前教育

【概况】 2020年，韶山市教育局坚持公益、普惠原则加大公办园建设，巩固幼教品牌。全年投入幼儿园建设资金1050万元，完成杨林乡中心幼儿园、如意幼儿园改造，新建樟树湾幼儿园，新增公办园学位480个，公办幼儿园乡镇覆盖率达100%，公办幼儿园在园幼儿占比达59.94%，学前三年毛入园率达91.2%。

基础教育

【概况】 2020年，韶山市小学入学率和巩固率100%，初中入学率100%，初中三年巩固率99.83%，高中升学率为98.3%。全市初中中考合格率为98.5%，毕业生升学率98.3%，普职招生比62%。韶山学校高考一本上线21人，二本以上上线54人，最高分604分；学考合格率100%。4所城区学校共有初中25个班1014人自愿参加“三点半”课后服务，占比88.6%；小学72个班2630人自愿参与服务，占比75.4%。

2020年韶山市幼儿园、中小学基本情况一览表

表8

类别	学校数（所）			班级数（个）			在校学生数（人）			教工总数（人）			专任教师数（人）		
	共计	教育部门办	其他	共计	教育部门办	其他	共计	教育部门办	其他	共计	教育部门办	其他	共计	教育部门办	其他
幼儿园	21	11	10	123	68	55	3807	2169	1638	491	28	463	218	26	192
中小学合计	21	21		237	237		8671	8671		720	720		702	702	
小学	11	11		163	163		5914	5914		395	395		394	394	
初中	8	8		38	38		1393	1393		195	195		193	193	
高中	1	1		18	18		731	731		85	85		71	71	
职高	1	1		18	18		633	633		45	45		44	44	

【教育援疆】 2020年，韶山市实验中学第一届湖南援疆韶山初中班学生41人毕业，均升入普高，普高就读率100%，其中9人考取内高班。韶山市实验中学获“2020年度湖南省民族团结教育示范校”“2019年度教育援藏援疆工作优秀组织单位”，教育教学成果《一体三合五认同韶山新疆班德育工作的探索创新与实践》获省一等奖。

【教育扶贫】 2020年，韶山市6235人次的贫困家庭学生享受11项教育资助536万元。累计发放贫困大学生助学贷款205万元，辅助255名学生完成学业。各行业部门和社会力量落实资助政策外帮扶资金127万元，惠及贫困学生304人次。韶山市义务教育阶段建档立卡家庭贫困学生无一人辍学。党员干部走访慰问扶贫对象14户168次，落实帮扶资金13.745万元。开展“感恩资助、奉献爱心、回报社会”志愿服务活动22场，公益募捐活动12场。做好对口支援湘西自治州教育工作，与塔卧镇苏区中心小学签订帮扶协议派遣教师支教，接收苏区中心小学教师6人到韶山市实验中学、镇泰小学跟班学习。11月，韶山市实验中学向苏区中学贫困学生捐赠爱心助学金1万元。

职业教育

【概况】 2020年，韶山市初中毕业生604人，升学594人，其中升入普高163人，升入职高427人，升入高等专科4人，升学率98.3%，普职招生比62%。秋季学期，韶山职业中专加大公办学位供给，扩大招生200余人，学位达700多个。积极参加各级比赛，提升教师素质。职业中专刘思惠、魏娟娟、兰岚团队获班主任基本功比赛湘潭市特等奖、省二等奖，刘思惠入围国家级比赛，获全国中职班主任基本功比赛第二名；中职思想政治教育教学能力比赛，石宇翔、兰岚等老师获得湘潭市一等奖，兰岚获省三等奖。加大校企合作，做优职业教育。对接韶山红色文化旅游产业等市场，加强与湖南大汉师创教育科技有限公司、韶山建国酒店、中国国际旅行社韶山分社等企业合作，挖掘校内外实训基地潜力，完善职业教育和培训体系，办学条件得到改善。

民办教育

【概况】 2020年，韶山市全面完成民办学校分类登记工作，在国家平台发布校外培训机构“白名单”。全市有注册民办教育机构31所，其中营利性民办机构12所，非营利性民办机构19所。全市民办幼儿园共有幼儿1638人，占全市幼儿园在园人数的43.03%。

重点学校选介

韶山学校

【概况】 韶山学校位于韶山冲毛泽东故居西侧的张家山。学校占地面积47586平方米、建筑面积26623平方米。其前身为毛氏族校创建于1921年秋。1953年，毛泽东亲笔题写“韶山学校”校名。1959年6月26日，毛泽东回韶山时到校视察，和师生合影留念，先后有朱德、刘少奇、彭德怀、宋庆龄、董必武、聂荣臻、徐向前、李富春等老一辈无产阶级革命家及党和国家领导人到校视察，苏联、朝鲜、越南、日本、美国等30多个国家和地区的代表团和国际友人到校访问。1991年，有高中班9个，学生484人；初中班6个，学生302人；小学班12个，学生500余人。1993年，学校举行纪念毛泽东诞辰100周年暨毛泽东题写“韶山学校”校名40周年大型活动。学校充分利用韶山丰富的德育资源对学生进行革命传统教育和爱国主义教育，培养德、智、体、美、劳全面发展的学生。当年，学校被评为“湖南省招飞先进单位”，获

省“普及实验教学达标单位”称号。1994年，被评为省优秀考点。1997年，被评为省艺术教育先进单位。1998年，韶山三中并入，成为韶山市唯一普通高中。学校共投资1300万元，先后新建了高标准教学楼、科技楼、图书馆、体育馆、学生公寓和大型运动场。1999年，被认定为湖南省现代教育技术实验学校。2001年，小学部和初中部分开。2002年，被省教育厅授予“湖南省重点中学”称号。同年，在北京市教育局的支持下，学校开通北京、长沙、韶山“两地三通”远程教育网络。2004年被认定为“湖南省示范性普通高级中学”。2017年11月，学校获“全国文明校园”称号。2018年，韶山学校与北京中学签订结对合作交流协议，开展多批次教师互访交流教学研讨活动，并通过互联网实现两地两校优质教育资源互补共享。韶山市与湖南第一师范学院就校地战略合作签订框架协议。2019年多次与北京中学、湖南师大附中、长郡中学进行教学交流。2020年9月30日韶山市人民政府与长沙长郡中学签署托管办学协议，韶山学校新校区将从2021年9月1日起正式由长郡中学托管。

2020年，学校有18个班，在校学生729人；206名毕业生参加高考，高考一本上线21人，其中文科9人，理科12人；二本以上上线54人，其中文科24人、理科30人；最高分604分（文科）；学考九科合格率均为100%。

学校坚持用“韶山精神”兴校育人，秉承“好好学习、天天向上”的校训，形成“勤奋、守纪、求实、进取”的校风和“勤学、好问、自觉、刻苦”的学风以及“严谨、扎实、团结、创新”的教风。至2020年的17年间，学生在各项竞赛中获省级奖励的有250多人次，获国家级奖的16人次，学校获各级集体奖100余次。

因学校地处核心景区，原址已不具备提质改造的空间，为办好韶山学校，发展好毛主席家乡的教育事业，韶山市已于2020年5月在韶山高新区启动了韶山学校新校区建设，计划2021年9月1日正式招生开学。新校区项目总投资3.7亿元，占地面积130亩，建筑面积约6万平方米。设高中部30个班、初中部45个班。原校址保留韶山学校校名，将学校门楼（省级文物）进行修缮，新建校史馆，并将校园内少年毛泽东曾经砍柴、放牛、读书的后山打造成张家山少年毛泽东励志园，将其建设为集教育教学、红色培训、研学实践、参观交流为一体的窗口学校，全国中小学生研学实践示范基地，全国未成人思想道德教育基地。

韶山市职业中专

【概况】 韶山市职业中专位于韶山市清溪镇如意村山霞岭下，距市区2公里，占地6.71万平方米，建筑面积1.4万多平方米，是一所公办职业技术学校。其前身为韶山区第二中学（普通高中）。1988年，韶山区政府作出《关于我区开办职高及调整高中布点的决议》，确定将韶山区第二中学调整为职业高中学校。韶山区第二中学开始由普高向职高过渡，首次招收职业高中新生67人，开设“家用电器维修”和“财务会计”两个专业。1989年，停止招收普高生，学校正式更名为“韶山职业高中”。1991年，最后一届普高生毕业，但开办高考补习班，在校学生470人，其中职高学生136人，开设“家用电器”和“财务会计”两个专业。首届56名职高毕业生参加省职业技术学校专业课程抽考，合格率100%。学校转型期，大部分教师由普高转为职高，专业师资力量严重缺乏，学校设施设备也不能满足专业教学需要，学生，包括家长对职业技术教育的重要性不甚理解，学校遭遇招生难，留生保学难的困境。

1992年，高考补习班结业，学校结束普高与职高并存的格局，有职高学生166人。学校毕业生首次参加对口高考，家用电器维修专业89届学生邹义芳考入湖南师范大学（本科）。1993年，新开设建筑专业，首届招生42人。在校学生增至246人。1995年8月7日，市政府在学校召开职业学校建设现场办公会。学校硬件和软件建设加速发展。先后投资400万元，新建教学楼、科技楼、学生公寓、电脑室、语音室、专业操作实习室等硬件设施。市政府采用全民合同工形式在社会上招收3人，从非师范类大专院校毕业生中录用11人充实专业教师队伍。1999年，更名为韶山市职业中专，有15个班，在校学生409人。开设会计、电子电器、机电维修、电脑文秘、商贸英语、计算机及应用技术6个专业。经省教委评估认定为“湖南省示范性中等职业技术学校”。2001年，获“湖南省示范性中等职业学校建设先进单位”称号。

2018年，全校有14个班，在校学生511人；有教师45人，其中中小学高级教师14人，具有本科以上学历44人。年内，投资600万元，完成韶山市公共体育场400米田径场项目建设。2019年投资209万元，建成智慧校园网络平台、对校园道路提质改造、完成校企合作生产性实习实训基地建设。

2020年，全校有18个班，在校学生635人。增设工业机器人专业。投资50万元，对学校原有绿化设施进行完善与提质改造；投资343万元，完成了网络搭建与应用实训基地和人工智能实训室建设。

学校坚持面向社会生产和生活实际办学，在抓好理论和文化课教学的基础上，注重培养学生的实际操作能力，为毕业生就业打下过硬基础。至是年的11年间，有毕业生3717人，就业推荐率达到95.6%，有693人考入高等职业院校。学校被湘潭市劳动局认定为“农村劳动力转移培训定点单位”。会计和机电维修专业被湘潭市教委授予“质量过得硬”专业。

韶山市实验中学

【概况】 韶山市实验中学位于清溪镇谭家岭，始建于1973年。1991年，名为韶山市清溪镇车站学校，是一所从小学到初中的学校。1993年，小学部分离，迁址另设清溪小学。2002年，清溪镇车站学校更名为韶山市实验中学，直属市教育局管理。共投资1100万元，校园面积从1.67万平方米扩大到2.67万平方米，建筑面积

9368平方米，新建了教学楼、科技楼、学生公寓、食堂、运动场和校门。拥有现代化语音室、电脑室、多媒体教室和图书室。2003年，该中学定为国办民助学校。学校所有教师由市教育局组织竞聘，在全市教师中择优录用。学校除就近入学的学生外，面向全市择优招生。

2020年，学校有教师82人，其中研究生2人、本科学历的50人，特级教师1人，中小学正高级教师2人，中小学高级教师25人，中小学一级教师43人，初中班20个（含湖南援疆韶山初中班2个），在校学生928人，寄宿学生452人。毕业生合格率100%；学生流失率、安全事故率、违法犯罪率为零。

学校实行教师全员聘任制、校长负责制、岗位责任制、绩效工资制的管理制度。2002—2020年，教师的论文和参赛课在省、地市获奖200多人次，400多名学生在全国、省、地市各种竞赛中获奖；2018年，老师龙凯铠获全国农村初中英语教师赛课一等奖，学校先后获评“湖南省文明单位”“湘潭市现代化技术实验学校”“湘潭市巾帼英雄示范岗”“湖南省基础教育研究示范性学校”；2019年，学校获评“湖南省教育援藏援疆工作先进单位”；2020年，学校获“湖南省民族团结教育示范校”“湖南省民族教育成果一等奖”。

韶山华润学校

【概况】 韶山华润学校，是由世界五百强企业华润集团和韶山市政府于2012年9月共同创办的一所国有公办九年一贯寄宿制学校。学校坐落在韶山市韶山乡华润希望小镇内，紧临南环线，交通便利。学校占地2.99万平方米，建筑面积7200多平方米。学校配有高标准的办公楼、教学楼、生活楼，拥有“班班通”等现代化的多媒体教室、校园网络系统及电子监控系统，办学条件达到省市领先水平。

2020年，学校有在编在岗教职工72人，其中专任教师72人，中小学高级教师15人，中级职称教师40人，省级骨干教师1人，湘潭市级骨干教师1人，湘潭市级优秀德育工作者、优秀班主任40人。有在校学生1084多人，其中寄宿生208人。

学校以“文化立校、特色兴校、科研强校”为宗旨，秉承“一切为了孩子”的办学理念，以“自主快乐、全面发展”为育人目标，坚持德育为先，全面实施素质教育，推行新课程改革，以培养学生的个性特长和提高学生综合素质为己任，全力打造一所“现代化、高品位、有特色”的示范性学校。学校实行封闭式管理、开放式教学，力争形成“学业精于勤奋，成功源自坚韧”的学习作风和打造“务实、激情、专业、创新”的教师团队。

学校有多个课题，在省市级立项，其中《如何构建农村中学自主快乐的高效课堂》研究课题在省级立项并取得阶段性成果。多位教师在国家、省市各类比赛中获奖，其中有成艳等4位老师在中央教科所《传统文化与语文教学》研究课题课堂大赛中获得一等奖。学校先后获得“湖南省生态文明校园”“湘潭市基础教育课程改革样板样”“湘潭市教育信息化创新应用示范学校”“湘潭市‘两型’特色学校”“湘潭市安全文明校园”等荣誉称号。

韶山希望小学（韶山学校小学部）

【概况】 韶山希望小学位于毛泽东故居西侧的张家山上。学校占地面积24344平方米、建筑面积5302平方米。1991年为韶山学校小学部，有小学班12个，学生500余人，教师36人。1993年，为纪念毛泽东诞辰100周年，中国青少年基金会组织国家机关和铁道职工捐款100万元，长沙市团委组织“百万爱心献韶山”活动捐款10万元，韶山市自筹100万元，在韶山学校小学部的基础上，创建韶山希望小学，著名书法家启功教授题写校名。学校有较高标准的教学楼、科技楼和室内运动场。仪器室、实验室、电脑室、语音室、图书室、会议室、多媒体教室等设施设备齐全，仪器、图书、音乐、体育、美术等器材达省级标准。2001年8月，小学部和初中部从韶山学校分离出来后，韶山希望小学开始独立运行，直属市教育局管理。2020年，有12个班，在校学生567人，教师34人，具有本科学历21人，专科学历12人，中小学高级教师5人，中小学一级教师20人。

学校坚持全面贯彻教育方针、全面发展学生素质的办学理念。充分利用毛泽东同志故居、毛泽东同志纪念馆等爱国主义教育基地对学生进行思想品德教育，并与河南、青海、云南和本省10多所学校开展“手拉手”联谊活动。全校师生曾向延安东方红希望小学、丽江灾区学校捐款1万多元、图书5000多册和价值数千元的学习用品。1991—2020年，学生巩固率、思想品德合格率、体育达标率、毕业生合格率均保持100%，先后有两任校长分别当选为共青团中央委员和候补委员，有两位校长分别获国家级希望工程园丁奖和全国优秀教师称号。学校被共青团省委评为“做党的好孩子”手抄报竞赛一等奖，获省“红读”活动先进集体奖，省“百项科技活动”二等奖，省“雷锋家乡学雷锋先进集体”，获省市以上集体奖20余项。教育论文和教案以及参加各科赛课获地市级以上奖90余人次。学生参加各项竞赛获地市级以上奖240余人次。学校先后获得全国“红色大队”“雏鹰大队”“特色教育项目校”“快乐希望小学”，湖南省“未成年人思想道德建设先进单位”“红领巾示范学校”，湘潭市“德育工作先进单位”“教育系统先进集体”“基础教育特色学校”“省生态文明校园”等40多项荣誉称号。2017年11月学校获“全国文明校园”，2019年获“全国教育系统先进集体”“湖南省优秀少先队大队学校”，2020年获“全国环境教育百强学校”等称号。常有国家、省、地市领导和国内外的游客到校视察和参观，成为韶山市“窗口学校”之一。

韶山镇泰小学

【概况】 韶山镇泰小学成立于

2003年，前身是韶山清溪镇中心小学，由香港镇泰集团捐资冠名。学校占地面积29970平方米，建筑面积1.5万平方米。2020年，有小学教学班级43个，小学生2106人，其中寄宿生118名；有专任教师113人，其中中小学高级教师12人，中小学一级教师60人，湘潭市骨干教师9人，学科带头人2人，韶山市骨干教师14人、学科带头人3人。

镇泰小学得到多方的支持和帮助，2003年学校建成学生科技楼；2007年建成教学楼；2012年师生食堂建成投入使用；2014年可容纳600名寄宿生的学生公寓建成投入使用；2016年新建办公楼和足球场、篮球场投入使用，校园内所有路面进行白加黑改造；2017年科技楼全面进行装修，配置17间高标准的功能室；2018—2020年投入200多万元提质改造学校环境，校园处处洋溢着现代化的气息。

学校运筹帷幄，务实求真，开拓创新，围绕“办出特色、形成风格、争创一流”的办学目标，形成了一套完善、科学、规范、系统的治理制度，培养了一支“爱岗、敬业、教有特色”的师资队伍，造就了一个“健康、快乐、学有所长”的学生群体。这一切，推动韶山镇泰小学各项事业不断取得辉煌业绩，谱写了韶山镇泰小学教育的新华章。镇泰的优秀学子在各级各类比赛中荣获多个奖项，在田径场上，多次包揽韶山市中小学田径运动会男女团体第一名；在书画比赛中，多次取得了全国PHE中小学幼儿美术书法赛以及湘潭市艺术百佳比赛的优异成绩；在演讲比赛中，有上百篇作品在全国、省市获奖。学校先后被评为“全国作文研究会实验学校”“全国传统文化与语文教学研究会实验学校”“全国教育科学规划课题实验学校”“全国青少年校园足球特色学校”“全国青少年普法教育‘零犯罪’学校”“湖南省红领巾示范学校”“湖南省绿色学校”“湖南省现代教育技术学校”“湖南省艺术教育先进学校”“湘潭市示范性小学”“湘潭市文明校园”等荣誉称号。

韶山市艺术幼儿园

【概况】 韶山市艺术幼儿园前身是韶山市直属机关幼儿园，创办于1984年，由韶山市机关事务局管理，2004年划归教育系统，成为镇泰小学的附属园。2012年8月，为了响应韶山市人民政府“建设教育强市”的号召，教育局对学前教育体制进行改革，将幼儿园从镇泰小学剥离，更名为“韶山市艺术幼儿园”，成为独立法人公办集团园机构，直属教育局管理，负责全市所有公办园管理和全市学前教育的教育教研工作。幼儿园分镇泰和华润两个园区，其中镇泰园占地面积1万平方米，建筑面积4531平方米；华润园占地面积6500平方米，建筑面积2348平方米。2020年，韶山市艺术幼儿园有教职员工66名，开设13个班，在园幼儿445名；华润幼儿园有教职员工26名，开设6个班，在园幼儿161名。

2012年3月22日，在第二届湘沪两地名师交流研讨会上，园长李冬文应省教育科学研究院邀请，作为湖南名师团成员，在湖南大学礼堂向省内外1000多名幼教专干和园长做专题讲座。2013年被省幼教师资培训中心和长沙师范学院联合授牌“影子幼儿园”，成为国培学员的观摩基地。2016年被省教育厅定为省幼师培训基地园。至2020年的8年间，新疆、甘肃、广东等10多个省市幼儿园1000多幼师先后到园研讨观摩，省内长沙、娄底、益阳、岳阳、桃江、郴州等地市2000多名幼师先后来园交流学习。2018年该园“去小学化倾向，让学前教育回归本源”的经验做法得到上级教育部门的肯定与推广。2019—2020年，该园先后获评“湘潭市保育教育规范园”“湘潭市文明卫生单位”“湘潭市学前教育教师和保育基本技能大赛优秀组织奖”；仇乐侦等两位教师撰写的教育叙事在全国幼儿教师科研成果征集评选活动中获一等奖。

（刘正文）

农民素质教育

【概况】 2020年，韶山市农业农村局以“服务三农”为宗旨，采取“抓管理、强职能、重服务”的工作措施，着力抓好农民素质教育工作，紧紧围绕韶山市现代农业发展和新农商发展实际需求设计课程，聘请省内最优质师资，规范教材使用，突出田间课堂和参与式教学。通过“云上智农”“湘农科教云”APP平台，对高素质农民教育培训的课程、管理、组织实训和培训效果等进行线上评价，实现学员线上评价率100%，学员线上满意度99%以上。全年完成新型农业经营主体带头人50人、新农商带头人50人的培训任务，为全市现代农业和新农商发展提供人才保障和智力支撑。贯彻落实省政府实施“千名优秀农民境外培训计划”，推荐1名优秀农民境外培训。支持三农培训中心农民教育培训示范基地教学设备设施建设和师资培训工作，争取省级农业科技创新资金10万元。完成对湖南贸翔生物科技有限公司酶法合成植物甾醇酯湘潭乡村振兴十大双创项目验收，争取资金20万元。支持省农业广播电视学校蝶恋花示范园农民田间学校基础设施建设资金3万元。培育宇翔水稻种植专业合作社、乐轩家庭农场成为农民田间学校（实训基地），各给与支持资金3万元，并组织宇翔水稻种植专业合作社申报湘潭市农民田间学校（实训基地）。

【“三下乡”活动】 2020年1月，市农业农村局在杨林乡石屏村、银田镇华南村、韶山乡湘韶村开展下乡活动。来自全市的10余家单位，设立志愿服务展台，向当地村民提供政策、法律、科技、医疗卫生、文明倡树等志愿服务，宣传普及科学、养生保健、青少年保护教育、新时代市民文明礼仪等知识，并发放树苗、种子、实用技术资料、文化用品等惠农物资和文化设施器材。结合科技宣传周活动，在新天时代步行街广场开展知识产权宣传、咨询、服务活动，发放资料1000多份，接受现场群众咨询

100余人次。

【助力乡村振兴】 2020年7月，由湖南省农民科技教育培训中心、湘潭市农业农村局共同主办的“振兴吧！乡村！市长直播代言”活动，走进韶山市四清种养殖专业合作社，通过“直播带货”的方式帮助村民打响品牌、打开销路，塑造农业品牌，助力乡村振兴。

（喻丹芳）

科　技

【概况】 2020年，韶山市有国家高新技术企业33家；完成高新技术产业增加值39.95亿元，高新技术产业增加值占GDP比重达到41.15%；累计通过国家科技型中小企业评价的企业32家；全市申报专利301件，授权专利126件，万人拥有有效发明专利9.44件，居全省县市前列。

新增韶山永诚钢模机械制造有限公司、韶山润泽新能源科技有限公司、湘潭华进重装有限公司、湖南童佳乐食品有限公司、湖南中森农业开发股份有限公司、湖南天耐建材有限公司、韶山市九和模具制造有限公司、湖南力和海得热能技术有限公司、湖南贸翔生物科技有限公司等9家高新技术企业。远东钢模获省“五个100”重大产品创新奖励，恒欣实业获评省级工业设计中心和省工业质量标杆企业，成为国家“小巨人”企业，董事长肖公平被评为湖南省优秀企业家；涌现了恒欣实业、江冶机电、四棱数控、大北农、中韶电气等一批特色突出、创新能力强、在国内细分市场占有优势地位的中小企业，经济发展后劲十足，韶山市科技创新工作得到省科技厅领导高度肯定。8月，在湘潭市科学技术局和湘潭市工业和信息化局举办、韶山市人民政府承办的湘潭市“智造莲城”创新成果转化项目路演（韶山碳基材料专场）活动中，恒升机械、江冶机电、润泽新能源等8个优质项目，深受省内外13家投资机构和韶山本地10家金融机构的喜爱，共签约金额2.34亿元。

全年共选派科技特派员30名，其中省派2名，湘潭市派10名，韶山市派18名，新增湘潭市级特派员4名。仁祥生态农业与中森农业获评湘潭市“星创天地”称号。

（唐劲松　谭　爽）

（责任编校　颜家友）

文化·体育·传媒

文　化

【概况】 2020年，韶山市文化旅游广电体育局深入开展文化惠民等一系列活动。推进公共文化服务现代化。加大投入力度，实现文化投入的增幅要高于本级财政经常性收入的增幅，人均文化支出（按常住人口计算）要高于全省平均水平。推进城乡文化建设一体化。完善市级公共文化设施，加快文化工程建设，完善图书馆、文化馆总分馆建设。健全村级文化活动设施设备管理，基层文化设施利用率和公共文化活动群众参与率得到提高。推进群众文化权益均等化。继续实施“送戏下乡、送书法下乡、送图书下乡、送电影下乡”，打造“一刻钟文化圈”，切实保障群众的基本文化权益。推进群众文化活动品牌化。继续做大、做强、做精“欢乐潇湘·幸福韶山”“我们的节日”“农民春晚”等群众文化活动品牌。韶山市图书馆在“寻找阅读达人——挑战21天阅读打卡活动”中荣获全省优秀组织奖。

（庞　鹏）

【文艺创作】 2020年，韶山市文化旅游广电体育局承办了“文明实践在韶山·欢乐广场舞起来”全民广场舞大赛。为满足群众的精神文化生活需求和群众的不同兴趣的喜好，开展“送戏曲进万村，送书画进万家”活动，其中有大戏（《割肉还娘》《状元拜母》《家和万事兴》等）、书画作品、春联及自创歌舞，充分展示人民的精神风貌及环境美、生态美等特点。还安排送戏到乡村小学、贫困乡村，体现文艺工作者中华传统文明道德风范，将党的十九大精神落到实处。

（吴　优）

【文物管理与保护】 2020年，韶山市加大文物抢救维修保护力度。对年久失修的省级文物保护单位韶山学校门楼，根据省级文物保护单位修缮要求，聘请专业文物修缮设计单位编制修缮方案，7月争取省级文物保护专项经费启动韶山学校门楼修缮工程，12月完成主体修缮。为进一步做好韶山市革命文物和爱国主义教育基地的保护，9月编制韶山学校门楼、韶山村李氏宗祠2021年度省级文物保护单位保护项目（安防工程）计划书，上报省文物局审核，争取2021年省级文物保护专项资金进行修缮保护。积极申报创建全国文物保护利用示范区。3月联合省韶山管理局严格按照国家文物局关于申报创建全国文物保护利用示范区相关要求编制《韶山市国家文物保护利用示范区创建申请书（革命文物专题）》，通过省市专家评审，依程序上报国家文物局审核。大力推进市文物保护利用改革工作。为深入贯彻落实中央、省委省政府关于加强文物保护利用改革和实施革命文物保护利用工作决策部署及习近平总书记关于文物工作系列重要论述精神，切实做好市文物保护利用改革工作，不断完善文物保护利用体系，提升文物保护质量，结合韶山市文物保护利用工作实际情况，起草《韶山市关于加强文物保护利用改革的实施意见（审议稿）》，已通过市人民政府第九十次常务会议和市委全面深化改革委员会第七次会议审议，现正在根据会议要求进行修改。

（文　魁）

【文化市场】 2020年，市文化旅游广电体育局强化文化旅游市场执法队伍建设，完善市场监管机制，开展文化旅游市场监管、疫情防控、扫黑除恶、扫黄打非、打非治违等专项行动，规范文化旅游市场秩序。全年开展执法检查480余次，出动执法人员540人次，检查经营单位500家次，收缴各类非法出版物200余册（张），下达限期责令整改5份，受理各类群众举报6起，办理案件27起，全年协调各部门开展文化旅游市场联合整治6次。严厉地打击文化旅游市场的违法违规行为，有效维护社会和谐稳定，全市文化旅游市场平安健康，有序发展。

（罗亮）

【图书管理】 2020年，韶山市图书馆完善基础设施，提供优质公共服务，免费开放服务窗口6个，免费提供服务项目13个。免费新办借书卡563张（累计持有借书卡9098人），进馆读者72984人次，文献外借43169册次。新增纸质图书8869册，总藏量12.38万册。

完善服务功能。1月，对少儿阅览室进行提质改建。室内设绘本区、亲子阅读区、自助借还、咨询等功能区块；藏书2万册，引进自助借还机，正式实现馆内外通借通还、智能化服务。全年数字资源量达9.12TB。1月，引进歌德少儿学习一体机，具有看视频、看动画、听故事、看漫画、读书等功能。2月，上线博看数字资源，邀请市民一起免费看书听书。11月，新增中华诗词数据库，集文库、创作、阅读、竞赛为一体的中华古诗词在线学习平台，并且为读者提供丰富的古诗文学习欣赏功能、诗词互动游戏和内容创作社区。

创新服务举措。5月2日始，增加免费开放时间，由原来每周开放五天增加至开放六天（周二至周日），寒暑假少儿阅览室全天开放。开展学雷锋志愿服务活动26场次，服务人次达2万人次。在疫情防控期间，闭馆不闭网，线上服务不打烊，随时为市民宅家充电提供资源。市民通过数字阅读平台、扫描二维码、微信客户端，结合线上线下推广活动，平台认证读者人数突破1.8万人，累计下载或在线阅读资源总点击次数17.8万册次。

拓展服务领域。做好总分馆体系建设，促进城乡公共文化资源均衡。12月，韶山市建设4个24小时自助图书馆分馆，遍布全市四个乡镇。在保证图书馆主阵地免费开放的同时，为未成年人、老年人、残疾人等特殊群体提供服务，开展送书活动8次。一是关心少年儿童成长，走进市残疾人综合服务中心，开展“关爱残疾人 共筑中国梦”爱心助残活动；走进镇泰小学举办“庆六一经典诵读进校园活动”。二是定期为市养老中心老人和市内部分残疾人送书上门。

推广全民阅读。全年举办讲座10场，参与人数1600人次；展览12场，12500人次参展。开展主题鲜明、形式新颖的线上线下阅读推广活动42场，参与活动、下载和浏览人数达12万人次。10月，韶山市图书馆在由湖南省总工会和湖南省图书馆学会联合发起的“寻找阅读达人——挑战21天阅读打卡活动”中荣获优秀组织奖。

（张新桃）

【图书发行】 2020年，韶山市新华书店充分发挥主渠道作用，推动全民阅读。1月，为银田镇华南村和韶山乡湘韶村三下乡免费为村民发放图书码洋6000余元。4月，为贯彻落实习总书记把红色资源利用好，把红色传统发扬好，把红色基因传承好的指示精神，配合省委宣传部关于做好省级爱国主义教育基配备主题出版物，在第一批与省级爱国主义基地韶山烈士陵园，国家级爱国主义基地，毛泽东广场管理处，配送图书776册和配套书柜。11月，按照省委宣传部《2020年度农家书屋收货及配送操作方案》将5148册图书配发至全市33个行政村，并指导各村图书室管理员规范管理图书。韶山新华书店分公司全年销售图书35241册，春秋两季为全市中小学生发放免费教材12万多册，保证了课前到书，人手一册。为全市各党政机关上门发行时政读物《习近平谈治国理政》第三卷、《中国共产党十九届中央委员会第四次会议》文件等书共计6000余册。加快新业态的推广工作，在阅达书城、校园书店、A佳考试服务、APP等新业态线上线下联动，推动新华书店从产品提供商向文化教育服务商的功能转换。

（肖迎新）

【电影放映】 2020年，韶山市电影放映公司有在职员工4人。全市有两家商业影院，分别为潇湘韶山国际影城和韶山城市影院，全年累计放映电影780场，其中农村放映540场，广场放映200场，学校放映40场。潇湘国际影城有员工6人，票房收入41.62万元，放映国产电影为总量的72%。韶山城市影院有员工4人，票房收入29万元，放映国产电影为总量的75%，每周放映一场公益电影。

（毛斗）

地方志工作

【概况】 2020年，韶山市委党史研究室（韶山市地方志编纂室）组织编纂年鉴，统计和上报地方志数据，深入推进地方志的服务和利用。完成《韶山年鉴（2020）》的编撰和印制工作，为支持旅游和农业经济，应市供销社请求，将“韶山红”的记载，以“‘韶山红’茶选介”为条目编入《韶山年鉴（2020）》。热情接待社会各界人士，提供地方志书籍，帮助查找地方志资料，全年提供查找服务60余人次。积极配合并完成国、省地方志编纂部门开展的地方志资料数据统计、上报等各项工作。

【年鉴提质出版】 2020年，市地方志编纂室早筹划、早布置，如期完成了《韶山年鉴（2020）》的编印工作。为了编撰好韶山市机构改革后的第一本年鉴，自2019年11月开始，市地方志编纂室对年鉴的结构进行多次讨论与研究，查找相关资料，调整确定了分目和条目。2019年12月27日，中共韶山市委办公室、韶山市人民政府办公室联合印发《关于组织编纂〈韶山年鉴（2020）〉的通知》。受疫情影响，各单位交稿日期被迫推迟，但由于发动早，工作抓得紧，7月仍然完成初稿。由于中共党史出版社不再接受年鉴类出版业务，市地方志编纂室火速与方志出版社取得联系、达成合作意向并成功签订出版合同。作为全国唯一以出版地方志为主的国家级出版机构，方志出版社从专业角度，对年鉴提出了很多修改意见，如大量增加条目。市地方志编纂室严格按照方志出版社的要求，前后对年鉴开展了4次修改。10月，《韶山年鉴（2020）》达到图书出版要求；12月，印刷发行。

（龙亚力）

档案工作

【概况】 2020年，市委办（市档案局）依法履行档案行政职能，认真落实国家、省档案工作文件和档案会议精神，加强档案业务指导和业务检查，组织档案培训和档案法宣传，开展档案日宣传活动，全市档案整理推进。

市委党史研究室（市档案馆）认真履行档案事业职能，规范档案数字化网络管理，对全市档案网络系统实行升级，档案网络安全、稳定运行。以劳务派遣的形式，聘请1人对馆藏档案进行数字化，全年数字化档案200盒。加强档案安全管理，组织消防培训，落实档案安全责任制，明确档案安全责任人。热情接待和服务来档案馆查询和利用档案的人员，全年接待和服务群众600多人次。原档案局（馆）局长彭建国，多年从事档案工作，他从局（馆）长岗位退下来后，工作丝毫没有懈怠，仍然忘我工作，为韶山市档案工作作出积极贡献。2020年4月，他获评“全省档案工作先进个人”称号。

【新冠防疫专题档案工作铺开】 2020年2月，湖南省档案局印发《关于做好新型冠状病毒感染的肺炎疫情防控工作文件材料收集归档工作的通知》（湘档发〔2020〕1号），市委办转发该文，要求各单位认真组织收集和整理新冠防疫专题档案。12月，市委办对市卫健局（新冠疫情防疫办公室）新冠疫情的档案收集和整理情况进行检查和督促，该局对新冠防疫专题档案工作重视，资料收集工作扎实，归档有计划。

【整改档案管理中的问题】 2020年4月，市委办根据平时调查掌握的情况，对市应急管理局、市教育局、杨林乡3个档案工作有问题的单位进行随机检查。发现3个单位在档案室管理、档案资料收集、档案及时归档等方面存在问题，特别是应急事务管理局自2015年以来，从来没有归档整理过档案。根据检查情况，市委办对3个单位进行了通报批评，要求限期整改。12月，市委办开展档案检查，采用抽查加自查的方式，并对市应急管理局进行问题整改“回头看”，该局已经整改到位，结合检查结果，市委办进行全市通报，并作出整改部署。

【档案工作与党委办公室工作同步部署】 2020年6月29日，全市党委系统办公室工作会议在行政中心多媒体会议室召开。会上，市委党史研究室主任龙亚力作专题发言，他回顾总结机构改革以来的全市档案工作情况，学习档案法部分条款，通报4月份档案抽查中存在的问题，部署下一步档案工作。市委副书记胡亚湘在讲话中，将档案工作与党委办公室日常工作一并总结和部署。这是2019年机构改革以来，市委办首次将档案工作与党委办公室日常工作同步总结，同步部署。

【妥善处理档案遗失事件】 2020年10月，原韶山国有企业下岗职工张某考录为省公务员后，到市档案馆查阅个人档案时，没有找到本人档案。据张某及其丈夫回忆，两人曾在2009年到原市档案局（馆）借阅过其个人档案，随后归还。市档案馆领导对此非常重视，迅速协同张某在市人社局找到可替代的资料；另一方面，反复在库房查找张某的档案，历时几天，仍然未能找到。事件发生后，市委办与市档案馆将此情况与时任市档案局（馆）的领导班子和责任人进行核实，并通报全市各单位，要求增强责任意识，对档案记载的历史负责，切实杜绝类似事件再次发生。

【在湘央企和省属企业退休人员档案入馆】 根据《国务院关于印发加快剥离国有企业办社会职能和解决历史遗留问题工作方案的通知》（国发〔2016〕19号）、《中共中央办公厅国务院办公厅印发〈关于国有企业退休人员社会化管理的指导意见〉的通知》（厅字〔2019〕19号）等文件精神，在湘中央企业和省属企业退休职工的档案移交当地县市区档案馆。韶山市档案馆认真落实文件精神，组织研究和商讨退休人员档案入馆和管理方案，决定与韶山国有企业档案一起保管。12月，共接收97名在湘中央企业和省属国有退休人员档案，加上韶山市国有企业退休职工档案，在馆退休企业职工档案达到1455个。

【档案日宣传】 为庆祝6月9日国际档案日，市委办提前发出通知，部署档案日宣传工作。6月9日，市委办组织在市档案馆一楼会议室进行档案知识培训。培训班由龙亚力主持，主要包括两项内容：一是由彭建国进行档案业务培训，包括文书档案的收集、整理、归档等；二是由龙亚力宣讲档案法，通报4月份档案随机抽查情况，并对今后档案工作作出部署。

【学习宣传档案法】 2020年6月20日，新修订的《中华人民共和国档案法》颁布，自2021年1月1日执行。市委办转发国家、省和湘潭市关于宣传新修订的档案法的文件，组织全市各单位深入开展宣传，各单位采取悬挂横幅、显示屏展示等多种形式宣传档案法。11月，组织全市70多个部门的档案工作人员参加国家档案局举办的网络学习和培训。龙亚力参加培训班，在培训班开班和结束之时，强调《中华人民共和国档案法》修订的重要意义，通报原档案局（馆）档案2009年一起遗失档案事件，要求全市档案工作人员汲取教训，切实增强档案工作的责任感和光荣感。

【消防安全知识全员普及】 6月，市档案馆全体干部职工在市档案馆五楼会议室参加消防培训。培训后，对档案馆的安全工作开展巡查，进一步明确消防责任人。为切实防止“城门失火，殃及池鱼”的事件发生，市档案馆负责人多次与同一栋楼办公的市委党校、市科工信局、市图书馆负责人就消防安全问题进行会商，7月，4家单位联合在市档案馆一楼举办消防培训班，4家单位全体干部职工参加培训，切实提升了消防安全意识。

（龙亚力）

体　育

【概况】 2020年，韶山市全面贯彻执行《中华人民共和国体育法》《国务院全民健身实施计划（2016—2020年）》文件精神，推动全民健身深入开展，巩固全民健身示范城市成果，精心组织系列大型群众体育活动。

【全民健身运动】 韶山市制定《韶山市全民健身计划（2021—2025）》。举办2020年全市全民健身竞赛系列活动、“薪火传承·中国健康跑”全国总决赛；配合完成省群体处相关器材配发的审计工作；对下拨的12套室外健身路径、15个农民工程进行接收安装；举办湖南省第五届和谐体育运动会；完成《全民健身实施计划（2016—2020年）》实施效果评估工作；完成中央体育彩票公益金（2019年）的绩效自评工作；申请创建韶山市全民运动健身模范市；组织全市健身竞赛活动；完成市重点项目韶山村体育活动中心建设。

（王智清）

【群众体育】 2020年，韶山市体育场所实现100%对外免费开放。年内，建成智慧健身房1个，新建4处农民体育健身工程，新增体育健身路径7处、文体广场3个。

（王智清）

融媒体工作

【概况】 2020年，韶山市融媒体中心加强与湖南红网新媒体集团的合作，在2019年进行一期物理空间改造的基础上，共投资400多万元，完成二期录音室、演播室改造，对办公楼及院落进行功能性提升改造，并打造融媒体中心特色文化；完成红网云平台搭建，完成集“策、采、编、发”于一体的“中央厨房”建设，建设采编、素材管理、可视化指挥、音视频制播等10个软件系统，实现融媒体中心软硬件的高度结合。10月上旬，融媒体中心建设通过省委宣传部的检查验收，得到检查组的肯定。

中心坚持党管媒体的原则，落实舆情风险评估制度、节目审查播发制度、互联网信息巡查制度等规章制度，强化媒体刊播监管，确保节目内容安全和网络舆论导向正确。全年共播出《韶山新闻》252期，发稿1880条；《文明瞭望》41期，发稿191条；《政法在线》36期，发稿211条。微信公众号共推送图文信息1847篇，图文阅读总数70.9万余次；韶山新闻网及“红色韶山”APP共刊发各类稿件5777篇，编发韶山手机报259期。

在做好内宣工作的同时，积极做好外宣工作。全年在上级媒体发稿582条，其中中央级媒体30条，省级媒体224条，湘潭市级媒体328条。如：《湖南：女子民兵队打通基层防控最后一公里》在CCTV7军事频道播出，《湖南韶山“内地初中班”学生返疆备战中考》在CCTV13《朝闻天下》播出，《爱国主义教育基地打卡地让红色精神代代相传》等稿件在湖南卫视播出，《湖南省党员民营企业家培训班在韶开班》等稿件在湖南经视播出，《国庆过后韶山旅游持续火热》等稿件在红网、新湖南刊发。同时，在“学习强国”学习平台刊登稿件39条，《抗战胜利75周年铭记历史珍惜来之不易的幸福生活》《韶山桂花开了》等8个新媒体作品在央视频APP播发。

【电视频道】 2020年，韶山电视频道播出节目分为转播节目和自办节目两大类，转播节目为中央电视台第一套节目，自办节目包括栏目、电视剧和广告。其中，围绕市委、市政府中心工作和人民群众的合理诉求开设自办栏目3档：《韶山新闻》《文明瞭望》《政法在线》。《韶山新闻》：坚持每周五期的基本格局，全年制作新闻252期，发稿1880条。栏目精心策划“坚持党建领航践行‘四责四诺’”“‘不忘初心，牢记使命’主题教育进行时”“让党旗在防控疫情斗争第一线高高飘扬”“紧紧依靠人民群众坚决打赢疫情防控阻击战”“坚定信心、同舟共济、科学防治、精准施策”“代表委员风采”“奋战一百天，实现双过半”“奋力奔跑合力攻坚”“决战决胜脱贫攻坚”等专题专栏。《文明瞭望》：每周制作一期，周二晚上《韶山新闻》后播出，全年播出41期，发稿191条，开设“文明播报”“经典诵读”“文明创建”等子栏目，解读文明创建相关知识，析读文明礼仪，传承中华文明。《政法在线》：每周制作一期，周四晚上《韶山新闻》后播出，全年播出36期，发稿211条，内容主要聚焦韶山法治建设，展示韶山政法口工作动态，营造公平正义、法治和谐的社会环境。除了办好栏目，还制作播放了《脱贫攻坚幸福在路上》《文明餐桌“公勺公筷”，我倡议，请接力！》《青少年心理调适》《科学选用口罩》《“5·12”宣传日自然灾害避险安全知识》等公益宣传片50余条，共计播出5000多次。拍摄制作《情满扶贫路——韶山市扶贫工作纪实》《潭商年会韶山项目（李家祠堂）》《绘山水画卷 写生态文章——韶山市农村人居环境整治工作情况汇报》《新时代文明实践中心花开韶山》等8部专题片。

【村村响广播】 2020年，韶山村村响广播共播出724期，开设《习近平时间》《习声回响》《新冠肺炎常态化防控“十要”》《乡村振兴资讯》《韶山新闻》《脱贫攻坚政策解读》《垃圾分类宣传》《禁毒宣传》《小喇叭》《文明祭扫》《防网络诈骗》《文明养犬》《文明餐桌公筷行动》《复工复产》《防境外输入宣传》《韶山农村宅基地确权18问》等专栏，及时进行政策法规宣传，如：《人口普查小知识》《检察院检察职能》《禁烧秸秆》《防电信诈骗》《省第二生态环保督察组进驻湘潭公布投诉举报电话》等；播出《“空中讲堂·潇湘文明实践村村响”专题公益广播》《文明实践宣传语》《文明餐桌公筷行动》《健康生活绿色出行》《适量饮酒平安过节》《纸箱的独白》《开车请放下手机》《鸟的迁徙》《器官捐赠》《请为生命留一条通道》《让夜间少几分人造光》《珍惜每一棵树》《爸爸的陪伴是最好的礼物》《别让生命成为一卷录音带》《报答父母恩》《保持安全车距保障行车安全》等公益广告；播放《雨雪冰冻天气提醒》《家家旺招聘广告》《韶山医院中国肠胃百场公益活动》《关于做好元旦春节期间疫情防控的倡议书》《冬季消防安全知识特别提示》《电力错峰用电》《纪念主席诞辰活动疫情防控》《安全之友防汛抗旱知识》等，提供便民利民服务。

【“韶山红”微信公众号】 2020年，“韶山红”微信公众号开设《在习近平总书记重要讲话精神指引下》《学习之窗》《打好脱贫攻坚战》《重点项目建设进行时》《这里是韶山》《新时代文明实践在韶山》等专栏，共计推送图文信息1847篇，总点击量70.9万次，转发量3.4320万次。公众号直播了“退伍创业添军彩福寿黄桃醉心田”，吸引了近百万网友围观，直播中成功销售韶山黄桃等优质农产品共计1.1万单。策划制作了一批富有特色的微信原创作品，如《寻找最美笑脸· 海报小康路上，哈哈哈》《7月25日，韶山市市长直播带货送“大礼”，不容错过哦！》《“宝宝们刷起来”“福利走一波” 韶山市长直播带货忙》《抗击疫情| 韶山版〈战疫disco〉火热来袭！硬核走起！》《“疫情防控·韶山在行动”这里是韶山！》《我市首位医生驰援湖北黄冈，为他点赞！期待凯旋归来！》等作品。

【韶山新闻网】 2020年，韶山新闻网围绕全市重点工作进行宣传，开设《湖南省生态环境保护督察“回头看”》《牢记殷殷嘱托沿着总书记指引的方向砥砺奋进》《2020湖南红色旅游文化节暨湘潭首届红色文化产业博览会》《率先迈向基本现代化建设世界知名文化旅游目的地》《建设更高水平的全国文明城市》等专题专栏，全年共刊发各类原创稿件1000余篇。《红网韶山手机报》除节假日外，每天编辑一期，平均每期发布7—8条本地新闻，全年共编辑259期。

（罗逸瑾）

（责任编校　颜家友）

卫生医疗·计划生育

卫生医疗

【概况】 2020年，韶山市卫健局严打疫情防控总体战、阻击战，决战健康扶贫，决胜全面小康，进一步深化医药卫生体制改革，认真实施紧密型县域医疗卫生共同体建设试点，积极推进区域紧密型医疗联合体建设，做精做细家庭医生签约服务，做实民生实事项目和卫生创建，取得了较好成绩。

【疾病防控】 截至2020年12月31日24时，全市共报告法定传染病21种770例，发病率741.55/10万。其中无甲类传染病报告；乙类17种177例，发病率为170.5/10万；丙类4种593例，发病率为571.08/10万。共发布传染病与突发公共卫生事件预警信息64条，涉及9种预警病种，64起预警均及时排除。

突发公共卫生事件应急处置。2020年1月31日，辖区内报告一起突发公共卫生事件，为韶山市首例新冠肺炎确诊病例。市疾控中心立即启动突发事件应急机制，组织开展流行病学调查、病例标本采集与运送、密切接触者排查与管理、信息报送与健康宣教等工作，未造成疫情扩散蔓延。

严抓新冠肺炎疫情防控。坚持“外防输入、内防反弹”的防控总策略，除2月1日报告1例确诊病例外，全市未再报告确诊病例和疑似病例，实现了确诊病例零死亡、医护人员零感染、境外疫情零输入目标。主要措施：一是强化四方责任领导。市卫健局积极履行市委疫防办日常管理工作职责，坚持周调度会制度，制定印发《韶山市秋冬季新冠肺炎疫情防控工作方案》等一系列文件。完成核酸检测实验室建设、传染病房和发热门诊改造，储备了满足30天满负荷运转需要的防控物资。加强常态化疫情防控工作督导检查，依法依规严肃查处问责。二是突出重点环节防控。加强境外人员和中高风险地区人员管理。实施“严防输入”策略。10月12日开始，累计排查数据3172条，累计摸排管控涉境外人员120人。市人民医院发热门诊及传染病区改建项目，4家乡镇卫生院发热诊室改造项目基本完成。做好新冠常态化人群和环境监测工作。至12月底，共采重点人群、外环境样本8294个，检测结果均为阴性。三是保障重大活动安全。在2020年韶山举办的省“红节”、湘潭市“红会”、潭商大会韶山分会以及毛泽东同志诞辰127周年系列纪念活动和“五一”“十一”重要节假日，市卫健局均一一对应制定了疫情防控方案和医疗保障方案，确保了重大活动和重要节假日疫情防控和医疗保障万无一失。四是强化队伍培训演练。市卫健局牵头组织举办1次疫情防控应急演练，参与湘潭市组织的疫情防控应急演练1次，组织开展应对秋冬季疫情防控理论培训和实践2期。组建流调队伍、采样和现场消毒队伍各一支，开展相关业务培训并考核。各医疗卫生机构针对性举办疫情防控培训班10期。五是做好重点人群疫苗接种。全市设置新冠病毒疫苗接种点2个，培训考核合格接种人员35人，组建医疗救治团队2支，严格按照上级安排部署对基层一线疫防人员进行新冠病毒灭活疫苗预防接种。

【卫生监督】 2020年，市卫健局对全市289家公共场所单位进行了监督检查，下达卫生监督意见书700余份，对2家双随机抽检单位进行了行政处罚；对全市102家医疗机构进行日常监督检查，并不定期对医疗机构执业行为进行巡查，出动监督执法人员120余人次，出具《卫生监督意见书》150余份，对1家个体医疗机构超范围职业行为作出行政处罚；对一家医疗机构医疗污水医院污水不符合《医疗机构水污染排放标准》作出行政处罚；一家医疗机构医务人员泄露患者健康信息给予当场行政处罚。全年医疗卫生监督共立案8起，行政处罚8起。联合韶山市教育局对全市40家学校、托幼机构进行了监督检查，对2家双随机检查学校给予行政处罚；对城市集中供水、农村集中式供水、农村饮水安全工程及学校自备供水、城区景区二次供水以及分质供水等62家单位进行监督检查。全年受理卫生行政许可70件，发放“卫生许可证”70件，全年卫生行政许可零投诉。

【医疗服务】 2020年，全市门急诊就诊178356人次，住院14538人次，实现医疗收入11305.56万元。其中：市人民医院门急诊就诊129157人次，住院12141人次，医疗收入10113.6万元；4家乡镇卫生院门急诊就诊49199人次，住院2397人次，医疗收入1191.96万元，与上年同期相比增加11%。全市无重大医疗差错与安全事故，无恶性医闹事件发生。

深入医药卫生体制改革。启动市人民医院三级医院建设。传染病救治能力提升项目、传染病房及发热门诊提质改造已基本完工。加强以市人民医院为总院、乡镇卫生院为分院的紧密型县域医共体建设，推进湘潭市中心医院与市人民医院和湘潭市五医院与银田镇卫生院区域紧密型医联体建设。将医技大楼、医务人员周转房、老旧小区、医养大楼、传染病区建设等项目进行策划，并列入十四五规划。

抓好健康扶贫工作。全市贫困人口1474户，4666人。签约4652人（14人未签约，其中：2人死亡、12人失联），患4类慢病1151人，签约管理1151人，签约服务率达100%。贫困人口患33种大病503人，救治管理503人。救治率100%。贫困人口县域内住院1399人次，医疗总费用799万元，政府兜底159.6万元，患者自付76.3万元，报销比例90.4%。

【爱国卫生】 全市公共区域病媒生物防制实现专业化。市卫健局认真组织开展爱国卫生大扫除活动，降低病媒生物密度，消除卫生死角，减少传染病发生。积极组织引导各部门单位开展文明卫生创建，全市全年有6家申报创建省、湘潭市级文明卫生单位，33家申请复评的单位均顺利通过现场评估验收。同时，积极配合市农业农村局开展农村“厕所革命”。

【农村卫生】 全市家庭医生签约服务居民109029人，签约率达105.03%。其中建档立卡贫困人口、计生特殊家庭、现役军人家属签约率100%，高血压、糖尿病、结核病等重点人群签约率100%，率先在全省实现家庭医生签约服务全覆盖。

【妇幼保健】 全市7岁以下儿童9071人，5岁以下儿童6405人，3岁以下儿童3536人，7岁以下儿童保健管理8811人，保健覆盖率97.13%，3岁以下儿童系统管理3333人，系统管理率94.26%；活产数987人，产妇总数976人，连续16年无孕产妇死亡。5岁以下儿童死亡4人，5岁以下儿童死亡率4.05‰。完成农村适龄妇女两癌免费筛查1032人，完成率103.2%。完成婚前医学检查516对，婚检率达91.81%。

【老龄健康服务】 全市设立乡镇老龄协会4家，村（社区）老龄协会38家，老龄人口19617人，其中65-69岁6827人，70-79岁9234人，80岁以上3556人（其中99岁以上的高龄老人12人）。2020年，全市共计办理老年优待证995本，结合老年人特点，围绕常态化疫情防控、营养膳食、运动健身、心理健康、伤害预防、疾病预防、合理用药、康复护理、生命教育和中医养生保健等，宣传老年健康科学知识。全年开展老年人健康讲座17场，发放宣传资料4000余份，为老年人体检11000余人次。积极倡导“金秋惠老乐享银龄”关爱老人行动，全年落实老年人意外保险8307人，保险金额30余万元，其中“五类”老人843人，由财政负担，共计45522元。在节日、生日时慰问老人500余人。通过爱心企业、爱心人士的捐赠，为重病老人、残疾老人、高龄老人送去慰问金20余万元。

医疗机构选介

银田镇卫生院

【概况】 韶山市银田镇卫生院是一所公益一类事业单位的基层综合医疗机构。位于韶山市银田镇南村，始建于1958年，占地约4亩。现有职工26人（其中正式职工18人，临聘人员8人），其中在编职工执业医师4人，执业助理医师5人，全科医师4人，中级职称3人，开设有门诊部和住院部，设置了中医内科、西医内科、妇科、中医康复科、放射科、检验科、功能科（B超、心电图）及公共卫生服务科室。开设床位30张，每日门诊约50人次，住院10余人次。银田镇卫生院承担银田镇辖区内1.8万居民的基本医疗服务、基本公共卫生管理和服务、村卫生室管理和业务指导等职能。2020年，银田镇卫生院多次与湘潭市五医院进行联系对接，依托湘潭市五医院在精神卫生方面的优势资源共建精神康复专科。

人口与计划生育

【概况】 全市全年出生983人，同比减少出生316人，其中符合政策生育972人，符合政策生育率98.88%，同比下降0.34%，性别比107.8，同比上涨0.08。2020年计划生育奖扶特扶政策全面落实到位。2020年奖扶新增201人，死亡退出66人，享受奖扶政策2315人；2020年特扶新增29人，死亡退出2人，享受特扶政策174人；2020年为60岁以上失独老人提供家政服务43户56人。

（肖正辉）

（责任编校　苏　良）

人民生活

【概况】 2020年，全市城镇居民人均可支配收入为45711.9元，同比增长4.9%。收入结构中，工资性收入31306元，同比增长4.7%，占人均可支配收入的比重为68.5%；经营净收入5753.1元，同比增长3.8%，占人均可支配收入的比重为12.6%；财产净收入1702.4元，同比增长2.1%，对占人均可支配收入的比重为3.7%；转移净收入6950.4元，同比增长7.4%，占人均可支配收入比重为15.2%。全市城镇居民人均消费支出33233元，同比增长3.2%。消费结构中，食品烟酒支出10151.2元，占人均消费支出的比重为30.5%；衣着支出3061.3元，占人均消费支出的比重为9.2%；居住支出5146.8元，占人均消费支出的比重为15.5%；生活用品及服务2254.7元，占人均消费支出的比重为7.7%；交通通信4332.8元，占人均消费支出的比重为13.0%；教育文化娱乐6228元，占人均消费支出的比重为18.7%；医疗保健1371元，占人均消费支出的比重为4.1%；其他用品和服务387.3元，占人均消费支出的比重为1.2%。年末城镇居民人均居住面积42.7平方米。

全市农村居民人均可支配收入为30256.9元，同比增长7.4%，收入结构中，工资性收入11437.5元，同比增长6.1%，占人均可支配收入的比重为37.8%；经营净收入14058.8元，同比增长7.7%，占人均可支配收入的比重为46.5%；财产净收入745.8元，同比增长4.0%，占人均可支配收入的比重为2.5%；转移净收入4014.7元，同比增长10.8%，占人均可支配收入比重为13.3%。全市农村居民人均消费支出20789.7元，同比增长5.9%。消费结构中，食品烟酒支出6254.1元，占人均消费支出的比重为30.1%；衣着支出1481.6元，占人均消费支出的比重为7.1%；居住支出4579.3元，占人均消费支出的比重为22.0%；生活用品及服务1746.6元，占人均消费支出的比重为8.4%；交通通信2051.8元，占人均消费支出的比重为9.9%；教育文化娱乐3632.5元，占人均消费支出的比重为17.5%；医疗保健901.4元，占人均消费支出的比重为14.4%；其他用品和服务142.4元，占人均消费支出的比重为9.6%。年末农村居民人均居住面积为64.1平方米。

（市统计局）

劳动监察

【概况】 2020年，韶山市劳动监察大队接待来电来访群众800人次，协调解决欠薪案件12起，帮助160名工人追回210万元工资。严格执行省、市农民工工资保证金制度，在报建时，把是否缴存农民工工资保证金作为硬性指标。当前账户缴存资金为3200万元，2020年退还和动用保证金120万。妥善处理了中韶电气、华龙山庄酒店等公司拖欠民工工资导致民工上访案件，有力保障了劳动者的合法权益，维护了全市劳动关系和谐稳定。

【劳动争议仲裁和工伤认定】 2020年，基层调解组织实现乡镇全覆盖，覆盖市内企事业单位13家，有专兼职调解员10人。全年共受理劳动争议案件160起，时效内结案率100%，劳动者获得各类补偿272万元。办理行政复议行政诉讼案件1起，工伤认定案件220起，劳动能力鉴定41起，践行了“人社人，为人民”的服务理念，努力做到让每一个劳动者在仲裁案件中都能感受到公平正义。

劳动就业

【概况】 2020年，韶山市新增农村劳动力转移就业449人，完成目标任务的299%；新增城镇就业1043人，完成目标任务的104%；其中就业困难对象再就业167人，完成目标任务的167%；职业技能培训人数2350人，完成目标任务的117%；其中农村转移就业劳动者技能培训307人，完成目标任务的102%；开展线上线下招聘会6次，提供7836个岗位，有984人次达成了初步就业意向。

【开发公益性岗位】 通过政府购买公益性岗位的方式，大力开发公共卫生保洁、公共环境绿化、公共安全保卫等岗位，安置转业退伍军人、破产改制“4050”人员和就业困难群体等。安置就业困难人员700余人，发放补贴资金约700万元。同时，努力做好创业担保贷款贴息工作。2020年，全市发放创业担保贴息贷款73笔1077万元。

【就业帮扶行动】 一是结合上级文件精神，出台政策。先后制定出台《韶山市建档立卡农村贫困劳动力转移就业交通补助、岗位补贴和社会保险补贴实施细则》《韶山市就业安置基地（精准就业扶贫爱心单位）创建评选活动实施方案》《韶山市就业扶贫车间创建评选实施方案》《关于开展韶山市农村劳务经纪人申请认定通知》《应对新冠肺炎疫情影响做好当前就业暨就业扶贫工作的措施》等一系列就业扶贫政策。人社局成立就业服务工作小队，组织各乡镇、村就业协理员进企入户，宣传就业扶贫政策，鼓励各类用人单位吸纳贫困劳动力就近就地就业。二是开展线上线下招聘会。定期开展专场招聘会，组织各级就业协理员开展送岗位、送政策、送服务上门活动。三是加强劳务协作对接机制。和永顺县、新邵县人力资源和社会保障局签订贫困人口劳务输出对接工作协议，每年定期组织有用工需求企业参加当地招聘会。四是开展“户帮户亲帮亲互助脱贫奔小康”活动，对有劳动能力有就业意愿未就业的帮扶对象通过“湘就业”“韶山就业”“湖南省公共信息服务平台”以及送岗位上门等方式，帮助实现就业，求职者足不出户就可以选择自己心仪的工作。积极引导和帮助帮扶对象就地就近就业，对有劳动能力有就业意愿的难以外出务工的帮扶对象，通过公益性岗位托底安置实现就业；对有培训意愿的帮扶对象，做好培训指导，登记好帮扶对象的培训意愿等基本信息，按照不同年龄的人群特点，因人制宜，开出培训清单，开展多形式、多类别培训，实现“应培尽培”。同时，就业扶贫各项政策补贴得到全面落实。

【失业保险工作】 一是制定严格详细的财务管理制度。按照社会保险业务规程设置岗位，业务办理、待遇发放、基金支付岗位相互分离，互相监督。二是强化失业保险征缴、扩面。大力培植失业保险新的增长点，扩大失业保险覆盖范围。

社会保障

【概况】 2020年，韶山市社会保险与服务中心严格执行各项政策，坚守基金安全底线，积极推动全市养老保险事业持续平稳有序开展，全力完成各项工作任务。

【机关事业单位养老保险】 2020年，韶山市机关事业单位养老保险参保单位126家，参保人数4645人。其中在职参保人数3068人，退休人数1577人。职业年金收入1448.98万元，养老保险基金支出14631.77万元。对全市2020年12月31日前退休的1574名参保退休人员的基本养老金进行调增，月人均增加养老金174.11元。

【企业职工基本养老保险】 2020年，韶山市企业职工基本养老保险参保单位共计884户，同比增加548户；参保人数20469人，同比增加1626人。其中，在职参保人数13126人，离退休人数7293人。基金收入18392.98万元，养老保险基金支出36127.03万元。对全市2020年12月31日前退休的6742名企业参保人员的基本养老金进行调增，月人均增加养老金112.64元，调整后的企业离退休人员月平均养老金达到1831.27元。

【城乡居民养老保险】 2020年，全市城乡居民养老保险参保人数62110人，城乡居民养老保险基础养老标准为118元/人·月，同比增加10元/人·月，基金待遇支出2399.23万元，同比增加129.23万元。全市建档立卡贫困人员参加城乡居保2463人，残疾人员参保599人，特困人员参保139人，参保率达到100%，为实施社会保险扶贫提供有力支撑。

【失业保险】 2020年，失业保险有283家企事业单位参保，参保缴费人数7200人，基金征缴263万元，基金待遇支出303万元。

【工伤保险】 2020年，工伤保险新增参保618人，目前总计参保人数达22016人。新增参保单位91家，其中建筑项目参保32家，总计参保单位460家。工伤保险基金收入401.97万元（其中税务141.14万元，工伤中心260.83万元）。基金共计支出493万元，其中伤残待遇支出181人次，共计288.01万元；医疗待遇支出296人次，共计184.95万元。

（杨　军）

【城乡居民医疗保险】 2020年，韶山市医疗保障局扎实做好全市参保人员待遇保障、医疗医药机构规范经营及医保扶贫等各项工作，有力提升韶山医保工作服务水平和群众满意度，韶山市医保基金总体运行平稳。医疗保险征缴。根据省市有关工作要求，深入实施全民参保计划，进一步加强与税务、财政等有关部门的数据共享、协调沟通，完善医保征缴工作机制，形成征缴工作合力；加大征缴宣传力度，巩固参保率。2020年度城乡居民医保个人缴费标准统一为250元/人，截至2020年12月底，韶山市城乡居民参保缴费共88930人，参保率

97.21%，列居湘潭市第一。推进医保扶贫。实行困难群众参保分类资助政策，加强动态监测和精准参保，确保将贫困人口纳入基本医保、大病保险和医疗救助三重制度保障范围，实现贫困人口参保率100%。韶山市医疗保障局与扶贫办、民政局、残联、优抚办、财政局、税务局建立多渠道动态更新基础数据机制，确保困难群众参保资助资金按时到位。截至12月底，全市建档立卡贫困人口4666人、五保444人、低保2282人、残疾3335人、优抚军人621人均已100%参保。全面落实医保扶贫政策，统筹三项制度综合保障，梯次减轻贫困人口负担，实现贫困人口县域内住院综合保障后实际报销比例达到85%以上，健康扶贫“一站式”结算资金到位率100%。医保基金监管。把打击欺诈骗保作为全局首要政治任务，深入开展以定点医药机构自查自纠为重点的专项治理工作。通过智能审核和现场稽查，对全市协议医药机构进行基金监管。同时以定点医药机构自查自纠为重点，开展中医理疗项目滥用、乱收费等专项治理。对市内二级定点医疗机构盗刷社保卡行为，病历中分解住院、超标准收费、分解收费、重复收费、套用项目收费、不合理诊疗及其他违法违规行为进行扣减，全年扣减违规及超标费用共计31254元；重点查处放宽入院指征、串换药品、耗材和诊疗项目、违规收费、过度医疗等违规行为，共扣减违规费用95149.72元；智能审核平台根据医疗保险审核规则及业务指标，由医保监管系统对医院上传的结算数据进行全面审核，通过智能审核平台，全年职工医保拒付资金为40452.68元，居民拒付为330418.07元。采购审批。市医保局紧紧围绕基层公立医疗机构药品招采核心指标，进行药品采购审批，鼓励临床优先使用基本药物，严格杜绝基本药物违规线下采购。2020年，有5家公立医疗机构在省平台严格按有关规定进行采购，共有35种药品。组织开展高值医用耗材集中采购相关知识与操作规程培训。

（杨　翼）

住房保障

【概况】 2020年，韶山市住房和城乡建设局从改善民生、服务大局出发，突出重点，扎实推进，有效解决城乡低收入家庭，新就业职工和外来务工人员的住房困难问题。做好廉租房租赁补贴工作。审核租赁补贴保障户226户，年度累计发放租赁补贴资金24.7万元。

【棚户区改造】 争取国省补助资金379万元；投资1748万元，完成韶山市高铁南站片区城中村改造项目二期工程，拆迁棚改户18户；投资265万元完成韶山市迎宾路片区改扩翻新项目117户，完成年度目标任务100%。

【危房改造工作】 制定《韶山市2020年农村危房改造实施方案》，下发《关于做好2020年农村危房改造有关事项的通知》，积极争取中央、省市农村危房改造专项资金406万元，坚持应改尽改原则，全面排查突出问题，完成164户农村危房改造，共补助资金436万元，超额完成年度目标任务。

（郭　钲）

消　防

【概况】 韶山消防救援大队位于湖南省韶山市韶山乡韶山村，成立于1957年。全年共接处警225起，其中火灾86次，出动车辆348辆次，出动人员1876人次，抢救被困人员9人，无人员伤亡，抢救财产价值约55万元，未发生较大以上火灾事故，社会面火灾形势持续平稳，对比2019年火灾“四项指数”稳中有降。开展实地演练72次，其中针对防疫防控重点单位开展2次模拟演练。重点单位预案制作完成81家，修订24家，全市消火栓摸底全部完成。根据辖区森林火灾特点，详细制定森林火灾应急预案，2020年开展2次森林火灾灭火演练。针对抗洪抢险救援工作，韶山市消防救援大队成立一支7主5备共12人的抗洪抢险救援分队，并制作预案，由故居消防救援站站长任分队长，配备各类器材装备92件套，并开展相关专业训练2次。

【消防监督执法】 2020年，组织召开全市消防安全专项整治三年行动动员部署会和3次推进会，制定工作方案和责任清单，成立工作专班。重新调整确认重点单位81家，修订完善双随机社会单位库，开展双随机检查221家（次）。每月定期对重点单位消防安全管理情况进行累积加扣分并对外公示。推动实行“防消一体化”模式，每周定期同步开展监督检查与熟悉演练。对社会单位不良行为定期公布，对失信行为统一录入国家征信平台实行联合惩戒。同时，与市城管执法局、市公安局、市住建局等有关部门建立联合执法管理机制，畅通机动车所有人身份信息、联系方式等信息共享渠道，先后联合派出所、交警部门开展“打通消防车通道”联合执法11次，对4名当事人实施当场处罚，5人实施训诫警告。

联合民政、住建、文旅广体、城管、公安、应急、乡镇等部门和单位对养老服务机构、文博单位、施工工地、高层建筑、易燃易爆场所、民宿、劳密企业、医院、公共娱乐场所开展专项检查21次，督促社会单位在消防设施维护保养、防火巡查、消防控制室值班管理、微型消防站建设等方面进一步规范和加强。完成全市38栋高层建筑摸排，推行高层建筑消防安全责任人、管理人履职承诺制度。2020年共检查社会单位247家（次），发现及督促整改隐患和违法行为179处，临时查封2家，关停1家，罚款4160元，挂牌督办重大火灾隐患单位5家，销案4家。

【消防安全防控】 2020年先后开展冬春火灾防控、取暖安全、电动自行车（摩托车）消防安全、消防车道、经营门店整治、寄递物流企业消防安全、高层建筑安全等专项消防治理行动。督促各乡镇联合派出所完成摸排整改“下店上宅前店后宅”经营门店306家，发放安全告知书600余份，开展培训3期，深入乡镇开展整治指导和督促6次，安装独立烟感826个。结合全市老旧小区改造工程，完善16个老旧小区升级改造消防设施，有效改善消防安全条件。集中约谈培训14家寄递物流企业负责人，督促相关单位配备完善独立烟感、灭火器、应急照明灯等器材。提请政府落实20万元专项资金对46个无物业小区、老旧小区、安置小区等画设路面消防车通道禁停标志63个，道路两侧划设禁停标识线5460米，设置禁停标志牌50个。督促有物业的14个小区自行完成画线工作。

【消防宣传】 成立消防宣传服务队，深入社会单位、居民小区、学校、企业开展上门指导37次。对各乡镇、各行业部门负责人及消防安全重点单位责任人、管理人、微型消防站站长集中培训2次，乡镇、村（社区）基层网格员全员轮训1次。对派出所消防监督工作开展指导培训3次。依托“村村响”广播专栏，每早晚两次播报消防安全知识。组建招纳210名志愿者，每周及重大节假日期间组织人员开展流动宣传或者上门宣传80余次。印制张贴安全通告、宣传挂图3600余份。利用电视台、户外广告牌、社会单位LED显示屏刊播各类字幕、标语5600余条（次）。疫情期间，通过电话、微信及上门形式，主动为企业、单位提供帮扶指导，张贴各类安全提示资料1300余份。发动乡镇利用流动宣传车每周三个半天开展宣传。联合市融媒体中心拍摄消防安全专题报道4期。在“3·15”“5·12”“119宣传月”时，开展专场讲座9次，共向市民发放宣传资料2.3万余份。定期通过手机短信、微信向社会单位发布消防安全提示信息，发送消防安全知识2.1万余条。

2020年，韶山市消防救援大队及毛泽东同志纪念馆女子志愿消防队双双荣获第五届“全国119消防先进集体”，国家应急管理部新闻宣传司率中央、省级媒体专题到消防大队采访报道。韶山市消防救援大队荣获“湖南省消防救援总队先进基层单位”和“湘潭市消防救援支队安全工作先进大队”称号。故居消防救援站党支部荣获支队四星级党支部称号。故居消防救援站1人获评优秀党务工作者，3人获评优秀共产党员；大队指战员谢京松荣获“湘潭青年五四奖章”，获评敬业奉献类“湖南好人”，并成功当选第十届湘潭市青联委员。

（陈　彪）

社会事务

【概况】 韶山市城镇低保保障标准线为570元／人·月，农村低保保障标准线为500元／人·月，特困供养标准为650元／人·月，全面实现城乡并轨、同城同标。有序开展临时救助、救急难工作，2020年共发放临时救助金94.46万元，救助流浪乞讨人员844人次，其中，由公安护送寻求救助的35人次，接收本地流浪乞讨人员3人次，委托至站外医疗机构进行治疗的11人次，站外救助37人次。

【城乡低保】 韶山市目前城乡低保、农村五保人数占韶山市总人数的2.1%。其中城市低保288户427人，月发放低保资金15.945万元，平均救助水平373.42元／月；农村低保1219户1836人，月发放69.924万元，平均救助水平380.85元／月。城市低保救助标准为570元／月，农村低保救助标准为500元／月，按照农村低保标准与家庭人均收入之间的差额发放低保金。1—12月共发放城乡低保金998.857万元（其中城镇低保5368人次，发放金额194.624万元，农村低保21257人次，发放金额804.233万元），建档立卡低保共计发放10845人次，发放金额415.51万元。

【特困供养】 特困供养人员441人，月发放28.70万元，农村特困标准为650元/月，城市特困标准为741元/月。特困人员共计发放342.69万元，护理费共计发放122.28万元，建档立卡特困人员共655人次，发放金额42.575万元，为困难群众发放临时价格补贴2.3743万人次，111.4404万元。

【临时救助】 韶山市2020年共计发放临时救助342人次、74.99万元，发放急难型救助43人次、19.47万元。合计发放385人次、发放金额94.46万元。其中包括建档立卡61人，发放金额15.72万元。

【慈善工作】 2020年1月30日，韶山市慈善会充分发挥自身优势，广泛动员社会力量发挥大爱精神，让社会各界人士积极参与疫情防控慈善捐赠活动，发布《关于“战胜新型冠状病毒感染的肺炎疫情”倡议书》，并收到了众多爱心单位及爱心人士的捐款捐物，共计9.77万元。

【婚姻登记】 2020年，韶山市民政局婚姻登记处，办理结婚登记727对，离婚登记367对，补办结婚登记145对，补办离婚登记48对，合格率和满意度均达到了100%。

【福利事业】 全年共销售福利彩票1288.6万元，其中视频票452.03万元，传统方法总销售835.9868万元，人均销量全省第10位，其中电脑票销售738.9218万元（常规票492.7762万元，动总246.1456万元），人均销量全省第10位，即开票销售97.065万元，人均销量全省第10位。在湘潭市福利中心各县市区年终考评中荣获第一名。

【殡葬管理】 一是切实推动殡葬改革工作进程。市民政局认真贯彻落实上级关于殡葬工作的决策部署，切实把抓好殡葬改革工作作为一项重大政治任务。为全力做好殡葬改革推进工作，多次召开专题会议进行殡葬工作的安排部署，全市所有村、社区已将殡葬改革内容写入村规民约。二是深入开展殡葬领域专项整治。市政府下发了《违建墓地专项整治成果巩固提升行动方案》，对违建墓地专项整治成果进行巩固提升，开展安葬（放）设施建设经营专项治理，制止新建活人墓6处，下达整改通知书6份，平毁覆绿活人墓1处。三是宣传移风易俗树立殡葬新风。通过张贴横幅和宣传标语、村村响广播、派出殡改宣传车、设立殡葬改革宣传服务点、开展“鲜花换鞭炮”清明活动等方式，深化殡葬改革宣传。共出动宣传车辆50余次，发放宣传手册7000余份，发放鲜花800余支，向市民进行政策解读300多人次。2020年全市共火化遗体179具，较去年同期相比火化率增长31%。进行节地生态安葬的有81人，节地生态率达到50%。殡葬惠民政策落实全覆盖，城区搭棚治丧基本杜绝，农村丧事简办逐步盛行。四是推进殡葬基础服务设施建设。2020年，全市已完成大坪村公益性公墓建设并投入使用，清溪镇花园村、永义村农村公益性公墓正在加紧建设中。

【养老服务】 韶山市有60岁以上老年人约2.5万，老龄化比例达到21%。为了顺应社会需求和民生所系，市民政局积极抓好养老服务工作，不断提升服务水平。

抓好养老服务体系试点建设。一是制定下发《韶山市三边六老养老服务工程实施方案》《关于印发韶山市2020年“护老行动”工作方案的通知》《关于印发韶山市民政领域安全生产专项整治三年行动实施方案的通知》等文件，进一步健全完善制度体系。二是高质量推进韶山市“三边六老”养老服务工程。通过月月推进、层层落实的方法如质如量完成了60户困难老人家庭适老化改造、50个农村养老互助点、2个社区老年人日间照料中心的建设任务。三是推动市福利养老中心“公建民营”改革工作。市民政局对韶山市福利（养老）中心的资产进行了清算，并委托第三方机构对韶山市福利（养老）中心进行管理运营。同时，韶山市民政局派驻专人对韶山市福利（养老）中心的运营进行监督，指导第三方机构依法履行养老机构的运营行为，发挥养老行业引领示范作用。四是推进韶山市特困人员供养服务机构提质升级。制定出台《韶山市特困人员供养服务机构提质升级三年行动计划（2020—2022年）》，加大资金投入，全面实施提质升级行动计划。2020年对杨林乡敬老院护理区进行改造，并新增50张护理床位，全市养老床位数1004张，每千老年人口养老床位数39.58张。推行养老机构“安联网”建设，对安防设施、视频监控等进行配置和改造升级。通过信息化管理，实现24小时远程监控。五是发挥村居老协组带作用，构建留守老人关爱网格。建立落实农村留守老人定期巡访制度。2020年按月上门走访、探望共计144名留守老年人，将存在安全风险和生活困难的留守老年人作为重点帮扶对象，组织开展关爱活动，并及时更新农村留守老年人信息台账，在湖南省养老综合管理与服务平台实施动态化管理。

【补贴发放】 高龄补贴发放。为全市百岁老人发放长寿保健金（800元/人·月）。2020年全市共计7名百岁老人享受百岁老人长寿保健金，共计发放3.76万元；为全市90—99周岁高龄老人发放高龄津贴（100元/人·月），为全市80—89周岁低保、特困老人发放高龄津贴（50元/人·月），2020年全市共计492名高龄老人享受高龄津贴，合计发放44万余元。残疾人“两补”发放。2020年，全市残疾人“两项补贴”标准为70元/人·月，共计发放残疾人两项补贴资金238.616万元，其中享受困难残疾人生活补贴18453人次，发放困难残疾人生活补贴129.71万元；享受重度残疾人护理补贴15635人次，发放重度残疾人护理补贴109.445万元。其中建档立卡对象累计享受困难残疾人生活补贴6891人次，共计发放补贴48.237万元，累计享受重度残疾人护理补贴4826人次，共计发放补贴33.782万元。困难残疾儿童补贴发放。韶山市农村留守儿童528人、困境儿童352人，其中困境儿童包括残疾儿童40人、低保儿童193人、孤儿7人、事实无人抚养儿童18人。2020年全市将事实无人抚养儿童正式纳入保障范围，对已纳入低保、特困、建档立卡贫困户范围中的事实无人抚养儿童按孤儿标准发放基本生活补贴，对同时享受低保金或特困救助金或残疾人生活补贴的，按发放标准进行补差发放，其他按每人475元的标准发放基本生活补贴。全年共发放孤儿基本生活费75050元，事实无人抚养儿童基本生活补贴116785元。

（庞 兰）

（责任编校 苏 良）

乡镇

韶山乡

【概况】 韶山乡位于韶山市西南部，处在韶山市国家级风景名胜区的中心。东与清溪镇交界，西与湘乡市白田镇相邻，南与湘乡市龙洞镇毗连，北与杨林乡接壤。总面积85.34平方公里。辖韶山、韶润、韶前、平里、韶阳、大坪、新联、湘韶、黄田、双石10个行政村，263个村民小组，常住人口25115人，其中男性12575人，占总人口的50.07%；女性12540人，占总人口的49.93%。乡经济以农业为主，村民主要从事农耕、旅游、养殖等产业，农作物除水稻等常规作物外，经济作物以油菜、茶树为主。交通路线有高速铁路、高速公路、省道、国道、县（市）道经过境内，交通十分便利。

2020年，韶山乡实现财政总收入4385万元，人均可支配收入3.67万元。完成招商引资1.12亿元，成功引进扩股韶山艺术展览馆、韶峰山泉水厂等项目。优化产业结构，发展多样化种植，其中双石村种植红薯210亩、韶山村种植无花果80亩、种植油菜2546.83亩；推进韶阳、韶峰、丹农三大茶业基地建设，推广有机种植；发挥种粮大户和农业合作社作用，完成耕地抛荒整治2838亩；全年共完成油菜种植1.17万亩，其中稻油轮作区域1万亩。

抓好新冠肺炎疫情防控。面对突如其来的新冠肺炎疫情，全乡上下立即行动，成立11个疫情防控临时党支部，组建75支党员“先锋队”“突击队”，设立70个党员责任区、约500个党员示范岗，筑牢“红色防护墙”。疫情期间共摸排涉武涉鄂人员1500余人，排查大数据1800余条，推进健康码注册33609人；指导企业全面复工复产，选派驻企防疫联络员23名，实现企业复工复产100%。韶阳村贺锋强获评“湖南省抗击新冠肺炎疫情先进个人”。

完善基础设施建设。投入300多万元，疏通渠道34.82千米；新修拓宽道路6500米；开展集镇集中整治工作，新增集镇停车位35个，取缔“马路市场”9处；完成湘韶村、黄田村两个农贸市场建设，规范市场管理；全面落实河长制，莱石江成功创建湖南省美丽河湖；乡村成立应急抢险队伍，设立检查点16处，保障森林零火灾事故。

开展人居环境整治。垃圾分类全面覆盖，新建改建餐厨垃圾处理三格化粪池、沼气池9个，垃圾分拣中心10个，垃圾中转站3个，拆除敞口式垃圾池367个。村容村貌稳步提升，完成厕所革命419个，新建美丽屋场4个，评选美丽庭院1716户，完成“三边”绿化13.6千米，拆除“空心房”26处，畜禽圈养覆盖率达99.8%，生活垃圾处理“付费制”共收取7657户94.68万元。新联村人居环境整治经验在“学习强国”平台推广。韶山村成功申报第二批全国乡村旅游重点村，韶润村成功入选湖南省乡村旅游重点村，黄田村获评“全国文明村”，韶山村、大坪村获评“湖南省精品乡村”。

推进重点项目建设。全年项目总投资11.9亿元，共计完成征地49.873亩，房屋拆迁58栋。完成湘潭西500千伏变电站项目第一批11户房屋拆迁，完成第二批线路工程9户房屋征拆。韶峰山泉水改扩建基本完成。韶峰创意农业特色示范园已完成土地流转和节水灌溉建设。湘韶和黄田农村集贸市场已建成投入使用。石板坳安置房建成交房。韶山冲水环境综合整治工程已完成建设任务80%，完成投资1400万元。平里村田园综合体完成安置区补充征地20.23亩。故居景区环境整治项目已完成腾房外迁工作和水体净化基础建设。润泽东方二期项目完成40户房屋拆迁。

全力打好三大攻坚战。一是防范化解债务风险。全年压缩一般性支出20%，实现“三公”经费零支出。积极盘活原大坪乡政府办公楼等闲置资产。推进韶山、韶阳美丽乡村遗留问题化解工作，共计化解工程款欠账412.7万元。二是坚决开展污染防治。全面落实“三禁三不”工作，张贴工作通告书300余份，入户发放宣传资料10000余份。完善禁燃禁烧工作网格化巡查管控体系，及时扑灭焚烧垃圾、秸秆等100余次，制止挖山4起，对韶山村、平里村违建“活人墓”整治。推进韶山冲水环境综合整治项目和青年水库周边居民污水整治工程，对核心景区12个片区300多户群众生活用水、餐饮民宿景点油污、黑臭水淤泥等进行集中处理。三是决战决胜脱贫攻坚。保落实，持续开展“两不愁三保障”等政策享受情况的摸排，切实做到政策应享尽享，落实到位。稳就业，建立就业台账，通过召开线上招聘会、送岗入户等方式，解决14人就业问题，并通过临时公益性岗位就近安置36人。促消费，推进消费扶贫工作，摸排贫困户农产品销售情况。拓宽贫困户增收渠道，为贫困户销售产品44.3万元。强产业，新增扶贫项目申报39个，完成产业扶贫投入222.5万元。抓整改，成立26支排查小分队对1064户建档立卡户、边缘户、四类对象进行全覆盖交叉核查，排查出问题248个，分类建立台账，迅速化解问题，整改率达100%。顺利完成省第三方检查、湖南省及湘潭市脱贫攻坚考核，平里村获评“全省文化和旅游扶贫示范村”。

纵深推进平安建设。发扬新时代“枫桥经验”，发挥离任村干、五老人员、社会乡贤的作用，坚持“小事不出村、大事不出乡”。全乡共排查各类矛盾纠纷183起，已成功调处181起，调解成功率达98%以上。成功息访息诉9件，办理群众反映、省委巡视组交办等信访件94件。高度重视安全生产工作，全年安全执法检查56起，执法处罚10起，处罚金额3900元，责令整改3处。执行湘潭红色旅游文化节、黄金周、重宾接待等安保任务60余次。实现全国“两会”特护期无赴省进京人员。推进信息化平台建设，新安装摄像头655个，通过视频系统开展留守老人关爱、人居环境巡查等工作。加强旅游环境整治，成立巡逻小分队，对核心景区进行综合巡查，加强对主席父母坟、杨楼、张旭冲等场所的重点监管。

抓好乡风文明建设。在全乡打造“一所十站”，各村建立“一约四会一队”，成立66支文明实践志愿服务队，开展义务清扫、爱心帮扶、环保宣传、殡葬改革等活动585场次，服务群众40余万人次。利用好疫情防控期间“红喜事简办、白喜事快办”的契机，推行“厚养薄葬”，组建了11支移风易俗劝导队开展上门服务，成功劝导红白喜事136场。推进殡葬改革，建成3个公益性墓地，提高火化率，实行火化42人，完成2座“活人墓”整治。全乡党员及公职人员自觉签订文明节俭操办婚丧喜庆事宜承诺书。建立韶山乡新时代文明实践所，在村设10个新时代文明实践站，开展文明家庭、最美儿媳等一系列评比活动，营造民风淳朴、家风好、家庭和睦的文明氛围。成功举办韶山乡2020年全民广场舞大赛，韶山乡选送《韶山山歌》获全国非遗山歌邀请赛“优秀表演奖”。

认真落实安民惠民政策。就业创业方面，组织专场招聘会，提供稳定的就业渠道，开展就业培训三期、创业培训一期。全年新增转移就业人员117人，完成年度工作任务的117%，其中贫困劳动力转移就业31人。医疗养老方面，城乡居民医疗保险共缴费28830人、6528250元，韶山市排名第一，城乡居民养老保险共缴费11478人、1655420元。完成2户贫困残疾人家庭无障碍改造、15户困难老年人适老化改造。推进“三边六老”服务工程，新增17个邻里互助点。完成韶山村老年人服务中心建设。民生实事方面，开展韶阳村石塘片、韶前村新湖片主干道拓宽改造；投入430多万元，完成韶前村、韶阳村、新联村饮水工程建设，解决3600多人的饮水问题；危房改造36户。推行老兵“四自”管理法，开展“六个一”活动，接待退役军人70多人次，办理认证700多人，韶山乡退伍军人服务站被湘潭市退伍军人事务局评为“标杆单位”。人口普查方面，全乡分为102个普查小区，共完成普查10093户。

抓好党的组织体系建设。一是抓实基层基础。落实省委“1+5”文件，深入开展“五化建设”和“三亮三联三带”示范工作。韶前村党总支获评“湘潭市五星党组织”，韶阳村党总支升格为村党委。整治“挂牌过多过滥”，全乡撤除门牌97张。加快推进“一门式”基层公共服务工作，新联村、平里村和乡便民服务大厅改造升级。“互联网+政务服务”一体化办公平台和“智慧党建”系统全覆盖。新发展党员12名。顺利完成全乡10个村“两委”换届工作，选出村“两委”班子成员64名，“一肩挑”比例100%，实现组织意图100%，其中正式党员55人，女性21人，大专及以上学历达58%，每村配备了一名30岁左右的年轻干部。二是抓严作风纪律。韶山市监察委员会派驻韶山乡监察办公室正式挂牌，与乡纪委合署办公，实行“一套人马、两块牌子”。全年对党员干部谈话提醒8人，批评教育7人，通报批评6人，警告处分1人，开除党籍处分1人，正在立案审查1人。开展疫情防控、脱贫攻坚等重点工作督察，在换届过程中，严格落实“十不选”和“八个严禁”要求，全年检查发现并督促整改问题48个，发出通报12期，通报21人。加强宣传教育，以“传承红色基因，弘扬优良作风”为主题，集中开展了党风廉政宣传教育月系列活动。三是抓牢意识形态。乡党委中心组共开展专题和扩大学习16次。开展学习习近平总书记考察湖南重要讲话精神微宣讲17场，宣讲十九届五中全会6场。对农村党员集中宣讲110余场。将“学习强国”平台的学用情况纳入机关干部和村常设干部年度考核。全年中央、省、市级媒体多次对韶山乡工作进行宣传报道。“走向我们的小康生活”主题采访团走进韶山村。韶山乡微信公众号自主编辑发布图文156期，阅读量近6万次。组建37人的青年网评员队伍，及时完成网评任务，转发和跟评率达100%。

2020年韶山乡各行政村基本情况一览表

表9

村名	人数	户数	行政区面积（平方千米）	农村经济总收入（万元）	农村经济总费用（万元）	农村经济净收入（万元）	农民人均纯收入（元）
韶山	5196	1355	16.8	26863	10599.8	16263.5	31300
韶润	5316	1328	7.9	28026	11014.8	17011.2	32000
韶阳	5058	1275	6.5	18242	7822.2	10419.5	20600
韶前	2680	675	9.1	8796	4132.6	4663.2	17400
平里	2841	679	5.7	9661	4376.6	5284.3	18600
大坪	2846	720	16.8	9594	4983.3	4610.5	16200
新联	1985	485	9.1	6546	3469.0	3076.8	15500
湘韶	4057	1021	4.3	14176	7076.2	7099.8	17500
黄田	2538	643	10.9	11838	4452.7	7385.6	29100
双石	3390	827	9.1	11845	5912.8	5932.5	17500

【谢智君到韶山乡观摩指导“红十字博爱送万家”活动】 1月17日，副市长谢智君到韶山乡平里村、韶前村参加“红十字博爱送万家”活动。

【平里村入选省级文化和旅游扶贫示范村】 5月7日，湖南省（春季）乡村文化旅游节开幕仪式举行，省文化和旅游厅为20个省级文化和旅游扶贫示范村授牌，韶山市韶山乡平里村入选省级文化和旅游扶贫示范村。

【曹伟宏到韶山乡观摩两大重点项目】 6月18日，韶山市委、市政府召开重点项目建设暨“奋战一百天实现双过半”工作讲评会，全面总结前段时间项目建设及“双过半”工作。会后，市委副书记、市长曹伟宏带队到韶山乡实地观摩了湘潭西500千伏变电站变电工程和韶峰山泉水厂房建设项目。

【韶山乡第十五届人民代表大会第七次会议】 6月30日，韶山乡第十五届人民代表大会第七次会议在乡政府五楼会议室召开。乡人大代表、列席代表共90人参加。会议听取、审议并通过乡长成早阳作的《韶山乡政府半年工作报告》，书面审议《韶山乡2020年度财政预算执行情况报告》。首次实行民生实事项目人大代表票决制，并票决出韶山乡两件民生实事（新联村安全饮水工程、韶前村新湖片主干道提质改造）项目。

【兰筱村“云带货”为韶山水蜜桃代言】 7月3日，“韶山水蜜桃开园采摘仪式”在韶山乡韶前村的四清种养殖专业合作社举行，韶山市人民政府副市长兰筱村为韶山水蜜桃代言，通过直播带货的方式帮助韶山水蜜桃打开销路，助力当地农产品销售推广和脱贫攻坚。市农业农村局、市文化旅游广电体育局、市四清种养殖专业合作社等单位负责人进行现场推介。

【安吉乡村振兴产业促进会到韶山乡考察交流】 7月17日，浙江省湖州市安吉县递铺镇街道鲁家村安吉乡村振兴产业促进会一行到韶山乡韶山村考察，就乡村振兴战略规划、“鲁家模式”解读、IPO辅导等进行座谈交流，深入两村合作，进一步推进区域旅游发展。

【韶山村入选第二批全国乡村旅游重点村】 8月26日，文化和旅游部、国家发展改革委决定将北京市门头沟区斋堂镇爨底下村等680个乡村列入第二批全国乡村旅游重点村名录，韶山市韶山乡韶山村入选第二批全国乡村旅游重点村。

【刘永珍到韶山乡调研】 10月30日，湘潭市副市长刘永珍到韶山乡调研美丽乡村建设工作，并考察了韶山乡双石村红薯种植基地和韶山村无花果种植基地等产业扶贫示范基地。湘潭市委统战部、政府办、农业局、团市委、工商联和韶山市委常委、市委统战部部长李长新、副市长兰筱村等领导参加了活动。

【韶润村入选第二批湖南省乡村旅游重点村】 12月4日，湖南省文化和旅游厅、湖南省发展和改革委员会公示了拟入选第二批湖南省乡村旅游重点村名录乡村名单，韶山市韶山乡韶润村入选第二批湖南省乡村旅游重点村。

【韶山乡开展纪念毛泽东诞辰127周年系列活动】 12月26日凌晨，韶山乡全体机关干部职工在铜像广场整齐列队，通过献一束花、吃一碗面等文明朴素的方式，向毛主席“拜寿”，表达无限怀念之情。在毛泽东铜像广场，广大群众通过参与“万人同吃福寿面”“万人同唱《东方红》”等活动，纪念毛泽东诞辰127周年，深切缅怀毛泽东主席丰功伟绩。

【中共韶山乡第十五届代表大会第六次会议】 12月30日，中国共产党韶山乡第十五届代表大会第六次会议在乡政府五楼会议室召开。乡党代表、列席代表共136人参加会议。会议集中学习了党的十九届五中全会精神，听取、审议并通过乡党委书记卢凯作的《党委工作报告》，乡党委委员、纪委书记李勇华作的《纪委工作报告》，书面审查了《党费收缴的情况报告》和乡党委领导班子成员述职述廉报告，并对全体乡党委班子成员进行民主测评。

【韶山乡第十五届人民代表大会第八次会议】 12月31日，韶山乡第十五届人民代表大会第八次会议在乡政府五楼会议室召开。乡人大代表、列席代表共113人参加会议。市人大常委会副主任庞向荣到会指导并讲话。大会听取、审议并通过韶山乡党委副书记、乡长提名候选人郭莹作的《政府工作报告》，书面审议并通过《韶山乡2020年财政预算执行情况和2021年财政预算（草案）的报告》《韶山乡第十五届人民代表大会第六、七次会议代表建议、批评和意见办理情况的书面汇报》和《民生实事票决制完成情况的报告》。依法选举郭莹为韶山乡人民政府乡长。

（陈军宇）

银田镇

【概况】 银田镇位于韶山市东部，东南连湘潭市雨湖区楠竹山镇，南与湘乡市龙洞镇相邻，北靠宁乡县大屯营镇，西接清溪镇。因境内有古刹银田寺而得名。总面积28平方公里。下辖4个行政村（银田村、南村村、华南村、银园村）、1个社区（银田寺社区），176个村（居）民小组，5192户，17426人，其中男性8722人、女性8704人。有水田13269亩、旱地1417亩、林地14650亩。境内交通便利，韶山铁路、沪昆高铁、韶山高速、S330省道（原S208）穿镇而过，韶河蜿蜒绕镇、镇区距韶山市区、核心景区10公里。境内文化旅游资源丰富，老街码头见证着“毛泽东少年出乡关”的成长足迹，白庙内白果树流传着毛泽东农运斗争的故事，韶山银河灌渠承载着“华国锋青年修水利”的红色历史，还有500多年历史的银田古寺、张公桥和龙抗岭抗日战争纪念遗址等一批有着独特文化印记的宝贵资源。

银田镇原是湘潭市老工业基地，有棉织厂、轴承厂、针织厂等一批国有企业，后全部改制。全镇现有工业企业32家，其中规模企业10家，涵盖机械、铸造、矿选、建筑、肉食加工、玻璃制造等行业。特别是电杆钢模制造业名声显赫，素有全国“电杆之乡”的美誉，有100多名企业家在全国各地从事电杆加工业务。境内公共服务设施齐全，有敬老院4所（公办1所、民办3所）、卫生院1所、中小学和幼儿园4所，自来水厂1座。

抓好新冠肺炎疫情防控。一是严格落实联防联控联治。疫情发生后，全镇上下迅速行动，全方位宣传防控措施，成立临时党支部1个，派出党员突击队29支，24小时值班排查所有返乡归程人员，劝停饭店、网吧、歌厅等场所，劝阻婚丧事宜等活动，劝导群众居家隔离。疫情期间丧事简办快办29起，喜事不办或推迟办理32起。有效应对输入型病例1起，没有发生继发性感染，社会大局安全稳定。二是科学指导企业复工复产。对全镇123家非公组织全面摸底，对全镇39家企业提供“四包一”包干指导、“五联”包干精准服务，23名联络员积极对接，靠前服务，为企业解决具体问题40余个，引导非公企业吸收87名建档立卡困难群众就业。三是坚持常态化总体防控。持续开展疫情防控政策宣传和涉外人员摸排，共计摸排人员535人。倡导“一米线”“文明健康用餐，使用公勺公筷”，免费发放公筷1.23万双，确保在精准防控常态化下统筹经济社会发展。

推进产业项目建设。一是抓好税收和招商引资。2020年完成招商引资到位资金5528万元，成功引进企业6家，培育规模企业3家，其中韶山市昌顺再生资源有限公司、株洲湘江水泥电杆有限责任公司在高新区注册总部经济。全年完成税收1644万元，超额完成税收任务。二是抓好产业发展。金盛锰业与三一重工合作新建生产线已正式投产。宏宇制造对环球铸造“腾笼换鸟”，设计产能2万吨。引进金弘再生资源、三丰智能项目落户原针织厂地块。加强对四通钢模、银河数控等企业外贸出口业务的协调和服务。开展农产品网络直播带货活动，累计销售黄桃17.5万公斤，菜籽油0.55万公斤，销售额超220万元。指导注册韶山黄桃、韶东水果、“毛氏长庆和”瓜蒌籽等品牌商标，银田村富硒大米通过绿色认证。仁祥休闲生态农场和栗丰家庭农场成功上榜2020年度省级示范家庭农场创建主体，荷叶家庭农场获评湖南省百佳家庭农场。三是推进重点项目建设。全面完成中央预算内投资农村人居环境整治项目，招投标项目顺利通过省实地评估验收。银田中学道路环路改造项目竣工，有效解决了学校门口交通拥堵安全隐患。策划包装并申报中央预算内投资项目、专项债券项目、环保专项治理项目11个。韶山铁路专线、烟草援建、气象站等重点项目顺利推进。

全力打好三大攻坚战。一是有效防范重大风险。全力防范政府性债务风险，牢固树立“过紧日子”思想，严控“三公”经费，在不新增债务的基础上稳步推进项目建设。二是决战决胜脱贫攻坚。建档立卡户297户980人稳定脱贫。对标“责任、政策、工作”三落实，全面开展“回头看”，摸排梳理的188个问题全部整改到位。完成“四类人员”危房改造16户，采取“四个一点”模式（镇财政补助一点、村级争取一点、后盾单位支持一点、群众自筹一点），筹措资金25万元，解决57户不符合危房改造政策的建档立卡户及四类人员房屋透风漏雨问题，工作经验得到湘潭市扶贫办推介。新增5个产业扶贫和6个基础设施项目，带动建档立卡户85人就业，所有建档立卡户产业帮扶利益联结全覆盖。顺利通过脱贫攻坚省市实地考核测评，群众满意度100%。三是强力推进污染防治。全面开展“三禁三不”，印发宣传手册4000余份，签订承诺书3210份，教育、训诫22人，立案调查4人，罚款2000元，协调处理环境污染和扰民问题5起。创新秸秆综合利用模式，支持鼓励种粮大户加装碎草机，实现秸秆粉碎还田，同时回收利用秸秆用于制造生物有机肥料，有效遏制露天焚烧秸秆现象。开展中央环保督察问题回头看，对5家企业下达限期责令整改通知书，对18家申请发放排污许可证企业进行复核。对省委巡视反馈的11家电杆钢模及水泥制品企业土壤污染问题进行专项整治。加大对韶河流域水污染防治监测力度，在韶河流域下游段建成水质检测站1座。

全面推进乡村振兴。一是推进粮食稳产增效。严控耕地抛荒，推广稻油轮作，粮食综合生产能力稳步提升。全镇种植粮食作物面积13883.47亩，其中早稻面积1989.91亩，一季稻面积8680.56亩，双季晚稻面积2064亩，旱杂粮面积1229亩。粮食总产量达7700多吨，高档优质稻种植面积达5672亩。摸排抛荒农田1267.6亩，有效治理抛荒农田1079.2亩。开展福寿螺专项整治，药物治理水田50余亩、河道6.5公里，人工捡拾福寿螺550公斤。生猪产能逐步恢复，现有生猪存栏0.62万头，出栏生猪1.3万头，长丰畜牧有限公司完成1000平方米高标准智能栏舍改造。二是发展壮大集体经济。立足“一村一品一特”，因地施策，促进集体经济增收。2020年各村集体经济收入均在10万元以上，其中银田村可达114万元。银田村扶贫基地三期项目绿色大米加工车间、仓储车间主体工程进入扫尾阶段。银园村收回发包到户的油茶林400亩，利用35亩村集体建设用地建设油茶加工厂房。华南村依托“药王谷”农旅融合项目，成立华创中药材种植专业合作社，村集体流转抛荒田20余亩种植玉竹，预计三年后可获利45万元以上。南村村依托扶持壮大集体经济专项资金对原青石学校等固定资产提质改造，新建一栋厂房出租，年租金增收3.8万元，村集体经济达20万元。三是完善人居环境。完成丁家湾和银园村联户集中处理系统，解决周边农户生活污水直排问题。完成长丰等规模养殖场粪污治理。开展黑臭水体治理，完成沟渠治理1200米，治理山塘24处，铺设污水管网5公里。全面推进垃圾分类，全年共收集可回收垃圾12万公斤，奖补保洁员资金2.4万元，不可回收垃圾减量166吨。垃圾分类付费制完成率98%，收取费用32.99万元。重点打造华南村省级美丽示范创建村，绿化提质美丽屋场7处，建成“美丽屋场”示范点3个。全镇评选星级美丽庭院示范户819户，其中“三星”783户，“四星”28户，“五星”8户。拆除四房（违建房、危险房、空心房、零散房）4102平方米，复绿80%以上，利用增减挂钩项目整治破败房、空心房19处，面积达1594平方米。银田镇农村人居环境整治经验在湘潭市农业农村工作会上作典型推介。四是抓好乡风文明建设。各村（社）制定完善村（居）规民约，统一执行“负面清单十条”和“红黑榜”管理制度，引导群众崇德向善。镇村红榜累计表彰50人、黑榜通报15人。完成银田村和银田寺社区新时代文明实践站试点打造和镇新时代文明实践所的搬迁升级。结合群众“点单”志愿服务，组织开展“全民阅读·书香沁银田”“我们的节日”“云踏春”“我爱我家”主题征文摄影比赛等志愿服务活动1033场次。创新推出银田镇“草根名嘴”宣讲队、银田寺社区“党旗下的红袖章”、华南村“阳光课堂”、“农家书屋入户”等品牌志愿服务活动，将文明新风吹到家家户户。常态化开展文明评比活动，评选“文明家庭”5户，“优秀家庭成员”14人，“好家风好家训”5户，有力推动了乡风文明建设。

认真落实安民惠民政策。一是完善基础设施。完成第一轮人大代表票决产生的民生实事项目建设任务。开展“四好”农村公路建设，县乡村道路绿化提质9公里，道路提质改造1.2公里。完成银田寺社区农贸市场建设。二是保障改善民生。全面落实惠民政策，新增“60后”邻里互助点5个，适老化改造15户。新增低保32户44人，提标19户39人，低保转五保8人，高龄补助57人。新增农村转移就业人数87人。征缴城乡居民医疗保险10480人，养老保险2722人，发放临时救助金6.36万元，计生奖励扶助323人，为18名残疾人办理残疾人两项补贴。镇村提供公益性岗位58个，解决贫困劳动力就业13人。发放涉农惠农补贴资金38项，共计484.20万元。开展房地一体确权登记，免费登记确权4171户。三是抓好综治维稳工作。建立健全“矛盾联调、问题联治、平安联创”工作机制，调处矛盾纠纷142起，调解成功率99%。推进法治宣传上会场、进屋场，开展集中宣讲12场次，录制宣传顺口溜音频，发放宣传资料6000余册。通过开展民情恳谈大走访、户主会、播放民调顺口溜等方式，倾听民声，了解民意，集中民智。推进新时代县域警务工作，建立风险评估研判机制。受理网上信访18起，化解信访积案5起，牵头办理省委巡视组交办信访件3件，信访“三无”工作经验在湘潭市作典型推介。四是抓好安全生产。认真开展安全生产风险隐患“大排查大管控大整治”行动，运用系统执法116次，下达限期整改决定12份，简易程序处罚11次罚款4000元。持续开展交通问题顽瘴痼疾整治，排查整治风险路段23处。启动农村房屋安全隐患排查整改工作，完成用作经营性农房安全隐患排查152户。开展消防安全专项整治，为镇区门店、敬养老院等人口密集场所安装烟雾报警器680个，发放消防安全告知书380份。开展燃气安全专项整治，排查老旧小区住户165户。完成应急能力现代化乡镇“六有”标准化建设，开展消防、防汛、地质灾害等专项应急演练，全年未发生生产和非生产安全亡人事故。通过举办讲座、在韶河沿线设置温馨提示牌，利用流动宣传车、垃圾分类车小喇叭、微信公众号、网格群、朋友圈等形式宣传禁止食用福寿螺和野生蘑菇。

抓好班子队伍建设。一是选优配齐班子队伍。以“两委”换届为契机，进一步优化村（社区）干部队伍。开展换届前大走访，共走访党员群众965人，通过重温入党誓词、宣讲换届政策、开展访谈等，全面掌握村（社区）组织运行情况，开展村（社区）财务清理和组织成员任期经济责任审计，并在各村（社区）公示栏、党员和村民代表推荐大会上公示公开，为换届选举试点工作打下了坚实基础。按照“选出好干部、配出好班子、换出好风气、形成好经验”的总体要求，严格执行“九不选”“八严禁”，新一届“两委”班子实现党组织书记、村主任100%“一肩挑”，选任2名女性担任村党组织书记，班子成员平均年龄比上一届年轻10.3岁，专科以上学历26名，占比86.7%，其中本科以上学历3名。各村（社区）群团组织、村（居）民小组长、村（居）务监督委员会、村（居）民议事会、红白理事会、禁毒禁赌会、道德评议会、环保理事会完成换届。二是建设优质服务窗口。依托村（社区）综合服务平台，设立便民服务中心，提供“一门式”办理、“一站式”服务。各村（社区）完成党员服务中心产权证发放，镇村两级清理门牌90余块。镇村共办理“一门式”服务审批事项2863件。为镇退休干部、村（社区）常设干部提供健康体检。同时，基层武装阵地建设、民兵整组、工青妇、关工委、两型、全面小康、统计、档案、老协等工作协调有力，推动了全镇经济高质量发展和社会大局和谐稳定。

2020年银田镇行政村基本情况一览表

表10

村名	人数	户数	行政区面积（平方千米）	农村经济总收入（万元）	农村经济总费用（万元）	农村经济净收入（万元）	农民人均纯收入（元）
银田	3732	1044	7.7	13397.88	4019.364	9378.516	28900
南村	5010	1320	6.87	2548.12	2402.59	145.53	24800
华南	3505	828	8.69	7010	2103	4907	20000
银园	2589	710	5.2	6472.5	1812.3	4660.2	18000

2020年银田镇银田寺社区基本情况一览表

表11

社区名称	面积（平方千米）	居民小组数	党员人数	户籍人口数	流动人口数	总人口数	服务用房面积（平方米）	公共活动场所（处）
银田寺社区	2.6	10	172	2590	680	3365	800	6

【赵叶惠到银田镇走访慰问省级劳动模范】 1月21日，市人大常委会主任提名候选人赵叶惠到银田镇走访慰问基层干部，困难党员以及省级劳动模范和韶山籍知名人士父母。副市长谢智君参加。

【曹伟宏到银田镇调研】 3月2日，韶山市委副书记、市人民政府代市长曹伟宏一行到银田镇调研。曹伟宏听取银田镇负责人情况介绍后强调：要抓好新冠肺炎疫情防控和当前重点工作，全力完成全年各项工作任务，为建设美丽富饶幸福新银田作出新的更大贡献。市农业农村、水利、发改等部门负责人结合工作职责对银田镇工作提出了意见和建议。副市长兰筱村参加调研。

【曹炯芳到银田镇调研督导春耕备耕工作】 4月9日，湘潭市委书记、市人大常委会主任曹炯芳一行到银田镇银园村宇翔种养殖合作社，与该社负责人认真交流，了解农田翻耕、早稻生产情况。曹炯芳强调，要不误农时抓好春耕备耕，相关职能部门要做好服务，全力保障春耕生产有序开展，努力实现农业生产良好开局。要加大对农业产业发展政策扶持力度，确保粮食和农业生产稳步发展。要强化农业品牌建设，在发展现代高效农业上下更大功夫，不断提高农业综合效益。湘潭市委常委、市委秘书长陈忠红，韶山市委书记唐杰等领导陪同调研。

【刘永珍到银田镇现代农业示范园调研】 5月6日，湘潭市人民政府副市长刘永珍一行到韶山现代农业综合示范园调研。刘永珍详细了解该园产业规划、规模布局、成本投入、种植效益等方面的情况，实地考察并听取相关情况汇报后强调：要坚定不移推进园区建设，推动现代农业产业发展，提升农业综合效益，努力打造乡村振兴样板；要对标对表，全力开展国、省、市示范园创建；要加强改革创新，开拓思路，多措并举，化解园区建设中的瓶颈和难题。韶山市领导胡亚湘、张海明、兰筱村、王兆仁参加调研。

【唐杰到银田镇调研耕地抛荒治理工作】 5月12日，市委书记唐杰先后到银田镇华南村和银田村的几处耕地抛荒治理难点进行实地查看，实地督查耕地抛荒治理工作。他强调，各级各部门要进一步提高思想认识，严格落实中央、省、湘潭市关于粮食生产的重大部署，把粮食生产当作头等大事来抓紧抓实，坚决遏制耕地抛荒，全面完成水稻生产面积任务。市政府副市长兰筱村参加调研。

【银田镇第十一届人民代表大会第六次会议】 6月29日，银田镇第十一届人民代表大会第六次会议在镇政府三楼会议室胜利召开，49名正式代表和21名列席人员参加会议。大会听取并审议通过了政府半年工作报告、上半年财政预算执行情况及下半年财政预算调整情况报告、民生实事票决制项目完成情况报告。

【张湘平“云带货”为家乡黄桃代言】 7月31日，由韶山市人民政府和韶山市政协共同主办的“退伍创业添军彩福寿黄桃醉心田”——韶山福寿黄桃开园采摘仪式暨直播活动在银田镇银田村举办。市政协主席张湘平变身“直播带货达人”，为家乡黄桃代言。一个多小时的直播，吸引98万名网友“围观”，本场直播销售韶山福寿黄桃等优质农产品1.1万单，销售金额达93万元。

【陈忠红一行到韶山开展巡河暨“三走一访”活动】 9月9日，湘潭市委常委、市委秘书长、韶河（云湖河）湘潭市级河长陈忠红率队到韶山开展巡河暨“三走一访”活动。陈忠红一行实地考察了韶河银田段的基本情况。他强调，要严格按照习近平总书记提出的“生态优先、绿色发展”理念，以河长制为抓手，加强综合治理，科学管理，推进河库治理体系和治理能力现代化。韶山市领导胡亚湘、兰筱村陪同巡视。

【兰筱村到银田镇调研】 10月14日，市人民政府副市长兰筱村到银田镇调研韶山国家气象观测站项目新址建设情况。兰筱村到现场，仔细询问、实地察看，详细了解项目进度、征地拆迁和安全措施等情况，并与当地村民进行交流，就相关民生改造事项现场答复。

【赵叶惠到银田镇调研】 10月15日，韶山市人大常委会主任赵叶惠带队到银田镇调研脱贫攻坚、换届选举等工作。赵叶惠一行实地查看了银田镇民生实事项目办理情况，听取了该镇党委2020年以来经济社会发展、脱贫攻坚等重点工作情况汇报。

【何俊峰带队到银田镇开展基层党建工作现场观摩活动】 12月16日，湘潭市委副书记何俊峰带队到银田镇银田村，开展湘潭市基层党建工作现场观摩活动，了解该村“党建+脱贫攻坚”工作成效。何俊峰一行走进银田村扶贫产业基地，详细询问香菇、灵芝、水稻等产品的生产、经营和销售情况，以及建档立卡户在基地就业和基地收益分配情况。得知银田村扶贫产业基地由湖南农业大学提供技术指导，以村集体经济形式发展产业，基地利润的30%用于贫困户分红，何俊峰对这一做法给予充分肯定。

【中共银田镇第十一届代表大会第六次会议】 12月24日，中共银田镇第十一届代表大会第六次会议在镇政府三楼会议室召开。乡党代表、列席代表共106人参加会议。会议集中学习了党的十九届五中会全精神，听取并通过镇党委书记周海波作的《银田镇2020年党委工作报告》，镇党委委员、纪委书记龙海腾作的《银田镇2020年纪委工作报告》，书面审查《党费收缴管理使用工作报告》，并对全体镇党委班子成员进行民主测评。

【范运田到银田镇调研司法工作】 12月25日，湖南省司法厅党组书记、厅长范运田一行到银田镇调研司法工作，组织召开湖南省司法厅“十四五”规划工作基层调研座谈会。湘潭市委常委、市委政法委书记戴德清，韶山市委常委、市委政法委书记蒋卫阳陪同调研。

【银田镇第十一届人民代表大会第七次会议】 12月28日，银田镇第十一届人民代表大会第七次会议在镇政府会议室召开。镇人大代表、列席代表共73人出席会议。大会听取审议并通过镇长颜宇霆作的《银田镇2020年政府工作报告》，镇党委委员、人大主席王智刚作的《银田镇2020年人大主席团工作报告》，书面审议《银田镇2020年财政预算执行情况和2021年财政预算（草案）的报告》。大会依法补选颜宇霆为镇人民政府镇长，龙平、于周旭为镇人民政府副镇长。

（杨　威）

清溪镇

【概况】 清溪镇是韶山市的城关镇，位于韶山市中部，东接银田镇，西、南两面与韶山乡接壤，北与杨林乡毗邻。因境内有“清溪山”而得名，更因韶河穿境而过而充满生机。1987年1月建镇，经2012年7月及2015年12月区划调整后，现总面积71.16平方公里。辖清溪、花园、杨荣、如意、梅湖、厚罗、石湖、韶南、永义、狮山、长湖、东湖12个行政村和火车站、韶山冲、高新、如意亭4个社区。清溪镇党委下设党委1个（2018年6月设立清溪镇火车站社区党委），党总支13个、党支部47个、党员1732人。全镇9581户，5.15万人，非农人口1.8万余人，占36.7%，人口自然增长率3.4‰。境内有职业中专1所，中学2所，小学3所，在校学生1380余人，教职工140人，各类培训机构4所，公办和民办幼儿园12所，幼儿465人，幼师和行政后勤人员70人，各类文艺团体21个。

经济发展来势强劲。一是财税目标。全年完成税收1亿余元，完成固定资产投资8500万元。城、乡居民人均可支配收入同比增长8.2%、8.3%，分别为58556元、35378元；2020年清溪镇政府获得湘潭市第四次全国经济普查先进集体荣誉。二是招商服务。建立党政负责人与22家规模企业联系交流常态化机制，明确26名防疫联络员“点对点”做好企业工地复工复产指导和服务工作，为企业发展保驾护航。挖掘乡贤资源，潭商大会韶山分会期间组织召开新乡贤联谊座谈会，共谋清溪发展大计。成功引进三丰机械等项目，签约金额2.08亿元。三是产城融合。聚焦城区、园区区位及交通优势，大力推进商贸旅游服务圈、高新产业发展圈建设，酒店、宾馆、民宿产业快速发展，红色教育培训如雨后春笋，新天地步行街等商贸中心人气渐旺，三一风电、钰盛锂电等产业集群效应明显。四是项目建设。清溪镇是全市征拆工作的主战场，2020年共有高新区、铁路专线、中心城区、G240连接线、航天科技小镇、国家烟草援建韶山水源工程、气象观测站搬迁、韶北110千伏变电站、杨林风电场建设九大项目和30余个子项目。其中高新区包括三一韶山产业园、永义二期（双创基地）、恒立文化、钰盛锂电池等10个子项目；铁路专线包括线外和宗兴线2个子项目；中心城区包括朝阳新城、斜柳塘住宅小区、枣园安置区、2016−9号天鹅山片区等8个子项目；另外进行环境维护的重点项目有韶山学校搬迁、芙蓉学校、新天名府、樟树湾等10个项目。全镇共签订征地协议60个，征地765.3952亩，签订房屋拆迁协议50户，面积24.4亩，房屋倒地62户；签订临时用地协议20余个100余亩；迁坟100余座；处理遗留问题、矛盾纠纷100余起；北京路D3地块、九龙二期、朝阳新城、铁路专线宗兴线、食品工业园、航天科技小镇、气象站搬迁7个项目征拆任务已经全面清零，保障各重点项目用地需求及顺利推进。在湘潭市开展的“奋战一百天，实现双过半”活动中，清溪镇代表市级的永义二期、九龙二期、铁路专线宗兴线、枣园安置区等参选项目全部按时按质完成，被韶山市评为优胜单位。“奋力奔跑 · 合力攻坚”项目竞赛活动获各服务单位好评。

乡村振兴欣欣向荣。一是现代农业态势平稳。2020年农业产值5.3047亿元，主导产业全产业链产值48.84亿元，农产品加工业产值32.89亿元，农业产业化龙头企业6家（国家级1家、省级3家、地市级2家）。韶河现代农业示范园健康发展，基础设施建设日趋完善，金景丰阳光玫瑰葡萄获得绿色食品认证，南美白对虾养殖基地建成投产，华润五丰等多家农业产业项目发展迅速。完成新一轮集体经济清产核资，房地一体办证顺利推进，村级集体经济收入较上年度均有增长。共流转土地2.5万亩，发展农民专业合作社和家庭农场163家，培育国家级、省级、地市级、县级示范性合作社共14家，培养科技示范户30户，种粮大户28户，种粮适度规模户49户。杨荣慧强、厚罗东成锡合作社获评全国供销总社“农民专业合作示范社”荣誉。治理抛荒耕地3560.8亩，工作经验被《今日湘潭》内刊采用推广。发放农业科技资料3840份，组织优良品种33.6吨，推广集中育秧面积1300亩。组织测土配方复合肥1720吨，发展测土配方施肥户5620户，组织各类农药、调节剂10.4吨。采用水稻病虫害绿色防控技术，发放病虫害情报10期3000多份，免费发放诱捕器2000多套。完成粮食播种26516亩，其中早稻种植3712亩、一季稻种植18100亩、晚稻种植4704亩，旱杂粮种植982亩，种植结构调整434.9亩，完成稻油水旱轮作试点6000余亩，组织散户种植油菜3085亩。全年共有27户农户或新型经营主体新购入农用机械共计72台，完成机插秧9100亩、机收22800亩。生猪产能恢复有序，全年免疫注射生猪口蹄疫疫苗4万毫升、高致病性禽流感疫苗13万毫升、牛羊口蹄疫疫苗0.5万毫升、羊小反刍兽疫苗0.45万毫升，重点落实监测排查、清洗消毒、调运监管、禁用餐厨废弃物等有效措施，积极恢复扩大生猪产能。全年没有发生一例因免疫措施未到位而引发的重大动物疫情。出栏生猪2.54万头，存栏2.15万头。清溪镇代表韶山市在湘潭市2020年农村土地承包仲裁骨干培训班上作经验交流。全面完成全国第七次人口普查工作，选聘普查指导员、普查员266人，划分普查小区264个，高标准、高质量、高效率完成镇人口普查工作。清溪镇统计工作荣获了“湘潭市先进单位”称号。狮山村获得湖南省“两型示范村庄和森林乡村”称号。

二是人居环境不断优化。全镇开展集中整治行动73次，共计出动整治人员1800余人次，出动整治车辆270台次，清运垃圾500余车，整治店外经营200余个，清理牛皮癣小广告800余处，整治脏乱差500余处，共计复绿600余平方米，修补道路150余平方米；完成“三星级美丽庭院”1501户，“四星级美丽庭院”150户，“五星级美丽庭院”15户；构建“源头减量、上门回收、二次细分、集中处理”的工作机制，全年共变卖处理可回收垃圾300余吨；建立2个3级沤肥池专门用于处理红白喜事等厨余垃圾，共兑换奖品价值2万余元；建筑垃圾实行免费回收处理，变废为宝，处理建筑垃圾1万余吨，实现产值100余万元；投入200余万元，投放分类垃圾桶2万余个，建成可再生资源分拣中心34个，聘请垃圾分拣清运保洁员150余名，配备垃圾清运车31辆，全镇371个敞口式垃圾池全部清除。将农村人居环境整治及“付费制”纳入村规民约，坚持村民为主、共建共享。完成12个行政村8397户共计82.66万元的收费任务，收费率100%。垃圾一体化处理清溪模式被韶山要情作为经验推广；严把改厕施工质量关，形成农村改厕新思路，确保改厕质量和效果，完成改厕289户，新建农村公厕4个。拆除违法建筑和空心房45处6998.8平方米，审批农民建房121户，危房改造13户，拨付资金51万元；完成14.8公里“三边”绿化和永义如意集镇绿化、亮化、美化工程；新建如意农贸市场，提质改造永义农贸市场。

三大攻坚成效明显。一是脱贫攻坚精准施策。着力构建防贫动态监测预警体系、风险应对处置体系和民意畅达回应体系，433户贫困户实现稳定脱贫。全年实施危房改造8户，补助危改资金36.5万元。落实建档立卡户农村低保188户296人，特困供养10人及享受重度残疾人两补116人，残疾人护理补贴8人，困难残疾人补贴85人的保障。确保所有建档立卡贫困人口全部参加基本医疗保险，购买“扶贫特惠保”，韶山市内住院综合报销比例达到90%；对401名慢性病人员落实家庭医生每季度上门服务，全面落实建档立卡家庭经济困难学生资助政策，享受春季教育补助148人，雨露计划帮扶29人。确定13个产业帮扶项目已全部实施。积极探索“村集体+合作社+贫困户”“合作社+贫困户”“贫困户+贫困户”等多元化发展模式，实现农业产业兴旺、村级集体经济壮大、贫困户稳定增收的目的。克服疫情影响，引导和介绍贫困劳动力外出务工就业。全镇普通劳动力已实现就业461人，对返乡回流19人进行就业帮扶，安置保洁员、护林员等公益性岗位52人，因人施策促就业稳增收。大力整合各类帮扶资源，以“千企联万户”“亲帮亲户帮户——互助脱贫奔小康”等活动为契机，对接15家民营企业、商（协）会与68名重点建档立卡户，开展扶贫帮困40余次，认领“微心愿”291个，同时通过帮扶责任人、后盾单位帮扶等途径，安排专人作为联络员，抓好产销对接。广泛动员联系非公经济人士、机关事业单位和社会力量，不断拓宽贫困户农产品销售渠道。2020年消费扶贫累计15万余元，扶贫捐款15.9万元。脱贫攻坚工作顺利通过省、市两级考核。

二是污染防治精准发力。打赢蓝天、碧水、净土保卫战，现场处置焚烧秸秆垃圾、燃放烟花鞭炮280余件，立案教育处罚13次，罚款2400元。完成3座水库的维修养护，清淤渠道达10万余米，恢复机埠4处，投入200多万元解决厚罗村2000多人饮水安全问题。新建消毒机房5处，加强对全镇7处集中饮水安全工程的监管。整治黑臭水体4处，关闭韶河沿线畜禽养殖1家。扎实开展“散乱污”企业、畜禽养殖污染、裸露黄土和扬尘治理等专项整治工作。

三是重大风险精准防控。牢固树立过紧日子思想，建设节约型机关。积极争资争项，严格控制支出，盘活闲置资产，全年一般性支出同比减少20.5%，“三公”经费同比减少31.5%。加强项目审批监管，严控新增非专项资金投资项目，严控新增债务和隐性债务，全力防范和化解政府债务风险。

城市品牌做精做靓。构建“乡镇—社区—小区—楼栋—中心户”五级网络党组织架构，将党组织链条从社区延伸到小区。火车站社区获评湘潭市基层治理示范点。提质改造老旧小区，加强配套设施建设，污水收集管网建设。落实文明城市建设常态化机制，高标准通过全国文明城市国家复检。清溪镇获得韶山市信用乡镇。

疫情防控有力有序。强化组织领导体系，构建五级防疫模式，落实防控措施。实行网格化管理、地毯式摸排，筑牢联防联控、群防群治防线，形成全闭环防控体系。镇村社干部组建党员突击队、先锋志愿队全面深入一线做好排查登记、宣传引导、体温检测、健康扫码、使用公筷公勺等疫情防控工作。发动群众踊跃捐款捐物，齐心协力抗疫，共收到价值4万余元的防护物资和15万余元捐款。全面落实居家隔离人员监管和代购代办等服务措施，共清查落地湖北旅居史人员398人，返乡人员累计摸排3085人，组织重点地区及涉外人员进行核酸检测158人次，公安大数据摸排4595人，电话数据摸排3200条，全镇健康码注册4.6万人。

民生事业不断加强。高标准完成省市民生实事项目。城乡居民医保、养老保险工作推进有序，有效解决群众看病难的问题。2020年城乡居民养老保险共完成征缴10265人，完成养老人员认证4573人，城乡居民医疗保险完成征缴32956人，完成失地农民申报495人。组织70多名有评残意愿和需求的建档立卡户、低保户、重度疑似残疾人及到期需要换证的建档立卡、低保户进行集中评残。完成9户建档立卡户重度残疾人家庭无障碍改造工作，申报120名残疾人进行托养服务，为16名高中阶段贫困残疾人家庭子女和6名贫困家庭残疾人大学生申报教育助学，为30名贫困精神病患者免费发放药物。为16名残疾人申报稳岗就业补贴。全年共实现农村劳动力新增转移就业128人。发放贫困劳动力一次性交通补贴55人共计15100元、一次性求职创业补贴45人共计13500元。全年共为114名90岁以上老年人发放保健补贴，3名100岁以上老年人发放保健补贴。全方位开展家庭医生签约服务、老年人免费健康体检、计生优质服务和奖扶工作。全年慰问贫困户、计生特殊家庭、优抚对象等385人12.7万元，申请减灾救灾资金15万元，帮扶受灾户67户。新建10个邻里互助点和9个儿童之家，全面完成韶山冲、高新社区日间照料中心建设。城乡客运一体化全面实施。新开通至梅湖5路、经杨荣8路和经长湖9路公交车，极大方便了群众出行。芙蓉学校9月如期开学，韶山学校建设稳步推进。深化“最多跑一次”政务便民服务改革。各村社通过平台办理事项5878件，镇本级办结事项1652件。主办2020年“春风行动”专场招聘会，有42家用工单位参加，共提供600多个就业岗位，有128名求职者与用工单位达成就业意向，其中共有建档立卡贫困劳动力21人。6月20日，组织韶山市青藤之家健康管理有限公司等8家个体或企业初创者，参加2020年第四届中国创翼大赛，共获得5个奖项。组织韶山向日葵培训中心有限公司等18家个体或企业参与韶山市“创业之星”、韶山市创业带动就业示范典型等创业评比活动。评选出扶贫爱心单位15家。

文明乡风蔚然成风。全年组织开展文艺会演等公益性活动10余次，受益群众5000余人次。持续推进移风易俗，花园村和永义村投资建设公益性墓地；积极开展志愿服务、文明实践活动689场，收集完成微心愿377个，服务群众7万余人次。高标准打造24小时图书馆。成功举办欢乐潇湘等文艺活动和如意剪纸非遗文化展，文化事业日益繁荣。永义、狮山、韶山冲社区、花园村等8个村（社区）被评为韶山市同心美丽乡村和文明村，清溪镇新时代文明实践所和花园村新时代文明实践站顺利通过湘潭市验收；清溪镇获得省级文明村镇称号。

平安建设持续深入。“党建引领·互助五兴”农村基层治理、市域社会治理现代化试点和新时代警务工作不断深化，扫黑除恶专项斗争和禁毒人民战争成效良好，清溪镇禁毒工作获湘潭市先进乡镇称号。积极开展信访“三无”创建工作，全力做好重大节日和毛主席诞辰127周年纪念活动期间信访工作。共成功调处矛盾纠纷150起，妥善处置非正常死亡事件15件，化解信访积案14件，如意集镇开发建设等一批历史遗留问题得到妥善解决。省委巡视组共交办清溪镇信访交办件5批164件，均按程序办结；清溪镇获省级信访“百佳业务规范单位”荣誉。压实安全生产责任，抓紧抓实安全生产专项整治三年行动。开展各类安全检查201次，排查治理隐患72处，清溪镇分别获得韶山市、湘潭市安全生产和消防工作先进单位。加强应急能力建设，强化基层民兵日常和应急处突训练，开展应急演练11场次。抓好国防教育、兵役登记和征兵工作，清溪镇武装部获湘潭市“五星基层武装部”和“先进基层人民武装部”称号。筑牢交通安全防线，整治交通安全隐患47处，取缔马路市场8处。食品药品安全宣传、监管到位，全镇未发生安全生产责任事故，未发生较大及以上非生产经营性亡人事故，火车站社区食品安全工作被评为韶山市“食品安全示范单位”；圆满完成G240、G354国道迎国检工作。

政治建设不断加强。全面加强政治建设，提高政治能力，坚持全面从严治党，持续践行“四责四诺”，进一步强化全镇党员干部的责任意识和执行能力。认真落实巡视巡察整改要求，对交办问题做到即行即改、从严整改。严格落实意识形态工作责任。办理涉韶舆情5期，办理市长热线84起，办结率100%。2020年12月22日圆满完成村级换届选举工作，共选举产生91名支村“两委”班子成员，平均年龄41.5岁，较上届下降6.1岁；大专及以上学历82人，占比90.1%，4名女性当选村（社区）党组织书记，女性占比45.1%，年龄、学历、性别结构均得到明显优化。举办一期新任村（社区）党组织书记及委员培训班。2020年石湖村党总支、永义村党总支获评“湘潭市五星党组织”，花园村党总支获评“湘潭市五星党组织”示范点。健全村党组织领导下的自治、法治、德治相结合的乡村治理体系，巩固深化扫黑除恶专项斗争成果，完善、推进村规民约落地见效。其中《花园村村民公约》获评湘潭市十佳“村（居）规民约”。16个村（社区）均设立“一门式”便民服务窗口、助农取款服务点。通过“互联网+政务服务”平台办件7000余件，梳理公布政务服务权利清单和责任清单目录116项，清溪镇政务工作四个乡镇排名第一。积极推选申报劳动模范和先进工作者，2020年周晓园被评为湖南省“三八红旗手”，同时荣获湖南省“最美科技志愿者”称号。

法治建设不断推进。坚持法治思维，自觉接受人大监督、政协民主监督，9件代表意见建议全部按时办复，满意率为100%；组织镇村社干部参加普法及“法律明白人”学习考试，举办“以案释法”讲座8场，开展《民法典》宣传活动19场，接待咨询群众5000余人次，为困难群众申请法律援助96起，依法挽回经济损失186万元。

廉政建设不断强化。始终坚持压实党风廉政建设责任，积极开展传承红色基因、学党章条例法规和警示教育活动，重点打造机关廉政文化长廊和村社区廉政文化宣传栏，为民务实清廉的政风更加浓厚。始终坚持以制度管人管钱管事，不断强化工程建设、财政财务、专项资金、政府采购等重点领域监督管理；加强督促检查，全年发出15期督查通报，通报批评22人次；对群众反映的问题，做到有访必查、有查必果，2020年受理办结群众信访案件23件，查办党员干部违纪案件4件。

2020年清溪镇各行政村基本情况统计表

表12

单位名称	总面积（平方千米）	户数（户）	村民小组（个）	人口数（人）	农村经济总收入（万元）	农村经济总费用（万元）	农村经济净收入（万元）	农民人均纯收入（元）
清溪村	6.02	822	29	3498	21840	6662	15178	43390.51
花园村	6.00	813	24	3671	21874	6756	15118	41182.24
狮山村	6.10	815	32	3601	20180	6310	13870	38517.08
如意村	8.41	1264	26	4896	26358	9808	16550	33803.10
杨荣村	7.86	879	23	3252	17260	6175	10985	33779.21
梅湖村	4.80	601	33	2400	11795	4042	7853	32720.83
厚罗村	7.00	614	34	2565	12254	4101	8153	31785.58
石湖村	7.10	723	35	2854	14610	5083	9527	33381.22
东湖村	3.99	571	20	2296	11770	4334	7436	32386.76
永义村	5.20	645	30	2513	13207	4929	8278	32940.71

续表12

单位名称	总面积（平方千米）	户数（户）	村民小组（个）	人口数（人）	农村经济总收入（万元）	农村经济总费用（万元）	农村经济净收入（万元）	农民人均纯收入（元）
韶南村	6.18	732	28	3265	17558	6609	10949	33534.46
长湖村	6.00	488	20	2098	10930	4251	6679	31835.08
小　计	74.66	8967	334	36909	199636	69060	130576	35377.82

2020年清溪镇各社区基本情况统计表

表13

社区名称	面积（平方千米）	居民小组数	党员人数	户籍人口数	流动人口数	总人口数	服务用房面积（平方米）	公共活动场所（处）
火车站社区	2.42	29	327	10878	1345	12223	2000	3
高新社区	1.50	5	27	1297	2969	4266	650	3
韶山冲社区	1.50	5	15	3084	429	3513	600	2
如意亭社区	3.20	5	18	1014	2078	3092	1200	1
小　计	8.62	44	387	16273	6821	23094	4450	9

【探测地下热水资源】 经过近一年的钻探，2020年11月底，湖南省地质矿产勘查开发局四一六队在韶山市清溪镇石湖村挖掘出地下热水资源。据勘测分析，该处热水源来自地下2500米深处，出水水温46℃，水温稳定、适中，冬夏皆可应用。水质方面，地下热水所处地层为石炭系白云岩地层，水质清澈、透明，无任何超过饮用水标准的重金属元素和其他有害元素，且富含偏硅酸、锶、钙、铁、镁等多种保健矿物质，属罕见的保健温泉洗浴水。亦可作为偏硅酸型的天然饮用矿泉水，具有相应的保健价值。

【举办广场舞大赛】 为繁荣文艺创作，丰富群众文化生活，10月23日下午，由清溪镇党委、清溪镇政府、韶山市民政局主办，火车站社区协办的“‘韶山市优秀村规民约颁奖暨新时代文明实践在韶山、群众乐翻天我们舞起来’2020年全民广场舞大赛”清溪镇专场在火车站社区同心文化广场举行。副市长兰筱村宣布赛事开幕。清溪镇党委副书记、镇长贺小勇致辞。民政局局长阙奇涵宣读“韶山市优秀村（居）规民约”表彰决定。比赛在清溪镇如意村带来的广场舞《祖国你好》中拉开序幕。随后，扇子舞、歌舞串烧、情景舞蹈、表演唱等17个节目轮番上演。

【杨荣河入选“美丽河湖”】 1月6日，在湘潭市河长办组织开展的2020年“十佳美丽河湖”评选活动中，韶山市清溪镇杨荣河入选。此次入选的清溪镇杨荣河河段位于杨荣村大坝至大冶桥，全长3.2千米。清溪镇先后投入20余万元，对杨荣河进行河道疏浚，同时，明确专人开展岸坡清障清杂、河道保洁、坝前漂浮物治理以及河库外来生物入侵、农业面源污染整合治理等工作。

【曹伟宏到清溪镇走访慰问创业党员】 1月17日，市委副书记、代市长曹伟宏先后到清溪镇狮山村、杨荣村、石湖村慰问创业党员、重点优抚对象和知名人士父母。

【创新模式垃圾分类】 清溪镇政府积极创新思路，突出“控源减量、无害处理、循环利用”3个重点，坚持“分类实用化、推进全域化、参与多元化”3个原则的“3+3”垃圾分类处理模式，实现清扫保洁、垃圾分类、垃圾清运的“全托管”式管理。全镇12个村、4个社区生活垃圾分类覆盖率达100%。

【乌兰到清溪镇视察】 6月10日下午，省委副书记乌兰到清溪镇，调研指导基层党建工作。她强调，要牢记共产党人的初心和使命，深入贯彻落实新时代党的建设总要求，进一步推动全面从严治党向基层延伸，充分发挥基层党组织在脱贫攻坚与乡村振兴中的引领带动作用。乌兰走进葡萄种植基地，详细了解企业生产经营以及与农户的利益联结情况，鼓励企业带动更多农民增收致富。

【王培安到清溪镇视察】 6月1日国家计生协常务副会长王培安一行到清溪镇火车站社区视察暖心家园建设情况。

【中共清溪镇第九届代表大会第六次会议】 12月30日，中共清溪镇第九届代表大会第六次会议在清溪镇火车站社区四楼会议室胜利召开。参加本次大会应到正式代表150名，实到正式代表137名，应到列席代表10名，实到列席代表10名。大会听取和审查并通过镇党委书记赵尚荣所作的《乘风破浪砥砺前行奋力开启清溪率先迈向基本现代化新征程》的党委工作报告和纪委书记李海峰所作的纪委工作报告，并对镇党委领导班子及其成员进行了民主评议。

【清溪镇第九届人民代表大会第七次会议】 6月30日，清溪镇第九届人民代表大会第七次会议在清溪镇火车站社区四楼会议室胜利召开。参加本次大会应到正式代表68名，实到正式代表62名，应到列席代表22名，实到列席代表21名。大会听取审议和通过了《清溪镇人民政府半年工作报告》《2020年财政预算执行情况报告》《清溪镇民生实事项目人大代表投票表决办法（草案）》《清溪镇第九届人民代表大会第七次会议补选办法（草案）》并选举产生了新的副镇长。

【清溪镇第九届人民代表大会第八次会议】 12月31日，清溪镇第九届人民代表大会第八次会议在清溪镇火车站社区四楼会议室胜利召开。参加本次大会的应到正式代表67名，实到正式代表57名，应到列席代表34名，实到列席代表32名。大会听取审议并通过了《清溪镇人民政府工作报告》《清溪镇人大主席团工作报告》《清溪镇人民政府关于2020年财政预算执行情况和2021年财政预算（草案）的报告》。

（谭春强）

杨林乡

【概况】 杨林乡位于市境西北部，东与清溪镇接壤，南与韶山乡相邻，西与湘乡市金石镇毗连，北与宁乡市东湖塘镇麻山交界，总面积62.28平方公里，约占全市总面积的四分之一。杨林乡耕地面积2.03万亩，水田面积1.46万亩。总人口2.15万人，5470户，下辖7个村，251个村民小组，7个村党总支，18个党支部，773名党员。共有中小学3所，卫生院1所，敬老院2所。杨林乡域内交通便利，距韶山市区仅5公里，距湘潭市51公里，距宁乡灰汤28公里，韶灰公路、长韶娄高速、景区外环公路贯穿全乡。

2020年，面对新型冠状病毒感染肺炎疫情大考，杨林乡认真做好疫情防控工作，全乡未出现确诊或疑似病例，生产生活秩序恢复迅速。决战决胜脱贫攻坚，建档立卡贫困户全部脱贫，精准扶贫通过省检。完成7个村“两委”选举换届。乡村经济发展壮大，云源村、团田村完成化债任务，村级集体经济实现突破。红林花海森林旅游项目开园试营业。云源村新建农贸市场投入使用。全乡集中整治抛荒耕地936亩，推广冬季油菜集中连片种植6500亩。团田村治荒典型经验被湘潭市、韶山市宣传推介。推进人居环境整治，垃圾分类处理实现“五个全覆盖”，石屏村荣获第二批“国家森林乡村”。

经济发展稳步向好。一是项目建设攻坚克难。红林花海森林旅游项目累计完成投资1.6亿元，于2020年10月1日开园试营业，接待游客5000人次。传叶建材年内产值2800余万元。杨林村配合“国家烟草援建韶山水源工程”建设，推进青沟水库建设成为韶山市备用水源地，完成1.8公里管道建设。二是营商环境整体优化。应对经济下行压力，派驻17名驻企联络员指导12家登记企业复工复产。落实减税降费政策，对杨林敬老院和传叶建材减免租金5万元。三是集体经济发展突破。制定《集体经济发展规划》，指导各村利用自身优势发展集体经济，年内消除集体经济薄弱村2个，5个村集体经济突破10万元。

“三大攻坚战”持续深化。一是脱贫攻坚成效显著。调整优化结对帮扶对象32户，完成“四类对象”危房改造5户，新识别的4户17名贫困人口全部脱贫。通过畜禽养殖、油菜种植等帮扶形式，实现246户794人产业扶贫全覆盖；帮助42名贫困劳动力实现就业；团田村顺利完成1200米“倒虹吸管”修缮，确保3200多亩农田灌溉，带动水稻种植、鱼虾养殖发展。二是污染防治稳中有进。落实“河长制”工作，始终保持水体清洁治理，完成团田污水处理站建设，对杨林河进行清淤、垃圾清理近15立方米，打造杨林河样板河。制止露天焚烧秸秆、倾倒生活垃圾60起，制止砍树挖山5起，行政处罚3起，批评教育52人次。摸排固体废物排放企业12家，处理不达标小微企业2家。退养大型养猪场1个，在石屏村珊瑚塘新建屋场污水生态净化池1个，杜绝废水直排。三是防范风险总体可控。加强政府性债务管理，严控“三公”经费，严控新增支出，专项资金专款专用，落实化债要求，切实化解政府债务。严厉打击非法集资等违法违规金融行为，严密防控民间借贷、不良资产风险。

乡村治理谋划新篇。一是农业发展稳步推进。2020年完成早稻种植2301亩，一季稻（中稻）种植12750亩，粮食生产基础不断夯实。强化防灾减灾机制，多方整合力量解决秋粮抢收难题。推进“四季化种植”，建设“稻油轮作”模式集约化种植基地，全乡推广冬季油菜集中连片种植6500亩，打造外环线、青云线油菜景观长廊。二是乡村文明蔚然成风。疫情期间严格控制红白喜事，劝导红白喜事42场，倡导婚事新办、丧事简办。白翎村毛俊初、双和村肖志孚等5户带头进行丧事简办获表彰。加强村民自治建设，7个村《村规民约》修订率100%，各村通过“顺口溜”等形式广泛宣传《村规民约》，村民知晓率100%。石屏村《村规民约》获评湘潭首届“十佳村规民约”。三是文明实践出硕果。组建志愿服务队8支，招募志愿者249名，组织开展文明实践活动179场，服务3600余人次。举办“文明实践在韶山欢乐潇湘舞起来”广场舞比赛杨林乡专场活动，开展健康知识巡回讲座4场。云源村肖伟明、肖德明获“韶山市见义勇为先进个人”。

人居环境展现新貌。一是垃圾处理实现“五个全覆盖”。采用市场化方式全域安装108个封闭式移动垃圾箱，聘用84名保洁员分组包片，建立保洁员分类房、点49个，新建并投入使用厨余垃圾沤肥池7个，全乡村民自觉缴纳公共环境卫生服务费43.54万元，卫生费付费率超过99%；抓“收、沤、弃、填”四个环节。杨林乡2020年共回收垃圾331.13吨，月平均回收量突破30吨。二是全面提升村容村貌。掀起“三边绿化”热潮，打造7条“绿色长廊”示范路，累计植树2.6万株，道路绿化30公里；持续推进“四清四治四提升”，发动后盾单位、乡村干部、党员群众开展村庄清洁行动，对乡、村主干道和集镇道路除杂美化，人居环境焕然一新；开展“美丽庭院”创建活动，评选星级户1000户；瓦坪村完成217个化粪池建设，“厕所革命”有序推进。三是开展拆违控违。依法审批农民建房56户，审批建房面积9250平方米；建立联点包户机制，拆除11处违法建筑，实现存量全面清零目标；加大拆违巡查处置力度，及时处置破坏山体及农村田地违建行为17起，下达《停止违法建筑通知书》18份，拆除违章建筑13处1725平方米，拆除空心房39处4万余平方米，土地增减挂钩37处，增加建设用地64.7亩。

民生福祉取得新效。一是疫情防控全力以赴。按照“外防输入、内防反弹”的防控策略，落实及时发现、快速处置、精准管控、有效救治的常态化防控机制，坚决堵住所有可能导致疫情反弹的漏洞。杨林乡纪委坚持每日一督查、每日一通报，发出《疫情防控督查通报》9期。摸排境外和各地返韶人员914人，杨林乡无一例感染或疑似症状者。推进健康码注册，杨林乡累计注册18608人次。二是社会保障不断加强。发放临时救助和医疗救助31人次7.86万元。落实优抚救助政策，走访慰问残疾人、退役军人等186人次，发放慰问金7.3万元；慰问计生特殊家庭25户，发放慰问金2.25万元。组织87人参加“春风行动”“精准扶贫”等3场招聘会，组织2家创业主体参加2020年中国创翼大赛湘潭选拔赛韶山赛区比赛，获创业项目组第一名。举办畜牧养殖、养老护理等5期技能培训，培训学员169人。杨林乡分81个普查小区，有序开展全国第七次人口普查，积极助力重大国情国力调查。三是社会治理成效凸显。加大道路交通、社会消防、食品安全等工作管控力度，整治交通顽瘴痼疾59次，投入20万元处置安全隐患64处，杨林乡获评“韶山市四好农村公路示范乡镇”；部门联合执法24次，检查各类生产经营单位123次，排查一般安全隐患69处，整改率100%。四是社会稳定强力推进。全力以赴做好维护社会稳定工作，发挥网格管理作用，畅通信访渠道，全年共受理网上信访件25件，办结率100%；调解纠纷127起，调处率100%，挽回经济损失232万元。做好各类重点群体管控工作，健全“八位一体”社戒社康管控工作，对吸毒人员全面摸底，对在册社戒社康人员实施动态化管理。加强社区矫正人员与刑满释放人员管理，建立安置帮教档案38份，落实刑满释放人员“一人一档案”管理。

2020年杨林乡各行政村基本情况统计表

表14

单位名称	总面积（平方千米）	户数（户）	村民小组（个）	人口数（人）	农村经济总收入（万元）	农村经济总费用（万元）	农村经济净收入（万元）	农民人均纯收入（元）
团田村	11.8	1002	38	3606	15340.52	7710.85	7629.68	21158.28
瓦坪村	5.32	711	27	2359	7672.50	3912.13	3760.36	15940.49
石屏村	9.01	1085	49	3748	15841.80	7910.83	7930.98	21160.55
双和村	7.37	852	38	2891	12030.10	5895.77	6134.32	21218.69
杨林村	8.31	851	34	3067	15054.10	7716.00	7338.11	23926.01
白翎村	9.76	1053	39	3487	15555.07	7606.01	7949.07	22796.29
云源村	10.7	827	26	2823	10606.34	5096.56	5509.78	19517.45
合计	62.28	6381	251	21981	92100.42	45848.14	46252.28	20816.82

【张湘平到杨林乡走访慰问韶山乡知名人士】　1月18日，市政协主席张湘平、副市长易继辉到杨林乡走访慰问创业党员、困难党员和韶山籍知名人士父母。

【开展“我为韶山添新绿”活动】　3月14日，杨林乡联合韶山市政协办公室、卫生健康管理局等后盾单位，发动机关干部、群众、志愿者共120余人在团田村种植红叶石楠等乔木200多棵。

【唐杰到杨林乡红旗水库开展巡查】 6月15日，韶山市委书记、市第一总河长唐杰到杨林乡红旗水库开展巡查，查看水质，了解河道治理、水源保护、流域面源污染防治等工作，并现场办公解决问题。

【杨林乡第十五届人民代表大会第七次会议】 6月30日，杨林乡第十五届人民代表大会第七次会议在乡机关215会议室召开。会议听取并审查《杨林乡2020年上半年政府工作报告》和《杨林乡2020年上半年人大主席团工作报告》，审议通过《杨林乡2020年上半年财政预算执行情况和预算调整方案的报告》。

【何俊峰到杨林乡调研垃圾分类工作】 8月4日，湘潭市委副书记何俊峰带队来到韶山调研农村人居环境整治工作，实地考察杨林乡垃圾分类工作。湘潭市副市长刘永珍、湘潭市政协副主席毛先林参加调研。韶山市委书记唐杰作情况汇报，杨林乡党委书记龙江陪同。

【陈军到杨林乡调研社会工作】 9月14日，民政部慈善事业促进和社会工作司副司长陈军到杨林乡开展社会工作调研。湖南省民政厅一级巡视员杨薇、湘潭市民政局局长禹尚良、韶山市副市长兰筱村陪同调研。

【杨林乡支村“两委”选举换届】 9月30日，杨林乡启动支村两委换届工作，12月底完成。选举产生42名村干部。支村两委成员平均年龄43岁，其中35岁及以下12名，大专及以上学历24名，女性委员14名，交叉任职19人。

【韶山市杨林乡红林花海项目试营运】 10月1日，杨林乡红林花海项目试营运，试营运期为1年，其间对游客免费开放。

【韶山市全民广场舞大赛在杨林乡石屏村举行】 10月23日晚，韶山市2020年全民广场舞大赛在杨林乡石屏村和馨园乡村文艺大舞台举办专场比赛，来自团田村、石屏村、云源村、瓦坪村、双和村、白翎村共计13支队伍参赛，其中团田村《拥军秧歌》、石屏村《中华全家福》舞蹈获比赛一等奖。

【韶山市委宣讲团到杨林乡开展集中宣讲】 12月10日上午，学习贯彻党的十九届五中全会精神市委宣讲团到杨林乡开展集中宣讲。韶山市委宣讲团成员、韶山市委书记唐杰作贯彻党的十九届五中全会精神宣讲报告。

【中共杨林乡第十四届代表大会第六次会议】 12月23日上午，中国共产党杨林乡第十四届代表大会第六次会议在乡机关215会议室召开，112名党代表参加会议。大会听取审议杨林乡党委书记龙江作党委工作报告，通过《党委工作报告》《纪委工作报告》的决议。

【杨林乡第十五届人民代表大会第八次会议】 12月30日，杨林乡第十五届人民代表大会第八次会议在乡机关215会议室召开，46名正式代表参加会议。大会听取和审议《政府工作报告》《人大主席团工作报告》《财政预决算报告》，并依法选举兰宁为杨林乡人民政府乡长，刘晓洪为杨林乡人民代表大会主席，陈泽舒和龙婧宇为杨林乡人民政府副乡长。

（黄亚锋）

（责任编校 颜家友 苏 良）

人物·荣誉录

湖南省三八红旗手

【周晓园】 女，1976年3月出生，中共党员，韶山市人，现任清溪镇火车站社区党委书记、主任。2003年，27岁的周晓园从一名普通的下岗职工通过公开竞聘当选为火车站社区主任，2018年，担任火车站社区党委书记、主任。

火车站社区共有8025户，管辖105个小区、单位、商业小区。服务对象18473人。社区党委下设10个党支部，20个党小组，有党员327名，是全市人口最多的社区。

2020年，周晓园已在社区工作了17年。17年的坚守与执着，17年的创新和奉献，她始终坚持扎根基层为群众服务的思想，为社区贡献力量的情怀；始终坚持“以人为本”的工作理念和服务原则，兢兢业业，扎扎实实，创造了不平凡的业绩，让社区更和谐，居民更幸福。

周晓园通过多年的打拼和探索，成功创新了一系列工作方法和模式。创新实施党员百分制考核和上墙亮分管理模式；创新探索“网格化”管理模式，按每个网格约1600户居民划分为5个网格，层层选出负责人分片管理和服务；创新开展“居民点单、社区下单、党员接单”模式，组织党员开展“四送”活动。2015年，为了社区有一个自己的工作阵地，周晓园通过各种途径和渠道，跑项目，争资金，四处劳累奔波，争取到了国家社区综合服务中心建设项目，并争取了800多万元的援建资金，建成了2000平方米的社区服务中心，极大地改善了社区办公条件，提升了服务水平。条件改善了，她又成功创建了韶山市第一个“一站式”服务的社区服务中心。整合资源，开设了一站八室三中心一广场。这些创新和管理模式得到了上级表彰和群众认可。近年来，火车站社区先后获得“全国和谐示范社区”“全国科普示范社区”“全国基层规范化建设示范社区”“全国减灾防灾示范社区”和省、市授予的各种荣誉称号。周晓园也先后获得“全国消防宣传工作先进个人”“全国人口普查先进个人”“全省优秀党务工作者”“湖南省劳动模范”等荣誉称号。2020年，获“湖南省三八红旗手”称号。

（苏　良）

湖南好人

【谢京松】 男，中共党员，1994年出生，2010年应征入伍，现任韶山市消防救援大队毛泽东同志故居消防救援站特勤班班长。

他视驻地为故乡，把人民当父母，传承韶山精神，用热血和汗水恪守“全心全意为人民服务”的誓言，敢打敢拼，英勇顽强，凭借自身的勇气、智慧和经验应对一次又一次的挑战，在一次次血与火、生与死的考验中，他和战友们挑重担、当先锋。自参加工作以来，他参与灭火救援600余次，社会救助300余次，抢救遇险群众50余人，为群众挽回经济损失300余万元。

他也是学雷锋的典型。积极参与青年志愿服务活动，始终坚守在“爱民巡查线”和“便民执勤点”，排查火灾隐患、宣传消防知识、义务咨询、免费提供茶水药品，真情为民服务。同时助学贫困儿童，关心帮助老年人，他总是以自己的行动温暖身边的每一个人。2016年，谢京松被评为“湖南省雷锋式爱民官兵”。

他吃苦耐劳，苦练过硬本领。5公里越野、百米障碍、负重登楼、挂钩梯等项目都是他的“拿手好戏”，成为队里的训练尖子。2015年，他荣获“湖南省消防总队优秀共产党员”称号；2016年荣获“全省训练标兵”；2017年，他代表湘潭市消防支队参加湖南总队夏训比武，勇夺负重登10楼项目第二名。

2020年，谢京松荣获“湖南好人”称号。

（苏　良）

全省先进税务工作者

【谭海池】 男，中共党员，1969年2月出生，1991年参加税务工作，2013年12月调任韶山市国家税务局党组书记、局长，2018年担任新成立的国家税务总局韶山市税务局党委书记、局长。

他是敢打硬仗的“实干家”。调任韶山后，他深入调查走访，分析税源形式，了解征管现状，及时提出“综合治税和勤征细管”两手抓的工作思路，组织开展服务大项目，促进大发展活动。同时，成立议事机构，组建工作团队，围绕组织收入、减税降费、个税改革等要点协力攻坚，收到良好效果。第一年税收收入突破亿元大关，2016年和2017年税收增幅分别55.4%和46%，2019年税收收入突破6亿元大关，实现历史性跨越。增幅位居湘潭税务系统第一名。他是担当负责的“好班长”。他以身作则，严于律己，事事处处起模范带头作用。同时大力培养和提拔选用年轻干部，调动他们积极性，努力做好税务工作。他是清正廉洁的“带头人”。几年来，他时刻以党员的标准严格要求，模范执行廉洁自律的相关规定。严以修身、严以用权、严以律己，认真把好权力关、人情关。2020年，他荣获“湖南省先进税务工作者”称号。

在他的组织和领导下，韶山市税务局工作出色，成效显著，相继荣获“全国税务系统先进集体”“全国模范职工之家”“全国工人先锋号”“湖南省文明标兵单位”“湘潭税务工作先进单位”等称号。

（苏　良）

脱贫攻坚立大功

【赵波】 男，汉族，中共党员，1989年出生，大学本科，现任韶山市农业农村局扶贫开发股股长。

2017年，赵波担任扶贫开发股股长，开始时，特别注重自身素质和能力的培养。他挤时间努力学习、钻研业务、吃透政策、了解信息，全面掌握基层脱贫攻坚的难点和重点，不断提高工作能力和水平。

他立足本职，爱岗敬业，带领扶贫股一班人，把基层当战场，进村入户了解情况，分析贫困原因，为贫困户制定帮扶计划，并通过各种途径和渠道，帮助解决实际困难，积极鼓励他们自力更生，艰苦奋斗，走上致富增收路。

他始终把扶贫开发股作为全市脱贫攻坚工作的“参谋部”，向领导和相关部门建言献策，提供参谋，每年起草扶贫工作要点、实施方案、相关制度、考核办法，明确相关单位和部门的责任和任务，理顺协调多方关系，健全脱贫攻坚新机制，落实扶贫政策。脱贫攻坚工作收到了良好效果。2017年－2018年韶山市扶贫工作在湘潭市年终考核中名列第一名；2018年韶山市率先消除绝对贫困工作经验得到省政府的高度肯定；2019年韶山市在省脱贫攻坚考核中获得“好”的等次；2020年韶山市贫困人口如期实现脱贫。2020年，赵波获得“湖南省事业单位脱贫攻坚工作记大功”奖励。

（苏　良）

荣誉录

2020年韶山市获中央部委级表彰的先进集体一览表

表15

获奖单位	获奖名称	授奖单位
韶山市	全国双拥模范县（市）	全国双拥工作领导小组、退役军人事务部、中央军委政治工作部
韶山市	全国农村生活垃圾分类和资源化利用示范县（市）	国家住房和城乡建设部

续表15

获奖单位	获奖名称	授奖单位
韶山市	全国第五批率先实现农作物生产全程机械化示范县（市）	国家农业农村部办公厅
韶山市	全国无障碍环境县（市）	国家住房和城乡建设部
韶山市税务局	全国税务系统先进集体	国家人力资源和社会保障部、国家税务总局
韶山市税务局	全国文明单位	中央精神文明建设指导委员会
韶山市委统战部	全国统一战线宣传工作先进单位	中共中央统战部
韶山市消防救援大队	第五届全国119消防先进集体	国家应急管理部
市公安局韶山冲派出所	第十六届全国职工职业道德建设先进单位	中共中央宣传部、中华全国总工会、中央文明办、国家商务部
火车站社区	全国民主法治示范社区	中华人民共和国司法部、民政部
韶山村	列入全国乡村旅游重点村名录	国家文化和旅游部
韶阳村	全国脱贫攻坚先进集体	中共中央、国务院
黄田村	全国文明村镇	中央精神文明建设指导委员会
韶山冲社区	全国学雷锋最美志愿服务社区	全国学雷锋志愿服务活动组委会
银田村	中国美丽休闲乡村	国家农业农村部办公厅
韶山市林业有害生物中心测报点	国家级林业有害生物中心测报点先进单位	国家林业和草原局森林和草原病虫害防治总站

2020年韶山市获省厅级表彰的先进集体一览表

表16

获奖单位	获奖名称	授奖单位
韶山市	全省安全生产和消防工作优秀单位	中共湖南省委、省政府办公厅
韶山市	全省信访工作“三无”创建达标县（市）	湖南省政府
韶山市	全省自然资源信访工作先进单位	湖南省军区
韶山市	全省人居环境整治成效明显县（市）	湖南省人民政府
韶山市	全省工业经济运行监测协调工作先进县（市）	湖南省工业和信息化厅
韶山市	湘潭市无传销县、市、区	湘潭市打击传销工作协调领导小组
韶山市	湖南省双拥模范县（市）	中共湖南省委、省人民政府、湖南省军区
韶山市	湖南省森林城市	湖南省人民政府
韶山市	全省平安建设先进县（市）	中共湖南省委办公厅、湖南省人民政府办公厅
韶山市	全省全面小康推进工作优秀县（市）	中共湖南省委、湖南省人民政府
韶山市	湖南省市场监管工作先进地区	湖南省人民政府办公厅
韶山市人武部	全省安全管理工作先进单位	湖南省军区

续表16

获奖单位	获奖名称	授奖单位
市纪委监委机关	湘潭市文明标兵单位	湘潭市精神文明建设指导委员会
韶山市应急管理局	全省防汛救灾先进单位	湖南省防汛抗旱指挥部
韶山市市场监督管理局	湘潭市打击传销工作先进集体	湘潭市打击传销工作协调领导小组
韶山市文旅广体局	全省抗击疫情、推动复工复产先进单位	湖南省文化和旅游厅
韶山风景名胜区管理局	全省风景名胜区保护管理工作先进单位	湖南省自然保护地协会
韶山市消防救援大队	全省消防救援先进基层单位	湖南省消防救援总队
韶山市税务局	湖南省文明窗口单位	湖南省精神文明建设指导委员会
韶山市税务局	湖南省模范职工之家	湖南省总工会
韶山市财政局	湖南省文明（标兵）单位	湖南省精神文明建设指导委员会
韶山市商务局	湖南省商务工作先进单位	湖南省商务厅
韶山市计划生育协会	全省计生协重点工作优秀单位	湖南省计划生育协会
韶山市人民医院	湖南省抗击新冠肺炎疫情先进集体	中共湖南省委、省人民政府
韶山市红十字会	全省红十字系统先进集体	湖南省人力资源和社会保障厅、湖南省红十字会
韶山市气象台	全省气象服务工作嘉奖	湖南省气象局
市公安局人口与出入境管理大队	湖南最美政务辅警单位	湖南省公安厅
市公安局法制大队	全省公安机关执法示范单位	湖南省公安厅
市公安局治安大队	中国——非涉经贸博览会筹办工作省级先进单位	湖南省人民政府
市公安局交警大队	全省疫情防控和交通安保工作先进集体	湖南省公安厅
市公安局韶山冲派出所	全省十佳公安基层单位	湖南省人力资源和社会保障厅、湖南省公安厅
韶山市银田镇武装部	湘潭市先进基层人民武装部	湘潭军分区
韶山乡	湘潭市安全生产工作先进单位	中共湘潭市委、市人民政府
清溪镇	湖南省文明村镇	湖南省精神文明建设指导委员会
清溪镇	湘潭市安全生产和消防工作优秀单位	中共湘潭市委、湘潭市人民政府
银田镇	湘潭市安全生产优秀单位	中共湘潭市委、市人民政府
韶山乡财政所	湖南省星级财政所	湖南省财政厅
银田村	湖南省休闲农业集聚发展示范村	湖南省农业农村厅
韶山乡退役军人服务站	全省退役军人服务站标杆单位	湖南省退役军人事务厅
银田镇财政所	湖南省星级财政所	湖南省财政厅
韶山乡武装部	湘潭市征兵工作先进单位	湘潭市人民政府

续表16

获奖单位	获奖名称	授奖单位
韶山乡韶润村	湖南省乡村旅游重点村	湖南省文化和旅游厅
韶山乡平里村	全省文化和旅游扶贫示范村	湖南省文化和旅游厅
清溪镇火车站社区人大代表工作站	湘潭市优秀人大代表工作站	湘潭市人大常委会
韶山市人大代表小组	湘潭市优秀人大代表小组	湘潭市人大常委会
银田镇银园村民兵连	湘潭市先进民兵连	湘潭军分区
毛家集团有限公司	湖南省休闲农业与乡村旅游五星级企业	湖南省农业农村厅
汇弘实业有限公司	湖南省农业产业化省级龙头企业	湖南省农业农村厅
韶山毛二山庄	湖南省休闲农业示范农庄	湖南省农业农村厅
韶山乡学校	湖南省乡村温馨校园	湖南省教育厅
韶山学校小学部	湖南省巾帼文明岗	湖南省妇联
清溪镇火车站社区	湖南省优秀基层党组织	中共湖南省委组织部

2020年韶山市获中央部级表彰的先进个人一览表

表17

姓　名	单位和职务	获奖名称	授奖单位
毛雨时	韶山村党委第一书记	全国离退休干部先进个人	中共中央组织部
汤瑞仁	毛家饭店发展有限公司董事长	全国爱国拥军模范	全国双拥工作领导小组国家退役军人事务部、中央军委政治工作部、国家人力资源和社会保障部
陈超强	市公安局清溪派出所一级警员	国家公安部嘉奖	国家公安部
马赛斯	生态环境局韶山分局环境管理股股长	第二次全国污染源普查工作先进个人	第二次全国污染源普查领导小组
廖国梁	韶山市农业农村局种植业管理和农机科教股股长	第二次全国污染源普查工作先进个人	第二次全国污染源普查领导小组
李　华	韶山市农业农村局农业发展服务中心主任	全国农村承包地确权登记颁证工作先进个人	国家农业农村部
毛雨时（家庭）	韶山乡韶山村	全国第二届文明家庭	中央文明委员会
刘朝阳（家庭）	韶山乡双石村	第十二届全国“五好”家庭	全国妇联

2020年韶山市获省厅级表彰的先进个人一览表

表18

姓　名	单位和职务	获奖名称	授奖单位
周晓园	清溪镇火车站社区党委书记、主任	湖南省抗击新冠肺炎疫情先进个人	中共湖南省委省人民政府
		湖南省三八红旗手	湖南省妇女联合会
		湖南省最美科技志愿者	湖南省科学技术协会

续表18

姓　名	单位和职务	获奖名称	授奖单位
彭利霞	韶山市财政局总会计师	全省财政工作先进个人	湖南省财政厅
彭建国	韶山市委党史研究室四级调研员	湖南省档案工作先进个人	湖南省档案局、湖南省人事劳动和社会保障厅
刘　洋	清溪镇政府工作人员	湖南省脱贫攻坚先进个人	中共湖南省委、湖南省人民政府
章爱良	韶山冲派出所所长	立二等功	湖南省公安厅
刘曙光	韶山市交警大队教导员	立三等功	湖南省公安厅
邹弘毅	市公安局刑事侦查大队教导员	立三等功	湖南省公安厅
李　勇	市公安局法制大队大队长	立三等功	湖南省公安厅
沈学武	市公安局清溪派出所所长	立三等功	湖南省公安厅
谭　艺	市公安局清溪派出所四级警长	立三等功	湖南省公安厅
刘满松	市公安局韶山冲派出所副所长	全省百佳优秀公安民警	湖南省公安厅
尹　凯	杨林乡武装部专武干事	湘潭市先进基层人武干部	湘潭军分区
彭　圆	市人武部军事科参谋	湘潭军分区嘉奖	湘潭军分区
林　超	市人武部军事科参谋	湘潭军分区嘉奖	湘潭军分区
张　敏	市人武部舆论宣传排宣传员	湘潭市先进民兵	湘潭军分区
孙永清	韶山乡韶润村民兵连长	湘潭市先进民兵干部	湘潭军分区
李春耕	韶山市人民医院重症监护室副主任	湖南省抗击新冠肺炎疫情先进个人	中共湖南省委省人民政府
章　毅	银田镇武装部部长	湘潭市征兵工作先进个人	湘潭市政府
贺锋强	韶山乡韶阳村党委副书记	全省抗击疫情先进个人	中共湖南省委省人民政府
谢京松	韶山市故居消防救援站消防员	湖南好人	湖南省精神文明建设委员会
胡　栋	韶山市故居消防救援站站长	全省消防救援系统优秀共产党员	湖南省消防救援总队
彭继山	韶山市市场监督管理局局长	湖南省最美消费维权人物	湖南省消委会
刘显骅	韶山市市场监督管理局稽查大队副大队长	湘潭市打击传销工作办案先进个人	湘潭市打击传销工作协调领导小组
康佳萱	市检察院第二检察部负责人	全省民事检察业务能手	湖南省人民检察院
王成强	韶山市气象局副局长	湖南省气象工作嘉奖	湖南省气象局
刘朝阳（家庭）	韶山乡双石村	湖南省抗疫最美家庭	湖南省妇联
赵　波	韶山市农业农村局扶贫开发股股长	湖南省事业单位脱贫攻坚记大功	湖南省人力资源和社会保障厅、湖南省扶贫开发办
谭海池	韶山市税务局局长	全省税务先进工作者	中共湖南省委省人民政府
毛治国	韶山乡党委副书记、人大主席	湘潭市优秀人大代表	湘潭市人大常委会
彭国光	韶山市自然资源局党组书记、局长	湘潭市优秀人大代表	湘潭市人大常委会

续表18

姓　名	单位和职务	获奖名称	授奖单位
黄　锦	市税务局科员	全省税务信息技术专项工作先进个人	湖南省税务局信息中心
刘红军	市人大选举任免联络委员会主任	湘潭市优秀人大工作联络员	湘潭市人大常委会
毛　恋	韶山市林业局股长	全省整合优化工作先进个人	湖南省林业局
刘　波	市发改局干部	全省价格认定工作先进个人	湖南省价格认证中心
赵　刚	生态环境局韶山分局局长	全省生态环境保护工作先进个人	湖南省生态环境厅、省人力资源和社会保障厅
刘敦培	生态环境局韶山分局党组成员	第二次全国污染源普查工作省级先进个人	湖南省生态环境保护委员会
胡卫红	人民银行韶山支行行长	“红色国库事业奠基人毛泽民”陈列室建设项目先进个人	国家金库湖南省分库
刘海印	人民银行韶山支行副行长	“红色国库事业奠基人毛泽民”陈列室建设项目先进个人	国家金库湖南省分库
庞景高	人民银行韶山支行会计国库股股长	“红色国库事业奠基人毛泽民”陈列室建设项目先进个人	国家金库湖南省分库
蒋镇武	人民银行韶山支行办公室主任	“红色国库事业奠基人毛泽民”陈列室建设项目先进个人	国家金库湖南省分库
罗娅宁	人民银行韶山支行科员	“红色国库事业奠基人毛泽民”陈列室建设项目先进个人	国家金库湖南省分库
贺子洵	人民银行韶山支行科员	“红色国库事业奠基人毛泽民”陈列室建设项目先进个人	国家金库湖南省分库

附 录

文献文摘

在市委经济工作会议上的讲话

中共韶山市委书记 唐 杰

（2021年1月12日）

同志们：

今天召开市委经济工作会议，主要任务是深入学习贯彻习近平新时代中国特色社会主义思想和习近平总书记考察湖南重要讲话精神，全面贯彻党的十九大和十九届二中、三中、四中、五中全会精神，认真落实中央、省委和湘潭市委经济工作会议部署要求，总结2020年经济工作，分析当前经济形势，谋划部署2021年经济工作。

中央经济工作会议深入分析了国内外经济形势，明确提出了今年经济工作的总体要求、政策取向和重点任务，为我们做好今年和更长一个时期经济工作提供了根本遵循。省委经济工作会议就今年经济工作作了全面部署，达哲书记出席湘潭组讨论，提出了“定战略、明任务、干实事、抓项目，闯新路、绘蓝图、聚人才、破险阻”的“24字”指示要求，进一步指明了工作方向；前不久召开的湘潭市委经济工作会议，明确了湘潭市2021年经济工作的总体要求和目标任务，我们要认真学习领会、抓好贯彻落实。下面，我讲五个方面意见。

一、回顾总结成绩与经验，坚定推动高质量发展的信心决心

2020年是极不平凡的一年。面对国际国内形势的深刻复杂变化，面对突如其来的新冠肺炎疫情，我们认真贯彻中央、省委和湘潭市委决策部署，统筹推进疫情防控和经济社会发展，扎实做好“六稳”工作、全面落实“六保”任务，经济增速稳步回升，结构持续优化，质量和效益不断改善。一是经济运行企稳向好。疫情防控和复工复产有力有效，预计全年地区生产总值、规模工业增加值、固定资产投资分别增长4%、3%、13%，一般公共预算收入增长11.9%，全体居民人均可支配收入增长8.1%。二是三大攻坚战战果丰硕。全市4664名建档立卡贫困人口脱贫成果全面巩固；空气质量达标率创历史新高，环境质量位列湘潭市第一；政府性债务风险等级从一类预警地区降为二类。三是乡村振兴稳步推进。粮食播种面积和产量稳中有升，村级集体经济“薄弱村”全面清零，治理效能和人居环境持续优化。四是项目建设成效显著。25个项目竣工投产，引进亿元以上项目13个、“三类500强”企业2家，

产业投资增长13.6%。五是产业发展质效双升。红色教育培训的龙头作用有效发挥。新增规模以上工业企业11家、高新技术企业14家，高层次研发机构和创新平台达到31家。六是营商环境持续优化。减免企业税费1.56亿元。94%的政务服务事项实现“最多跑一次”，容缺审批、闭环审批协同推进，工程建设项目审批效率全省第一。市场活力持续激发，新增市场主体1086家。七是民生福祉不断增进。全面小康“六覆盖”任务和民生实事项目全面完成。芙蓉学校建成开学，城区义务教育学位难求的问题彻底解决；新增公办幼儿园学位480个。文化、体育、健康和社会保障事业繁荣发展。创成全国双拥模范市，获评省平安建设（综治工作）先进市、全省安全生产和消防工作优秀单位等。

2020年是“十三五”收官之年。经过五年接续奋斗，全市经济社会发展取得历史性成就，“十三五”规划目标任务基本完成。率先在全省消除绝对贫困。人均GDP突破9万元，万元GDP能耗累计下降18%。高新技术产业增加值占GDP比重达35%，高新区综合排名大幅前移。各领域风险总体可控。创成并蝉联全国文明城市，荣获“长安杯”、国家全域旅游示范区、全国科技进步先进市等国省级全市性荣誉和试点示范60项以上。全市综合实力跃上新台阶，全面小康实现程度有望达到100%，为开启全面建设社会主义现代化新征程奠定了坚实基础。

事非经过不知难。取得这样的成绩，是习近平新时代中国特色社会主义思想科学指引的结果，是中央、省委和湘潭市委坚强领导的结果，是全市干部群众团结拼搏、苦干实干的结果。在实践中，我们重点把握以下几个方面。一是坚定不移以习近平新时代中国特色社会主义思想武装头脑，真学真信、深学笃用，坚持将学习总书记重要讲话指示精神作为市委常委会第一议题，围绕总书记关心重视的事项和中央、省委、湘潭市委的决策部署，安排“七个一批”工作任务，把握重点，系统推进。实践证明，只有不断增强“四个意识”、坚定“四个自信”、做到“两个维护”，沿着总书记指引的方向奋勇向前，才能不断从胜利走向胜利。二是坚定不移以新发展理念指导实践，将其贯穿发展各领域和全过程，一体推进产业项目建设、乡村振兴、科技创新和“三禁三不”等工作，探索出总部经济、飞地经济、教育培训、双品牌等业态和模式，形成了以文化旅游、先进装备制造、新能源新材料、食品医药为主导的产业发展新格局。实践证明，只有坚持把新发展理念作为指挥棒，树牢正确政绩观、发展观，才能在高质量发展的道路上行稳致远。三是坚定不移以改革开放激发活力，解决了一批制约高质量发展的重点难点问题，形成了900余项制度性成果，引进了三一、湘投等大批实力企业。实践证明，只有用敢涉险滩、敢啃硬骨头的精神深化改革，用开放的思维和方式推动发展，才能破除发展道路上的艰难险阻，创造新的更大成就。四是坚定不移以民本情怀履行职责，践行以人民为中心的发展思想，在大汛大疫面前把群众生命安全和身体健康放在第一位，在教育、养老、工程建设等领域解决了一批“急难愁盼”问题，在文明创建、综治维稳和垃圾分类等方面为群众带来了看得见、摸得着的实惠。实践证明，只有坚持人民至上，把人民对美好生活的向往作为我们的奋斗目标，不断增强群众获得感、幸福感、安全感，才能赢得群众的信任、拥护和支持。五是坚定不移以党的建设统领全局，积极推动党领导经济社会发展制度化、规范化、程序化，定期研判经济形势，切实提高把方向、谋大局、定政策、促改革的能力，全面践行“四责四诺”，切实激发“两个作用”，让党旗始终在经济建设主战场高高飘扬。实践证明，只有坚持和加强党对经济工作的集中统一领导，才能确保经济工作落到实处、结出硕果。

二、辩证分析机遇与挑战，增强工作的主动性和前瞻性

十九届五中全会指出，我国发展仍然处于重要战略机遇期，但机遇和挑战都有新的发展变化。我们要把韶山的发展放到重要战略机遇期中去思考、去谋划，因势而谋、应势而动、顺势而为，在危机中育先机、于变局中开新局。

第一，红色旅游持续升温，为韶山红色教育培训发展提供了历史机遇。习近平总书记亲临湖南考察时强调，要用好红色资源，讲好红色故事，搞好红色教育，让红色基因代代相传。2021年是我们党百年华诞，弘扬红色文化、传承红色基因将成为这个“红色年”的主旋律。省委明确提出“支持以韶山为龙头建设红色教育培训基地”；达哲书记新年首次调研就在湘赣边革命老区，提出要着力建设韶山至井冈山红色旅游（铁路）专线项目，红色旅游、红色培训、红色研学将迎来新一轮发展热潮，为我们建设红色教育培训示范基地提供了难得的历史性机遇。

第二，伟人家乡独特地位，为韶山经济社会赶超发展增添了起跑优势。韶山人脉宽广，不仅每年有络绎不绝的游客，更有无数对毛主席感情深厚的企业家和知名人士，大家出门在外总能受到格外的礼遇；上级一直对韶山高看一眼、厚爱三分，不论是项目资金支持、还是品牌创建，都给予了重点倾斜，近三年安排的国省试点示范项目就达30项，上级补助收入年均增长9%以上，债务化解、航天资源争取等工作都得到了省委、省政府的大力支持，充分体现了上级和社会各界对韶山的关心重视。只要我们大胆创新、勇于开拓，策划一批好项目，精准衔接、积极沟通，就能汇集共建韶山的强大合力。

第三，开放合作步伐加快，为韶山融入区域发展格局创造了有利条件。长株潭具有“左右”逢源的区位优势、人口众多的市场优势、联结国内外大市场的枢纽优势，随着湖南自贸区建设和长株潭一体化加速实施，不仅巩固了在中部地区崛起战略中的核心地位，也联通了长江经济带和粤港澳大湾区的国际投资贸易走廊，大批好项目纷至沓来，一批优质产品借势走出国门。“毛主席家乡”具有先天独具的品牌影响力，韶山是湖南的一张靓丽名片，只要我们发挥好“后花园”优势，找准定位、主动对接，就能在建设高新技术产业制造基地的征程中获取先机。

第四，内需市场持续扩大，为韶山新业态高质量发展释放了广阔空间。新发展格局的构建，使消费对经济发展的基础性作用得到增强，市场规模进一步扩大，将催生大批新技术、新产品、新模式。中央强调，要强化反垄断和

防止资本无序扩张、加强需求侧管理，过时的市场规则将被改写，新基建、能源设施、流通体系、健康养老等领域将迎来更大的发展空间。只要我们坚持创新引领，持续深化供给侧结构性改革，进一步调整优化创新链产业链供应链，就能在构建新发展格局中抢占市场制高点。

第五，资源优势不断聚集，为韶山产业转型提质增效积蓄了强大后劲。地热温泉、神舟十号返回舱、月壤等资源的聚集，将使韶山形成“红色文化+航天科技+温泉资源”的优势组合，对我们构建文化旅游发展新格局、打造区域生态康养首选基地具有重要支撑作用。到2030年，我国风电、太阳能发电总装机容量预计12亿千瓦以上，“十四五”将迎来风电发展的黄金期，随着三一（韶山）产业园落户，韶山风电装备有望成为新能源行业的标杆。只要我们把资源利用好、把环境优化好，进一步增强投资“洼地”效应，就一定能走出高质量发展的新路子。

第六，发展态势朝气蓬勃，为有效应对各类风险挑战赢得了战略主动。“十三五”时期，全市经济社会发展取得全方位的历史性成就，全面小康、文化旅游、文明创建、深化改革、党的建设走在前列，乡村振兴战略有力实施，三大攻坚战和民生事业等交出精彩答卷，知名企业纷纷落户韶山，经济高质量发展势头正足，为我们建设城乡融合发展幸福家园夯实了根基。只要我们坚持稳中求进，拿出只争朝夕的拼劲、锲而不舍的韧劲、抓铁有痕的干劲，一切的困难险阻都将无所畏惧。

第七，全市上下力勠同心，为韶山走在时代发展前列凝聚了智慧力量。面对突如其来的疫情，广大干部群众团结一心、逆行出征，始终坚守抗疫第一线，筑牢了疫情防控的坚实屏障；面对复杂的内外环境，全市上下同舟共济、协同联动，3月份就将产能恢复到去年同期水平，主要指标逆势上扬；面对艰巨的改革发展稳定任务，各级各部门多线作战、苦干实干，圆满完成各项任务，焕发出昂扬向上的精神风貌。只要我们继承和发扬为有牺牲多壮志、敢教日月换新天的韶山精神，就一定能在全面建设社会主义现代化的新征程中昂首阔步、走在前列。

在分析机遇、把握利好的同时，也要清醒认识前进路上的风险和挑战，增强忧患意识、树牢底线思维，采取有针对性的措施。

一是疫情的冲击。输入性风险将长期存在，外部环境和经济发展仍有诸多不确定性，产业链、供应链和外贸进出口等存在不稳定因素，商贸流通、文化旅游等一直深受影响。但我们有无比优越的制度优势，有党领导下战胜疫情的成功经验。只要我们统筹抓好发展与安全两件大事，毫不放松抓好常态化疫情防控，扎扎实实办好自己的事，就能把疫情的影响降至最低。

二是要素的制约。土地方面，随着三一项目落户，园区可用工业用地已不多，必然要求我们在项目策划和引进上，要更加注重集约用地、更加注重盘活现有资源。人才方面，科技创新人才不足，高技能人才同样缺乏，企业自主创新能力仍然不足，产业竞争优势还不够明显，必然要求我们在企业创新能力和人才队伍建设上加力提效。资金方面，财政收支压力还比较大，仍属“吃饭财政”，政府性债务风险仍然存在，本级难以拿出更多财力搞建设，必然要求我们树牢“过紧日子”思想，更加注重市场化路径、更加注重争资争项、更加注重调动社会各界的力量。

三是自身的不足。部分干部主动担当、主动作为、主动思考的意识还不强，理论水平、业务能力与高质量发展要求不相适应；部门之间协同不足，不担当、不作为、相互推诿的现象依然存在；项目建设遗留的问题仍有不少，医疗、教育等民生工作离群众的期盼仍有一定差距，这些是我们今后必须着力解决的问题。全市上下要高度重视，坚持问题导向，抓整改、补短板、强弱项，搞好统筹兼顾，确保经济工作主导权牢牢掌握在自己手中。

三、科学设定2021年预期目标，切实把握工作总体要求

今年是全面开启现代化建设新征程的第一年，是“十四五”开局之年，也是中国共产党建党100周年，做好经济工作意义重大。总体要求是：以习近平新时代中国特色社会主义思想为指导，全面贯彻党的十九大和十九届二中、三中、四中、五中全会精神，坚决落实习近平总书记关于湖南工作系列重要讲话指示精神，深入贯彻中央、省委和湘潭市委经济工作会议精神，坚持稳中求进工作总基调，立足新发展阶段，贯彻新发展理念，构建新发展格局，以推动高质量发展为主题，以深化供给侧结构性改革为主线，以改革创新为根本动力，以满足人民日益增长的美好生活需要为根本目的，深入落实“三高四新”战略和“一六二”工程，坚持创新引领开放崛起，坚持扩大内需战略基点，坚持系统观念和底线思维，坚持精准施策，更好统筹发展和安全，围绕“打造世界知名文化旅游目的地、建设现代化新韶山”战略目标，紧扣“五个韶山”的时代内涵，全面推进“四地一园”建设，扎实做好“六稳”工作、全面落实“六保”任务，巩固拓展疫情防控和经济社会发展成果，推动经济平稳健康运行、社会和谐稳定，确保“十四五”开好局、起好步，以优异成绩庆祝建党100周年。

市委考虑，今年经济社会发展主要预期目标是：地区生产总值增长8%以上；一般公共预算收入增长8%以上；规模工业增加值增长8%以上；固定资产投资增长10%以上；社会消费品零售总额增长10%以上；城乡居民人均可支配收入增长与经济发展同步，农村略高于城镇，债务风险进一步下降，完成能耗“双控”目标，确保粮食播种面积和产量稳定。

把明年经济增长预期目标定为8%以上，总体来讲，坚持了“伸手不及、跃起可取”的导向，主要考虑到三个方面。一是时代有呼唤。韶山政治地位特殊，理应为全省、湘潭市经济发展贡献更多力量。我们要在现代化建设新征程中走在前列，经济增速就必须在长株潭保持较为领先的位置。二是发展有需求。受宏观形势影响，去年基数比较低，今年经济增速将呈现“前高后低”态势，设置8%以上的目标有利于稳信心稳预期，保持经济平稳健康运行，引导各方集中精力推动高质量发展。三是自身有潜力。韶山交通区位优越、基础优势明显、发展机遇众多、高质量发展态势向好，特别是随着温泉、月壤等资源的集聚，发展前景更加广阔。只要大家团结一心、加压奋进，就能将预

期的目标变为现实，把韶山的规模做大、产业做强、人气做旺。

做好明年经济工作，要立足新发展阶段、贯彻新发展理念、融入新发展格局，深刻领会省委经济工作会议提出的当前与长远、战略与战术、供给与需求、质量与规模、政府与市场、发展与安全、抓项目与抓环境、重点与全面、全局与一域、抓大与保小“十大关系”，精准把握湘潭市委经济工作会议提出的严对标和促转化、抓当前和谋长远、抓重点和重点抓、锻长板和补短板、争牌子和务实功、抓项目和优环境“六个相统一”要求，切实发挥党组织把方向、管大局、保落实的作用，着力提升抓经济工作的意识和能力，充分发挥主观能动性，准确识变、科学应变、主动求变，牢牢把握经济发展的正确方向。

四、扎实谋划2021年重点任务，努力为“十四五”开好局

明年和今后一个时期的工作，市委八届十一次全会已作了谋篇布局，这里就“十四五”开局之年工作再简要进行强调。

第一，要用好红色资源，着力构建文化旅游发展新格局

围绕建设红色教育培训示范基地、区域生态康养首选基地，充分利用韶山的资源禀赋，以融合发展为路径、以全域旅游为方向，重点抓好“三大工程、两项计划”，打造完整的红色旅游产业链，让红色韶山更具活力。一是实施红色教育培训提质培优工程。要深挖红色文化资源、讲好红色故事，将28个现场教学点打造成为常学常新、情景交融的生动课堂；要扩大韶山干部学院、党性教育培训基地和市委党校等公办机构的影响力，积极开发一批精品课程、培养一批精英讲师、制定一批行业标准，争取一批培训机构纳入国省干部党性教育基地备案目录，推动红色教育培训规范化、标准化、品牌化发展。要积极争取国企、高校、上级行业部门和群团组织等来韶设立培训基地，深化与市外机构和景区的合作，切实发挥红色教育培训基地的龙头作用。全市各级各部门要积极行动起来，结合自身优势，在渠道拓展、课程研发、环境维护、行业规范等方面主动担当作为，争取全年红色培训、红色研学突破百万人次。二是实施文旅康养项目建设工程。要发挥红色资源的辐射效应，加快最忆韶山冲、棠佳阁等项目建设，策划实施湖湘文化小镇、城市中央公园等项目，打造文化旅游新热点；要发挥航天科技的外溢效应，精准对接战略投资商，推动航天博物馆项目加快落地，打造科教科普新课堂；要发挥温泉资源的集聚效应，加快策划温泉生态旅游小镇等项目，打造康养休闲新引擎。三是实施旅游配套设施“2335”建设工程。按照“十四五”时期“单日接待培训学员2万人、单日用餐人数3万人、住宿床位3万张、单日运送旅客5万人”的承载能力定位，采取引进和培育相结合，推进酒店、餐饮等配套设施建设，合理布局特色民宿集聚区、教育培训功能区、特色餐饮街区，筹划组建省际旅游交通运输集散中心，完善交通换乘体系，推动各业态集中连片、相互促进、融合发展。四是实施文化创意产品“超千”计划。要融合红色文化和湖湘文化内涵，聚焦特色菜品、快销食品、农副优品、伴手礼品、工艺精品、生活用品等，深化与知名品牌、网络红人、数字平台等资源的对接，打造1000种以上特色新、品质高、效益好的文创产品，努力把小产品做成大市场。五是实施旅游环境秩序整治行动计划。要以制定出台《湘潭市实施〈湖南省韶山风景名胜区条例〉办法》为契机，深化旅游管理体制机制改革，用铁的决心、铁的作风、铁的手腕依法重拳整治旅游环境秩序，完善旅游诚信体系，从根源上铲除乱象滋生的土壤，让游客在风清气正的环境中接受红色精神的洗礼。

第二，要强化创新驱动，着力推动制造业高质量发展

把握湖南打造“国家重要先进制造业、具有核心竞争力的科技创新高地”契机，加快建设高新技术产业制造基地，让创新韶山更具实力。重点推进“五大建设”。一是推进园区高质高效建设。要聚焦“十四五”达到国家级高新区入门条件的目标，优化空间结构布局，加快调规扩区和基础设施改造升级，推进产城融合，壮大新型工业发展主阵地。要将发展效益作为硬指标，2021年，高新区要实现技工贸总收入280亿元，增长20%以上；完成固定资产投资60亿元，增长16%以上；新增税收过亿元的企业1家、过千万元的企业1家、过500万元的企业2家；实现税收7.6亿元，增长20%以上。二是推进企业创新能力建设。要强化企业在科技创新中的主体地位，引导企业加大研发投入，推进设备更新和技术改造，提高核心竞争力。要深化高校在产学研合作中的支撑作用，争取更多院士在韶山设立工作站，创造更多“独门绝技”。要发挥科技成果转化的乘数效应，积极申创国家级创新孵化器，抓好知识产权保护，实施质量强市战略，进一步调动各类主体的创新积极性。三是推进优势产业链建设。要围绕先进装备制造、新能源新材料、食品医药等产业补链、延链、强链，扩大三一、恒欣、润泽新能源等企业的影响力，发挥雨韶产业园的资源优势，培育和引进一批风电装备、碳基材料、人工智能等领域配套企业。要围绕打造新的经济增长点，引进和培育一批自主研发能力强、链条辐射长的核心技术企业和研发平台，深化对总部经济、军民融合等领域的探索，统筹发展现代服务业，推动产业“链式”发展。四是推进标杆龙头企业建设。落实湘潭市规模企业量质“两增”行动、领军企业上市“激励”行动、骨干企业引领“培强”行动、中小微企业成长“扶苗”行动部署，完善支持实体经济发展的政策措施，新增规模以上工业企业10家以上、高新技术企业10家以上，支持恒欣、中韶等有基础和实力的企业朝上市目标迈进。五是推进人才队伍建设。要发挥自身优势，深入实施“映山红”人才计划，着力培养和引聚一批科技领军人才、基础研究人才、行业紧缺人才、专业技能人才和创新研究团队，壮大高质量发展人才支撑。

第三，要聚力乡村振兴，着力推进农业农村现代化

全面推进乡村振兴，是“十四五”时期的重中之重。要深入贯彻中央农村工作会议精神，稳住农业基本盘、筑牢“三农”压舱石，为建设城乡融合发展幸福家园夯基固本。重点抓好“七大行动”。一是粮食安全保护行动。要坚持最严格的耕地保护制度，持续整治耕地抛荒，推进高

标准农田和水利设施建设，培育一批种粮大户，打造“百里万亩”油菜产业片，持续稳面积、稳产量、提品质。二是品牌农业升级行动。要按照四季化种植、生态化栽培、项目化推进、科技化引领、企业化运作、品牌化打造、集群化发展的思路，以现代农业示范园为主阵地，以小水果、茶业、富硒菌、肉食品等为主产品，大力发展精细农业，推动农副产品精深加工向全产业链发力。做实区域公共品牌，打造一批“两品一标”农产品，提升产值和附加值。三是经营主体培强行动。落实省级新型经营主体示范创建活动部署，培育省级示范家庭农场5户、省级农民合作社5个以上；围绕“十四五”时期培育5家省级龙头企业的目标，打造一批有竞争力的农业现代化联合体。要切实把农民组织起来，加强新型职业农民培训，拓宽群众增收渠道，促进居民共同富裕。四是村级经济增收行动。要按照一二三产业融合发展的思路，因地制宜打造“一村一品”，规划建设一批生态休闲村、研学培训村、绿色水果村、有机蔬菜村、代工作坊村等。十九届五中全会提出以工补农、以城带乡，我们要因势而谋，在各乡镇选择1–2个有条件的村作为试点，以农村改革为契机，盘活集体建设用地和闲置资源资产，采取“合作社+园区+企业”模式，打造一批标准化车间和工厂，发展劳动密集型、生态环保型产业，拓宽村级集体经济增收渠道。五是脱贫成果提升行动。要扎实做好巩固拓展脱贫攻坚成果同乡村振兴有效衔接，保持帮扶政策总体稳定，健全防止返贫动态监测和帮扶机制，深化产业扶贫、消费扶贫，促进脱贫群众稳定增收。六是乡村建设示范行动。要聚焦打造全国农村人居环境示范，完善水、电、网等基础设施，推进数字乡村建设；争创“四好农村路”国家级示范县；要进一步提升农村垃圾分类成果，推进厕所革命、污水治理、“生态廊道”建设，加强农业面源污染治理，规范农村建房管理，落实“十百千万”创建活动部署，以美丽乡村建设助力乡村振兴。七是乡村治理提效行动。要以推进全国乡村治理体系建设试点工作为抓手，提升网格化管理、村规民约等工作成效，打造全国乡村治理示范，赋能农业农村现代化。

第四，要深化文明建设，着力打造宜居宜业宜游之城

瞄准在全国文明城市建设复评中跻身前十的目标，积极创建国家生态文明建设示范市、国家森林城市、国家卫生城市，重点推进“三化”，让文明韶山、美丽韶山更具质感。一是生态治理要系统化。坚持生态优先、绿色发展，统筹山水林田湖草系统治理，开展国土绿化行动，落细落实河（库）长制、林长制和“三禁三不”等工作，切实解决好巡视和督察反馈的突出问题，改善生态环境质量，不断满足群众对美好生态环境的新期待。要加快绿色低碳发展，全面提升资源使用效率，促进人与自然和谐共生。核心景区是韶山的“生命线”，要用心用力推进核心景区“严管严控严治”，加强对景区资源的有效保护，实现人文风貌与革命纪念地相得益彰。二是城市管理要精细化。以“绣花功夫”推动城市管理提质升级，在老旧小区改造、物业服务提升、黑臭水体治理、雨污分流改造、智慧城市建设、城镇垃圾分类等方面持续发力，不断完善城市功能。要坚持规划引领，把好建设审批关，加强城市和建筑风貌管理，依法强力推进拆违控违，促进城市高品质发展。三是文明实践要长效化。以全国新时代文明实践中心建设试点为抓手，实施全民素质提升三年行动计划，推进群众性精神文明创建活动，做实做精志愿服务，推进移风易俗、营造文明新风。要坚持精神文明与物质、政治、社会、生态文明协调发展，全领域覆盖、立体式推进，为建设红色教育培训示范基地和区域生态康养首选基地营造绿水青山、文明美丽的生态人文环境。

第五，要围绕扩大内需，着力增强经济增长内生动力

牢牢把握扩大内需这一战略基点，发挥投资的关键性作用和消费的基础性作用，重点抓好“三扩”，推动“三驾马车”联动齐驱。一是扩大有效投资。要以重点项目为抓手，发挥联点领导的协调作用，完善承诺、交办、督办、问责等机制，有序推进征地拆迁和土地流转，加快实施G240韶湘线、城乡统筹供水等一批基础设施项目，促成天为智能、非遗小镇等一批在谈项目落地建设，推动雨韶、钰盛等一批在建项目竣工达效。稳定经济增长态势，项目策划还要再加力。要围绕“两新一重”、乡村振兴等领域，策划一批增功能、利长远的基础设施项目；围绕先进装备制造、新能源新材料等优势产业，策划一批产业链上下游配套项目；围绕航天科技、温泉等优势资源，策划一批健康养老、教育培训等服务业项目，形成梯次明显、远近结合、结构优化的项目储备新格局。扩大有效投资必须抓好要素保障。今年，中央还将陆续出台稳增长、促投资的利好政策，各级各部门要提高争资争项主动性，抢前抓早，加强汇报对接，争取一批项目进入国省“笼子”。要发挥财政资金的撬动作用，激发民间投资活力，加强银企对接，加快形成市场主导的投资内生增长机制，为项目建设提供源源不断的“活水”。要进一步盘活闲置土地、厂房等资源，推进土地增减挂钩，切实保障项目的土地供给。扩大有效投资还必须更新观念。要多用市场化、系统化的思维谋划项目建设，严防政府债务风险，控增量、化存量、严关口，加强财税征管，加快平台公司市场化转型，切实摆脱“不举债搞建设就无能为力”的路径依赖。二是扩大消费需求。要主动参与湘赣边区域合作示范区建设，精准开展旅游市场营销，拓展客源市场。积极争取上级各类会议会展、赛事活动在韶山举办，大力发展赛事节会经济。要推进景城融合，有序开发利用塑像公园、烈士陵园等景点，打造特色商业街区，引导门店摊点健康发展，繁荣夜间经济。要加快完善物流快递配送体系，推进仓储物流中心建设，扩大线上新型消费。积极举办各类促进消费活动，培育家电、家居、汽车等消费热点，不断激发居民消费潜力。三是扩大对外开放。要积极融入长株潭一体化发展，深化与驻湘央企、省属国企等各类企业的合作，积极承接产业转移和配套。要主动对接长三角、粤港澳、京津冀，瞄准“三类500强”，抓好精准招商、产业链招商，着力形成更大产业集群。要深入落实省委“五大开放行动”部署，依托湖南自贸区、湘潭跨境电商平台等，以红色旅游国际合作和友城交流为突破口，引进和培育一批出口导向型龙头企业，积极争取外商来韶投资兴

业，建设全省县市第一家进出口商品展示交易中心，推动一批韶字号企业和产品走向世界。

第六，要突出改革先行，着力激发创新创业活力

结合贯彻“三高四新”战略和打造“内陆改革开放先行基地”定位，围绕中央明确的九个重点领域及关键环节，有序推进深化国资国企、投融资体制、要素市场化配置、“放管服”等“四大改革行动”，推动改革与发展深度融合、高效联动。要结合韶山实际，着力在改革上取得三大突破。一是试点示范带动取得突破。近年来，国、省相关部门先后将乡村治理、文明实践、基层党建等一批试点放在韶山并寄予殷切期望，各单位要在实践中勇于探索新的发展路径、创造新的工作方法，发挥改革试点的示范突破带动作用，努力把先行先试变成示范引领，形成一批可复制、可推广的成功经验，争取获得一批国、省表彰激励，切实提高韶山模式、韶山经验的影响力。二是体制机制创新取得突破。要以推进治理体系和治理能力现代化为出发点，深化体制机制改革，强化制度创新，在红色培训管理、园区发展、教育提升、医卫升级、平台转型、乡村振兴、党建品牌打造等方面，出台一系列扶持性、规范性、引导性政策措施，着力破除束缚创新和发展的体制机制障碍，为高质量发展增添动能。三是营商环境优化取得突破。好的营商环境是生产力和竞争力。要对标北上广深，以务实的措施疏通从招商到投产的每一个环节，努力营造一流营商环境。要确保落地无虑，重点做实联企联项目工作，全过程跟进，全方位服务；确保创业无阻，重点用好容缺审批，为创新创业提供一切便利；确保办事无堵，重点强化闭环审批，让企业花最少的时间、交最少的材料、找最少的部门、跑最少的腿；确保经营无扰，重点健全诚信体系、维护周边环境，降低对企业生产经营的影响，助力企业“轻装快跑”；确保生活无忧，提供暖心服务，在教育、医疗、住宿、交通、文体等方面给企业职工提供更多服务保障，使职工乐意在韶山安家，让企业放心在韶山创业。

第七，要树牢民本情怀，着力保障和改善民生

坚持以人民为中心，量力而行、尽力而为，抓好十项民生工作，让幸福韶山更有温度。一是提供精准就业服务。要注重就业服务工作的精准性，切实做好贫困劳动力、返乡农民工、大学毕业生和退伍军人等群体的就业服务，强化与本地企业的精准对接，加强职业技能培训的针对性，让更多群众实现就近就业。二是推动教育教学提质。深化名校合作，努力把韶山学校新校区办好、办出特色。要以全面深化教育体制机制改革为抓手，优化教育资源的整合与布局，下大力气提高农村教育教学水平，让孩子们能在家门口享受优质的教育。三是促进医疗服务升级。深化医疗卫生体制改革，推进市人民医院三级达标工程，增强乡村卫生健康服务功能，让老百姓就近享受优质医疗服务。健全突发公共卫生事件应急体系，织密织牢疫情防控网，确保不发生本土病例。四是推进社保巩固扩面。要持续引导城乡居民积极参保，扩大医疗、养老、工伤等社会保险覆盖面，依法管好用好各类社保资金。五是健全养老服务体系。要扎实抓好全省养老服务体系建设试点工作，结合温泉资源效应，做好健康养老等产业的结合文章，在优化养老服务的同时发展养老经济。六是深化文体惠民服务。推进文化体育等公共服务设施提质改造，积极开展文化惠民和全民健身活动，丰富群众精神文化生活。七是加强住房安居保障。坚持“房住不炒”定位，有序推进高铁新城片区开发和湖湘苑等楼盘建设，加强公租房运营管理，确保房地产市场平稳健康发展。八是抓好弱势群体帮扶。抓好农村低保和特困供养人员的兜底保障，加强留守儿童、空巢老人、残疾人关爱工作，落实好临时救助等制度。九是加快遗留问题攻坚。建设领域的遗留问题事关群众切身利益与社会和谐稳定，要以更大的决心、更强的力度全力化解，打通发展中的“肠梗阻”。十是着力建设平安韶山。要树立总体安全观，以法治建设为引领，完善治理体系，提升治理效能，守牢安全发展底线。要认真落实“安全生产专项整治三年行动”部署，统筹抓好政治、意识形态和交通、消防、食品、校园、地质等领域安全，不断提升预防和应急处置能力；要增强全民法治观念，完善矛盾纠纷多元化解机制，常态化推进扫黑除恶工作，积极创建国家信访“三无”县市、全国社会治安防控体系建设示范城市，不断增加“长安杯”的成色。

五、全面加强党的建设，凝聚干事创业强大合力

推动经济高质量发展，要坚持以党的政治建设为统领，进一步加强党对经济工作的领导，增强政治意识，坚持系统思维，把握经济规律，提高治理能力，狠抓工作落实，切实把党领导经济工作的制度优势转化为治理效能。

第一，要推动理论学习体系化，提升政治引领力。理论是行动的先导。全市党员领导干部要以身作则，带头弘扬马克思主义学风，系统学习习近平新时代中国特色社会主义思想和党的创新理论、政策法规，做到知信行合一、学思用贯通；巩固提升“不忘初心、牢记使命”主题教育成果，进一步增强“四个意识”、坚定“四个自信”、做到“两个维护”。要认真落实各项学习制度，推动理论政策学习进企业、进农村、进机关、进社区、进网络，加强政策分析和形势研判，着力克服本领恐慌和能力恐慌，不断提高经济工作决策科学化水平。

第二，要推动作用评价标准化，提升基层组织力。韶山是全国城市基层党建示范市和省委农村基层党建工作联系点，必须在基层党建上走在前、作表率。要认真贯彻新时代党的组织路线，全面落实省委“1+5”文件精神，结合乡村振兴、征地拆迁、环境整治、信访矛盾化解等重点工作，探索建立党组织战斗堡垒作用和党员先锋模范作用评价体系，以“七访促七建”基层走访和政治建设调研为抓手，推动基层党组织全面进步、全面过硬，为韶山高质量发展提供坚强的组织保障。

第三，要推动统战工作实效化，提升发展凝聚力。统一战线是我们党克敌制胜的法宝。要认真贯彻统一战线工作条例，牢牢把握大团结大联合的主题，发挥商协会的桥梁纽带作用和非公经济人士的积极作用，广泛联系对毛主席家乡感情深厚的社会各界人士，深入开展“千企联万户”、同心美丽乡村建设等活动，推进民族团结进步创建，统筹抓好宗教、港澳台侨等工作，为韶山改革发展稳

定凝聚正能量、画好同心圆。

第四，要推动绩效考核日常化，提升干部执行力。执行力是干部的“硬核”所在。要进一步完善“四责四诺”工作机制和“九个一批”重点任务，推进工作项目化、项目责任化、责任清单化、清单具体化，确保件件落实、事事见效。要健全监督考核评价体系，全面实施平时考核，强化结果运用，切实解决“干和不干一个样、干多干少一个样、干好干坏一个样”的问题，真正把扛重活、打硬仗、创实绩的干部选出来、用起来，让有为者有位、让吃苦者吃香，激励广大党员干部在现代化建设中担当作为。

第五，要推动正风肃纪常态化，提升自我净化力。全面从严治党永远在路上。全市各级党组织要扛牢从严管党治党主体责任，党委（党组）主要负责人要认真履行第一责任人责任，分管领导要切实履行“一岗双责”，带头贯彻中央八项规定精神，切实强化廉洁自律；要持续巩固巡视整改成果，拿出刀刃向内的勇气，持之以恒正风肃纪，发挥巡察“利剑”作用，将严的主基调长期坚持下去，坚决整治发生在群众身边的不正之风和腐败问题，为推动经济高质量发展营造清明清朗的政治生态。

这里，再着重强调几项重点工作。一是隆重庆祝建党100周年。韶山是毛主席的家乡，国人关心，世人瞩目，必须从讲政治的高度做好各项工作。要切实加强正面宣传和舆论引导，积极化解各类风险矛盾，确保政治安全、社会安定、人民安宁、网络安靖。要结合上级部署，组织开展具有韶山特色的庆祝活动，扎实开展政治忠诚和“四史”学习教育，把红色资源利用好、把红色传统发扬好、把红色基因传承好，从党的百年光辉历史中汲取不忘初心、砥砺奋进的精神力量。二是编制好“十四五”规划纲要。要根据市委全会审议通过的规划建议，顺应群众期盼，凝聚思想共识，强化系统思维，围绕“打造世界知名文化旅游目的地、建设现代化新韶山”的战略目标和“四地一园”的发展定位，结合建党100周年、毛主席诞辰130周年等重要节点，进一步列出项目化、清单化、具象化、数量化、指标化的目标举措，同步编制好国土空间规划和相应专项规划。三是凝心聚力开好“两会”。要扎实做好隐患排查、要素保障和后勤服务等工作，切实把“两会”开成民主团结、求真务实、凝聚人心、开拓奋进的大会。要切实加强基层信访矛盾化解，为国、省和湘潭“两会”营造良好的环境。四是抓好常态化疫情防控。近期多个省市相继发生本土疫情，呈现“人传人”“物传人”并存的特征，加上春节临近，人流物流频繁，疫情防控形势异常严峻。要毫不放松落实常态化疫情防控措施，加强对景区、车站、商超、物流等人员聚集性、流动性场所的管控，强化联防联控、群防群治，严格落实“四早”要求，持续筑牢疫情防控的坚固防线。五是做好岁末年初相关工作。要切实加强烟花爆竹、交通、建筑、工矿企业、油电气等领域安全监管，积极做好防寒防冻工作，统筹做好市场供应、物资保障、帮扶救助、走访慰问等保民生、保基本工作，确保全市人民平安、欢乐、祥和过节。杜绝节日腐败也是岁末年初党风廉政建设的重点，全市各级领导干部要带头严格遵规守纪，强化自我约束，加强干部教育，切实绷紧廉洁自律这根弦。

同志们，征途漫漫，惟有奋斗。让我们更加紧密地团结在以习近平同志为核心的党中央周围，坚持以习近平新时代中国特色社会主义思想为指导，全面贯彻中央、省委、湘潭市委的决策部署，精诚团结、锐意进取，咬定青山不放松，脚踏实地加油干，努力在落实“三高四新”战略、推进“一六二”工程中展现担当作为，加快打造世界知名文化旅游目的地，奋力建设现代化新韶山，以优异成绩迎接建党100周年！

韶山市人民代表大会常务委员会工作报告

——2021年2月3日在韶山市第九届人民代表大会第六次会议上

韶山市人大常委会主任　赵叶惠

各位代表：

我受韶山市第九届人民代表大会常务委员会委托，向大会报告工作，请予审查，并请列席的同志提出意见。

2020年主要工作

2020年，市人大常委会坚持以习近平新时代中国特色社会主义思想为指导，在市委的坚强领导下，坚持以人民为中心的发展理念，围绕大局，依法履职，顺利完成了市九届人大五次会议确定的各项目标任务。

一、注重政治建设，牢牢把握正确政治方向

常委会紧扣学习贯彻习近平新时代中国特色社会主义思想这条主线，全面贯彻落实习近平总书记关于坚持和完善人民代表大会制度的重要思想，深入学习贯彻党的十九大和十九届二中、三中、四中、五中全会精神及习近平总书记考察湖南重要讲话精神，增强“四个意识”、坚定“四个自信”、做到“两个维护”。坚持党对人大工作的全面领导，坚持重大事项、重大问题、重要情况及时向市

委请示报告。围绕市委重大决策开展人大工作，按照市委的统一部署，协助做好抗击新冠疫情、复工复产、脱贫攻坚、项目建设、文明城市建设等相关工作。

坚持党管干部和人大任免干部相统一的原则，做好选举任免工作。全年共任免国家机关工作人员28人次。严格落实任前法律知识考试和宪法宣誓制度，组织拟任人员进行任前法律知识考试，依法组织新任命的国家工作人员在市人大常委会会议上向宪法宣誓。依法依程序补选湘潭市人大代表4名、韶山市人大代表5名。

二、突出监督重点，促进经济平稳健康发展

促进经济平稳运行。听取和审议2020年上半年国民经济和社会发展计划执行情况的报告，开展2021年国民经济和社会发展计划（草案）编制的调查和审查工作，建议政府积极采取措施，狠抓“六稳”工作，落实“六保”任务，深化供给侧结构性改革，统筹抓好疫情防控和经济建设，不断提升社会治理能力，注重解决发展不平衡不充分的问题。开展对我市国民经济和社会发展第十四个五年规划和二〇三五年远景目标纲要编制的调研工作。常委会围绕经济社会平衡发展和城乡协调发展、基层治理等事关韶山未来发展的重要议题，深入农村、社区、园区等地开展专题调研，广泛听取人大代表、专家、人民群众的意见建议，使重大事项决定权的行使过程成为集思广益、民主决策的过程。督促市人民政府对“十三五”规划未完成的重要指标和工作抓紧落实，着力推进重大工程项目建设和经济社会高质量发展。

促进提高财政资金绩效。审议通过了《韶山市预算审查监督重点向支出预算和政策拓展的实施办法》，依法加强和改进人大预算审查监督工作，强化政策对支出预算的指导和约束，促进预算全面规范、公开透明。审查批准2019年市本级财政决算、2020年市本级财政预算调整方案，听取审查2020年1至6月预算执行和年度预算执行情况的报告，对2021年财政（草案）编制情况进行调研，邀请部分人大代表和社会专业人士召开座谈会和参加调研活动，提高代表的参与度和常委会审议质量。要求市人民政府严格规范预算管理，加强国有资本经营监管，降低财税征收成本，保持财政收入稳定增长，强化绩效管理。听取和审议2019年度本级预算执行和其他财政收支审计查出问题的整改情况报告，对8个被审计单位问题整改情况进行了满意度测评，促使审计查出问题整改得到有效落实，提高了财政资金的使用效益。

促进乡村振兴。听取和审议了关于我市农田抛荒情况的报告，督促市人民政府切实搞好以水利为重点的农业基础设施建设，实施土壤污染防治行动计划，健全基本农田保护的问责机制，加大农田保护执法力度，加大农业技术推广力度，保护种粮户利益，为确保粮食安全和社会长治久安产生了积极作用。听取和审议了农村人居环境整治情况的报告，向市人民政府及相关部门提出了坚持科学谋划，健全垃圾分类处理机制，推进畜禽圈养，健全福寿螺防控工作机制，强化“三边”绿化和“河长制”工作，推进农村空心房整治和厕所革命，有序规范“地摊经济”等一系列具体建议。对全市农民专业合作社的发展运行情况进行专题调查，建议市人民政府加大扶持力度，加强行业监管，出台指导性意见，促进农民专业合作社规范发展。

三、关注民生福祉，推动社会事业持续改善

聚焦基础教育。常委会始终关注教育的发展，对市人民政府落实教育专项评议整改工作情况持续跟踪督查。对我市的重点民生工程项目——韶山芙蓉学校，组织人大代表进行两次视察，对工程的建设质量、资金使用等情况进行监督，并在优化环境、师资力量、交通组织、校园文化等方面提出建议，促使芙蓉学校于2020年9月1日按期开学，有效缓解我市城区小学学位紧张的局面。开展我市农村留守儿童现状和关爱保护工作调研，重点关注农村留守儿童的教育问题，要求市人民政府建立联席会议制度、构建关爱保障工作格局、多措并举开展留守儿童关爱保护工作。

聚焦医疗卫生。听取和审议了市人民政府关于城乡居民基本医疗保险工作情况的报告，要求市人民政府科学配置医疗资源，积极有效推进分级诊疗体系建设，切实加强监管，强化医保机构监管能力建设。开展医疗技术和医疗服务工作情况调查，创新调查手段，组织人员到先进县市和医院进行学习考察，首次采用网络调查和现场调查问卷相结合的方式，收到有效问卷371份，扩大了调查的参与面，充分掌握了情况。常委会听取和审议了市人民政府关于医疗技术和医疗服务工作情况的报告，要求市人民政府强化政府办医责任，推动医共体、医联体建设，进一步完善和巩固市乡村三级公共卫生网络，将韶山医院建设成为三甲医院，统筹解决全市医疗急救体系建设、乡镇卫生院和村卫生室设备设施配套建设等方面的问题。配合湘潭市人大常委会开展《中华人民共和国传染病防治法》的执法检查，对换乘中心、纪念馆、韶山学校等重点单位进行了执法检查。

聚焦生态文明。常委会坚决贯彻落实习近平生态文明思想，持续聚焦打赢污染防治攻坚战。开展《中华人民共和国水污染防治法》实施情况执法检查，督促市人民政府解决雨污分流、农村养殖业污染防治、饮用水安全保护等重点问题，全面落实法律责任，加大对涉水违法行为的惩治力度，提高管网建设的科学性，把水系统治理纳入“十四五”规划，使我市水环境质量全面达到规定标准。听取2019年度环境状况和环境保护目标完成情况的报告，要求市人民政府加大生态环境治理力度，实施“三禁三不”，不断提高环境空气质量达标率，保持地表水质和集中式饮用水源地水质达标率100%，保护土壤环境，严格实施生态环境执法，全面打赢污染防治攻坚战，争创生态文明建设示范市。

四、加强法律监督，深入推进法治韶山建设

推进依法行政。配合上级人大开展《湘潭市实施＜湖南省韶山风景名胜区条例＞办法》立法调研，听取市人民政府关于协调配合开展该项立法工作情况的报告，积极建言献策，持续不断关注立法进展情况。听取市人民政府2019年度法治政府建设工作情况的报告，督促市人民政府

进一步增强法治意识，优化职能职责，规范执法行为，提升法治政府建设水平。备案审查市人民政府规范性文件8件。

加强执法检查。常委会坚持用好执法检查这一“法律巡视”利剑，持续加强和改进检查方式，促进法律法规的贯彻实施。在《中华人民共和国水污染防治法》实施情况执法检查中，执法检查组注重暗访收集线索，直接查看现场，查阅案卷资料，组织环保协会参与，掌握第一手材料。常委会听取和审议了关于《中华人民共和国水污染防治法》执法检查情况的汇报。要求市人民政府以解决重点问题为抓手，从根本上解决水污染问题；要求检察机关适时启动环保公益诉讼。在《湖南省韶山风景名胜区条例》实施情况执法检查中，坚持问题导向。常委会通过认真审议，作出了相关决定，要求市人民政府深化机构改革，理顺管理体制，强化主管部门责任，加强统筹协调，通过解剖典型案例对相关执法部门提出整改要求，拉响了松材线虫病防治警报。通过开展《中华人民共和国禁毒法》实施情况执法检查，要求市人民政府发挥禁毒工作联席会议的作用，加大对毒品违法犯罪的打击力度，强化经费保障，创新禁毒工作宣传方式，强化禁毒工作专业队伍建设，并提出使我市禁毒工作跻身全省乃至全国先进行列的工作要求。

深化司法监督。加大对司法机关的监督力度。听取和审议市人民法院关于执行工作情况的报告并通过了满意度测评，要求市人民法院完善执行工作联动机制，做好网络与实地查控办案的有机结合，优化营商环境，切实把执行工作作为实现法院工作“最后一公里”的重大任务完成好，促使市人民法院执行工作跃居湘潭市各基层法院第一名，跻身全省同类法院前五位。要求检察机关积极开展公益诉讼活动，维护社会公共利益。组织人大代表参加法院庭审5次，参加市人民检察院案件听证会3次和检察开放日活动2次。

五、发展人民民主，充分发挥代表主体作用

加强建议督办。以建立网上提交办理、乡镇统一反馈、开展重点督查、常委会议评议等为抓手，进一步提高建议办理质量。开通“代表履职服务平台”，首次实行建议“线上”+“线下”提交和办理方式。确定10件重点办理建议，由市长、副市长领办。人大常委会领导和政府领导对建议办理进行督办和联合督办，人大各相关委室跟踪督办。通过票决，常委会决定对住建局等三个单位建议办理情况进行评议，制订了《韶山市人大常委会关于评议市住建局等单位办理建议工作的实施方案》。评议工作动员大会后，组织三个调查组对三个单位建议办理情况进行深入调查。召开评议大会，听取了三个调查组和有关单位的报告，人大常委会组成人员和与会代表进行了深入的评议。评议工作严肃认真，三个单位都通过了满意度测评。市九届人大五次会议及闭会期间共提出建议77件，代表建议办结率100%，代表对办理结果的满意率97.2%。通过督办《关于湘韶水库水利设施整修的建议》，督促政府投入30万对湘韶水库进行冬修改造，2020年农历年底可完工。通过督办《关于土地增减挂钩项目化解村级债务》和《继续实施城乡建设用地增减挂钩项目》的建议，促进了我市项目用地占补平衡，对于缓解村级债务压力、增加村集体经济收入、支持村集体经济发展起到了积极作用。

拓宽履职平台。联系工作实际，对常委会组成人员和代表进行培训。组织了《注重发挥组成人员的审议作用，不断提高常委会审议水平》《中华人民共和国水污染防治法》《中华人民共和国村民委员会组织法》等专题培训，以利于提升履职水平。进一步深化了“三联”工作机制，坚持4月和10月开展“走访代表月”活动，并保持常委会组成人员、代表、选民之间联系的常态化。有序开展人大代表每月15日的“接待群众日”活动，面对面了解民情，倾听民声，为民解忧。全年共邀请35名人大代表列席常委会会议，组织代表开展调研视察、执法检查、审议评议等活动，拓宽代表知情知政和监督渠道。

优化服务管理。完善代表履职档案登记制度。开展代表向选区选民报告履职情况活动。各代表小组分别组织市本级代表向选区选民报告履职情况。常委会听取了4名湘潭市第十五届人大代表的履职情况报告并进行满意度测评。代表接受人民监督的意识进一步增强。开展“五优”争创与表彰活动，涌现一批为民办事、积极履职的先进代表和先进代表小组。完善代表履职保障制度，为代表发挥作用创造良好的条件。

汇聚代表力量。常委会要求全体代表既要戮力同心，履行好地方国家权力机关组成人员的职责，又要在工作和生产一线锐意进取，发挥表率作用。代表们践行初心使命，彰显了代表风采。如在抗击新冠疫情战斗中，各级人大代表无惧风雨，砥砺前行，许多代表夜以继日，奋力拼搏，无私奉献，为夺取疫情防控和经济社会发展双胜利展现了人大担当，汇聚了人大力量。周晓园代表被授予“湖南省抗击新冠肺炎疫情先进个人”，刘朝阳代表家庭获评“湖南省抗疫最美家庭”、“全国五好家庭”；毛桃芝、徐耀军、郭大新、蒋可立、郭文峰等代表带头捐款捐物或减免租金、加盟费。他们得到了人民群众一致好评。

六、加强自身建设，提高整体效能

加强党的建设。切实发挥党组的核心领导作用。修订《中共韶山市人大常委会党组会议规则》，落实全面从严治党主体责任，健全意识形态工作责任制，贯彻民主集中制原则。年内召开常委会党组会议14次，及时研究、部署党建工作和“三重一大”工作。严肃认真做好机关党支部换届工作，支持机关党支部积极开展学习、交流、考察活动，通过组织党员到任弼时故居、平江起义纪念馆、半条被子纪念地、毛泽民纪念馆等地开展革命传统教育，提高党员的政治意识，强化党性锻炼，涵养风清气正的政治生态。

强化制度建设。适应新时代新要求，修订完善了人民代表大会议事规则、常委会党组会议规则、人大常委会及机关工作制度共23项制度，并汇编成册，认真抓好制度的执行。努力形成职责清晰、程序规范、高效运转的制度体系。

突出能力建设。制定了系统的学习计划，坚持每个月两次集中学习，重视学用结合，将学习内容与工作要求紧密结合，提高了认知能力和知识转化能力。扎实深入开展调查研究和执法检查，认真组织常委会审议发言，充分听取和吸纳各方意见，提高了常委会审议决策能力。切实加强作风建设，紧盯常委会决议决定的贯彻落实，提高了专门委员会和工作机构的执行力。加强人大新闻舆论工作，办好人大微信公众号，大力宣传人大制度和韶山民主法治建设成就，在各级媒体网站刊发稿件200多篇，提高了宣传动员能力。弘扬社会主义核心价值观，开展创湘潭市文明机关活动，营造为民务实、精干高效，团结紧张、严肃活泼的工作氛围，增强了文化凝聚力。

夯实乡镇人大工作。指导乡镇人大开展民生实事项目人大代表票决制，形成"党委领导、人大决定、政府实施、代表监督、群众参与"的工作格局。落实常委会领导联系乡镇人大工作制度。坚持每季度召开一次乡镇人大工作联席会。指导乡镇及时召开人民代表大会，补选人大代表，组织代表开展调查、视察、评议站办所等活动。各乡镇都召开了两次人民代表大会。安排乡镇人大主席列席常委会。进一步提高了乡镇人大工作水平。

各位代表，常委会2020年取得的成绩，根本在于习近平新时代中国特色社会主义思想的指引，在于市委的坚强领导，是全体市人大代表共同努力的结果，离不开"一府一委两院"的重视、理解和配合，离不开市政协、社会各界和全市人民的信任支持。在此，我谨代表市第九届人大常委会表示崇高的敬意和衷心的感谢！

同时，我们也清醒地认识到，常委会工作离党的要求和人民群众的期盼仍有差距。主要是：审议决策的水平还有待进一步提高，监督的刚性还不强，跟踪问效的机制还有待进一步健全，代表活动的内容形式还有待进一步改进，人大工作者的能力素质还有待进一步提升。对此，我们将高度重视，认真加以改进。

2021年主要任务

2021年，市人大常委会将高举毛泽东思想伟大红旗，坚持以习近平新时代中国特色社会主义思想为指导，坚持党的领导、人民当家作主、依法治国有机统一，依法履行职权，为韶山经济社会发展和民主法治建设作出新的贡献。

一、坚持党的领导，不断强化政治建设

始终把政治建设摆在首位，牢固树立"四个意识"、坚定"四个自信"、做到"两个维护"。学深悟透习近平总书记关于坚持和完善人民代表大会制度的重要思想，深入贯彻习近平法治思想和考察湖南重要讲话精神，始终在思想上政治上行动上同以习近平同志为核心的党中央保持高度一致。自觉服从市委的领导，自觉把人大工作放在全市工作大局中来谋划、部署和推进。坚持以人民为中心的工作理念，切实用法治保障人民权益、增进民生福祉。通过扎实有效的工作，依照法定程序，把党的主张转化为人民意志。

二、围绕发展大局，积极履行法定职责

围绕党委中心工作，积极回应人民群众的呼声，充分发扬民主，汇集民智民意，及时作出决议决定，推动重大事项审议决策的民主化、规范化。听取我市"十四五"规划目标任务分解和二〇二一年年度计划实施情况、财政决算执行情况、城乡规划实施情况的报告，依法做出决定决议，并督促落实。认真落实民生实事票决制工作要求，推动解决人民群众最关心、最直接、最现实的利益问题。严肃依法行使好人事任免权。

加强对重大事项的监督，努力提高监督实效。认真落实《韶山市预算审查监督重点向支出预算和政策拓展的实施办法》的规定，筹备并实施预算联网监督。深化对预算的编制、执行、调整、决算、审计等环节的审查监督，强化专项资金使用情况跟踪问效，推动政府财政预算管理由"投入型"向"绩效型"转变。

紧盯人民群众反映强烈的突出问题，做到敢于监督、善于监督。听取环境状况和环境保护目标完成情况的报告，听取风景名胜区保护和管理工作情况报告，助推建设世界知名文化旅游目的地。开展"河长制"落实情况、《韶山市建设教育强市三年行动计划（2018-2020年）》调查，督促市人民政府回应人民期待，抓好相关工作落实，补齐"短板"。

落实全面依法治国战略要求，积极推进依法治市。加强对法律法规实施的监督，对《中华人民共和国固体废物污染环境防治法》、关于促进就业"一法一办法"贯彻实施情况开展执法检查；组织关于认罪认罚从宽政策实施情况的调查；继续深入开展"司法公正湘潭行"活动，组织人大代表旁听庭审，促进司法机关维护公平正义，提升司法公信力。督促加大全民普法工作力度，弘扬社会主义法治精神，增强全民法治观念。

切实增强监督工作针对性、实效性。有效运用调查、视察、执法检查、评议等工作方式，努力提高常委会审议质量。强化审议评议意见办理和落实，更好地发挥常委会的职能作用。

三、强化履职保障，坚持不懈优化代表服务工作

加强代表履职平台建设，深入推进"三联"工作。进一步加大代表建议办理工作力度，继续完善代表建议领导督办、对口督办、大督办等机制，不断提高建议办理质量，把代表建议转化为解决问题、促进发展，促进代表和相应国家机关依法履职的实际成果。深化拓展代表闭会期间履职活动，组织代表开展视察、调查、执法检查等活动，充分保障代表的知情权、参与权和监督权。注意关心、爱护代表，及时帮助解决工作生活中的实际问题。继续开展创先争优活动，积极宣传、推介典型，激发代表履职热情。

四、严格依法办事，认真组织好换届选举

在市委的统一领导下，依法做好换届选举有关工作。坚持换届工作的正确方向，既要始终坚持党的领导，也要充分发扬民主，确保换届选举各个环节严谨依法有序进

行。坚持正确的舆论导向，广泛宣传换届选举法律政策，营造风清气正的换届氛围。完善选举工作流程，组织好选民投票。把好代表关，进一步优化代表结构，提高代表素质，真正做到人民代表人民选，选好代表为人民。以严谨的作风、扎实的工作，组织开好新一届人民代表大会。

五、进一步加强自身建设，自始至终保持良好的工作状态

切实加强党的建设，不断提高党组织的凝聚力、战斗力。认真贯彻执行中央八项规定精神和省、市委关于作风建设的要求，不断改进工作作风，提高工作效率。切实做好意识形态工作，加强人大制度、人大工作和先进典型的宣传。认真执行各项工作制度，促进工作制度化、规范化。充分发挥专门委员会和工作机构的作用，支持工会、妇女等群众组织依法依章程开展活动。深入推进机关文明创建，弘扬社会主义新风尚。通过不懈努力，将常委会机关打造成为全面担负起宪法法律赋予各项职责的工作机关、同人民群众保持密切联系的代表机关。

进一步加强对乡镇人大工作的指导，加强上下联动，发挥整体优势，不断提高乡镇人大工作的水平。

各位代表，本届人大任期不到一年了，我们要倍加珍惜为人民履职服务的时光。“俏也不争春，只把春来报，待到山花烂漫时，她在丛中笑。”让我们在中共韶山市委的坚强领导下，牢记人民嘱托，撸起袖子加油干，把奋斗的足迹深印在这块红色热土上；让我们戮力同心，善始善终，在这神圣的天地书写光荣的、令人难以忘怀的篇章！

韶山市人民政府工作报告

——2021年2月2日在韶山市第九届人民代表大会第六次会议上

韶山市人民政府市长　曹伟宏

各位代表：

现在，我代表市人民政府，向大会报告政府工作，请与《韶山市国民经济和社会发展第十四个五年规划和二O三五年远景目标纲要（草案）》一起审议，并请各位政协委员和其他列席人员提出意见。

一、2020年及“十三五”工作回顾

2020年是极不平凡、极其不易的一年，面对复杂严峻的经济发展形势，特别是突如其来的新冠肺炎疫情，在以习近平同志为核心的党中央坚强领导下，我们坚持以习近平新时代中国特色社会主义思想为指引，扎实做好“六稳”工作，全面落实“六保”任务，咬定发展不放松，不惧风雨克时艰，砥砺奋进开新局，交出了一份优异答卷。地区生产总值增长4.2%；地方一般公共预算收入增长11.9%；社会消费品零售总额下降2.5%；规模工业增加值增长3%；城乡居民人均可支配收入分别增长4.9%、7.4%。我们勠力同心干大事，众志成城打响疫情阻击战，人民健康安全得到守护，主要经济指标走在湘潭前列。一鼓作气打好三大攻坚战，4664名建档立卡贫困人口脱贫成果全面巩固，成功退出政府性债务一类风险预警地区，整体环境质量位居优质序列。我们紧贴民生办实事，全面小康“六覆盖”考核排名湘潭第一，芙蓉学校如期开学，韶山学校新校区主体竣工，韶山水源工程完成建设，城乡客运一体化全线开通，人民群众幸福感进一步增强。我们信心满怀迎喜事，连续三年蝉联全国文明城市，喜获国家双拥模范城、全国农村生活垃圾分类和资源化利用示范县、全国无障碍建设示范城市、首批湖南省森林城市等多项国省荣誉，神舟十号飞船返回舱、月壤等独一无二的优质资源齐聚韶山，地热资源勘探取得重大突破，韶山大地活力奔涌。

一年来，我们主要抓好了以下六个方面的工作：

（一）致力于筑防线、抓统筹，疫情防控有力有效。坚决落实党中央统一部署，第一时间进入战时状态，3000余名党员干部冲锋在前，400余名医务工作者白衣执甲，500余名志愿者倾情奉献，180余名企业家慷慨解囊，12万韶山人民守望相助，联防联控筑牢防疫屏障，实现了确诊病例零死亡、境外疫情零输入，成为全省首批低风险地区。完善常态化防控体系，建立核酸检测实验室，开展大数据排查分析，落实健康码注册识别，社会秩序全面恢复以来无新增病例。统筹推动复工复产，全面落实援企稳岗、惠企纾困政策，出台应对疫情“文旅十条”“工业十条”，派出142名驻企联络员，推动“四上企业”3月份全部复工复产，服务业经营场所有序开业。全年累计减税降费1.56亿元，助企融资2.3亿元，惠及市场主体2236户。

（二）致力于兴产业、强实体，经济发展稳步向好。文化旅游加快复苏。最忆韶山冲、棠佳阁等项目顺利实施，红林花海正式开园，世纪明德、小红军研学基地全面运营，承办2020湖南红色旅游文化节暨湘潭首届红色文化产业博览会，举办百里万亩油菜花观光节，来韶游客1108万人次，旅游环境优化入选全省典型案例。新型工业逆势而上。园区实现税收6.34亿元，工业税收增长3000余万元。新增规模以上工业企业11家、高新技术企业9家、

税收过千万的企业8家，三一风电叶片当年建成投产并实现产值8亿元，恒欣实业荣获第六届省长质量奖。服务产业活力增强。新增总部经济、电子商务、建筑工程等服务企业100余家，废钢贸易总部创税3.5亿元，网络零售额占社会消费品零售总额比重17%。创新赋能效应明显。通过国家知识产权试点县考核验收，实现技术合同交易额3亿元，新增产学研平台8家，转化科研成果15项，碳基材料路演为企业争取投资2500万元。

（三）致力于促改革、抓项目，内生动力不断激发。“放管服”改革走深走实。1757项政务服务事项实现“最多跑一次”，数字化联合审图效率全省领先，工业项目审批在园区实现闭环，“一门式”基层公共服务实现全覆盖，新增市场主体1120家，营商环境综合排名湘潭第一。招商引资量质齐升。全年引进项目87个，其中亿元以上项目18个、三类“500强”项目2个。实现外贸进出口总额1.52亿美元、增长20.9%，新增出口型企业7家。项目攻坚取得突破。固定资产投资、产业投资分别增长13%、13.6%。汇弘实业、中韶电气等25个项目投产运营，雨韶产业园、钰盛科技等19个项目主体竣工。

（四）致力于固底板、守底线，三大攻坚纵深推进。打好帮扶、产业、消费组合拳，“两不愁三保障”突出问题全面清零，11户36名未脱贫人口如期实现脱贫，全社会消费扶贫1220万元，转移贫困劳动力就业1793人，毛家集团获评湖南省“万企帮万村”先进民营企业，平里村入选“全省文化和旅游扶贫示范村”。全力推进污染防治攻坚，完成省生态环保督察“回头看”督办交办问题整改任务，落实“三禁三不”工作，实施核心景区、韶河、青年水库水环境治理，全年环境空气优良率、饮用水源地水质达标率分别为94.5%、100%，2360亩污染耕地得到修复，韶河景区段获评省级“美丽河湖”。着力防范化解重大风险，债务风险总体可控，金融生态持续向好；安全生产和消防工作获评全省先进，交通顽瘴痼疾集中整治工作位居全省前列；统筹抓好经济社会、意识形态等领域风险，社会大局保持和谐稳定。

（五）致力于夯基础、提品质，城乡发展步伐加快。基础设施不断完善。G240韶山段完成征拆，新增公交线路5条。城前液化气储配站、杨林团田污水处理站完成建设，500千伏湘潭西变、110千伏韶山北变主体竣工，城乡光纤实现全覆盖。城市管理更加精细。改造老旧社区16个、棚户区117户，拆除违法建筑2.2万平方米，“无障碍化”设施全面升级，智慧渣土云平台项目投入使用。乡村振兴扎实推进。耕地保护力度持续加大，建设高标准农田6300亩，治理耕地抛荒8313亩，粮食播种面积8.2万亩，种植结构调整4800亩，生猪产能逐步恢复。韶河、银田现代农业示范园产值同比增长15%，新增农民专业合作社22家、家庭农场13家，新增水果、大米等绿色农产品9个。村庄规划试点编制和改厕完成任务，创建省级美丽乡村示范村3个、美丽庭院5000户，全省同心美丽乡村建设现场推进会在韶召开，率先在全国县一级实现垃圾处理“付费制”全覆盖，农村人居环境整治工作获省政府真抓实干表彰激励。获评国家数字乡村试点地区。完成集体经济清产核资，新增集体收入30万元以上的行政村3个。文明建设再上台阶。开展新时代文明实践活动3686场，创成11家国省文明单位、文明校园、文明乡村和文明家庭，韶山冲派出所荣获全国职工职业道德建设先进单位，“五会一约”被国家主流媒体推介。

（六）致力于办实事、谋民利，民生福祉持续改善。全市民生支出占比70.4%，省市民生实事全部完成。新增城镇就业1043人，帮助1.3万农民工返岗。社会保险动态全覆盖，农村低保救助标准位居全省前列。社区养老服务设施完善升级，残疾人托养综合服务中心完成建设。新增公办幼儿园学位480个，实现乡镇公办幼儿园全覆盖。完成3个乡镇卫生院、4个村级卫生室提质改造，中医药大楼、疾控中心实验室投入使用，分级诊疗、“一站式”结算全部落实。电子图书馆建成运营，举办全民健身竞赛、文化惠民专场等大型文体活动70余场。完成扫黑除恶专项斗争“六清”任务。顺利通过省级禁毒示范城市创建。持续开展信访积案“双百攻坚”行动，成功创建省级信访“三无”县市。公众安全感测评位居全省第一，获评省平安建设先进县市。第三次国土调查和第七次人口普查取得阶段性成果。

我们持之以恒加强自身建设，“不忘初心、牢记使命”主题教育成果巩固提升，完成省委巡视问题整改，推进涉矿涉砂、工程建设等领域专项整治，廉政建设和反腐败斗争取得积极成效。持续加强审计监督，查处管理不规范及违规资金4.28亿元，核减政府投资7481.59万元。落实深化整治形式主义官僚主义措施，文件会议、督查考核数量继续压减，“三公”经费支出持续下降。顺利完成《湘潭市实施＜湖南省韶山风景名胜区条例＞办法》立法起草工作，办理人大代表建议72件、政协提案63件，满意率分别为97.2%、98.4%。

各位代表，随着2020年主要目标任务的完成，我市“十三五”顺利收官。过去五年，是全市经受大考验、蓄势大赶超、实现大发展的五年。这五年，综合实力稳步提升。地区生产总值即将达到百亿，年均增长7.72%；财政总收入突破10亿元，年均增长13.03%；存贷款余额年均增长7.8%、7.6%；三次产业结构进一步优化；城乡居民人均可支配收入分别是“十二五”末的1.4倍、1.5倍。韶山获评湖南省首个县级全国文明城市，全市人民阔步迈向全面小康社会。这五年，红色旅游质效双增。“一核一星多点”全域旅游格局构建成型，韶山干部学院、世纪明德等培训研学基地效应明显，文化创意、实景演出、特色民宿等业态方兴未艾，游客换乘中心、非物质文化遗产博览园等文旅项目建成运营，环中国国际公路自行车赛、红色国际马拉松等重大赛事长期落户韶山，年均来韶游客达1945万人次，稳居全省5A级景区第一方阵。跻身首批国家全域旅游示范区，获评中国县域旅游竞争力百强。这五年，产业发展换挡提速。以“两主一特”为代表的新型工业加快发展，先进制造接近百亿规模，新能源新材料逐步集链成群，食品医药品牌效应显现，高新区综合排名稳步前移，规模以上工业企业达75家，工业税收实现翻番。以特色种养、农产品加工为主导的现代农业融合发展，规模以上农产品加工企业达14家，新型经营主体达136家，培育现代农业产业园4家，小水果产业日益壮大，肉食品加工在全省占有重要地位。以总部经济、电子商务为重点的第三产业蓬勃发展，236家服务型企业成为新的增长点，累计实现网络交易额10.9亿元。这五年，城乡面貌焕然一新。城区面积由3.45平方公里拓展至5.15平方公里，水岸豪庭、樟树湾等10余个品质小区投入使用，城镇化率提高至65%。旅游主干道提质改造，8条交通干线建成通车，新改建农村公路635公里，外联内畅路网基本形成。市政配套设施逐步完善，老旧小区改造稳步实施，新天时代商业街成为新地标。农村基础设施、公共服务短板加快补齐，省级美丽乡村示范村覆盖面位居全省前列。这五年，内生动能持续迸发。推出128项重大改革措施，市场主体增至9193家、增长2.8倍。研发投入提升1.2个百分点，高新技术产业增加值提升11.1个百分点，高新技术企业达33家，国省市创新平台达36个，首个院士工作站落户建成。累计引进亿元以上项目51个，进出口总额年均增长13.5%，14种“韶山制造”产品出境出海。这五年，人民群众更加幸福。就业形势总体稳定，社会保障提质扩面，联动普惠养老模式全面推广，困难群体基本生活保障有力。教育基础设施极大改善，大班额、城区学位紧张等问题得到根本解决。新增52个降价药品进入公立医疗机构，医疗床位千人指标位居全省前列。荣获全国社会治安综治最高奖“长安杯”，人民群众安居乐业。

与此同时，国防后备力量建设取得新突破，民兵组织结构持续优化，统计、编制、民族、宗教、外事侨务、档案、老龄、地方志、烟草、气象、消防等工作卓有成效，通信、银行、保险、石油等驻韶单位做出新贡献，无党派人士和工商联、工会、共青团、妇联、科协、残联、文联、侨联、计生协、红十字会等人民团体作用进一步发挥。

各位代表，蝶变蕴含艰辛，成就令人振奋。总结“十三五”时期的发展经验，我们深深地体会到：只有坚持党的领导才能乘风破浪。就是要始终坚定沿着习近平总书记指引的方向笃定前行，全力推动党中央大政方针政策在韶山落地生根，切实把党的领导核心作用贯穿于政府工作全过程。只有敢闯新路才能走在前列。就是要坚定不移贯彻新发展理念，实现更高质量、更有效率、更加公平、更可持续、更为安全的发展。只有改革创新才能行稳致远。就是要用改革的办法、创新的思维化解矛盾、防控风险、解决问题，持续增强发展动力活力。只有担当作为才能出色出彩。就是要持之以恒改进作风，崇尚实干，提振干事创业“精气神”，提高工作落实“质速效”。只有不忘初心才能奋力前行。就是要始终坚持以人民为中心的发展思想，维护人民根本利益，汇聚发展磅礴伟力。

各位代表，这些成绩的取得，是市委正确领导的结果，是市人大、市政协监督支持的结果，是全市人民群众同心同德、携手拼搏的结果。在此，我代表市人民政府，向人大代表、政协委员，向工商联、民主党派成员、无党派人士、新的社会阶层人士和各人民团体，向离退休老同志，向驻韶部队、武警官兵、政法干警和消防指战员，向奋战在各条战线的党员干部，向关心支持韶山改革发展的各级领导、各界人士，表示衷心感谢，致以崇高敬意！

成绩为我们增添信心，问题让我们不能懈怠。我们清醒地认识到：产业发展质效还不高，产业基础和产业链水平有待提升；财政收支矛盾突出，政府债务压力仍然较大；城乡环境基础设施较为薄弱，生态文明建设任重道远；民生方面还有不少短板，教育医疗水平有待改善，就业供需不平衡等难题仍待破解；少数部门和干部还存在执行不力的问题，政府服务效能与社会期待还有差距，等等。同时，要向代表们说明的是：受新冠肺炎疫情冲击、经济持续下行、不利因素增多等影响，2020年地区生产总值、规模工业增加值等指标增速低于预期。这些问题，我们将全力加以解决。

二、实施“十四五”规划，加快建设现代化新韶山

“十四五”时期是开启全面建设社会主义现代化国家新征程、向第二个百年奋斗目标进军的第一个五年。置身新时代，踏上新征程，韶山发展仍然处于大有可为的战略机遇期。从政策环境来看，国家应对疫情影响、支持经济发展的政策密集出台，省委、省政府将围绕实施“三高四新”战略推出一批重大政策和项目，支持以韶山为龙头建设红色教育培训基地的政策措施加快落地，为我市红色旅游、产业升级、实体振兴带来政策红利。从区域条件来看，长株潭一体化加快推进，与长江经济带、粤港澳大湾区合作日益紧密，为我市拓展旅游市场、承接产业转移、实现资源共享创造有利条件。从自身基础来看，我市政治优势得天独厚，红色旅游持续升温，开放合作步伐加快，营商环境不断优化，创业要素加快汇聚，建党100周年和毛泽东同志诞辰130周年等重大节点交汇叠加，为走在新时代发展前列打下坚实基础。

未来五年，我们要对标中央、省市要求部署，进一步增强机遇意识，准确识变、科学应变、主动求变，拿出只争朝夕的拼劲、锲而不舍的韧劲、抓铁有痕的干劲，奋力谱写新时代韶山发展新篇章，重点推进八个方面的工作：

一是坚持红色引领，着力建设红色教育培训示范基地。把准红色旅游发展方向，紧扣“把红色资源利用好、红色传统发扬好、红色基因传承好”的核心，加快红色旅游、红色培训、红色研学发展，着力将韶山全域打造成为革命人文景观、绮丽自然风光、红色文化旅游交相辉映的红色教育培训示范基地，创建全国文化和旅游产业融合发展示范区。

二是坚持转型升级，着力建设高新技术产业制造基地。落实“双链”“双联”“双先”工程，推进创新链、产业链、人才链、政策链、资金链、服务链、价值链深度融合，做强智能装备制造、新能源新材料等主导产业，做优食品医药、军民融合等特色产业，做活数字经济、服务经济等新兴业态，全力创建国家级高新区，推动产业高端化、规模化、绿色化发展。

三是坚持改革推动，着力建设内陆改革开放先行基地。落实省委“四大改革行动”和湘潭“双招”“双优”

“双进”工程，着力在试点示范工作、体制机制改革、营商环境优化等方面取得重大突破。对接省委“五大开放行动”，深度融入长株潭一体化，推动开放型经济高水平发展，打造中部地区改革开放先行区和重要产业承接基地。

四是坚持扩大内需，着力增强经济增长内生动力。坚持扩大内需这个战略基点，落实“双提”“双畅”工程，扭住供给侧，注重需求侧，打通堵点，补齐短板，发挥需求对优化供给的拉动作用、供给对扩大需求的支撑作用，促进传统消费提质扩容，推动有效投资提质增效，实现更高质量的供需平衡。

五是坚持区域协同，着力建设城乡融合发展幸福家园。坚持农业农村优先发展，推进新乡村建设，加强新农民队伍培养，打造乡村振兴韶山样板。完善国土空间布局，加快新型城镇化建设，推动形成工农互促、城乡互补、共同繁荣的新型工农城乡关系，打造宜居宜游宜业的品质之城、品质之镇。

六是坚持绿色发展，着力建设区域生态康养首选地。落实“双控”工程，深入推进生态文明建设，促进经济社会发展全面绿色转型。依托“红色文化+温泉资源+航天科技”的独特资源组合，发展生态休闲、户外运动、健康养生等多元业态，打造长株潭乃至中部地区生态康养休闲首选目的地。

七是坚持民生为本，着力提升人民群众生活品质。落实“双扩”“双板”“双基”工程，着力稳定就业促增收，推动学前教育、义务教育、高中教育、职业教育提质创优，提升基本医疗和公共卫生服务水平，实施文化惠民工程，推进社会保险扩面，构建新型社会养老服务、社会救助体系，让民生保障更有温度。

八是坚持综合思维，着力建设更高水平的平安韶山。树牢总体国家安全观，落实“双促”“双强”工程，加快推进社会治理体系和治理能力现代化，防范化解社会风险，保障公共安全，提升社会治理专业化、智能化、法治化水平，形成共建共治共享的社会治理新格局。

三、扎实做好2021年工作

今年是“十四五”开局之年，也是中国共产党建党100周年，做好今年政府工作的总体要求是：以习近平新时代中国特色社会主义思想为指导，全面贯彻党的十九大和十九届二中、三中、四中、五中全会精神，坚决落实习近平总书记关于湖南工作系列重要讲话指示精神，深入贯彻中央、省委、湘潭市委和市委经济工作会议精神，坚持稳中求进工作总基调，立足新发展阶段，贯彻新发展理念，构建新发展格局，以推动高质量发展为主题，以深化供给侧结构性改革为主线，以改革创新为根本动力，以满足人民日益增长的美好生活需要为根本目的，深入落实“三高四新”战略和“一六二”工程，坚持创新引领开放崛起，坚持扩大内需战略基点，坚持系统观念和底线思维，坚持精准施策，更好统筹发展和安全，围绕“打造世界知名文化旅游目的地、建设现代化新韶山”战略目标，紧扣“五个韶山”的时代内涵，全面推进“四地一园”建设，扎实做好“六稳”工作、全面落实“六保”任务，巩固拓展疫情防控和经济社会发展成果，推动经济平稳健康运行、社会和谐稳定，确保“十四五”开好局、起好步，以优异成绩庆祝建党100周年。

今年主要预期目标是：地区生产总值增长8%以上；一般公共预算收入增长8%以上；规模工业增加值增长8%以上；固定资产投资增长10%以上；社会消费品零售总额增长10%以上；城乡居民人均可支配收入增长与经济发展同步，农村略高于城镇，债务风险进一步下降，完成能耗“双控”目标，确保粮食播种面积和产量稳定。

重点要做好九个方面的工作：

（一）突出抓红色旅游升级，擦亮文旅融合新名片

推进全域精品旅游。制定“十四五”文化旅游产业发展规划。提质改造韶峰、纪念园等景点，推动最忆韶山冲建成运营，推进航天博物馆、棠佳阁综合体等项目建设，启动温泉生态旅游小镇前期工作，优化全域旅游布局。精心筹办省第六届和谐体育运动会、市第二届油菜花节、旅游餐饮大赛、红色文创设计大赛等活动，形成特色节会品牌。推进银田特色小镇3A级景区、省级星级乡村旅游区（点）创建，建设2个以上茶叶种植示范基地，加快红林花海深度开发，促进乡村旅游发展。实施红色文创产品“超千”计划，培育“天下韶山”“韶山红”等一批品牌。对接湘赣边红色文化旅游融合发展创新区建设，开通井冈山至韶山红色专列，策划沿线精品旅游线路，扩大旅游开放度。

发展红色教育培训。加强与井冈山干部学院、延安干部学院、韶山干部学院合作办学，支持三农学院、新时代培训中心等公办教育培训机构做大做强，争取国家部委、央企国企、高等院校在韶新建教育培训基地。引导世纪明德、小红军等基地发展壮大，建设韶山学校、肖家冲研学基地。加快开发特色课程，打造韶山特支历史陈列馆、韶山灌区、李家祠堂等28个现场教学点，创作3个以上红色文学艺术作品，确保红色教育大课堂常学常新。实施“教育培训名师”培育工程，建设金牌讲师队伍。出台支持红色教育培训发展政策措施，规范红色教育培训管理，充分发挥行业协会作用，促进红色教育培训标准化、品牌化发展。

升级旅游服务配套。深入开展文化旅游服务质量提升活动，健全旅游咨询三级服务体系，建成“数字韶山·智慧旅游”服务平台，策划省际旅游交通运输集散中心，推动核心景区停车场、旅游换乘点优化提质，完善火车站交通换乘体系。加快新天名府、麗枫等酒店建设，着力打造2个以上特色民宿区，新增旅游食宿场所20家以上。推动《湘潭市实施＜湖南省韶山风景名胜区条例＞办法》尽快出台，探索景区管理集中执法，强化核心景区严管严控严治，持续开展旅游市场乱象整治，全面净化旅游环境。

（二）突出抓园区发展提质，打造现代产业新体系

推进园区高效集约发展。完成园区调区扩区。启动韶河路、罗家冲水库公园建设，推进双创孵化基地、南庭商业区建设，筹建高新小学和物流产业园，启动智慧园区建设，完善基础设施和功能配套。实施园区“亩产倍增”计

划，建立工业企业亩均效益评价机制，开展“退二优二”“退二进三”行动，盘活颐通物流、三鑫科技等闲置资产，清退一批低效企业和僵尸企业，力争园区闲置土地清理率达90%以上。出台《支持园区高质量发展实施意见》，赋予园区更多的自主权，全面激发园区活力，推动全省排名进位5名以上。

加强主特产业链建设。推动“一链一策”，加强产业链发展趋势分析和服务管理。做强先进制造产业链，推动雨韶产业园、三一（韶山）产业园投产运营，引进10家以上装备制造配套企业，打造百亿产业集群。壮大新材料新能源产业链，启动碳基材料产业园建设，引进5家以上负极材料配套企业。深化肉食品加工产业链，支持汇弘实业、毛家食品等拓展市场，推动盛美食品深加工项目建设，促进三旺实业对外合作，新增3家以上食品精深加工企业。延伸军民融合产业链，引导钰盛科技、四棱数控、骏航新材等进军航天航空和军工领域。培育数字经济产业链，推动5G信息产业园落地，引进3家以上配套企业。

实施企业扶持培育计划。培强骨干企业，支持恒欣实业、中韶电气等企业上市，支持江冶机电、大北农等企业扩产增效，新增省级“专精特新”企业1家以上，税收过亿元企业1家、过千万元企业1家、过500万元企业2家以上。培优小微企业，支持成长型企业拓展细分市场，新增“小微进规”企业10家以上。加快企业智能化改造，开展普惠性“上云用数赋智”服务，推进重点技改项目25个以上，培育智能化车间、智能工厂2家以上，新增“上云上平台”企业30家以上。提升企业竞争力，鼓励企业提升产品包装营销水平，创建国省企业品牌1个以上；组建企业联盟，引导园区企业合作互补、抱团取暖。

（三）突出抓改革创新赋能，激活高质量发展新动力

强化创新驱动。加快推进省级创新型县市建设。突出企业创新主体地位，加强企业知识产权保护，落实企业研发投入奖补政策，培育高新技术企业6家以上，申报知识产权40项以上，研发投入强度保持4%以上。建设潇湘要素科技大市场韶山工作站，创建科技成果转化示范基地，做实做强院士工作站，支持中韶电气、新韶光等建设省级工程技术研究中心，鼓励重点企业参与国省重大科研项目，开展“智造莲城”韶山路演，新增创新平台4个以上、转化科研成果10个以上。落实“映山红”人才计划，策划“院士专家韶山行”活动，探索与高校、科研院所建立人才共享合作机制，培养和引进高端人才20名以上；鼓励企业推行“现代学徒制” “订单式培养”用人模式，培育产业工人2000名以上。

深化重点领域和关键环节改革。深化“放管服”改革，全力推进“一件事一次办”，完成服务大厅“两化”建设，建立中介服务超市，推进“证照分离”全覆盖，探索交地即开工和四证齐发业务。深化国有企业改革，建立国有资产监管体制，完善现代企业制度，加快城发集团、高新投市场化转型。深化财税管理体制改革，有序推进财政事权与支出责任划分，推动预算绩效管理全覆盖，全面实行零基预算。深化农业农村改革，推进承包地“三权分置”，探索农村集体经营性用地入市制度，加快乡镇土地托管中心建设。持续深化要素市场、投融资机制、户籍制度、民兵调整等改革。

大力优化营商环境。开展优化营商环境攻坚行动。继续落实减税降费、纾困惠企政策，全面兑现招商引资合同奖补政策，完成拖欠民营企业账款清理。落实“联企业、联人才、联项目”制度，畅通服务“最后一公里”。加强社会信用体系建设。推进“双随机、一公开”跨部门联合监管，提升监管执法规范性和透明度。弘扬企业家精神，依法保护企业产权和企业家合法权益，深化“亲”“清”政商关系。

（四）突出抓内外双擎增效，构建经济发展新格局

全力扩大投资。紧密对接国省政策，策划片区开发、文旅康养、高端制造、“两新一重”等项目40个以上。深入开展“奋力奔跑合力攻坚”项目竞赛活动，力争全年实施项目80个以上，确保泽宇新材、三丰机械等15个项目投产达效，确保韶山干部学院、科立控股等10个项目完成建设。建立市场主导投资内生增长机制，激发民间投资活力。抓好争资争项，推动一批重点项目纳入国省支持笼子，争取资金15亿元以上。开展政银企融资对接，建设“园区助力小微贷”平台，力争全年新增企业授信10亿元以上。深入推进征拆攻坚，抓好“增减挂钩”工作，力争征地1000亩以上、处置批而未供土地400亩以上。

全面促进消费。繁荣商贸消费，制定餐饮行业、文娱产业、实体商贸业扶持政策，启动建设一批特色街区，支持新天步行街、竹鸡塅等传统商圈向综合型消费商圈转型，加快高铁南站片区商业街区建设。拉动大宗消费，举办汽车、家电、家装和家具博览会等活动，保持房地产健康发展。培育新型消费，引进京东、58同城等平台发展线上消费新业态，激活家政、养老、托幼等新型服务消费潜力。升级旅游消费，创建旅游购物示范点，开展旅游市场营销推广活动，丰富中心城区夜游产品，打造夜间文旅消费集聚区。活跃农村消费，推进汽车下乡、家电升级，畅通物流网络，提升居民消费意愿和消费水平。推进品质消费，实施“质量强市”战略，打造一批“老字号”和“新品牌”。

高质量对外开放。开展精准招商、以商招商、产业链招商，策划专题招商会、韶山异地商会对接会、“迎老乡、回故乡、建家乡”等招商活动，完善招商工作机制，引进亿元项目15个以上、三类500强项目2个以上、总部经济项目30家以上。实施外贸企业“破零倍增”计划，支持风电设备、节能环保设备、矿山装备、精深加工食品等行业发展出口贸易，培育生产型出口企业6家以上。建设跨境电商进出口商品展示交易中心，确保跨境电商进出口额增长15%以上。启动“共建韶山”活动，持续推动“央企国企走进韶山”。

（五）突出抓乡村全面振兴，开创城乡统筹新局面

大力发展现代农业。落实粮食安全责任制、菜篮子市长负责制，稳定粮食生产面积和生猪出栏数量，巩固提升种植结构调整成效，完成2900亩高标准农田建设，确保粮食播种面积只增不减。实施农田水利建设工程。持续壮大银田、韶河、红旗、韶峰现代农业示范园，加快建设“一

县一特”小水果示范基地，大力发展茶叶、蔬菜、小水果、对虾等生态种养业，努力培育韶山红茶、金景丰葡萄、四清水蜜桃等一批“两品一标”特色产品。加强省级新型经营主体示范创建，积极培育和引进农产品加工企业，新增规模以上农业企业1家以上、国省农业龙头企业2家以上、省级示范家庭农场3家以上。推进一二三产业融合发展，推进红色美丽村庄建设，打造一批生态休闲村、绿色水果村，新增集体收入50万元以上的行政村3个以上。加快智慧供销惠农服务平台、冷链物流和仓储基地建设，建成粮食产供销一体化示范基地。

实施乡村建设行动。实施农村人居环境整治提升五年行动，加强农村宅基地管理，强化农村建房风貌管控，开展“一户多宅”“空心房”“违建别墅”整治，推进农村改厕、生活垃圾处理和污水治理。深化“十百千万”创建，力争新增省级美丽乡村示范村3个以上、美丽庭院1000户以上。实施农村电网配套改造，启动城乡供水一体化项目建设，持续推进农村公路提质升级和“四好”公路建设，打造“数字乡村”样板，“织密”农村基础设施网。深化全国乡村治理体系建设试点工作，加快殡葬制度改革，营造和谐文明乡风。

提升城镇整体品质。完善“多规合一”国土空间规划体系，稳步推进高铁新城、红色记忆城片区开发。加快G240、G320韶山段等主干道建设，推进500千伏湘潭西变电站配套线路工程，新建5G基站和新能源汽车充电桩300个以上。加强城市风貌和文物保护，推进天鹅山城市森林公园建设，完成英雄商业广场等16个老旧小区提质改造。建立城乡生活垃圾处理一体化系统，启动餐厨垃圾无害化处理项目。完善污水处理配套管网，推动截污入网、雨污分流、黑臭水体治理。聚焦停车难、私搭乱建、噪音扰民等问题开展专项整治，完成大数据中心、智慧城管等项目建设，推进小区物业管理扩面提质。

（六）突出抓生态环境治理，厚植绿色经济新优势

持续推进污染防治。实施污染防治攻坚战三年行动计划，争创国家生态文明建设示范城市。推进建筑工地和道路扬尘、餐饮油烟、柴油货车等污染防治，加强秸秆综合利用，确保大气质量持续好转。深化“河长制”，加强入河排污口、饮用水源地环境整治，推进河流生态治理，重点抓好韶河、青年水库水环境保护，创建2条以上样板河流，确保省级考核断面全面达标。加强农用地土壤污染源头管控，严控农业面源污染，确保土壤环境安全。编制全域生态修复工程规划，实施历史遗留矿山综合治理，做好森林抚育、荒山造林工作。

筑牢生态安全屏障。严格执行生态保护红线，落实空间、总量、项目“三位一体”环境准入制度，严格实施“三线一单”生态环境分区管控。全面压实企业治污主体责任，织牢生态环境“防护网”。严格落实党政领导干部自然资源资产离任审计和生态环境损害终身追究制度，建立环境污染事故应急预警系统，保持对环保违法行为的高压态势。

推动绿色低碳发展。加快建设节水型城市。推广使用节能环保工艺和设备，实施工业企业清洁生产和超低排放改造。建立资源节约集约循环利用体系和制度，通过社会化、市场化、资源化方式推进垃圾分类。大力推广绿色节能建筑，鼓励建设光伏发电项目。建设节约型机关。遏制餐饮浪费。

（七）突出抓重大风险防控，筑牢长治久安新堤坝

防控新冠肺炎风险。毫不松懈抓好常态化疫情防控，加强重点人群的监管和监测，落实核酸检测报告和返乡人员居家隔离等措施，牢牢控制潜在风险点，确保不出现规模性输入和反弹。加强对景区、车站、农贸市场、超市等重点场所管控，突出做好重大节假日、节庆日疫情防控。有序推进重点人群疫苗接种，确保应接尽接。加大宣传力度，引导群众保持社交距离、加强个人防范，降低感染风险。

防控政府性债务风险。用好债务风险缓释政策，制定债务化解方案，完善政府债务预警机制和考核体系，牢牢守住债务风险底线。严格执行政府投资建设项目负面清单制度，科学盘活“三资”，统筹“化存量”与“控增量”，推动三类债务之和下降5%以上。加强与金融机构合作，降低刚兑风险。完善金融风险防控机制，依法打击涉众型经济犯罪行为，推动金融业健康发展。

防控安全生产风险。深入开展安全生产专项整治和“打非治违”三年行动，突出抓好特种设备、建筑施工、非煤矿山、危化品等重点行业专项整治，严防一般及以上生产安全事故。坚决打赢交通问题顽瘴痼疾整治攻坚战，实施“五路同治”，加快“两客一危”监管平台建设，推进治超治限联合执法常态化。加强食品药品、防汛抗旱、森林防火等领域风险防控。启动自然灾害综合风险普查行动，增强防范化解重大风险能力。完善应急管理体制机制，提升救援能力和救援效率。

（八）突出抓福祉普惠共享，增添幸福美好生活新元素

加强基本民生保障。全面完成省、湘潭和本级民生实事。贯彻落实党中央关于脱贫后设立5年过渡期的决定，巩固拓展脱贫攻坚成果同乡村振兴有效衔接。做好稳岗就业工作，确保零就业家庭动态清零、城镇失业登记率低于全国平均水平。深入实施全民参保计划，开展医疗保险领域专项整治。推进“60后”农村邻里养老互助点建设，推动养老事业、养老产业协同发展。强化社会救助规范化管理，保障各类困难群体基本生活。加强留守儿童、留守妇女关爱保护。全面落实优抚政策，做好军转干部及退役士兵安置工作。

大力发展社会事业。加快教育规划布局调整，出台提高教育教学质量和办学水平的政策措施，启用韶山学校新校区、樟树湾幼儿园，推进职业中专产教融合实训基地建设，大力实施“名师”“名校长”工程，推动教育向更高质量、更高水平发展。完善疾病预防防控体系，健全突发公共卫生事件监测预警处置机制，提升公共卫生防控救治能力；支持韶山医院创建三级医院，建设一批特色专科，推进紧密型医共体、医联体建设，加快“互联网+健康医疗”项目建设；深化医药卫生体制改革，推进药品和耗材集中采购使用；开展爱国卫生运动，提升全民健康水平。办好庆祝建党100周年、韶山学校建校100周年系列活动，

开展“送戏下乡”“欢乐潇湘”等大型群众文化活动，加快“四馆一中心”建设。开展全民健身活动，创建全民运动健身模范市。

提升社会治理水平。坚决守住“五个不发生”的“主阵地”，统筹推进县域警务社会治理，持续向黑、恶、毒、盗、骗、抢等突出犯罪发起集中攻势，进一步巩固提升“平安韶山”建设成果。创新发展新时代“枫桥经验”，集中治理重复信访，大力化解信访积案，妥善处置招商和建设领域遗留问题，创建国家信访“三无”县市。继续开展治欠保支行动，实现农民工工资无拖欠目标。实施全民素质提升三年行动计划，开展“五大创建”活动，深化文明城市建设。

（九）突出抓履职能力建设，彰显秉公为民政府新形象

坚持忠诚履职。深入学习习近平新时代中国特色社会主义思想和习近平总书记考察湖南重要讲话精神，增强“四个意识”、坚定“四个自信”、做到“两个维护”。严守政治纪律和政治规矩，严格落实民主集中制，不断提高忠诚担当的政治素养。坚持将党的全面领导贯穿政府工作各方面、全过程，确保党中央和省委、湘潭及韶山市委重大决策部署落地见效。

坚持依法履职。加快创建法治政府建设示范市。严格执行重大决策合法性审查制度，提高决策科学化、民主化、法治化水平。自觉接受人大工作监督、法律监督，主动接受政协民主监督和社会各界舆论监督，严格落实人大及其常委会决议决定和审议意见，提高人大代表议案、建议和政协委员提案办理质量。制定并实施“八五”普法规划，增强全民学法尊法用法守法意识。

坚持高效履职。推行闭环管理和一线工作法，对重点任务、重大项目、民生实事，逐项定责任、定标准，挂牌督办、对账销号，提高政府执行力。大力纠治形式主义、官僚主义突出问题，切实减轻基层负担，腾出更多精力抓落实。树立以成效论英雄、以成果行奖惩、以实绩定职位的干事创业导向，落实容错纠错机制，为担当者担当、为负责者负责、为干事者撑腰。

坚持廉洁履职。落实全面从严治党主体责任，严格纪律规矩，加强审计监督，健全规章制度，规范工程招投标、土地出让、产权交易、政府采购等行为，减少权力寻租空间，铲除腐败滋生土壤。从严落实中央八项规定及其实施细则精神，牢固树立过“紧日子”思想，严控“三公”经费和非刚性一般支出，持续整治和查处侵害群众利益的不正之风和腐败问题，营造风清气正的干事创业环境。

各位代表，蓝图已经绘就，号角已经吹响。让我们更加紧密地团结在以习近平同志为核心的党中央周围，在市委的坚强领导下，以“可上九天揽月”的登攀精神，以“不到长城非好汉”的顽强意志，不负韶华、逐梦前行，创造无愧于党、无愧于人民、无愧于历史的业绩，以优异成绩迎接建党100周年！

名词解释

六稳六保：“六稳”即稳就业、稳金融、稳外贸、稳外资、稳投资、稳预期；“六保”即保居民就业、保基本民生、保市场主体、保粮食能源安全、保产业链供应链稳定、保基层运转。

三大攻坚战：即防范化解重大风险、精准脱贫、污染防治。

六覆盖：义务教育、社会保障、农村饮水安全、基层公共服务（一门式）、农村危房改造、农村通组道路“六个全覆盖”。

双拥：“地方拥军优属，军队拥政爱民”的简称。

四上企业：四类规模以上企业的统称，具体为规模以上工业企业、资质等级建筑业企业、限额以上批零住餐企业、国家重点服务业企业。

总部经济：以特有的优势资源吸引企业总部集群布局，形成总部集聚效应。

放管服：简政放权、放管结合、优化服务的简称。

三类“500强”：世界企业500强、中国企业500强、民营企业500强。

两不愁三保障：不愁吃、不愁穿，义务教育、基本医疗和住房安全有保障。

三禁三不：“三禁”即禁止燃放烟花爆竹、禁止露天焚烧垃圾、禁止露天焚烧秸秆；“三不”即不砍树、不填塘、不挖山。

智慧渣土云平台：采用“互联网+智慧车辆”模式，规范、科学地对渣土运输处置工作进行管理。

五会一约：红白理事会、村民议事会、禁毒禁赌会、道德评议会、孝善理事会、村规民约（居民公约）。

分级诊疗：指按照疾病的轻重缓急及治疗的难易程度进行分级，不同的医疗机构承担不同疾病的治疗，逐步实现从全科到专业化的医疗过程。

“六清”任务：即线索清仓、逃犯清零、案件清结、伞网清除、黑财清底、行业清源。

信访“三无”：无进京非访登记和进京重复越级访、无到省级及以上的集体访、无因信访问题引发的极端恶性事件。

一核一星多点：“核”即核心景区；“星”即银田小镇；“多点”即其他乡村。

两主一特：即先进制造业、新能源新材料产业和食品医药特色产业。

“三高四新”战略：“三高”即打造国家重要先进制造业高地、具有核心竞争力的科技创新高地、内陆地区改革开放的高地；“四新”即在推动高质量发展上闯出新路子，在构建新发展格局中展现新作为，在推动中部地区崛起和长江经济带发展中彰显新担当，奋力谱写新时代坚持和发展中国特色社会主义的湖南新篇章。

“双链”“双联”“双先”工程：源自湘潭市提出的“一六二”工程，具体为（1）打造国家重要先进制造业高地“双链”工程：支柱产业延链培强，新兴产业补链做大。（2）打造具有核心竞争力的科技创新高地“双先”工程：创新领先，人才优先。（3）打造内陆地区改革开放高地“双招”工程：招商引资，招才引智。（4）科技成果转化“双联”工程：企地校联合攻关，产学研联合营

运。（5）营商环境“双优”工程：优化政务环境，优化信用环境。（6）融入新发展格局“双提”工程：消费提升，投资提效。（7）核心区域建设“双进”工程：向北推进，“两翼”（湘潭县、湘乡市和韶山市）跟进。（8）现代物流体系“双畅”工程：路网顺畅，“云”网通畅。（9）居民收入“双扩”工程：扩大居民就业渠道，扩大中等收入群体。（10）社会民生“双板”工程：扶贫帮困“固底板”，公共服务“补短板”。（11）文化繁荣发展“双基”工程：爱国主义教育基地建设，文化基础设施建设。（12）“三农”工作“双新”工程：建设新乡村，培养新农民。（13）环境保护“双控”工程：控总量，控强度。（14）基层治理“双强”工程：强机制，强基础。（15）平安湘潭“双促”工程：促社会稳定，促法治建设。（16）担当“四新”使命“双创”工程：创优良作风，创优秀业绩。

省委“四大改革行动”：即重点推进深化国资国企、投融资体制、要素市场化配置、“放管服”改革。

省委“五大开放行动”：即对接500强提升产业链、对接新丝路推动走出去、对接自贸区提升大平台、对接湘商会建设新家乡、对接北上广优化大环境。

五个韶山：即红色韶山、创新韶山、文明韶山、美丽韶山、幸福韶山。

“四地一园”建设：即建设红色教育培训示范基地、高新技术产业制造基地、内陆改革开放先行基地、区域生态康养首选地、城乡融合发展幸福家园。

能耗“双控”：即控制源消耗总量和强度。

“亩产倍增”计划：加强土地节约集约管理，推进土地利用方式转变，优化土地利用结构，提高土地利用效率，以节约集约用地促进经济结构、生产方式的转变，促进经济社会持续健康发展。

退二优二、退二进三：“退二优二”即在产业结构调整中，逐步将科技含量低、土地利用率低、产值低、占用资源多的“落后”企业清退，让更多的要素资源倾向高科技、高产值、高质量企业；“退二进三”即在产业结构调整中，缩小第二产业，发展第三产业。

“专精特新”企业：具有“专业化、精细化、特色化、新颖化”特征的工业中小企业。

小微进规：即小微工业企业进入年主营业务收入达到2000万元的规模以上工业企业行列。

上云用数赋智：“上云”即探索推行普惠型的云服务支持政策；“用数”即在更深层次推进大数据融合运用；“赋智”即加大对企业智能化改造的支持力度，特别是要推进人工智能和实体经济的深度融合。

智造莲城：由湘潭市发起的创新成果对接资本市场专项行动，旨在打通科技金融“最后一公里”。

现代学徒制：通过学校、企业深度合作，教师、师傅联合传授，对学生以技能培养为主的现代人才培养模式。

“两化”建设：即服务大厅的规范化、标准化建设。

证照分离：“证”即各相关行业主管部门颁发的经营许可证；“照”即工商部门颁发的营业执照，实行“证照分离”旨在大幅减少行政审批，增强市场活力。

三权分置：即农村土地所有权、承包权、经营权三权分置。

双随机、一公开：即在监管过程中随机抽取检查对象，随机选派执法检查人员，抽查情况及查处结果及时向社会公开。

两新一重：即新型基础设施建设，新型城镇化建设，交通、水利等重大工程建设。

增减挂钩：即城镇建设用地增加与农村建设用地减少相挂钩。

“破零倍增”计划：“破零”即各县市区上一年度外贸进出口零实绩的外贸备案登记企业要实现进出口零的突破；“倍增”即以上一年度外贸进出口实绩为基数，外贸企业进出口额年度增长率达100%以上。

一县一特：即一个县一个特色，大力扶持带动能力强、有地方特色的优势产业。

两品一标：绿色食品、有机农产品和农产品地理标志。

“十百千万”创建：由湘潭市提出的美丽乡村创建活动，“十”即10个美丽乡村示范乡镇（街道），“百”即100个美丽乡村示范村，“千”即1000个美丽屋场示范点，“万”即10000个美丽庭院示范户。

“四好”公路：即“建好、管好、护好、运营好”农村公路。

多规合一：即土地利用总体规划、城乡规划、主体功能区规划和生态功能区划等多个空间规划合一。

三线一单：即生态保护红线、环境质量底线、资源利用上线和生态环境准入清单。

五路同治：即实施铁路、高速公路、普通干线公路、农村公路和城市道路治理。

两客一危：即从事旅游的包车、三类以上班线客车和运输危险化学品、烟花爆竹、民用爆炸物品的道路专用车辆。

四馆一中心：即韶山市博物馆、科技馆、图书馆、文化馆和新时代文明实践中心。

五个不发生：即不发生重大政治影响事件、不发生暴力恐怖事件、不发生重大刑事案件、不发生重大群体性事件、不发生公共安全事件。

“五大创建”活动：即全面开展文明城市、文明村镇、文明单位、文明家庭及文明校园创建活动。

政协韶山市第八届委员会常务委员会工作报告

——2021年2月1日在政协韶山市第八届委员会第五次会议上

韶山市政协主席　张湘平

各位委员、各位同志：

现在我代表政协韶山市第八届委员会常务委员会，向大会报告工作，请予审议，并请列席会议的同志提出意见。

2020年工作回顾

市政协八届四次全会以来，在中共韶山市委的坚强领导下，市政协常委会紧紧依靠全体政协委员，坚持以习近平新时代中国特色社会主义思想为指导，深入贯彻中共十九大和十九届二中、三中、四中、五中全会精神，深刻领会习近平总书记考察湖南重要讲话精神，全面落实中央、省市政协工作会议精神，准确把握人民政协性质定位和优势特点，聚焦决胜全面建成小康社会、打好“三大攻坚战”、抗击新冠肺炎疫情等任务，主动担当作为，认真履职尽责，在大战大考中交出了一份不负新时代的履职“成绩单”。

一、坚持以新思想为统领，扛牢政协组织的政治责任

常委会坚定自觉用习近平新时代中国特色社会主义思想武装头脑，坚定自觉贯彻落实市委决策，把扛牢政协组织政治责任贯穿政协工作全过程。

（一）把稳思想之舵。坚持把政治建设摆在首位，坚持把习近平总书记关于加强和改进人民政协工作重要思想作为统揽政协工作的总纲，统筹安排党组理论学习、主席会议集体学习、常委会议专题学习、委员培训学习、线上线下交流学，做到逢会必学、主题党日必学、学习强国和政协云常态学。全面贯彻落实中央《关于新时代加强和改进人民政协工作的意见》，准确把握新时代人民政协工作的新使命新要求。一年来，先后组织会议学习、研讨交流等主题活动近20次，开展宣讲活动10多场，教育引导全体委员和政协工作者强化思想理论武装，保持政治定力。

（二）坚守政治方向。始终坚持党对政协工作的全面领导，政协党组和班子成员带头树牢“四个意识”、坚定“四个自信”、做到“两个维护”。市委加强对政协工作领导，把政协工作纳入全市工作大局中谋划推进，支持政协履行职能发挥作用。始终坚持在市委的领导下开展工作，年度协商与监督工作计划，征求市政府意见、报市委批准，促使协商监督有重点、方向准、定位高。严格落实请示报告制度，做到重大事项向市委请示，重要工作向市委报告，重要协商成果报市委参考。

（三）抓实政协党建。突出党建工作引领推动政协工作提质增效，进一步完善政协党组、党支部、党小组多个层次抓党建的工作机制，政协党建实现“两个全覆盖”。认真履行党建工作、意识形态和党风廉政建设三个责任制，全面贯彻落实中央八项规定，高度重视省委巡视、湘潭市委政治建设考察和市委巡察，在加强调查研究、转变文风会风、联系基层群众、制止奢侈浪费、完善制度机制等方面采取一系列整改措施，促进政协工作更加规范有序。

二、坚持以抓落实为重点，彰显政协组织的为民初心

常委会及全体委员始终坚持人民至上、履职为民理念，积极投身保障民生第一线，助力市委、市政府解决好民生实事，做到真情履职。

（一）疫情防控敢作善为。新冠肺炎疫情发生以来，市政协积极响应市委号召，广大政协委员和政协机关干部深入各联系村和企业，主动参与疫情防控阻击战和全面复工复产工作。广大政协委员主动履行社会责任，捐款捐物达70余万元。毛小文等委员在充分调研基础上，提交《关于疫情结束后尽快恢复韶山旅游产业的建议》，被市委、市政府和相关部门迅速采纳并付诸实施。委员企业不裁员、稳生产、保工资，在复工复产中发挥带头作用。在这场战“疫”大考中，全市政协委员努力践行“人民政协为人民”的初心，用实际行动彰显了责任担当。

（二）脱贫攻坚真心助力。充分发挥政协优势，持续助力脱贫攻坚。积极响应省市县政协三级联动，组织委员参与省政协“助力脱贫攻坚、全面建成小康社会”主题活动，扎实开展委员“三个一”扶贫行动，为决战决胜脱贫攻坚贡献委员力量。一年来，委员们采取销售农产品、提供就业岗位、资助贫困学子、送钱送物等形式，帮助建档立卡困难群众65户，完成走访260多批次，上传政协云帮扶记录91条，解决帮扶资金20万元，成明、李四清、喻长虹等9名政协委员和政协工作者被省政协、湘潭市政协评为扶贫工作先进个人。

（三）社情民意回应关切。积极组织政协委员围绕市

委市政府重点工作和群众关心的热点难点问题，深入调研，直击民生实事，就深化“放管服”改革，围绕推进“一件事一次办”开展专项视察；高度关注生态环境，组织开展城乡垃圾分类的视察和座谈，向市委市政府提出意见和建议，取得一定效果。通过大会发言、社情民意摘报、微建议等形式，积极建言献策。外地政协委员提出的“关于韶山2路车（高铁南站）线路待改进问题”和我市政协委员提出的“关于进一步优化韶山市图书馆建设的建议”2条微建议，由我市协同有关单位办理答复，得到省政协通报表扬。

三、坚持以高质量为目标，发挥专门协商机构的制度优势

常委会充分发挥专门协商机构作用，主动把政协工作摆在全市工作大局中去思考谋划，多角度切入、多形式协商，形成一批有价值的协商监督成果，为全市高质量发展添助力、增合力。

（一）协商监督课题精准务实。在广泛征集协商课题的基础上，将《强化高新区提质扩能、加快制造业高质量发展》《关于落实省委“支持以韶山为龙头建设红色教育培训基地”》《推进城乡统筹供水、促进城乡协调发展》《创新乡村治理、推进基层协商民主建设》等4个课题作为常委会议政性协商和对口协商内容，将《关于建立市级农产品推广销售平台》《关于加强我市外卖行业监管执法力度》等8件重点提案开展办理协商，做到协商课题扣中心、接地气，显成效。

（二）协商监督形式灵活多样。在扎实开展全会集中协商、常委会议专题协商、主席会议重点协商、提案办理协商的同时，积极推进政协协商与基层协商有效衔接，为打通基层民主协商“最后一公里”，继2019年在韶山乡挂牌成立首家政协委员工作室后，去年在杨林乡新建“喻长虹委员工作室”，在火车站社区新建“贺晓庆委员工作室”，初步形成了委员工作室、社情民意联系点、委员之家“三位一体”工作格局，丰富了协商形式。市政协在杨林乡喻长虹委员工作室就协商解决“农村地下党员家属、烈士遗属关爱帮扶议题”开展基层协商议事活动，取得了良好的社会反响。

（三）协商监督成果落地见效。去年各类协商与监督共形成建议案、调研报告12份，提出了一批有分量可操作的建议。全年政协委员提案70件，见面率、回复率100%，委员满意率达98.4%。开展对市文旅广体局提案办理的专项评议，注重民主监督实效。协商成果得到了市委市政府的高度重视和充分肯定，各相关部门积极采纳政协的建议，形成了一系列改革和推动工作的有力举措。

四、坚持以强效能为根本，提高政协履职工作的质量水平

常委会始终把提升服务效能、广泛凝聚共识作为履职工作的中心环节，坚持大团结大联合，凝心聚力、同心发展。

（一）积极搭建协商平台。进一步加强同工商联、无党派人士和各人民团体的联系与合作，主动征求对政协工作的意见建议。积极邀请工商联、民主党派成员、无党派人士、人民团体参加政协履职活动，充分发挥参政议政作用。积极推荐非中共政协委员参加党委、政府部门的监督评议活动，组织委员参与司法审判，为委员资政建言提供了良好平台。积极拓宽渠道，广交朋友，增进与各界委员的团结联谊。通过创建委员工作室，走访基层委员，调研委员企业，慰问民族宗教界委员，联系异地商会等活动，在加强沟通、了解呼声的过程中不断增进共识。

（二）切实提升履职能力。采取“请进来”“走出去”的有效形式，开展政协委员履职能力提升培训，委员理论素养和履职能力进一步提升。发挥专委会在政协履职中作用，专委会活力进一步增强。引导委员有效运用政协云，走深走实网上群众路线，通过政协云学习政协知识、提交意见建议，政协云成为委员学习宣传履职的“掌中宝”。加强委员服务管理，进一步健全委员管理服务机制，认真做好了委员履职考核及评优等工作。积极组织委员参加“全国政协书院”“新时代乡村振兴”主题读书活动，阙奇涵、梁春燕等委员的履职活动获省政协的好评和推介，充分展示了基层政协委员的履职风采。

（三）不断扩大政协工作影响。充分利用电视、报纸、政协云等平台，第一时间发布政协履职资讯，积极宣传人民政协，展现委员履职风采。政协主席网络直播“带货”，助力本地农产品销售；积极助推政协委员红色培训，充分发挥省政协韶山培训基地作用，扩大全国政协、省政协在韶三期委员培训的影响力，主动与红培机构对接联系外地政协来韶开展委员培训。贺晓庆、郭文、秦红光、邹佳伦、毛小文等委员，依托高校和自身资源，新办红培机构，在打造以韶山为龙头的红色教育培训基地的实践中，体现了委员的主动担当和作为，取得了良好社会反响。据不完全统计，近三年来韶参加培训的政协委员达110多批5000多人次，委员培训成为展示韶山形象的又一重要窗口。

各位委员，市政协所取得的各项成绩，是中共韶山市委坚强领导的成果，是市人大、市政府以及各级各部门大力支持的成果，是全体委员共同努力的成果，在此，我代表市政协常委会，向关心、支持政协工作的各位领导和各界朋友，表示衷心的感谢并致以崇高的敬意！

在肯定成绩的同时，我们也清醒地看到，市政协工作与市委的要求和全市人民的期望相比，还存在诸多不足。协商议政的形式需要进一步完善，民主监督工作需要进一步改进，履职能力建设需要进一步提升，专门协商平台搭建不够，委员工作室作用发挥不充分。这些问题既是差距也是导向，我们将高度重视并切实加以改进。

2021年工作意见

2021年是中国共产党成立100周年的大庆之年，是实施“十四五”规划的开局之年，是本届政协的收官之年，是承前启后、继往开来的换届之年。2021年市政协工作的总体要求是：坚持以习近平新时代中国特色社会主义思想为指引，深入贯彻中共十九届二中、三中、四中、五中全会和习近平总书记考察湖南重要讲话精神，全面落实中

央、省市政协工作会议要求，在中共韶山市委的坚强领导下，把“建功‘十四五’、奋进新征程”作为工作主线，紧紧围绕市委八届十一次全会和市委经济工作会议的各项部署，切实发挥好专门协商机构作用，强化思想政治引领，广泛凝聚各界共识，满怀信心推进政协工作高质量发展，为加快打造世界知名文化旅游目的地、奋力建设现代化新韶山贡献政协力量。

一、在政治引领上着力，筑牢思想政治基础

要把讲政治放在首位，坚持和加强党对政协工作领导的全面领导，切实发挥好政协党组把方向、管大局、保落实的作用，自觉在思想上政治上行动上同以习近平同志为核心的党中央保持高度一致。要抓好理论武装和阵地建设，把学习贯彻习近平新时代中国特色社会主义思想和党的十九届五中全会精神结合起来，引导广大政协委员深刻领会“十四五”时期韶山经济社会发展的指导思想、主要目标，深刻把握重大举措。要按照市委统一部署，精心组织积极参与建党100周年的相关庆祝活动。要充分发挥省政协韶山培训基地的作用，在以韶山为龙头建设红色教育培训基地生动实践中贡献政协智慧和力量。要继续巩固运用好“不忘初心、牢记使命”主题教育和省委巡视、湘潭市委政治建设考察、市委巡察成果，把初心使命变成锐意进取、砥砺前行的精气神，化为开拓创新、真抓实干的执行力。

二、在专门协商机构上着力，切实服务发展大局

市委八届十一次全会和市委经济工作会议吹响了韶山开启全面建设社会主义现代化新征程的号角。人民政协作为社会主义协商民主的重要渠道和专门协商机构，要紧密结合韶山市情，根据党政所需、群众所盼、政协所能的原则，选好题，答好题，找准推动经济社会发展的突破口和建言资政的着力点，开展广泛深入的调查研究，提出务实管用的对策建议，形成经得起时间检验的成果，力争把每一个课题、每一件提案、每一次协商都办成精品。要坚持以实施年度《协商监督工作计划》为重点，围绕我市打造“四地一园”，开展财源建设、电子商务建设专题协商；聚焦粮食生产、耕地有效利用和民生事业，开展农业生产和殡葬改革的对口协商；坚持探索政协协商与基层协商有效衔接，开展基层社会治理的界别协商；做好主席会议领衔督办重点提案工作，开展好提案办理民主评议，真正做到深入协商集中议政，深化监督助推落实。

三、在聚焦发展上着力，提升建言资政水平

要深入学习贯彻全国政协《关于加强和促进人民政协凝聚共识工作的意见》，充分发挥政协人才荟萃、联系面广的优势，把社会各界的智慧广泛凝聚起来，围绕全市经济社会发展的战略性、全局性、前瞻性重大问题和事关人民群众切身利益的重大民生问题建言资政，为市委市政府提供决策参考。坚持把加强思想政治引领、广泛凝聚共识作为履职工作的中心环节，把凝聚共识融入视察考察、调查研究、协商议政各项活动中，发挥好人民政协专门协商机构“重要阵地”“重要平台”“重要渠道”作用，切实担负起落实市委市政府的决策部署、凝聚各界人士智慧力量的政治责任。要聚焦协商监督主责主业，在“搭平台、建制度、提质效、兴文化”等方面下功夫，以高质量的履职成效，助推我市“十四五”规划纲要实施，开好局、起好步。

四、在责任担当上着力，提高政协履职能力

要坚决落实习近平总书记“政协委员要更好联系和服务所在界别的群众”和“为国履职、为民尽责”的重要指示，强化委员在联系和服务界别群众中的责任，引导委员切实增强责任意识。要进一步强化政协委员责任担当，坚持把事业放在心上，把责任扛在肩上，把坚决维护习近平总书记党中央的核心、全党的核心地位，坚决维护党中央权威和集中统一领导，作为责任担当的首要任务。要培养专业能力，围绕专门协商机构定位，有针对性地提高委员调查研究能力、协商议政能力和凝聚共识能力，建设高素质委员队伍。要完善考核机制，建立健全委员履职评价及激励机制。要在统筹协调上着力，切实提高政协机关工作的专业化、专门化、精细化水平，提高协商服务质量、调查研究质量、办文办会质量、信息化建设质量，确保上下协同联动、决策落地生根。要重视发挥专委会和界别的基础性作用，为委员主体作用的发挥提供坚强的支撑和保障。

五、在统筹兼顾上着力，精心做好换届工作

2021年是本届政协任期的最后一年，我们要在市委的坚强领导下，精心组织，统筹兼顾，在开展各项履职活动的同时，切实抓好换届的各项准备工作。一是要总结好实践经验。本届政协的这几年，我们在工作中积累和形成了一些好的作法，要认真回顾、科学总结、精心提炼，进一步用实践经验来丰富、指导、推进政协工作的开展，进一步扩大人民政协的影响，提高人民政协的社会地位。二是要做好新一届委员的考察推荐工作。委员的素质如何，直接关系到政协组织履行职能的水平，也关系到政协的社会形象。我们要严格把好委员入口关，认真做好委员留任遴选和新委员的协商推荐考察工作，严把委员素质关和结构关，要把那些素质高、参政议政能力强、热爱政协工作的各界优秀人士选拔到政协队伍中来。三是要站好最后一班岗。广大委员要保持良好精神状态，进一步增强责任感和使命感，继续保持与本界别群众的密切联系，认真履行职能，以实际行动维护委员形象，无愧于“政协委员”的光荣称号。

各位委员、各位同志，习近平总书记在全国政协新年茶话会上强调：“新的一年，人民政协要再接再厉、团结奋进，加强专门协商机构建设，把人民政协制度优势转化为国家治理效能。”欣逢“两个一百年”的历史交汇期，人民政协使命光荣、责任重大。让我们沿着习近平总书记指引的方向，在中共韶山市委的坚强领导下，以饱满的政治热情和积极向上的精神状态，紧紧围绕“加快打造世界知名文化旅游目的地、奋力建设现代化新韶山”的战略目标，“建功‘十四五’、奋进新征程”，以优异的履职成效向建党100周年献礼！

韶山市人民检察院工作报告

——2021年2月3日在韶山市第九届人民代表大会第六次会议上

市人民检察院代理检察长　周卫兵

2020年工作回顾

2020年，在市委和上级院的坚强领导下，在市人大及其常委会的有力监督下，在市政府、市政协和社会各界的关心支持下，我院以习近平新时代中国特色社会主义思想为指导，深入贯彻最高人民检察院做优做强新时代检察工作的要求，依法忠实履行法律监督职责，努力当好人民群众美好生活的法律守护者，为韶山经济社会发展提供了有力的司法保障。

一、践行初心使命，在保障高质量发展中彰显检察担当

提高政治站位，构建疫情防线。针对突如其来的新冠肺炎疫情，我院充分发挥党支部的战斗堡垒和党员的先锋模范作用，成立了疫情防控党员先锋队，交纳特殊党费10900元。全院干警冲锋在“战疫”一线，对责任楼栋进行消毒、进出管控值班和外来人员摸排等工作，构建疫情防控阻击战的“检察堡垒”。选派干警汪丽亚到火车站社区带队开展防疫联络工作，被市政府予以及时嘉奖表彰。依法严惩涉疫违法犯罪行为，办理了陈某销售假冒伪劣口罩、庞某等人非法狩猎等涉疫案件，为维护人民健康提供有力检察保障　。

强化政治担当，助力三大攻坚。积极参与脱贫攻坚，立足司法办案开展扶贫救助，办理司法救助案件1件，发放救助金2万元。开展扶贫集中走访15次，为贫困户解决子女就学、产业帮扶、就业帮扶等实际问题，投入帮扶资金和乡村振兴发展资金近20万元。加强生态环境保护，严厉打击非法排污、滥砍滥伐等破坏生态环境资源的犯罪，对焚烧秸秆稻草、改变林地用途等问题有针对性地发出检察建议4份，助力打赢蓝天、碧水、净土保卫战。积极防范化解涉众型经济犯罪风险，对诈骗19名受害人、涉案金额高达440余万元的犯罪嫌疑人何某依法提起公诉。

增强政治自觉，护航民企发展。全年共办理了生产销售伪劣产品、非法出售增值税专用发票等破坏市场经济秩序类案件5件8人，办理寻衅滋事、职务侵占等影响民营企业生产经营类案件3件3人，为全市经济高质量发展营造了良好法治环境。加强检企常态化沟通，深入朝阳新城建设项目工地、新真喜食品有限公司等重点项目和联点企业走访，开展“服务‘六稳’‘六保’护航民企发展”检察开放日活动，充分听取民营企业家意见，提供精准司法保护。协同市司法局为接受社区矫正的民营企业负责人胡某快速办理请假手续跨省外出参加投标，一个月成功中标3个；对犯罪情节轻微的韶山籍民营企业负责人郭某作出相对不起诉决定，经多方协调促使相关机关对两名韶山籍涉案民营企业负责人依法变更强制措施，最大限度地降低司法办案对企业经营的影响。

二、聚焦民生民利，在增进人民福祉上做出检察贡献

忠诚履职，保障人民群众安居乐业。紧紧围绕平安韶山、法治韶山建设，严厉打击各类刑事犯罪。全年受理审查逮捕案件29件58人，批准逮捕26件47人；受理审查起诉案件108件140人，提起公诉71件98人。其中：严惩抢劫、故意伤害、聚众斗殴等严重暴力犯罪，批捕14人，起诉15人；重拳打击盗窃、诈骗、帮助信息网络犯罪活动等多发性侵财犯罪，批捕19人，起诉28人；严厉打击黄赌毒、涉枪涉爆、危险驾驶等危害社会秩序犯罪，批捕2人，起诉33人，有力地守护了全市社会大局稳定和人民群众生命财产安全。

担当作为，推进扫黑除恶专项斗争。通过印发宣传册、发放检察文化产品以及在公交站牌布置扫黑除恶宣传标语等形式，大力营造黑恶势力人人喊打的社会氛围。切实落实十一届省委第八轮巡视关于中央扫黑除恶专项斗争督导反馈问题整改要求，有序开展“六清”工作，涉黑涉恶案件及线索均已全部清仓办结。对已办结的两个涉恶案件及时开展“回头看”，逐案审查可能涉及的黑恶案件线索及涉案财产处置情况，形成了案件专项报告，并发出“打财断血”专项检察建议1份，确保涉黑涉恶案件打得准、打得狠，经得起历史和法律的检验。

关爱未来，护航未成年人健康成长。贯彻落实最高人民检察院“一号检察建议”，着力强化未成年人法治教育，实现检察官担任法治副校长乡镇全覆盖，前往镇泰小学、如意中学等学校开展法治进校园活动6次，为800多名中小学生种下法治信仰的种子。坚持宽容不纵容，依法对未成年人涉嫌轻微犯罪案件少捕慎诉，妥善办理未成年人犯罪案件2件3人，作出附条件不起诉1人，切实保护未成年人合法权益。

民呼我应，积极参与社会综合治理。将“枫桥经验”贯彻到检察工作之中，充分发挥检察建议的督促、纠违功能，将检察职能向社会治理领域延伸，共发出社会治理类检察建议3件，当好党委、政府的“法治参谋”。严格贯彻落

实宽严相济刑事政策，依法不批准逮捕12人，不起诉33人，最大限度地减少社会对立面。严格落实检察长接待日制度，检察长深入一线窗口接访32人次。落实“群众信访事项件件有回复”工作要求，受理来信、来访和网络信访10件，全部做到7日内程序性回复，3个月内办理过程或结果答复，有效做好息诉罢访工作。

三、强化法律监督，在维护司法公正上体现检察作为

做优做精，加强刑事诉讼检察监督。加强侦查监督，提前介入、引导侦查案件5件，监督公安机关立案1件1人，追捕3人，办理羁押必要性审查案件2件，发出检察建议2件。加强刑事审判监督，办理纠正违法行为案件2件，追诉1人，检察长列席法院审判委员会2次。加强对社区矫正工作的日常检查，严防脱管漏管现象发生，开展暂予监外提请审查1次，财产刑刑事执行核查专项检查1次，发出纠正意见、检察建议4件，依法监督社区矫正机构积极履职，确保社区矫正服刑人员合法权益。

做强做实，开展民事行政检察监督。着力打造多元化民事行政监督格局，进一步扩大监督规模，加大办案力度，不断为人民群众提供更好、更优、更实的检察产品。共办理民事生效裁判监督案件1件，民事审判程序违法监督案件7件，执行监督案件24件，督促履职1件。与市司法局联合制定《关于开展赋予强制执行效力公证债权文书检察监督专项活动方案》，深入开展非诉执行专项监督，促进行政执法与司法的有效衔接。加强对农民工、残疾人等特殊群体请求给付劳动报酬和损害赔偿等案件的支持起诉力度，维护人民群众合法权益，办理支持起诉案件4件，协同法院帮助弱势群体挽回经济损失22.4万元。

做好做细，推进公益诉讼检察监督。牢记党和人民嘱托，履行公益保护崇高使命，当好国家利益和社会公共利益的“守护人”。全年共办理公益诉讼案件16件，所有案件均在诉前得到有效解决，办理的庞某某等三人非法占用农用地损害公益案，督促相关人员及时整改到位，取得了良好的社会效果。重视食品安全保护，开展对乡镇农贸市场及流动摊贩食品安全专项监督，与市市场监督管理局联合开展学校食堂及周边商店食品安全检查，切实保障人民群众“舌尖上的安全”。开展潇湘红色资源保护公益诉讼专项行动，进一步强化全市英烈权益和英烈纪念设施保护工作，用法治力量捍卫英雄烈士权益。

四、深化改革创新，在激发内生动力上展现检察自强

突出实效，检察职能配置不断优化。按照《韶山市人民检察院内设机构改革实施方案》，全面完成内设机构重塑性改革，机构数缩减29%，队伍专业化建设得到进一步加强。加强人才培养力度，推荐提拔了2名中层干部担任党外副检察长，3名90后年轻干警担任部门负责人，有效激发了全院干警干事创业的工作活力。优化办案组织，在广泛征集意见的基础上，对全院干警岗位职责进行了重新调整，进一步调整职能配置、强化办案保障，办案质效得到大幅度提升。

严字当头，不断推进司法责任落实。修订完善《2020年绩效考核办法》，健全三类人员考评机制，运用好检察官业绩考评这根“指挥棒”，充分释放改革活力。入额院领导带头承办重大疑难复杂案件，在规范办案上做表率，办理各类案件224件，占全院案件总数的83%。贯彻落实以“案-件比”为核心的案件质效评价机制，有效减轻当事人诉累。坚持放权不放任，通过案件大数据监管平台对案件进行抽查评议和全流程网上监控，严把案件质量关。

稳步推进，认罪认罚从宽工作持续深化。积极推行认罪认罚从宽制度，充分发挥刑罚的惩罚警示和教育矫正功能，切实履行检察机关的主导责任，依法从宽处理认罪认罚的犯罪嫌疑人，不断提升社会治理法治化水平。全年共对99件124人适用该制度，适用率高达94.65%。推进量刑建议精准化，提出确定刑量刑建议49人，被法院采纳率达91.83%，该制度各项指标均在湘潭市前列。

五、坚持严管厚爱，在提素质求极致中锻造检察铁军

忠诚第一，突出政治建设引领。以党的建设为统领，持续深化“不忘初心、牢记使命”主题教育成果，开展检察长上党课、集中学习、专题辅导等活动12次，切实增强“四个意识”，坚定“四个自信”，做到“两个维护”，锤炼忠诚干净担当的政治品格。狠抓领导班子建设，认真贯彻《中国共产党政法工作条例》，主动及时向市委请示报告重大事项，牢牢抓实意识形态工作，把党对检察工作的绝对领导落在实处，确保检察工作正确政治方向。

刀刃向内，持之以恒正风肃纪。严格贯彻落实“三个规定”，凡是检察机关内、外部人员过问或干预插手办案的，一律如实记录报告，坚决杜绝人情案、关系案。规范执行“三重一大”集体决策制度，主动邀请派驻纪检监察组列席党组会监督指导。切实担负起党风廉政建设主体责任，通过开展廉政警示教育、排查廉政风险点等措施，促进检察权规范运行。持续加强机关纪律作风建设，围绕办公秩序、会风会纪等开展日常督察32次，化纪律要求为自律自觉，推动全面从严治检不断深入。

苦练本领，夯实队伍发展根基。推动检察队伍专业化建设，组织干警积极参加各项技能培训和业务竞赛，选派2名年轻干警前往上级院跟班学习，组织开展集中授课、韶检讲堂、庭审观摩等活动8次，专题学习了《民法典》和十九届五中全会精神、习近平总书记考察湖南重要讲话指示精神，并举行了《民法典》知识测试，将理论知识转化为推动检察工作发展的强大动力，全面提升检察干警的政治素养和业务能力。今年以来，我院干警康佳萱荣获湖南省人民检察院“民事检察业务能手”称号，周敏、肖潇荣获湖南省政法系统“文化建设先进个人”称号。

六、自觉接受监督，在公开透明阳光下行使检察职能

牢固树立“监督者更要接受监督”的意识，主动将检察权置于阳光下运行，全年共举办检察开放日、公开听证、听庭评议等活动8次，邀请人大代表、政协委员、人民监督员、社会公众走进检察机关，“零距离”感受检察工作，有效提升司法公信力。自觉接受人大监督，认真落实市人大及其常委会的各项决议，并主动向市人大及其常委会报告公益诉讼、认罪认罚从宽等工作情况。自觉接受社会监督，公开各类程序性信息246条、生效法律文书99份，在人民网、中国网、法制周报、潇湘晨报等主流媒体发表稿件26篇，努力让人民群众感受到看得见摸得着的公平正义。

各位代表，回顾过去一年，韶山检察工作取得了一定的成绩，这离不开市委的坚强领导、市人大的有力监督、市政府的大力支持和市政协的充分关心，离不开各位代表、委员的热情帮助。在此，我代表市人民检察院表示衷心地感谢，并致以崇高的敬意！

同时，我们清醒地认识到，检察工作仍然存在短板和不足。一是服务大局的针对性和实效性仍需加强，运用法治思维和法治方式防范化解风险、促进改革发展的能力水平有待进一步提升；二是创新驱动发展意识仍需增强，检察改革成效、特色亮点工作有待进一步提高；三是人才培养力度仍需加大，队伍专业化水平、履职能力有待进一步提升。对此，我们将高度重视，切实采取有效措施加以解决。

2021年工作安排

检察机关肩负服务保障“中国之治”的重要职责，韶山市人民检察院将以习近平新时代中国特色社会主义思想为指导，切实有效履行法律监督职责，为大局服务、为人民司法，努力答好新时代韶山检察工作人民满意答卷。

一是坚持党的绝对领导，全面履行检察职能。深入学习党的十九大和十九届二中、三中、四中、五中全会精神，严格贯彻落实《中国共产党政法工作条例》、习近平法治思想和习近平总书记考察湖南重要讲话指示精神，确保检察工作始终保持正确政治方向。全面扎实抓好“四大检察”“十大业务”，对标全市“十四五”时期经济社会发展主要目标，积极在做好“六稳”工作，落实“六保”任务等中心工作中找准检察工作的切入点和发力点，全面履行检察职能，以更高站位护航韶山经济社会高质量发展，切实把“四个意识”“四个自信”“两个维护”落实到履行检察职能全过程。

二是主动参与社会治理，提高检察服务质效。坚持国家总体安全观，积极做好法治社会保障者、宣传者角色，强化检察环节保安全、护稳定各项措施，切实维护社会大局稳定，坚决捍卫政治安全。持续深化扫黑除恶，强化“打伞破网”“打财断血”。更加积极主动服务打好“三大攻坚战”，做到想在前、做在前、服务保障在前。以人民群众是否满意作为检验检察工作成效的首要标准，重点在精准扶贫、司法救助、防止校园欺凌等领域发挥好检察职能作用。积极参与社会治安综合治理，对重点领域存在的突出问题和风险隐患，及时提出精准化检察建议。全力服务保障经济高质量发展，依法加强民营企业保护力度，减少司法对企业经营的负面影响，努力营造有利于企业健康发展的司法环境。

三是聚焦监督主责主业，精心打磨检察产品。主动适应新形势新要求，在强化法律监督中展现检察作为，推动“四大检察”“十大业务”全面协调充分发展。牢牢把握宪法定位，聚焦监督主业，突出抓好刑事、民事、行政和公益诉讼检察，在敢于监督、善于监督、规范监督、有效监督上下功夫。加强对侦查、审判和行政执法机关的监督，强化线索移送、检察建议、立案侦查等监督手段的运用，增强监督刚性，切实提高维护公平正义办案质效。加强民事监督，探索建立虚假诉讼联合发现、打击和防范机制，加强与其他司法、行政机关及有关组织协作，针对人民群众反映强烈的问题，开展专项监督。不断深化公益诉讼检察，切实维护国家利益和社会公共利益。

四是不断夯实发展根基，激发检察队伍动能。秉持“讲政治、顾大局、谋发展、重自强”的工作理念，创新和改进教培方式，不断加强专业化建设，全方位提升干警综合素能，提高办理金融、互联网、知识产权等领域犯罪的能力和水平，以办案专业化推进司法精准化，进一步提升办案质效。坚持实施阳光检察战略，以更加积极主动的态度接受人大监督，以公开促公信，以公正赢满意。牢固树立“严管就是厚爱”理念，严建责任体系、严抓队伍管理、严用督查考核、严树优良形象，持之以恒推进从严治检，一以贯之加强党风廉政建设，始终保持干警清正、队伍清廉、司法清明。

宏图绘就，正当扬帆破浪；任重道远，更需策马扬鞭。各位代表，新的一年，我们将在市委领导、市人大监督和市政府、市政协及社会各界的关心支持下，以“功成不必在我”的境界开拓进取，以“功成必定有我”的担当守正创新，以高度的政治自觉、法治自觉、检察自觉认真贯彻落实本次会议决议，努力为建设平安韶山、法治韶山作出新的更大的贡献！

名词解释

“一号检察建议”：2018年10月，最高人民检察院向教育部发送高检建〔2018〕1号检察建议书。这是最高人民检察院认真分析办理的性侵幼儿园儿童、中小学生犯罪案件，针对校园安全管理规定执行不严格、教职员工队伍管理不到位，以及儿童和学生法治教育、预防性侵害教育缺位等问题，历史上首次以最高人民检察院名义发出的检察建议。

“案－件比”：是我国检察机关为提高办案质量而提出的一项原创性概念，首次将人民群众的诉讼体验、当事人的实际感受纳入案件质量考评指标体系，目的在于减少不必要的诉讼环节、避免诉讼程序的往返流转。

“诉累”：指因诉讼所带来的麻烦和风险。

“认罪认罚从宽制度”：该制度是指犯罪嫌疑人、被告人自愿如实供述自己的罪行，对指控的犯罪事实没有异议，同意人民检察院量刑建议并签署具结书的案件，程序上可以依法从简处理，实体上可以依法从宽处理。

“三个规定”：指中办国办印发的《领导干部干预司法活动、插手具体案件处理的记录、通报和责任追究规定》，中央政法委印发的《司法机关内部人员过问案件的记录和责任追究规定》及两高三部联合印发的《关于进一步规范司法人员与当事人、律师、特殊关系人、中介组织接触交往行为的若干规定》，统称“三个规定”。为落实好“三个规定”要求，最高人民检察院于2019年8月制定了《关于建立过问或干预、插手检察办案等重大事项记录报告制度的实施办法》。

“四大检察”“十大业务”：“四大检察”即刑事检察、民事检察、行政检察和公益诉讼检察。“十大业务”即普通刑事犯罪检察、重大刑事犯罪检察、职务犯罪检察、经济犯罪检察、刑事执行检察、民事检察、行政检察、公益诉讼检察、未成年人检察、控告申诉检察。

韶山市人民法院工作报告

——2021年2月3日在韶山市第九届人民代表大会第六次会议上

市人民法院院长　曾朝阳

2020年工作回顾

2020年，我院坚持以习近平新时代中国特色社会主义思想为指导，全面贯彻落实党的十九大和十九届二中、三中、四中、五中全会精神，在市委坚强领导、市人大及其常委会有力监督、市政府、市政协及社会各界的大力支持下，坚守绝对忠诚生命线，贯穿司法为民根本线，抓住质量效率关键线，严守廉洁自律防火线，紧扣“六稳六保”工作大局积极履职，为推进全面复工复产、决战决胜脱贫攻坚、全面建成小康社会提供司法服务保障。全年受案1664件，结案1633 件，结案率98.14%，兑现执行标的1.12亿元，办案质量、效率、效果等主要指标保持湘潭法院第一、全省法院前列。在全省公众安全感民意测评中，我院满意率继续保持湘潭法院第一。

一、坚定坚决维护社会安定

惩处犯罪保障社会稳定。审结刑事案件68件，强力维护政治安全和社会稳定，维护人民群众生命财产安全。从严惩处妨害疫情防控犯罪，陈某等人因犯销售假口罩被判处有期徒刑一年、并处罚金4万元不等、追缴违法所得2.6万余元。纵深推进扫黑除恶专项斗争，确保一个不放过、一个不凑数，涉恶被告人张某等人被判处有期徒刑三年六个月不等刑罚。出台《“打财断血”联动工作制度》等文件，推动摧毁黑恶势力经济基础机制建设。组织开展“黑财清底”专项执行行动，向社会发出执行悬赏公告，追缴涉恶被告人显性“浮财”、隐性“暗财”。“拍蝇打虎”持续推进，判处陈某等人有期徒刑十二年六个月不等刑罚。加大对职务犯罪案件财产部分的执行力度，追缴违法所得947万元上缴国库。

妥处纠纷促进社会和谐。受理各类民事案件869件，审结865件，结案率99.54%。处理婚姻家庭纠纷99件，努力做到案结事了人和。维护和谐劳动关系，处理劳动人事争议、劳务合同纠纷88件。尊重契约自由、倡导诚实守信，审结买卖、租赁、建设工程等合同纠纷97件。积极推进如意集镇建设遗留问题的处置，依法处理“一房两卖”“又抵又卖”等问题，多措并举将资产变现，召开90余人的债权人会议协商兑现方案，及时化解矛盾。努力做好涉诉信访工作，接待来访群众127人次。与银田镇、银田村多次联动做好信访人朱某的工作，促其息诉罢访，妥善化解了近20年的信访老案。办结省委巡视组交办件44件，其中法院为牵头单位的信访件20件。

诉源治理助力社会安宁。积极融入市委政府领导下的诉源治理工作格局，在东湖村等地设立诉源治理工作站，不断延伸司法触角，努力将矛盾纠纷消除在萌芽、化解在诉前，一审民事、行政非诉案件受案数同比下降24%。完善人民调解、行政调解、司法调解联动工作体系，多渠道定纷止争。出台《调解速裁工作办法》，明确对法院委派、委托、特邀调解的案件予以补贴，有效调动人民调解员的积极性。设立“多元解纷调解室”，聘请10名特邀调解员常驻诉讼服务中心调处纠纷，诉前调解374案，其中调解成功198案，诉前调解案件占一审民事立案数的44.6 %。

二、精细精准服务六稳六保

防疫审判两不误。院领导带头组成党员先锋队，积极做好科学防疫工作，向279户市民发放防疫宣传资料。深入联系点摸排武汉返乡人员，全力防堵新冠病毒传播扩散。一名干警派驻恒欣公司，助力企业疫情防控。在疫情期间，强化网上立案，优化线上诉讼服务，‘一张网’综合办、‘一条线’热情办，让人民群众实实在在感受到司法的速度和温度。仅3月份就办理网上立案37件，接听12368诉讼服务热线120多人次，互联网开庭15件，当事人在指尖上就能参与诉讼和调解，公平正义“触手可及”。审结彭某租赁合同纠纷等案件，判决房东减免疫情期间房租，引导鼓励共同战“疫”、共克时艰。

护航民营经济发展。围绕全面落实“六保”任务，出台《关于依法保障和服务民营经济健康发展的实施方案》，为民营经济健康发展撑起法治蓝天。组织“送法进企业”活动12次，深入了解企业司法需求，帮助企业提升预防风险能力。完善拖欠民营企业账款案件诉讼服务机制，对交纳诉讼费用确有困难的民营企业，依法准许其缓交、减交诉讼费用。牢固树立审慎司法理念，依法慎用查封、冻结等强制措施，审结涉民营企业案件339件，切实保护民营企业和企业家合法权益。在依法冻结被告某公司货款800万元的情况下，努力促成原被告双方达成分期偿还债务的协议，为该公司留出600万元流动资金用于继续生产经营，保障企业复工复产。围绕影响民营企业发展的问题开展纪律作风专项检查，构建“亲清”政商关系，“亲”而有度，“清”而有为。推进企业破产重整工作，妥善处置某酒店重整案件，涉案债权金额3亿余元，最大限度保护100多名债权人合法权益，防范化解区域性重大风险，激活企业新生。

服务三大攻坚战。全力防范和化解重大风险，开展化解金融不良债权专项行动，处理涉金融单位案件73件，依法保护金融债权2.4亿元，为农商银行、邮储银行等金融单位收回资金4000万元。决战脱贫攻坚，深入联点村走访慰问贫困户，宣传扶贫政策，帮助解决生活困难，为欧海军等10户贫困户解决屋顶漏水、地坪维修等问题，贫困户满意度大幅提升。妥善处理王某、尹某等贫困户涉案纠纷，切实维护贫困户合法权益。聚焦污染防治攻坚战，扎实开展“环境审判三湘行”活动，审结环境污染、资源开发案件2件。保护野生动物，护航生态文明，判处非法狩猎被告人李某等人有期徒刑一年、缓刑一年不等刑罚。依法保护耕地资源，庞某等人因犯非法占用农用地等罪被判处有期徒刑三年十个月不等刑罚，并处罚金。

三、用心用情践行为民初心

完善便民利民举措。因地制宜打造开放型、集约型、高效型诉讼服务中心，配置诉讼查询自助终端、自助复印机等设备，为当事人诉讼提供各项便利。积极运用网上法院、移动微法院等智慧法院成果，为当事人提供立案、缴费、调解、送达等全流程在线服务，人民群众打官司可以“走网路”、不用“走马路”。这一年，网上立案81件，网上交退费647笔，音视频调解216件，电子送达及诉讼活动通知3000余条。推进跨域立案，当事人就近选择法院，通过“湖南移动微法院”平台处理跨域立案24件。

兑现胜诉人合法权益。报请市委全面依法治市委员会出台《关于建立“切实解决执行难”联动机制的实施意见》，推进执行长效机制建设，努力兑现胜诉权益。这一年，受理执行案件649件，结案635件，结案率97.84%。公开被执行人598人次，发布失信被执行人6期60人，限制高消费344人次，拘留、拘传被执行人31人次，罚款10人次，以涉嫌拒执罪移送公安机关侦查3案3人。网络司法拍卖79次，成交8500万元，溢价率10.75%。处理涉民生案件142件，申请标的2027.75万元，兑现1634.84万元，其中涉农民工案件73件、兑现1243万元。加大司法救助力度，向经济确有困难的15件案件当事人发放司法救助款12万余元，为符合条件的18件案件当事人缓、减、免诉讼费5.5万余元。

积极开展法治宣传。落实“谁执法谁普法”责任制，利用“3.15消费者权益日”“12.4国家宪法日”等特殊日子，开展法治宣传6场，发放宣传资料300余份，接受群众咨询100余人次。法治宣讲团到杨林、韶南等地宣讲民法典，引导依法解决纠纷，村民有矛盾不再拼“拳头”。干警走上镇泰、华润等学校讲台，讲好中国法治故事，做好“守护者”，当好“引路人”，引导未成年人遵纪守法健康成长。法官背着国徽到乡入村进户，先后在如意等14个村组开展巡回审判、现场调解活动。

四、走深走实推进配套改革

司法责任制深入推进。出台《关于开展“审判质量、效率和公信力巩固年”活动的实施方案》，落实随机分案为主、指定分案为辅的案件分配机制，明确重大疑难复杂案件优先分配给员额院庭长办理。出台院庭长、法官和辅助人员职责和权限清单，努力做到放权不放任、监督不缺位、到位不越位。全面梳理办案流程关键节点，完善动态监管模式，实现全程留痕、实时查询、有效追溯。制定《案件质量评查办法》，实现随案评查与专项评查、重点评查有机衔接，对上级法院发回重审、再审的案件，邀请代表委员列席案件讲评会。发出审判管理通报17期，让数据发声、让监督发力，倒逼法官提升办案质效。把好考核关，硬化责任追究，案件评查结果与法官晋升晋级、评先评优挂钩，明确案件被评定为瑕疵、不合格、错误的，扣除承办法官相应的年终绩效奖。

诉讼制度改革落地见效。制定《民事案件繁简分流实施意见》，推动在立案、审判、执行环节对案件进行繁简分流，通过诉讼费减免、快审快执、绩效激励等方式，鼓励引导当事人、法官选择小额诉讼程序、简易程序办理案件。速裁团队审结民事案件387件，占全院民事案件总数的44.53%，平均审理天数12.3天，减轻了当事人诉累，节约了司法资源。持续深化以审判为中心的刑事诉讼制度改革，“三项规程”有效落实，认罪认罚从宽制度改革全面推进，适用该制度审结57案63人。在充分保障被告人自主意愿和诉讼权利的基础上，推动刑事审判程序简化，刑事案件简易程序适用率80%。

智慧法院持续拓展。争取省高院、财政厅解决改造资金200余万元，全方位推进“智慧法院”建设，诉讼服务中心完成升级改造，建设司法送达平台和执行指挥中心。围绕办案提质增效，实现类案智能检索、裁判文书智能纠错，助力法官精准适用法律，推进审判体系和审判能力现代化。利用“总对总”“点对点”执行网络查控系统，对所有执行案件开展“地毯式”网络查控，多途径查找、冻结、扣划被执行人的银行存款以及支付宝、微信账号资金等财产，切实解决“执行难”。

五、从严从细抓好队伍建设

坚持党建带队建。这一年，坚持以党的政治建设为统领，坚持“抓党建带队建促审判”工作思路，实现党建工作和中心工作同部署、同推进、同考核、同奖惩。突出抓好党组班子建设，严格落实意识形态工作责任制，开展中心组专题学习11次，组织党员干警学习教育培训50余次。开展主题党日活动12次，组织党员到汝城开展“寻初心、守初心、践初心”主题活动，持续巩固深化“不忘初心、牢记使命”主题教育成果，引导干警筑牢信仰之基，激励干警干事创业。

开展“两个坚持”专题教育。2020年4月，组织开展最高法院部署的“坚持党对司法工作的绝对领导、坚持中国特色社会主义法治道路”专题教育，深入学习贯彻《中国共产党政法工作条例》，严格执行重大事项向市委、市委政法委请示报告制度，把做到“两个维护”贯穿司法办案全过程，确保审判执行工作不偏航、不迷失。

组织“警示教育”活动。以张坚案为反面典型，开展“以案释德、以案释纪、以案释法”警示教育，组织观看法院警示教育片3次，召开“以案为鉴、以案促改”民主生活会2次，谈心谈话30余人次，以案促示警，以“案中人”警醒“梦中人”。以案建制度，扎紧制度笼子，消除监管漏洞。以案抓治理，加强干警“八小时”内外监管，驰而不息纠治“四风”。

实施“三个规定”专项整治。坚持“严”的主基调，实施“三个规定”专项整治，对全院干警及家属进行自查、核查并形成台账。健全过问案件记录、通报、责任追究工作机制，完善岗位职权利益回避制度，严格规范法官与当事人、律师、特殊关系人的接触和交往行为，建立起防止司法干预的“防火墙”，铺设起防止司法勾兑的“隔离带”，让有理者打得赢官司、让找熟人打官司成为过去。

积极做好巡察整改工作。认真贯彻市委决策部署，法院党组积极接受市委政治巡察，强化组织保障、工作保障、作风保障和纪律保障，确保督察组听到实话、察到实情、督到实处。坚持立行立改、限期整改，对市委第一巡察组反馈的14个具体问题，党组四次研究整改措施，确保整改到位。

六、自觉自为接受各界监督

自觉接受人大及各界监督。主动接受人大监督，积极落实市人大及其常委会的决议，向市人大常委会专门报告执行工作等重大事项，认真抓好市人大常委会审议意见的贯彻落实。认真接受民主监督、监委监督、检察监督，将监督作为改进法院工作的不竭动力。认真落实人民陪审员法，保障人民陪审员依法有效参与和监督司法，人民陪审员参审案件135件。充分尊重和切实保障律师依法履职，构建律师和法官良性互动关系，共同维护司法公正。

开展“代表委员走进法院零距离监督”专项活动。邀请省代表张继军讲授党课《学习习近平谈治国理政—守护公平正义》，邀请王长青、邓曼军等韶山代表委员列席审委会。这一年，邀请代表委员旁听案件庭审、见证执行、视察一站式诉讼服务32人次，密切代表委员对法院工作的参与度，增强代表委员对法院工作的理解度，让代表委员真切感受到法院主动接受监督的真诚。

多措并举主动接受社会监督。推进阳光审判工程，拓展司法公开广度深度，除涉及个人隐私、商业秘密外，其余案件庭审一律网络直播。裁判文书上网1570件，公开审判流程信息9440条，让暗箱操作没有空间、让司法腐败无处藏身。充分运用法院网站、微博微信，发布重要工作、重大案件信息1100余条，广泛接受社会各界监督。

各位代表，我院过去一年取得的成绩，是市委坚强领导、市人大及其常委会有力监督的结果，是市政府、市政协和社会各界倾力关心、支持和帮助的结果。在此，我代表市人民法院向大家表示衷心的感谢，并致以崇高的敬意！

回顾2020年的工作，我们也清醒地认识到，当前法院工作中还存在不少问题和不足：一是司法理念、司法能力与新时代新要求相比还存在较大差距，应对风险挑战、服务高质量发展的能力还需加强。二是对经济社会发展给司法带来的新情况新问题研究不够，出现一些案件裁判尺度不统一的问题。三是司法体制综合配套改革存在落实不到位的情况，审判管理制度和审判权力运行监督制约机制不够健全。对此，我们将努力采取措施加以解决。

2021年工作思路

2021年，高举习近平新时代中国特色社会主义思想伟大旗帜，全面贯彻落实党的十九大和十九届二中、三中、四中、五中全会精神，认真落实中央大政方针和省委、市委决策部署，进一步强化和改进各项工作，努力为人民群众提供优质便捷高效的司法服务，为韶山经济高质量发展和社会高效能治理提供司法保障。

一、高质高效服务中心大局

主动对标“十四五”宏伟蓝图和人民群众对平安的新期待，依法严惩网络诈骗、涉众型非法经营等各类犯罪，助力更高水平的平安韶山建设。加强府院联动、审执衔接，通过破产重整、和解机制，依法救治“生病企业”，不断推动行政争议实质化解，助力更高水平的法治韶山建设。认真贯彻落实习近平总书记在企业家座谈会上的重要讲话精神，依法慎用刑事司法手段和强制执行措施，不断优化营商环境。

二、做细做优保障民生权益

坚持公正廉洁高效司法，不断提高审判质量、效率和公信力，努力让人民群众的幸福感更可持续。学习好、宣传好、实施好民法典，着力解决人民群众“急难愁盼”问题，努力让人民群众的获得感成色更足。坚持和完善新时代“枫桥经验”，完善一站式建设，升级诉讼服务，努力让矛盾在站前止步、群众在诉前言欢。

三、不折不扣推进全面深改

认真贯彻中央、最高法院全面深化改革相关会议精神，全面实施人民法院“五五改革纲要”，健全审判监督管理机制，为司法权力规范运行铺设“制度轨道”，做到有序放权、科学配权、规范用权、严格限权、全方位监督，保障公平正义。强化对违法审判责任追究，促进法官依法履行职责。围绕方便群众、精细管理、减负增效需求，推进智慧法院向纵深发展，实现审判体系和审判能力现代化。

四、抓长抓常锻造过硬队伍

深入学习贯彻习近平法治思想，把党对法院工作的绝对领导贯穿到各方面、全过程，确保刀把子牢牢掌握在党和人民手中。坚决落实中央政法委工作部署，刀刃向内，开展一场刮骨疗毒式的自我革命、激浊扬清式的“延安整风”、铸魂扬威式的主题教育，筑牢“听党话、跟党走”的思想根基，织密扎牢制度笼子，坚决清除“两面人”“司法掮客”“关系网”“保护伞”，努力锻造党和人民信得过、靠得住、能放心的过硬队伍。

各位代表，维护社会大局稳定和公平正义、服务经济高质量发展，是我们的神圣职责和不懈追求。新的一年，我们将在市委领导、市人大监督和市政府、市政协及社会各界的关心支持下，认真贯彻落实本次会议决议，牢记初心使命，回应人民关切，奋力书写人民满意的法院答卷。

名词注释

“六稳六保”：2018年，中央经济工作会议首次提出

“六稳”方针，2020年4月，中央又提出“六保”的新任务。“六稳”指的是稳就业、稳金融、稳外贸、稳外资、稳投资、稳预期工作，党中央在2018年7月首次提出。“六保”分别是：保居民就业、保基本民生、保市场主体、保粮食能源安全、保产业链供应链稳定、保基层运转。

“三项规程”：为落实党的十八届四中全会作出的以审判为中心的刑事诉讼制度改革部署，最高人民法院于2017年印发《人民法院办理刑事案件庭前会议规程（试行）》、《人民法院办理刑事案件排除非法证据规程（试行）》和《人民法院办理刑事案件第一审普通程序法庭调查规程（试行）》（简称“三项规程”），自2018年1月1日起在全国试行。

“两个坚持”：即“坚持党对司法工作的绝对领导、坚持中国特色社会主义法治道路”。

“三个规定”：中办、国办、中政委等“五部委”先后出台的《领导干部干预司法活动、插手具体案件处理的记录、通报和责任追究规定》《司法机关内部人员过问案件的记录和责任追究规定》《关于进一步规范司法人员与当事人、律师、特殊关系人、中介组织接触交往行为的若干规定》，简称为“三个规定”，为司法机关依法独立公正行使职权提供制度保障。

关于韶山市2020年国民经济和社会发展计划执行情况与2021年计划（草案）的报告

——2021年2月2日在韶山市第九届人民代表大会第六次会议上

韶山市发展和改革局局长　胡振军

一、2020年国民经济和社会发展计划执行情况

2020年，全市上下坚持以习近平新时代中国特色社会主义思想为指导，坚定不移贯彻新发展理念，坚持稳中求进工作总基调，狠抓“六稳”工作，落实“六保”任务，众志成城战疫情，统筹兼顾促发展，一体推进“七个一批”重点工作，取得了统筹推进疫情防控战略成果和经济社会发展阶段性胜利。

（一）经济社会加速复苏

疫情防控有力有效。面对新冠疫情带来的前所未有冲击，全市上下坚定信心、同舟共济、科学防治、精准施策，进行了一场惊心动魄的抗疫大战。坚持“外防输入、内防反弹”，落实“四早”要求，出台“十个全覆盖”等过硬措施，疫情防控有力有效，实现确诊病例零死亡、境外疫情零输入，健康码注册率位列湘潭第一。不失时机推进复工复产，筹措抗疫资金1041.46万元，出台园区、文旅、消费等系列应对疫情的政策措施，在湘潭各县市中率先实现全面复工复产，为完成全年主要目标任务、全面建成小康社会打下决定性基础。

主要指标稳步回升。预计全年实现地区生产总值97.08亿元、增长4.2%，规模工业增加值增长3%，社会消费品零售总额下降2.5%；居民消费价格指数涨幅3.5%；完成固定资产投资增长13%；实现进出口总额1.52亿美元，增长20.9%；实际利用外资8324万美元，增长17.2%；一般公共预算收入完成5.68亿元，增长11.9%；城乡居民人均可支配收入分别达43577元、30257元，同比增长4.9%、7.4%。

受新冠疫情冲击、经济持续下行、不利因素增多等叠加影响，主要经济指标中地区生产总值、社会消费品零售总额、规模工业增加值等指标低于预期，但地区生产总值、社会消费品零售总额增长仍位居湘潭前列。其余各项指标均超过了年初确定的目标任务。总体来说，2020年的主要预期目标已基本实现。

（二）产业转型提速增效

文化旅游加快复苏。“一核一星多点”全域旅游格局逐步成型，7家示范民宿、一批全域旅游服务站点建成运营，“最忆韶山冲”演出、棠佳阁文化体验园等文旅项目建设加速，文旅产业发展后劲增强。世纪明德、韶山知行等研学基地日益红火，红培研学接待7.5万人。创新推出12条综合监管举措，旅游市场秩序稳步向好，入选全国红色旅游发展经典案例，全年接待来韶游客1108万人次，实现旅游综合收入33.75亿元。

新型工业转型升级。新增规模以上工业企业11家、高新技术企业9家。新增总部经济、建筑工程、电子信息等服务企业100余家，新开工“135”升级版标准厂房3.52万平方米。韶山高新区实现税收6.34亿元，工业税收增长3000余万元。三一风电叶片实现了当年建设当年投产，并实现产值8亿元。恒欣实业成长为国家小巨人企业，荣获2020省长质量奖。四棱数控、江冶机电等12家企业获国省专项资金支持。全市新增产学研平台8家，转化科研成果15项，高新技术产业产值占工业总产值的50%。

现代农业保持平稳。全年粮食播种面积8.2万亩，粮食总产量4.26万吨，生猪产能逐步恢复，农产品加工总产值增长56%。治理了耕地抛荒，土地流转7.9万亩，种植结构调整巩固4800亩，水稻综合机械化率达81%。现代农业示范园加快推进，新型经营主体不断壮大，新增农民专业合作社22家、家庭农场13家。壮大“一县一特”小水果、茶叶等特色产业，新增绿色农产品9个。

（三）乡村振兴步履坚实

脱贫攻坚战果丰硕。坚持精准帮扶“四不摘”，巩固“两不愁三保障”成果，建立完善防止返贫监测预警机制，1600多名党员“一户一策”结对帮扶。深入开展“万企帮万村”“千企联万户”活动，银田香菇扶贫产业基地等扶贫产业与贫困户建立了紧密的利益联结，转移贫困劳动力就业1793人，4664名建档立卡贫困人口全部如期脱贫，年人均收入已达1.39万元，群众满意度在99%以上，在省实地考核中实现零扣分。

打赢污染防治攻坚战。落实省环保督察反馈问题整治，抓实河湖治理保护，推进垃圾污水治理，环境空气质量优良率达到94.5%，集中式饮用水源地水质、地表水质达标率保持100%，土壤环境质量总体稳定，菜石江获评省级“美丽河湖”。率先在全国县一级实现生活垃圾处理付费制全覆盖，垃圾资源化利用率达84.7%，垃圾分类减量12.2%，厕所革命超额完成任务，生活污水处理率达75%，环境质量整体保持湘潭第一。

“两新一重”全面提升。建成50个5G站点，城镇光纤全覆盖，自然村光纤通达率100%，韶山北、湘潭西变电站进入收尾阶段；城乡客运一体化深入推进，“四好农村路”示范建设扎实开展，取缔马路市场25个，新开通公交线路5条；完成棚户区改造117户、危房改造30户、小区外配套设施建设项目16个；农村改革持续深入，农村产权交易综合平台投入使用，土地确权发证2.1万余本，宅基地审批48宗，建成高标准农田6300亩。

（四）有效投资快速增长

产业投资突飞猛进。深入开展“奋战一百天，实现双过半”“奋力奔跑，合力攻坚”竞赛活动，31个湘潭市级重点项目全面完成任务，重点实施48个产业项目完成投资67亿元，三一风电叶片、汇弘实业等25个项目竣工投产，钰盛科技、九和模具、毛家湘菜等项目主体竣工，迪润食品、雨韶产业园等项目进展顺利。引进各类项目87个，签约金额90.38亿元，其中亿元以上项目18个，三类“500强”企业项目2个。

要素保障全面加强。全市争资争项10.28亿元，新增政府专项债券1.36亿元。搭建政银企业合作平台，银企签约项目70余个，总金额44.5亿元，履约率达58%。加强用地保障，完成征地639亩，拆迁房屋104户，汇弘实业、九龙二期等9个项目征拆清零，一批历史遗留问题得到妥善解决。加大用工保障。职业技能培训2350人，举办多场网络招聘会，达成求职意向450人，有力缓解企业用工难问题。

营商环境持续优化。“放管服”改革深入推进，下放职权132项，“互联网+政务服务”一体化平台、“一门式”服务全覆盖，1757项政务服务事项入驻政务大厅，232件事项实现跨市区、跨乡镇办理，清理取消各类证明材料48项，行政审批提速30%以上，三一风电叶片项目从签约到投产仅2个月，刷新韶山记录。落实联企责任制，累计减税降费等1.56亿元，强化清欠工作，拖欠企业账款全部“清零”。开放力度稳步提升，实际利用内资38.84亿元，增长27.09%，利用外资8324万美元，增长17%。

（五）民生福祉持续改善

社会保障提档升级。开展“全面小康决胜年”活动，“六覆盖”成绩排名湘潭第一，民生支出占财政支出比重达70.4%，省、市重点民生实事全面完成。新增城镇就业1043人，累计转移农村劳动力就业3.17万人。社保、城乡居民养老保险、家庭医生签约服务等全覆盖，医疗保险参保率达97%，孤儿、重度残疾人补助达湘潭市级标准，农村低保救助标准位居全省前列。

社会事业稳步提升。“一老一少”问题有力缓解，社区养老服务设施、乡镇公办幼儿园实现全覆盖。义务教育均衡化，芙蓉学校如期开学，韶山学校新校区建成主体，改造薄弱学校14所，基本消除大班额。中医综合楼顺利封顶，疾控中心实验室投入使用，公共卫生服务全面加强，医共体建设步伐加快。完成电子图书馆建设和少儿阅览室改造，开展各类文化惠民活动70余场，群众性文体活动蓬勃开展。

社会大局和谐稳定。落实“六个一批”风险缓释措施，推动平台公司市场化转型，一般性支出应减尽减，累计化解全口径债务11.88亿元，政府债务风险由一类风险预警地区降至二类地区。精准打击各类违法犯罪，深入推进扫黑除恶和禁毒人民战争，强化矛盾纠纷、信访问题、安全隐患排查化解，推进乡村治理示范建设，完善“三治融合”治理体系，社会安全指数和综治民调位居全省前列。

总的来说，2020年，是极不平凡的一年。突如其来的新冠疫情是新中国成立以来传播速度最快、感染范围最广、防控难度最大的一次重大突发公共卫生事件，不仅给人民的生命财产、身体健康带来了巨大挑战，更造成工业生产、消费、投资大幅收缩，部分指标降幅创历史之最。我市是以文化旅游为支柱的旅游城市，新冠疫情的冲击尤为严重。2020年也是极为艰难的一年。国际上，中美关系紧张升级，逆全球化浪潮席卷全球，给我市进出口贸易带来巨大挑战。我市肉食加工业是出口的主力军，在新冠疫情和非洲猪瘟的双重影响下，困难重重。国内经济仍然面临较大下行压力，政府债务化解与大规模的减税降费政策，使我市当前可用财力较为困难，投资增长后劲不足。

尽管2020年困难和挑战前所未有，但全市上下团结一心、众志成城，付出了巨大努力，扛住了疫情冲击，较好地完成了统筹疫情防控和经济社会发展工作，取得了阶段性成果，成绩来之不易。与此同时，我们也要清醒地看到，在我市经济社会发展中还存在一些不容忽视的矛盾和问题：一是发展质量还不高，产业结构还不够合理，抗风险能力较弱；二是项目建设还存在短板，棠佳阁等重大文旅项目进展较慢，平里村田园综合体、杨林风电场等部分项目建设历史遗留问题尚未解决；三是要素保障还有不足，发展空间拓展不够有力，园区用地已所剩无几，亟待调规扩区。对此，我们要高度重视，采取有效措施切实加以解决。

二、2021年国民经济和社会发展预期目标

2021年是建党100周年、“十四五”规划开局之年，也是迈向社会主义现代化的关键之年。当前，受全球疫情冲击，世界经济严重衰退，逆全球化抬头，国际贸易投资萎缩，国内经济下行压力加大，企业特别是中小微企业困难凸显，发展形势不容乐观，风险挑战前所未有。但我们也要看到，我国经济基本面仍然稳定向好，国际国内“双循环”格局正在形成，国家“六稳”“六保”政策措施和我省“三高四新”政策措施密集出台，为我市发展提供了良好的机遇期。我们要把握好机遇，充分发挥好主席家乡品牌优势和现实基础，围绕“加快打造世界知名文化旅游目的地、奋力建设现代化新韶山”总体目标，调动全市上下积极性，坚定信心和决心，夯实发展基础，做大做强主导产业，主动践行新思想、融入新时代、适应新形势、展现新作为，在“十四五”的新征程中构筑新优势、实现新发展，把韶山建设成“红色、创新、文明、美丽、幸福”韶山。

综合考虑经济发展的内外环境，结合我市经济发展基础，建议2021年全市国民经济和社会发展的主要预期目标如下：

——地区生产总值增长8%以上；

——规模工业增加值增长8%以上；

——固定资产投资增长10%以上；

——社会消费品零售总额增长10%以上；

——居民消费价格指数涨幅控制在3.5%以内；

——进出口总额增长10%以上；

——实际利用外资增长10%以上；

——一般公共预算收入增长8%以上；

——　城、乡居民人均可支配收入增长与经济发展同步，农村略高于城镇；

——调查失业率控制在5.5%以内；

——全社会研发经费支出占GDP比重2.3%以上；

——主要污染物减排及万元GDP综合能耗下降完成湘潭市下达目标。

三、全力以赴完成各项目标任务

为实现2021年预期目标，我们要坚定不移贯彻新发展理念，坚持稳中求进工作总基调，以推动高质量发展为主题，深化供给侧结构性改革为主线，加快产业发展，推动乡村振兴，增进民生福祉，坚决打好“十四五”开局战。重点做好以下八个方面工作：

（一）把红色资源利用好，建设红色教育培训示范基地。打造文化旅游升级版。加强景区景点建设，围绕建党100周年策划一批主题活动和重点项目。推进韶峰景区、纪念园提质改造，加快棠佳阁、航天科技小镇、最忆韶山冲演出等项目建设，延伸文化旅游产业链。开发狮山温泉，打造康养休闲、特色民宿集聚区，推动全域旅游融合发展。着力讲好红色故事。壮大红培研学，支持文创产品开发，谋划一批会展和文体赛事，打造一批知名品牌。加快建设李氏宗祠、韶山灌区等28个现场教学点，推进现场教学教案征集、遴选，将韶山全域打造成常学常新的生动课堂。加强交流合作，开通韶山—醴陵—井冈山红色专列，促进合作共赢。提升旅游服务质量。推进智慧旅游建设，打造核心景区一体化智慧服务平台。推进行业诚信体系建设，深化“先行赔付”和“七日无理由退货”制度，加强从业人员教育培训，深入开展文化旅游服务质量提升活动。创新旅游监管，整治旅游秩序，依法重拳整治旅游市场乱象，全面提升旅游体验。

（二）构建现代化产业体系，建设高新技术产业制造基地。推动制造业高质量发展。加快三一产业园、航天科技小镇等项目落地建设，推动大融科技、雨韶智造等项目投产达效，力争装备制造业产值增长30%以上。加大投入，增强科技创新能力，争创省市工程技术中心各2家以上。推动远东钢模、新韶光等25家企业智能化改造，建设智能示范企业1个以上。提升产业链供给链现代化水平。加大建链补链延链强链力度，积极承接沿海产业转移，壮大产业集群。支持三一集团、恒升机械等扩大市场，协助中韶电气、江冶机电等企业加快上市进程。推动碳基材料、风力发电等产业形成产业集聚效应，做强废钢基地等总部经济。推动食品药品、铸造等传统产业技改升级，拓宽食品工业园，打造营养健康食品深加工示范区。积极推进园区高效集约发展。加快调规扩区，完善基础设施，新增规模企业10家以上、高新技术企业6家以上、小巨人企业2家以上、省级“专精特新”企业1家以上。健全退出机制，清退僵尸企业”“低效企业”，提高投资强度、投资效益。围绕主导产业和战略性新兴产业，实施精准招商、以商招商，确保全年引进亿元以上项目15个以上，三类“500强”企业2家以上。

（三）全面深化改革开放，建设内陆改革开放先行基地。全面深化改革。坚持目标引领和问题导向，深化“放管服”改革，推进“一窗受理、并联审批、集成服务”，确保“一件事一次办”全覆盖。完善市乡村三级政务服务体系，改进办事流程，推动政务服务提速提效。放宽市场准入门槛，完善现代企业制度和市场监管体系，优化民营企业发展环境。激发市场活力。落实减税降费、援企纾困政策，着力降低水电气等要素成本。搭建政银企合作平台，协调落实银企签约资金，缓解中小微企业融资难题。深化联企帮扶，着力解决企业用工用地等实际问题。规范监管检查，维护企业及企业家合法权益，严厉打击涉企违法犯罪，提高企业家参政议政、评先评优等待遇。扩大对外开放。主动融入国家“一带一路”“长江经济带”战略，对接港珠澳大湾区、长三角，做好“引进来”文章。积极培育一批生产型出口企业，夯实“走出去”基础。着

力支持永霏医疗、曼斯卡雅、江冶机电等做大做强，鼓励和引导恒欣实业等企业开拓国际市场，推动三旺、长盛、汇弘等产能提升，力争外贸进出口总额增长20%以上。

（四）扭住扩大内需战略基点，积极融入新发展格局。推动消费挖潜升级。推动汽车、家电、住房、日用品等传统实物消费提质扩容。推动信息、物流、电商发展，拓展养老托育、康养家政等服务消费，繁荣新天步行街等商贸中心，发展夜间经济、文化娱乐和休闲产业，推动服务消费潜力全面释放。开展乡村消费促销活动，繁荣农村消费市场。持续扩大有效投资。力争全年实施重点项目80个以上，其中产业项目50个以上。确保航天科技小镇展览馆、狮山温泉康养等30个项目快速推进，力争“三一”风电叶片生产总部基地、创一科技等15个项目投产达效。完善健全项目推进机制，激发民间投资活力，开展劳动竞赛和攻坚行动，推动项目建设取得新突破。完善城乡基础设施。全域推进5G站点建设和应用，打造区域大数据平台。拉通G240韶山至湘乡快速干线，实施G320韶山段建设，完成20公里以上农村道路和4个交通场站建设，争创“四好农村路”国家级示范县。推动老中医院等27个老旧小区改造。实施城乡供水，湘潭西、韶山北变电站线路，燃气管网延伸等项目建设，改善农村水电气基础设施。

（五）全面推进乡村振兴，建设城乡融合发展幸福家园。大力发展精细农业。加强耕地保护和抛荒治理，稳定粮食生产，确保粮食安全。强化疫病防控，恢复生猪产能。推进“二品一标”“一村一品”工作，打造一批绿色农产品和地理标志产品。加快农业产业化发展，推进农村一二三产业融合，培育一批新型农业经营主体，打造一批示范民宿和全域旅游服务点。做大做强银田、韶河等现代农业示范园和茶叶、小水果等特色产业。深化农业农村改革。推进农村宅基地制度、集体产权制度和承包地“三权分置”改革，放活土地经营权，盘活农村土地。探索土地流转托管，加快乡镇土地托管中心建设，引导更多社会资本投向农村，助力乡村振兴。推进乡村治理体系建设，完善“一会五约”“三治融合”治理模式，弘扬淳朴民风、文明乡风，促进移风易俗。推进新型城镇化建设。深入开展新时代文明实践活动，严格拆违控违，维护良好的市容市貌。推进国家园林城市、国家森林城市、节水型社会创建工作，建设生态宜居型城市。加快智慧城市建设，推动互联网、大数据、人工智能和城市管理深度融合，提升城市管理水平。持续打造美丽乡村，加强植树造林和补绿复绿工作，创建一批美丽村庄、美丽庭院。

（六）推进生态文明建设，建设区域生态康养首选基地。打好污染防治攻坚战。强化蓝天、碧水、净土执法行动，狠抓“六控十严禁”，确保空气质量优良率在95%以上。实施小流域水环境治理和重点流域面源污染治理，推进厕所革命和城乡污水处理设施建设，打造一批美丽河湖。完善城乡垃圾分类处理设施，推动垃圾减量60%以上。加强土壤修复，防治耕地污染，确保土壤环境质量稳定。完善生态环境治理体系。坚持“党政同责、一岗双责”，完善健全责任体系，落实“河（库）长制”防治机制，“一河一策”开展防治工作。落实部门监管责任和企业主体责任，全面实行排污许可制。加强环保协会及社会监督，培育和提升公民生态文明素养。打造长株潭首选康养目的地。推进景城融合，整合红色资源，优化城市旅游格局，打造全省红色教育培训基地龙头。合理利用温泉、月壤等资源，开发生态休闲、户外运动、健康养生等多元化康体产品，形成集红色旅游、教育培训、健康养老、休闲度假于一体的体验式休闲产业链。积极融入长株潭一体化，推进基础设施、公共服务有效对接，把韶山打造成长株潭“后花园”。

（七）坚持以人民为中心的发展思想，着力保障和改善民生。坚持就业优先。抓好民生实事工程，推进双创示范基地建设，加强技能培训，加强对大中专毕业生、退伍转业军人、就业困难群体的就业指导帮扶。确保新增城镇就业1000人、农村劳动力转移就业300人、创业主体500个。加快教育高质量发展。扩充优质教育资源，加强教师队伍建设，争创义务教育优质均衡市，推动韶山学校与长郡中学、芙蓉学校与第一师范建立合作关系，加快公办幼儿园建设，有效解决进城务工人员子女上学难问题。推进健康韶山建设。完善医疗卫生基础设施和医疗服务体系，启动市人民医院三级达标工程，推进医联体、医共体建设，提高医疗服务能力。提高社会保障水平。完善城乡低保、养老、医疗、工伤等保险制度，抓好社区“嵌入式”小型养老机构和日间照料中心建设，维护军人军属合法权益，加大对老弱病残、受灾人群等的救助，稳步提高社会保障标准。发展社会事业。健全公共文化服务体系，推进“四馆一中心”建设，完善公共足球场和全民健身设施，开展丰富多彩的文体活动，隆重办好庆祝建党100周年、韶山学校建校100周年系列纪念活动。

（八）统筹发展和安全，建设更高水平的平安韶山。防范债务风险。用好风险缓释措施，推进债务结构优化，科学制定还款计划，逐步化解存量债务。严控政府投资，完善监测预警机制，严防违规举债。合理压减一般性支出，强化审计监督，严格资金绩效管理。加快国企市场化转型，做强主营业务，促进营收增长。积极培植财源税源，强化征管工作，确保颗粒归仓。管控安全隐患。抓好常态化疫情防控，把防控措施融入日常生产生活，严防疫情输入。强化应急管理和物资储备轮换，提高应对自然灾害、公共卫生事件等突发事件的处置能力。强化安全生产，规范操作流程，杜绝较大及以上事故。严厉打非治违，整治交通问题顽瘴痼疾，严打“三贷三霸”和非法集资，确保金融生态安全健康。创新社会治理。强化矛盾纠纷排查处置，健全网格化防控机制，将问题矛盾扼制在萌芽、化解在基层。健全治安防控体系，加大力度打击各类违法犯罪，保障人民生命财产安全。统筹政治、意识形态、信访、综治、消防等领域风险防范，确保社会安宁稳定。

各位代表，今年是“十四五”开局之年，做好今年经济社会发展工作意义重大。我们要深入贯彻习近平新时代中国特色社会主义思想，贯彻新发展理念，在市委的坚强领导下，团结一心、克难攻坚、开拓创新，确保“十四五”开好局，以优异成绩庆祝建党100周年！

韶山市2020年财政预算执行情况和2021年财政预算（草案）的报告

——2021年2月2日在韶山市第九届人民代表大会第六次会议上

韶山市财政局局长　姜　任

2020年财政预算执行情况

2020年，在市委、市政府的正确领导下，在市人大的监督支持下，坚决服从服务于全市改革、发展、稳定的大局，全力克服新冠肺炎疫情带来的不利因素影响，扎实做好“六稳”工作，全面落实“六保”任务，确保财政预算执行情况总体平衡。

一、财政收入完成情况

（一）地方一般公共预算收入完成情况。2020年，地方一般公共预算收入完成56854万元，为预算调整数的104.3%，比上年同期增加6039万元，增长11.9%。其中，地方税收完成42655万元，为预算调整数的114.4%，比上年同期增加9044万元，增长26.9%，地方一般公共预算收入中的税收占比为75%，比上年同期的66.1%提高了8.9个百分点；非税收入完成14199万元，为预算调整数的82.6%，比上年同期减少3005万元，下降17.5%。

（二）公共财政总收入完成情况。2020年，公共财政总收入完成170525万元，为预算调整数的102%，比上年同期增加19735万元，增长13.1%。其中：地方一般公共预算收入56854万元，上级返还性收入4224万元，上级一般性转移支付收入50758万元，上级专项转移支付收入27072万元，地方新增债券1100万元，置换债券9855万元，政府性基金调入14921万元，其他资金调入101万元，预算稳定调节基金875万元，上年结余4765万元。

二、公共财政支出完成情况

（一）公共财政支出完成情况。2020年，公共财政支出完成170525万元，为预算调整数的102%，比上年同期增加24500万元，增长16.8%。其中：一般预算支出157870万元，上解支出2800万元，债务还本支出9855万元。

一般公共服务支出完成20667万元，为预算调整数的129.3%。主要是追加安排纪委办案经费42万元，商务局招商引资工作经费326万元、农贸市场奖补资金50万元、外贸扶持资金40万元，行政审批局基层公共服务一门式综合服务平台建设资金200万元、互联网+政府服务建设资金160万元，发改局专项债券可研编制经费40万元、非税收入超额完成奖70万元，审计局政府投资项目评审费100万元，统计局脱贫攻坚普查经费52万元，贸翔生物科技有限公司研发生产项目资金100万，拨付农村综合服务平台建设资金20万，职业中等专业学校实训基地建设项目资金300万，市场监督管理局省级补助资金138万元。

国防支出完成485万元，为预算调整数的146.5%。主要是拨付住建局人防建设补助经费，美义亭、银田人防疏散地域建设100万，人防文化主题公园及宣教场所建设50万。

科学技术支出完成17105万元，为预算调整数的116.1%。主要是追加安排企业扶持奖补资金12391万元。

文化旅游体育与传媒支出完成4457万元，为预算调整数的125.6%。主要是拨付旅游发展集团公司韶山风景名胜区主入口及配套设施建设项目贷款贴息200万元，最忆韶山冲项目建设资金50万，小红军拓展教育资金50万，智慧旅游项目建设资金50万，全省公共文化服务体系三年行动奖补资金100万。

节能环保支出完成5601万元，为预算调整数的231.2%。主要是拨付水污染防治专项资金1835万元，污水管网及污水处理建设项目补助资金2450万元。

资源勘探工业信息等支出完成1678万元，为预算调整数的44.6%。主要是上级转移支付年初预算3400万元，受中央、省市政策调整的影响，实际完成1236万元，为预算的36.3%。

商业服务业等支出完成2097万元，为预算调整数的122%。主要是拨付电子商务进农村综合示范县资金1000万元。

自然资源海洋气象等支出完成4025万元，为预算调整数的120.8%。主要是追加安排自然资源局耕地开垦费支出573万元，气象局突发事件预警信息发布系统建设资金66万元。

住房保障支出完成8619万元，为预算调整数123.1%。主要是拨付保障性安居工程专项中央预算内基建资金1600万元。

粮油物资储备支出完成405万元，为预算调整数的405%。主要是拨付应急物资保障体系建设补助资金288万元，粮食风险基金中央补助59万元，应对非洲猪瘟新增冻肉储备资金和2020年省级猪肉储备资金54万元。

灾害防治及应急管理支出完成879万元，为预算调整数的253.3%。主要是追加安排消防大队经费160万元，人武部民兵应急装备购置费40万元，拨付基层备灾能力建设项目资金230万元，重点隐患排查和风险管控项目资金30万元。

其他支出完成6644万元，为预算调整数的179.9%。主要是追加安排企业税收奖补资金3043万元。

（二）公共财政收支平衡情况。2020年，全市公共财政总收入170525万元，2020年公共财政支出170525万元，全年收支平衡。

三、政府性基金收支情况

2020年，政府性基金收入完成162230万元，为预算调整数的92.6%，比上年同期增加8712万元，增长5.7%，其中：本级政府性基金收入118449万元，为预算调整数的91.4%，比上年同期减少5177万元，下降4.2%；政府性基金上级补助收入1518万元，为预算调整数的75.9%，比上年同期增加373万元，增长32.6%；地方政府专项债务转贷收入15100万元（其中：新增地方专项债券12500万元，抗疫特别国债2600万元），为预算调整数的92.6%，比上年同期增加2400万元，增长18.9%；上年结余27163万元。本级收入主要来源：国有土地使用权出让收入117682万元，城市基础设施配套费收入568万元，污水处理费收入199万元。

2020年，政府性基金支出完成157981万元，为预算调整数的91.8%，比上年同期增加31626万元，增长25%。基金支出主要是：文化旅游体育与传媒支出1万元，社会保障和就业支出46万元，城乡社区事务支出114376万元，其他支出23815万元，债务付息支出2222万元，调出资金14921万元，抗疫特别国债支出2600万元。

2020年，政府性基金收入162230万元，政府性基金支出157981万元，全年政府性基金结余4249万元。

四、社会保险基金收支情况

2020年，社会保险基金收入完成22552万元，为年初预算的95.9%，其中：城乡居民基本养老保险收入3257万元，为年初预算的112.8%；机关事业单位基本养老保险基金收入完成8909万元，为年初预算的101.2%；城镇职工基本医疗保险（含生育保险）收入3984万元，为年初预算的112.9%；城乡居民基本医疗保险收入5784万元，为年初预算的77%；工伤保险收入356万元，为年初预算的68.2%；失业保险收入262万元，为年初预算的94.6%。

2020年，社会保险基金支出完成22603万元，为年初预算的101.3%，其中：城乡居民基本养老保险支出2399万元，为年初预算的104.1%；机关事业单位基本养老保险基金支出完成8200万元，为年初预算的93.2%；城镇职工基本医疗保险支出3073万元，为年初预算的103.7%；居民基本医疗保险支出7969万元，为年初预算的107.6%；工伤保险支出540万元，为年初预算的114.9%；失业保险支出422万元，为年初预算的113.4%。

社会保险基金本年收支负结余51万元，累计滚存结余18194万元。

五、国有资本经营收支情况

根据2020年财政预算方案，国有资本经营预算收支未安排。

2020年财政收支决算数待省财政厅决算批复后，再报送市人大常委会审查。

六、2020年财政主要工作开展情况

（一）壮大财源巩固税基，财政收入迎难而上。多措并举，争资金，抓征管，保增收，财政收入一枝独秀。一是财税部门通过继续加大财税收入调度力度，重点对项目建设开展纳税评估，加强对各行业的勤征细管，全力以赴争取如期完成财政收入任务。二是全力做好项目谋划、包装、申报等工作，积极争取中央投资、债券资金、产业资金支持我市经济发展。三是狠抓非税收入征收。加强审核与稽查力度，从改进征管机制入手，优化征管环境，坚决堵住收入漏洞，确保非税收入的及时足额入库，保证了财政收入任务按时按质完成。截至2020年12月底，我市共完成非税收入14199万元，主要包括专项收入3913万元，行政事业性收费收入2012万元，罚没收入4007万元，国有资源（资产）有偿使用收入423万元，捐赠收入201万元，政府住房基金收入6万元，其他收入3637万元；政府性基金收入118449万元；专户资金收入335万元。地方一般公共预算收入超额完成年度预算调整目标。

（二）压缩支出保障民生，预算绩效“争创优”。一是加大乡村振兴资金的投入，助力农业产业发展。安排粮食生产相关资金335.5万元；加大农险保费投入，助力恢复生猪生产和粮食生产，为我市种养殖户放心种养提供有力保障；保持农村人居环境整治资金支持力度，人居环境整治方面年投入资金2216万元，为我市打造宜居农村环境提供了强有力的支撑；持续推进农村综合改革，建设全域美丽乡村，安排农村综合改革转移支付资金、美丽乡村建设、田园综合体试点资金等2757万元，助推农旅融合项目建设进程，加快建设大美韶山；及时足额发放惠农补贴，保障农户切身利益，全年发放惠农补贴共计62项，金额14410万元。二是稳步推进国库改革工作，加强财政管理。我市的国库集中支付电子化系统建设已全面启动，湖南财政一体化试点信息采集等工作也在加紧推进；严格执行预算，做好财政资金的动态监控；规范单位收支行为，“三公”经费较上年同期压减35.8%，一般性支出较上年同期压减36.1%；加强资金调度，加快财政资金支付进度，全力以赴保障“三保支出”。三是扎实做好疫情防控常态化工作，加大复工复产政策落实力度。全年拨付疫情防控资金1951万元。四是完成市委巡察办交办的工作任务。对全市84家预算单位2017年至2019年养老保险、基本医疗保险、失业保险、住房公积金缴纳情况进行检查，查缴违规资金69.43万元。

（三）继续打好三大攻坚战，标本兼治“敢担当”。一是继续打好防范和化解政府性债务攻坚战。根据省委省政府要求，市委市政府高度重视，多次召开债务专题会议，制定债务化解方案。2020年争取新增政府债券13600万元，其中专项债券12500万元，一般债券1100万

元，抗疫特别国债2600万元。截至12月底，债务总额减少114300万元。二是支持绿色发展，确保生态美成为韶山市的永续优势。将农村环境行政管理、监察、监测、信息、宣教等行政和事业经费纳入公共财政预算予以保障，并保持逐年递增；实行农村环境综合整治目标责任制，加大农村环境整治力度，重点投入农村饮用水源保护、生活污染治理、老城区雨污分流等。全年安排村庄环境综合整治、农村公路建设、道路清扫及保洁、园林绿化的建设与管理、城乡垃圾处理、公交车运营补贴和污水厂运营等资金2903万元。三是整合资源，深入推进精准脱贫。持续加大对扶贫领域的投入，全力提升我市脱贫攻坚成效，全年安排本级专项扶贫资金800万元、扶贫工作经费100万元、较去年分别增长196.3%和5%，此外，支持对口帮扶永顺县130万元、支持建档立卡贫困户保险补贴13.5万元。

（四）深化改革规范管理，开拓创新“高质量”。一是规范国资管理。积极与省国资委对接，做好“央企走进韶山”项目进展情况汇报工作；加强与省国资委和相关驻湘央企、省属国企对接，切实解决问题，促进签约项目尽快落地。截至目前已签约项目9个，签约金额达54.8亿元。二是服务政府与财政，秉承不唯减、不唯增、只唯实的原则，出色地完成评审工作任务。2020年评审各类建设项目101个，送审金额为6.06亿元，审定金额为5.17亿元，核减0.89亿元，平均核减率为14.69%。

（五）党建领航严抓队伍，全心全意“强服务”。一是继续深化“两学一做”学习教育活动，落实三会一课制度，扎实开展“主题党日”活动，推进支部“五化”建设，充分调动了党支部活力。开展学习领会“两会”精神活动，认真落实“四责四诺”月计划目标。二是进一步落实“两个责任”狠抓党风廉政建设，严肃工作纪律改进工作作风，对违规使用办公室用房进行清理，签订“反四风”承诺书。三是扎实开展联系村的精准帮扶活动，因地制宜制定帮扶计划，一户一策实实在在解决贫困户困难。

各位代表，市政府和财税部门围绕市第九届人大五次会议确定的各项工作任务，大力发展经济，支持社会各项事业的发展，取得一定成效。但预算执行中仍存在一些不容忽视的问题。主要是：一是自身组织收入能力低，收入净增长额度较小；二是收入的低增长无法满足支出高增长的需求。随着经济社会加快发展，人民日益增长的美好生活需要，对发展的需求和政府的期盼越来越大，财政收支矛盾将更加突出；三是债务还本付息压力大，隐性债务和关注类债务风险依然较高。虽然近几年得到省政府支持，置换了大量隐性债务，但债务规模很大，前期置换债务陆续进入还本阶段，加之置换后利息安排压力较大；四是预算绩效的意识不高，评价体系不全。全市各级各部门对预算绩效评价改革的认识不足，仍然停留在重安排、轻效益，重支出、轻评价思想。五是财税改革需加力推进。编制政府综合财务报告、实行中期财政规划管理、财政事权与支出责任划分改革、国资国企监管等财税改革还需深入推进。对于这些问题，我们将认真分析把脉，找准症结，综合施策，逐项加以改进解决。

2021年财政预算（草案）

2021年，是“十四五”的开篇之年，市财政工作以习近平新时代中国特色社会主义思想为指导，深入落实习近平总书记对湖南工作系列重要讲话指示精神，围绕市委、市政府重大决策部署，立足新发展阶段，贯彻新发展理念，坚持稳中求进工作总基调；以推动高质量发展为主题，以深化供给侧结构性改革为主线，以改革创新为根本动力，以满足人民日益增长的美好生活需要为根本目的，扎实做好“六稳”工作，全面落实“六保”和基层“三保”任务；主动融入“双循环”战略，在服务发展上妥善处理好“稳”与“防”的关系，在财政政策上妥善处理好“进”与“退”的关系，在收入组织上妥善处理好“量”与“质”的关系，在库款管理上妥善处理好“盈”与“亏”的关系，在财税改革上妥善处理好“破”与“立”的关系，确保财政经济实现量的合理增长和质的稳步提升，以财政高质量发展为全市经济社会高质量发展保驾护航。

一、一般公共预算（一）财政收入预算

地方一般公共预算收入预算为61390万元，比2020年预算调整数增加6890万元，增长12.6%，比2020年预算执行数增加4536万元，增长8%。地方一般公共预算收入中的税收占比为76.9%，比上年同期提高了1.8个百分点。

公共财政总收入预算为146167万元，比2020年预算调整数减少20960万元，下降12.5%。其中：地方一般公共预算收入61390万元，比2020年预算调整数增加6890万元，增长12.6%；上级补助收入71260万元，比2020年预算调整数减少5740万元（主要是减少中央直达资金安排一次性财力补助），下降7.5%；地方政府债券收入11319万元，比2020年预算调整数增加364万元，增长3.3%；调入资金2198万元，比2020年预算调整数减少17709万元，下降89%。

（二）财政支出预算

财政总支出预算为145377万元，比2020年预算调整数减少21750万元（减少的原因：一是2021企业奖励扶持支出预算为7406万元，比2020年预算调整数减少17322万元；二是2020年机关事业单位职业年金个人账户记实工作已完成，2021年减少此项支出预算958万元；三是2021未安排政府基础设施建设支出预算，比2020年预算调整数减少2297万元。以上三项共计20577万元），下降13%。其中：一般预算支出131347万元；上解支出2711万元；债务还本支出11319万元。本级财力性支出79356万元，比2020年预算增加9307万元，增长13.3%。

公共财政总收入预算146167万元，财政总支出预算145377万元，年末结余预算790万元，为结转下年的支出。

（三）“三保”、政府一般债务付息预算

2021年全市“三保”可用财力124262万元，“三保”支出、政府一般债务付息预算117910万元，其中：保工资支出预算30651万元，保运转支出预算2520万元，保

基本民生支出预算79988万元，政府一般债务付息支出预算4751万元。“三保”支出基本保障。

二、政府性基金收支预算

政府性基金收入预算为159137万元，比2020年预算调整数增加11199万元，增长7.6%。其中：政府性基金收入本级预算为119689万元，比2020年预算调整数减少9949万元，下降7.7%，上级转移支付预算为1500万元，地方政府专项债务收入37948万元。本级基金收入来源主要是国有土地使用权出让收入、城市基础设施配套费收入、污水处理费收入等。

政府性基金支出预算为163386万元，比2020年预算调整数减少8752万元，下降5.1%。其中：政府性基金支出本级预算为131740万元，上级转移支付支出预算为1500万元，调出资金2198万元，地方政府专项债务还本支出27948万元。本级基金支出主要是：化解债务，政府购买服务支出、城市建设支出、廉租住房支出、城市公共设施建设支出、基本农田建设和保护支出、新增建设用地土地有偿使用费安排的支出等。

政府性基金收入预算159137万元，上年结余4249万元，合计163386万元。政府性基金支出预算163386万元，年末收支平衡。

三、社会保险基金收支预算

社会保险基金收入预算26199万元，比2020年预算增加2676万元，增长11.4%。其中：城乡居民基本养老保险基金收入3164万元，机关事业单位基本养老保险基金收入9520万元，职工基本医疗保险基金（含生育保险）收入3913万元，城乡居民基本医疗保险基金收入8058万元，工伤保险基金收入1030万元，失业保险基金收入514万元。

社会保险基金支出预算24712万元，比2020年预算增加2398万元，增长10.7%。其中：城乡居民基本养老保险支出2436万元，机关事业单位基本养老保险支出9201万元，城镇职工基本医疗保险（含生育保险）支出3674万元，城乡居民基本医疗保险支出8041万元，工伤保险支出901万元，失业保险支出459万元。

社会保险基金本年收支结余1487万元。

四、国有资本经营预算

根据《预算法》规定，国有资本经营收入预算主要是各级政府从国家出资企业分得的利润、国有资产转让收入、从国家出资企业取得的清算收入、其他国有资本收入。我市国有资本经营收入来源于国有企业利润的分配。2021年，财政部门根据国有企业上报的2020年至2024年经营收入、支出及利润情况，结合我市基本情况，编列国有资本经营收入预算516万元，其中：旅游发展集团2021年国有资源有偿使用收益1322万元，根据市本级股份占比39%比例计算，提取国有资本经营收入516万元。

2021年国有资本经营支出建议安排用于与旅游产业发展相关的基础设施建设支出。

五、债务预算和PPP项目支出责任预算

债务包含政府债务、隐性债务、关注类债务和财政暂付款项。2021年政府债务利息支出预算为37679万元，其中：一般债务付息支出预算4751万元，专项债务付息支出预算2719万元，政府性基金收入安排其他债务付息支出预算30209万元。

2021年PPP项目财政支出责任建议从土地使用权出让收入的溢价中安排。

六、部门预算

根据部门预算编制方案，编制我市2021年行政事业单位部门预算草案。

2021年纳入部门预算编制范围单位为93家。全额拨款行政单位43家，全额拨款参照公务员管理事业单位15家，财政补助事业单位26家，定额补助单位9家（新增韶山市人民银行）。财政供养人数4248人，其中在职2690人，退休1554人，离休4人。

部门支出预算82415万元，其中：财政保障预算安排支出54174万元，占本级可用财力的65.4%，比2020年预算增加2468万元，增长4.8%。财政年初预算拨款安排部门一般性支出预算8553万元，比2020年预算减少2466万元，下降40.5%，“三公”经费504万元，比2020年预算减少36万元，下降6.7%。

财政保障预算安排包括基本支出33171万元，比2020年预算增加2055万元，增长6.6%；基本支出包括：工资及福利支出30430万元；一般商品和服务支出（含离退休干部党组织工作经费1000元/人 · 年）2520万元；对个人和家庭的补助支出221万元。

专项支出21003万元，比2020年预算增加413万元，增长2%，其中：社保局增加机关事业单位养老保险财政补贴500万元，交通局增加公交车运营补贴200万元。

七、公共财政支出项目预算

公共财政支出项目预算为25182万元，比2020年预算增加6408万元，增长34.1%。减少基本建设支出投入，重点安排重大公共卫生项目资金（如新型肺炎防控经费600万元），企业扶持奖补资金7406万元，公共财政支出项目预算着力优化财政支出结构，有效保障各项重点支出，促进社会事业均衡发展，助力经济平稳较快发展。

八、2021年财政主要工作

（一）进一步开源节流，确保财政收入平稳增长。面对宏观形势复杂多变、经济下行压力加大等影响，市财政部门将迎难而上，确保收入质量和支出效能稳步提升。一是抓政策落地。按照“积极的财政政策要更加积极有为”的要求，做好财源建设和收入管理工作。用足用好疫情期间出台的各项援企稳岗、金融支持政策，保护好市场主体，促进全市经济平稳运行。二是抓财源培育。抢抓后疫情时代发展机遇，继续加大招商引资力度，持续优化营商环境，不断增加科技创新投入，优先扶持园区实体经济发展，着力挖掘新的经济增长点。三是抓争资争项。围绕上级财政支持投资领域，紧扣中央预算内投资项目、地方政府专项债券项目，全力做好项目争取工作。四是落实减税降费各项政策，夯实财源。加大土地出让和闲置国有资产处置力度，积极盘活存量资金资源资产，尽最大可能增加可用财力。五是多渠道筹措资金，加大各类结转结余资金盘活使用力度。

（二）进一步加强管理，着力优化支出结构。越是在

财政困难、压力较大的时候，越是要坚持财政管理的基本原则、制度、规矩，确保财政稳健运行。一是从“紧”预算。严格预算执行管理，提高预算约束力。按照“有预算不超支，无预算不开支”的原则，切实增强预算的严肃性和约束力。坚持政府带头过“紧日子”，牢固树立艰苦奋斗、勤俭办事、厉行节约的思想，从严从紧编制部门预算。二是尽力而为、量力而行。合理控制基本民生政策提标扩面的节奏和力度，确保财政可承受、可持续。三是全力保障新冠肺炎疫情防控资金，为做好疫情防控常态化工作提供可靠财力保障。四是强化统筹。加大部门结转资金与年度预算的统筹力度，对于预计结转资金规模较大的项目，不再安排或减少预算安排。继续清理整合专项资金，取消政策到期、预定目标实现等已无必要继续实施的专项，及时调整无法完成目标、执行严重滞后等绩效低下的专项，切实整合政策目标相似、资金投入方向类同、资金管理方式相近的专项。五是着力压减。大力压减非刚性、非重点、非急需项目支出，集中财力投向教育、就业、医疗、保障住房等与民生密切相关领域，让改革发展成果更多更公平惠及全市人民。

（三）进一步强化监控，靶向施策打好攻坚战役。一是稳妥抓好政府债务风险管控。严格落实化债方案，做到全市“三项债务之和”只减不增，牢牢守住不新增隐性债务和不发生系统性风险的底线。按程序将债务收支纳入预算管理，严格将地方政府债务还本付息资金列入预算，强化预算约束。建立健全地方政府债券项目库，管好用好专项债券资金，坚持“资金跟项目走”，优化投资结构，提高使用效益。坚决遏制隐性债务增量，严禁违法违规举债融资行为，对发现的违法违规举债融资行为，按照终身问责、倒查责任的要求，依法依规实施问责。二是加快乡村振兴步伐。坚持农业农村优先发展，探索建立财政涉农资金统筹整合使用长效机制，实现巩固脱贫攻坚成果同乡村振兴有效衔接。三是坚持绿色发展，牢固树立绿水青山就是金山银山的理念，用财政的真金白银守护好韶山的碧水蓝天。

（四）进一步抓好改革，提升财政治理能力。一是认真贯彻《预算法》，落实好新修订的《预算法实施条例》，深入推进财政体制改革工作，落实财政事权和支出责任划分改革部署，不断提升财政管理的质量水平。二是严格落实预算管理一体化建设要求，按照“五统一”标准，将预算编制、预算执行、决算和财务报告、资产管理、债务管理等业务环节按一个整体进行规范整合。三是深入推进中期财政规划编制工作，重点加强项目库建设管理，完善政府预算体系，加强四本预算、年度预算与中期财政规划的有机衔接与统筹联动。

统计资料

2020年韶山市国民经济主要指标情况统计表

表19

指　　标	单位	2019年	2020年
一、综合			
地区生产总值（按当年价格计算）	万元	922866	970798
第一产业	万元	64329	75142
第二产业	万元	6.9:43.9:49.2	419217
第三产业	万元	405261	476439
人均地区生产总值	元	453276	93526
三次产业结构比	%	88908	7.74:43.18:49.08
二、农业			
农林牧渔业总产值	万元	112287	132617
粮食种植面积	千公顷	5.61	5.348
粮食总产量	吨	42120	42412.91
蔬菜种植面积	千公顷	2.8	2.88
蔬菜产量	吨	137522	133560
水产品产量	吨	3720	4288
禽蛋产量	吨	1597	1457
出栏生猪	万头	10.8	10.65
三、工业			
规模工业企业个数	个	74	75
规模工业增加值增速	%	8.6	3.0
四、建筑业			
具有资质等级的总承包和专业承包建筑业企业个数	个	9	9
具有资质等级的总承包和专业承包建筑业企业总产值	万元	53122	64392
具有资质等级的总承包和专业承包建筑业企业利润总额	万元	6953	7125
具有资质等级的总承包和专业承包建筑业企业完成房屋施工面积	万平方米	15	18
具有资质等级的总承包和专业承包建筑业企业完成房屋竣工面积	万平方米	9.9	10.2

续表19

指　　标	单位	2019年	2020年
五、贸易			
社会消费品零售总额增速	%	10.4	-2.5
进出口总额	万美元	12590	15219

（市统计局）

2020年韶山市财政收入情况统计表

表20　　单位：万元

项　　目	2019年	2020年
财政总收入	77204	101146
一、地方财政收入	50815	56854
（一）税收收入	33611	42655
1.国内增值税（37.5%）	9150	22113
2.营业税		
3.企业所得税28%部分	2677	1913
4.企业所得税退税		
5.个人所得税28%部分	985	378
6.城市维护建设税	1574	4057
7.耕地占用税	1062	1539
8.契税	8721	5767
9.房产税	2757	1440
10.印花税	587	659
11.资源税	6	11
12.固定资产投资方向调节税		
13.城镇土地使用税	3715	2163
14.土地增值税	1737	2032
15.车船税	556	575
16. 环境保护税	21	8
17.其他税收收入	64	
(二)非税收入	17204	14199
1.专项收入	2637	3913

续表20

项　　目	2019年	2020年
2.行政事业性收费收入	3134	2012
3.罚没收入	1141	4007
4.国有资本经营收入	3	1
5.国有资源（资产）有偿使用收入	509	423
6.捐赠收入	75	201
7.政府住房基金收入	59	6
6.其他收入	9646	3636
二、上划收入	26389	44292

2020年韶山市财政支出情况统计表

表21　　单位:万元

项　　目	2019年	2020年
一般预算支出合计	132298	157981
其中：一般公共服务	20629	20528
外交		
国防	401	485
公共安全	6215	6341
教育	17443	17598
科学技术	6706	13496
文化旅游体育与传媒	3069	4457
社会保障和就业	16997	15853
卫生健康	10566	13390
节能环保	5045	5601
城乡社区	8816	4448
农林水	15752	18349
交通运输	2483	4389
资源勘探工业信息等	1761	1777
商业服务业等	1148	2097
金融	70	190
地震灾后恢复重建		

续表21

项　目	2019年	2020年
自然资源海洋气象等	1859	4025
住房保障	2736	8619
粮油物资储备	610	405
灾害防治及应急管理	730	879
债务付息	4538	4736
其他	4724	10318

2020年韶山市城乡住户抽样调查情况统计表

表22

项　目	单位	城　镇		农　村	
		2019年	2020年	2019年	2020年
一、调查户数	户	30	30	30	30
二、人均可支配收入	元	43577	45712	28173	30257
1.工资性收入	元	29890	31306	10785	11438
2.经营净收入	元	5545	5753	13049	14059
3.财产净收入	元	1668	1702	717	746
4.转移净收入	元	6474	6950	3622	4015
三、生活消费支出	元	32215	33233	19637	20790
1.食品烟酒	元	9576	10151	5717	6254
2.衣着	元	2910	3061	1408	1482
3.居住	元	4945	5147	4284	4579
4.生活用品及服务	元	2429	2555	1618	1747
5.交通通信	元	4380	4333	1957	2052
6.教育文化娱乐	元	6281	6228	3674	3633
7.医疗保健	元	1313	1371	845	901
8.其他用品和服务	元	381	387	134	142
四、住户人均面积	平方米	51	43	59	64

备注：因为约数的关系，分项可能不等于总项

（市统计局）

文件目录

2020年中共韶山市委发文一览表

表23

文 号	文件名
韶发〔2020〕1号	关于加强党的领导、坚决打赢疫情防控阻击战的通知
韶发〔2020〕2号	关于印发《韶山市营造企业家健康成长环境弘扬优秀企业家精神更好发挥企业家作用实施方案》的通知
韶发〔2020〕3号	韶山市关于促进高新区高质量发展的若干意见
韶发〔2020〕4号	关于印发《贯彻落实〈湖南省深化整治形式主义官僚主义10条措施〉责任清单》的通知
韶发〔2020〕5号	关于韶山市第一批“映山红”人才名单的通报
韶发〔2020〕7号	关于设立市科学技术协会党组的通知
韶发〔2020〕8号	关于印发《贯彻落实〈中共湖南省委关于深入学习贯彻习近平总书记考察湖南重要讲话精神奋力谱写新时代坚持和发展中国特色社会主义湖南新篇章的决定〉责任分工方案》的通知
韶发〔2020〕10号	关于进一步利用红色资源发扬红色传统传承红色基因 发挥红色教育培训基地龙头作用推动韶山高质量发展的实施意见

2020年韶山市人民政府发文一览表

表24

文 号	文件名
韶政发〔2020〕1号	关于调整下放一批经济管理权限的通知
韶政发〔2020〕2号	关于支持高新区企业应对新型冠状病毒感染肺炎疫情的若干政策意见的通知
韶政发〔2020〕3号	韶山市人民政府关于印发《关于支持文化旅游产业应对新型状病毒感染的肺炎疫情和若干政策意见的通知》
韶政发〔2020〕4号	韶山市人民政府关于认真做好第七次全国人口普查工作的通知
韶政发〔2020〕5号	关于印发《韶山市推行公路“路长制”实施方案》的通知
韶政发〔2020〕6号	关于调整韶山市政府部门行政审批中介服务事项目录清单的通知
韶政发〔2020〕7号	关于印发《韶山市城市声环境功能区划分方案》的通知

2020年中共韶山市委办公室发文一览表

表25

文 号	文件名
韶办〔2020〕1号	关于印发《韶山市创建国家森林城市工作实施方案》的通知
韶办〔2020〕2号	关于印发《韶山市全面推进乡村治理体系建设试点工作实施方案》的通知
韶办〔2020〕3号	关于印发《韶山市委书记、副书记、常委工作分工》的通知

续表25

文　号	文件名
韶办〔2020〕4号	关于进一步加强市委巡察整改工作的通知
韶办〔2020〕7号	印发《关于韶山市监察委员会向乡镇派出监察办公室的实施方案》的通知
韶办〔2020〕8号	关于印发《市委落实全面从严治党主题责任清单》《市委常委会成员履行全面从严治党责任清单》的通知
韶办〔2020〕9号	关于印发《中共韶山市委理论学习制度》的通知
韶办〔2020〕10号	关于调整韶山市政府性债务管理领导小组人员和成员单位的通知
韶办发〔2020〕1号	关于成立韶山市国土空间总体规划（2021—2035年）编制领导小组的通知
韶办发〔2020〕2号	关于成立韶山市“十四五”规划编制协调领导小组的通知
韶办发〔2020〕3号	关于2019年度韶山市党政领导班子和领导干部绩效考核结果的通报
韶办发〔2020〕4号	关于印发《韶山市2020年重点建设项目安排》的通知
韶办发〔2020〕5号	关于建立韶山市新型冠状病毒感染的肺炎疫情防控工作领导机制的通知
韶办发〔2020〕6号	关于开展2020年度联系企业工作的通知
韶办发〔2020〕7号	关于印发《韶山市2020年七个一批重点工作及责任分解》的通知
韶办发〔2020〕8号	关于印发《2020年韶山市绩效考核实施方案》的通知
韶办发〔2020〕9号	关于成立韶山市脱贫攻坚普查领导小组的通知
韶办发〔2020〕10号	关于调整2020年农村联系点安排的通知
韶办发〔2020〕11号	关于印发《2020年乡镇 党委和政府脱贫攻坚工作考核实施方案》和《2020年市直单位（部门）扶贫开发责任制考核实施方案》的通知
韶办发〔2020〕12号	关于印发《韶山市2020年重点项目建设和投资完成绩效考核方案》的通知
韶办发〔2020〕13号	关于印发《2020年韶山市基层党建工作重点任务》的通知
韶办发〔2020〕14号	关于举办2020年全民健身竞赛活动的通知
韶办发〔2020〕15号	关于印发《政协韶山市委员会2020年协商与监督工作计划》的通知
韶办发〔2020〕16号	关于明确韶山市防汛抗旱抢险工作责任领导责任单位的通知
韶办发〔2020〕17号	关于印发《韶山市开展“奋战一百天实现双过半”竞赛活动方案》的通知
韶办发〔2020〕18号	关于印发《韶山市全面小康决胜年行动方案》的通知
韶办发〔2020〕19号	关于印发《2020年韶山市深化全国文明城市建设工作实施方案》的通知
韶办发〔2020〕21号	关于进一步严肃工作纪律加强作风建设的通知
韶办发〔2020〕22号	关于市交通运输局肖巍同志违反中央八项规定精神有关问题处理情况的通报
韶办发〔2020〕23号	关于印发《形式主义官僚主义方面突出问题专项整治工作方案》的通知
韶办发〔2020〕24号	关于清理重点项目建设（征拆）指挥部的通知
韶办发〔2020〕25号	关于印发《韶山市2020年工作要点》的通知

续表25

文　号	文件名
韶办发〔2020〕26号	关于印发《关于进一步加强旅游市场秩序管理的规定》的通知
韶办发〔2020〕28号	关于印发《韶山市2020年建设领域历史遗留问题集中攻坚工作方案》的通知
韶办发〔2020〕29号	关于成立润泽东方二期征拆工作指挥部的通知
韶办发〔2020〕30号	关于调整韶山市防汛抗旱指挥部责任领导、组成人员和防汛抢险联点领导的通知
韶办发〔2020〕31号	关于印发《2020湖南红色旅游文化节暨湘潭首届红色文化产业博览会韶山市执行方案》的通知
韶办发〔2020〕32号	关于调整韶山市红色教育培训发展协调领导小组成员的通知
韶办发〔2020〕34号	关于成立韶山市城乡社区警务工作领导小组的通知
韶办发〔2020〕35号	关于成立G240沪昆高铁韶山南站至湘乡公路韶山段建设协调指挥部的通知
韶办发〔2020〕37号	关于调整2020年农村联系点安排的通知
韶办发〔2020〕38号	关于印发《省委第一巡视组巡视韶山反馈意见整改督查工作方案》的通知
韶办发〔2020〕39号	关于印发《韶山市“奋力奔跑 合力攻坚”项目竞赛活动方案》的通知
韶办发〔2020〕40号	关于持续解决形式主义官僚主义问题有关事项的通知
韶办发〔2020〕41号	关于印发《韶山市2020年“十一”假期旅游综合应对总体方案》的通知
韶办发〔2020〕42号	关于印发《韶山市村级组织换届选举筹备工作方案》的通知
韶办发〔2020〕43号	关于印发《韶山市村（社区）“两委”换届选举大走访指导方案》的通知
韶办发〔2020〕44号	关于成立三一产业园和培训基地项目专项工作领导小组的通知
韶办发〔2020〕46号	关于成立韶山市韶山干部学院改扩建项目建设协调领导小组的通知
韶办发〔2020〕47号	关于成立韶山高新区调区扩区工作领导小组的通知
韶办发〔2020〕48号	关于印发《韶山市创建国家生态文明建设示范市工作方案》的通知
韶办发〔2020〕49号	关于成立韶山市创建国家生态文明建设示范市工作领导小组的通知
韶办发〔2020〕51号	印发《关于牢固树立过“紧日子”思想大力压减一般性支出的通知》的通知
韶办发〔2020〕52号	关于成立韶山市村（社区）“两委”换届选举工作领导小组及工作机构的通知
韶办发〔2020〕53号	关于印发《韶山市村（社区）“两委”换届选举工作市级党员领导联点及换届选举工作指导组、指导员安排表》的通知
韶办发〔2020〕54号	关于印发《关于加快推进全市公共卫生防治体系补短板工作的实施方案》的通知
韶办发〔2020〕55号	关于做好2021年度全市党报党刊发行工作的通知
韶办发〔2020〕56号	关于成立韶山市社区矫正委员会的通知
韶办发〔2020〕58号	关于印发《韶山市纪念毛泽东同志诞辰127周年活动总体工作方案》的通知
韶办发〔2020〕59号	关于印发《韶山市残疾人联合会深化改革实施方案》的通知

2020年韶山市人民政府办公室发文一览表

表26

文　号	文件名
韶政办发〔2020〕1号	关于印发《韶山市基础设施和公用事业特许经营权管理办法》的通知
韶政办发〔2020〕2号	关于印发《韶山市2020年争资工作目标考核办法》的通知
韶政办发〔2020〕3号	关于印发《韶山市推进国有企业退休人员社会化管理工作实施方案》的通知
韶政办发〔2020〕4号	关于印发《韶山市户外广告设置管理办法》的通知
韶政办发〔2020〕5号	关于印发《韶山市公园绿化公用设施管理暂行办法》的通知
韶政办发〔2020〕6号	关于印发《韶山市餐厨垃圾管理办法》的通知
韶政办发〔2020〕7号	关于印发《韶山市劳动模范管理办法》的通知
韶政办发〔2020〕8号	关于印发《关于对于旅游领域严重失信相关责任主体实施联合惩戒的若干意见》的通知
韶政办发〔2020〕9号	关于印发《韶山市旅游领域失信联合惩戒对象名单管理办法》的通知
韶政办发〔2020〕10号	关于完善招投标机制　加强招投标活动监管的通知
韶政办发〔2020〕11号	关于印发《韶山市财政专项资金管理办法》的通知
韶政办发〔2020〕12号	关于印发《鼓励和规范社会投资耕地开发项目管理办法》的通知
韶政办发〔2020〕13号	关于印发《关于应对疫情影响进一步推动文旅产业稳定发展的若干意见》的通知
韶政办发〔2020〕14号	关于申报2020年度全国主要农作物生产全程机械化示范县的函
韶政办发〔2020〕15号	关于印发《韶山市本级重大项目决策程序规定》《韶山市政府性投资重大项目前期论证暂行办法》的通知
韶政办发〔2020〕16号	关于印发《韶山市现代农业示范园产业发展扶持优惠政策》的通知
韶政办发〔2020〕17号	关于印发《关于加快补齐全市动物防疫体系建设短板的实施方案的通知》
韶政办发〔2020〕18号	关于印发《韶山市知识产权奖励（资助）暂行办法》的通知
韶政办发〔2020〕19号	关于印发《加强征拆补偿安置监督管理实施细则》的通知

组织机构和负责人名录

（截至2020年12月31日）

中共韶山市委员会

书　记　唐　杰
副书记　付维华　曹伟宏　胡亚湘
常　委　崔　旺　袁　绚(女)　罗　杰
　　　　李先金　蒋卫阳　李长新　许　文
　　　　何　浪(女)

韶山市人大常委会

党组书记、主任　赵叶惠
党组副书记、副主任
　　　　庞向荣(女)
副主任　孙　甍
党组成员、副主任
　　　　张海明　邹复庚　周利人
党组成员，办公室主任　肖进良

韶山市人民政府

市委副书记，市政府党组书记、市长
曹伟宏
市委常委，市政府党组副书记、副市长
崔 旺
党组成员、副市长
贺剑鹏 谢智君 刘 亮
兰筱村 易继辉
副市长 龚雨顺
党组成员、副市长 邹正光
党组成员，办公室主任 成 华

政协韶山市委员会

党组书记、主席 张湘平
党组副书记 李长新
党组副书记、副主席
陈育才
副主席 庞石林 章小玲(女)
党组成员、副主席 王兆仁
党组成员、副主席提名候选人
周建文
副主席 王双辉
党组成员，秘书长、办公室主任
向 帆

市人民武装部

市委常委,党委书记、政委 许 文
党委副书记、部长 余旭东
党委委员、副部长 彭 林

市纪委监委

市委常委，纪委书记、监委主任
罗 杰
纪委常务副书记、监委副主任
唐明湘
纪委副书记、监委副主任 刘小群
纪委常委、监委委员
彭任锋 贺 萌(女)
纪委常委 刘放平 彭新宇
监委委员 许金花 肖 洒
派驻纪检监察组组长
毛春晖(女) 易志红(女) 曾 宏
成跃文

市委办

市委常委，市委办主任 何 浪(女)
常务副主任 唐昔阳
副主任 文 敏 杨宇驰

市委组织部

市委常委，组织部部长 袁 绚(女)
常务副部长 韩伟军
副部长，市委两新工委书记 谢葵芳
副部长 刘 术 郭 心(兼) 汤海涛(兼)
部务会成员 黄利平(女)
市委两新工委副书记 李 卉(女)

市党员服务中心

主 任 唐红军
副主任 蒋 茎

市委宣传部

市委常委，宣传部部长 李先金
常务副部长 贺凌云(女)
副部长 刘理为

市融媒体中心

党组书记、主任 汤 帅
党组成员、副主任 阳泽平 李 青(女)
肖 潇(女)

市委统战部

市委常委，统战部部长 李长新
常务副部长 谭 胜

市委政法委

市委常委，政法委书记 蒋卫阳
常务副书记 庞伟义
副书记 唐 志

市委编办

主 任 汤海涛
副主任 彭 鲲

市委网信办

主 任 章新春

市委巡察办

主 任 庞宇锋(女)
副主任 齐 媛(女)

市委巡察组

组 长 沈湘红(女) 李 尔(女)
副组长 汤 勇 胡永红(女)

市委党校

市委副书记，党校校长 胡亚湘
常务副校长 谭明彰
副校长 尹志钢 章 娣(女)

市委党史研究室

主 任 龙亚力
副主任 沈 乐(女) 郭 丰

市机关事务服务中心

主 任 苏京湘
副主任 赵珺佳(女) 谭 璠(女)

市人大委室

办公室
市人大常委会党组成员，
办公室主任 肖进良
办公室副主任 赵凤奇(女)
选举任免联络工作委员会
主 任 刘红军
监察和司法委员会（法制委员会）
主任委员 陈永忠
财政经济委员会（预算工作委员会）
主任委员（主任） 汤更喜
教育科学文化卫生委员会
主任委员 汤文球
环境与资源保护委员会
主任委员 张焕年
农业与农村委员会
主任委员 彭丽华(女)
社会建设委员会
主任委员 丁 浩

市政府办

市政府党组成员，政府办党组书记、
主 任 成 华
党组副书记、副主任 周 劭
党组成员、副主任 唐 震 章 求(兼)
刘 倩(女)
党组成员 唐运贻

市政协委室

办公室
市政协党组成员，秘书长、
办公室主任 向 帆
提案和委员学习联络委员会
主 任 谭湘梅(女)
经济科技和外事委员会
主 任 肖 勇
农业农村和人口资源环境委员会
主 任 熊 莉(女)
文教卫体和文史委员会
主 任 唐志国
社会法制和民族宗教委员会
主 任 李建良(女)

市人民法院

党组书记、院长 曾朝阳
党组成员、副院长 毛文利
副院长 周建明

市人民检察院

党组书记、代检察长 周卫兵
党组成员、副检察长 李 雄
副检察长 何格佳

韶山高新区

党工委副书记、管委会主任
卿建辉
党工委副书记、纪工委书记
赵修平
党工委委员、管委会副主任
沈 娅(女) 张贻超

市发改局

党组书记、局长 胡振军
党组成员、副局长 欧应军 谭 斌

市教育局

党委书记、局长 赵凤华
市政协副主席，教育局副局长
庞石林
党委委员，市政府主任督学
李红波
党委委员、副局长 毛智慧(女)
副局长 胡勇卫

韶山学校

党总支书记、校长 陈煜华
副校长 赵瑞才 彭正奇 郭济武

职业中专

党支部书记、校长 向永军

市科工信局

党组书记、副局长 谢 艳(女)
局 长 彭红辉
党组成员、副局长 颜 伟 罗桂香(女)

市公安局

市政府党组成员、副市长，公安局党
委书记、局长 贺剑鹏
党委副书记、政委 肖新军
党委副书记、副局长 贺纳新
党委委员、副局长、政工室主任
肖全文
党委委员、副局长 苏建明 刘日红

交警大队

大队长 庞海霞
教导员 刘曙光
副大队长 龙湘银 冯 强 章 威

市民政局

党组书记、局长 阙奇涵(女)
党组成员、副局长 徐孟强
副局长 肖灿辉(女)

市司法局

党组书记、局长 严 春
党组成员、副局长 文 戈 赵爱林(女)
梁春燕(女)

市财政局

党组书记、局长 姜 任
党组成员、副局长 章 勇 苏 芳(女)
副局长 蒋勃勃
总会计师 彭丽霞(女)

市人社局

党组书记、局长，组织部副部长(兼)
郭 心
党组成员、副局长 郭 峰
龙 涛 韩双亮(女)

市自然资源局

党组书记、局长 彭国光
党组成员、副局长 范新征
党组成员 赵铁群
副局长 周 宇

市住建局（人防办）

党组书记、局长 张军民
党组成员、副局长 何子忠 赵龙立
庞颂丰
总工程师 谭国栋

市交通局

党组书记、局长 谢 鹏
党组成员、专职执法副局长
彭 捷
党组成员、副局长 郭智敏 沈叶坤

市水利局

党组书记、局长 赵祖坤
党组成员、副局长 陈学军 邹雄志
党组成员、总工程师 黄铁钱

市农业农村局

党组书记、局长 成早阳

党组成员、副局长　马建军　杨连学
余　欢(女)肖　艺

市商务局

党委书记、局长　胡新平
党委委员、副局长　王仁秋　胡振波

市文旅广体局

党组书记、局长　郭卫国
党组成员、副局长　张剑波　王　进(女)
吴　霜(女)
党组成员、专职执法副局长
曾毅文
副局长　文奔辉

市卫健局

党委书记、局长　陈军良
党委委员、副局长　王　涌(女)沈　林
汤立石

市审计局

党组书记、局长　沈旭红(女)
党组成员、副局长　郭莲湘(女)苏庆峰
彭凤英(女)

市退役军人事务局

党组书记、局长　王春风
党组成员、副局长　彭　军　陈　勇

市应急管理局

党委书记、副局长　金志庚
党委副书记、局长　熊谢恺
党委委员、副局长　曾立波　赵志强

市林业局

党组书记、局长　张茂清
党组副书记、副局长　成剑钢
党组成员、副局长　张清河

市市场监督管理局

党组书记、局长　彭继山
党组成员、副局长　王　杰

党组成员、专职执法副局长　杨银河
党组成员、副局长　章彦明　庞小霞(女)

市统计局

党组书记、局长　彭常青(女)
党组成员、副局长　李水清(女)

市城管局

党组书记、局长　曾品德
党组成员、副局长　欧奇志　郭智新
苏　建

市金融办

党组书记、主任　肖立伟
党组成员、副主任　张天广(女)

市信访局

党组书记、局长，市政府办
党组成员、副主任　章　求
党组成员、副局长　文其志

市医保局

党组书记、局长　陈继平
党组成员、副局长　肖　阳

市行政审批服务局

党组书记、副局长　成　权
局　长　李正武
党组成员、副局长　谭润宇

市人民医院

党委书记　杨海芸(女)
院　长　王长青
党委委员、副院长　江　宏　蒋纲要
胡孝文
党委委员、纪委书记　谭　鹏

市供销社

理事会主任　刘　钊
监事会主任　庞孟良

市优居中心

党组书记　赵勇峰
主　任　庞　庆
党组成员、副主任　贺震洲　杨　涛

市投促中心

主　任　毛雅茜(女)
副主任　郭晓芳(女)赵硕聘

市旅游服务中心

主　任　郭慧娟(女)
副主任　彭　赞

市产业发展中心

主　任　唐　刚
副主任　贺　剑　汤晓瑜

市总工会

市人大常委会党组成员、副主任，
总工会主席　邹复庚
党组书记、副主席　贺霓虹

团市委

书　记　李　尔(女)

市妇联

主　席　刘　华(女)

市工商联

市人大常委会副主任，工商联主席
孙　莺
党组书记、专职副主席，统战部副部长(兼)
苏　晗

市残联

市政府党组成员、副市长，残联主席
兰筱村
副主席、理事长　陈超群

市科协

市政协副主席，科协主席　章小玲(女)

市文联

主　席　胡小林
副主席　郭　舒

市侨联

主　席　杨锡平

市计生协

会长提名候选人　王双辉
专职副会长提名候选人　刘　斌

市红十字会

市政府党组成员、副市长，
红十字会会长　谢智君
副会长提名候选人　刘洪峰

韶山乡

党委书记　卢　凯
党委副书记、乡长　郭　莹(女)
党委副书记　毛治国
党委委员、副乡长提名候选人、
政协联工委主任提名人选　李勇华
党委委员、纪委书记　喻红兵
党委委员、组织委员　赵丹阳
党委委员、宣传统战委员　谢　浪(女)
党委委员、副乡长、武装部长
章育锋
副乡长　李　曦

清溪镇

党委书记　赵尚荣
党委副书记、镇长　贺小勇
党委副书记、政法委员　王　江
党委委员、人大主席　谭常青
党委委员、副镇长、政协
联工委主任　毛卫国
党委委员、纪委书记　李海峰
党委委员、组织委员　蒋亚慧芝(女)
党委委员、宣传统战委员　刘　沙(女)
党委委员、副镇长、武装部长
郭志刚
副镇长　肖　攀　唐　婵(女)

杨林乡

党委书记　龙　江
党委副书记、乡长　兰　宁
党委副书记、政法委员　张　赛
党委委员、人大主席　刘晓洪(女)
党委委员、副乡长、政协
联工委主任　苏　旗
党委委员、纪委书记　刘　星(女)
党委委员、组织委员　侯　花(女)
党委委员、宣传统战委员　王　娟(女)
党委委员、副乡长、武装部长
沈艺文
副乡长　成　洋　陈泽舒

银田镇

党委书记　周海波
党委副书记、镇长　颜宇霆
党委副书记、政法委员　梁丽丰(女)
党委委员、人大主席　王智刚
党委委员、副镇长、政协
联工委主任　龙　平(女)
党委委员、纪委书记　龙海腾
党委委员、组织委员　赵　凯
党委委员、宣传统战委员　曾　艺(女)
党委委员、副镇长、武装部长
章　毅
副镇长　陈修平　陈　荣

城发集团

党委书记、董事长　彭　雷
党委副书记、总经理　蒋冬青
党委专职副书记　罗建新
党委委员、副总经理　王　东
副总经理　刘晓志(聘)　彭　章(聘)
党委委员、财务总监　杨　晴(女)

旅发集团

党委副书记、副董事长、
总经理　贺红波
党委委员、副总经理　刘友玲(女)

高新投

董事长　杨龙波
总经理　陈海彬(女)
副总经理　杨娟新(女)　易健泽(聘)
财务总监　张　耀(女)

武警湘潭支队

执勤一大队执勤一中队
中队长　朱仁杰
政治指导员　辛　全
执勤一大队韶山中队
中队长　周鑫鑫
政治指导员　谭　义

韶山市消防救援大队

大队长　夏海波
教导员　刘华勤

国网韶山市供电公司

总经理　贺常德
党委书记　赵　栋
副总经理　王志鹏　吴外红
纪委书记　戚　新(女)

市气象局

局　长　吴　欣
副局长、纪检组长　梅竹娟(女)
副局长、气象台台长　王成强

市税务局

党委书记、局长　谭海池
党委副书记、副局长　贺狂飚
党委成员、副局长　韩建祥　王　瑛(女)
袁　俊　曾凌云　龚继忠
党委成员、纪检组长　周新民

市烟草专卖局

书记、局长、经理　谭　意(女)
副局长、纪检组长　刘清辉
党组成员、副经理　徐武龙

（刘　柯）

（责任编校　龙亚力）

索 引

说 明

一、本索引采用分析索引方法，按索引条目第一字汉语拼音（同音字按声调）顺序排列。第一字相同，按第二字音序排列，以此类推。

二、部类用蓝字标明。标引调后的阿拉伯数字表示内容所在页码。

T